# 표준필수특허와 법

최승재

박영사

이 저서는 2017년 정부(교육부)의 재원으로 한국연구재단의 지원을 받아 수행된 연구임
(NRF-2017S1A6A4A01020118)

This work was supported by the National Research Foundation of Korea Grant
funded by the Korean Government(NRF-2017S1A6A4A01020118)

# 책을 시작하며

　　이 책은 2010년 출간된 저자의 <특허권남용의 경쟁법적 규율>(세창출판
사) 이후 10년간의 필자의 표준필수특허에 대한 연구성과를 집약한 책이다.
2010년도 책도 개정을 하여야 하겠지만,* 지난 10년간 가장 많은 진전이 있었
던 표준필수특허에 대한 논의를 먼저 정리할 필요가 있다고 생각했다. 따라서
2010년 책이 전반적인 특허권남용에 대한 규율을 연구대상으로 한 총론에 대
한 책인 반면, 이 책은 그중에서도 표준필수특허에 포커스를 맞춘 각론에 대한
책이다. 그러므로 두 책은 서로 보완적인 책이다. 두 책의 서술은 최소한만 중
복되므로 지식재산권에 대한 경쟁법의 시선에 대한 이해를 하기 위해서는 두
책을 모두 보아야 한다.

　　2010년까지의 연구에 기반하여 2010년 필자는 공정거래위원회의 지식재
산권 심사지침(<지식재산권의 부당한 행사에 대한 심사지침>) 개정작업에 참여할 수 있
는 기회를 가졌고, 표준필수특허 관련 부분에 대한 개정을 포함한 중요한 개정
안에 의견을 제시할 수 있는 기회를 가졌고, 이후 일본 공정취인위원회에도 개
정된 지식재산권 심사지침 소개를 하기 위한 방문 및 면담기회도 가졌었다. 이
경험도 이 책에 녹아있다.

---

　*　필자는 2010년 이후의 전개에 대해서 <Intellectual Property Law In Korea>
　　(WoltersKluwer)라는 영문 공저서의 IP and Antitrust 분야의 집필자로 참여하여 2015
　　년까지의 전개에 대해서는 압축적으로 정리할 기회가 있었다. 이 부분에 대해서 영문
　　자료가 필요한 독자는 이 책의 필자가 기술한 부분을 참조하길 바란다.

필자는 법조인으로서의 경력 동안 3건의 중요한 소송에 관여할 수 있는 행운을 가졌다. 마이크로소프트와 공정거래위원회 간의 소송, 삼성과 애플 사이의 소송, 퀄컴과 공정거래위원회 간의 소송이 그 3건의 소송이다.

① 마이크로소프트와 공정거래위원회 간의 소송에 관여하게 되면서 본격적으로 특허권자의 특허권 행사에 대한 경쟁법에 의한 규율에 대한 실무와 연구를 하게 되었다. 필자는 2006년 당시 삼성에서 사내변호사로 일하고 있었다. 마이크로소프트에서 국내에 지적재산권과 경쟁법을 동시에 볼 수 있는 변호사를 리서치한 결과 필자를 영입하기로 하였다고 하였고, 영입 제안을 받고 6개월이나 기다려 주어 필자는 마이크로소프트로의 이직을 결심하게 되었고, 이직하여 공정거래위원회와의 소송을 담당하게 되었다. 이 사건은 당시 최대의 사건이었고, 특허권이나 상표권 남용, 기술에 대한 이해를 바탕으로 한 경쟁법 적용이라는 점에 더해서 동태적으로 급격하게 변화하는 기술시장의 특성을 감안하여야 했기 때문에 쉽지 않은 사건이었다. 이 사건에서 필자는 마이크로소프트의 사내변호사로서 공정거래위원회의 결정을 뒤집기 위한 논리개발을 위해서 노력했고, 여러 국내외의 전문가들을 만나고 협업을 할 수 있는 좋은 기회가 되었다. 당시 도쿄에서 근무하면서 그 소송을 같이 했던 마이크로소프트의 법무그룹(LCA) Senior Vice President였던 다이앤 다칸젤로(Diane D'Arcangelo)가 떠오른다. 결론적으로 그 소송은 원고였던 마이크로소프트의 소취하로 마무리되었고, 우리나라 법원의 판결을 통해서 관련 법리를 도출하지 못해서 아쉬웠던 사건이 되었다. 2007년 9월 17일 유럽 1심 법원인 Court of First Instance에서 모든 청구원인에 대해서 패소를 하면서 마이크로소프트가 유럽집행위원회의 결정을 모두 수용하기로 하면서 우리나라에서의 소송도 취하하기로 결정하였고, 공정거래위원회가 소취하 동의를 해주어 사건은 일단락되었다. 레드먼드에서 당시 마이크로소프트의 General Counsel이었던 Brad Smith와 둘이 걸으면서 만일 그 소송이 잘 되면 미국 본사로 불러서 그곳에서 일하도록 해주겠다고 하였던 사건은 그렇게 다소 허무하게 끝났고, One Microsoft Way가 직장주소가 되지는 못했다.

② 이후 필자는 김앤장법률사무소에서 근무하게 되면서 삼성과 애플사이의 소송에 관여하게 되었다. 이번에는 김앤장법률사무소가 애플의 대리인이었기 때문에 애플 측의 시각에서 표준필수특허들을 소송에서 활용하던 삼성전자를 상대로 해서 삼성전자의 행동이 경쟁법 위반이라는 점에 대한 논증을 하는 작업에 참여하였다. 김앤장법률사무소의 장덕순 변호사님을 비롯한 우수한 변호사들과 WilmerHale이라는 글로벌 펌과 같이 협업을 하는 과정은 필자의 실무와 연구에 큰 도움을 주었고, 표준필수특허 관련 쟁점을 더 깊게 이해할 수 있도록 해주었다. 2011년 4월 시작되었던 이 소송은 이후 2014년 7월에 양사가 미국 외 소송을 모두 취하하기로 합의하면서 미국 소송만 남게 되었고, 필자는 2014년 9월에 대법원 재판연구관으로 자리를 옮겼다. 이 소송은 표준필수특허와 관련된 쟁점에 대한 서울중앙지방법원의 판결을 남겼다는 점에서 국내 법원의 판결이 전혀 없었던 마이크로소프트 사건보다는 국내에서 다툰 쟁점들에 대한 이력을 남겼다는 점에서 의의가 있고, 특허침해사건과 연결된 다른 한편으로서 공정거래법 위반사건이 진행되었다는 점에서 이 사건은 관련 사건에서도 의의가 있었다. 이 사건에서 마무리되지 못한 쟁점들 중 일부는 이후 퀄컴과 공정거래위원회 간의 사건에서 다시 성숙도를 가지고 논의되었다.

③ 필자가 2009년에 이어 2015년 두 번째 대법원 재판연구관 생활을 마치고, 다시 변호사로 일하게 되면서 퀄컴 사건에서 공정거래위원회를 대리하게 되었다. 인생에서 지금까지 만난 세 건의 IP and Antitrust 분야의 랜드마크 사건 중에서 세 번째 사건은 드디어 대한민국 정부를 위하여 일하게 되었다. 지금까지 공부한 지식과 경험을 우리 정부를 위해서 쓰고 싶다고 했는데 영광스럽고 감사하게도 우리 정부의 대리인으로 일할 수 있게 되었다. 이 사건은 세기의 사건으로 앞의 마이크로소프트 사건이나 삼성과 애플 간의 사건과 마찬가지로 전세계 여러 나라의 법원에서 동시다발적으로 진행된 사건이었다. 정말 많은 문서가 오갔고, 다수의 전문가들이 증인으로 출석해서 서울고등법원에서 의견을 개진하였고, 원고대리인은 세 개의 대형로펌이 연합하여 구성된 많은 변호사들이 일을 하였는데, 우리 정부 측은 일당백(一當百)으로 다투어야 했다.

마침내 2019. 12. 4. 서울고등법원에서 원고의 청구를 대부분 기각하였고, 특히 1조원이 넘는 과징금은 피고 공정거래위원회의 판단을 그대로 유지하였다. 사실상 완승을 했다고 해도 과언이 아닌 결과였다. 그런데 필자의 어금니 세 개가 말 그대로 내려앉아서 생애 처음으로 임플란트 시술을 받게 한 사건이 되었다. 2019. 1. 31. 퀄컴에 대한 첫 사건에 대한 대법원 선고가 있었고, 지금 두 번째 사건은 서울고등법원의 판결에 대한 상고심이 대법원에서 진행중이다. 그래서 이 사건에 대한 소개는 공간된 공정거래위원회의 의결서와 고등법원의 보도자료, 미국을 포함한 여러 국가의 판결문과 자료들로 소개하였다. 이후 사건이 완전히 종결되었을 때 이 사건은 우리 사법사의 한 페이지에 의미 있는 발자국을 남기는 사건이 되기를 기원한다.

요컨대 이 책은 2010년 이후 필자의 10년간의 실무경험과 연구를 정리한 것이다. 실무자로서 공유할 수 있는 부분들을 공유하였고, 학문적인 성과들을 이 책에 담았다. 책을 쓰는 것은 사회공헌이다. 힘은 들고, 돈은 안 되지만, 강민구 법원장님 표현처럼 사회적으로 적선(積善)하는 일이다. 우리의 시간과 에너지를 이웃을 위해서 쓸 때, 후배들을 위해서 쓸 때 신이 내게 주신 재능을, 생명을 나누는 것이 책을 쓰는 것이라고 믿는다.

인생이 체스 게임이라면 이제 필자의 삶은 middle game이라고 생각한다. opening과 endgame 가운데 middle game까지 늘 부족한 필자의 삶을 이끌어주시는 분에 대한 경의와 감사를 드린다. 아들 정원이 필자와 같이 법률가가 되겠다고 결심을 하여 일본 츄오대학(中央大學) 법학부로 진학하였다. 법학을 공부한다는 것이 참으로 험난한 길임을 경험한 아버지의 마음으로서 아들의 앞길에 힘든 시련이 있더라도 포기하지 말고, 쓰러지지 않고, 은인을 만날 수 있는 행운이 함께 하기를 기도한다. 같이 사시면서 늘 부족한 아들을 챙겨주시는 사랑하는 부모님과 가족들에도 감사의 마음을 전하고 싶다. 어려운 출판환경에도 불구하고 이 책을 출판하여 주신 박영사에 진심으로 감사를 드리며, 정부에서 출판업의 공익성을 높게 인정하여 지원을 아끼지 않았으면 한다.

　　신들은 시지프에게 바위를 산꼭대기까지 끊임없이 굴려 올리는 형벌을 내렸다. 조금 더 알았다고 생각하는 순간 알게 되는 것은 더 큰 무지였고, 좌절이었다. 끊임없이 밀어올린 돌은 굴러 내렸다. 시지프스 신화에서의 시지프(Sisyphus)가 나임을 자각하고 알베르 카뮈의 시지프 신화의 일부로 머리말을 마치고자 한다. 이 책을 보는 모든 독자에게도 늘 행운이 함께 하기를 빈다.

*"산정(山頂)을 향한 투쟁 그 자체가 인간의 마음을 가득 채우기에 충분하다.*
*행복한 시지프를 마음속에 그려보지 않으면 안 된다."*

{알베르 카뮈 지음, 김화영 옮김, 《시지프 신화》(민음사 세계문학전집 343, 2021년 1판 13쇄 185면)}

2021. 8.

최 승 재

# 추 천 사

학자로서, 지식인으로서 오랜 기간 집중하여 연구한 한 전문분야에 대한 깊이 있는 저서를 발간하는 일은 학계는 물론 사회공동체에 큰 적선지가행(積善之家行)을 실천하는 길 중의 하나다.

세종대학교 최승재 교수가 이번에 실무계와 학계 양쪽 모두의 다년간 경험을 바탕으로 종전의 "특허권 남용의 경쟁법적 규율" 발간 이후 10년간의 표준필수특허에 관한 연구성과를 모아 "표준필수특허와 법"의 제호로 역저를 발간했다.

저자는 다년간 대형 로펌의 실무 변호사로서, 거대 글로벌 IT기업의 사내 변호사로서 실무에 종사했고, 대법원 전문분야 재판연구관으로서의 경험도 쌓아 왔다. 또한 그동안 10여 권 이상의 단독저서, 같은 분량의 공동저서, 100여 편 이상의 학술논문발표에서 보듯이 치열한 탐구심으로 쉼 없이 자신의 전문분야에 대한 절차탁마와 수준 높은 학술적 기여를 지속적으로 해 왔다.

저자는 본서에서 FRAND 조건에 대한 수준 높고 깊이 있는 기술을 포함하여 표준필수특허의 규율에 있어 시장지배적 지위남용에 대해서도 소상하게 기술하고 있다. 그런 면에서 본서는 특허 관련 학계는 물론 실무계에 종사하는 법조인 모두에게 이 분야에 대한 하나의 나침반 기능을 수행하리라 확신한다.

추천자는 과거 서울중앙지방법원 지적재산권 전담 재판부 재판장으로 특허침해사건을 다룬 경험과 대법원 법원도서관 조사심의관으로서 판례공보 제작용 특허 관련 판례를 다루어 보았고, 한국정보법학회 제3대 공동회장으로서 지적재산권 분야에 대한 호기심과 탐구심을 유지해 온 바 있다. 저자는 한국정보법학회 회원으로 추천자와 같이 열심히 활동한 바 있다.

상세한 책 내용을 소개하는 것은 모든 것이 모자라고 부족한 추천자의 추천사에서 부적절하다고 여겨, 저자의 탐구심과 열정을 높이 치하하는 것과 관심 있는 강호제현의 애독과 추가 심화연구의 인연을 기다리는 기쁜 마음으로 추천의 글을 마무리한다.

서울고등법원 부장판사 강 민 구

# 차 례

# 제 1 장
## 서 론

# 제1장 서 론

특허법 영역에서 전세계적으로 많은 주목을 받고 있는 표준필수특허 (Standard Essential Patent)와 관련된 법적 쟁점들을 정리하고 올바른 문제 해결 방향을 제시하는 것이 이 책의 목적이다. 즉 표준필수특허를 특허법을 중심으로 하되 특허법 외의 상표, 디자인, 저작권 등 지적재산권법, 「독점규제 및 공정거래에 관한 법률」[1]을 종합적으로 고찰하여 경쟁법, 계약법의 각 영역과의 관계를 연구한 결과물이 본 저술이다. 필자는 이미 표준필수특허를 중심으로 한 특허권남용행위를 경쟁법의 시각에서 어떻게 규율할 것인가에 대한 저술을 2010년에 출판한 바 있다. 그 책이 「특허권남용의 경쟁법적 규율」[2]이다. 그러므로 이 책에서는 기존의 저술에서 언급한 연구결과는 최대한 그 책을 참고하도록 하고, 그 이후의 연구성과들을 바탕으로 해서 서술한다. 기초적인 이해가 필요한 독자들은 그 책을 먼저 보고 이 책을 보기를 권한다.

표준필수특허의 문제는 여러 가지 법적 쟁점을 동시에 가지고 있다. 이중에서 본서는 다음의 두 가지 쟁점을 주된 쟁점으로 삼는다.

첫째, 표준필수특허가 기본적으로는 특허이지만 이 특허권자가 표준화과정에서 표준으로 선언되도록 하기 위하여 하는 약속들[3]로, 그리고 표준화를

---

1) 본서에서는 '공정거래법'으로 약칭한다.
2) 최승재, 「특허권남용의 경쟁법적 규율」, 세창출판사 (2010).
3) 대표적으로 뒤에서 상세히 설명하려고 하는 FRAND(Fair, Reasonable and Non-Discriminatory) 조건이나 공개의무(Duty to disclose) 등의 의무가 그것이다. 유럽에서 RAND라는 용어를 사용한다. 실무적으로 완전히 동일한 것인지는 논란이 있을 수 있다. 그러나 이론적으로 양자를 구별하여 설명하지 않는 경우가 많다. 대표적으로 이황, "FRAND 확약 위반과 특허위협에 대한 공정거래법상 규제의 기준", 저스티스, 한국법학원 (2012. 4.) 195면.

통해서 이루어지는 경쟁제한의 우려[4]가 현실화되지 않도록 하기 위한 장치들을 해석하고 논의하는 과정에서 경쟁법의 문제가 같이 논의되어야 한다. 대표적으로 퀄컴의 반경쟁적 행위로 인한 사건들이 전세계적으로 진행되면서 이 사건에서의 논의가 법리를 정립해나갈 것으로 기대한다.[5] 이미 이 사건 전에도 삼성과 애플 간의 소송이 관련 법리를 정립하고 있으며, 다른 여타의 관련 사건들도 참고가 된다.

둘째, 표준필수특허의 문제는 특허법 본연의 문제를 가지고 있다. 그것은 표준필수특허 침해시의 손해배상의 문제이다. 표준필수특허가 침해되는 경우 그 침해의 양상은 표준필수특허가 하나의 단일한 특허가 아니라 복수 특허의 덩어리라는 점을 감안하여 보면 그 복수의 특허 가운데 특정한 표준필수특허가 침해되는 경우 그 손해배상액을 산정하는 문제는 쉽지 않은 문제이다. 각국의 법원은 포트폴리오 라이선스를 유추하여 손해배상액을 산정하는 등의 방법을 찾으려고 하고 있지만, 많은 특허가 표준에 포함되어 있어 근본적으로 로열티 스태킹(royalty stacking) 문제를 해소하기 어려운 문제점을 완전하게 극복하지는 못하고 있다.

표준필수특허에 대해서는 다수의 소송들이 전세계적으로 일어나고 있는 상황에서 특허가 가지고 있는 국제적인 성격을 감안하면 전세계적인 흐름을 정확히 파악하고 이에 따른 대응을 하기 위한 연구가 필요하며 이 책은 그런 목적으로 저술되었다. 실제 논의되고 있는 다수의 쟁점은 완결된 논점이라기보다

---

4) 표준화는 그 실질이 경쟁하는 여러 후보 기술 중의 하나를 채택하여 그 기술을 사용하는 것이므로 기술시장에서의 경쟁을 제한하고 하나의 기술을 선택하기로 하는 합의라는 점에서 담합의 성격이 있다. 이런 점에서 기술표준화는 경쟁제한의 우려가 있다.

5) 국내에서 있었던 소송으로 삼성과 애플 간의 소송이 있고 우리나라와 미국에서 진행중인 퀄컴과 미국공정거래위원회 간의 소송이 대표적이다. 그리고 표준필수특허 침해시의 손해배상의 문제가 각국 법원에서 논의되고 있다. 미국에서는 2019년 북부캘리포니아 연방지방법원이 판결을 했고(Federal Trade Commission v. Qualcomm Incorporated, Case No. 17−CV−00220−LHK, United States District Court Northern Disrtrict of California San Jose Division, 이하 약칭하고자 할 때에는 '2019년 미국연방지방법원 판결'이라고 약칭한다), 우리나라에서는 서울고등법원이 2019년 12월 판결(서울고등법원 2019. 12. 4. 선고 2017누48 판결 이하 약칭하고자 할 때에는 '2019년 서울고등법원 판결'이라고 약칭한다)을 선고했다. 한국사건은 대법원에 상고되어 계속중이고, 미국사건은 항소심에서 취소된 후 연방거래위원회가 대법원에 상고하지 않아서 확정되었다.

지금도 논의가 진행 중인 논점이므로 본서의 다수의 쟁점들에 대해서는 서로 다른 의견이 있을 수 있다. 그러므로 이런 점에서 본서의 내용에 대하여 정리되지 않은 쟁점들에 대해서는 관련된 논의를 촉발할 수 있을 것으로 기대한다.

산업적으로도 우리 특허청을 중심으로 한 정부부처와 산업계가 공동으로 국내 특허가 표준특허가 되도록 함으로써 관련 산업에서 표준경쟁을 주도할 수 있도록 하는 정책방향을 잡고 있다. 이를 위해서 기술적인 지원과 노력 외에 법제적인 뒷받침을 위한 노력도 같이 이루어져야 한다.

이 책은 사례를 분석하는 것에 상당한 분량을 할애한다. 실제로 존재한 사례를 분석함으로써 표준특허와 관련된 논의가 단순한 흥밋거리에 그치는 것이 아니라 실제적인 상황에서 다투어지는 쟁점들에 대한 대안을 제시할 수 있을 것이다.

책은 다음과 같이 구성하고자 한다.

제2장에서 **표준특허와 FRAND 확약을 본다.** 본 장에서는 표준필수특허의 의의, 표준화기구와 표준특허의 결정, 표준화기구의 정책문서를 각 표준화기구별로 보고, 그 중에서도 FRAND 조건의 의의, 기능 및 역할 및 공개의무의 의의, 기능 및 역할을 살필 것이다.

제3장에서 **표준필수특허의 규율 중에서 시장지배적 지위남용을 본다.** 표준필수특허와 FRAND 조건을 특허법, 경쟁법, 계약법의 각 관점에서 기술할 것이다. FRAND 조건의 특허법적 의미에 대해서 보고, 금지청구권의 허부에 대한 견해의 대립과 각국의 입장을 검토한다. 또 특허라이선스 협상과 강제라이선스에 대해서 검토하여, 판례상 정립되고 있고 자발적 라이선시(willing licensee) 요건, 강제실시의 문제, 독일의 오렌지 북 판결의 의의를 볼 것이다. 이와 함께 FRAND 조건의 경쟁법적 의미를 보고, 시장지배적 지위남용, 불공정거래행위, 필수설비이론과의 관계 등을 살펴볼 것이다. 본 장에서는 아울러 FRAND 조건의 계약법적 의미도 살펴볼 것이다. FRAND 조건의 계약법적 구조를 표준필수특허권자, 표준화기구의 회원사, 표준화기구의 비회원사로 나누어 보고, 계약법적 구조와 제3자를 위한 계약론을 본다. 특히 ETSI의 사례를 통해서 프랑스법을 준거법으로 하는 이 표준화기구에서의 정책문서 해석에 대한 논의를 보

고자 한다.

　제4장에서는 **표준필수특허와 금지청구 및 손해배상청구, 기업결합을 본다**. 표준필수특허 침해와 손해배상액의 산정의 문제를 볼 것이다. 이 주제는 미국과 유럽, 특히 독일에서 많이 논의가 되고 있는 주제로서 이와 관련하여 판례상 문제가 되고 있는 로열티 스태킹(Royalty stacking)과 포트폴리오 라이선스의 이슈를 살펴볼 것이다. 그러면서 실제 사례에서 판두이트(panduit) 판결과 조지아 -퍼시픽 요소의 고려, 전시장가치법칙(Entire Market Rule)과 판매가능최소단위(Smallest Sellable Patent Practicing Unit) 이론을 사용하는 문제를 보고, 이를 기초로 우리 특허법 제128조 하에서는 어떻게 해석을 하는 것이 옳을지, 일본 법원의 관련 이론을 같이 고려하여 제안을 하고자 한다. 마지막으로 관련 소송사례를 볼 것이다. 이를 위해서 미국 법원의 판결 중에서 모토롤라 판결, 디 링크 판결 등 법원의 태도에 대해서 살펴볼 것이다.

　각 장에서는 관련된 장의 이해에 필요한 표준필수특허 관련 소송 및 심결사례를 볼 것이다. 사례로는 삼성 대 애플 사건을 집중적으로 보면서, 미국 및 유럽에서 많은 사례가 있는 모토롤라 사건을 볼 것이다. 삼성 대 애플 사건은 다수의 국가에서 소송이 진행되고 판결이 선고된 점을 고려하면 검토의 실익이 있다. 또 중요한 의미를 갖는 판례가 다수 나온 모토롤라 관련 판결들을 미국 법원의 판결과 미국 이외 지역 법원의 판결로 나누어서 볼 것이다. 기타 판결 및 심결들로 화웨이 판결, 퀄컴 판결(중국사례 및 한국사례). 마이크로소프트와 노키아의 기업결합 사건에서의 심결을 기술할 것이다.

# 제 2 장
## 표준특허와 FRAND 확약

# 제 2 장  표준특허와 FRAND 확약

## 제 1 절  표준필수특허의 의의

## Ⅰ. 기술표준화

### 1. 의 의

표준화란 표준(standard)을 선정하는 과정을 의미한다. 표준화는 표준화기구가 진행하는 것이 일반적이다. 표준화기구는 이동통신 표준의 기술규격을 개발하는 업계 이해당사자의 국제협력기구이다.[1] '표준'이란 표준화기구의 합의에 기반하여 승인된 문서로서, 일정한 범위 내에서 최적 수준의 목적을 달성하고 공통적이고 반복적인 사용을 위하여 일련의 규칙, 지침, 또는 특성을 제공한다.[2]

표준은 제정의 주체에 따라 공식표준, 포럼/컨소시엄 표준, 시장표준으로 분류할 수 있다. 공식 표준은 공신력 있는 표준화 기구에서 일정한 절차와 심의를 거쳐 제정하는 표준(de jure standard)이고, 유사 기술 분야에 대해, 다수의 연합체가 여러 규격(specification)을 만들고, 이러한 규격들이 공식 표준화 기구에서

---

1) 2019년 미국연방지방법원 판결문 5면.
2) 예를 들어 이동통신표준은 이동통신서비스를 제공하거나 이용하는데 있어서 필요한 방식이나 절차 등 통신 주체간에 합의된 규약, 즉 프로토콜의 집합이라고 정의할 수 있다. 표준화(standardization)는 표준을 제정하고 이것을 활용하는 조직적 활동을 의미한다. 이동통신표준은 시간의 흐름에 따라서 진화한다. 예를 들어 2008년 LTE 첫 번째 세대의 표준이 결정되었고, 그 후 표준 기여자들이 새로운 기능을 개발함에 따라서 새로운 LTE 기술들이 지속적으로 표준화되었다(2019년 미국연방지방법원 판결문 5면).

요구하는 조건들을 충족하는 경우, 공식 표준으로 승인, 제정되는 절차를 밟는 것이 일반적이다. 이런 표준들은 기술적인 요구사항(requirements)을 뒷받침하는 특허들이 존재하는 바, 이런 특허들을 표준필수특허(Standard Essential Patents)라고 한다.[3]

마이크로소프트의 윈도우즈가 한 때 시장점유율이 우리나라의 경우 90%를 넘기기도 했는데 이 정도가 되면 표준이라고 할 수 있을 것이다. 하지만 이런 경우는 인위적으로 정해진 표준과 달리 시장에서의 특정한 사업자의 경쟁력에 의해서 발생한 것으로 이런 의미에서의 비공식표준 내지 시장표준이라고 할 수 있다. 시장표준은 시장 경쟁을 통해 형성된 비공식 표준을 의미한다.[4]

표준이 다르면 환산비용이 발생하게 되고 이를 변환하는 과정에서 오류가 발생하여 사고의 원인이 되기도 한다. 그런 점에서 도량형(표준)의 통일은 도량형을 환산하는 과정에서 발생할 수 있는 전환비용과 환산오류로 인한 사회적 손실을 막을 수 있다.[5] 이러한 기술 표준의 경우에는 기술표준의 표준화 과정에서 발생하는 표준 간 경쟁을 통하여 경쟁촉진적 효과가 발생할 수 있다. 표준을 기반으로 제품이나 서비스가 제공되는 경우, 서로 회사의 제품들 간에도 정보 교환 등 일련의 처리를 정확하게 실행을 가능하게 한다. 기업은 표준을 통하여 생산 및 업무를 단순화할 수 있어 제품 및 서비스의 품질 향상 및 유지

---

3) 이동통신의 경우 산업의 특성상 표준필수특허가 특히 문제된다. 이동통신산업의 경우 표준이 반드시 필요하고, 표준이 있어야 시장 참여자들인 모뎀칩 공급자, 핸드셋 제조사, 장비제조사, 통신사업자들과 기타 표준에 부합하는 부품이나 기기를 제조하는 사업자들이 이에 따라서 참여할 수 있다(2019년 미국연방지방법원 판결문 5면).

4) 이와 대비하여 포럼/컨소시엄 표준은 특정 기술분야의 표준화를 위하여 임의로 결성된 조직체 또는 특정 기업 연합에서 제정하는 규격이며 '사실상 표준(De facto standard)'이라고 한다. 필자는 개인적으로 한국마이크로소프트에서 마이크로소프트와 한국공정거래위원회 간의 소송에서 마이크로소프트를 대리하여 소송을 진행하였다. 이 사건은 사실상 표준이 문제가 된 사건으로 표준화기구에 의한 표준특허가 문제가 된 퀄컴 사건과는 구별된다. 사실상 표준에 대하여는 최승재, 「특허권남용의 경쟁법적 규율」, 세창출판사 (2010) 110면.

5) 1986년 미국에서 발생한 챌린저호 폭발사고는 부품 중 0.28인치짜리 오링(O-ring)이 원인이었다는 사실이 뒤에 밝혀졌다. 오링은 누설방지장치인데 인치와 센티미터를 환산하는 과정에서 발생한 작은 차이가 우주선을 최악의 상황으로 몰고 가기도 한다는 점을 보여 주었다. 이런 내용에 대하여는 최승재, 「특허권남용의 경쟁법적 규율」, 세창출판사 (2010) 108면.

에 용이하며, 생산 능률을 높이고 원가를 절감할 수 있다. 또한, 표준 기반 제품 및 서비스에 집중함으로써 연구개발을 효율화할 수 있다. 사용자 측면에서도 표준은 표준화된 일정한 품질의 제품이나 서비스를 손쉽게 이용할 수 있게 하는 장점이 있다.

## 2. 표준기술과 표준필수특허

표준기술이란 정부, 표준화기구, 사업자단체, 동종기술보유 기업군 등이 일정한 분야에서 표준으로 선정한 기술을 말한다.[6] 일반적으로 표준화기구는 일정한 기술 분야에서 중복투자를 방지하고 기술개발을 촉진하기 위해 특정 기술을 표준 기술로 선정한다.[7] 통상 관련 업계의 이해 당사자들이 중심이 되어 임의로 특정한 표준을 설정하기 위해 구성된 공동기구인 표준화 기구는 표준을 구성하는 기술들을 선별하고 지정한 후 이러한 기술들만을 사용하기로 합의하기도 한다.[8]

기술표준은 서로 다른 기술적인 구현목표를 가지고 있을 경우에 이러한 목표에 종속되어 결과적으로 하나의 형식으로 구현된다고 하더라도 상호 다른 표준으로 공존할 수 있다. 소비자들은 오히려 서로 다른 표준의 존재로 인하여 서로 다른 표준이 제공하는 효익을 제공받을 수도 있다.[9] 따라서 오히려 도량

---

6) 공정거래위원회 '지식재산권의 부당한 행사에 대한 심사지침(개정 2016. 3. 23. 공정거래위원회 예규 제247호) Ⅰ. 3. 가. (5).
7) 공정거래위원회 전원회의 의결 제2017-25호 2017. 1. 20. 2015시감2118(이하 '공정위 2015시감2118 사건 의결서'이라고 함) 15면.
8) 공정위 2015시감2118 사건 의결서 16면.
9) 예를 들어, 디지털 이미지를 구현하기 위한 기술로서의 JPEG, GIF와 PNG(Portable Network Graphics)이 있다. JPEG은 Joint Photographic Coding Experts Group(JPEG 위원회)에 의해 개발되었다. JPEG는 풀 컬러(full-color)와 그레이 스케일(gray-scale)의 압축을 위하여 고안되었으며, 사진이나 예술분야의 작업에서 장점을 나타낸다. GIF와 함께 인터넷에서 가장 자주 사용된다. GIF에 비해 데이터의 압축 효율이 더 좋다. 또한 GIF는 256색을 표시할 수 있는데 반해 JPEG는 1,600만 색상을 표시할 수 있어 고해상도 표시장치에 적합하다. 또 한 가지 JPEG의 유용한 점은 이미지를 만드는 사람이 이미지의 질과 파일의 크기를 조절할 수 있다는 것이다. 예를 들어, 이미지가 큰 파일을 아주 작은 크기의 파일로 압축하려 하면 이미지의 질이 그만큼 떨어지게 된다. 그러나 JPEG 압축기술을 이용하면 이를 적절히 조절하여 이미지에 손상에 가지 않도록 이미지

형 표준의 경우[10]와 달리 복수의 표준을 사용하는 것이 실제로 더 많은 경제적인 효익이 있을 수도 있다.

그러나 어떤 기술의 경우에는 표준화가 반드시 필요할 경우가 있다. 그 대표적인 경우가 통신기술이다. 통신기술의 경우에는 표준화가 되지 않으면 통신(telecommunication)이라는 것의 의미가 서로 격지자 간에 의사소통을 한다는 의미라는 점에서 약속(protocol)이 안되면 통신이 이루어지지 않게 되기 때문이다. 실제로 이동통신의 역사를 보면 2세대에서 GSM과 CDMA 기술이 서로 표준간 경쟁을 한 바 있다. 이후 3세대 이후 점차 기술이 통합되었고 4세대에는 양 진영이 LTE(Long Term Evolution)이라는 기술을 채택하여 2018년 현재 이 기술이 다수의 국가에서 사용되고 있다.[11] 그리고 2020년 5세대[12] 이동통신표준 논의가

---

를 압축할 수 있다. 이중 JPEG과 PNG은 디지털 이미지를 구현하기 위한 기술이라는 점에서는 공통점을 가진다. 하지만, 이 두 기술은 서로 다른 기술구현목표를 가지고 있다. JPEG는 압축률이 높은 정밀도가 요구되지 않는 그래서 적은 메모리 용량으로도 이를 휴대용 화상기기인 디지털 카메라 등에서 구현할 수 있도록 하는 것을 목적으로 하는 표준인 반면, PNG는 압축률은 떨어지더라도 정밀한 디지털 영상을 필요로 하는 경우에 이러한 요구를 만족시키기 위하여 사용하는 것이다. 이러한 차이는 실제로는 동일한 디지털 영상의 저장을 위한 파일 포맷이라는 기술표준의 일종이라는 점에서 일치하더라도 양자가 서로 다른 목적을 위하여 공존할 수 있게 되는 이유가 된다. 최승재, 「특허권남용의 경쟁법적 규율」, 세창출판사 (2010) 109면.

10) 진시황이 도량형을 이런 점에서 경제의 발전을 위해서 가장 필요한 일은 한 것이라고 할 수 있다. 최승재, 「특허권남용의 경쟁법적 규율」, 세창출판사 (2010) 109면.

11) LTE 표준에 관한 표준필수특허 선언 건수에 대한 ETSI 데이터베이스에 의하면, 2014년 동안 한 표준에 대하여 104개의 특허권자들이 SEP를 선언하였다. 2011년 36건에 불과하였던 점과 비교하면 급증하였다고 볼 수 있다. 또 SEP 건수 증가에 기여한 상위 20개 기업체들을 살펴보면, 12개의 기업만이 무선통신의 2세대 기술표준인 GSM의 개발에 관여하였음을 알 수 있다. 특허 건수의 증가는 많은 기업체들이 선언한 표준필수특허 개수에 구속되게 되었다. 한 논문에 의하면 325개의 기술 표준 문서들은 각 기업별 25건 이상의 표준필수특허 선언횟수에 제한된다고 한다. Baron, J., Pohlmann, T. and Blind, K. (2016). Essential patents and standard dynamics. Research Policy, 45(9), pp. 1762~1773.

12) 5세대는 소위 빅뱅이라고 불릴 정도로 엄청난 통신폭발이 예기되어 있다. 이와 관련하여 다양한 논의가 있는 바, 예를 들어 보안과 관련하여, "최근 사물인터넷(IoT), 4차 산업혁명이라는 용어는 어디서나 너무나 쉽게 접할 수 있게 되었으며, 해당 기술이 전 산업으로 확산 및 적용되면서 덩달아 핫이슈로 떠오르는 용어가 5G, 즉 5세대 이동통신이다. 5G는 기존 1세대 이동통신망인 아날로그통신망에서 최근 4세대인 LTE를 이어나가는 새로운 이동통신망을 의미하며, 기존 4G LTE 보다 데이터 용량이 약 1000배 많고

진행되어 그 결과 5세대 이동통신이 우리나라가 전세계에서 최초로 상용화하였다. 5세대 이동통신이 이루어지게 되면 기존의 사람과 사람간의 이동통신이 사람과 기기, 기기와 기기간의 통신[13]을 포함하게 됨에 따라 엄청난 빅뱅이 일어날 것이고 관련 산업에 엄청난 경제적인 파급효과를 줄 것이다. IoT라고 부르는 기술혁신 외에도 사람간의 이동통신에서도 스타워즈에서 등장하는 홀로그램 통신과 같은 기술들이 현실화되기 위한 특허가 출원되고 등록되고 있는 바,[14] 2018년 삼성전자가 홀로그램을 생성하는 장치와 방법에 대한 특허를 출원한 사실을 확인할 수 있다.[15] 근미래(近未來)에 이들 특허들의 현실화가 이루어질 것으로 기대한다. 그런데 이런 미래를 현실화시키기 위해서는 표준화가 선제되어야 한다.[16]

## 3. 표준필수특허(Standard Essential Patent)

이처럼 표준화를 진행하는 과정에서 필요한 특허들이 있다. 이런 특허들을 표준필수특허(Standard Essential Patent)라고 한다. 표준필수특허(Standard Essential

---

속도도 약 200배 정도 빠른 이동통신망이다. ITU−T를 통해 국제적으로 표준화된 용어는 IMT−2020이며 전송속도, 이동속도, 주파수 효율, 최고 전송속도, 최대 기기 연결 수 등 다양한 목표를 가지고 태어난 차세대 이동통신망이다. 5G 보안의 경우 네트워크 자체에 대한 보안은 기존 4G LTE가 가지고 있는 보안 기술과 유사하다고 할 수 있다. 다만, 향후 4차 산업혁명과 같이 다양한 산업에 광범위하게 적용되기 위해서는 안전이 최우선으로 고려되어야하기 때문에 최근에 양자암호나 블록체인과 같은 기술을 적용하여 5G 네트워크의 안전성을 강화하는 흐름으로 추진되고 있다."(https://www.tta.or.kr/data/weekly_ view.jsp?news_id=5862) 2018. 12. 10. 최종접속.

13) 기기와 기기간의 통신을 약칭하여 M2M(Machine to Machine) 통신이라고 한다.

14) https://www.tomsguide.com/us/samsung−holographic−display−phones,news−28866.html.

15) Hologram reporducitng apparatus and method thereof, USPTO Publication No. US−2018−034129−A1. https://nl.letsgodigital.org/uploads/2018/12/hologram.pdf 2020. 1. 15. 최종접속.

16) 5세대 이후의 통신기술이 실현하여야 할 과제로 가상현실(Virtual Reality) 및 증강현실(Augmented Reality), 홀로그램 등과 같은 경우, 엄청난 양의 데이터를 빠른 속도로 전송해야 하며, 원격 제어나 자율주행을 위한 차량 간 통신 등에서는 오류가 없으면서 데이터 전달 시간 지연이 아주 작은 데이터 송수신이 필요하다. 또한 사물통신(IoT, internet of the things)나 스마트 시티와 같은 환경을 위해서는 엄청난 수의 사용자를 동시에 수용할 수 있어야 한다.

Patent, SEP)란 표준기술을 구현하는 상품을 생산하거나 서비스를 공급하기 위해서는 필수적으로 실시허락을 받아야 하는 특허로서, 실시자에게 공정하고 합리적이며 비차별적인(FRAND: Fair, Reasonable And Non-Discriminatory) 조건[17]으로 실시허락할 것이라는 자발적인 확약이 요청되는 특허를 말한다.[18] 즉 표준필수특허란 표준에 포함된 특허로 그 표준구현을 위해서 필수적으로 요구되는 특허를 말한다.[19] 표준화기구는 표준필수특허를 발견하고 기능을 묶어서 수행할 수 있도록 하는 기능을 수행한다.

대부분의 표준화기구는 표준선정의 긍정적 효과를 극대화시키는 한편 특허권남용 위험을 방지하기 위해서 특허권자로 하여금 우선 표준기술 선정에 앞서 관련된 자신의 특허정보를 미리 공개하도록 하는 의무(duty to disclosure)를 부과하고, 표준선정 이전에 취소불가능(irrevocable)한 공정하고 합리적이며 비차별적인 조건으로 라이선스를 하겠다는 FRAND 확약을 자발적으로 선언(FRAND declaration)하도록 하며, 이를 거절할 경우 해당 특허를 표준기술에서 제외하는 등 특허정보공개와 실시조건 협의절차를 포함한 지식재산권 정책(IP Policy)을 운용하고 있다.[20] 이처럼 FRAND 확약이란 FRAND 조건에 따른 실시허락을 수용하는 의사표시를 한 것이므로, 표준화기구에서 FRAND 확약을 한 표준필수특허권자는 표준필수특허를 실시하려는 자에게 FRAND 조건에 따라 성실하게 협상하고 라이선스를 하여야 할 의무를 부담한다.

그 구체적인 사례를 보면, ITU, 국제표준화기구(International Organization for Standard), 국제전기기술위원회(International Electrotechnical Commission)은 2004. 11. 각 기구가 운영하던 특허정책을 비교·조정하여 2007. 3. 공동특허정책(Common Patent Policy for ITU-T/ITU-R/ISO/IEC)을 발표하였다.[21] 표준개발 절차는 표준화 기

---

17) 미국에서는 Fair를 제외하고 RAND 조건이라고 하기도 하나, 일반적으로는 FRAND 조건이라고 한다.

18) 공정거래위원회 '지식재산권의 부당한 행사에 대한 심사지침(개정 2016. 3. 23. 공정거래위원회 예규 제247호) Ⅰ. 3. 가. (6)

19) Josh Lerner and Jean Tirole, Standard-.Essential Patents, Working paper No. TSE-441 p. 2http://www.library.fa.ru/files/Tirole-Standard.pdf 2018. 12. 24. 최종접속.

20) 2019년 미국연방지방법원 판결 5면.

21) 이동통신 분야의 표준화 기구에는 국제전기통신연합(International Telecommunication Union, 이하 'ITU'), 국제전기전자기술자협회(IEEE), 유럽통신표준기구(European

구 및 해당 표준의 성격에 따라 조금씩 차이가 있으나 기본적으로는 유사하다. 표준화 기구는 일반적으로 회원을 기반으로 운영되므로 회원들로부터 표준안을 제안 받은 후 기술위원회 심의 등을 거쳐 표결을 통해 최종 승인하는 절차를 거치게 된다. 따라서 표준채택 절차는 표준화 기구 참여자들의 집단적인 의사 결정이 이루어지는 과정이라고 할 수 있다.[22] 표준결정과정에서 일반적인 정책문서가 있고, 이 문서에는 별도로 지재권 정책에 대한 사항이 있다. 일반적으로 특허권자가 표준화 기구에 자신의 기술이 표준필수특허임을 선언하고 공개할 때, 표준화 기구는 선언된 표준필수특허가 실제로 유효한 특허인지, 표준에 필수적인 특허인지를 검증하는 절차를 두고 있지 않다.[23] 그리고 실제 관련 소송 과정에서 특허권자가 표준필수특허라고 선언한 특허 중 상당수가 사실상 무효이거나 표준에 필수적이지 않은 것으로 결정되는 경우가 많다고 알려져 있다.[24]

따라서 일반적으로 특허권자가 자신이 표준필수특허라고 선언한 특허에 대하여 실시료를 받고자 하는 경우 특허권자는 특허 이용자가 어떤 특허를 어떤 방식으로 침해하고 있는지를 입증하고 특허 이용자(alleged infringer)가 이를 검증하고 다투는 등의 과정을 거치게 된다.[25] 이들 기구의 지재권 정책문서의 주요 내용은 표준화기구들이 표준필수특허 보유자들에 대해 공정하고 합리적

---

Telecommunications Standard Institute, 이하 'ETSI'), 미국통신산업협회(TIA) 그리고 우리나라의 한국정보통신기술협회(TTA) 등이 있으며, 표준화 기구 간의 협력기구인 3GPP(WCDMA, LTE 관련), 3GPP2(CDMA 관련) 등도 있다. 공정위 2015시감2118 사건 의결서 15−16면.

22) 공정위 2015시감2118 사건 의결서 16면.

23) ETSI의 지식재산권 가이드 3.2.1에는 ETSI가 표준필수특허의 유효성, 필수성에 대한 검증을 수행하지는 않는다고 규정되어 있다.["ETSI does not perform any check on the status and validity of any Essential IPRs notified to ETSI" (ETSI Guide on IPRs, 2013. 9. 19.)]

24) 특허전문연구기관인 Fairfield Resources International은 GSM, WCDMA 및 LTE 표준 관련 표준필수특허라고 선언한 특허 중 50~73%는 필수특허가 아닌 것으로 나타났다고 발표하였다.("Analysis of Patent Declared as Essential to GSM as of June 6, 2007", "Review of Patents Declared as Essential to WCDMA Through December, 2008", "Review of Patents Declared as Essential to LTE and SAE(4G Wireless Standards) Through June 30, 2009").

25) 공정위 2015시감2118 사건 의결서 16면.

인 실시료를 지불할 용의가 있는 실시희망자(willing licensee)에게 FRAND 조건으로 라이선스를 제공하겠다는 확약을 제출하도록 하고, 만약 그 특허 보유자가 이를 거부할 경우에는 당해 특허는 표준에 포함될 수 없도록 하였다.26)

ETSI 역시 위와 유사한 지식재산권 정책(Intellectual Property Rights Policy)을 규정하여 다른 표준화기구들과 같은 취지의 정책을 운용하고 있다. ETSI는 삼성전자와 애플간의 소송에서도 문제가 되었고, 퀄컴 Ⅱ27) 사건에서도 주로 문제가 된 표준화기구로서 통신기술분야에서 역할을 수행하고 있다. ETSI의 지식재산권 정책은 '특허권자가 자신이 보유한 특허가 표준으로 채택되기 위해서 정당한 대가를 지불하고 라이선스를 받고자 하는 자에게 FRAND 조건으로 취소불가능한 라이선스(irrevocable license)를 제공한다'는 확약을 하는 서면제출을 요구하고 있다.28)

또 다른 중요 표준화기구인 IEEE는 2015. 2.경 FRAND 확약의 의미를 보다 구체화하는 방향으로 지식재산권 정책을 개정하였다. IEEE는 이사회 승인을 통해, 전세계적인 범위에서 라이선스를 요청하는 모든 사용자에게 무상으로 또는 합리적이고 비차별적인 라이선스 조건(RAND)으로 라이선스를 제공하고, 실시희망자에게 대한 판매금지청구를 제한하며, 표준필수특허가 제3자에게 이전될 경우 RAND 의무도 함께 승계하는 내용으로 지식재산권 정책을 개정하였다.29)

---

26) 최승재, 「특허권남용의 경쟁법적 규율」, 세창출판사 (2010) 15면.

27) Federal Trade Commission v. Qualcomm Incorporated, Case No. 17-CV-00220-LHK, United States District Court Northern Disrtrict of California San Jose Division과 묶어서 서울고등법원 2019. 12. 4. 선고 2017누48 판결을 '퀄컴 Ⅱ 사건' 또는 '퀄컴 Ⅱ 판결'이라고 한다.

28) "the Director-General of ETSI shall immediately request the owner to give within three months an irrevocable undertaking in writing that it is prepared to grant irrevocable licences on fair, reasonable and non-discriminatory("FRAND") terms and conditions under such IPR (후략)"(ETSI Intellectual Property Right Policy 6.1)

29) 2015년 2월 Wi-Fi 등 주요 통신 표준을 선정한 IEEE는 FRAND 확약의 의미를 보다 구체화하는 방향으로 지식재산권 정책을 개정하였다. IEEE는 이사회 승인을 통해 ① 전 세계적인 범위에서 라이선스를 요청하는 모든 사용자(unrestricted number)에게 무상으로 또는 RAND 조건으로 라이선스를 제공하고, ② 적극적으로 실시를 희망하는 라이선시에 대해 판매금지청구(injunction)를 제한하며, ③ 표준필수특허가 제3자에게 이전될 경우, RAND 의무도 함께 승계하도록 하는 내용 등을 골자로 지식재산권 정책을 개정하

주요 표준화 기구의 지식재산권 정책을 정리하면 다음과 같다.[30]

| 표 2-1 | 주요 표준화 기구의 지식재산권 정책 | | |

| 구 분 | ISO/IEC/ITU | ETSI | IEEE |
|---|---|---|---|
| 공개<br>규칙 | • 범위: 필수특허 및 특허출원 정보 공개 의무<br>• 시기: 표준화 시작단계 | • 범위: 필수특허 및 특허출원 정보 공개의무<br>• 시기: 시의적절하게 조기 공개 유도 | • 범위: 필수특허 및 특허출원 정보 공개가능, 요구되지는 않음<br>• 시기: 회의 시작 시 참석자에게 공개할 수 있는 기회 제공 |
| 특허검색<br>의무 | | • 의무사항이 아니라고 명시 | • 특허검색을 하지 않는다고 명시 |
| 라이선싱<br>규칙 | • RAND 조건 라이선싱 또는 실시료 없이 라이선싱 | • FRAND 조건 라이선싱<br>• 제3자가 표준필수특허를 보유한 경우에 ETSI는 제3자에게도 FRAND 조건으로 라이선싱 선언을 하도록 요구 가능 | • 실시료 없이 라이선싱 또는 RAND 조건 라이선싱 |
| 라이선싱<br>거부시 | • 특허권자의 해당 특허번호와 청구항 및 관련 표준기술 통보(ISO /IEC는 권장사항, ITU는 의무사항)<br>• 관련 위원회에서 특허가 포함되는 기술을 제외(표준개정 또는 폐지) | • 표준에서 제외<br>관련 IPR을 우회하는 표준을 다시 도출<br>• 회원들이 고의로 지연한 특허공개는 ETSI 총회에서 제재 가능 | • 표준에서 제외 |
| 협상<br>규칙 | • 이해 당사자 간에 ISO /IEC/ITU 밖에서 해결 | • ETSI 내에서 구체적 라이선싱 조건 등 상업적인 토론이나 협상 금지 | • 특허권리 범위나 가격 담합에 관한 논의 금지<br>• 표준화 추진시 최적기술 선정을 위한 상대비교 가능 |

였다. 공정위 2015시감2118 사건 의결서 19면.
30) 아래의 표는 공정위 2015시감2118 사건 의결서 19면에서 인용.

## II. 표준결정행위의 공동행위적 요소와 효율성과의 형량

### 1. 표준결정행위의 부당한 공동행위 성립가능성

가. 표준화기구에 의한 표준결정행위는 복수의 표준기술 후보 중에서 특정한 기술을 선정하는 것이다. 그 결정행위는 주체가 산업별표준화기구처럼 사기업이건, 국가간 표준화기구처럼 국가이건 공동행위라는 점은 논란이 될 수 없다고 본다. 즉 표준선정과정에서 복수의 표준기술 후보에서 탈락하는 기술들이 발생하며 특정한 기술을 선정하게 되면 다른 기술들은 표준이 될 수 없다.

특정한 사업자들이 내지 사업자의 단체인 표준화기구가 특정한 기술, 제품, 규격, 표준을 정하고 그 기술, 제품, 규격, 표준을 시장에서 사용되도록 함으로써 다른 기술, 제품, 규격, 표준을 시장에서 사실상 퇴출되도록 한다면 이러한 행위는 기본적으로 공동행위라고 보아야 할 것이다.[31]

이러한 행위가 부당한 공동행위가 될 것인지 여부는 다시 판단이 필요하다.[32] 그러나 복수의 표준이 경쟁하는 상황에서 복수의 후보기술 군(群)중에서 특정한 기술표준을 선정하는 행위[33]는 그로 인해서 다른 후보기술군을 지지하는 경쟁사업자의 시장에서의 배제를 결정하는 행위가 될 수 있으므로 이런 점에서 복수의 사업자나 회원사들의 표준결정행위는 분명히 경쟁제한성을 가지는 공동행위가 될 수 있다. 그럼에도 불구하고 표준결정행위는 효율성 증대가 있기 때문에 증대되는 효율성을 유지하면서 표준결정행위의 반경쟁적 성격을 줄이거나 제거할 수 있는 수단을 채택하여야 한다.[34]

---

31) Allied Tube v. Indian Head, Inc., 486 U.S. 492 (1988).
32) Justus A. Baron et al, Making Rules, JRC Science for Policy Report (2019), pp.47~49.
33) 표준화기구들은 달성하여야 하는 기술적인 과제를 제기하고 회원사들은 기술적인 과제를 달성하기 위한 방안들을 제시한다. 그리고 회원사들의 기술제안을 기술위원회에서 검토하고 그 가운데 표준을 선정한다. 이런 절차를 통해서 기술표준이 선언되고 결정되기 때문에 기술적인 과제의 선정은 표준결정의 출발점이 된다.
34) 이런 점은 표준화기구도 인식하고 있으며 이런 점을 보여주는 것이 ETSI의 지식재산권 정책문서 3.1.이다.
    It is ETSI's objective to create STANDARDS and TECHNICAL SPECIFICATIONS that are based on solutions which best meet the technical objectives of the European telecommunications sector, as defined by the General Assembly. In order to further

표준화기구는 기술위원회과 정책위원회로 구별되어 전자는 기술적인 의사결정을 하고 후자는 지적재산권 정책과 같은 정책적인 의사결정을 한다. 표준결정과정에서 표준화기구의 회원사들은 상업적인 고려를 하여 상업화의 가능성이 높은 기술을 표준으로 채택한다. 이 과정에서 투표를 통해서 결정하는 경우도 다수 있는데 그 의사결정은 기술적인 사항을 고려하여 이루어지지만 그 외의 다른 요소들도 동시에 고려하게 된다.

나. 표준화기구들은 표준을 설정하는 과정에서 표준필수특허권자가 특허위협 등 시장지배력을 남용하는 행위를 제어하기 위해서 지적재산권 정책을 규정하고 있으며, 이 정책은 공개규칙(disclosure rules), 협상규칙(negotiation rules), 라이선스 규칙(license rules)의 3가지로 유형화할 수 있으나 구체적인 모습은 다양하다.[35] 그러나 그 기본적인 원칙은 크게 다르지 않다.

(1) 공개규칙은 표준화기구가 표준설정과정에서 표준을 채택할 경우에 예상되는 비용에 관한 충분한 정보를 확보하고, 가능한 라이선스 조건에 관한 사전협상(ex ante negotiation)이 이루어지도록 하기 위한 것이다. 각 표준화기구의 공개규칙은 공개의 범위, 공개의 시점 및 위반시 구제수단 등을 포함한다.[36] 표준화기구의 공개규칙은 표준특허권자의 남용행위를 제어하기 위한 이론적으로는 중요한 수단이지만, 실제로는 특허권절차에서의 은비(隱秘)성, 특허 청구항[37] 해석(Claim Construction)의 문제 등으로 인해서 한계를 가지는 수단이다. 이런 한계로 인해서 표준화기구의 이런 공개규칙에도 불구하고 특허매복(Patent ambush)이

---

this objective the ETSI IPR POLICY seeks to reduce the risk to ETSI, MEMBERS, and others applying ETSI STANDARDS and TECHNICAL SPECIFICATIONS, that investment in the preparation, adoption and application of STANDARDS could be wasted as a result of an ESSENTIAL IPR for a STANDARD or TECHNICAL SPECIFICATION being unavailable. In achieving this objective, the ETSI IPR POLICY seeks a balance between the needs of standardization for public use in the field of telecommunications and the rights of the owners of IPRs.
https://www.etsi.org/images/files/IPR/etsi-ipr-policy.pdf 2018. 12. 24. 최종접속.

35) 이호영, "표준필수특허 보유자의 FRAND 확약 위반행위에 대한 공정거래법의 집행에 관한 연구", 상사법연구 제31권 제4호 (2013) 244면.
36) 이호영, 245면.
37) 우리 특허법은 청구항(Claim), 청구범위, 권리범위 등의 용어를 사용하나 실제로는 같은 의미로서 특허의 권리가 미치는 범위를 의미한다.

발생한다.38)

   (2) 협상규칙은 표준화기국들이 사업자 간의 라이선스 협상을 촉진하기 위한 것이다. 사전적 라이선스 협상을 하기 위해서 충분히 정보의 공개가 이루어져야 한다. 표준화기구가 채택한 표준규격자체는 공개되어 있으나 표준규격은 말 그대로 어떤 사양을 갖추어야 한다는 것으로 이런 규격이 공개되어 있다고 하더라도 이런 규격을 달성하기 위해서 어떤 특허들이 필요한지, 특허가 필요하다고 하는 것을 파악했다고 하더라도 당해 특허의 내용과 한계가 명확하지 않은 점이 있으며, 대체기술에 대한 정보를 취득하는 것은 어렵다. 표준필수특허가 아닌 일반 특허의 경우에도 특허를 라이선스하고자 하는 측에서 특허라이선스를 위해서 필요한 기술정보 및 특허에 대한 사항을 정리하여 정보를 제공하는 것이 일반적인 관행인데, 표준필수특허의 경우에는 일반적인 특허에 더해서 당해 특허권자가 주장하는 표준필수특허가 필수적인 특허가 맞는지 여부에 대한 판단과 같은 문제가 더해지기 때문에 난이도가 배가된다. 이런 점을 감안하여 표준화기구는 협상규칙을 정한다.

   전통적으로 많은 표준화기구들은 자신들의 활동을 상업적인 것으로 이해하지 않고, 기술적인 것으로 이해한다.39) 이는 표준화기구가 행하는 표준결정행위가 가지는 경쟁법 위반의 위험성을 인식한 것이다. 이런 점을 고려하여 특허라이선스 협상을 담당하지 않는 기술자들이 참여하는 기술협의 등이 이루어지고, 사전적인 라이선스협상을 가급적 하지 않도록 하는 것도 경쟁법 위반의 소지를 줄이기 위한 장치로 이해된다.40)

   (3) 라이선스 규칙은 표준화기구의 지적재산권 정책에서 현실적으로 가장 중요한 역할을 한다. 표준화기구는 회원사들의 특허권을 포함한 지적재산권 자체를 이전받아서 이를 관리하는 방식이나 신탁을 받아서 관리하는 방식으로 표준화를 하는 방식도 생각할 수 있다.41) 그러나 이런 방식을 취하는 대신 일

---

38) 이호영, 245-246면.

39) 이호영, 246면.

40) J. Farrel, J Hayes, C Shapiro, T Sullivan, "Standard Setting, Patents, and Hold-Up", 74 Antitrust L.J. 603, 631 (2007). Justus A. Baron et al, pp.134~135.

41) MPEE LA가 대표적이다. 표준화기구도 점차 특허권 양도를 요구하기도 하고 있다. 일부 회원들은 돈을 벌려고 특허괴물(Patent Assertion Entity, PAE)에 넘기기도 하는데 이 경

반적으로 표준화기구들은 개별적인 회원사들이 개별적으로 지적재산권을 보유
하는 것 자체는 허용하되, 일단 표준필수특허로 표준을 운용하기 위해서 필수
적인 특허로 선언하고 표준기술의 일부로 포함되는 지적재산권의 경우에는 이
를 행사하는 것에 대해서 경쟁법 위반의 문제를 제거하기 위한 일정한 제약을
부여한다. 그 대표적인 것이 바로 FRAND 확약이다.[42]

이를 통해서 표준화기구는 표준의 일부로 자신의 특허가 채택되기를 원하
는 사업자에게 FRAND 확약을 하도록 요구하고 만일 이 확약을 제출하지 않으
면 표준화기구가 선택할 수 있는 다른 대체기술을 표준으로 채택하거나 해당
기술을 표준에서 제외하거나 또는 여전히 추후에 발생할 수 있는 표준필수특
허권자의 독점력 행사의 위험을 감수하고 해당 기술을 표준으로 채택하는 결
정을 하게 된다.[43]

## 2. 표준결정행위의 효율성

가. 기술표준은 산업 발달에 있어서 매우 유용한 수단이다. 표준화를 통하
여, 기업들의 혁신을 촉진하고, 생산 효율성(productive efficiency)을 증대하고, 소비
자의 선택을 넓히고, 공공의 건강과 안전을 확보할 수 있는 수단으로서도 기능
한다.[44] 그리고 국제적인 관점에서도 국가간의 교역을 촉진하는 수단이 된
다.[45] 표준화가 위와 같은 경쟁법적인 우려를 발생시키는 경우에, 이를 정당화
하기 위한 사유로 표준을 정하는 것이 효율적이라는 항변[46]을 할 수 있도록

---

우 중쟁법 위반의 문제가 있다(2016년 Apple 사건). Justus Baron et al, 99 134−135.
42) Mark Lemley, "Intellectual Property Rights and Standard Setting Organizations", 90
   Cal. L. Rev. 1989, 1905 (2002).
43) 이호영, 247면.
44) 최승재, 「특허권남용의 경쟁법적 규율」, 세창출판사 (2010) 120면.
45) 공정거래법의 관점에서 이 지점은 지리적 시장획정의 문제와 관련된다고 본다. 이동통
   신표준이 문제되는 사건인 퀄컴 Ⅱ 사건에서도 시장획정을 국내시장으로 하여야 하나,
   국제적인 점을 고려하여 전세계시장으로 하여야 하는지가 논란이 되었다. 서울고등법원
   은 관련 지리적 시장을 세계시장으로 획정한 공정거래위원회의 판단은 타당하였다고
   보았다. 이 사건에서의 서울고등법원의 결론은 타당하다고 본다. 하지만 이 문제는 일
   률적으로 볼 것은 아니고 개별적인 사안에 따라서 구체적으로 판단되어야 한다.
46) 참고로 공정거래법에서 효율성 항변은 기업결합 사건에서 주요한 쟁점으로 다루어진다.
   우리 법원의 효율성 항변에 대한 판단으로 삼익악기와 영창악기의 기업결합사건이 있

하여 효율성이 클 경우에는 위의 문제점에도 불구하고 표준화가 이루어질 수 있도록 하여야 할 것이다. EC의 2010년 수평협정 가이드라인 개정내용을 보면, 가이드라인은 표준협정이 효율성 효과가 있다는 점을 대부분 인정하면서도 이런 효율성 효과가 달성되기 위해서는 시장에 진입하고자 하는 사업자들이 표준을 쉽게 이용할 수 있도록 하는 정보전달이 중요하다고 보고 있다. 그리고 혁신의 효과는 개별 사안별로 분석되어야 하지만, 서로 다른 기술 플랫폼에 수평적으로 걸친 호환성을 낮는 표준의 경우 특히 효율성 효과가 발생할 가능성이 높다고 본다.[47]

　　이동통신산업과 같이 일정한 경우에는 표준을 정하는 것이 가지는 효율성 자체가 다투는 것 보다 그로 인한 반경쟁적 효과를 제어하기 위한 수단으로서 FRAND 확약과 같은 수단들이 채택되어 있는지, 있다면 어느 정도 효과적으로 집행되고 있는지, 그를 통해서 반경쟁적 효과가 잘 제어되고 있는지를 보아야 한다.[48]


　　나. 그리고 표준화기구의 표준특허권자인 개별 회원사의 권리행사행위가 반경쟁적인지 여부의 판단은 표준화기구를 통한 기술표준선정과정에서 표준기술로 선정되거나 선정된 표준기술에 포함된 특허권의 행사에 대한 경쟁법적 규율이 요구된다. 특허권은 그 자체로 독점, 배타적 권능을 가지고 있는데, 이에 더해서 표준이 되면 당해 표준필수특허 보유자는 해당 기술표준이 업계에서 시행되는 상당한 기간 동안 대체기술에 의한 경쟁압력으로부터 자유롭게 그 표준기술이 속한 기술시장 및 그 하류시장(downstream market)인 상품시장에서

---

다. 이 사건에 대한 주요평석으로 주진열, "삼익악기와 영창악기의 기업결합사건", 공정거래법 판례선집, 사법발전재단 (2011.12) 129－138면; 주진열, "오씨아이와 CCK의 기업결합사건", 공정거래법 판례선집, 사법발전재단 (2011.12) 139－148면; 이선희, "기업결합신고에 대한 시정조치 부과대상 및 행위내용의 기준", 시장경제와 사회조화 : 남천 권오승교수 정년기념논문집 184－219면.

47) 이황, "FRAND 확약 위반과 특허위협에 대한 공정거래법상 규제의 기준", 저스티스, 한국법학원 (2012. 4.) 324면.

48) 예를 들어 3GPP의 경우를 보면, 이런 법적인 문제에 대해서 대응하기 위한 수단으로 지적재산권 정책을 자신의 웹사이트에 소개하고 있다. www.3gpp.org/contact/3gpp－faqs#L6.

막대한 영향력을 행사할 수 있다.[49] 이런 점에서 표준필수특허에 대해서는 공정거래법의 시각에서 경쟁제한성을 내재하고 있다는 점에서 배가된 엄격심사(enhanced strict scrutiny)가 필요하다.

　　**다.** 표준화 기구나 관련 회사를 대리하는 소송대리인들은 바로 이러한 점들을 경제적인 분석을 통하여 입증함으로써 표준화가 가지는 반경쟁적 효과에 비추어 이를 극복할 수 있는 사회적 후생 증대가 있음을 보일 필요가 있다. 이와 같은 표준화의 이점을 경제학적으로 설명하면 다음과 같다.

　　첫째, 표준화를 통해서 상호호환성의 증가로 인한 긍정적인 네트워크 외부성(Network externality)이 생긴다.[50] 네트워크 효과는 어떤 사람의 수요가 다른 사람들의 수요에 의해 영향을 받는 것을 의미한다. 즉 어떤 상품을 사용하는 사람들이 일종의 네트워크를 형성하여 다른 사람의 수요에 영향을 준다.[51] 이 경우 네트워크 효과는 각 개인이 독자적으로 결정한 수요량의 합이 시장 전체의 수요량과 다를 수 있다. 왜냐하면 서로 영향을 주고받는 과정에서 시장의 수요량이 더 커질 수도 더 작아질 수도 있기 때문이다. 이에 따라 네트워크효과가 존재하는 경우에는 시장수요곡선이 각 개인의 수요곡선을 수평방향으로 더한 것과 다르게 된다. 즉 어떤 사람의 수요가 다른 사람들의 수요에 의해 영향을 받기 때문에 수평방향으로 더한 것보다 더 가파를 수도 더 완만할 수도

---

49) 홍대식, "표준필수특허보유자의 특허권 남용 사례에 대한 법적 분석", 법조 Vol 710 (2015.11.) 277면.

50) 외부성(externality)이란 어떤 시장 참여자의 경제적 행위가 사람들에게 의도하지 않은 편익이나 손해를 가져다주는 데도, 아무런 대가를 받지도, 지불하지도 않는 현상을 말한다. 아무런 대가를 받지도 지불하지도 않는다는 것은 가격이 완벽히 작동하지 않는 것이다. 그 결과 사회적으로 재화나 용역이 적정수준으로 생산, 소비되지 못하여 비효율적인 자원배분(Inefficient Allocation of Resources)의 문제를 야기한다. 예를 들어, 생산시 공장에서 발생하는 환경오염은 공장 뿐만 아니라 인근 주택에도 공해를 야기하지만, 공장이 정화장치를 설치한다면 그 자신뿐만 아니라 주택의 공해 역시 줄인다. 그러나 공장은 전체적 편익과 비용을 고려하지 않기 때문에, 오염물질을 야기하는 생산을 지나치게 많이 하거나 정화장치를 설치하지 않게 된다. 공공의 이익과 관련된 재화나 용역의 경우에도 생산자와 소비자는 그 편익과 비용을 전부 고려하지 않기 때문에 사회적으로 바람직한 생산, 소비상태를 달성하지 못하게 된다. https://ko.wikipedia.org/wiki/%EC%99%B8%EB%B6%80%EC%84%B1

51) 이준구 · 이창용, 「경제학원론」, 문우사 (2020) 129면.

있게 된다.[52] 이런 네트워크 효과는 네트워크가 커질수록 더 큰 효용을 가질 수 있게 되는 산업에서 네트워크 외부효과라는 방식으로 발생한다. 즉 표준화를 통해 시장변화에 대한 불확실성이 해소되고 제품호환성이 확보되면, 제품의 효용은 해당 제품을 이용하는 다른 사용자의 수에 따라 비례하여 증가한다.[53] 같은 상품을 쓰는 소비자의 네트워크가 커질수록 그 상품의 소비에서 얻는 효용이 더 커지게 된다. 네트워크 효과가 현저한 경우에는 얼마나 많은 수의 사람이 그것을 사용하는지에 따라서 상품의 구매의사결정이 이루어지게 된다.[54]

예를 들어 사물인터넷 영역에서 기술표준을 주도하기 위하여 만들어진 다수의 표준그룹들이 서로 경쟁을 하고 있다. 퀄컴, 마이크로소프트, 파나소닉, 샤프, 소니, LG 등 120개 이상의 사업자들이 참여하고 있는 올신연합(AllSeen Alliance)[55]과 인텔, 삼성, 시스코, 델 등이 참여하고 있는 OIC(Open Interconnect Consortium)[56], 구글의 네스트랩이 주도하고 삼성과 ARM이 참여하고 있는 스레드그룹(Thread Group)이 서로 경쟁을 하고 있다. 이 중 승자가 드러나게 되면 어느 하나의 그룹으로 쏠림현상(tipping)이 발생하게 될 것이고,[57] 이 경쟁에서의 승리하는 그룹은 네트워크 효과와 함께 일단 정해지면 다른 기술로 변경하기 위하여 상당한 노력과 시간, 비용을 들이게 되는 이런 정보재의 특성상 쉽게 바꾸려고 하지 않을 것이기 때문에 어느 한 표준에 고착화(lock in effect)되는 효과에 의해서 시장에서 시장독식(winner-takes-all)현상의 발생으로 압도적인 지배적 사업자로서의 지위를 가지게 될 것이다.[58]

둘째, 표준화는 생산자에게 생산 공정의 혁신과 시장 확대를 통한 규모의 경제(economy of scale)를 가능하게 하여 비용절감효과를 발생시킨다.[59] 자동차, 선

---

52) 이준구·이창용, 129면.
53) 표준화를 통해 시장 변화에 대한 불확실성이 해소되고 제품의 호환성이 확보되면, 제품의 효용은 해당 제품을 이용하는 다른 사용자의 수에 따라 비례하여 증가하게 된다. 공정위 2015시감2118 사건 의결서 16면.
54) 이준구·이창용, 384면.
55) Hwaiyu Geng, Internet of Things and Data Analytics Handbook, Wiley (2017) p 138.
56) 2014년에 만들어진 그룹으로 이 그룹은 다수의 수직적으로 연결된 사업자들이 참여하고 있다는 특징이 있다. 이 그룹은 스마트홈, 산업자동화, 헬스케어, 자동차, 스마트시티, 스마트 그리드 등에서 강점을 가지고 있는 것으로 알려져 있다. Hwaiyu Geng, p 138.
57) 이준구·이창용, 385면.
58) 최승재, 「특허권남용의 경쟁법적 규율」, 세창출판사 (2010) 122면.

박, 반도체 산업과 같은 경우에는 상품을 작은 규모의 공장에서 생산하는 것보다 대규모로 생산해야 생산단가를 낮출 수 있다.[60] 표준이 중요한 산업, 예를 들어 이동통신산업의 경우 표준의 제공을 통해서 더 많은 통신사용자들이 네트워크를 사용할 수 있게 되고, 이를 통해서 통신사업자들은 더 많은 통신서비스를 제공할 수 있다.[61] 최근에는 전기자동차가 등장하면선 배터리나 통신표준 관련 분쟁이 증가하고 있다.[62]

즉 표준특허권자가 FRAND 조건을 준수할 것을 신뢰하고 장비사업자(infrastructure), 부품 제조사, 휴대폰과 같은 기기제조사들, 이동통신사업자가 이 표준에 기반한 제조설비, 통신설비 등을 설치함으로써 규모의 경제를 통한 이점을 누릴 수 있다. 이런 점에서 표준특허권자가 FRAND 조건을 준수하지 않게 되면 이렇게 발생할 수 있는 규모의 경제만큼 사회적 후생의 저해를 유발하게 되는 것이므로 경쟁법은 이를 규율하여야 한다.

셋째, 표준기술을 이용하는 하류시장의 경쟁이 활성화되고 소비자의 제품 전환비용, 거래비용을 감소시켜, 경쟁에 따른 가격, 인사, 신기술 개발촉진, 품질향상 등 소비자 후생을 증진시킬 수 있다.[63]

### 라. 표준화가 가지고 오는 부정적인 효과[64]

첫째, 특정 기술이 표준으로 채택되면 표준선정 이전에 실제로 또는 잠재적으로 대체관계에 있던 기술 사이의 경쟁이 인위적으로 소멸하고 해당 기술

---

59) 특히 IT 분야에서 표준경쟁에서는 규모의 경제 내지 규모성(scalability)가 중요하다. Hwaiyu Geng, p 138.

60) 반대로 규모가 커지면 불경제가 발생하기도 한다. 이는 산업별로 달라진다. 그리고 규모의 경제가 발생하는 경우에도 규모의 불경제가 수반되기도 한다(이준구·이창용, 170−171면).

61) 그 외에 가스탱크와 파이프와 같은 경우도 규모의 경제가 발생하는 사례가 된다. 시설 용량을 두 배로 증가시키는데 드는 비용은 원래의 두 배가 아니라 2의 0.6승, 즉 1.52배만 증가하게 되는 점에서 생산과정에서의 규모의 경제가 발생하는 사례다(이준구·이창용, 171면).

62) Continental Auto System, Inc. v. Avanci, LLC, No. 3:19−CV−02993−M, 2020 WL 5627224 (N.D. Texas Sept. 10. 2020). 이 사건에서 소송의 당사자 중 콘티넨탈은 자동차 부품제조사이고, 아반치는 자동차 등에서의 사물인터넷 등을 구현하기 위하여 설립된 특허풀이다.

63) 최승재, 「특허권남용의 경쟁법적 규율」, 세창출판사 (2010) 121면.

64) 최승재, 「특허권남용의 경쟁법적 규율」, 세창출판사 (2010) 122−124면.

시장에서 진입장벽이 구축된다.[65] 이를 통해서 기술사양을 구체적으로 규정하는 표준이 경쟁기술을 봉쇄하여 기술발전과 혁신을 저해하는 경우가 발생할 수 있다. 특정기술이 표준으로 선택되었다 하더라도 대체기술이 계속 경쟁할 수 있다면 그렇지 않을 것이나 쏠림현상과 네트워크 효과로 인해서 경쟁기술이 사멸할 수 있다.[66]

둘째, 지배적 표준기술을 보유한 기술을 보유한 기업은 표준화를 통해 표준필수특허 보유자로서 시장지배력을 강화하고 이를 기회주의적으로 활용하여 표준필수특허에 대한 라이선스를 거절하거나 비합리적인 조건을 부가함으로써 표준의 실행을 어렵게 하는 행위, 이른바 '특허억류(patent hold-up)'를 할 우려가 높아진다.[67] 표준으로 결정이 되게 되면 대체기술들은 인위적인 표준결정으로 인해서 시장에서 퇴출되고, 이 상황에서 특정한 기술에 고착화가 진행되면, 시장참여자들은 다른 기술로의 전환이 어렵거나 거의 불가능한 상태가 빠지게 된다. 이런 상황에서 특허억류행위는 표준화기구를 활용한 경쟁법 위반행위가 된다.[68]

셋째, 부품사업자 네트워크 산업 등 해당 산업의 참여자들의 매몰비용(sunk cost) 증가 등으로 시장이 당해 표준에 고착되어 표준필수특허 보유자의 지배력 남용의 우려가 증가한다.[69] 즉 일정한 표준이 결정되고 나면 그 결정된 표준기술에 따라서 투자가 일어나게 되고 일단 투자가 일어나고 나면 그 투자의사결정을 변경할 수 없거나 어렵게 되기 때문에 이로 인해서 매몰비용이 다른 기술로의 변경을 어렵게 한다.

## Ⅲ. 이동통신산업과 이동통신표준

### 1. 산업의 특성과 표준화의 필요

이동통신시장은 크게 라이선스 시장, 휴대폰을 구성하는 모뎀칩셋 등 부품시장 및 휴대폰 시장, 이동통신장비시장, 이동통신사업자(carrier) 등으로 구성

---

65) 공정위 2015시감2118 사건 의결서 17면.
66) 이황(2012), 220면.
67) 이황(2012), 198면.
68) 최승재, 「특허권남용의 경쟁법적 규율」, 세창출판사 (2010) 227면.
69) 공정위 2015시감2118 사건 의결서 17면.

된다. 이동통신 특허 라이선스 시장에서는 해당 통신 방식을 개발한 원천기술 소유자가 공급자가 된다.

이동통신기술은 그 자체로 표준화의 필요성이 크다. 표준은 반드시 이동 통신산업에서만 존재하는 것은 아니지만 이동통신산업의 경우에는 그 존재 자체가 표준이 없으면 성립하기 어렵다. 이동통신은 통신망을 이용하여 서로 다른 사람들이 의사를 전달하는 수단이다. 그리고 5세대 이동통신의 경우에는 사람과 사람사이의 통신뿐만 아니라 기기와 기기간의 통신도 가능하게 되어야 한다. 이런 점에서 통신은 통신을 가능하도록 하기 위한 프로토콜의 필요가 있고 이런 프로토콜을 가능하도록 하는 하드웨어와 소프트웨어의 표준화가 필요하다. 그리고 실제 가장 활발하게 표준이 논의되는 영역이다.[70]

기술표준은 '반드시 이렇게 개발해야 한다.'는 의미가 아니라 '이렇게 개발하면 장비 간 호환성이 보장될 수 있다.'는 의미이므로, 개발에 필요한 모든 기술이 표준기술로 결정되는 것은 아니다.[71] 이처럼 기술표준은 서로 호환되어야 하는 기술에 대하여 정한 것이므로 '고착화'의 가능성이 높다.

## 2. 이동통신시장에서의 기술발전

이동통신시장에서의 기술발전은 흔히 '세대'라고 부르는 단계를 거치고 있다. 기술적으로 1세대부터 현재는 5세대 이동통신표준이 논의되고 있다. 전화는 음성을 기반으로 하여 벨에 의해서 최초로 발명된 이후 지속적으로 진화하여 왔지만 유선통신의 틀 안에 있었다. 이후 무선통신을 하려고 하는 기술적인 시도들이 있었고, 이런 의미의 무선이동통신 개념은 1970년대에 처음 나왔다.

---

70) 이동통신분야도 세부적으로 들어가면 지적재산권을 가진 여러 층의 플레이어들이 존재한다. 예를 들어 퀄컴의 CDMA용 칩 내의 반도체에는 암(ARM) 코어가 코어로 장착되어 있고, MP3 플레이어의 경우에는 DSPG의 DSP 코어가 장착되어 있는 것처럼 코어를 설계하고 그 설계에 따른 지적재산권을 가지고 있는 회사들이 있었고 있다{(강구창, 「반도체 비즈니스 제대로 이해하기」, 지성사 (2012) 115면}. 이 분야도 다수의 인수합병을 통해서 집중되어 가고 있다.

71) 예를 들어 송수신부는 '송신할 때는 이러이러한 방식으로 송신해야 한다'고 정의하지만, 수신부에 대해서는 개발자가 알아서 수신하도록 언급하지 않는 식이다. 이상근, 「EASY LTE 초보 기술자를 위한 이동통신 가이드북」, 한빛아카데미 (2016) 15면.

이후 기술 성숙화 단계를 거쳐 1980년대 초에 상용 시스템이 나오면서 1세대 방식(1G) 이동통신 기술이 출현한 것으로 본다.[72] 이후 4세대까지의 이동통신 규격의 발전에서 세대 구분은 주로 다중접속방식의 변화에 따라서 정해진다. 어떤 다중접속방식을 사용하는지에 따라 통신 규격의 구조를 결정되기 때문에, 다중접속방식의 변화는 단순한 기술의 추가나 개선을 넘어 규격의 큰 폭의 변화를 가져오게 된다. 해당 시기에 요구되는 서비스를 효과적으로 제공하기 위해서 기존 통신 표준 규격에서 사용하던 다중접속방식의 한계가 명확한 경우, 이를 극복하기 위해 새로운 다중접속방식이 채택되고, 이에 따라 이동통신 규격의 세대가 구분되었다.

이처럼 통신 표준은 세대별로 구분되며 동일 세대 안에는 단일 또는 복수의 통신규격이 존재하는데, 2세대 표준의 경우 세계 휴대폰 시장 중 19%가 CDMA를 채택하였고 나머지 81%는 GSM 표준을 채택하였다. 또한 2000년대 초반부터 시작된 3세대 표준의 경우 WCDMA 시장이 전체의 85%, CDMA2000 시장이 13%, 중국에서 채택된 TD-SCDMA 시장이 2%를 차지하고 있으며, 2012년 경 시작된 4세대 표준의 경우 전 세계 휴대폰 시장이 LTE 단일 표준을 따르고 있다.[73]

## 가. 1세대 이동통신

1세대 이동통신은 아날로그 방식의 통신 기술이다. 당시 아날로그 방식의 이동통신기술은 복수의 기술들이 제안된 상태로, 미국식 아날로그 방식과 유럽식 아날로그 방식으로 나뉘었다.[74]

1981년 스웨덴 에릭슨을 중심으로 개발된 북유럽의 NMT(Nordic Mobile Telephone)[75], 1982년 미국 벨 연구소에서 개발한 AMPS(Advanced Mobile Phone

---

72) 이상근, 12면.
73) 공정위 2015시감2118 사건 의결서 24면.
74) 이상근, 12면.
75) NMT(Nordisk MobilTelefoni, Nordiska MobilTelefoni-gruppen)는 세계 최초로 개발된 자동 휴대 전화 시스템이다. 노르딕 국가의 통신 관청에서 표준을 제정하였고, 1981년 아날로그 휴대 전화를 대체하기 위하여 최초로 상용화되었다. 당시 상용화된 아날로그 휴대 전화 네트워크는 노르웨이, 덴마크, 스웨덴의 MTD(450 MHz), 핀란드의 ARP(Autoradiopuhelin, 150 MHz)였다. 스웨덴의 전자 공학도 외스텐 매키탈로(Östen

System)[76], 1985년 영국에서 개발된 TACS(Total Access Communication Systems)[77]가 유럽 및 미국의 표준 이동통신 기술이 되었다.

기술적으로는 제한된 주파수 자원을 사용하기 위해서 시간분할(TDMA, TimeDivision Multiple Access)[78], 주파수분할(FDMA, Frequency Division Multiple Access)[79]이 기

---

Mäkitalo)가 시스템의 창시자로 여겨진다.

NMT는 아날로그 기술을 기반으로 하며, 1세대 휴대 전화로 분류된다. 450MHz와 900 MHz 대역폭을 사용하며, 900 MHz 대역은 1986년 450 MHz 대역보다 더 많은 채널을 사용하기 위하여 도입되었다.

NMT 표준은 무료로 사용 가능한 공개 표준이었고, 여러 회사가 단말기 제작에 참여하여 가격 경쟁력이 있었다. NMT로 성공한 회사 중에는 노키아와 에릭슨이 있다. 덴마크에서 NMT 휴대 전화를 제작한 기업은 스토르노(Storno, 당시 제너럴 일렉트릭 소유였으나 이후 모토롤라에 매각), AP(이후 필립스에 인수됨)가 있었다. 초기에 나온 NMT 휴대 전화는 차량 트렁크에 설치하고 표시 장치를 운전석에 설치하는 형태였다. 휴대가 가능한 전화기도 있었으나, 부피와 배터리 문제가 컸다. 이후 출시된 휴대 전화는 크기 100mm 이하, 무게 100g대였다.

https://ko.wikipedia.org/wiki/%EB%85%B8%EB%A5%B4%EB%94%95_%EB%AA%A8%EB%B0%94%EC%9D%BC_%ED%85%94%EB%A0%88%ED%8F%B0 (2020. 1. 15. 최종접속).

76) AMPS(Advanced Mobile Phone System)은 벨 연구소에서 개발된 아날로그 이동 전화 시스템 표준이며, 1983년 미국, 1986년 이스라엘, 1987년 호주에서 공식적으로 발표되었다. AMPS는 1980년대부터 2000년대까지 북미와 다른 지역의 주된 아날로그 이동 전화 시스템이었다. 2008년 2월 18일자로 미국에서 해당 주파수는 더 이상 AMPS를 지원하지 않았고, AT&T와 Verizon 같은 회사는 서비스를 영구적으로 중단하였다. 호주에서는 2000년 9월에 AMPS 서비스가 중단되었다.

https://ko.wikipedia.org/wiki/AMPS (2020. 1. 15. 최종접속).

77) Total Access Communication System (TACS) and ETACS are mostly－obsolete variants of Advanced Mobile Phone System (AMPS) which was announced as the choice for the first two UK national cellular systems in February 1983, less than a year after the UK government announced the T&Cs for the two competing mobile phone networks in June 1982.

Vodafone (known then as Racal－Vodafone) opted for a £30 million turnkey contract from Ericsson (ERA) to design, build and set up its initial network of 100 base station sites.

78) 시분할 방식이 이후에 사라진 것은 아니다. 송수신용으로 하나의 주파수만을 사용하는 무전기가 대표적인 시분할 방식으로 무전기는 양쪽 통화자 간의 송수신 충돌을 방지하기 위해서 할 말이 마무리되면 "알았다. 오버!"를 외쳐서 주파수 사용권을 주고받는다 (이상근, 45면).

79) Frequency division multiple access (FDMA) is a channel access method used in multiple－access protocol. FDMA allows multiple users to send data through a single communication channel, such as a coaxial cable or microwave beam, by dividing the

본적으로 고려되었다.[80] 주파수[81]는 무선통신에서 가장 문제가 되는 유한한 자원으로 비유적으로 보면 고속도로의 폭과 같은 것으로 이해하면 된다. 고속도로가 항상 차 있는 것은 아니므로 비어있는 시간이나 공간을 활용할 수 있다.

1세대 이동통신은 적은 수의 기지국으로 넓은 지역을 서비스 할 수 있는 것이 장점이지만, 디지털데이터로 전환하지 않고 음성 자체를 그대로 전송하는 방식이기 때문에, 전송하는 데이터의 양이 클 뿐 아니라, 전송속도의 한계가 있었다.[82] 또한, 가용 주파수 대역을 여러 명의 사용자가 분할하여 사용하는 '주파수분할다중접속'(FDMA) 기술을 근간으로 하고 있기 때문에, 사용자가 많아지면 주파수 부족으로 통화가 불가능하게 되어 많은 사용자들을 수용하는데 한계를 가지고 있었다.[83]

## 나. 2세대 이동통신

2세대 방식에서는 기존의 아날로그 통신 방식의 단점을 개선하여, 아날로

---

bandwidth of the channel into separate non−overlapping frequency subchannels and allocating each subchannel to a separate user. Users can send data through a subchannel by modulating it on a carrier wave at the subchannel's frequency. It is used in satellite communication systems and telephone trunklines.
https://en.wikipedia.org/wiki/Frequency−division_multiple_access

80) 1세대 이동통신은 이후 등장한 코드분할방식은 논의의 대상이 아니었다. 위에서 언급한 방식 가운데 AMPS는 제한된 주파수 자원을 효율적으로 사용하기 위해, 서비스 지역을 작은 셀로 나누고 저출력 주파수 대역을 사용하여 서비스를 제공한 본격적인 셀룰라 개념의 이동통신 시스템이다. 1세대 이동통신의 모든 규격은 아날로그 방식으로 목소리를 전기신호로 바꾸어서 전달하였다.

81) 전파는 주파수에 따라서 RF신호, 마이크로웨이브, 밀리미터웨이브 등으로 구분한다. 이들은 서로 다른 전타 특성을 가지고 있다. 이들의 구별은 명확하게 나뉘지는 않지만 회절성, 대역폭, 이동성 등을 기준으로 구별한다. 주파수에 따른 전파의 특성에 대해서는 이상근, 30면.

82) 데이터 양은 비디오(영상)가 가장 크고, 오디오(음성), 텍스트 순으로 작다.

83) 주파수 분할방식은 다중접속(Multiple Access) 방식 중 가장 간단하고 오래된 방식이다. 가용 스펙트럼을 정해진 대역폭 내에서 여러 무선 채널로 분할하여 사용, 가용 주파수 대역을 여러 개로 나누어서 나누어진 대역을 각각의 채널에 할당한다. 이런 FDMA 방식으로 초기 아날로그 이동전화인 AMPS 등이 있다. 인접 주파수 신호간의 혼선으로 인한 품질 저하가 있을 수 있기 때문에 인접 채널간 간섭을 피하기 위한 보호대역이 필요하고, 통화유지의 비밀유지의 곤란 및 주파수 이용효율의 한계가 있어서 사용자 순의 제한도 있다는 점도 단점으로 지적되었으며, 낮은 주파수 효율(spectral efficiency)도 또 다른 기술적 한계로 지적된다. 이런 저효율의 문제점은 비음성전송의 경우 더욱 문제가 되었다.

그 형태의 음성 신호를 디지털 신호로 변환하고 디지털 방식의 신호를 처리하는 통신 기술이 사용되었다. 디지털 통신 방식은 0과 1에 해당하는 이진수(binary number)를 신호 전달에 사용하기 때문에, 외부 신호와 섞이더라도 외부 신호에 의한 방해를 제거하고 신호를 정확하게 재생할 수 있고, 신호의 오류를 정정할 수 있어서 1세대 이동통신 통신 방식 대비 적은 데이터 양으로 고품질의 통화를 할 수 있었다. 또한 디지털 방식의 통신을 통해 음성 외에 문자, 이미지 등 데이터를 전송할 수 있는 장점이 있다.[84)]

**표 2-2    전송신호에 따른 통신 방식분류**

| 구 분 | 방 식 | 내 용 |
|---|---|---|
| 전송신호에 따른 통신 방식분류 | 아날로그 방식 | 디지털 형식의 정보를 아날로그 신호로 바꾸고 기존의 아날로그 통신 회선을 이용하여 전송하는 방식 |
| | 디지털 방식 | 컴퓨터에 의해 처리된 원래의 디지털 정보를 전용 회선을 이용하여 신호 변환 없이 디지털 신호 그대로 전송하는 방식<br><br>[장 점]<br>① 디지털 통신은 소프트웨어에 의해서 제어되는 유연성을 가진다.<br>② 디지털 통신은 어떤 형태의 신호도 전송할 수 있다.<br>③ 디지털 통신은 비용 및 전송매체 이용의 효율성이 높고 신호를 전송할 때 임의의 데이터를 추가 또는 변경하였다가 수신시 다시 복원하는 것이 상대적으로 용이하므로 보안성이 높다.<br>④ 신호를 통신 채널 조건에 맞출 수 있다.<br>⑤ 통신채널은 전파가 시간적으로 크기, 주파수, 파장의 변화가 발생하므로 디지털 통신의 경우에는 이런 채널의 특성을 분석하여 왜곡을 일으키는 양을 미리 제거하여 채널을 안정화할 수 있다. |

---

84) 아날로그 신호를 디지털 신호로 바꾸는 기술은 이미 2차 세계대전 중에 개발되었지만 아날로그 신호를 디지털 신호로 바꾸는 비용이 고가여서 1960년대에 이르러 비로소 디지털 통신 방식이 도입이 되었다. 2차세계대전은 무선 기술의 발전에 큰 기여를 했다. 이에 대해서 이상근, 26-28면.

2G 방식은 크게 유럽방식인 GSM(Global System for Mobile communications) 기술[85], 일본의 PDC(Public Digital Cellular), AMPS를 디지털화한 미국의 IS-136, 미국 퀄컴(Qualcomm)에서 개발한 CDMA(Code Division Multiple Access) 기술인 IS-95가 대표적이다. 이처럼 2세대 이동통신방식은 다수의 기술표준들이 경합하고 있었다.

아날로그 SMR과 PDMR은 미국과 유럽에서 경쟁했다. 1990년대 이들의 경쟁은 점차 줄어들었고, 이런 점은 유럽에서 GSM이 성공적으로 자리 잡게 된 것이 주요한 이유 중의 하나였다.[86] 1990년대 초에는 유럽에서 6개의 서로 다른 표준이 경쟁을 하고 있었다. 각각은 서로 호환이 되지 않았다. 이런 차이가 발생한 이유는 보안을 강화하여 달라고 하는 시장에서의 요구나 주파수 대역의 효율적 사용을 위한 시장의 요구 등과 같은 시장에서의 요구에 대하여 개별적으로 대응을 한 결과이다. 그 결과 NMT 기술을 사용하는 스칸디나비아 국가의 국민은 기술표준이 다른 네덜란드나 벨기에 국민과 서로 로밍으로 전화를 할 수 없는 상황이 발생하였다. 이런 문제로 인해서 당시 단일한 표준으로 이동통신표준을 정했던 미국에 비하여 상대적으로 유럽에서는 이동통신이용가격이 높게 되는 결과를 야기했다.[87]

### (1) GSM

2세대 이동통신표준으로 논의되었던 여러 후보 기술중에서 GSM은 여러 명의 사용자들이 주파수를 사용하는 시간을 달리하는 '시분할다중접속'(Time Division Multiple Access, TDMA)을 사용함으로써, 보다 많은 사용자들이 넓은 주파수를 사용할 수 있게 하였다.

상대적으로 진보적인 초기 GSM 기술에 대한 논의는 1979년에 이루어졌

---

85) GSM(Global System for Mobile Communications)은 전 세계에서 가장 널리 사용되는 개인 휴대 통신 시스템으로 TDMA 기반의 통신 기술이다. 이후 제시된 규격으로 1997년 배포된 무선 데이터 통신 규격 GPRS(General Packet Radio Service), 1999년 배포된 EDGE(Enhanced Data Rates for GSM Evolution) 등이 있다. https://ko.wikipedia.org/wiki/GSM (2020. 1. 15. 최종접속)
86) Hans-Peter A. Ketterling, Introduction to Digital Professional Mobile Radio, Artech House 2004 p 17.
87) Rudi Bekkers, Mobile Telecommunications Standards GSM, UMTS, TETRA, and ERMES, Artech House, 2001. p 267.

다. 당시 ITU의 기구 중의 하나였던 국제행정전파회의(World Administrative Radio Conference)는 900 메가헤르츠 대역의 주파수를 이동통신을 위해서 비워두었다. 이 주대수 대역은 862에서 960메가헤르츠 대역으로 이 대역은 이동통신, 무선통신, 페이징(paging), 이동데이터통신 등을 위한 대역으로 남겨둔 것이었다.[88]

1980년대 중반 유럽에서는 통신서비스의 가치에 대한 명시적인 이해가 높아지게 되었고, 유럽집행위원회(Commission)의 백서는 역내에서의 통신시장에서의 경쟁의 중요성에 대하여 언급하고 있다.[89] 이 당시는 국가별로 독점적인 통신서비스를 제공하는 관청이 존재하여 이들은 기기, 표준 등에서 독점적인 지위를 누렸다. 이 당시 유럽에서 통신영역에서는 경쟁법의 기능이 제한되었다.[90]

유럽국가들이 연합해 개발한 GSM 기술은 이후 56Kbps 다운링크 데이터 속도가 가능한 GPRS와 384Kbps까지 가능한 EDGE 기능을 추가해 3세대 WCDMA로 진화하였다.[91]

### (2) CDMA

2세대 이동통신표준으로 논의되었던 여러 후보 기술중 IS-95 CDMA는 퀄컴이 개발한 것으로, 각 사용자 휴대폰에 코드를 부여하여 다수의 사용자를 구분함으로써, 한정된 주파수 안에서 다수의 사용자가 동시에 통화를 할 수 있도록 하는 코드분할 다중 접속방식(CDMA, Code Division Multiple Access)을 근간으로 한다.[92] CDMA 기술은 군용통신을 위한 기술로 개발되었고 1995년 우리나라에서 상용화되었다. CDMA 기술은 직접확산통신, 즉 송신 측 데이터를 고속코드와 곱하면 넓은 주파수 대역으로 확산이 이루어져 송신되는 원리이다.[93] 퀄컴이 주도하였던 이 기술은 음성서비스만이 가능했던 IS95A 방식에서 시작한 기술로서 이후 IS95C 방식에 이르면 수백 Kbps의 무선데이터 속도를 낼 수 있

---

88) Rudi Bekkers, p 273.
89) White Paper COM(85) 310.
90) Rudi Bekkers, Mobile Telecommunications Standards GSM, UMTS, TETRA, and ERMES, Artech House, 2001. p 88.
91) 이상근, 17면.
92) 이에 대한 상세는 Vijay K. Garg, IS-95 CDMA and cdma2000: Cellular/PCS Systems Implementation, Prentice Hall PTR 1999 참조.
93) 이상근, 67면.

게 되었다. 이 방식의 공식명칭은 cdma2000 으로서 데이터 속도에는 한계가 있어서 주파수 채널을 분리해서 데이터만을 전송하는 EVDO(Evolution of Data Only) 방식이 개발되었다.[94]

이 퀄컴의 방식은 기술적으로 구현이 된다면 분명한 장점이 있지만 상업화할 가능성이 낮다고 보았기 때문에 기술표준이 됨에 있어서 어려움이 있었다. 원래 PN 코드를 이용해서 신호를 확산하는 주파수 대역확산통신(Direct Sequence Spread Spectrum) 방식은 1940년대에 시작된 기술로 위성통신과 군에서 사용되었다. 문제는 수많은 기지국과 휴대전화를 PN코드로 구분하려면 특성이 우수한 PN 코드의 개수가 아주 많아야 하였고, 필연적으로 PN 코드의 길이가 길어지게 되었다. 그런데 PN 코드가 길어지면 휴대전화에서 기지국 신호 검색에 많은 시간이 걸리므로 개수가 많으면서 길이가 짧은 PN코드를 찾기 위해서 노력했다.[95] 퀄컴은 이런 개수가 많으면서 길이가 짧은 PN코드를 찾기 위한 노력을 포기하고 전 세계 기지국의 시간을 일치시키고 동일한 PN 코드를 시작 시점을 약간씩 지연시켜서 사용함으로써 휴대전화 입장에서는 마치 서로 다른 코드인 것처럼 보이도록 해서 이 문제를 해결하고자 했고, 이 기술이 바로 동기식 CDMA 기술이다.[96]

이 기술은 구현가능성에 대한 검증이 필요했는데 이미 사용되고 있던 기존의 TDMA나 FDMA기반의 기술들에 비해서 검증이 되지 않은 기술이라는 점에서도 난점이 있었다. 2세대 표준의 경우 CDMA가 19%를 차지하였고, GSM이 81%를 차지하였다. 이에 따라 규모의 경제의 면에서 CDMA는 유럽식의 WCDMA에 비해서 현저하게 밀리면서, 4세대 후보기술로 개발 하던 UMB 기술 개발을 2010년 중단하고 더 이상의 발전을 포기하게 되었다.[97]

## 다. 3세대 이동통신

2세대 이동통신은 상업적으로 성공을 거두었고, 그 결과 3세대 이동통신

---

94) 이상근, 16면.
95) 이상근, 19면.
96) 이상근, 19면.
97) 이상근, 20면.

에 대한 수요가 촉발되었다. 3세대 이동통신 방식에서는 영상이나 원활한 인터넷 서비스를 제공할 수 있도록 전송 속도의 개선이 필요했다. 3세대에서는 통신의 내용이 단순한 음성통신에서 나아가 이동통신기기를 이용한 인터넷 서비스가 가능하였어야 하기 때문에 이를 뒷받침할 기술적인 요구가 있었다.[98]

### (1) UMTS

그런데 2세대 이동통신표준의 경우, 최대 데이터 전송속도가 14.4 – 64kbps에 그쳤기 때문에, 음성이나 단순한 문자 외에 다양한 데이터를 전송하는데 한계가 있었다. 이런 문제점을 극복하기 위해서 유럽에서의 논의는 UMTS(Universal Mobile Telecommunication System)방식으로 모였다. 초기에 논의된 UMTS 표준은 ETSI에서 논의되었던 다른 표준과는 상당히 다른 방식으로 유럽내에서 3세대 이동통신의 경우에는 2세대와 달리 유럽 역내에 국한되는 것이 아니라 전세계적으로 이동통신이 이루어지는 것을 염두에 두고 표준이 제정되어야 한다는 요구가 있었다.[99] 그 결과 3세대 이동통신표준은 다른 표준화기구간의 협력이 진행되었다. 그 결과물이 3GPP와 3GPP2이다. ITU도 이런 표준화과정에서의 주도권을 주장하였고, 통신사들도 자신들의 이해관계를 반영하기 위하여 OHG(Operators Harmonization Group)을 창설하여 이들이 서로 3세대 이동통신표준을 제정하는 과정에서 영향력을 행사하였다.[100]

### (2) WCDMA

2세대 이동통신 방식 중 에릭슨 등 북유럽에서 주도되었던 유럽식의 GSM의 뒤를 잇는 3세대 이동통신 방식으로는 WCDMA(Wideband CDMA)가 제안되었다. 그리고 미국 퀄컴이 제안하였던 2세대 이동통신 방식인 CDMA를 잇는 cdma2000의 방식이 제안되어 사용되었다. 2000년대 초반부터 시작된 3세대 표준은 WCDMA 시장이 전체의 85%, CDMA2000 시장이 13%, 중국에서 채택된 TD – SCDMA 시장이 2%였다.[101]

---

98) Rudi Bekkers, Mobile Telecommunications Standards GSM, UMTS, TETRA, and ERMES, Artech House, 2001. p 453.
99) Rudi Bekkers, p 453.
100) Rudi Bekkers, p 455.
101) 중국에서 1996년부터 독자적인 3세대 이동통신 TD SDMA 기술을 개발하였고, 2009년

WCDMA는 GSM을 잇는 유럽 중심의 UMTS(Universal Mobile Telecommunications System) 규격으로, 전세계에서 가장 많이 사용되는 3세대 이동통신 규격이며 최대 2Mbps의 데이터 속도를 제공한다. WCDMA의 첫 번째 표준 규격은 UMTS Release 99 규격[102]이며, 기술이나 기능이 추가되면서 UMTS Release 4[103]를 거쳐 UMTS Release 9[104]로 진화했다. 이와 비교하여 퀄컴의 CDMA를 기반으로 한, cdma2000은 기존 2세대 CDMA 방식을 미국을 중심으로 발전시킨 규격으로, 153.6kbps 최대전송 데이터 전송속도를 제공한다.[105]

그러나 인터넷 서비스를 위주로 하는 패킷 데이터(packet data)에 대한 수요가 영상 전화와 같은 회선 데이터(circuit data) 수요보다 높아짐에 따라, CDMA 기반 기술에 TDMA 개념이 접목되어, WCDMA는 HSPA/HSPA+[106]로, cdma 2000은 EV-DO (Evolution-Data Optimized)[107]로 진화하였다. 이는 CDMA가 음성

---

상용화가 시작되었다. 그러나 기술적인 경쟁력이 없어서 4세대로 독자적인 진화를 하지 못했다. 이 점에 대해서는 이상근, 20-21면.

102) http://www.3gpp.org/specifications/releases/77-release-1999(The first Release of the third generation specifications was essentially a consolidation of the underlying GSM specifications and the development of the new UTRAN radio access network. The foundations were laid for future high-speed traffic transfer in both circuit switched and packet switched modes. Details of the features and work items under each 3GPP Release are kept in the corresponding, on-line, list of features and study items.).

103) http://www.3gpp.org/specifications/releases/76-release-4.

104) UMTS Release 9(Advanced HSPA+)에서는 하향링크 최대 168Mbps, 상향링크 최대 22 Mbps의 데이터 전송속도까지 제공한다.

105) Cdma2000은 EV-DO 규격으로 진화하여 하향 링크 3.1Mbps, 상향 링크 1.8 Mbps 데이터 전송속도를 지원하게 되었다. 3세대 이동통신 방식에서는 GSM의 근간인 시분할 다중접속(TDMA)와 CDMA 규격의 근간인 코드분할 다중접속(CDMA) 중, 셀 배치의 유연성, 간섭에 대한 강인성 등의 측면에서 CDMA의 기술적 장점이 받아들여져 GSM을 사용하던 유럽도 WCDMA라는 CDMA 기반 규격으로 진화하게 되었다.

106) WCDMA와 cdma2000에 비해 기술적으로 진일보하여 보다 높은 데이터 전송속도를 제공하는 HSPA/HSPA+ 통신 규격과 EV-DO 통신 규격은 3.5G로 분류하기도 한다.

107) Evolution-Data Optimized is a telecommunications standard for the wireless transmission of data through radio signals, typically for broadband Internet access. EV-DO is an evolution of the CDMA2000(IS-2000) standard which supports high data rates and can be deployed alongside a wireless carrier's voice services. It uses advanced multiplexing techniques including code division multiple access(CDMA) as well as time division multiplexing (TDM) to maximize throughput. It is a part of the CDMA2000 family of standards and has been adopted by many mobile phone service

위주의 통신과 같이 낮은 데이터 전송속도의 회선 통신에서는 높은 효율을 제공하지만, 고속 패킷 통신에는 적합하지 않은 기술적 특성에 기인한다.

### 라. 4세대 이동통신

4세대 이동통신 규격은 저속 이동 시 1Gbps, 고속 이동 시 100Mbps 데이터 전송속도에 대한 요구 조건을 충족시킬 수 있는 기술 규격으로 정의되었다. CDMA 방식은 음성 위주의 저속 데이터 통신에 매우 효율적이지만, 고속 패킷 데이터 전송에는 효율적이지 못한 특성을 가지고 있다. 2012년부터 시작된 4세대 이동통신시장에서의 표준은 LTE 단일 표준으로 초고속데이터통신을 목표로 하는 기술이다. 음성 신호 전달에 회선 방식을 사용하는 3세대 이동통신 규격들[108]과 LTE에서는 음성을 포함하여 모든 정보는 패킷 형태로 전송된다.

기술적으로 미국식 CDMA와 유럽식 CDMA의 기본 개념은 거의 대동소이하다. 단지 기술의 출발점에서 반도체 기술에 따라 주파수 대역폭을 1.25MHz와 5Mhz로 개발되었다는 점, 기지국을 구분하는 PN코드를 적용하는 방식, 기지국 간의 PN코드를 구분하기 위해서 기지국 간의 시간을 일치시킬지 여부에서 차이가 난다.[109]

CDMA의 기술적 난제는 직교코드의 한계에 있다. 이론적으로는 코드들 간에 직각을 이뤄 상호간에 간섭은 없지만, 현실적으로는 전파 신호의 주변 지평 지물에 의한 반사파로 인해서 직교성이 상당히 상실되어 통화자 신호간의 상호 간섭이 발생한다.[110] 이 문제를 해결하기 위해서 기술자들은 CDMA에 TDMA를 접목하였지만, CDMA의 특성 상 고속 패킷 데이터 통신에는 병목이 발생하는 근본적 한계를 갖게 된다.[111] 그러므로 무선 이동통신 환경에서 고속

---

providers around the world particularly those previously employing CDMA networks. It is also used on the Globalstar satellite phone network. EV−DO service has been or will be discontinued in much of Canada in 2015.
https://en.wikipedia.org/wiki/Evolution−Data_Optimized.

108) WCDMA, HSPA, HSPA+, cdma2000, EV−DO 등.
109) 이상근, 68면. 미국의 경우에는 GPS 신호를 이용해 기지국 간의 시간을 일치시키는 동기식을 택하고, 유럽에서는 일치시키지 않는 비동기식을 택했다.
110) 이상근, 68면.
111) 병목의 발생원인에 대해서는 이상근, 69면.

패킷 데이터 통신에 적합한 새로운 다중접속기법에 대한 필요성이 대두되었고, OFDMA(orthogonal frequency division multiple access, 직교 주파수 분할 다중접속)이라는 새로운 다중접속기법을 근간으로 하는 3GPP(3rd Generation Partnership Project) Release 8 LTE(Long Term Evolution)라고 하는 새로운 통신 규격이 만들어졌다. OFDM 기술은 반사파에 취약한 고속 데이터는 저속데이터로 병렬전송하는 기술이다.[112] LTE 에서는 작은 블록 크기의 패킷 데이터를 전송하고 해당 패킷을 전송하는 동안 에만 무선 자원을 점유하는 방식으로 전송 효율을 높여, 여러 사용자가 높은 데이터 전송할 수 있도록 하고 있다.[113]

## 마. 정 리

4세대인 LTE에 이르기까지 이동통신 세대가 지속적으로 발전되어 왔고 이에 따라 관련 표준필수특허 중에서 퀄컴의 특허가 차지하는 비중이 급격히 감소하여 왔다. 3세대 이동통신시장에서 소비자들은 유선과 무선이 구별되어 있다는 점을 불편하게 생각하였고, 이 문제를 해소한 결과 유선과 무선이 통합되는 형태로 4세대 이동통신기술이 발전하였다. 유선과 무선을 아우르는 통합된 네트워크 접속 서비스를 제공하면서도 유선의 속도를 따라잡을 수 있는 빠른 서비스를 제공하는 것을 통해서 고객들이 가장 많이 접속하는 최빈시(busy hour)에 동시에 접속해도 서비스에 대한 불편이 없도록 하는 것이 기술적인 과제이다. 소비자의 시각에서 세대 구별 자체가 의미를 가지는 것이 아니라 것이다.[114]

이동통신기술의 진화방향은 동기식의 미국식 CDMA 대신 유럽식의 비동

---

112) 이상근, 69면.
113) 인텔, 삼성전자 등의 주도로 IEEE(Institute of Electrical and Electronics Engineers)에서 도 IEEE 802.16 기술을 기반으로 WiMAX(Worldwide Interoperability for Microwave Access) 규격을 4G를 위해 만들었다. 국내에는 와이브로로 알려진 규격이며, LTE와 마찬가지로 OFDMA를 기반으로 하고 있는 바, 기술적으로는 LTE와 WiMAX는 큰 차이는 없지만, LTE와의 경쟁에서 패배하여 힘을 잃고 거의 사용되지 않고 있다. LTE Release 8 규격 이후 LTE 규격은 기술을 보완하고 새로운 기능이나 기술들을 추가하여 Release 14까지 발전하고 있다. 보통 LTE 기술은 Release 8과 Release 9 표준을 지칭하며, LTE-A(LTE-Advanced)기술은 Release 10과 그 이후의 규격들을 말한다. Release 14 까지 진화되는 동안 새로운 기술들이 순차적으로 반영되면서 발전하였다.
114) 이상근, 14면.

기식 WCDMA 진영이 확대되었다는 점, 4세대에서는 OFDM 방식이 기술적인 과제를 해결하면서 기술천이가 급격하게 이루어졌다는 점이다.115) 이처럼 이동 통신 기술이 발전되더라도 CDMA 통신표준이 다른 표준으로 완전히 대체되지 않는 이상, 이동통신 시장에서의 후방호환성 및 CDMA 표준에 기반한 퀄컴의 지배력은 통신세대의 변화에도 불구하고 여전히 유지 및 강화될 것이다. 1세대 에서 4세대까지의 이동통신기술의 발전을 세대별로 정리하여 도해하면 다음과 같다.116)

**그림 2-1** 세대별 이동통신기술의 발전

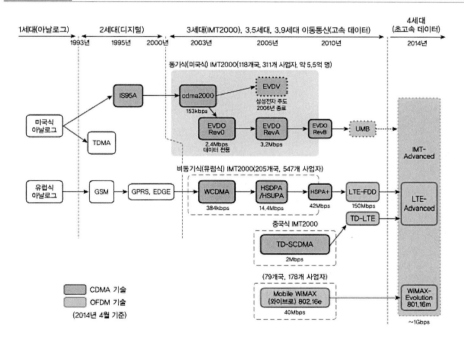

---

115) 이상근, 14면.
116) 이상근, Easy LTE 초보 기술자를 위한 이동통신 가이드북, 한빛아카데미 2015. 12면.

## 바. 5세대 이동통신

　　2020년은 상용화된 5세대 이동통신 시장에서 시장참여자들이 대규모 투자
계획을 수립하여야 하는 중차대한 시기다.[117] 5세대 통신표준은 커넥티드카,
스마트 팩토리 등 사람간의 통신뿐만 아니라 사물통신을 이용한 다양한 산업
에서 적용 가능한 5세대 통신표준이 2019년 12월 확정될 것으로 전망된다.[118]
이런 5세대 통신표준 상용화는 향후 다양한 산업에서 활용될 수 있는 밑거름
이 만들어지는 것이다. 1940년대 통신학자인 크로드 새넌(Claude Shannon,
1916-2001)은 통화용량이론을 제시하였다.[119] 그에 따르면, 통화용량은 주파수

---

117) 4세대 LTE-Advanced에 이은 차세대 통신 기술이다. 5세대 이동통신은 최고 전송 속도
　　가 초당 1기가비트(Gbps) 수준이다. 초고화질 영상이나 3D 입체영상, 360도 동영상, 홀
　　로그램 등 대용량 데이터 전송에 필수적이다. '5G 이동통신(5G, IMT-2020)'에서는 전
　　달 속도(Latency, 지연)도 빨라진다. 전달 속도는 크기가 작은 데이터가 사용자 단말기
　　와 기지국, 서버 등을 오가는 데 걸리는 시간을 의미한다. 5G 이동통신에서는 4G보다
　　10배쯤 더 빨라질 전망이다. 예를 들어 전달 속도가 빨라지면 이동통신망을 사용하는
　　자율주행 자동차의 안전성이 강화된다. 데이터를 주고받는 시간이 짧아져 자동차가 장
　　애물이나 다른 차량을 피하도록 하는 제어 속도가 빨라지는 셈이다. 멀리 떨어진 곳에
　　서도 실제 현장에 있는 것처럼 상황을 판단할 수 있고, 아무런 지연 없이 장비나 로봇
　　등을 조작할 수도 있다. 5세대(G) 이동통신은 오는 2020년경 상용화될 전망이다. 5G 이
　　동통신 기술은 아직 표준이 공인되지 않았다. 기술 선점을 위한 국가 간 경쟁이 치열한
　　이유다.[네이버 지식백과] 5세대 이동통신 [5G, IMT-2020] (ICT 시사상식 2017,
　　2016.12.20.)
　　https://terms.naver.com/entry.nhn?docId=3586200&cid=59277&categoryId=59283
118) 최성호 삼성전자 상무는 13일 서울 프라자호텔에서 열린 '5G 버티컬 서밋 2018' 기조연
　　설을 통해 "새로운 서비스를 글로벌 시장에 제공하기 위해서는 호환성 보장을 위한 표
　　준화가 중요하다"며 "내년 12월 5G 2차 표준을 완료하고 국제전기통신연합(ITU)에 제
　　출할 예정"이라고 말했다. 5G 표준은 크게 두단계로 진행되고 있다. 이동통신 국제 표
　　준화 단체(3GPP)는 지난해 12월 5G NSA(5G-LTE복합)를 승인하고, 올 6월에는 5G
　　SA(5G 단독 규격)를 표준으로 완료하면서 1차 5G 표준을 완성했다. 1차 5G 표준의 경
　　우 초고속 광대역 통신이나 초저지연 통신이 가능하다. 최 상무는 "통신사의 요청으로
　　5G 표준이 크게 두 단계로 나뉘어 진행하게 됐다"며 "내년 2차 표준이 마련되면 진정한
　　5G 표준이 완성된다"고 설명했다.
　　(파이낸셜뉴스 2018. 11. 13. 자 http://www.fnnews.com/news/201811131707416030).
119) 새넌은 1948년에 벨 연구소에서 일하며 논문을 발표하는데, 그것은 다름 아닌 '《The
　　Mathematical Theory of Communication(통신의 수학적 이론)》'이라는 논문이다. 지금
　　우리가 일상적으로 사용하는 정보통신기기를 만든 최고의 논문으로 평가받는다. 새넌은
　　정보의 단위인 비트를 정의하고 이를 이용해 어떤 데이터든 주어진 채널을 이용해 효율
　　적으로 전송하는 이론 모형을 개발한 것이다. 새넌에 이론에 의하면, 1비트는 '어떠한

대역폭에 비례하고, 신호 대 잡음비에 비례한다고 한다. 그런데 기본적으로 통화 용량, 데이터 속도를 결정하는 주파수 대역폭은 기술의 영역이 아닌 정책의 영역이다. 유일한 주파수 자원은 국가가 관리하기 때문에 데이터 속도의 증가는 대부분 신호 대 잡음비에 의존한다.[120] 그러므로 세대천이를 통해서 이동통신 기술이 진화하는 방향은 이를 개선해서 통화용량, 데이터 속도를 올리는 것이다. 하지만 데이터 속도를 높이게 되면 비트당 에너지가 비례적으로 감소하여 필연적으로 신호 대 잡음비가 감소하여 데이터 속도를 쉽게 올리기 어렵게 된다.[121] 5세대 기술은 이런 문제를 해결하기 위한 기존에 사용되지 않던 대역폭을 사용하여 데이터 속도를 높이기 위한 새로운 시도를 현실화하는 기술이라고 할 수 있다.

이러한 시점에서 퀄컴의 라이선스를 받지 않으면 칩을 제공하지 않는다는 정책(소위 'No license, No Chip policy')을 유지하게 되면 향후 시장에서의 경쟁이 제한될 것이라는 점을 우려한 각국의 경쟁당국이 퀄컴에 대한 제재를 하고 있는 상황이다. 즉 시장참여자들은 퀄컴의 시장지배력과 반경쟁적 시장구조를 전제로 5세대 이동통신 시장에의 참여 전략을 극히 보수적으로 수립할 수밖에 없다.

이런 점에서 퀄컴의 시장지배적 지위[122]는 소위 이동통신 '빅뱅(big bang)'이라고 불리는 5세대 이동통신 시장은 퀄컴이 오롯이 하게 되는 상황이 되는 것

---

것을 알아차리는 데 필요한 최소 정보의 양을 나타내는 단위이다. 비트를 구성하는 수는 이진수인 0과 1이다. 1비트란 단 1번의 질문으로 동전의 앞면, 뒷면을 맞출 수 있는 것이다. 이어서 8비트를 1바이트(byte)로 정의함으로써 모든 종류의 정보의 양을 단일한 단위로 측정할 수 있게 되었다. 섀넌은 이를 위해 '엔트로피(Anthropy)'는 열역학에서 쓰이는 용어를 변형하여, '정보 엔트로피'라는 개념을 도입하였다. 일반적인 엔트로피의 뜻은 '무질서도'인데, 섀넌의 엔트로피는 '불확실성'이다. 쉽게 말하면 확률이 낮을수록, 어떤 정보일지는 불확실하게 되고, 우리는 이때 '정보가 많다', '엔트로피가 높다'고 표현하는 것이다. 주사위를 계속 던질수록 숫자를 다 맞출 확률은 현저히 줄어든다. (최종원, 디지털의 아버지, 클로드 섀넌, BlockWatch 2019. 7. 28. 자). http://blockwatch.co.kr/bbs/board.php?bo_table=news&wr_id=661

120) 전파법 제1조 등 참조. 주파수 분배, 할당, 지정, 회수 등 일련의 개념은 전파법 제2조 참조.
121) 이상근, 183-184면.
122) LTE 모뎀칩셋 시장에서 퀄컴이 차지하는 점유율이 휴대폰 제조사의 자체 생산/자가소비분 제외시 2015년 기준 78.5%에 이르고 있다. 그러므로 퀄컴의 시장지배력 추정은 시장점유율에 의하더라도 별 의문이 있다(공정위 2015시감2118 의결서 참조).

이다. 5세대 통신표준 기술의 발달 및 사회 환경의 변화로 새로 출현하게 될 서비스들을 기존 4세대 통신표준으로는 효율적으로 제공하기 어렵다는 공감대에서 출발하였다.

이러한 다양한 서비스와 통신 시나리오를 효과적으로 수용하기에는 4세대 통신표준은 한계를 가지고 있기 때문에, 5세대 이동통신 규격이 만들어지고 있다. 5세대 이동통신기술은 다양한 신규 서비스를 효율적으로 수용하기 위해, ① 데이터 전송 효율 향상(eMBB, enhanced Mobile BroadBand), ② 많은 사용자들을 동시에 수용(mMTC, massive Machine-Type communications), ③ 초신뢰 및 초저지연 정보 전달(URLLC, Ultra reliability and Low Latency Capabilities) 능력을 제공하는 것을 구체적인 목표로 두고 있다. 2018년 9월 완성된 3GPP Release 15, Release 16 표준들이 5G에 해당되고, Release 16 이후에도 계속 보완/발전하여 진화될 예정이다. 5G에서는 향상된 모바일 브로드밴드(eMBB, enhanced Mobile BroadBand)[123], 대규모 사물 통신(mMTC, massive Machine Type Communications)[124], 초고신뢰 · 저지연 통신

---

123) ITU-R에서 정한 IMT-2020(5G) 이동 통신의 주요 서비스 요건(usage scenario) 중 하나이다. 기존 4세대(LTE)의 모바일 브로드밴드(MBB) 서비스 품질을 향상시켜 데이터 다운로드의 최고 전송 속도가 10 ~ 20 기가비트(Gbit/s)이며 사용자의 체감 전송 속도는 10 ~ 100 메가비트(Mbit/s)이다(※ 참고 Rec. ITU-R M.2083-0). 초고선명(UHD)의 가상 현실(VR), 증강 현실(AR), 360도 동영상, 홀로그램 등 새로운 응용 영역에서 보다 향상된 성능을 제공하여 사용자는 끊김 없는(seamless) 고품질 서비스를 이용할 수 있다. 또한, eMBB는 광역 커버리지(wide-area coverage)와 핫스폿(hotspot)과 같이 요구 사항이 서로 다른 서비스에도 적용된다. 사용자 밀도가 높고 이동성이 낮은 핫스폿에서는 높은 데이터 최고 전송 속도를 우선으로 제공하고, 이동성이 높은 광역 커버리지에서는 끊김 현상 없이 안정적이고 균일한 전송 품질의 서비스를 제공한다. eMBB 외 IMT-2020 주요 서비스 요건으로 대규모 사물 통신(mMTC: massive Machine Type Communications)과 초고신뢰 · 저지연 통신(URLLC: Ultra-Reliable and Low Latency Communications)이 있다.[네이버 지식백과] 향상된 모바일 브로드밴드 [enhanced Mobile BroadBand, 向上-] (IT용어사전, 한국정보통신기술협회) https://terms.naver.com/entry.nhn?docId=3686133&cid=42346&categoryId=42346

124) IMT-2020(5G) 이동통신에서 다수의 기기가 서로 연결되어 정보를 주고받는 사물 통신을 일컫는 명칭. IMT-2020(5G) 이동통신의 주요 서비스 요건(usage scenario) 중 하나이며, 비교적 저용량의 데이터를 저속으로 주고받는 사물 통신 기기를 대상으로 한다. mMTC 서비스를 위해 ITU-R은 사물 통신 기기의 수(connection density)를 단위 면적(1km2) 당 최대 100만개(106) 가량 대규모로 늘리는 것 외에, 기기 비용 절감(예: 10달러 미만), 배터리 수명 대폭 연장(10년), 서비스 범위(coverage) 확장 등을 정의하고 있다. 대규모 사물 통신(mMTC)는 에너지 검침, 헬스/의료, 자동차, 공장 등 사회 전반에

(URLLC, Ultra−Reliable and Low Latency Communications)[125])을 위해서, 밀리미터파(mmWave)[126]) 대역의 새로운 주파수를 추가로 사용하고 새로운 첨단 통신 기술이 도입될 것으로 보인다.

## 3. 이동통신기술에서의 후방호환성

### 가. 도  입

이동통신기술에서의 후방호환성(backward compatibility)이란, 통신 규격이 진화하는 과정에서 이전 규격에 따라서 동작하던 통신 기기인 기지국이나 단말기

---

활용될 수 있다. ※ MTC는 3GPP에서 정한 용어로 M2M(Machine To Machine), 사물인터넷(IoT: Internet of Things)과 동일한 의미이다. [네이버 지식백과] 대규모 사물 통신 [massive Machine Type Communications, 大規模事物通信] (IT용어사전, 한국정보통신기술협회)
https://terms.naver.com/entry.nhn?docId=3686132&cid=42346&categoryId=42346

125) 이동 통신 국제 표준 IMT−2020의 사용 시나리오 중 하나이며, 자율 주행 자동차, 공장 자동화, 가상 현실 및 증강 현실, 원격 진료 등과 같은 서비스에 필요하다. IMT−2020 표준에서 URLLC의 기술 성능 요건으로 1 밀리초(ms) 이하의 지연 시간과 10−5의 데이터 전송 패킷 오류율을 정하고 있다. IMT−2020 표준에서 고려하는 5G 주요 사용 시나리오는 URLLC 외에 초광대역 이동 통신(eMBB: enhanced Mobile BroadBand), 대규모 사물 통신(mMTC: massive Machine−Type Communications) 등이 있다. ITU의 IMT−2020 표준과 달리 3GPP 표준은 URLLC 지연 시간으로 0.5 ms를 요구 사항으로 정의하였고, URLLC의 요구사항을 구현하기 위해 전송 시간 간격(TTI: Transmission Time Interval)을 줄인 슬롯(slot) 구조를 새로 만들었다. 스케줄링(scheduling) 기법 개선, 데이터 중복 전송 등의 방안을 고려하고 있다. [네이버 지식백과] 초고신뢰 • 저지연 통신 [Ultra−Reliable and Low Latency Communications, 超高信賴低遲延通信] (IT 용어사전, 한국정보통신기술협회)
https://terms.naver.com/entry.nhn?docId=3686132&cid=42346&categoryId=42346

126) 주파수가 30~300 기가헤르츠(㎓)이고, 파장이 1~10 밀리미터(mm)인 전파. 극고주파 (EHF: Extremely High Frequency)를 파장으로 구분하여 부르는 명칭이다. 밀리미터파는 광대역 전송이 가능하여 위성 통신, 이동 통신, 무선 항행, 지구 탐사, 전파 천문 등 다양하게 사용된다. 밀리미터파 대역으로 광대역 전송과 안테나와 송수신 장치의 소형화를 할 수 있다. 반면 안테나의 개구 면적이 작아 단일 안테나 간의 전송에서 낮은 주파수 대역에 비해 상대적으로 경로 손실이 높다. 그리고 빛의 성질에 가까운 강한 직진성으로 고체 물질을 잘 통과하지 못하는 특성이 있으며 대기 손실과 강우 감쇠의 영향을 많이 받는다. [네이버 지식백과] 밀리미터파 [millimeter wave, −波] (IT용어사전, 한국정보통신기술협회)
https://terms.naver.com/entry.nhn?docId=5678576&cid=42346&categoryId=42346.

등이 새로운 통신 규격에서도 동작할 수 있도록 하는 것을 의미한다. 즉 새로운 규격이 이전 규격에서 정의하는 통신 절차나 방식을 유지함으로써, 이전 규격에서 동작하던 통신 기기들이 새로운 규격에서도 호환되어 동작할 수 있음을 의미하는 개념이 후방호환성이다.[127]

이동통신 표준이 변화함에 따라 지배력의 변화가 있을 수 있게 될 것이다. 그러나 이동통신시장에서의 기술표준의 변화에서 유의하여야 할 것은 세대천이(世代遷移)에도 불구하고 기존기술이 여전히 필요하다는 점이다. 이런 후방호환성(Backward compatibility)의 존재로 인해서 이후 세대에 특허의 지위가 낮아지더라도 여전히 공정거래법상의 시장지배력은 존재하게 된다. 이 개념은 소프트웨어 코딩에서의 레거시(legacy) 문제와 유사한 문제이다.[128] 이동통신에서도 2세대에서 4세대로, 5세대로 새로운 기술이 도입되어도 여전히 이전 세대의 이동통신기술을 사용하는 사람들이 존재한다.[129] 이들과의 통화는 여전히 가능하여

---

127) 예를 들어, LTE Release 10 단말기 (UE)는 LTE Release 8 기지국에 접속하여 Release 8에서 제공하는 기능/기술을 이용하여 통신할 수 있어야 하며, 반대로 LTE Release 8 단말기도 LTE Release 10 기지국에 접속하여 Release 8에서 제공하는 기능/기술을 이용하여 통신할 수 있어야 한다는 것을 의미한다.

128) 소프트웨어 코딩의 경우에도 버전업이 되더라도 여전히 기존버전을 사용하는 사람들이 존재하기 때문에 일거에 종래 버전에서의 코드를 삭제하지 못하고 여전히 기존 버전을 사용하는 사람들과도 호환이 되도록 하여야 하는 문제가 있다. 이와 같은 문제로 인해서 소프트웨어는 점차 무거워진다.

129) 전자신문, "SKT '2G 종료' 또 조사…정부, 2차 실태점검 나선다", 2020. 3. 2. 자. https://www.etnews.com/20200302000270 외국과의 이동통신 문제가 아니라 2020년 기준으로 국내에도 2세대 이동통신사용자가 여전히 상당수 남아 있다는 것을 알 수 있다.("SK텔레콤이 지난해 2월부터 올해 1월까지 수집한 수십만건의 민원을 유형별로 나눠 진단한다. 1월 현재 약 43만명으로 추정되는 SK텔레콤 2G 가입자 민원 대부분은 보상 관련 문의 및 01×(011·016·017·017·019) 번호를 계속 사용하게 해 달라는 요청인 것으로 알려졌다. 자영업 또는 개인 추억을 이유로 01× 번호 사용이 불가피하다는 주장도 상당하다. 민원 전체 규모를 파악하고 가용한 대책이 있는지 검토하는 게 과제다. 이보다 앞서 과기정통부는 2G 서비스 1차 실태조사에서 장비 노후화가 심각한 수준이라는 결론을 도출했다. 부품 수급도 쉽지 않은 것으로 확인됐다. 이 같은 1차 조사 결과와 정밀검증·민원분석을 포함한 2차 조사 결과를 종합, 대책을 검토할 예정이다. SK텔레콤은 지난해 2월 2G 서비스 종료를 선언한 지 1년이 지났지만 가입자 감소 추세가 43만명 수준에서 정체됐다. 일부 2G 가입자는 영업 활동, 개인 추억 등 번호 사용에 대한 권리를 주장하며 3G·4G 전환을 거부하고 있다. 5G 시대 초연결 인프라 효율성을 고려할 때 기존 2G 가입자에 대해 합리적 보상을 전제로 우리나라도 2G 종료에 속

야 하므로 이런 점을 감안하지 않고 통신칩 등의 설계를 하지 않을 수 없다. 따라서 경쟁법의 집행에서도 이러한 이동통신 표준필수특허의 후방호환성이라는 중요한 특징을 고려하여야 한다.

이런 이동통신기술에서 후방호환성이 필요하다는 점은 직관적으로 이해할 수 있다. 예를 들어 우리나라에서 4세대 이동통신표준인 LTE를 기반으로 하는 통신네트워크가 구비되고 이 기술에 기반한 스마트폰이나 태플릿이 판매된다고 하자. 그런데 이 경우에도 일시적으로 기존의 기기를 모두 없애고 4세대 이동통신표준을 사용하는 부품을 생산하고, 그 부품을 조립하여 이용자가 사용하는 기기를 제조하는 것은 아니다. 실제로 2019년에도 다수의 2세대 이동통신기기를 사용하는 사용자가 국내에 존재한다고 한다.[130] 그럼 이런 이용자들은 어떻게 해야 하나, 세대가 달라도 여전히 통신을 할 수 있도록 담보하여야 하는

---

도를 내야 할 것으로 보인다. SK텔레콤은 현재 2G 서비스에 사용하고 있는 주파수를 롱텀에벌루션(LTE) 전환 시 기존 대비 6500배 이상의 대용량 트래픽 추가 수용이 가능하다고 분석했다. 실제 우리나라보다 2G 상용화가 늦은 세계 13개국 30여개 이통사가 2G 종료를 완료 또는 추진하고 있다. 이통서비스 종료와 가입자 수, 이용자보호대책 필수요건 등에 대한 합리적 기준 마련이 절실하다.").

130) SK텔레콤(대표 박정호)이 2세대 이동통신(2G) 서비스를 지속적으로 줄여 4세대 이동통신(LTE)으로 교체를 유도하고 있다는 지적이 적지 않다. 17일 업계에 따르면 SK텔레콤은 최근 'e-mail 3000플러스 종료(가입중단) 안내'를 통해 피처폰에서 지원하던 이메일 수·발신 서비스 가입을 이달 말 중단하고 오는 2월 28일 서비스를 종료한다고 밝혔다. 서비스 종료 시 기존 휴대폰에서 수발신한 메일 확인이 불가능하고 보관함에 저장된 메일 및 첨부파일은 삭제된다.
SK텔레콤은 앞서 2017년 말 2G 단말기에서 제공하던 '모바일 안전결제(ISP)', '휴대폰 인증 서비스' 가입을 중단했다. 가입자의 모바일 결제 서비스가 중단된 것은 물론 유무선 인터넷 웹사이트에서 휴대폰 인증을 활용한 각종 서비스 이용이 사실상 차단됐다. 지난해 4월 2G 단말기에서 웹서핑이 가능한 '페이지플러스' 서비스를 종료했다. SK텔레콤은 2017년 3월부터 2G 단말기 사용자 대상 휴대폰 교체 지원 캠페인을 진행해왔다. 휴대폰 교체를 원하는 가입자에게 세대별 맞춤형 LTE 단말기를 추천하고 지원금을 제공해 부담을 줄여주는 방식이다.
2G 단말기 사용자가 선호하는 '011, 017' 등 번호를 '010'으로 변경해도 전화·문자 발신 시 상대 휴대폰에 기존 '01X' 번호로 표시하는 서비스도 무료로 제공한다. 2G 단말기에서는 폭설과 한파, 화재 등 재난문자 수신이 불가능하다는 점을 적극 내세웠다. SK텔레콤의 노력에도 2G 수요가 지속되자 '서비스 종료' 카드를 꺼내든 것으로 풀이된다. (한화 CEO Score Daily, 2019. 1. 17.자)
http://www.ceoscoredaily.com/news/article.html?no=51043

데 이런 요구를 '후방호환성'이라고 한다. 이런 요구는 특정한 국가 내부에서뿐
만 아니라 서로 다른 국가간에서도 문제가 되며 일시에 하나의 세대로 전환되
는 것이 아닌 한 언제나 요구된다.

퀄컴 Ⅱ 사건에서 퀄컴이 이동통신 시장에서 시장지배력을 확보·남용할
수 있도록 한 핵심 기술은 코드분할방식통신표준에 대한 CDMA 기술에 대한
표준필수특허이다. 표준필수특허 보유자가 해당 표준필수특허가 적용되는 제
품을 제조·판매하는 등 하류시장에도 동시에 참여하고 있는 경우 표준필수특
허 보유자는 표준필수특허 라이선스 시장과 하류 부품시장에서 수직 통합 사
업자의 지위를 갖게 된다. 이러한 수직 통합 사업자인 표준필수특허 보유자가
기술 시장에서의 독점력을 이용하여 하류 상품시장의 경쟁을 제한할 경우 표
준 설정의 이익은 상실되고 독점의 폐해만 남게 된다. 즉 수직 통합 사업자의
FRAND 확약 위반은 직접적으로 하류 부품시장에서 자신의 경쟁자를 배제하는
것과 동일한 결과를 낳게 된다. 예를 들어, 수직 통합 사업자가 자신이 참여하
고 있는 하류 부품시장에서 경쟁 상품 제조사에게 FRAND 확약을 위반하여 자
신이 보유한 표준필수특허의 라이선스를 거절하는 경우 경쟁 부품 제조사는
표준필수특허에 대한 라이선스 없이 부품을 제조·판매하게 되어 특허침해 위
험이 있는 하자 있는 상품을 판매하게 되므로 수직 통합 사업자와의 경쟁에서
열위에 놓이게 되는 것이다.[131]

이 표준필수특허에 기초한 힘이 후방호환성(Backward Compatibility)에 의해서
다음 세대로 전이된다. 지속적으로 세대를 지나면서 사용하고 있는 기술표준은
CDMA이다.[132] 아무리 세대가 바뀌어도, 현재 개발되고 있는 이동통신 관련 표
준 내지 기술은 모두 퀄컴이 주도한 CDMA, 즉, 코드분할방식통신표준에 기반
하여 개발 내지 파생되고 있기 때문에 CDMA표준으로부터 완전히 독립된 새로
운 기술표준이 등장하여 지배적 표준으로 대체되지 않는 한, 퀄컴의 후방호환
성에 기반한 시장지배력은 줄어들지 않는다. 이런 점에서 이동통신분야의 표준
특허보유자의 시장지배적 사업자의 시장지배적 지위남용행위나 불공정거래행위

---

131) 공정위 2015시감2118 사건 의결서 22면.
132) 기술적으로 이동통신기술은 시분할(時分割)방식인 TDMA, 주파수분할(周波數分割)방
식인 FDMA에서 파생된 기술들이 통합되고 있다.

의 판단에 있어서 이동통신 시장에서의 후방호환성의 문제는 매우 중요하다.

## 나. 휴대폰의 주요부품구성과 후방호환성

특히 초창기 휴대폰은 음성통신이 거의 유일한 기능이었지만 2007년 스마트폰 혁명이후에는 편리한 운영체제와 빠른 프로그램 처리속도, 고화질 카메라, 터치스크린, 고해상도 화면 등의 다양한 기능이 집약되었다.[133] 그 결과 이런 기능을 지원하기 위해서 디스플레이, 메모리, 무선 모듈, 카메라 모듈, 애플리케이션 프로세서(Application Processor), 전원관리칩(Power Management Integrated Circuit) 등 다양한 부품이 사용된다.[134] 이동통신을 위한 부품으로는 모뎀칩셋, 파워증폭모듈, RF 칩, FEMID 등이 있다.[135] 특히 기술의 발전으로 인해서 모뎀칩셋과 애플리케이션 프로세서(Application Processor)가 하나의 칩이 되면 이동통신에서의 본질적인 기능인 신호의 변복조기능과 컴퓨터의 중앙처리장치에 해당하는 애플리케이션 프로세서가 단일화되는 것으로 이 부품이 이동통신기기의 핵심적인 역할을 모두 구현하게 된다.

모뎀칩셋은 변조(modulation)와 복조(demodulation) 기능을 하나의 칩에서 수행하는 부품이다.[136] 변조란 디지털 정보를 전송하기 위하여 전송 채널의 성질에 적합한 신호를 변환하는 것이고, 복조는 반대로 채널에 적합하도록 변환된 신호로부터 디지털 정보를 복구하는 것을 말한다. 이동통신용 모뎀은 2 GHz 등과 같이 높은 주파수의 전송채널을 통하여 신호가 전송되므로, 모뎀칩셋에서 변조되어 출력된 신호는 높은 주파수로 다시 변환된 후 안테나로 송신된다. 반대로 안테나로 수신된 고주파의 신호는 낮은 주파수로 변환되어 모뎀칩셋에 입력된다. 이런 이유로 해서 모뎀칩셋을 기저대역칩셋 또는 베이스밴드 칩셋(baseband chipset)이라고도 한다.[137]

---

133) https://www.youtube.com/watch?v=x7qPAY9JqE4. 2007년 스티브 잡스의 아이폰 프리젠테이션을 새로운 시대를 제시한 역사적 사건이었다.

134) 아이폰 이전에는 독자적으로 존재하던 것들이 하나로 통합되면서 혁신이 이루어졌다. 물론 아이폰과 같은 시도가 없지는 않았지만 이런 점이 아이폰의 혁신성에 영향을 주지는 않는다고 본다. 개발과정에 대해서는, 월터 아이작슨, 「스티브 잡스」, 민음사 (2011).

135) 공정위 2015시감2118 사건 의결서 28면.

136) 공정위 2015시감2118 사건 의결서 28면.

137) 공정위 2015시감2118 사건 의결서 28-29면.

애플리케이션 프로세서란 휴대폰에 장착되어 운영체제와 애플리케이션 프로그램을 구동시키고 사용자용 메모리, 카메라, 디스플레이 등 여러 주변장치와 인터페이스를 통제하는 프로세서이다.[138] 반도체 집적 기술이 발전함에 따라 애플리케이션 프로세서와 모뎀칩셋이 통합되면서 이런 통합칩셋은 개별적으로 두 개의 칩셋을 각각 구매할 필요가 없고 하나의 칩셋으로 구현하면서 두 개의 칩셋을 생산하는 경우보다 제조원가를 낮출 수 있게 되었다. 그 결과 휴대폰을 소형화하는 것이 가능해졌다. 반면 이와 같은 원칩(one chip)화는 개발기간을 늘어지게 하여 기술발전에 대한 대응을 늦게 만드는 단점이 있다.[139]

표준이 진화되는 경우, 통신 사업자가 해당 표준을 따르는 새로운 시스템으로 일시에 전환할 수 없고, 사용자 단말기들도 진화 과정의 여러 표준들이 동시에 사용되기 때문에 이런 후방호환성을 담보하기 위해서 이동통신기기의 기본이 되는 통신기능을 수행하는 핵심부품인 모뎀의 경우에도 특정한 세대만을 처리하는 것이 아니라 서로 다른 세대를 하나의 모뎀 칩으로 처리할 수 있는 멀티모드 베이스밴드 모뎀칩셋(multi-mode baseband chipset)[140]이 사용된다. 5세대 이동통신 서비스에는 4세대 표준 LTE와 구 표준인 CDMA, WCDMA를 함께 지원하는 멀티모드 칩셋이 일반적으로 사용되었다. 이에 따라 'LTE 모뎀칩셋'은 LTE 표준만을 지원하는 모뎀칩셋 뿐만 아니라 CDMA 또는 WCDMA 등 후방표준을 동시에 지원하는 멀티모드 칩셋을 포함하는 용어로도 사용되었고, 'WCDMA 모뎀칩셋'도 멀티모드 칩셋을 포함하는 것으로 사용되기도 한다.[141]

휴대폰에서의 이동통신을 위한 기본부품인 모뎀칩셋이 후방호환성을 제공

---

138) 공정위 2015시감2118 사건 의결서 29면.
139) 공정위 2015시감2118 사건 의결서 29면.
140) 하나의 모뎀이 각각의 세대만을 처리하게 되면 후방호환성을 위해서는 복수의 모뎀이 하나의 휴대폰 내에 장착되어야 하나 이 보다는 하나의 모뎀칩으로 복수 세대의 기술을 처리할 수 있도록 하는 것이 유리할 것인데 이런 모뎀칩셋이 '멀티베이스밴드 모뎀칩셋'이다.
141) 공정위 2015시감2118 사건 의결서 29면. 또 "이러한 경향은 CDMA, WCDMA 및 LTE 표준별 각 모뎀칩셋 시장에서도 전체적으로 유사한 모습으로 나타난다. 특히 CDMA 모뎀칩셋 시장에서 피심인들은 최근까지 지속적으로 90% 이상의 점유율을 유지해왔으며, 최근 전체 모뎀칩셋 시장에서 차지하는 비중이 급격히 늘어난 LTE 모뎀칩셋 시장에서도 2013년에 96%의 점유율을 기록하고 최근까지도 70% 수준을 유지하는 등 압도적 1위 사업자의 지위를 차지하고 있다"(공정위 2015시감2118 사건 의결서 31면).

하기 위한 멀티베이스밴드 칩셋이 사용된다는 점은 퀄컴이 왜 시장지배적 사업자의 지위가 유지되고 있는지를 잘 설명해주고 있으며, 퀄컴의 행위가 시장에서 얼마나 큰 반경쟁적 효과를 발생시키는지를 설명하기 위한 기초가 된다. 더해서 컴퓨터의 중앙처리장치(CPU)에 해당하는 핵심부품인 AP(Application processor)가 모뎀과 합쳐져서 하나의 칩으로 되고 있다는 기술전개는 퀄컴과 같이 AP시장과 모뎀 시장 모두에서 시장지배적 지위를 가지는 사업자의 행위가 적기에 경쟁당국에 의해서 제어되지 않으면 모뎀칩셋 시장뿐만 아니라 휴대폰 시장 전체에 엄청난 반경쟁적 효과를 발생시킬 것이라는 점을 잘 보여준다.

### 다. 후방호환성과 이로 인한 고착효과(lock in effect)

이동통신 시장의 특성 상, 세대가 바뀌는 표준의 변화가 등장하더라도 이전 세대의 망이나 단말기들을 모두 걷어내고, 새로운 세대의 표준을 따르는 이동통신망과 단말기들로 일시에 교체하는 것은 불가능하다. 따라서 필연적으로 세대가 다른 이동통신망이나 단말기들이 공존할 수밖에 없다. 후방호환성은 진화 과정의 여러 표준들이 섞여 있는 이동통신 시장에서 대단히 중요한 의미를 가진다. 이 점이 경쟁법의 집행에서 중요한 의미를 가진다.[142]

#### (1) 고착효과

동일한 세대의 표준은 기본적으로 동일한 통신 방식이나 절차 하에서 기능이나 기술의 추가나 보완을 통해 진화한다. 표준 기술이 진화하더라도 이전 표준에 맞추어 많은 투자가 이루어졌기 때문에, 장비나 기기의 소프트웨어 업그레이드 정도만을 통해 표준 기술의 진화를 수용할 수 있도록, 이전 표준의 큰 틀을 유지하면서 점진적으로 발전하도록 한다.[143] 따라서 후방호환성을 유

---

142) 이동통신 기술이 세대별로 진화한다고 하여 그 세대별 표준도 일시에 전환되고 이전 표준이 시장에서 사라지는 것은 아니다. 시장에는 구 표준에 맞춰진 휴대폰 가입자가 여전히 존재하기 때문에 구 표준과 신 표준이 적용된 휴대폰 가입자간의 통신을 위해서는 구 표준에 따른 서비스도 한동안 유지되어야 하는데, 이를 '후방호환성'이라고 한다. 따라서 현재 최신 이동통신 표준인 LTE 뿐만 아니라, 구 표준인 CDMA와 WCDMA 역시 이동통신에서 중요한 위치를 차지하고 있다(공정위 2015시감2118 사건 의결서 11면).

143) 동일한 세대의 이동통신 표준은 새로운 기술이나 기능이 추가 및 개선되면서 진화하고, 이러한 진화는 표준의 배포 규격(Release)을 업데이트 하면서 이루어진다.

지하도록 기술 규격을 진화·발전시키고, 새로운 통신망 구축 없이 장비나 기기의 소프트웨어 업그레이드 정도만을 통해 기술 규격 진화를 구현한다.

반면 세대간 진화의 경우, 통신 방식의 큰 변화로 인해, 표준 내에서 자체적으로 후방호환성을 제공하고 소프트웨어 업그레이드만을 통해 표준의 진화를 구현하는 것은 한계가 있다. 이러한 통신 방식의 변화가 따르는 세대간 진화의 경우, 진화된 세대의 표준을 따르는 장비와 기기로 통신망을 새로 구축해야 하는 것을 의미하며, 표준 자체 규격을 통해 소프트웨어 업그레이드 정도로 후방호환성을 제공하는 것은 어렵게 된다.144)

새로운 세대의 표준에 의한 상용 시스템이나 단말기가 도입되는 시기 초반에는 이전 세대의 시스템이나 단말기가 훨씬 많다. 따라서 세대가 다른 표준에서 자체적으로 후방호환성이 보장되지 않더라도, 시장에서는 어떤 형태로든 후방호환성이 제공되어야 한다.145)

이러한 후방호환성에 대한 이동통신 시장의 요구는 표준의 고착 효과를 더욱 극대화 시키게 된다.

### (2) 진입장벽으로서의 효과

새로운 세대의 표준을 도입하더라도 단말기 제조사, 통신 장비 제조사, 서비스 사업자들도 이전 세대의 표준을 여전히 지원할 수 있는 방법을 제공해야 시장에서 생존할 수 있다. 그런데, 이전 세대 표준에 대한 후방호환성 지원은 새로운 표준을 지원하는 장비나 기기에 이전 표준 지원에 대한 지원 기능이 추가되어야 하기 때문에 추가 비용이 발생한다. 특히 이전 세대 표준에 기반한 이동통신 시장에 참여하지 않았던 신규 진입자의 경우, 추가 비용뿐만 아니라, 이전 세대 표준에 대해서도 기존 경쟁자들과 동등한 수준의 기술을 구현해야

---

144) 예를 들어, 4세대 LTE/LTE−A 표준과 3세대 WCDMA/HSPA 표준의 경우, 각각 OFDMA 와 CDMA를 근간으로 하기 때문에 4세대 LTE/LTE−A 표준에서 3세대 WCDMA/HSPA 표준에 대해 표준 규격 자체적으로 후방호환성을 완벽하게 유지하는 것은 기술적으로 어렵다. 이 경우, 표준 자체의 규격을 통해 무선 구간에서 후방호환성 제공은 불가능하고, 표준 규격을 통해서는 기지국 이후의 유선 코어망(core network)에서의 후방호환성 을 제공하는 정도로 후방호환성 제공이 제한되게 된다.

145) 예를 들어, 이동통신 사업자가 동시에 서로 다른 세대의 망을 운용한다든지, 단말기들은 모든 세대의 모뎀 칩셋을 장착한다는 방식을 생각해볼 수 있다.

하므로 기술 개발과정에서의 어려움도 존재하여 신규 진입을 어렵게 하는 요인이 된다.

### (3) 관련 시장에 대한 파급효과(ripple effect)와 모뎀칩 시장에의 되먹임 효과(feedback effect)

동일한 세대의 표준 진화에 따른 후방호환성은 새로운 규격이 이전 규격에서 정의하는 통신 절차나 방식을 유지함으로써, 이전 규격에서 동작하던 통신 기기들이 새로운 규격에서도 호환되어 동작할 수 있도록 하지만, 통신 방식의 변화 등으로 세대가 구분되는 표준이 새로 도입되는 경우, 표준 자체를 통해 후방호환성을 제공하는 것은 한계가 있다. 세대가 다른 표준에서 후방호환성 제공을 위해서는 새로운 표준을 지원하는 장비나 기기에 이전 세대의 표준을 지원을 지원하는 기능이 추가되어야 한다.[146]

예를 들어, 4G LTE/LTE-A 기지국뿐만 아니라 3G WCDMA/HSPA 기지국에도 접속하는 기능이 계속 유지되도록, 4G LTE/LTE-A 단말기에는 4G LTE/LTE-A 표준에 기반하여 통신 기능을 수행하는 모듈과 3G WCDMA/HSPA 표준에 기반하여 통신 기능을 수행하는 모듈이 단말기에 동시에 구현되어야 한다. 이 때 통신 기능을 수행하는 모듈인 모뎀칩셋의 경우를 보면, 4G LTE/LTE-A 표준에 기반하여 통신을 담당하는 모뎀칩셋과 3G WCDMA/HSPA 표준에 기반하여 통신을 담당하는 모뎀칩셋 각각 모두를 하나의 단말기에 넣거나(dual chipset solution), 두 개의 모뎀칩셋 기능을 하나의 모뎀칩셋에서 모두 지원하도록 하는 새로운 단일 모뎀칩셋을 사용하는 방법(single chipset solution)을 사용함으로써 표준간의 후방호환성을 제공할 수 있다.[147]

---

146) 이동통신을 위해서는 하나의 휴대폰에서 생성된 음성 또는 데이터 정보를 이동통신 표준에 따라 가공하고, 이를 다른 휴대폰에서 다시 원래의 정보를 복원하는 장치가 필요한데, 휴대폰에서 이러한 기능을 수행하는 핵심적인 부품이 모뎀칩셋이다. 모뎀칩셋은 구 표준과 신 표준을 동시에 지원하는 후방호환성이 필요하므로, 현재 멀티모드 칩셋(Multi-Mode Chipset)이 일반적으로 사용된다(공정위 2015시감2118 사건 의결서 11면).

147) 세대가 다른 표준들을 동시에 단일 모뎀칩셋에 구현하는 것은 전력소모를 줄이고, 모뎀칩셋의 단가를 낮추고, 단말기의 부피를 줄일 수 있는 장점이 존재하지만, 단일 모뎀칩셋을 설계하고 구현하는 것에 대한 기술적 난이도가 높고 일반적으로 개발 기간이 오래 걸린다는 단점이 있다. 따라서 새로운 세대 표준으로 진화하는 경우, 이전 세대 표준에 기반한 모뎀칩셋과 새로운 세대 표준에 기반한 모뎀칩셋 모두를 하나의 단말기에 구현

이중 기술적으로도 경제적으로도 전체적으로 휴대폰 설계의 자유도를 확보하기 위해서도, 단일 모뎀칩셋이 유리한데, 이런 단일 모뎀칩셋의 개발은 당연히 이전 세대 표준에 기반한 모뎀칩셋을 개발하여 시장에서 검증된 제품을 가지고 있는 모뎀칩셋 제조사가 유리하다. 이러한 면에서 모뎀칩셋 시장에서도 후방호환성으로 인한 고착현상이 크게 작용한다고 할 수 있다. 실제로, 퀄컴과 같이 이전 세대 모뎀칩셋 시장에서의 독보적 위치를 갖는 경우, 다음 세대 모뎀칩셋 시장에서 다른 경쟁사보다 먼저 단일 모뎀칩셋을 제공하는데 유리하며, 이런 기술적인 특성은 기존의 시장지배적 사업자가 당해 시장에서 세대전이 내지 진화에도 불구하고 다음 세대 모뎀칩셋 시장을 선점하고 지속적으로 시장을 장악할 수 있도록 하는데 중요한 역할을 한다.[148)

## 라. 소 결

이상의 여러 효과들을 종합하여 보면, 후방호환성은 기존 시장에서의 시장지배적 사업자인 표준필수특허권자의 행위의 이동통신시장에서의 경쟁제한성 판단의 핵심적인 개념이라고 할 수 있다.

---

하는 방법이 먼저 사용되고, 나중에 단일 모뎀칩셋이 개발이 완료되는 경우 단일 모뎀칩셋을 단말기에 사용하여 후방호환성을 제공하는 것이 일반적이다.

148) 피심인들의 독점적인 CDMA 모뎀칩셋 점유율은 모뎀칩셋의 후방호환성을 매개로 4세대 LTE가 보급된 현재까지 영향을 미쳐 LTE 모뎀칩셋 시장의 지배력을 공고히 하고 있다. 휴대폰 제조사가 2세대 CDMA 표준을 채택했던 이동통신사에게 휴대폰을 공급하기 위해서는 'CDMA−LTE 멀티모드' 모뎀칩셋이 필요한데, 'CDMA−LTE 멀티모드' 모뎀칩셋을 공급하는 모뎀칩셋 제조사는 사실상 피심인들이 유일하다(공정위 2015시감2118 사건 의결서 95면).

# 제 2 절 표준화기구에 의해서 부과되는 표준필수특허권자의 의무

## I. 표준화기구에 의한 표준제정과정

### 1. 도 입

표준화기구가 표준을 결정하는 과정은 당해 표준화기구의 규약에 의하여 결정되는 것이므로 단일한 하나의 공통절차가 존재하는 것은 아니다. 그렇지만 대부분의 표준화기구들이 가지고 있는 표준결정 절차가 크게 다르지 않기 때문에 상당정도 공통점을 도출할 수 있다. 이하에서는 이런 점에서 표준화기구의 표준결정과정을 설명한다.

### 2. 표준결정과정

#### 가. 표준화 기구

##### (1) 분 류

표준화기구에서 표준이 결정되는 과정에서는 기술위원회(Technical Committee)와 지적재산권위원회(Intellectual Property Committee)와 같은 개별적인 위원회가 있고, 이사회와 총회의 결정이 있다.[149] 공식 표준은 적용 범위에 따라 다시 국제 표준, 지역 표준, 국가 표준, 단체 표준으로 분류된다.

##### (2) 국제표준화기구

국제표준을 정하는 국제표준화기구로는 ITU(International Telecommunication Union)[150], IEC(International Electronics Committee), ISO(International Organization for Standardization)가 있다. 지역표준을 정하는 지역 표준화 기구는 유럽전기통신표준

---

149) 3GPP의 경우 기술적인 규격에 대해서는 Technical Specification Group(TSG)가 심의한다. https://www.3gpp.org/ 지적재산권 정책의 경우, 유럽에서는 변천이 있었다. 결론적으로 표준화를 하는 경우에도 경쟁법에서 예외가 되는 것은 아니다. Rudi Bekkers, pp. 241~242.

150) https://www.itu.int/en/Pages/default.aspx.

협회(European Telecommunications Standards Institute, ETSI),  아태전기통신협의체(Asia-Pacific Telecommunity, APT) 등이 있다.

국제표준화기구 중에서 ITU는 UN 산하 전문 기구로서, 전기통신 서비스의 국가간 상호접속을 용이하게 한다는 설립정신에 따라 운용된다. ITU는 다시 전파통신 부문(ITU-R), 전기통신표준화 부문(ITU-T)[151], 전기통신개발 부문(ITU-D)로 나뉘어 구성된다. ITU-T는 전기통신에 관한 기술, 운용, 요금에 관한 문제를 연구하고, 이러한 문제들과 관련된 국제표준화를 위한 권고를 채택하는 역할을 한다. ITU-R은 전파통신업무와 관련하여 무선주파수 스펙트럼 대역의 합리적, 공정, 효율적, 경제적 이용을 보장하고, 주파수 연구를 통하여 전파통신 권고를 채택하는 역할을 한다. ITU-D는 개도국의 정보통신 인프라와 네트워크 구축, 발전을 위한 기술적 지원 사업 및 국제 협력을 수행한다.

유럽전기통신표준협회(ETSI)는 유럽지역 정보통신분야 표준화 기구로, 회원사[152]의 요구에 부응하는 기술표준 개발과 유럽시장 단일화에 따른 정보통신 관련 분야에 요구되는 표준을 개발하고 있다.[153] 유선, 무선, 전파, 융합, 방송, 인터넷 기술분야를 포함한 이동통신(ICT, Information, Communication and Telecommunication) 전 분야의 유럽 표준 제정을 담당하며, 특히 GSM 및 3GPP 무선분야 표준화에 특화되어 있다.[154]

ETSI는 표준화가 가지고 있는 경쟁제한적 효과에 대해서 인식하고 있었다. 경쟁제한의 가장 중요한 요소가 지적재산권이다. 이런 표준화로 인한 경쟁제한 효과는 회원사간 및 회원사와 비회원사간에서 발생할 수 있다고 보았다.[155] ETSI가 설립된 당시의 EC조약 제81조 및 제82조에서 금지하는 여러 행위가 발생할 수 있음을 이해하고 ETSI는 경쟁법 준수를 위한 프로그램을 운영하므

---

151) ITU에서 표준화를 담당하는 부분인 ITU 이동통신표준섹터(Telecommunication Standardization Sector)는  https://www.itu.int/en/ITU-T/Pages/default.aspx.
152) https://portal.etsi.org/TB-SiteMap/NSO/Home. 2020년 3월 현재 유럽의 40개국에서 41개의 국가표준화기구가 ETSI의 회원으로 참여하고 있음을 확인할 수 있다. 오스트리아의 경우, 2개의 표준화기구가 참여하고 있다.
153) https://portal.etsi.org/home.aspx.
154) https://www.etsi.org/intellectual-property-rights, 이 링크에서 지적재산권 정책을 확인할 수 있다.
155) Rudi Bekkers, p. 249.

로[156] ETSI의 규약은 경쟁법을 위반하는 방식으로 해석되어서는 안된다.[157] ETSI는 EU의 경쟁법 원칙을 참고하여 지적재산권 정책을 제정하였다. 따라서 ETSI의 모든 결정은 EU의 경쟁법에 부합하도록 하여야 한다. EU 집행위원회는 ETIS가 지적재산권 정책을 수립한 1992년 유럽의 표준화기구는 "유럽 표준을 사용하고자 하는 모든 당사자가 해당 표준에 대한 접근권을 반드시 제공받도록 보장해야 한다(European standard－making bodies should ensure that all persons wishing to use European standards must be given access to those standards)"고 했다.[158]

### (3) 국가 표준화기구

국가 표준화기구로는 미국통신산업협회(Telecommunications Industry Association, TIA), 미국국립표준협회(American National Standards Institute, ANSI), 미국통신사업자연합(Alliance for Telecommunications Industry Solutions, ATIS), 일본전파산업협회(Association of Radio Industries and Businesses, ARIB), 일본통신기술협회(Telecommunication Technology Committee, TTC), 중국통신표준협회(China Communications Standards Association, CCSA), 한국정보통신기술협회(Telecommunication Technology Association, TTA) 등이 있다.

### (4) 연합표준화기구

실질적인 표준화를 담당하는 표준화 기구는 기업간 연합체가 주체가 된다. 이들은 특정 기술 분야에서 실질적 표준을 만들어서 만들어진 표준들을 공식 표준화기구에 제안한다. 그리고 이렇게 제안된 표준후보기술들은 표준화기구 내의 승인 및 채택절차를 거쳐 국가나 지역의 표준이 된다. 이런 역할을 하는 표준화 기구는 기술 분야 별로 다수가 존재한다. 예를 들어 이동통신분야에서는 3GPP(3rd Generation Partnership Project), 3GPP2(3rd Generation Partnership Project 2), IEEE(Institute of Electrical and Electronics Engineers) 등이 대표적이다. 이런 표준화기구들은 여러 표준화기구간의 조율을 목적으로 한 표준화기구이다.

---

156) ETSI Guidelines for Antitrust Compliance A.항 B. 2.2.
157) 예를 들어, ETSI의 IPR Policy 6.1.의 해석과 관련하여 퀄컴 Ⅱ 사건에서 device의 해석이 문제되었는데, 이 해석에 있어서도 경쟁법의 원리와 FRAND의 의의를 생각하여 보면 칩셋이 포함되는 것으로 해석하는 것이 옳다.
158) EU 집행위원회 1992년 표준화보고서 6. 2. 1.항.

## 1) 3GPP

3GPP는 이동통신 관련 단체들 간의 공동 연구 프로젝트로 설립된 표준화 기구로, 유럽의 GSM을 잇는 3G 규격들인 ETGE((Enhanced Data Rates for GSM Evolution)와 WCDMA 규격 작성을 목적으로 1998년 12월에 설립되었다.[159] 유럽전기통신표준협회(ETSI), 일본전파산업협회(ARIB), 일본통신기술협회(TTC), 중국통신표준협회(CCSA), 미국통신사업자연합(ATIS)과 한국정보통신기술협회(TTA)와 500여개 회사들이 회원으로 참여하고 있다.[160] 3GPP 규격은 GSM 규격에 기반을 두고 있으며, 무선 접속망(Radio Access Networks, RAN), 유선 코어망과 단말(Core Network & Terminals, CT), 서비스 및 시스템(Services & Systems Aspects, SA)을 모두 표준화 범위에 포함시키고 있고, 이에 따라 이를 담당하는 3개의 기술규격그룹(Technical Specification Group, TSG)을 두고 규격을 제정한다. 3GPP는 WCDMA의 성공적 표준화 이후, 4G LTE, LTE−A, 5G 규격들의 표준화를 실질적으로 담당하고 있다.[161]

3GPP 프로젝트는 각 표준화기구들이 지적재산권 정책에 있어서는 기본적인 원칙을 공유하기로 하였고,[162] 실제로도 그렇게 운용되고 있다.[163][164] 따라서 예를 들어 ETSI만 3GPP의 다른 파트너 기구들과 상충되는 지적재산권 정책을 제정할 수는 없다. 3GPP는 회원사들에게 다른 파트너 기구들의 지적재산

---

159) Rudi Bekkers, Mobile Telecommunications Standards GSM, UMTS, TETRA, and ERMES, Artech House, 2001 p. 480.

160) 설립당시 시분할과 주파수분할 모두를 Universal Terrestrial Radio Access(UTRA) 표준에서 지원하는 것을 목적으로 하였다. Rudi Bekkers, p. 480. 여기서 미국통신산업협회 TIA는 옵저버로 참여하였다.

161) 3GPP UMTS Release 99는 WCDMA 첫 규격이고 이후 UMTS Release 4부터 UMTS Release 9까지 기술/기능이 추가되면서 규격이 보완/ 진화하였다. 3GPP LTE Release 8, Release 9은 LTE에 해당하며, 3GPP Release 10부터 Release 14는 LTE−A, 3GPP Release 15 이후는 5G 규격에 해당한다. 3, 4세대 이동통신 기술표준의 진화를 요약한 표는 이상근, 197면.

162) Rudi Bekkers, p. 241; 3GPP의 작업절차규정 제55조는 "회원사들은 그들이 속한 각 파트너 기술의 지적재산권 정책에 따라야 한다."고 규정한다.

163) 대표적으로 FRAND 확약을 요구하는 것이 그 예이다.

164) 3GPP에 옵저버로 참여한 미국의 TIA의 경우, 2005. 3. 발간한 엔지니어링 매뉴얼 제4판 부록 H에서 특허권자는 표준필수특허에 대한 라이선스를 신청한 모든 자에 대하여 표준의 규범적 요소 일부 또는 전부를 실시하는데 필요한 범위 내에서 합리적이고 비차별적인 조건으로 라이선스를 제공하겠다는 점을 확약한 진술서를 제출하도록 한다.

권 정책과 양립가능한(compatible) 지적재산권을 갖춘 표준화기구만 파트너 기구
가 될 자격을 부여한다.[165]

  2) 3GPP2

  3GPP2는 퀄컴이 주도하던 CDMA 기술인 IS-95를 기반으로 하는 3세대
이동통신표준(규격)을 만들기 위해 설립된 표준화 기구이다.[166] 3GPP2는 3GPP
와는 아무런 관련이 없는 표준화 기구이다.[167] 유럽전기통신표준협회(ETSI)를
제외한 미국통신산업협회 (TIA), 일본전파산업협회(ARIB), 일본통신기술협회(TTC),
중국통신표준협회(CCSA), 한국정보통신기술협회(TTA)와 여러 회사들이 회원으로
참여하고 있었지만,[168] 기술의 특성상 퀄컴이 규격 제정을 사실상 주도하고 결
정하였다. 3GPP2에서는 IS-95 CDMA를 잇는 3G 규격들인 cdma2000와
EV-DO 규격을 만들었다. 그러나 4세대 이동통신기술 이후의 규격들은 3GPP
가 주도함에 따라, 3GPP2에서 4세대 이동통신규격인 UMB(Ultra-Mobile Broadband)
규격을 만드는 것을 2010년에 중단하였다.[169]

  3) IEEE

  IEEE(Institute of Electrical and Electronics Engineers)는 전기전자공학 전문가들의 국제
학술단체로, 160개국 410,000여명의 회원을 가진 기술 전문적인 비영리 조직이
다.[170] 전기통신공학부터 컴퓨터엔지니어링, 생물의학기술, 전력, 항공우주, 소
비전자공학까지의 다양한 기술적 분야를 선도하고 있다. IEEE는 관련 분야의
학술지들을 출판하고, 연간 300개 이상의 주요 학술회의들을 주관하여, 통신,
전자공학, 전기공학, 컴퓨터 및 제어기술관련 전세계 출판물의 30% 이상을 생
산하고 있다. 학술활동 이외에도, 관련 분야의 약 1,500여개의 표준을 만들고
있다. 무선랜(WiFi) 표준, WiMAX 표준 등이 대표적인 IEEE 표준들이다.

---

165) 3GPP 작업절차규정 제6조.
166) Rudi Bekkers, p. 481.
167) 옵저버로 미국의 TIA가 3GPP에 참여하였지만, 미국의 표준화기구인 ANSI는 ETSI가 표
     준화를 주도하는 것에 대해서는 우려를 가지고 별도의 표준화기구를 만든 것으로 3GPP
     와의 연계성은 없다.
168) Rudi Bekkers, p. 481. 표준화기구 회원 외에 개별적으로 기업들이 참여하는 것은 제한
     하지 않는다.
169) 이상근, 20면.
170) https://www.ieee.org/

IEEE-SA(IEEE Standards Association)[171]표준은 이후 ANSI표준과 ISO/IEC 표준으로 반영되는 등 막강한 영향력을 행사하고 있다.

2015년 2월 IEEE는 지적재산권 정책을 FRAND 확약의 의미를 구체화하기 위해서 이사회 승인을 통해서 전세계적인 범위에서 라이선스를 요청하는 모든 사용자에게 무상으로 또는 RAND 조건으로 라이선스를 제공하고, 실시를 희망하는 사업자에 대해서는 판매금지청구를 제한하여서는 안되며, 표준필수특허가 제3자에게 이전되는 경우, RAND 의무도 함께 승계하도록 개정하였다.[172] 이러한 IEEE의 개정에 대해서 미국 법무부는 이런 개정이 표준필수특허권자의 특허억류행위를 제약하여, 실시권자들이 안심하고 제품개발을 할 수 있다는 이유에서 개정을 지지하였다.[173]

## 나. 표준화 기구의 표준결정과정

표준화 조직은 최고의사결정기구인 총회, 사무국, 기술위원회를 비롯한 위원회로 구성된다. 그리고 기능별로 분류하면 기술조직, 자문조직, 사무국으로 구성되는 것이 일반적이다. 기술조직은 표준 개발을 담당하고, 상위 의결 조직

---

171) The Institute of Electrical and Electronics Engineers Standards Association (IEEE-SA) is an organization within IEEE that develops global standards in a broad range of industries, including: power and energy, biomedical and health care, information technology and robotics, telecommunication and home automation, transportation, nanotechnology, information assurance, and many more.
IEEE-SA has developed standards for over a century, through a program that offers balance, openness, fair procedures, and consensus. Technical experts from all over the world participate in the development of IEEE standards.
IEEE-SA is not a body formally authorized by any government, but rather a community. ISO, IEC and ITU are recognized international standards organizations. ISO members are national standards bodies such as American ANSI, German DIN or Japanese JISC. IEC members are so called National Committees, some of which are hosted by national standards bodies. These are not identical to ISO members. Both IEC and ISO develop International Standards that are consensus-based and follow the "one country one vote principle", representing broad industry needs. Their standards cannot be sponsored by individual companies or organizations.
https://en.wikipedia.org/wiki/IEEE_Standards_Association
172) 공정위 2015시감2118 사건 의결서 19면.
173) 공정위 2015시감2118 사건 의결서 164면.

과 산하에 특정 기술 별 소규모 집단으로 구성된다.[174] 사무국은 기술조직과 자문 조직의 원활한 운영을 담당한다. 자문조직은 표준 개발, 의결에는 참여하지 않고 자문, 지원을 담당하는 조직이다. 표준화조직에 참여하는 회원들로 구성되는 총회는 전반적인 표준 개발 요구사항이나 방향을 정의하고, 개발 표준에 대한 최종 의결 및 승인한다.[175]

　　표준화 기구는 회원을 기반으로 운영되고, 회원 자격을 가진 이해 관계자들이 자사의 기술을 표준에 반영하기 위해 기술적 토론이나 협의를 거쳐 표준안을 제안하고, 제안된 표준안은 회원들간의 의견 수렴을 거쳐 표준으로 채택되는 절차를 거친다. 표준결정절차는 표준화기구의 정책에 의하여 결정되는 것이므로 그 내부규정을 보아야 개별적인 표준결정절차를 알 수 있으나 일반적으로 표준이 제정되는 절차는 다음과 같은 차례를 거친다.

　　① 1단계는 제안단계이다. 이 단계에서는 회원사들이 표준화 기구에 기술을 반영하기 위한 표준화 항목을 제안한다.

　　② 2단계는 초안 작성단계이다. 이 단계에서는 관련 기술위원회가 표준 초안 검토한다. 그리고 기술위원회는 제안된 기술을 비교·검토 또는 제안 기술을 수정하여 기술적으로 최선의 표준 초안을 개발한다.

　　③ 3단계는 심의단계이다. 이 단계에서는 기술위원회 차원의 합의를 통한 표준안 도출. 이견이 있는 경우 다시 초안 작성단계로 다시 회부한다.

　　④ 4단계는 의견수렴단계이다. 표준화 기구의 모든 회원에게 표준안을 공개하여 의견을 청취하고, 이견이 없는 경우 최종 표준안으로 확정한다. 이견이 있는 경우에는 2단계와 3단계를 반복한다.

　　⑤ 5단계는 표준이 채택되는 단계이다. 이 단계에서는 모든 회원이 최종 표준안에 대하여 투표하고, 승인된 경우 표준이 채택된다. 부결된 경우 2단계의 초안 작성단계에서부터 4단계의 의견수렴단계를 반복하게 된다.

　　⑥ 6단계는 표준을 결정하는 단계이다. 이 단계에서는 표준화 기구가 자신

---

174) 이들 소규모 집단은 기구에 따라 SG(Study Group), WG(Working Group), PG(Project Group) 등으로 다양하게 불린다.
175) 공정위 2015시감2118 사건 의결서 16면.

이 채택한 표준을 결정한다.

이후 단계로 만일 개정의 필요성이 있다고 판단되는 경우 적절한 시기에 표준을 개정하는 단계를 거치게 된다. 이 단계에서 표준화기구는 새로 제안된 개정안에 대하여 이를 확인하고, 개정하거나 폐지한다.

위의 절차는 공식적인 기술 위원회 회의에서 이루어지지만, 실제 공식적인 회의 밖에서도 회원들간의 비공식적인 협의나 합의가 이루어지기도 한다. 또한, 기술위원회 차원의 합의 과정에서도, 여러 후보 기술들이 경합하면서 합의가 도출되지 못하는 경우, 투표에 의해 결정되는 경우도 있기 때문에 경합하는 후보 기술들 중에서 항상 최선이나 최고의 기술이 선택되는 것은 아니다. 경우에 따라서는 경합하는 후보 기술들에 대한 지지가 이해관계에 따라서 전략적으로 결정되는 경우도 있다. 기술적인 우수성과 상업적인 우수성도 고려되어야 하지만 이해관계를 가지고 있는 회원사들 간의 서로의 이해관계가 합치되면 다른 표준후보의 기술적인 단점을 부각시킨다거나 하는 방법으로 표준결정과정이 진행되기도 한다.176)

이런 표준화기구에 따른 차이는 분명히 있지만 표준화기구의 의사결정에 대한 경쟁법적 우려가 강화되는 경우 표준화기구의 존재에 대한 공격을 받을 수 있기 때문에 표준화기구는 경쟁법에 대한 가이드라인을 제정하기도 하고, 공개의무와 FRAND 확약과 같은 방식으로 우려를 제어하는 것이 일반적이다.177)

---

176) 이동통신표준의 경우 고착효과나 네트워크 외부효과의 존재로 인해서 표준획득을 하게 되면 후발참여자가 불리한 지위에 놓이게 되므로 이런 이해관계에 기초한 합의가 이루어질 가능성이 높다. 정원준·정현준, "ICT 표준경쟁 현황과 시사점 – 표준특허분쟁을 중심으로," 정보통신방송정책, 26권 7호 통권 575호, 2014.

177) 특허청, "주요국의 표준특허 정책 및 글로벌 기업의 표준특허확보전략연구", 2008. 11. 25면.

## II. 표준화기구의 정책문서(Policy Document)

### 1. 의 의

각 표준화기구별로 표준화기구의 정책문서의 내용에 대하여 살펴보고자한다. 표준화기구가 산업별 표준화기구이던지, 국가별 표준화 기구이든지 간에각자는 '정책문서(policy documents)'라는 이름의 내부 회원간의 약정(bylaws)을 가지고 있고, 이러한 경우에 신규 가입하는 회원은 기존의 계약 내용을 인수하는행위를 함으로써 신규회원이 될 수 있는 것이고, 이들 간의 내부적인 규율은바로 이 '정책문서'라는 계약서에 의하여 규율되고 집행된다.[178]

표준필수특허(Standard Essential Patent, SEP)는 표준에 포함된 필수 특허, 즉 표준을 구현하기 위해서는 반드시 침해될 수밖에 없는 특허를 말하는 바, 최근 정보통신기술의 급속한 발전과 융복합화로 표준필수특허의 중요성은 커지고 있다. 비표준필수특허는 특허기술이 갖는 고유의 가치만으로 시장에서의 지배력을 형성하게 되지만, 표준필수특허의 경우 특허기술 고유의 가치뿐만 아니라부가적으로 표준화로 인한 가치까지 갖게 되므로 표준필수특허권자에게 이와같은 부가적인 가치까지 누리게 하는 것은 바람직하지 않다는 측면에서 표준화기구들은 표준필수특허 보유자들의 특허권 남용을 방지하기 위해 FRAND 확약의 선언의무를 부과하고 있다.[179]

표준화는 표준으로 선정되지 않은 기술을 배제하고 표준으로 선정된 특허의 특허권자만이 그 기술을 독점적으로 실시할 수 있는 효과를 가진다. 특허풀을 사용하지 않고, 표준화기구에서 기술표준을 채택하는 역할만을 수행하는 경우에도 표준화기구는 공동행위로 시장에서의 경쟁을 제한할 수 있다.[180] 표준화기구가 더 우수한 기술이 시장에 등장하더라도 업계표준으로 승인을 하지않는 방법으로 시장에서 사용되지 못하게 함으로써 잠재적 경쟁자의 시장진입을 막는다. 바로 이와 같은 목적으로 표준화기구의 구성원들이 공동으로 특정한 기술표준을 정하기로 하거나 정하지 않기로 하는 행위는 그 자체로 부당한

---

178) 최승재, 「특허권남용의 경쟁법적 규율」, 세창출판사 2010 219면.
179) 최승재, 위의 책, 244면.
180) 최승재, 위의 책, 325면.

공동행위가 될 여지가 있다.181)

그러한 인위적 독점을 방지하기 위하여 FRAND 확약은 누구든지(anyone) 요건을 규정한다.182) 즉 표준필수특허권자는 누구든지 당해 표준필수특허로 결정된 특허를 자신이 약속한 FRAND 조건에 따라 라이선스를 받으려고 하는 자에게는 라이선스를 하여야 하는 것이다. 바로 이런 사전적인 실시조건을 정함으로써 표준화기구로서는 부당한 공동행위가 될 우려를 줄일 수 있고, 반면 시장참여자들은 자칫 표준필수특허권자가 표준결정이후 사후적으로 행할 수 있는 홀드업행위에 대한 우려 없이 표준이 결정되더라도 그 표준기술을 사용하는 것을 전제로 사업계획을 수립하고 시행할 수 있게 된다.183) 각 표준화기구에서의 실제 사례를 보면, FRAND 확약을 하는 경우 FRAND 조건으로 라이선스를 제공하는 대상에는 모뎀칩셋과 같은 부품 제조사 또는 휴대폰과 같은 최종기기 제조사 등 그 범위에 아무런 제한을 하고 있지 않다. EU집행위원회는 수평합의 가이드라인에서 표준필수특허보유자는 모든 제3자(all third parties)에게 FRAND 조건으로 라이선스를 하겠다는 취소 불가능한 FRNAD 확약을 서면으로 선언할 것을 요구하고 있다.184) 미국 법무부는 표준화기구의 구성원인지 여부와 관계없이 모든 표준실시자(all implementer)에게 FRAND 확약이 적용되어야 한다고 보았고, ITU, ISO, IEC, TIA, ARIB 등 주요 표준화기구도 FRAND의 대상에 대한 제한을 두고 있지 않으며, IEEE도 특정 단계, 특정 사업자를 라이선스 대상에서 배제할 수 없도록 하고 있다.185)

미국 연방법원은 퀄컴에 대해서 퀄컴이 3GPP의 북미지역파트너로서 UMTS, LTE 표준 결정에 참여한 ARTIS186), 3GPP2의 북미지역파트너로서

---

181) 최승재, 위의 책, 325면.
182) 공정위 2015시감2118 사건 의결서 109면.
183) 최승재, 「특허권남용의 경쟁법적 규율」, 세창출판사 2010 245면.
184) 2001년 제정된 구 규정에서는 표준합의에 대한 간단한 규정만 두었다가, 2010년 개정 가이드라인에서는 하나의 장을 두어 표준합의에 대하여 규정하고 있다. 이 개정에는 Rambus 판결 등의 사건이 영향을 미쳤다고 한다{이황(2012), 318−319면}.
185) 공정거래위원회 2015시감2118 사건 의결서 109면.
186) ARTIS 운영절차규정 10.4. 2.(b) ARTIS FRAND 확약서에 "해당 표준을 실시하기 위하여 라이선스를 희망하는 신청인들이 해당 필수특허청구항(들)에 대한 라이선스를 어떠한 부당한 차별도 없는 합리적인 조건으로... 이용할 수 있게 하여야 한다"고 규정하고 있다.

CDMA 표준결정에 참여한 TIA[187)]의 회원사임을 확인한 뒤, 퀄컴이 이들 표준화기구에 FRAND 확약을 한 사실을 인정한 후, 이들 표준화기구의 지적재산권 정책[188)]에 의하면 퀄컴이 FRAND 확약에 따라 모뎀칩셋 제조사에게 표준필수특허의 라이선스를 하여야 할 의무가 있다고 판결하였다.[189)] 서울고등법원도 퀄컴이 FRAND 확약을 제출한 이동통신분야 주요 표준화기구인 TIA와 ARTIS 는 표준필수특허권자로 하여금 표준의 규범적 요소 일부 또는 전부를 실시하는데 필요한 범위내에서도 FRAND 조건의 라이선스 제공을 확약하도록 하고 있다고 하면서, 퀄컴이 모뎀칩셋 제조사의 라이선스 요청을 거절하는 행위는 TIA와 ARTIS의 지적재산권 정책에 반하는 것이라고 판결하였다.[190)]

　　만약 표준특허권자가 실시권자를 선택할 수 있게 되면 대상 특허발명은 소수의 또는 특허권자 단독의 전유물이 되고 그에 따라 경쟁이 저해되므로, 그러한 현상을 방지하기 위하여 '누구든지' 요건이 필요한 것이다. 그런 면에서 '누구든지' 요건은 FRAND 확약의 여러 요건 중 가장 중요한 요건이다. '누구든지' 요건이 준수되지 않으면 실시계약 자체가 존재할 수 없으므로 FRAND 확약의 다른 요건들을 논할 기회조차 없어진다는 점에서 정책문서가 요구하는 공개의무와 FRAND 확약의 해석에서 특히 '누구든지' 요건의 적용범위를 아무런 제한이 없는 것으로 해석·적용하는 것이 필요하다. 만일 위와 같이 규정하지 않은 표준화기구가 있다면 이는 그 자체가 경쟁제한적인 합의를 정책문서라는 형식으로 한 것으로서 그 표준화기구의 표준자체가 반경쟁적인 것이 될 수 있으며, 표준필수특허의 실시거절과 같은 행위는 당해 표준문서의 규정과 무관하게 경쟁제한행위기 될 수 있다.

---

187) TIA 엔지니어링 매뉴얼 87−88면 및 TIA FRAND 확약서 양식. "해당 표준의 일부 또는 전부를 실시하기 위해 라이선스를 신청한 모든 자에 대하여 라이선스 권리를 제공하여야 한다."고 규정하고 있다.

188) TIA 지적재산권 정책 가이드라인 1면은, "해당 표준을 사용하자 하는 모든 이들에게 합리적이고, 비차별적으로 이용하게 하는 경우에만 해당 지적재산권이 TIA 표준에 포함될 수 있다"고 규장하고 있다. 그러면서 금지되는 차별행위의 예로 5면에서 "표준필수특허권자가 경쟁사를 제외하고 모든 신청인들에게 라이선스를 제공하는 행위"를 들고 있다.

189) Federal Trade Commission v. Qualcomm Incorporated, Case No. 17−CV−00220−LHK, United States District Court Northern Disrtrict of California San Jose Division, p 5.

190) 서울고등법원 2017누48 판결.

## 2. ITU, ISO, IEC의 공통 특허정책

ITU 권고에 적용되는 특허에 대한 정책은 먼저 ITU－T에서 책정되어 ITU－R이 이를 준용하는 형태를 취해 왔다. ITU와 함께 국제표준 제정기구로서 공동 협력을 하고 있는 ISO와 IEC는 별도의 특허정책을 가지고 수행해 왔다. 이들 세 기구가 가진 특허정책은 특허를 보호하면서도 표준이라는 공공이용의 목적을 구현한다는 동일한 기본 목적을 가지고 있어, 그 내용과 양식에서 다소의 차이가 있었다.

이러한 현실을 인식하여 이들 세 기구는 2004년 11월 각각이 가지고 있던 특허정책을 비교·조정하여 하나의 특허정책과 양식을 사용하기로 합의하고 2007년 3월 공통 특허정책을 발표하였다.[191] 공통 특허정책은 표준화 과정이 완료되기 전에 표준의 구현에 필요한 특허 기술의 공개를 권장하고 있다. 표준은 특허전문가가 아닌 기술전문가에 의해 작성되고 있으며, 기술전문가가 특허법에 익숙하지 않음을 고려하여, 공통 특허정책은 하나의 실천요강(code of practice)으로 간단하고도 직설적으로 작성되어 있다. 즉, 표준은 기술과 시스템의 호환성 보장이라는 목적의 달성을 위하여 누구나 적용·이용 가능하여야 한다. 따라서 표준에 포함된 특허 역시 누구에게나 부당한 제한 없이 제공될 수 있도록 하는 것이 실천요강의 유일한 목적이다.[192]

ITU, ISO, IEC의 공통 특허정책에 의하면, 표준결정을 하는 초기단계에서는 표준결정에 참여하는 자가 작업의 초기부터 이들 표준화기구에 자신이 소유하거나 다른 사업자가 소유한 것으로 알려준 등록된 특허 및 출원중인 특허를 공개하여야 하는 의무를 부담하도록 하고, 표준개발후 정보공개단계에서는 특허권자는 FRAND조건에 의한 라이선스 의무를 부담하게 된다. 이를 위해서 특허권자는 특허설명서 및 라이선싱 선언서(patent Statement and Licensing Declaration) 양식을 이용한 서면설명서를 표준화기구에 제출하여야 한다. 이런 공동합의를

---

191) IEC/ISO/ITU 공동특허정책설명서 9면.
192) IEC/ISO/ITU 공동특허정책설명서에서는 "권고/결과물에 구현된 특허에 모든 사람이 부당한 제한 없이 접근 가능해야 한다."…"이것이 공동특허정책의 단 하나의 목적이다"라고 설명하고 있다.(설명서 9면)

한 ITU와 ISO의 라이선스 서약서 양식에는 "특허보유자는 라이선스 신청인에
게 수적 제한없이 전세계적으로 비차별적인 기준에 따라 라이선스를 제공하여
야 한다."고 규정되어 있다.[193]

## 3. ETSI의 지적재산권정책

ETSI의 지적재산권정책(IPR Policy)은 삼성·애플사건에서부터 2차 퀄컴사건
까지 여러 사건에서 논의가 되어 법조계에도 상당히 알려져 있다. 애플과 삼성
간의 소송에서도 그렇고, 퀄컴에 대해서 공정거래위원회가 1조원이 넘는 과징
금을 부과한 2차 퀄컴 사건도 그렇고 이들 사건에서 공통적으로 문제가 된 것
이 유럽 표준화기구인 ETSI의 지적재산권정책 문서이다.

역사적으로 보면, 1991년 ETSI의 의장은 특허권자는 ISO의 정책에 따라
공정하고 합리적이며, 비차별적인 조건으로 라이선스를 제공해야 한다고 했
다.[194] 또 1992년 ETSI의 연차총회에서 ETSI 지적재산권 위원회는 ISO와 IEC
정책을 기반으로 하여 정책을 개발하고 있다고 했다.[195] 1992년 ETSI는 EU집
행위원회의 요구에 따라서 지적재산권 정책을 제정했다.[196] 이후 EU 집행위원
회는 수평합의 가이드라인에서 유럽기능조약(TFEU) 제101조 적용과 관련해서
표준채택 후 지적재산권에 대한 라이선스를 거부하는 것은 반경쟁적 행위라고
하면서 표준참여자 또는 잠재적 참여자를 명백히 차별하는 표준화 합의는 경
쟁제한을 초래할 수 있다고 하였다.[197] 유럽최고법원은 표준필수특허 보유자가
FRAND 조건의 라이선스 제공을 거부하는 것은 원칙적으로 유럽기능조약(TFEU)
을 위반하는 것이라고 만장일치로 판단하였다.[198]

---

193) 미국 연방항소법원은 이들 표준화기구가 "This language admits of no limiations as to
who or how many applicants could receive a license("unrestricted number of
applicants")"라고 규정한 점을 근거하여 표준필수특허권자는 모든 이에게 제한 없이 라
이선스를 하여야 한다는 점을 확인하였다{Microsoft Corp. v. Motorola Inc., 696 F.3d
872 (9th Cir. 2012)}.
194) 1991. 11. 27. 자 ETSI 기술위원회 토론문 4면 iii항.
195) 1992. 4. 2. 자 ETSI 제12차 총회 연차보고서 6면.
196) EU집행위원회 1992년 표준화보고서 6.2.1.항.
197) EU수평합의 가이드라인 285항.
198) Huawei Technologies Co. Ltd. v. ZTE Corp.,. ZTE Deutschland GmbH, (Case

이후 1993년 ETSI는 지적재산권 정책을 개정하는 시도를 하였으나 개정은 이루어지지 않았고 1994년 개정을 통해서 오늘날의 모습을 가지게 되었다. ETSI의 지적재산권 정책문서 3조는 정책목적을 규정한다. 이에 의하면 ETSI의 목적은 총회가 규정하는 바에 따라, 유럽 이동통신 분야의 기술 목적에 가장 잘 부합하는 해결방식을 기반으로 한 표준 및 기술규격을 설정하는 것이다. 이러한 목적을 추진하기 위하여, ETSI의 지적재산권 정책은 ETSI의 회원 및 ETSI 표준과 기술규격을 적용하는 자들을 위하여, 표준과 기술규격에 관한 필수 지적재산권을 이용할 수 없게 됨에 따라 표준 마련, 채택 및 적용에 대한 투자가 낭비될 수 있는 위험을 감소시키려고 한다(3.1.조[199]). ETSI는 이런 목적을 달성하기 위하여 표준 및 기술규격(STANDARDS and TECHNICAL SPECIFICATIONS)의 마련, 채택 및 적용에 관한 활동이 일반적인 표준화 원칙에 따라 해당 표준 및 기술규격을 잠재적 사용자들이 이용가능 하도록 최대한 보장하기 위한 합리적인 조치를 취하여야 한다고 한다(3.3.조[200]).

ETSI의 지적재산권 정책문서 6.1.조[201]는 FRAND 조건을 규정하고 있다.

---

C−170/13) para. 52. On July 16, 2015, the Court of Justice of the European Union(CJEU). 이 판결에 대한 추가적인 쟁점에 대해서, Lo Bue, Marco, Huawei v ZTE: Established Case Law and Open Issues after ECJ's Judgment (September 3, 2015). Available at SSRN: https://ssrn.com/abstract=2656056 or http://dx.doi.org/10.2139/ssrn.2656056.

199) It is ETSI's objective to create STANDARDS and TECHNICAL SPECIFICATIONS that are based on solutions which best meet the technical objectives of the European telecommunications sector, as defined by the General Assembly. In order to further this objective the ETSI IPR POLICY seeks to reduce the risk to ETSI, MEMBERS, and others applying ETSI STANDARDS and TECHNICAL SPECIFICATIONS, that investment in the preparation, adoption and application of STANDARDS could be wasted as a result of an ESSENTIAL IPR for a STANDARD or TECHNICAL SPECIFICATION being unavailable. In achieving this objective, the ETSI IPR POLICY seeks a balance between the needs of standardization for public use in the field of telecommunications and the rights of the owners of IPRs.

200) ETSI shall take reasonable measures to ensure, as far as possible, that its activities which relate to the preparation, adoption and application of STANDARDS and TECHNICAL SPECIFICATIONS, enable STANDARDS and TECHNICAL SPECIFICATIONS to be available to potential users in accordance with the general principles of standardization.

201) When an ESSENTIAL IPR relating to a particular STANDARD or TECHNICAL

그리고 공개의무(Disclosure of IPRs)도 지적재산권정책문서의 일부를 이루고 있다.202) ETSI는 회원에 의한 정책(Policy) 위반은 ETSI에 대한 회원사의 의무위반으로 간주되며, ETSI 총회는 ETSI의 규정에 따라 정책문서상의 정책을 위반한 회원사에 대한 조치를 취할 권한을 가진다(IPR Policy 제14조203)). 특정한 표준이나 기술명세와 관련된 필수적인 지적재산권에 대해 ETSI는 관련 소유권자에게 3개월 이내 있는 특허를 대상으로 공정하고 합리적이면서 비차별적인 조건(FRAND)에 따라서 사용허락을 할 것을 서면(IPR Declaration Form, IPR 선언서)으로 제출하도록 명시하는 정책을 사용하고 있다.204) 이와 같은 정책에 따라 표준화와 관련된

---

SPECIFICATION is brought to the attention of ETSI, the Director—General of ETSI shall immediately request the owner to give within three months an irrevocable undertaking in writing that it is prepared to grant irrevocable licences on fair, reasonable and non—discriminatory ("FRAND") terms and conditions under such IPR to at least the following extent

— MANUFACTURE, including the right to make or have made customized components and sub—systems to the licensee's own design for use in MANUFACTURE;

— sell, lease, or otherwise dispose of EQUIPMENT so MANUFACTURED;

— repair, use, or operate EQUIPMENT; and

— use METHODS.

The above undertaking may be made subject to the condition that those who seek licences agree to reciprocate.

202) "ETSI의 각 회원사는 자사가 알고 있는 필수적인 지적재산권을 ETSI에 적시에 알려주기 위하여 합리적으로 노력하여야 하며, 특히 표준 또는 기술명세를 위하여 기술적인 제안을 하는 회원사는 그 제안이 채택되었을 경우 필수적일 수 있는 회원사의 모든 지적재산권에 대하여 ETSI가 주의를 충분히 환기 시킬 수 있도록 하여야 하며..."(IPR Policy 제4조), 4.1.조는 "Subject to Clause 4.2 below, each MEMBER shall use its reasonable endeavours, in particular during the development of a STANDARD or TECHNICAL SPECIFICATION where it participates, to inform ETSI of ESSENTIAL IPRs in a timely fashion. In particular, a MEMBER submitting a technical proposal for a STANDARD or TECHNICAL SPECIFICATION shall, on a bona fide basis, draw the attention of ETSI to any of that MEMBER's IPR which might be ESSENTIAL if that proposal is adopted." 라고 하여 공개의무를 규정하고 있다.

203) Any violation of the POLICY by a MEMBER shall be deemed to be a breach, by that MEMBER, of its obligations to ETSI. The ETSI General Assembly shall have the authority to decide the action to be taken, if any, against the MEMBER in breach, in accordance with the ETSI Statutes.

204) 회원사는 '지적재산권 정보 진술 및 실시허락 선언서(IPR Information Statement and

특허를 소유한 특허권자는 IPR선언서를 ETSI에 제출하고 있으며 이렇게 제출된
선언서는 지식재산권(IPR) 온라인 데이터베이스를 통해 조회할 수 있다.

## 4. IEEE의 지적재산권 정책

　　IEEE는 특허권자[205])에게 일정한 양식에 따라 IEEE 표준에 포함된 표준필
수특허를 적시에 공개하도록 하고 있다. 표준필수특허를 가지고 있거나 가지게
될 특허권자는 LOA(Letter of Assurance)[206])를 작성하여 제출하여야 하며, 이는
IEEE 표준의 표준화 위원회 승인 전에는 이루어져야 한다. 확인서(LoA)는 ① 제
출자는 조건 없이 표준의 강제적 구현사항을 제조 · 이용 · 판매 · 판매 목적 제
공 · 수입 · 배포 또는 구현하는 개인 또는 법인에 대하여, 현재 또는 장래 필수
특허를 강제하지 않을 것이라는 일반적 포기[207]) 또는 ② 표준의 강제적 구현사
항의 라이선스는 범세계적으로, 대가없이 또는 합리적 비용에 따라, 불공정한
차별 없이 합리적인 조건으로 신청자 수에 제한없이 가능하다는 내용을 포함
한다. 유일한 선택 사항으로 제출자는 ① 라이선스 요금 또는 약정 비율을 넘
지 않도록 한다. ② 샘플 라이선스 약정, 또는 ③ 하나 이상의 중대한 라이선스
조건을 추가할 수 있다.[208])

---

Licensing Declaration)'를 제출하여야 한다.(IEEE IPR Policy 6. 1. Definitions)
205) "Patent Claim(s)" shall mean one or more claims in issued patent(s) or pending
patent application(s).
206) "Letter of Assurance" and "LOA" shall mean a document, including any attachments,
stating the Submitter's position regarding ownership, enforcement, or licensing of
Essential Patent Claims for a specifically referenced IEEE Standard, submitted in a
form acceptable to the IEEE-SA.(IEEE IPR Policy 6. 1. Definitions)
207) A general disclaimer to the effect that the Submitter without conditions will not
enforce any present or future Essential Patent Claims against any person or entity
making, using, selling, offering to sell, importing, distributing, or implementing a
compliant implementation of the standard; or
208) A statement that a license for a compliant implementation of the standard will be
made available to an unrestricted number of applicants on a worldwide basis without
compensation or under reasonable rates, with reasonable terms and conditions that
are demonstrably free of any unfair discrimination. At its sole option, the Submitter
may provide with its assurance any of the following: (i) a not-to-exceed license
fee or rate commitment, (ii) a sample license agreement, or (iii) one or more material

이때, 관련 표준필수특허를 개별적으로 적시하는 방법과 적시하지 않는 방법이 있다. 후자의 경우를 특히 포괄적 선언(Blanket LOA)[209]이라고 하는데, 이는 선언자가 현재 또는 미래에 가지게 될 모든 특허에 대하여 IEEE의 실시조건을 이행할 것으로 약속하는 것을 말한다. 이 때 제출자는 합리적이고 선의에 의한 조사를 하여야 할 의무를 부담한다.[210] 한편, IEEE에 제출된 표준필수특허 현황은 IEEE 홈페이지[211]에 공개된다.[212]

IEEE 특허정책은 표준필수특허권자에게 IEEE 표준과 관련한 표준필수특허를 실시한 구현품(compliant implementation)을 제조, 사용, 판매, 판매 목적 제공 또는 수입하려는 자에 대하여, 일반적인 특허권의 포기나 누구에게나 전세계적으로 불공정한 차별 없이, 무상(without compensation) 라이선스 또는 합리적인 요율(reasonable rate)에 의한 라이선스 중 하나를 조건으로 하도록 하고 있다. 특히 IEEE는 2차 퀄컴 사건과 관련하여 부품에 대해서도 FRAND 조건에 의한 라이선스를 하도록 하는 사항을 명확하게 규정하였다.

---

licensing terms.

209) "Blanket Letter of Assurance" shall mean a Letter of Assurance that applies to all Essential Patent Claims for which a Submitter may currently or in the future (except as otherwise provided for in these Bylaws and in the IEEE−SA Standards Board Operations Manual) have the ability to license.(IEEE IPR Policy 6. 1. Definitions)

210) "Reasonable and Good Faith Inquiry" includes, but is not limited to, a Submitter using reasonable efforts to identify and contact those individuals who are from, employed by, or otherwise represent the Submitter and who are known to the Submitter to be current or past participants in the development process of the [Proposed] IEEE Standard identified in a Letter of Assurance, including, but not limited to, participation in a Sponsor Ballot or Working Group. If the Submitter did not or does not have any participants, then a Reasonable and Good Faith Inquiry may include, but is not limited to, the Submitter using reasonable efforts to contact individuals who are from, employed by, or represent the Submitter and who the Submitter believes are most likely to have knowledge about the technology covered by the [Proposed] IEEE Standard.

211) http://standards.ieee.org/about/sasb/patcom/patents.html

212) "Accepted Letter of Assurance" and "Accepted LOA" shall mean a Letter of Assurance that the IEEE−SA has determined is complete in all material respects and has been posted to the IEEE−SA web site.(IEEE IPR Policy 6. 1. Definitions)

## III. 공개의무

### 1. 의의, 기능 및 역할

#### 가. 특허매복행위

표준화기구에 의한 표준결정의 과정에서 표준에 참여하고자 하는 특허권자가 자신의 특허, 특히 출원중인 특허를 숨겼다가 사후에 표준으로 결정되고 난 뒤에 특허권을 행사하게 되면 이러한 특허매복행위(patent ambush)는 표준화 자체에 대한 위협이 된다.[213] 특허매복행위가 가능한 이유는 특허를 출원하는 절차를 보면 알 수 있다. 특허는 착상(conception)과 실시(reduction to practice)를 통해서 발명이 이루어지는 때로부터 시작한다. 발명은 해결이 요구되는 문제를 단순히 발견한 것이 아니다. 우리나라와 일본의 특허법은 자연법칙을 이용한 기술적 사항일 것을 요구한다. 즉 '발명은 자연법칙을 이용한 기술적 사상의 창작으로서 고도한 것을 의미한다.'고 정의한다. 이 때 기술적 사항은 관념을 의미하는 것이지 그 관념이 구현된 구체적인 물건 그 자체를 의미하는 것은 아니다.[214]

미국법원은 "공동의 발명이 인정되는 위해서는 완전하고 동작하는 발명을 완성하는데 공동의 노력이 있어야 하며, 단지 수행되어야 할 결과에 대한 아이디어만을 제시하였을 뿐 그것을 수행하는 수단은 제시하지 못하였다면 그 자는 공동발명자가 아니다."라고 하고 있다.[215] 넓은 아이디어만을 제시한 채 완전하고 동작하는 발명을 완성하는데 참여나 책임이 없었다면 그 자는 공동발명자가 아니다. 이 경우 착상(conception)은 발명의 구조에 관한 아이디어와 함께 그것을 완성하는 방법도 가지고 있을 것을 요구한다.[216]

---

213) 공정거래위원회는 2012. 1. 31.자 배포한 보도자료에서 "표준으로 선정된 기술에 특허권을 보유한 사업자가 권리를 남용하여 관련 시장의 경쟁을 저해하는 문제 발생하고 있다고 하면서, 그 예로 표준 선정과정에 특허 존재를 고의적으로 은닉하여, 자사 특허기술이 표준으로 선정되도록 한 후, 해당 표준기술이 널리 보급되면 표준을 이용하는 사업자들을 상대로 소송을 제기하고 현저히 높은 기술료를 요구하는 경우(특허매복행위, Patent Ambush)를 들고 있다.

214) 高林龍, 標準特許法 第6版, 有斐閣, 2017 34頁

215) Garrett Corp. v. United States, 422 F.2d 874, 164 USPQ 521 (Ct. Cl. 1970).

216) 공동발명에 대해서는 최승재·이진수, "기술탈취 대응을 위한 발명과 판단기준 개선 방

이렇게 특허발명이 출원이 되면 특허청의 심사관이 심사를 하게 되는데, 특허청의 심사관은 계속 중인 특허출원에 대해서 비밀유지를 할 의무를 부담한다. 따라서 출원파일을 일반 제3자가 볼 수는 없다. 미국은 다수의 국가와 달리 1999년 전에는 출원공개제도를 취하지 않아서 특허는 등록되어야 특허명세서, 도면 등 모든 서류들이 공중에게 공개되고 그 사본도 제공되었다.[217]

이런 과정에서 특허가 공개되기 전에는 제3자가 알 수 없다. 특히 미국은 AIA(America Invents Act) 이전에는 선발명주의를 취하였다.[218] 이에 따라 출원 중에 있는 모든 출원의 내용은 비밀로 유지되어야 했고, 미국에 출원된 후 6개월 이내에 외국에 출원한 경우 미국 특허청으로부터 승인을 받아야 하며 이를 위반한 경우에는 미국에서의 특허가 등록되지 않거나 등록된 특허가 무효로 되도록 하였다. 1999년 11월 29일 AIPA에서는 출원공개제도(Publication of Foreign Filed Applications)를 도입하였다. 출원공개제도가 1999년 도입됨에 따라서 출원기간 동안의 미공개로 인한 소위 잠수함 특허(submarine patent)의 문제가 해결될 수 있었다.[219]

## 나.  표준필수특허와 특허매복행위

개별적인 특허의 경우에는 이와 같은 잠수함 특허의 문제가 발생한다고 하더라도 그 문제는 오로지 당해 특허의 문제에 그치게 되지만, 이런 특허가 표준필수특허가 되면 문제의 양상은 달라진다. 표준필수특허로 자신의 특허가 결정되기를 원하는 자가 일부 자신의 특허들을 묶어서 표준으로 선정되기 위한 활동을 하지만 정작 특허회피가 용이하지 않은 특허들을 공개하지 않은 상태에서 표준이 결정되고 이들 특허는 추후 FRAND 조건에 의한 라이선스 대상에서도 제외되는 경우에는 표준이 결정되고 이러한 표준필수특허가 공정한 조

---

안 연구", 선진상사법률연구 통권93호(2021. 1) 101~134면.

217) 이해영, 「미국특허법(제3판)」, (2010) 669면.

218) 미국 특허법의 개정연혁은 최승재·김영기·박현우, 「신미국특허법」, 법문사(2010) 1~56면 참조.

219) 미국의 경우 출원공개제도가 없어서 20년 이상의 장기간 동안 특허청에 특허출원을 계류시키고 있다가 이런 사실을 알지 못하는 제3자가 상당한 투자를 한 후에 특허등록을 진행시켜 침해소송에서 막대한 사용료를 수취하는 특허전략을 사용하기로 했는데 이런 유의 특허들을 잠수함 특허라고 하였다(이해영, 669면).

건으로 라이선스가 될 것으로 신뢰라고 거액의 투자를 하고 상업적으로 시장을 형성한 자가 추후 표준필수특허보유자에 의한 공격을 받게 되면 산업계 전체가 당해 표준필수특허권자에 의해서 좌지우지 되거나 당해 표준필수특허권자가 부당하게 자신이 받아야 할 특허사용료 이상의 사용료를 수취함으로써 이를 재원으로 해서 시장에서의 경쟁사업자들을 배제하는 행위를 할 수 있게 되므로 이러한 행위를 방지할 필요가 있다.220)

그러므로 이를 막기 위해서 표준화기구는 표준화에 참여하고자 하는 자들에게 자신이 등록하였거나 출원중인 특허의 공개를 요구한다. 이를 공개의무(duty to speak, duty to disclosure)라고 한다. 이와 같은 공개의무는 만일 있을지 모르는 특허권자의 존재와 특허권자의 홀드업을 사전적으로 방지하는 기능을 한다.221) 특정 기술이 표준필수특허로 채택되면서 표준 선정 이전에 실제로 또는 잠재적으로 대체관계에 있던 기술 간의 경쟁이 '인위적으로' 소멸하게 되고 해당 기술시장에 있어 일종의 진입장벽(entry barrier)이 구축된다. 이런 진입장벽의 존재는 만일 표준특허보유자가 경쟁제한적 행위를 하게 되는 경우 그러한 경쟁제한성의 원천이 된다. 대표적인 것이 특허라이선스를 거절하는 행위이다. 이런 인위적 진입장벽형성 행위를 막기 위한 선행적인 수단이 바로 FRAND 조건을 표준필수특허결정전에 서약(commitment)의 형식으로 특허권자에게 요구하는 것이다. 이를 통해서 지배적 표준기술을 보유한 기업은 표준화를 통해 표준필수특허 보유자로서 시장지배력이 강화되며 이를 기회주의적으로 활용하여 표준필수특허에 대해 라이선스를 거절하거나 비합리적인 실시 조건을 부가함으로써 표준의 실행을 어렵게 하는 행위인, 특허억류(Patent hold-up)행위를 하는

---

220) 특허 매복에 대한 유럽연합 사례로 램버스 사건이 있다. 이 사건에 대해서 아래를 참조. https://ec.europa.eu/competition/publications/cpn/2010_1_11.pdf("On 30 July 2007, the Commission sent Rambus a Statement of Objections, setting out its preliminary view that Rambus may have infringed the then Article 82 of the EC Treaty (now Article 102 TFEU(3)) by abusing a dominant position in the market for DRAMs. In particular, the Commission was concerned that Rambus had engaged in a so-called "patent ambush", intentionally concealing that it had patents and patent applications which were relevant to technology eventually included in the JEDEC standard, and subsequently claiming royalties for those patents.").

221) 최승재, 「특허권남용의 경쟁법적 규율」, 244면.

것을 막아서 표준결정으로 인한 반경쟁적 효과를 제어하고자 하는 것이다.

### 다. 표준필수특허와 자산특정적 투자

특허억류는 특히 장기적인 관계투자(long-term relationship investment)[222]가 이루어져야 하는 경우에 문제된다. 이런 장기관계투자는 상당기간 경제학계에서도 논란이 되었던 유형의 행위이다.[223] 이런 문제는 자산특정적 투자(asset specific investment)라는 관점에서 설명된다.[224] 자산특정투자의 경우에는 특정한 자산은 특정한 용도로만 사용할 수 있는 것으로 그 용도로 사용할 수 없다면 당해 자산의 가치는 영(零)으로 수렴하게 된다.[225]

표준필수특허가 결정이 되면 시장참여자들은 이러한 표준필수특허들은 다

---

222) 다른 기업과 지속적으로 거래하는 하도급업체들은 자신이 공급하는 업체는 상대방 업체에 공급하기 위한 금형을 제작하거나, 장비를 구매하거나 사람을 채용하게 된다. 그런데 갑자기 그런 관계를 단절하겠다고 하면 부득이 상대방의 요구를 들어줄 수밖에 없는 상황이 발생한다. 이런 문제는 진입장벽보다 더 고착화를 시키는 이유가 된다. 일본 공정거래위원회는 Edion 사건에서 이런 취지의 판단을 한 바 있다. www.jftc.go.jp/houdou/pressrelease/2019/oct/191004.html

223) O. E. Wiliamson, "Assessing Vertical Market Restrictions", University of Pennsylvania Law Review, 127 (April 1979); Paul L. Joskow, Asset Specificity and the Structure of Vertical Relationships: Empirical Evidence, Journal of Law, Economics & Organization Vol 4, No 1 (Spring 1988) pp 95-117 등.

224) 2019년 일본이 우리나라에 포토레지스트 판매를 금지한 경우를 사례로 들 수 있다. 삼성전자가 포토레지스트를 EUV 노광장비를 염두에 두고 개발하였는데 만일 EUV 노광장비를 쓸 수 없게 되면 당해 포토레지스트를 위한 투자를 가치가 없어지게 된다. 관련하여 시사포커스(http://www.sisafocus.co.kr)("최근 일본의 부당한 수출규제조치에 대해서는 "우리 산업의 쌀이라고 불려온 지난 30년 동안의 반도체 산업들도 흔들리는 것 아니냐고 불안해하시는 분들도 늘어나고 있다"며 "이런 가운데 일본이 수출규제에 나선 포토레지스터 소재는 차세대 반도체 공정에서 반드시 필수 소재로 사용되는 것이기 때문에 심각한 타격 등도 예상된다고 한다"고 우려를 표했다.").

225) 예를 들어 보면 다음과 같다. 갑(甲)회사는 을(乙)회사에 부품을 공급하기로 했다. 그런데 부품공급을 위한 생산라인을 건설하기 위해서는 1개의 라인에 1조원이 소요된다고 하자. 그리고 그 생산라인은 범용품을 생산하는 라인이 아니기 때문에 특정한 회사, 이 사안에서 을(乙)회사에만 판매가 가능하다. 이 경우 만일 을(乙)회사가 만일 갑회사가 공장건설을 마치자 갑자기 원래 약속했던 부품 개당 10달러가 아닌 2달러에만 구매하겠다고 하면 어떻게 될까. 아니면 더 나아가 당해 부품을 전혀 구매하지 않겠다고 하면 어떨까. 이 경우 갑(甲)회사는 전혀 을(乙)회사와의 협상력이 없다. 유일한 가능성은 을이 투자의사결정을 하기 전에 갑과 계약을 통해서 갑의 이런 가능성을 회피하도록 하는 것이다.

른 일반특허[226)]와 달리 시장참여자들이 원하면 FRAND 조건으로 라이선스를 받을 수 있다는 신뢰를 하게 된다. 즉 표준필수특허라는 자산에 특정된 투자를 하게 된다. 시장참여자들은 이러한 표준필수특허들을 FRAND 조건에 따른 라이선스를 받을 수 있을 것이라고 신뢰하고, 이런 신뢰에 기반하여 금형을 제작하거나, 장비를 구매하거나 사람을 채용하였다가 신뢰와 달리 FRAND 조건에 따른 라이선스를 받을 수 없게 되면, 그로 인해서 당해 사업자는 피해를 감수하지 않으려면 표준필수특허권자의 요구가 부당하더라도 따를 수밖에 없도록 강제된다.[227)]

이 경우 초기에 투자하는 금액이 대규모로 소요되는 경우, 예를 들어 반도체나 통신과 같은 경우에는 이러한 투자가 매몰비용(sunk cost)가 되기 때문에 이런 매몰비용의 처리에 대한 부담으로 인해서 일단 투자를 하게 되면 특허권자의 특허침해금지청구로 인한 제조 및 판매금지청구나 가처분에 취약하여 지게되고 협상력이 없어지거나 약해지게 된다.[228)] 즉 특허매복행위를 하거나 특허억류행위를 하게 되면 상대방은 취약한 지위에 서게 되어 협상력을 잃거나 약해지게 된다. 이런 문제는 표준특허를 가지고 기술시장에서의 시장지배적 지위에 있는 사업자가 이 기술 및 특허를 이용하여 수직적으로 사업을 하는 경우극대화된다.[229)]

---

226) 거래계에서는 표준특허와의 구별을 위해서 상용특허(commercial patent)이라고 부르기도 한다.

227) 이런 문제는 거래의존도가 큰 납품업체의 상황과 같다. 위 Eidon 사건에서 일본공정거래위원회는 거래의존도(取引依存度＝取引することの必要性及び重要性)을 이유로 해서 규모가 작은 사업자가 오히려 규모가 큰 사업자를 상대로 고착화를 시켜서 일본 사적독점금지법 위반행위(우월한 지위남용행위)를 할 수 있다고 판단한 바 있다.

228) 이런 현상을 자산특정성(Asset specificity)라고 하며, 이런 경우는 장소특정성, 실물자산특정성, 인적자산특정성으로 다시 유형화한다. 이런 논의는 거래비용의 관점에서 산업조직론에서 논의되며 이 논의는 경쟁법에서의 고착화와 관련하여 사용된다. 이런 논의에 대한 기본논문으로 O. E. Wiliamson, "Assessing Vertical Market Restrictions", University of Pennsylvania Law Review, 127 (April 1979) 953－993.

229) 이를 현실화한 것이 퀄컴 II 사건에서 퀄컴이 한 행위이다. 공정위는 퀄컴사가 휴대폰 제조사에 대하여 모뎀칩셋의 공급과 표준필수특허가 포함된 자신이 보유한 특허의 라이선스를 연계시킨 행위가 시장지배적 지위남용행위가 된다고 보았다. 공정위는 이 행위가 퀄컴과 라이선스 계약을 체결하지 않은 휴대폰 제조사에 대하여 모뎀칩셋의 공급을 거절하고 라이선스 계약을 위반하는 경우에는 칩셋의 공급을 중단하여 휴대폰 사업

경쟁당국이 이런 상황이 발생하는 경우, FRAND 조건의 준수를 요구하면서 경쟁법을 집행하지 않으면, 시장에서 표준화기구에 참여하고 FRAND 확약을 하더라도 이를 신뢰를 할 수 없는 상황이 발생하게 될 것이다. 이 경우 시장에서는 표준화가 어렵게 되고, 관련된 투자가 저해된다. 즉 FRAND 조건에 대하여 이를 준수하겠다고 약속을 하더라도 실제로 이를 준수할 것인지에 대한 신뢰가 형성되지 않으면, 다시 말해 언제든지 소송을 통해서 금지청구나 특허침해를 원인으로 하는 손해배상청구소송을 할 수 있게 된다면 새로운 경쟁자의 시장진입의 곤란 또는 기존 경쟁자의 시장경쟁 곤란으로 인해서 사회후생을 저해하는 결과에 이르게 된다.[230] 이 경우 표준필수특허의 결정행위가 새로운 사업자나 혁신사업자의 시장진입을 방지할 수 있는 수단으로 기능하게 되어 진입장벽이 된다.

이와 같은 표준화가 가지고 있는 부정적인 영향을 억지하기 위해서, 표준화기구의 회원사 내지 전문가들은 반드시 자신의 지적재산권에 대하여 공개하여야 할 의무가 발생하게 되는 것이고, 이러한 공개 의무는 대부분의 표준화기구의 정관에 명문으로 규정되어 있다. 논리적인 전개상 라이선스 조건인 RAND 내지 FRAND에 선행하는 이러한 공개의무를 위반하여 자신의 특정한 지적재산권을 의도적으로 숨기는 경우에 이러한 문제를 어떻게 처리할 것인가의 문제가 있다.[231] 이와 같은 문제에 대한 사례가 램버스 판결이다.

---

이 중단될 위험을 초래하고, 휴대폰 제조사의 FRAND 조건 협상기회를 박탈하여 부당한 라이선스를 강요하는 행위이므로 부당하게 거래상대방에게 불이익이 되는 거래 도는 행위를 강제하는 행위로서 공정거래법상 시장지배적 지위 남용행위의 유형 중 '다른 사업자의 사업활동 방해'(법 제3조의2 제1항 제3호)에 해당한다고 보았다. 퀄컴 사건은 I과 II를 연계해서 볼 필요도 있는데 두 사건을 비교한 평석으로 이호영, "퀄컴 사건의 의미와 시사점", 경쟁법연구, 한국경쟁법학회 vol; 36 (2017) 109－147면. 각 사건의 의결서는 공정거래위원회 의결 제2009－281호(2009. 12. 30) 및 공정거래위원회 의결 제2017－25호(2017. 1. 20).

230) 이호영 교수는 FRAND 확약위반이 가지는 경쟁법 집행의 중요성을 명확하게 논문에서 밝히고 있다. 그는 FRAND 확약위반이  발생하였을 경우에는 단순히 계약법이나 특허법 등 사법적 구제수단에 일임하지 않고 적극적인 경쟁법 집행을 통하여 이를 제재하고 시정함으로써 관련시장에서의 경쟁을 회복하고 그러한 행위의 재발을 방지하여야 한다는 뜻에서 할 것임을 명확하게 선언하였다는 점을 긍정적으로 평가하고 있다{이호영 (2017), 142－143면}.

231) 오승한, 사적 표준화기구의 지식재산권 공개의무의 범위 및 공개의무 위반 행위에 대한

## 2. 램버스 사건

### 가. 램버스 사건의 개요

램버스社는 반도체 업계의 분쟁의 중심에 2000년 이후 계속 있었다. 램버스사는 인피니언社와 일전을 벌렸고[232], 삼성전자와 하이닉스와도 특허소송을 하였다. 또, 별도로 램버스社는 미국의 공정거래위원회(FTC, Fair Trade Commission)의 조사를 받아 경쟁법위반의 점에 대하여도 문제가 되었다. 1990년 4월 램버스社는 D램(Dynamic Random Access Memory) 반도체에 사용되는 소위 898 특허[233]를 출원하였다. 이 898 특허를 출원하는 과정에서 램버스사는 여러 건의 분할출원(divisional application)과 계속출원(continuation application)을 하였다[234]. 아울러 램버스사는 PCT(Patent Cooperation Treaty)에 기해 위의 898특허에 기초한 우선권을 주장하였다.

1992년 2월 이러한 특허 포트폴리오를 가지고 있던 램버스사는 공식적으로 JEDEC(Joint Electron Device Engineering Counsil)[235]의 멤버가 되었다. JEDEC에서는 그 구성원의 기술이 표준으로 정하여질 경우에는 그 구성원이 RAND조건으로 다른 멤버들에게 라이선스를 줄 것을 요구하고 있었다. 램버스사는 JEDEC에 자신이 898특허를 분할출원한 703 특허[236]를 출원후인 1993년 9월에 공개하였다. JEDEC에서는 SDRAM(Synchronous Dynamic Random Access Memory)에 대한 특허를 램버스사가 JEDEC의 구성원이 된 뒤이지만, 위의 703특허가 공개되기 전에 표

---

사후구제, 산업재산권 36호(2011)

232) 여러 건의 사건이 있지만 공개의무와 관련된 쟁점이 주된 쟁점인 사건은 Rambus, Inc. v. Infineon Techs. AG, 318 F.3d 1081 (Fed. Cir. 2003) cert. denied, 124 S.Ct. 227 (2003) 사건이다. A non-confidential version of the Decision and the commitments is available on the Commission's website at: http://ec.europa.eu/competition/antitrust/cases/.

233) U.S. Patent No. 07/510,898.

234) 이러한 분할출원과 계속출원은 특허를 사용한 공격 내지 방어전략을 수립함에 있어 자주 사용되는 방법으로 램버스사의 이러한 행동은 이미 출원 당시에 이와 같은 특허의 활용을 염두에 둔 것으로 보인다.

235) 미국전자공업협회(EIA)의 하부 조직으로, 제조업체와 사용자 단체가 합동으로 집적 회로(IC) 등 전자 장치의 통일 규격을 심의, 책정하는 기구. 여기에서 책정되는 규격이 국제 표준이 되므로 JEDEC는 사실상 이 분야의 국제 표준화 기구이다.

236) U.S. Patent No. 5,243,703(898특허의 분할출원으로 그 내용은 898 특허와 유사하였음).

준으로 정하였다. 그후 램버스사는 1996년 6월 JEDEC에서 탈퇴하였고, 그 이후로도 분할출원과 계속출원을 하였다. 1996년 12월 JEDEC은 SDRAM의 차세대 메모리 반도체인 DDR−SDRAM(double data rate−SDRAM)의 표준에 대한 작업을 시작하여 2000년 발표하였다[237]. 2000년 말 램버스사는 인피니언사를 상대로 하여 위 898 특허등의 침해를 원인으로 하여 특허침해소송을 제기하였다. 이에 대하여 인피니언사는 램버스사가 표준화기구인 JEDEC의 회원사로서 자신의 특허를 JEDEC에 공개하였음에도 이를 하지 않고는 후에 표준이 설정되고 난 뒤에 그 표준을 사용한 회사들을 상대로 소송을 제기하는 것은 기망행위(fraud)라는 점을 들어 반소를 제기하였다.[238]

## 나. 사건의 경과

### (1) 지방법원의 판결

특허사건의 1심 법원이었던 동버지니아 지방법원[239]에서 배심원들은 거의 모든 청구취지에 대하여 인피니언사의 손을 들어주었다. 하지만 판사는 이러한 배심원들의 DDR−SRAM에 대하여는 평결에도 불구하고, 램버스의 청구를 인용하였다[240]. 법원은 기망적 행위로 판단되기 위하여 5가지 요건을 구비하여야 된다고 보았다. ① 자신이 공개하여야 할 의무 있는 사항에 대하여 의도적으로 허위의 사실을 개시하거나, 숨기는 행위, ② 그러한 사실이 중요한 사실일 것, ③ 이러한 행위가 의도적으로 그리고 알고 있는(知得) 상태에서 이루어질 것, ④ 오인을 유도할 의사를 가질 것, ⑤ 상대방이 이러한 행위에 대하여 신뢰할 것

---

237) 이 사건에서 시점들이 매우 중요한 바, 램버스사와 인피니온사 간의 특허소송(Rambus v, Infineon, 318 F.3d. 1081)에서 인피니온사는 램버스가 최종적으로 JEDEC모임에 참석한 것이 1995.12.6. 자이고, 공식적인 탈퇴 편지를 보낸 것이 1996.6.17.이기 때문에 이 사이에 램버스사가 회의에 참석하면서 논의가 된 사항들이 실제로 DDR−SDRAM의 표준의 설정에 있어서 관련되었다는 주장을 하였다.

238) 이 소송은 2000년 DRAM 반도체 업체를 소송의 소용돌이로 몰아넣었던 램버스 사건의 일부로 인피니언사 외에도 마이크론 테크놀로지사(Micron Tech. v. Rambus, Inc, (D. Del. June 28, 2002)(Doc No. 00−CV−792), 하이닉스사(Hyundai Electronics v. Rambus., Inc (N.D. Cal. Aug. 29, 2000)(Doc No. 00−CV−20905) 등도 소송을 당했다.

239) Rambus, Inc. v. Infineon Techs. AG, 164 F. Supp2d (E. D. Va. 2001).

240) 이와 같은 방법으로 배심원의 평결을 뒤집는 판결을 JMOL(Judgement as a Matter of Law)이라고 부른다.

이라는 요건이 구비되어야 한다고 보았다.

이러한 요건에 기초하여 볼 때, 램버스사의 행위는 자신이 SDRAM 특허를 보유하고 있다는 중요한 사실을 이미 램버스사의 대표로 참석한 임직원들이 JEDEC에 공개하여야 하는 것이 JEDEC의 관행으로 정립되어 있음을 당시의 회의록, JEDEC의 정책[241] 등에 의하여 인피니언사가 입증하였다고 보았다. 그리고 램버스사의 내부 직원의 이메일을 통하여 램버스사가 의도적으로 특허를 숨기고, 이후에 특허소송을 제기하려고 하는 의도가 있었음도 입증되었다. 그리고 인피니언사로서는 이러한 JEDEC의 정책 등을 감안하여 볼 때 램버스사와 같은 JEDEC의 회원사가 특허소송을 제기하리라고 기대하는 것은 어렵다는 점을 법원은 인정하여 결국 램버스사의 행위는 위의 각 요건에 모두 충족한 행위라고 판단하였다. 하지만 DDR‑SDRAM에 대하여는 램버스사의 특허침해 주장을 인용하여, 결국 양당사자가 모두 항소하였다.

### (2) 항소법원의 판결

항소법원은 결론적으로 지방법원이 인피니언의 승소로 판단한 부분까지 파기하여 램버스사의 전부승소를 판결하였다. 그 이유는 JEDEC의 정책의 불명확성에서 찾을 수 있다. 만일 램버스사의 비공개행위가 위법한 기망적 행위라고 판단하기 위하여 우선적으로 전제가 되어야 할 것이 램버스사의 공개의무이다. 그런데, 항소법원은 램버스사에게 공개의무가 있는지가 명확하지 않다고 하여 공개의무를 부인했다. 항소법원은 만일 JEDEC의 경우와 같이 공개에 대한 기준이 명확하지 않은 상황에서도 일반적으로 표준화기구(SDO[242])에 참여하고자 하는 회사들에게 자신이 보유한 특허 등의 지적재산권의 공개의무를 부과하는 경우에는 이러한 표준화를 위한 기구에 참여하는 것에 대한 현저한 우려를 가지게 하여 이러한 표준화를 위한 기구에의 참여를 저조하게 할 우려가 있음을 이유로 들었다. 결국 특허 사건에 대하여 인피니언사가 미국 연방대법원에 상고하였지만, 상고가 불허되어 특허사건은 램버스사의 승소로 확정된다.[243]

---

241) JEDEC의 정책(policy)상으로 표준화와 관련된(related) 사항에 대하여는 공개하도록 하고 있었다.

242) 표준화기구는 SSO(Standard Setting Organization)이나 SDO(Standard Development Organization)이라고 불린다.

### (3) 미국 연방거래위원회의 개입

이와 같이 특허사건에 있어서 법원이 램버스사의 전부승소로 사건을 마무리한 것과는 별도로 2002.6.18. 지방법원의 판결이 있은 후에, 미국 연방거래위원회(US Federal Trade Commission)에서 독자적인 조사를 시작하였다[244]. 미국 연방거래위원회는 연방거래위원회법(Federal Trade Commission Act) 제5조 위반을 청구원인으로 한 소를 제기하였다. 연방거래위원회법 제5조는 불공정한 경쟁방법(unfair method of competition) 및 불공정하거나 기만적인 거래관행(unfair or deceptive acts of practice)의 경우에는 연방거래위원회법에게 불공정행위의 판단에 대한 광범위한 재량을 부여하고 있다.

미국 연방거래위원회는 표준화기구에 참여하면서도 자신이 보유한 특허가 기술표준이 되도록 하고는 뒤에 소송을 제기한 램버스사의 행위에 대하여, 이러한 행위가 연방거래위원회법 제5조에 위반된다고 판단하였다. 왜냐하면, 램버스사는 기만적인 행위와 관행에 의하여 램버스사는 DRAM 시장 및 4개의 하류시장[245]에서 독점력을 취득하였고, 이러한 램버스사의 행위는 독점화를 하겠다는 의도에 기초한 것으로서, 램버스사는 이러한 독점력을 통하여 시장에서 비합리적인 거래의 제한을 하려고 시도하였다고 보았기 때문이다.

이러한 미국 연방거래위원회의 제소에 대하여 행정판사(ALJ, Administrative Law Judge)[246]는 램버스사의 약식판결(summary judgment) 신청을 기각하고, 2004. 2. 24. 판결을 선고하였다. 행정판사는 미국 연방거래위원회의 청구를 모두 기각하였고, 그 이유는 미국 연방거래위원회가 소장에서 적시한 사항에 대한 입증이 제대로 되지 않았음을 이유로 하였다. 행정판사가 인정한 사실관계에 의하면 램버스사는 최소한 자신이 JEDEC의 회원사일 때에는 자신의 특허에 대한 공개의무를 다하였고, 이러한 JEDEC의 정책상의 필수적인 특허에 대한 조기의 자발적인 공개의무와 관련하여 램버스사의 행위는 신인(信認)의무(duty of good-faith)를 위반한 것

---

243) Infineon Techs. AG, v. Rambus, Inc., 124 S.Ct. 227 (2003).

244) 이 사건의 진행에 대하여는 http://www.ftc.gov/os/adjpro/d9302/index.shtm

245) latency, burst length, clock synchronization, data acceleration

246) 행정판사는 우리나라에는 없는 미국사법시스템상의 제도로서 미국 헌법은 사법조항에 의한 종신직 판사외에 행정부에도 임기제의 판사를 두고 있어서 이를 우리와 같은 사법부에 속한 판사와 구별하여 행정판사(ALJ)라고 한다.

이라고 볼 수 없어, 법상의 요건인 기만적인 행위 내지 거래관행이라고 판단할 수 없다고 보았다.

미국 연방거래위원회는 이 사건을 2004. 3. 1. 전원회의에 회부하였다. 장고를 거듭하던 미국 연방거래위원회는 2006. 7. 31. 마침내 램버스사에 대하여 미국 연방거래위원회법 제5조 위반이라는 심결을 하였다.[247] 그리고 2007. 2. 2. 이 결정은 최종적으로 확정되었다.

연방거래위원회는 이 사건의 결정에서 위원회의 특허와 독점규제법간의 관계에 대한 이해를 분명하게 밝힌다. 연방거래위원회는 특허 그 자체는 독점을 형성하는 것이 아니며 오히려 양자가 모두 혁신을 촉진하고, 소비자의 후생을 증대시키는 것을 법의 목적으로 하고 있다고 보았다. 따라서 램버스사가 주장하는 것과 같이 특허법과 독점규제법은 본질적으로 상호 긴장관계에 놓여있으므로, 이러한 긴장관계 하에서 위원회는 램버스사의 행위가 연방거래위원회법 제5조 위반이라고 판단을 하기 위하여 명확하고 분명한 입증(clear and convincing evidence)을 하여야 하는 것은 아니며, 단지 연방거래위원회법 제7조에 따라 우월한 증거의 원칙(preponderance of evidence)에 따라 입증하면 족하다고 하였다[248].

또 연방거래위원회는 램버스사의 행위가 연방거래위원회법 제5조 위반이라고 판단하게 되는 경우, 이러한 판단은 표준화기구(Standard Setting Organization)에 대한 참여를 제한하게 되는 효과(chilling effect)를 가지고 올 것이라는 주장에 대하여, 전혀 이러한 주장을 뒷받침할 증거를 발견하지 못하였다고 하면서, 오히려 만일 램버스사의 기만적인 행위를 방치할 경우 상호 협조적인 표준화기구의 본질에 비추어 이러한 표준화기구에의 참여가 제한받게 될 것이라고 판단한다. 따라서 이러한 현상을 방지하기 위해서 표준화기구가 참여하는 회원들이 기만적인 수단을 사용하지 않는다는 것에 대하여 확신을 심어줄 수 있어야 한다고 보았다.[249]

이러한 판단에 기초하여 보면, 램버스사의 행위는 셔먼법 제2조(Section 2 of

---

247) In re matter of Rambus, Inc. Docket No. 9302
248) 결정문 pp. 22~23. 미국법상 Clear and convincing evidence는 Preponderence of evidence 보다 높은 정도의 증명이다. 최승재 외, 「신미국특허법」, 용어례 참조.
249) 결정문 pp. 24~25

the Sherman Act) 및 연방거래위원회법 제5조 위반의 문제가 있게 되는 바, 셔먼법 제2조의 경우에는 이러한 행위가 성립하기 위하여 당해 회사가 관련시장에서의 독점력을 가지고 있어야 하며, 이러한 독점력의 의도적인 취득행위나 유지행위가 우월한 상품(superior product), 사업적 탁월함(business acumen), 또는 역사적인 우연(historic accident)에 의하여 발생한 것이 아니어야 한다는 두 개의 요건이 구비되어야 한다[250]. 여러 가지 증거를 종합하여 보면, 결국 램버스사의 독점적인 지위는 기만적인 램버스사의 행위에 기초한 것으로서[251], 결국 램버스사는 이와 같이 취득한 독점력을 기초로 하여, 배제적 남용행위(exclusionary conduct)을 4개의 관련시장에서 하였다고 판단하였다. 바로 이와 같은 기만적인 은닉행위로 인하여 표준화기구인 JEDEC은 적절한 로얄티 수준을 결정할 수 있는 기회를 상실하게 되었다고 판단하였다. 그러면서, 램버스사가 자신들의 기술이 표준이 된 것은 자신들의 기술이 우월하였기 때문이지, 자신들이 설사 특허 사실을 숨겼다고 하더라도 이러한 사실이 표준이 되도록 한 것은 아니라는 주장 및 자신들의 기술에 JEDEC 및 다른 회원사들이 고착화(lock-in)된 것이 아니라는 주장을 하자, 이에 대하여는 이러한 사실을 입증하지 못하였다고 하여 그러한 주장을 배척하였다. 그러나 합리적인 범위에서의 로얄티를 수령하는 것을 막지는 않았다.[252]

로얄티에 대한 사항은 추후 2007.2.2. 최종명령에서 규정되었다. 이에 따르면 램버스사는 최종명령이 발령된 날로부터 30일 이내에 이해관계인들에게 전세계적인, 비독점실시권(worldwide, non-exclusive license)을 관련 미국 특허법에 따라 허여해야 한다. 이 경우에 로얄티[253]는 SDRAM(0.25%), DDR SDRAM(0.5%), Non-DRAM 제품 중에서 JEDEC의 SDRAM 표준에 부합하는 제품(0.5%)과 Non-DRAM 제품 중에서 JEDEC의 DDR-SDRAM 표준에 부합하는 제품(1.0%)에 대하여 각각 그 상한을 정하고 있다.

---

250) United States v. Grinnell Corp., 384 U.S. 563, 570-571 (1966).
251) 결정문 pp. 63~64에 의하면, 1995년 당시 LG 반도체, 삼성전자, NEC 등의 반도체 업체들은 램버스사의 기술이 공개된 기술로서 기술료가 없을 것으로 생각하였고, 1999년 HP의 경우에도 램버스사의 기술의 경우에는 JEDEC에 의하여 공개된 것으로 그 외에 램버스사가 주장하는 것과 같이 특허가 있을 것으로 생각하지 않았다고 한다.
252) 결정문 pp. 119~120
253) 최고 허용 로얄티(Maximum Allowable Royalty Rates)이라는 표현을 사용하고 있다.(Final Order pp. 7~8)

# 제 3 절   FRAND 조건

## I. 의   의

　　대부분의 표준화 기구는 표준기술의 확산과 추가 기술혁신을 조장하는 등 표준결정의 효과를 극대화하는 한편, 특허권 남용 위험을 방지하기 위해 특허 보유자로 하여금 우선 표준기술 선정에 앞서 관련된 자신의 특허 정보를 미리 공개(disclosure)할 의무를 부과하고, 표준선정 이전에 취소 불가능한 공정하고 합리적이며 비차별적인 조건으로 라이선스를 하겠다는 즉 실시자에게 공정하고 합리적이며 비차별적인(FRAND) 조건으로 실시에 대한 확약(FRAND Commitment)을 자발적으로 선언하도록 하며, 이를 거부할 경우 해당 특허를 표준기술에서 제외하는 등 특허 정보공개와 실시조건 협의절차가 포함된 지식재산권 정책을 운용하고 있다.254) FRAND확약은 공정하고(Fair,공정성), 합리적이며(Reasonable,합리성), 비차별적(Non-Discriminatory, 비차별성)인 특허권의 실시허락을 할 것을 선언하는 것을 의미한다.255)

　　이에 비춰보면, FRAND 확약이란 FRAND 조건에 의한 실시권 허여(라이선스)라는 제한을 수용하는 의사표시를 한 것이라고 봄이 상당하며, 따라서 표준필수특허 보유자가 표준필수특허에 대하여 표준화 기구에서 FRAND 확약을 하게 되면, 표준필수특허 보유자는 표준필수특허를 실시하려는 자에게 FRAND 조건에 따른 실시권을 허여하고 성실하게 협상할 의무가 생긴다고 할 것이다.256)

---

254) 공정위 2015시감2118 사건 의결서 17면. 미국 연방항소법원이 2007년 선고한 퀄컴 사건에서 FRAND 확약 위반을 계약법적으로 보지 않고 경쟁법 위반으로 본 것도 바로 FRAND 확약의 경쟁보호를 위한 기능 때문이라고 할 것이다. Broadcom Corp. v. Qualcomm inc., 502. F. 3d 297(3d Cir. 2007).

255) 미국에서는 FRAND 대신 RAND라는 원칙을 사용하는 경우도 있으나 양자는 공정성이라는 요건이 추가된다는 점에서 미묘한 차이가 있으나 기본적인 기능과 역할의 면에서는 법적 의미를 가지는 정도의 차이는 아니라고 생각한다.

256) 삼성전자와 애플간의 소송에서 서울중앙지법원(2012.8.24. 선고 2011가합39552)은 "원고는 FRAND 선언에 의하여 취소불가능한 공정하고 합리적이며 비차별적인 조건으로

합의에 의해서 결정하는 표준설정과정에서 특허보유자가 필수기술을 FRAND 조건으로 실시하겠다고 허위약속을 하고 표준화기구가 그 약속을 신뢰하여 그 기술을 표준에 포함시켰고, 그 특허보유자가 이후 그 FRAND 확약을 위반한 경우에는 위법한 반경쟁행위로 보아야 한다. 기만적인 FRAND 확약 위반은 기만적인 특허공개의무위반과 마찬가지로 표준설정과정을 왜곡하는 반경쟁적인 행위이다.257)

여기서 '비차별(Non-Discriminatory) 원칙'이라 함은 표준필수특허권자가 실시권자와의 협상에 있어서 그 상황이 동일하다면 누구에게나 동일한 조건으로 라이선싱을 허락해야 하며, 특정 실시권자에게 유리하거나 불리한 조건으로 라이선싱해서는 안된다는 것을 의미한다. 일반특허와 달리 표준필수특허의 경우, 해당 표준을 사용하여 제품을 생산하는 실시권자가 특허의 침해를 피할 수 없고, 대체기술이 존재하지 않아 특허권자가 시장에서의 우월적 지위를 활용한 특허권 남용(특허 홀드업, 로열티 과적 등)의 문제를 야기할 수 있는 바, FRAND 확약은 이러한 남용행위를 방지하여 표준필수특허에 대한 제3자의 접근권258)과 해당 특허권자에 대한 정당한 보상을 확보하는 데 그 목적이 있다.

따라서 비표준필수특허의 경우 특허를 허여할 것인지를 특허권자가 사적계약에 의해 임의로 결정하는 것이 가능하지만, 표준필수특허의 경우에는 FRAND 확약을 선언하고 난 후 협상에 성실히 임하지 않거나 FRAND 로열티 수준을 넘어서는 과도한 실시료를 요구하며 특허를 허여하지 않는 경우는

---

라이선스의 허여를 선언하였으나, 그 선언의 문언 내용과 위 인정사실 및 앞서든 각 증거에 의하여 인정되는 다음과 같은 사정들을 종합하면, 특허권자가 FRAND 선언에 의하여 곧바로 불특정의 제3자에게 해당 특허에 대하여 자동적으로 실시권을 부여하기로 하는 것 또는 구속력 있는 취소불가능한 실시권 허여의 확약에 해당한다거나, 해당 특허를 사용한 자 또는 사용하려는 자가 FRAND 선언에 의해 당연히 실시권을 취득하는 것으로 볼 수는 없고, 특허권자에게 라이선스 계약의 체결과 관련하여 FRAND 조건으로 성실하게 협상할 의무 등을 부담시키는 일반원칙을 선언하는 것이라 할 것이다."라고 판시하였다.

257) Broadcom Corp. v. Qualcomm inc., 502. F. 3d 297, 314 (3d Cir. 2007).

258) ETSI의 경우 6,1.조가 라이선스 접근권(Availability of Licenses)에 대해서 규정하고 있으며, 3.3.도 잠재적 사용자가 표준을 사용할 수 있도록 하는 것(available to potential users in accordance with the general priciples of standardization)을 목적으로 한다는 점을 명시하고 있다.

FRAND 확약 위반인 동시에 경쟁법 위반이 될 수 있다.259) 만약 원고와 같은 표준필수특허권자가 실시권자를 임의로 선택하여 차별적으로 실시권을 부여할 수 있게 된다면, 이러한 특허기술은 특허권자 단독의 전유물이 되고, 그에 따라 경쟁이 저해될 것임이 명백하기 때문이다.

    표준필수특허권자가 하류시장에서 직접 생산하는 경우, 하류시장의 다른 경쟁업체들과 자신의 자회사 역시 차별하지 않아야 하는 바, 그렇다면 모뎀 칩셋을 생산하는 경쟁사업자에 특허를 라이선스하지 않고 직접적으로 휴대폰 기기 제조사에 칩셋을 공급하기로 한 행위는 표준필수특허권자가 라이선스 부여 대상을 임의로 선택·배제한 행위로서 FRAND 확약이 금지하고 있는 차별행위에 해당한다.260)261) 서울고등법원도 이와 같은 행위262)가 시장지배적 사업자의 지위 남용행위로서 공정거래법 제3조의2 제1항 제3호, 공정거래법 시행령 제5조 제3항 제4호, 심사기준 Ⅳ3.라(2)의 '정상적인 거래관행에 비추어 타당성 없는 조건을 제시하여 다른 사업자의 활동을 부당하게 방해하는 시장지배적 사업자의 지위 남용행위에 해당한다고 보았다.263) 서울고등법원은 퀄컴 Ⅱ 사

259) 이는 사실상 표준의 경우와 구별된다. 사실상 표준은 산업내의 유사 표준들 사이의 경쟁과정을 통해 특정한 기술이 표준의 지위에 이르게 된 것으로 Huawei v. ZTE 사건에서 법무심의관이었던 Wathelet는 2014. 11. 오렌지 북(Orange Book) 판결의 경우 문제가 된 특허는 사실상 표준이어서 표준화기구의 결정에 의한 특허에 오렌지 북 판결의 기준이 적용되는 경우 이는 표준필수특허권자를 과도하게 보호하는 것이 된다고 보았다. Opinion of Advocate General Wathelet, 20. Nov. 2014 in the case of Huawei v. ZTE(Case C-170/13).
260) European Commission's science and knowledge service(Joint Research Centre), "JRC Science for Policy Report: Licensing Terms of Standard Essential Patents. A Comprehensive Analysis of Case", Chryssoula Pentheroudakis, Justus A. Baron (2017), p. 18, 24-27("On the one hand, the essentiality of patents irrevocably ties them to the standard, and therefore obliges any implementer to take a license. On the other hand, implementers are already locked into the standard when FRAND negotiations begins : they have sunk investments (e.g., in R&D and/or manufacturing equipment) in standard related equipment/knowledge before licensing-in the SEPs, and they cannot realistically envisage the development of an alternative standard at this stage.").
261) 최현경·백웅재, "주요 사례를 통한 표준필수특허의 쟁점 연구", 산업연구원 정책자료, 2017, 17면.
262) 공정거래위원회 의결 제2017-25호(2017. 1. 20)에서 공정위가 위법한다고 본 1행위이다.
263) 서울고등법원 2017누48 판결 보도자료 참조.

건의 경우, 휴대폰 사업자에 대해서 자신들의 모뎀칩을 구입하지 않으면 표준
필수특허를 라이선스를 해주지 않는 행위264)265)와 같이 결합하면 시장에 더
큰 경쟁제한적 효과를 발생시키게 된다고 판단하였다.266)

　　서울고등법원은 퀄컴 Ⅱ 판결에서 ① 휴대폰 사업자에 대해서 자신들의
모뎀칩을 구입하지 않으면 표준필수특허를 라이선스를 해주지 않는 행위가 없
다면 원고들은 경쟁 모뎀칩셋 제조사로부터 모뎀칩셋을 구매하는 휴대폰 제조
사에게 특허 라이선스 계약체결을 요구하거나 침해금지청구를 하는 것이 가능
하지만 자신들로부터 모뎀칩셋을 구매하는 휴대폰 제조사에 대하여 특허 라이
선스 계약의 체결 및 이행을 강제할 수 없게 된다. 반면 ② 퀄컴이 모뎀칩셋
제조사들에게 라이선스를 거부하는 행위를 하지 않았다면, 퀄컴이 자신들의 모
뎀칩을 구입하지 않으면 표준필수특허를 라이선스를 해주지 않는 행위를 하여
자신들로부터 모뎀칩셋을 구매하는 휴대폰 제조사에게 특허실시계약의 체결
및 이행을 강제하려고 하여도 경쟁 모뎀칩셋 제조사가 퀄컴이 보유하는 이동
통신 표준필수특허에 대하여 라이선스를 받은 상황이므로 경쟁 모뎀칩셋 제조
사의 모뎀칩셋을 구매함으로써 퀄컴에게 모뎀칩셋에 실질적으로 구현되는 특
허에 관한 실시료를 납부하여야 하는 부담을 회피할 수 있다는 점을 지적하였
다.267) 서울고등법원은 결국 이런 점들을 종합하여 보면 퀄컴이 행한 이 두 개
의 행위들은 하나의 '휴대폰 단일 단계 라이선스 정책'을 구성하고, 퀄컴은 이
런 정책을 통해서 경쟁 모뎀칩셋 제소사의 비용을 상승시키고(raising rival's cost)
거래대상을 제한하여 시장을 봉쇄함으로써 표준별 모뎀칩셋 시장에서의 시장
지배적 지위를 공고히 하였다고 판단하였다.268)

264) 공정거래위원회 의결 제2017-25호(2017. 1. 20)에서 공정위가 위법한다고 본 2행위로
　　서 미국 법원이 No License, No Chip 정책이라고 부른 행위이다.
265) 서울고등법원 2017누48 판결에서 서울고등법원은 이런 행위가.시장지배적 사업자의 지
　　위 남용행위로서 공정거래법 제3조의2 제1항 제3호, 공정거래법 시행령 제5조 제3항 제
　　4호, 심사기준 IV3.라(3)의 불이익 강제에 의한 시장지배적 지위남용행위에 해당하는
　　것으로 판단하였다. 서울고등법원 2017누48판결은 공정위의 공정거래위원회 의결 제
　　2017-25호(2017. 1. 20)에서 인정한 연쇄효과를 긍정한 것이다.
266) 서울고등법원 2017누48 판결에서 1행위와 2행위는 개별적으로 그리고 서로 결합하여
　　서로 경쟁제한성을 증폭시키는 행위라고 보았다.
267) 서울고등법원 2017누48 판결 보도자료 8-9면.

## II. FRAND 확약의 기능 및 역할

### 1. 기  능

#### 가. 표준결정과정에서의 기만적 거동과 반경쟁적 효과

표준필수특허(Standard Essential Patent)란 표준기술을 구현하는 상품을 생산하거나 서비스를 공급하기 위해서는 필수적으로 실시허락을 받아야 하는 특허를 말하는 것이므로 표준필수특허가 인위적으로 결정되는 상황에서, 표준필수특허가 반경쟁적으로 사용될 수 있다는 점을 감안하여 표준화기구들은 FRAND확약을 하여 그 조건으로 실시허락할 것이라는 자발적인 확약하도록 요구하는 것이 일반적인 관행이다.[269] 즉, 표준필수특허는 개념적·본질적으로 표준화 당시의 정상적인 기술 관행이나 일반적으로 이용될 수 있는 기술적인 상태를 고려할 때, 당해 특허기술을 침해하지 않고는 제품이나 방법을 제작, 판매, 리스 기타 처분, 수리, 사용 또는 운영하는 것이 기술적 이유에 의하여 불가능한 특허이므로, 특허침해자가 되지 않기 위해서는 반드시 특허권자의 실시허락을 받아야 한다.

예를 들어, 갑(甲)회사와 을(乙)회사가 각기 서로 다른 표준필수특허 결정에 관여하고자 했다고 하자. 그리고 갑회사의 기술이 표준특허로 채택되었다. 표준특허로 채택된 이후 갑회사가 을회사를 포함한 경쟁회사에게 표준특허의 라이선스를 거절하게 되면 어떻게 될까? 그 경우 표준특허가 가지는 필수성을 감안하면 경쟁회사를 시장에서 배제하기 위한 가장 좋은 방법이 바로 거래거절이다. 이런 갑회사의 특허억류행위 문제를 해결하기 위해서는 위의 사례에서 당사자들이 사전에 합의(계약)를 하는 방법으로 문제를 해결하는 것과 마찬가지로 사전에 표준화기구에서 표준필수특허로 선언하고자 하는 자들에게 미리 이런 특허억류행위를 하지 않겠다는 약속을 받을 필요가 있다. 이런 약속이 바로 FRAND 확약이다. 그런데 만일 갑회사가 이런 약속을 지키지 않으면 발생하는

---

268) 서울고등법원 2017누48 판결 보도자료 8-9면.
269) 공정거래위원회 '지식재산권의 부당한 행사에 대한 심사지침(개정 2016. 3. 23. 공정거래위원회 예규 제247호) I. 3. 가. (6)

문제는 회원사들에게만 발생하는 것이 아니다. 위와 같은 FRAND 확약을 믿고 시장에서 이 기술을 이용하려고 하는 병(丙)회사는 1조원을 투자하기로 결정하였다. 왜냐하면 국제표준화기구와 같은 곳은 공신력을 가지고 있기 때문에 사후적으로 갑(甲)회사가 확약을 지키지 않더라도 표준화기구나 각국의 경쟁당국에서 경쟁법의 집행을 통해서 특허침해소송을 당하거나 하는 일은 없을 것이라고 믿을 수 있다고 생각하였기 때문이다.

이 사안에서 만일 갑(甲)회사가 확약의 효력을 다투거나 확약의 범위에 대한 다툼을 하거나, 병이 회원사가 아니라는 주장을 하면서 계약의 효력이 미치지 않는다는 주장을 한다고 해도 이런 주장은 받아들여질 수 없다. 왜냐하면 이는 시장참여자들에 대한 일반적인 효과의 문제이지, 협약체결당사자 사이에서 국한되는 문제가 아니기 때문이다.[270] 이런 문제는 특히 퀄컴 사건에서의 퀄컴과 같이 표준필수특허와 모뎀칩셋을 각 상류시장과 하류시장으로 수직적으로 통합한 수직 통합 사업자가 하류 부품시장에서 독점적 또는 시장지배적 사업자인 경우 보다 현저히 나타난다. ① 부품시장에서 독점적 또는 시장지배적 사업자가 아닌 수직 통합 사업자는 부품시장에서 표준필수특허에 대한 라이선스를 거절함으로써 모뎀칩과 같은 부품시장에서 경쟁 사업자를 배제하고 부품시장에서의 지배력을 보다 공고히 할 수는 있지만, 반면에 경쟁 사업자에게 라이선스를 제공할 경우 수취할 수 있었던 실시료 수입이 줄어드는 효과도 동시에 나타나며, 부품시장에서 지배력이 없으므로 이를 이용하여 그 부품 구매자에게 실시료를 수취하는 계약을 체결하도록 요구하는 것은 더욱 어렵게 된다. 그러나 ② 수직 통합 사업자가 하류 부품시장에서 독점적 또는 시장지배적 사업자인 경우에는 상황이 달라지는데, 부품시장에서 표준필수특허에 대한 라이선스를 거절함으로써 부품시장에서 경쟁 사업자를 배제하고 부품시장에서의 지배력을 보다 공고히 할 수 있는 동시에, 부품시장의 지배력을 이용하여 그 부품의 구매자와 라이선스 계약을 체결하고 실시료를 수취함으로써 이익을 극대화할 수 있다.[271]

---

270) 거래질서 관련성이 있는 경우엔 단순한 계약법적 문제가 아니고 공정거래법 문제라는 점을 지적한 대법원 판결로 대법원 2015. 9. 10. 선고 2012두18325 판결.
271) 공정위 2015시감2118 사건 의결서 22 – 23면.

표준필수특허권자의 FRAND 확약위반의 문제는 단순한 계약법의 문제가 아니라 경쟁법의 위반의 문제가 된다.[272] FRAND확약을 한 표준필수특허권자가 일정한 조건을 부가한 실시계약을 하도록 하는 것은 무제한 요건을 위반하는 것이 된다. 특히, 표준화 활동에 참여하는 특허권자는 FRAND 확약을 준수하는 실시계약에 부당한 제한 조건을 부가하지 않아야 한다. 만일 그와 달리 부당한 제한 조건을 부가한다면 라이선스를 한다고 해도 이 역시 FRAND 확약 위반이라고 보아야 할 것이다.[273]

표준특허권자가 실시계약에서 특허권 소진을 제한하는 규정을 둘 수 있는지 문제가 된다. 일반특허와 관련하여 소진에 제한을 두는 규정이 유효한 것인지 여부에 대하여 Lexmark 판결에서 미국연방항소법원(CAFC)의 다수 판사는 적법한 제한이 가능하다고 판단하였으나[274] 소수의견은 그러한 제한이 가능하지 않다고 판단하였다.[275] 그리고 연방대법원은 소수의견과 같이 2008년 콴타 판결을 다시 한번 재확인하면서 소진제한규정을 두어도 효력이 없다고 보았다.[276] 그런데 소진제한규정이 유효한지 여부는 특허법적 쟁점일 뿐, 소진이

---

272) Hovenkamp, Herbert, Patent Deception in Standard Setting: The Case for Antitrust Policy (July 20, 2010). U Iowa Legal Studies Research Paper. Available at SSRN: https://ssrn.com/abstract=1138002 or http://dx.doi.org/10.2139/ssrn.1138002("This paper focuses on the implications of two Federal Circuit Court decisions involving patent holdup in the standard setting process. While the Rambus decision can be defended as a matter of antitrust policy, it exposes serious deficiencies in the patent continuation process that can legally permit anticompetitive holdup to occur. Broadcom, by contrast, is arguably not about antitrust policy at all, but rather the law of contract or equitable estoppel.").

273) 이루어진 개별 라이선스계약의 부당성의 문제가 공정위 2015시감2118 사건에서의 행위 3의 문제이다.

274) 조건부가가 가능하다고 해도 적법해야 한다는 것이 다수의견이다. Lexmark Int'l, Inc. v. Impression Products, Inc., 816 F.3d 721, 742 (Fed. Cir. 2016) (en banc) ("We conclude that a patentee may preserve its § 271 rights when itself selling a patented article, through clearly communicated, otherwise-lawful restrictions, as it may do when contracting out the manufacturing and sale.").

275) Lexmark Int'l, Inc. v. Impression Products, Inc., 816 F.3d 721, 742 (Fed. Cir. 2016) (en banc).

276) Impression Products, Inc. v. Lexmark International, Inc., 581 U.S. ___ (2017). 당시 미국 정부도 소진이 유지되어야 한다는 의견을 제시하였다("In the view of the United States, the first authorized sale of a patented article in the United States wholly

되건, 그렇지 않건 경쟁법적으로 표준필수특허권자가 누구든지 표준필수특허를 FRAND 조건으로 라이선스하여야 한다는 점에 있어서는 달라질 것이 없다. 즉 만일 표준필수특허권자가 누구든지 표준필수특허를 FRAND 조건으로 라이선스를 하지 않으면 반경쟁적 효과가 발생한다.

---

exhausts the patentee's exclusive rights in that article, notwithstanding any post−sale restriction imposed by the patentee.").

대법원의 다수의견은 기존의 Mallinckrodt 판결의 오류를 다시 지적하였다.("First, we adhere to the holding of Mallinckrodt, Inc. v. Medipart, Inc. that a patentee, when selling a patented article subject to a single−use/no−resale restriction that is lawful and clearly communicated to the purchaser, does not by that sale give the buyer, or downstream buyers, the resale/reuse authority that has been expressly denied. Such resale or reuse, when contrary to the known, lawful limits on the authority conferred at the time of the original sale, remains unauthorized and therefore remains infringing conduct under the terms of § 271. Under Supreme Court precedent, a patentee may preserve its § 271 rights through such restrictions when licensing others to make and sell patented articles; Mallinckrodt held that there is no sound legal basis for denying the same ability to the patentee that makes and sells the articles itself. We find Mallinckrodt's principle to remain sound after the Supreme Court's decision in Quanta Computer, Inc. v. LG Electronics, Inc.") 그리고 국제소진에 대해서도 Jazz Photo 판결을 유지한다고 하였다("Second, we adhere to the holding of Jazz Photo Corp. v. International Trade Comm'n, that a U.S. patentee, merely by selling or authorizing the sale of a U.S.−patented article abroad, does not authorize the buyer to import the article and sell and use it in the United States, which are infringing acts in the absence of patentee−conferred authority. Jazz Photo's no−exhaustion ruling recognizes that foreign markets under foreign sovereign control are not equivalent to the U.S. markets under U.S. control in which a U.S. patentee's sale presumptively exhausts its rights in the article sold. A buyer may still rely on a foreign sale as a defense to infringement, but only by establishing an express or implied license—a defense separate from exhaustion, as Quanta holds—based on patentee communications or other circumstances of the sale. We conclude that Jazz Photo's no−exhaustion principle remains sound after the Supreme Court's decision in Kirtsaeng v. John Wiley & Sons, Inc., in which the Court did not address patent law or whether a foreign sale should be viewed as conferring authority to engage in otherwise−infringing domestic acts. Kirtsaeng is a copyright case holding that 17 U.S.C. § 109(a) entitles owners of copyrighted articles to take certain acts "without the authority" of the copyright holder. There is no counterpart to that provision in the Patent Act, under which a foreign sale is properly treated as neither conclusively nor even presumptively exhausting the U.S. patentee's rights in the United States.").

나. 표준결정된 특허의 행사와 반경쟁적 효과

표준화 기구가 특정 기술을 표준으로 선정하면 시장이 당해 표준에 고착 (lock-in)되는 효과가 나타나, 부품 사업자·네트워크 사업자 등 해당 산업의 참여자들의 매몰비용 증가 등으로 표준필수특허를 보유한 기업의 지배력이 남용될 우려가 증가한다.[277] 특허나 프로토콜(표준)이 중요한 의미를 가지는 이동통신표준의 경우에는 고착효과의 경쟁제한성이 커진다.

한편, 특허 중에서 표준과 직접 관련되지 않은 특허들을 표준필수특허와 구분하여 비표준필수특허(Non-SEP)라고 지칭한다. 비표준필수특허는 정해진 기술 표준을 구현하는데 반드시 필요한 것은 아니거나 우회 또는 회피 설계를 통해 동일한 기능을 실행할 수 있는 특허를 의미한다. 따라서 비표준필수특허는 표준필수특허와 달리 특허 라이선스 과정에서 FRAND 조건을 따라야 할 의무를 부담하지는 않는다.

이처럼 표준필수특허와 비표준필수특허는 서로 성격이 다른 두 가지 특허로서 반드시 같이 라이선스를 받도록 하는 행위를 하는 것도 경쟁제한적 효과가 발생시킬 수 있다.[278] 표준필수특허를 보유하고 있는 업체들이 다른 특허를 보유하는 업체들보다 더 높은 수익률을 내고 있다는 연구결과도 있다.[279] 가장 높은 수익률을 보인 업체들은 표준필수특허와 비표준필수특허의 조합을 가지고 있었다.[280]

---

277) 공정거래위원회 전원회의 의결 2017. 1. 20. 제2017-025호 의결서 16-17면.

278) 중국 국가발전개혁위원회는 2015. 2. 9. 자 행정제재명령을 퀄컴에게 하면서, "원고 퀄컴은 중국 내 휴대폰 제조사들에게 이동통신 표준필수특허를 라이선스함에 있어, 정당한 이유 없이 비-이도통신 표준필수특허에 대한 라이선스를 끼워 파는 행위를 해서는 안된다"고 결정하였다. 그러면서 중국 국가발전개혁위원회는 같은 날 "퀄컴은 중국 이동통신 표준필수특허만을 대상으로 하는 라이선스를 별도로 제공한다. 만약 중국 휴대폰 제조사가 보다 광범위한 라이선스를 원하는 경우, 그 외 특허들을 포함한 라이선스를 제안할 수 있다"는 시정명령을 내렸다.

279) Pohlmann, Blind & Neuhaeulsler, Standard Essential Patents to boost financial returns, R&D management (2015).

280) Hussinger and Schwiebacher (2015)의 연구는 특허가 업체의 주식가격에 미치는 영향을 연구하였는데, 연구자들은 SEP로 등록된 특허나 일반적으로 보유하고 있는 특허의 숫자가 업체의 시장가격과 유의미한 상관관계가 있다고 밝혔다.

공급 측면에서, FRAND 조건은 개발을 장려하기 위한 인센티브로서 기능한다. 이러한 인센티브에는 두 가지 측면이 있다. 첫째 새로운 표준필수 기술을 개발하기 위한 인센티브라는 점이고, 둘째 기존 기술의 개발자들로 하여금 표준개발에 참여하고 그들의 기술을 표준으로 통합시키기 위한 인센티브를 의미한다.[281] 산업표준은 일반적으로 전체 산업계에서 사용되기를 의도하는 것으로서, 더 많은 당사자들이 혁신적인 기술표준으로 인한 이익을 누릴 수 있다.[282] 표준화로 인한 이익은 다수가 누리게 되지만 표준화기구의 표준개발에 대한 자발적인 기여를 하고 있는 회원사들은 제한적이다.[283] 표준필수특허는 개발자들에게 경제적 이익을 창출시키기 때문에, 표준필수기술에 대한 연구개발(R&D) 인센티브를 제공하는데 중요한 역할을 할 수 있다. 이론적인 측면에서, 표준필수특허들이 기술 혁신에 제공하는 인센티브는 어떤 맥락에서는 특허 시스템이 제공하는 인센티브보다 크거나 작을 수 있다. 한편 표준체계에 특허발명을 포함시키는 것이 특허 출원에 대한 추가 수요를 발생시키기 때문에, 표준필수특허들은 연구개발을 유도하는데 효과적일 수 있다.[284] 하지만 이런 효과의 이면에 발생할 수 있는 문제점을 고려하여 다른 한편으로 표준화기구는 표준필수특허의 개발자들에게 초과이익을 얻거나 경쟁자들의 기술사용을 차단할 수 있는 기회를 막는 FRAND 확약을 요구한다.[285] 하지만 표준필수특허로 인해 주어지는 경제적 보상은 FRAND 확약 하에서도 결코 낮지 않으며 상당히 높은 수준이라는 것이 연구결과이다.[286] 참고로 중국 국가발전개혁위원회는

---

281) Chryssoula Pentherroudakis, Justus A. Baron, License Terms of Standard Essential Patent, 2017 p 21.
282) Kindleberger, Standard as Public, Collective and Private Goods, Kyklos, vol 36 Issue 3, p 377.
283) 예를 들어 대표적인 표준화기구의 하나인 3GPP의 경우 450개 이상의 회원사 중 10개의 업체가 58~75%의 공헌을 하고 있다고 한다(Baron & Gupta, Unpaking 3GPP Working paper 2016).
284) Rysman and Simcoe (2008)는 당해 특허가 표준에 필수적이라는 점이 밝혀지면 특허에 대한 인용횟수가 증가하며, 이는 곧 특허발명이 표준에 포함될 경우 그 사용빈도가 높아진다는 점에 대한 근거라고 설명한 바 있다. Rysman and Simcoe, Patent and the Performance of Volu ntary Standard—Setting Organizations, management Science, 54 (11), (2008) p. 1920
285) Chryssoula Pentherroudakis, Justus A. Baron, p 22.

2015. 2. 9. 퀄컴에 대해서 중국 이동통신 표준필수특허만을 대상으로 하는 라이선스의 실시료율을, 상표가 CDMA 및/또는 WCDMA 휴대폰(LTE 멀티모드 포함)의 경우와 상표가 있는 LTE 전용 휴대폰의 경우로 나누어 순판매가격의 일정 비율로 제한하는 것으로 정한 바 있다.[287]

### 다. 표준특허 선정행위와 부당한 공동행위[288]

복수의 사업자가 공동으로 합의하여 다른 사업자의 제품 및/또는 기술을 시장에서 배제하는 합의를 하는 경우, 그 합의는 부당한 공동행위에 해당한다.[289] 표준특허를 선정하는 절차는 복수의 사업자가 공동으로 합의하여 표준특허를 선정하는 절차이고, 그 선정의 결과로 표준에 선정되지 않은 다른 기술은 시장에서 퇴출된다. 그러한 표준특허 선정 행위는 전형적인 부당한 공동행위에 해당하는 외양을 띤다. 그렇지만 표준특허결정을 통해서 발생하는 표준특허의 장점을 유지하면서도, 이런 표준결정행위의 반경쟁적인 부정적 효과를 제어하기 위한 수단을 설계할 필요가 있다. 그래서 표준특허를 적법한 것으로 만들기 위한 방안이 모색되었고 그 모색의 결과로 FRAND 확약이 제시되었다.[290] 공동행위의 부당성을 제거하는 장치로서 FRAND 확약이 고안된 것이므로 FRAND 확약 위반은 단순한 계약위반에 그치는 것이 아니라 경쟁법 위반으

---

286) Eric Stasik, Royalty Rates and Licensing Strategies For Essential Patents on LTE Telecommunication Standards, Les Nouvelles, September (2010) pp 114-120.

287) 피심인들은 휴대폰사들이 피심인들의 고객에 대해서까지 부제소약정을 하여 실시료를 받지 못하는 것은 피심인들이 제공하는 기술과 휴대폰 제조사의 기술을 비교하여 양사의 교차라이선스 및 실시료 조건에 반영된 것이라고 주장한다. 그러나 피심인들은 개별 휴대폰사가 보유한 특허의 총량 또는 가치에 대해 아무런 평가를 거치지 않고 있고, 특히 특정 휴대폰사가 표준필수특허를 다수 보유하고 있다고 하더라도 자신의 고객에 대해 부제소약정을 제공하는 것에 대한 반대급부를 제대로 지급하고 있지 않다. 이러한 행위에 대해 2009년 일본 공정취인위원회와 2015년 2월 중국 국가발전개혁위원회 모두 위법하다고 판단하고 금지명령을 내린 바 있다(공정위 2015시감2118 사건 의결서 127면).

288) 이문지, "경쟁사업자 공동의 표준설정 및 표준특허의 기회주의적 행사와 EU 경쟁법", 상사판례연구 25권 4호(2012) 205-240면.

289) 공정거래법 제19조 제1항("사업자는 계약·협정·결의 기타 어떠한 방법으로도 다른 사업자와 공동으로 부당하게 경쟁을 제한하는 다음 각 호의 어느 하나에 해당하는 행위를 할 것을 합의(이하 "부당한 공동행위"라 한다)하거나 다른 사업자로 하여금 이를 행하도록 하여서는 아니된다...").

290) Daniel S. Sternberg, A Brief History of Rand, 20 B.U. J. Sci. & Tech. L. 211 (2014).

로 보게 되는 것이다.

　부당한 공동행위가 되지 않으려면 표준결정행위로 인해서 결정한 표준필수특허나 표준규격을 누구나 접근하여 사용할 수 있도록 하여야 한다. 누구에게든지(to anyone) 조건 없이(unrestricted, without any conditions) 합리적이고 비차별적인 실시료로 실시계약을 허여할 것을 명령하였으므로, 특허권자가 그러한 실시계약을 허여할 것을 미리 약속하고 그 약속을 이행하게 되면 그 약속으로 인하여 공동행위가 더 이상 부당하다고 평가되지 않을 것이라는 것이 FRAND 확약의 기본적인 논리이다.291) 이러한 FRAND 확약의 배경을 고려하면 FRAND 확약은 누구에게든지 제한 없이 합리적이고 비차별적인 조건으로 실시계약을 체결하는 것을 말한다.292)

## 2. 표준특허과 특허억류(patent hold-up)

### 가. 특허억류의 경제학적 의미

　표준화를 하게 되면 표준필수특허들은 당해 특허권자가 표준필수특허의 개념상 당해 특허를 사용하지 않으면 안되기 때문에 실시거절을 하거나 매우 비합리적인 실시조건을 제시하거나, 차별적인 라이선스 관행을 통해서 시장을 교란할 수 있다. 이런 행위는 마치 부동산 개발시의 알박기 관행과 유사한 면이 있다.293) 이런 알박기는 기본적으로 자신의 소유권을 어떻게 처분할 것인지의 문제가 사적 자치의 문제임에도 불구하고 우리 형법이 부당이득죄에 의한

---

291) Robert D. Keeler, Why Can't We Be (f)rands?: The Effect of Reasonable and Non-Discriminatory Commitments on Standard-Essential Patent Licensing, 32 Cardozo Arts & Ent. L.J. 317, 326 (2013) ("This view is in line with those who believe that SSOs need to protect their members from antitrust and consumer protection issues, as excluding other third parties would bring up questions of anticompetitive collusion.").

292) 이러한 FRAND 확약의 이력에 의하면 FRAND 확약을 위반하는 경우 그 이전의 표준화 행위가 부당한 공동행위에 해당하게 된다. Broadcom Corp. v. Qualcomm Inc., 501 F.3d 297 (3d Cir. 2007) (FRAND 확약 위반을 (부당한 공동행위에 관한) Sherman 법 제2조의 위반으로 본 사례).

293) 설민수, 표준특허의 명암: 스마트폰 특허분쟁에서 알박기(Patent Holdup) 우려를 중심으로, 저스티스 통권 140호(2014).

형사처벌까지 염두에 두고 있는 것처럼 공적인 견지에서 매우 부당한 결과를 야기할 수 있으며 이런 점에서 제한을 할 필요가 있다. 특히 특허의 경우에는 그 자체가 배타권이 있지만 당해 특허가 표준화기구에 의해서 표준으로 채택되는 것은 결정행위라는 표준화기구의 결정이 있고 그 결정을 위한 특허권자의 행위가 있기 때문에 이 과정에서 경쟁제한적인 특허권자의 단독행위나 결정(공동행위)이 이루어 질 수 있고 이런 행위는 규제의 대상이 되어야 한다.[294]

특허권자가 표준필수특허가 되고 난 뒤에 특허권의 실시를 거절하거나 실질적으로 거절하는 행위는 강학상 특허억류(patent hold-up)로 불리고 있으며 이 개념은 지난 수년간 특허와 표준에 관한 경제적 및 정책적 논의 모두에서 중점적으로 다루어졌다.[295] 이것은 근본적으로 등록 협상이 사후에 이루어질 경우, 즉 이미 특허 실시권자에게 침해행위에 관하여 회복 불가능한 매몰비용이 발생하였을 때, 특허권자에게 협상력이 이전되는 현상을 설명하는 개념이다.[296]

특허의 필수성은 표준필수특허가 되면 실시권자로 하여금 누구나 의무적으로 라이선스를 취득하도록 하게 함으로써 특허권자의 경쟁제한행위를 방지할 수 있게 된다. 실시권자는 FRAND 협상이 개시될 때 이미 표준기술 이외의 기술을 사용할 수 없기 때문에 기술적인 틀에 구속된다. 그들은 표준필수특허

---

294) 공동행위의 성립여부에 대해서는, 최승재, 「특허권남용의 경쟁법적 규율」, 세창출판사 (2010) 296-351면.

295) 기본문헌으로 Mark Lemley & Carl Shapiro, Patent Hold-up and Royalty Stacking, Tex. L. Rev. 2006부터 Cotler & Hovenkamp, Patent Holdup, Wash. A Lee. L. Rev. 2019까지 다수의 문헌이 있다.

296) "...More precisely, this notion refers to situations where a firm finds out that it has to negotiate a license for a patent that is unwillingly infringed. If the infringer has already incurred sunk costs, it may then be forced to accept licensing terms that it would not have deemed acceptable prior to the investment (Scotchmer, 1991). The notion of patent hold-up has especially been used to qualify the aggressive enforcement strategies of patent assertion entitles, and more generally the instrumental use of legally weak patents to extort substantial settlement fees from alleged infringers under the threat of injunction..."{Shapiro, C., Injunctions, Hold-Up, and Patent Royalties, American Law and Economics Review 12, No. 2, (2010) pp. 509~557; Reitzig M., Henkel J. and Heath C., On Sharks, Trolls, and Their Patent Prey-Unrealistic damage awards and firms' strategies of being infringed. Research Policy 36: (2007) pp 134-154}.

로 등록하기 전 FRAND 확약의 존재를 믿고 표준과 관련된 설비투자를 이미 시작하게 되는데, 연구개발 및 부품제조비용과 같은 매몰비용을 이미 투여한 상태가 된다. 이는 장기투자에서의 매몰비용의 문제와 같은 상황이다.[297] 이미 이를 대체할 표준의 개발을 상정할 수 없는 단계에 이른 경우에는 표준필수특허권자는 표준 등록의 결과로서, 다른 대안들과 비교하였을 때 사전적으로 평가되었을 가치보다 훨씬 더 높은 로열티 요율을 얻어낼 수 있는 위치에 놓인다. 즉 표준필수특허권자가 되는 순간 기존의 그렇지 않은 상태(일반특허권자)보다 실시료 협상에서 압도적인 우위를 점하게 되는 것이다. 특허억류의 위험은 실시권자가 표준을 이용하고 여기에 투자하기 위한 사전적인 유인을 간과하게 된다는 데에 있다.

이는 표준이 시장에서 성공하지 못하게 되는 원인이 될 수 있다. 만일 표준화기구에 의해서 표준이 결정되면 그 이익이 오로지 표준필수특허권자에게 귀속된다면 이는 궁극적으로 특정 표준필수특허권자를 위해서 일반특허권자에게는 부여되는 않는 이익을 부여하게 된다.[298] 특허억류는 표준필수특허권이 파편화되었을 때 발생하는 로열티 과적 문제를 더욱 확대시킬 수 있는데, 이것

---

297) 경제학에서 이 문제는 오랜 기간 논점이 되었던 주제이다. Aghion, P., Dewatripont, M., Rey, P., "Renegotiation Design with Unverifiable Information", Econometrica 62, 257-282(1994); Arrow, K., "Economic Welfare and the Allocation of Resources for Innovation", The Rate and Direction of Inventive Activity: Economic and Social Factors, ed. R. Nelson, Princeton, 609-626.(1962); Brickley, J. and F. Dark, "The Choice of Organizational Form: The Case of Franchising", Journal of Financial Economics 18, 401-420.(1987); Cabrai, L. and M. Riordan, "Incentives for Cost Reduction Under Price Cap Regulation", Journal of Regulatory Economics 1, 93-102.(1989); Chung, P., "Incomplete Contracts, Specific Investment, and Risk Sharing", Review of Economic Studies 58, 1031-1042(1991): Crémer, J., "Arm's Length Relationships", Discussion Paper, GREMAQ, Toulouse University(1993); Oliver Williamson, Markets and Hierarchies: Analysis and Antitrust Implications: A Study in the Economics of Internal Organization, University of Illinois at Urbana — Champaign's Academy for Entrepreneurial Leadership Historical Research Reference in Entrepreneurship, 4 Nov 2009.

298) Méenièere Y., Fair, Reasonable and Non — Discriminatory (FRAND) Licensing Terms — Research Analysis of a Controversial Concept. Editor: Thumm N., European Commission, Joint Research Centre (2015).

은 실시권자와 특허권자 모두에게 기회비용을 발생시키게 된다.[299]

## 나. 특허억류로 인해서 발생하는 문제의 유형화

특허억류의 문제는 몇 가지 유형의 문제들을 야기한다.

### (1) 1유형

표준결정과정에서 표준화기구는 특허의 공개를 요구한다. 이를 공개의무
(duty to disclosure)라고 한다. 이런 표준화기구에 대한 특허권자의 특허공개와 관
련된 문제는 출원중인 특허를 숨기거나 무효가 될 가능성을 숨기는 등의 기망
행위로 나타난다. 이것이 특허억류(hold-up)가 문제되는 첫 번째 유형이다. 이
른바 특허매복행위(Patent ambush)라고 불리는 이 유형의 사건들로는 Dell에 대한
동의명령 사건(1996년)[300]이나 Rambus Inc. 대 FTC 사건(2005년)[301]이 있다. 표준

---

299) Léevêeque, F. and Méenièere, Y., Patent Pool Formation: Timing Matters, Information
Economics and Policy, 23(3-4), (2011) pp. 243~251; Lerner, J. and Tirole, J.,
Standard-Essential Patents, Journal of Political Economy, Vol. 123(3), (2015) pp.
547~586.

300) Dell Computer Corp., 121 F.T.C. 616, 1996 FTC LEXIS 291 (1996). 이 사건에 대한 소
개는 이문지, "표준특허의 기회주의적 행사와 미국 반트러스트법 및 연방거래위원회법
제5조 부활의 기미", 서강법학 11권 2호(2009) 218면("표준설정 과정 중에 행해지는 反
경쟁적 행위를 금지하기 위해 FTC가 FTC법 제5조에 근거한 광범위한 권한을 사용하겠
다는 의도가 드러난 첫 번째 사건이다. FTC의 주장에 의하면 이 사건에서 Dell은 컴퓨
터의 중앙처리장치(CPU)로부터 주변장치로 데이터를 전달하는 공통선로의 디자인을
위한 표준을 설정하는 표준설정기관(Video Electronics Standards Association; VESA)에
대해 자사가 관련 특허를 (1년 전에 취득하였음에도 불구하고) 보유하고 있지 않다고
서면으로 확인하였고 표준이 채택된 후 그 표준을 수용하여 컴퓨터를 생산, 판매하던
기업들에게 그 표준의 적용에 필수적인 자사의 특허권을 행사하고자 하였다. 이 사건은
FTC가 제시한 동의명령안에 대해 Dell이 동의함으로써 1996년 10월 동의명령이 확정되
어 종결되었다.").

301) 이 사건은 램버스가 표준화기구인 JEDEC(Joint Electronic Devices Engineering
Committee)에서 SDRAM 표준규격 책정 당시 Rambus 미국 본사가 관련된 특허를 출원
했다는 사실을 밝히지 않고 사후적으로 권리를 행사한 것이 문제된 사건이다. Rambus,
Inc., FTC Docket No. 9302, Opinion of the Commission (Aug. 2, 2006); Rambus, Inc.
v. FTC. 522 F.3d 456 (D.C. Cir. 2008), cert. denied, No. 08-694, 2009 WL 425102
(Feb. 23, 2009). 이 사건에서 연방대법원은 연방거래위원회의 상고를 기각하면서, 램버
스의 셔먼법 제2조 위반에 대한 연방거래위원회의 주장을 배척하였다.{FTC v. Rambus,
Inc., __ U.S. __, 77 U.S.L.W. 3346 (2009)}.

필수특허권자가 다른 기업들로 하여금 표준을 침해하는 설계를 하도록 유인하여 사후에 위 제품들에 대하여 로열티를 부과하기 위하여 표준 등록 과정에 있는 특허의 존재를 은닉하는 행위가 문제된 사건들이 첫 번째 유형의 사건이라고 할 수 있다. 램버스 사건의 경우 연방거래위원회는 표준에 채택된 컴퓨터 메모리 기술시장을 독점화하려고 램버스가 특허를 공개하지 않았으므로 셔먼법 제2조 위반이라고 판단했다. 즉 램버스가 표준설정 과정에서 표준화기구를 기만하지 않았더라면 표준화기구는 램버스의 특허기술 대신 다른 기술을 선택하였거나, 만일 다른 기술보다 램버스의 특허가 포함되는 것이 필요하다고 보았다면 램버스에게 FRAND 확약을 받았을 것이라고 보았다.[302]

### (2) 2유형

두 번째 유형의 특허억류가 문제되는 사건들은 표준필수특허권자가 FRAND 확약을 하고도 이를 위반하는 행위를 하는 경우이다. 특허권자는 실시권자들이 표준을 사용하기를 기다렸다가 이들을 침해를 확인하고 난 뒤에 금지청구 등을 통해서 옴짝달싹 못하게 고착화시키는 행위(lock-in)를 한다. 이를 통해서 만일 이런 행위가 없었더라면 부과할 수 없었던 높은 실시료를 요구하고 이를 관철시키는 행위를 하는 것이 특허억류의 두 번째 유형이다.[303] Broadcom 대 Qualcomm 사건[304] 및 그 이후의 사건들에서도, 실시권자들은 표준필수특허권자들이 청구한 로열티는 표준필수특허권자들이 유인한 결과 기대한 요율의 수준을 초과하는 것이어서 FRAND 확약을 위반하는 것이라고 주장하였다.

특허억류를 FRAND 확약의 위반행위라고 보는 이런 해석은 수년간 금지청구권(Injunction)의 남용으로 확대되었다. 금지청구는 실시권자에게 많은 영업

302) Rambus, Inc., FTC Docket No. 9302, Opinion of the Commission (Aug. 2, 2006). 이 사건은 WCDMA 표준 규격의 설정에 참가해 관련 특허를 보유한 사실을 밝히고 이 특허를 FRAND 조건으로 실시 허락하겠다는 확약서를 제출한 Qualcomm사와 동 표준 규격의 이용자인 Broadcom사 사이에 실시허락 협상이 결렬된 후에 Qualcomm사가 고액의 기술료 및 부당한 실시허락 조건의 감수를 요구한 것은 셔먼법 제2조 위반인 독점화 행위에 해당한다는 이유로 Broadcom사가 뉴져지 주 연방 지방법원에 제소함으로써 시작되었다(이문지, 220면).
303) 이문지, 220-221면.
304) Broadcom Corp. v. Qualcomm, 543 F.3d 683 (Fed. Cir. 2008)

손실을 야기할 수 있기 때문에, 이러한 위험을 막는 것은 특허 보유자의 협상력을 향상시킬 수 있는 중요한 요소임은 분명하다.[305] 특허권자는 금지청구권을 이용하여 다른 대안에 비하여 자신의 발명이 갖는 가치에 대한 수준을 넘어서, 실시권자가 대안이 되는 기술로 전환하기 위해 소요되는 비용까지 포함하는 수준의 로열티를 부과하기 위하여 실시권자를 위협하는 수단으로 이용하였다는 것이 미국 연방거래위원회의 이해이다.[306]

① N−Data 사건

미국 연방거래위원회는 연방거래위원회법(Federal Trade Commission Act) 제5조[307]를 근거로 하여 표준필수특허권자들이 실시권자들을 강압적으로 부당한 라이선스를 강요하는 행위를 막고자 하였다.[308] 미국 연방거래위원회는 표준필수특허권자들이 자신들이 확약한 FRAND 조건에 따른 의무를 이행하도록 요구하는 조치를 하기 시작하였다.

대표적으로 N−Data 사건의 동의명령에서 미국 연방거래위원회의 이런 태도를 볼 수 있었다.[309] 이 사건에서 문제가 된 행위는 19993년 경 표준화기구인 IEEE는 고속 데이터 전송을 위하여 802.3 워킹 그룹으로 하여금 이더넷(Ethernet) 표준에 기초한 새로운 표준을 개발하도록 하였다. 1994년 National은 이 워킹 그룹에 대하여 자사가 개발한 자동설정기술을 표준에 포함되도록 제안하였다. 이 회사는 1992년 관련 특허를 출원해 둔 상태였다. 워킹그룹이 이 문제를 논의하는 중 National의 대표는 만일 자신들의 기술이 표준으로 채택된

---

305) Lemley, M. A. and C. Shapiro, Patent holdup and royalty stacking, Texas Law Review, 85 (7), (2007) pp. 1991~2049; Lemley, M., Shapiro, C., A Simple Approach to Setting Reasonable Royalties for Standard−Essential Patents. Working paper (2013); Shapiro, C.. Injunctions, Hold−Up, and Patent Royalties, American Law and Economics Review 12, No. 2, (2010) pp. 509~557.

306) Federal Trade Commossopm. The Evolving IP Marketplace: Aligning Patent Notice and Remedies With Competition, 2011.

307) Maureen K. Ohlhausen, Section 5 of the FTC Act: principles of navigation Journal of Antitrust Enforcement (2013), pp. 1~24.

308) 연방거래위원회법 제5조가 적용된 사건으로 Negotiated Data Solutions LLC, FTC File No. 0510094, Statement of the Federal Trade Commission (Jan. 23, 2008), available at <http://www.ftc.gov/os/caselist/0510094/080122 statement.pdf>(visited Nov. 13, 2009).

309) 이 사건에 대해서 이황(2012), 204−214면에서 상세하게 소개하고 있다.

다면 모든 기업에 1회에 1,000달러 만을 받고 라이선스를 하겠다고 공개적으로 선언하였고, 같은 해 워킹 그룹의 의장에게도 같은 취지의 서한을 발송하였다.

IEEE는 이런 National의 선언을 신뢰하고 이 회사의 기술을 표준으로 채택하였다. 2001년에는 시장에서 경쟁기술이 거의 사라진 상황이었다. 이후 이 기술은 Vertical을 거쳐 N-Data로 양도되었다.

N-Data는 이런 사정을 잘 알고 기술을 양수하였음에도 종래의 약속을 지키지 않고 특허침해소송을 제기하였다.[310] 이 사건에서 미국 연방거래위원회의 다수의견은 N-Data의 행위가 연방거래위원회법 제5조를 위반한 행위로 보았다. 연방거래위원회는 N-Data의 이런 행위로 인해서 전체 산업의 제품가격이 상승하고 IEEE의 표준결정에 대해서 의구심을 유발하여 향후 표준결정과정에 신뢰에 의문을 가지게 하여 IEEE의 표준결정을 위한 비용을 높이고 그 결과 잠재적으로 그 표준을 포함하는 상품의 산출을 감소시키는 효과를 야기하였다고 판단하였다. 이 경우 계약법적인 해결책[311]은 적절한 해법이 되지 못하는 것이 N-Data의 행위는 하나의 기업만이 아니라 산업 전반에 영향을 미치는 것으로 다수의 사업자의 비용을 상승시키는 것이므로 경쟁법 위반으로 판단하였다.[312]

② Motorola 사건

2014년 유럽연합 집행위원회(European Commission)는 Motorola사가 FRAND 조항을 근거로 해당 표준필수특허를 사용하였다고 주장하는 일부 애플 제품들을 배제하기 위하여 지배력을 남용하였다는 결정을 내렸다.[313] 모토롤라는 2003년 GSM 표준의 일부인 GPRS에 필요한 특허를 ETSI에 FRAND 확약을 하고 표준으로 결정되도록 하였음에도 2007년 애플이 아이폰을 출시하자 독일에서 자신

---

310) 이황(2012), 204면.

311) 계약법적 의미에 대해서는 이문지, "표준특허 FRAND 확약의 계약법적 효력", 경영법률 26권 1호 경영법률학회 (2015) 531-570면.

312) Statement of the Federal Trade Commission in the matter of National Data Solutions LLC., FTC File No0510094 at 5-6. 이런 다수의견에 대해서는 2인의 반대의견이 있다. Majoras 위원장과 Kovacic 위원의 반대의견의 내용은 이황(2012), 207-208면.

313) Commission Decision of 29. 4. 2014, Case AT-39985-Motorola-Enforcement of GPRS Standard Essential Patent.

들이 보유한 표준필수특허침해를 원인으로 하여 침해금지청구의 소를 제기하였다. 이 소송 과정에서 애플은 오렌지북 판결314)에 따라 자신들에게 라이선스를 해달라는 청구를 하였다. 양사는 화해로 사건을 종료하면서 만일 애플이 특허의 유효성에 대하여 다툴 경우 화해는 종료되는 조항(계약해지조항, termination clause)을 삽입하였다.315) 2011년 EU집행위원회는 애플이 제출한 두 번째 청약이후에도 모토롤라가 계속해서 침해금지청구를 하였다는 점과 독일 만하임 법원이 GPRS 표준필수특허침해를 원인으로 하여 침해금지명령을 인용하자 바로 집행하였다는 점, 애플로서는 협상력이 없는 불리한 상황에서 계약해지조항을 강제하여 애플이 모토롤라의 지적재산권을 다툴 수 없도록 한 점 등을 들어 경쟁제한성이 있다고 보았다. 애플은 이 합의를 통해서 유효하지 않은 지적재산권도 다툴 수 없게 됨으로써 유효하지 않을 수도 있는 특허에 대해서 로열티를 지급함으로써 제품생산비용이 증가하였다는 점을 지적하였다.316)

③ Huawei 대 ZTE 사건317)

2015년 유럽연합 사법재판소(CJEU)는 Huawei 대 ZTE 사건에서 표준필수특허권자가 라이선스에서 FRAND 조항에 따른 라이선스를 거부하는 것은 원칙적으로 TFEU 제102조를 위반하여 지배력을 남용하였다는 결정을 내렸다.318) 이런 사건들에서 금지청구권은 FRAND 조항에 의거하여 라이선스를 이용하고자 하는 실시권자를 가로막기 위하여 남용되었다고 판단되었다. 이 사건에서

---

314) BGH(mai6. 2009), KZR 39/06 이 사건에 대한 소개는 윤기승, "표준특허권침해에 대한 잠재적 실시권자의 보호방안에 관한 연구", 중앙대학교 법학연구 39집1호 (2012) 283~285면 참조.

315) 오승은, 291면.

316) 오승은, 293면.

317) CJEU, Case C-170/13, Decision of 16 July 2015, *Huawei v ZTE*. 이 판결에 대한 개관으로 박현경, "유럽내 표준필수특허권자의 침해금지청구권 행시에 대한 제한 - 유럽사법재판소의 화웨이 v. ZTE 판결을 중심으로", IT와 법연구 14집 (2017) 참조.

318) 2015.7.16. 유럽최고법원(ECJ)은 독일 뒤셀도르프 지방법원이 중국 통신 및 단말기 업체 Huawei의 ZTE에 대한 판매금지명령청구건 등을 심사하는 과정에서 ECJ에 표준특허보유자의 금지명령청구소송의 경쟁법 위반요건 등을 문의한 데 대해(2013.4) 판결하였다. 이 판결은 표준특허침해에 대한 금지명령청구의 소제기행위가 어떤 경우에 경쟁법 위반이 될 수 있는지에 대한 유럽최고법원의 첫 판결로서, 업계 및 법조계의 많은 관심을 받아왔다(주EU대사관, 2015. 9. 11. 경쟁 및 소비자정책 동향).

법원은 FRAND 확약을 한 표준필수특허권자는 당해 특허가 표준적이어서 대체할 수 없고, 그 표준필수특허에 대해서는 시장에서 라이선스가 될 것이라는 정당한 기대(legitimate expection condition)가 발생하였다는 점에서 금지청구를 하는 것은 허용되지 않는다고 보았다.319)

### 다.  역-특허억류

#### (1)  주장의 내용

특허억류의 해석이 이처럼 전개되자, 표준필수특허권자들은 이러한 해석이 특허권자의 이익에 반하고, 나아가 애초에 표준필수특허가 의도하였던 이익과 인센티브를 박탈함으로써 표준화가 가지고 오는 이익과 이를 위한 표준필수특허권자의 보호라는 하나의 이익과 표준화를 통한 결과물을 누구든지 이용하도록 함으로써 소비자 후생을 도모한다는 이익간의 이익균형이 무너졌다는 반대 주장이 제기되었다.320) 특허 홀드아웃(Patent hold-out) 또는 역특허억류(reverse hold-up) 관련 논의는 특허억류의 개념과는 달리, 특허 홀드아웃 개념은 경제적 맥락에서 출발하지 않았으며, 산업계의 이해당사자들과 FRAND 소송에 관여된 판사 및 변호사들로부터 제기되었다.321)

일반특허권자와 달리, 표준필수특허권자는 이미 라이선스를 제공하겠다고 약정하였기 때문에 손쉽게 라이선스를 거절하겠다고 위협할 수 없다. 이러한 전제에서 실시권자로 하여금 애초에 부과될 수 있었던 것과 동일한 수준의

---

319) Case C-170/13 Huawei Technologies Co Ltd v ZTE Corp, paras 49-53{"However, the Court distinguished the previous case law in light of two factors: (a) the indispensability of the SEP (Indispensability Condition); and (b) the FRAND commitment, without which the patent in question would not have been granted SEP status and which gives rise to a legitimate expectation that the SEP holder will in fact license on FRAND terms (Legitimate Expectation Condition)}.

320) Geradin, D.. Reverse Hold-ups: The (Often Ignored) Risks Faced by Innovators in Standardized Areas. Paper prepared for the Swedish Competition Authority on the Pros and Cons of Standard-Setting, Stockholm, 12 November 2010. 국내문헌으로는 이수진, 표준특허의 Unwilling Licensee와 역홀드업에 관한 연구, 산업재산권 제44호 (2014) 참조.

321) Jacob, R., Competition Authorities Support Grasshoppers: Competition Law as a threat to Innovation, Competition Policy International, Volume 9 Number 2 Autumn 2013.

FRAND 요율을 지불하라는 청구를 해도 특허권자는 적시에 로열티를 지급받지 못할 위험이 있다. 이러한 사실을 인지하고 있기 때문에, 어떠한 실시권자는 실시허락을 받지 않고 표준필수특허를 사용하거나, 나아가 의도적으로 실시허락을 구하지 않음으로써 특허 홀드아웃(hold out)이나 특허 역억류(reverse hold-up)를 시도할 수 있다. 이런 아이디어가 '역특허억류'이다.322)

일반적으로, 특허 알박기 행위는 재판에서 표준필수특허의 유효성과 필수성에 대한 판단을 요한다. 이러한 상황이 발생할 경우, 특허 홀드아웃(hold out)이나 특허 역억류(reverse hold-up)는 필수특허권자에게 로열티손실을 불러올 수 있다. 표준필수특허권자들은 이미 FRAND 협상 단계에서는 표준을 위한 연구개발비용이 발생한 상태이기 때문에, 특허 알박기는 더 나아가 표준 개발에 투자하기 위한 사후적인 인센티브를 감소시킬 수 있다는 것이 이들 논자들의 주장이다.323)

### (2) 주장의 한계

이런 주장은 검증이 필요하고 실제 매우 제한적인 상황에서만 가능한 주장이다. 첫째, 표준필수특허권자의 지위는 인위적으로 부여되는 것으로 이를 통해서 시장에서의 경쟁이 배제되는 이익이 이미 있는 상황에서 이를 제거하여야 비로소 과소보상인지 여부가 정해질 수 있는데 이 부분이 검증되지 않았다. 둘째, 로열티 손실이 있다고 하는 것은 독점적 지위와 비교하는 것으로 이해되는데, 이 역시 첫 번째 논거에서 보면 타당하지 않다. 셋째 연구개발을 하기 위하여 독점적인 이익을 인위적으로 주어야 한다는 것은 경쟁에 의한 연구개발과 혁신과의 비교에서 살펴보아야 한다. 하지만 우리가 가진 기본적인 경

---

322) Geradin, Damien, Reverse Hold-Ups: The (Often Ignored) Risks Faced by Innovators in Standardized Areas (November 12, 2010). Available at SSRN: https://ssrn.com/abstract=1711744 or http://dx.doi.org/10.2139/ssrn.1711744. Geradin 은 표준필수특허권자가 과소배상을 받는다고 주장하고 있다.

323) 그런데 이런 논자들이 주장하는 역특허억류의 문제는 표준특허권자가 과도한 로열티를 받는다는 주장(예를 들어 Marcus Glader and Sune Chabert Larsen, "Article 82: Excessive pricing - An outline of the legal principles relating to excessive pricing and their future application in the field of IP rights and industry standards", Competition Law Insight, 4 July 2005, at 3)에 대한 반론으로 기술하는 면이 있는데, 기본적으로 경쟁자를 배제하는 배제남용의 맥락에서는 설명력이 없다고 본다.

쟁법의 아이디어는 경쟁을 통한 기술혁신과 이를 위한 소비자후생의 증대라는 점을 잊어서는 안된다. 마지막으로 바로 이런 점을 고려하여 실시를 희망하는 사업자가 협상을 신의성실에 따라서 성실하게 하지 않을 경우에는 금지청구를 허용하도록 하는 절충안이 이미 우리 서울중앙지방법원의 애플 판결324)을 위시하여 여러 각국의 법원들325)에서 제시된 상황이다.326) 이런 법리하에서는 특허를 라이선스 받으려고 성실하게 협상을 하지 않는다면 금지청구가 인용될 수 있으므로 역특허억류를 하는 것은 생각하기는 어렵다.

결국 이런 법리가 정립되기 전에 논의로서는 강학상 실익이 있지만 실무상으로서는 추가적인 검증이 필요한 논의이다.

## 3. 역 할

표준화기구는 표준화를 함에 있어서 FRAND조건에 의한 라이선스 계약을 확약하도록 함으로써 표준필수특허권자는 특정 당사자에 치우치지 않는 계약을 체결하여야 할 의무를 부담시킨다. 특허권자에게 FRAND확약은 표준개발과정에 참여할 인센티브를 결정짓게 된다. 기존의 특허권자들은 자신이 보유하는 특허권의 자유를 최대한으로 유지하기 위하여 표준으로부터 자신의 특허기술을 제외시키기로 선택할 수 있다. 그렇다면 표준이란 개발 시점에서 존재하는 가장 효율적인 기술을 포함하고 있다고 할 수 없게 된다. 그러므로 FRAND 확약은 권리자에게 충분한 인센티브를 제공하여 기존의 특허권자들이 자신의 기술을 표준 개발에 제공할 수 있도록 장려하여야 한다.327)

논자에 따라서는 단지 차선의 기술에 의하여 발생한 가치증가분으로 표준필수특허(SEP)들의 보상을 제한하는 규칙만으로는 기존 특허권자로 하여금 표

---

324) 서울중앙지방법원 2012. 8. 24. 선고 2011가합39552 판결.
325) 대표적으로 CJEU, Case C-170/13, Decision of 16 July 2015, *Huawei v ZTE.*
326) 화웨이 판결까지 고려한 표준필수특허권자에 대한 유럽기능조약 102조 적용에 대한 문헌으로 Nazzini, Renato, FRAND-Encumbered Patents, Injunctions and Level Discrimination: What Next in the Interface between IP Rights and Competition Law? (March 1, 2017). (2017) 40 World Competition 213. Available at SSRN: https://ssrn.com/abstract=3249059.
327) Chryssoula Pentherroudakis, Justus A. Baron, p 24.

준 개발에 참여하게 하기 위하여 충분한 인센티브를 제공하지 못한다고 주장
하기도 한다.328) 그리고 일부 논자는 표준화기구는 특허 기술의 소유자들을 유
인하기 위하여 다른 표준화기구들과 경쟁하게 되는데, 그들은 보다 가치 있는
발명의 소유권자들은 보다 덜 엄격한 등록규정을 가지고 있는 표준화기구를
선택할 것이라고 예측하고 있다.329)

　　공정거래위원회의 「지식재산권의 부당한 행사에 대한 심사지침」은 특허권
자에게 지나치게 유리한 내용의 예로는 ① 실시권자발명양도(grant-back) 규정,
② 부쟁조항, ③ 비특허제품에 대한 실시료 부과 규정, ④ 실시권자가 원하지
않는 다른 특허를 끼워서 실시계약 하는 행위(끼워 팔기), ⑤ 특허권 존속기간이
만료한 특허에 대하여 실시료를 부과하는 규정, ⑥ 특허권 소진을 제한하는 규
정 등을 제시한다.330) 위 사항을 하나라도 포함하는 실시계약은 공정성 요건을
준수하지 않는 것이 되고 FRAND확약을 위반하는 것이 된다.331) 합리성 요건

---

328) Layne-Farrar, Llobet & Padilla, Payments and participation: The Incentives to Join
Cooperative Standard Setting Efforts, Journal of Industrial Economics & Management
Strategy, Vol. 23, pp. 24~49.

329) Lerner and Tirole (2006)은 forum shopping 모델을 만들어 설명한다. 노벨경제학상을
받은 Lerner and Tirole, A model of Forum Shopping, American Economic Review,
Vol 96, no 4, (2006) pp 972-973. Lerner and Tirole은 이러한 논의들과 정책과의 관
련성에 대하여 설명하는데, 표준화기구들간의 경쟁은 기술후원자들로 하여금 표준화기
구들이 지나치게 관용적인 등록 규정을 채택하도록 강요하는 유인이 되었다고 주장한
다. 그들은 표준화기구들간의 자유경쟁은 사회적으로 최적의 등록규정을 만드는데 실패
할 것이며, 보다 엄격한 등록규정을 강제하는 당국의 규제가 필요하다고 본다. Lerner
& Tirole의 연구는 표준화기구들간의 경쟁은 사회적으로 최적의 효율을 갖는 등록규정
으로 귀결되며, 이보다 엄격한 규정은 불필요하다고 역설한다. 표준화기구들간의 경쟁
은 사회적으로 최적의 효율을 갖는 등록규정으로 귀결되며, 이보다 엄격한 규정은 불필
요하다고 강조한다.

330) 지식재산권의 부당한 행사에 대한 심사지침[시행 2019. 12. 16.] [공정거래위원회예규
제333호, 2019. 12. 16., 타법개정] III. 구체적 판단기준.

331) 퀄컴이 위 행위들을 한 것이라면 그 행위들은 각각 특허권 남용의 원인이 되므로, 그
행위의 상대방은 특허권 남용을 근거로 하는 항변을 제기하는 것이 가능하고 또는 특허
권 남용 확인 소송을 제기하는 것이 가능할 것이다. 그러한 남용이 인정되는 경우 그
상대방은 약속된 실시료의 전부 또는 일부를 지급하지 않아도 된다. 비특허제품에 실시
료를 부과하는 규정이 특허권을 남용하는 경우에 대한 설명은 정차호·이지은, "비특허
제품에 실시료를 부과하는 '전체판매 실시료'(total-sales royalty) 규정의 특허권 남용
여부-대법원 2014. 11. 14. 선고 2012다42666(본소) 및 2012다42673(반소) 판결을 중
심으로-", 「인권과정의」, 대한변호사회, (2016 9.) 참조.

은 실시료가 합리적이어야 할 뿐만 아니라 계약의 조건이 합리적이어야 함을 말한다.332) IEEE의 지식재산권정책도 합리적 실시료(율)(reasonable rates)과 합리적 조건(reasonable terms and conditions)을 구분하여 설명하고 있다.333) 계약의 조건이 양 당사자에게 합리적이기 위해서는 한 당사자에게 지나치게 불리한 제한 조건이 부가되지 않아야 한다.334)

## III. FRAND 조건의 해석

### 1. 개 관

표준필수특허권자가 FRAND 확약을 하게 되면, 그 확약을 한 효과는 이 표준으로 결정된 특허에 대한 실시권을 받고자 하는 자(willing licensee)는 ① 누구든지(anyone), ② 공정하고 합리적인 조건으로 비차별적인 조전(fair, reasonbale and non-discriminatory condition)으로 라이선스를 받도록 하여야 하며, ③그 라이선스

---

332) Letter from Renata B. Hesse, Acting Asst. Att'y Gen., to Michael A. Lindsay, Esq. (Feb. 12, 2015) ("under reasonable rates, with reasonable terms and conditions that are demonstrably free of any unfair discrimination,").
< http://www.justice.gov/sites/default/files/atr/legacy/2015/02/02/311470.pdf >.
[http://perma.cc/M5HP-6SBP].

333) IEEE, IEEE-SA Standards Board Bylaws (Apr. 2007) ([IEEE's policy requires] "a statement that a license for a compliant implementation of the standard will be made available to an unrestricted number of applicants on a worldwide basis without compensation or under reasonable rates, with reasonable terms and conditions that are demonstrably free of any unfair discrimination."). < http://standards.ieee.org/guides/bylaws/sect6-7.html >.

334) Robert D. Keeler, Why Can't We Be (f)rands?: The Effect of Reasonable and Non-Discriminatory Commitments on Standard-Essential Patent Licensing, 32 Cardozo Arts & Ent. L.J. 317, 327 (2013) ("Despite the uncertainty, I believe the definition of 'reasonable' is two-fold: the licensor must both behave reasonably and come to reasonable licensing terms with the licensee. First, reasonable must mean that the formation of the license occurred without the licensor having an undue advantage over the licensee. Second, reasonable speaks toward the amount of royalties that can be levied against the practice of the patent claims.").

협상을 하는 과정은 선의(good faith negotiation)로 이루어져야 한다. 이 각각의 요건들에 대해서 아래에서는 설명을 하고자 한다.

## 2. FRAND확약의 의미와 합리성 요건

### 가. 합리성 요건의 의의

합리성(reasonable) 요건은 대체적으로 실시료의 합리성과 연관되어 설명된다. 여러 글들이 표준특허 실시계약에서의 합리적인 실시료는 특허권 침해소송에서 손해배상액을 산정하는 방법에서 활용되는 합리적 실시료와 상응한 것이라고 설명한다.[335]

그러나 합리성 내지 공정성은 실시료의 합리성뿐만 아니라 실시조건의 합리성도 구비되어야 한다. FRAND 조건에 의한 실시계약이란 실시조건과 실시료가 모두 합리적이어야 한다는 것을 의미하는 것으로 어느 하나라도 합리성이나 공정성을 충족하지 못하면 확약위반인 실시계약으로 보아야 한다. 표준특허권자는 실시계약을 체결하고자 하는 자와 체결하여야 한다.

### 나. 실시조건의 합리성

(1) FRAND 실시조건이란, 공정성과 합리성을 갖춘 실시조건을 의미한다. 여기서 '실시'란, 우리나라의 경우 특허법 제2조 제3호의 실시를 의미한다. 특허법 제2조 제3호의 실시는 생산, 사용, 양도, 대여, 수입, 대여의 청약 등을 의미한다. FRAND 확약을 준수한 실시계약은 특허법 제2조 제3호가 규정하는 모든

---

335) 이철희, "합리적인 로열티는 어느 정도일까?", TTA Journal vol. 133, 2011, 167면; 오승한, "표준개발 과정에서 제출된 FRAND 의무 위반행위의 판단기준에 대한 연구", 190면 (RAND 실시료를 손해배상액 산정을 위한 합리적 실시료와 상응시켜야 한다는 주장); 윤기호 외 4인, 「표준특허 선정 관련 공정경쟁 확보 및 합리적 라이센싱 방안에 대한 연구」, 공정거래위원회 용역보고서(2010. 12.), 171면(Georgia—Pacific 15개 요소를 실시료의 합리성 판단에 적용할 수 있다는 주장); Farrell, Hayes, Shapiro & Sullivan, Standard Setting, Patents, and Hold—Up, 74 Antitrust L.J. 603, 637 (2007)(손해배상액 산정에서의 합리적 실시료와 연계한 글); Cary, Work—Dembowski & Hayes, Antitrust Implications of Abuse of Standard—setting, 15 Geo. Mason L. Rev. 1241, 1260 (2008); Federal Trade Commission, The Evolving IP Marketplace: Aligning Patent Notices and Remedies with Competition, March 2011, p. 194.

행위를 자유롭게 할 수 있는 계약을 말한다.[336) 미국에서의 실시도 우리와 크게 다르지 않다.[337) 다만 미국의 경우에는 특허권의 역외적용이 인정되고 있고,[338) 간접침해와 유도침해와 같이 침해로 보는 행위의 범위가 넓다는 점에서 우리와 구별된다.[339)

그러므로 실시행위 중 하나라도 할 수 없는 계약은 FRAND 확약을 준수한 실시계약이라고 부를 수 없고 불완전 실시계약 혹은 제한적(restricted) 실시계약이라고 할 것이다. 그러므로 실시에 제한을 두는 계약은 FRAND 확약을 준수한 실시계약이 아니게 되고 그래서 그 계약은 FRAND 확약을 위반한 것이 된다.

실제로 표준화기구의 절차에서도 이런 점을 확인할 수 있다. 예를 들어 IEEE 표준화 절차에서 회원은 FRAND 확약을 약속하는 확인서(Letter of Assurance, LoA)를 제출하여야 하며, 그 확인서를 제출하며, ① 실시료(율)가 어느 선을 초과하지 않을 것이라는 확약, ② 샘플 실시계약서(sample license agreement) 또는 ③ 실

---

336) 퀄컴 Ⅱ 사건에서 퀄컴은 2008년 이전 사용권한이 제한되고 각종 제약조건이 결부된 라이선스를 제공했다("피심인들은 자신의 이동통신 표준필수특허에 대해 휴대폰 제조사와 특허 라이선스 계약을 체결하면서도, ***, ***, *** 등 모뎀칩셋 제조사와는 제한적인 범위의 라이선스 계약을 체결하였으며, 휴대폰 제조사에게는 휴대폰 가격을 기준으로, 모뎀칩셋 제조사에게는 모뎀칩셋 가격을 기준으로 각각 실시료를 수취하였다. 즉 2008년 이전에 피심인들은 모뎀칩셋 단계와 휴대폰 단계에서 각각 라이선스를 제공하였지만 피심인들이 모뎀칩셋 제조사와 체결한 라이선스 계약에는 다음과 같은 조건들이 결부되어 있었다." 공정위 2015시감2118 사건  의결서 41면)

337) 35 U.S.C. 154(a)(1) ("Every patent shall contain a short title of the invention and a grant to the patentee, his heirs or assigns, of the right to exclude others from making, using, offering for sale, or selling the invention throughout the United States or importing the invention into the United States, and, if the invention is a process, of the right to exclude others from using, offering for sale or selling throughout the United States, or importing into the United States, products made by that process, referring to the specification for the particulars thereof.").

338) Deepsouth Packing Co. v. Laitram Corp 판결을 포함한 미국 특허법의 흐름에 대해서는 최승재, 미국특허법, 법문사 (2010) 283－294면. 특허권의 역외적용에 대한 최근판결로는 WesternGeco LLC v. ION Geophysical Corp 판결{WesternGeco L.L.C. v. ION Geophysical Corp. (Fed. Cir. 2019)}이 있다.
미국 문헌으로 Timothy R. Holbrook, Extraterritoriality in U.S. Patent Law, 49 Wm. & Mary L. Rev. 2119 (2008), https://scholarship.law.wm.edu/wmlr/vol49/iss6/5 참조.

339) 35 U.S.C. 284조의 해석과 관련해서 미국 특허법의 흐름에 대해서는 최승재, 미국특허법, 법문사 (2010) 276－283면.

시계약의 중요 조건을 제출하게 된다.340) 그렇다면 많은 회원들이 이미 제출한 샘플 실시계약서를 살펴보면 FRAND 확약에 따른 실시계약이 실시권자에게 불리한 조건을 부가하지 않는 통상적인 그리고 공평한 실시계약이라고 할 것이다.

(2) FRAND 확약을 준수하였다고 하기 위해서는 계약이 체결되어야 한다. 계약의 단계에 이르지 못한 약속은 FRAND 확약을 준수하지 못하는 것이 된다. 예를 들어 부제소약정만을 제공하면서 계약 협상안을 제공하지 않는 행위는 계약에 대한 성실한 협상으로 볼 수 없음은 물론 합리적 실시계약조건을 제시한 것으로도 볼 수 없다.341) 부제소(covenant-not-to-sue) 약속이 계약에 이르는 경우 그 계약은 실시계약과 동등한 취급을 받을 수도 있다.342) 많은 기업들이 특허권의 소진을 제한하기 위하여 실시계약 대신에 부제소 약속을 활용 또는 악용하고 있으나 실제로는 양자는 그 효과가 유사하다.343)

퀄컴 Ⅱ 사건에서 퀄컴이 2008년 사업정책을 변경한 이후 "피심인들은 제

---

340) [A] license for a compliant implementation of the standard will be made available to an unrestricted number of applicants on a worldwide basis without compensation or under reasonable rates, with reasonable terms and conditions that are demonstrably free of any unfair discrimination. At its sole option, the Submitter [the "Submitter" is the industry member holding the IP rights to be incorporated into the new standard] may provide with its assurance any of the following: (i) a not-to-exceed license fee or rate commitment, (ii) a sample license agreement, or (iii) one or more material licensing terms.
IEEE-SA Standards Board Bylaws, IEEE Standards Ass'n §6.2.
<http:// standards.ieee.org/develop/policies/bylaws/sect6-7.html#loa>.
License Assurance/Disclosure Form, JEDEC.
<http://www.jedec.org/sites/default/files/License_Assurance-Disclosure_Form_20110119.pdf>.
341) 공정위 2015시감2118 사건 의결서 47면 이하의 A사 사례.
342) De Forest Radio Telephone & Telegraph Co. v. United States, 273 U.S. 236 (1927); TransCore, LP v. Electronic Transaction Consultants Corp., 563 F.3d 1271 (Fed. Cir. 2009). Marc Malooley, Patent Licenses Versus Covenants No to Sue: What Are the Consequences? (2015).
343) 부제소 약속과 실시계약의 차이점도 존재하므로 주의하여야 한다는 점에 대해서 Paul R. Morico, Considerations in Drafting Settlement and License Agreements-Part I, 28 No. 2 Intell. Prop. & Tech. L.J. 3 (2016). 부제소 약속의 계약도 일정한 조건이 구비되면 FRAND 확약을 준수하는 실시계약이 될 수 있다는 견해로, Tyler Thorp, Testing the Limits of Patent Exhaustion's "Authorized Sale" Requirement Using Current High-Tech Licensing Practices, 50 Santa Clara L. Rev. 1017 (2010).

한적으로라도 라이선스를 제공하던 2008년 이전과는 달리, 경쟁 모뎀칩셋 제조사가 모뎀칩셋의 제조, 판매, 사용 등을 위해 반드시 필요한 이동통신 표준필수특허에 대한 라이선스 계약 체결을 요청하더라도, 라이선스 계약 체결은 거절하고, 라이선스 계약이 아닌 '제한적인 약정'만을 제안하면서도,[344] 종전에 제한적인 라이선스 계약 체결시 요구하였던 동일한 조건들, 즉 ① 모뎀칩셋 판매처를 자신과 라이선스 계약을 체결한 휴대폰 제조사로 한정하는 조건, ② 모뎀칩셋의 판매량, 구매자, 구매자별 판매량, 가격 등의 영업정보를 피심인들에게 분기별로 보고하는 조건, ③ 모뎀칩셋 제조사가 보유한 특허에 대한 무상 크로스 그랜트 조건 등의 계약조건을 모두 포함할 것을 요구하였다."는 사정이 공정거래위원회에 의해서 밝혀졌다.[345]

## 다. 합리적인 FRAND 로열티 이상의 수취행위와 경쟁법적 의의

### (1) 개 관

FRAND 확약을 위반하여 그 이상의 수준으로 로열티를 수취하는 행위는 일응 로열티를 많이 받았다는 주장으로 오해가 될 수 있지만 그렇지 않다. 일

---

344) 통상적으로 특허권자는 실시권자에게 '소진적 라이선스(Exhaustive License)'를 제공하며 이 경우 실시권자가 특허제품을 적법하게 판매하면 실시권자가 취득한 소진적 권리가 실시권자의 고객에게 이전(pass-through)된다. 반면, 피심인들이 제안한 제한적 약정은 다음과 같이 소진적 라이선스와 차이가 있다.
　① 부제소약정(covenant not to sue) : 특허권자가 실시권자를 상대로 특허권을 주장하지 않기로 한 계약상 합의를 말하며, 보통 특허분쟁 이후 화해의 결과로 채택된다. 실시권자의 고객에 대한 소진적 권리이전 여부는 불명확하다.
　② 보충적 권리행사 약정(covenant to exhaust remedies) : 특허권자가 실시권자를 상대로 먼저 특허권을 주장하지 않겠다는 계약상 합의를 말하며, 특허권자는 실시권자의 제품을 사용하는 제3자를 상대로 먼저 특허침해를 주장하고 마지막 구제수단으로 실시권자를 상대로 특허권을 주장하는 것으로 실시권자는 일종의 연대책임을 부담하게 된다. 특허권자가 실시권자의 고객을 상대로 특허침해를 주장할 수 있음을 명백히 한 계약이므로 소진적 권리 이전이 제약된다.
　③ 한시적 제소유보(stand still) : 특허권자가 한시적인 기간 동안(60일 또는 90일)에만 특허권을 주장하지 않겠다는 계약상 합의를 말한다. 따라서 일정기간 후에는 언제든지 실시권자에게 특허침해주장이 가능하다. 실시권자의 고객뿐만 아니라 실시권자도 일정기간 후에 특허권자의 특허침해공격에 노출되며 소진적 권리이전은 차단된다.
345) 공정위 2015시감2118 사건 의결서 46면.

반적인 특허의 경우에는 특허로열티를 많이 수취한 것은 소위 착취남용의 문제로 이해될 수 있다. 그러나 표준필수특허의 경우, FRAND 수준을 넘은 로열티 수취행위는 그 자체로 배제 남용으로서의 의미를 가지게 된다.

　기본적으로 가격을 높게 책정하였다는 것의 경제학적인 의미는 그 높은 가격을 받겠다고 하는 경우에 시장에서 신규진입의 유인이 높아짐에 따라서 신규진입을 통한 가격경쟁으로 인해서 결국 경쟁가격은 지속적으로 높은 가격을 유지할 수 없고, 이렇게 되면 가격을 높게 책정한 사업자가 결국 시장에서 도태될 것으로 경쟁법적으로 문제가 될 것은 아니다. 물론 전제는 시장에 신규진입이 용이하다는 의미이며, 이때 신규진입의 용이성은 경제적, 기술적, 산업적, 제도적 측면들을 종합적으로 고려하여야 할 것이지 특허권자의 존재만으로 바로 신규진입이 어렵다고 단정할 수는 없다. 일반적으로 특허권 침해소송의 손해배상에서 합리적 실시료(reasonable royalty)를 산정하기 위해서 법원은 동등한 지위를 가진 잠재적 실시허락자(willing licensor)와 잠재적 실시권자(willing licensee)를 설정한다. 그런 의미에서 표준특허의 실시료는 동등한 지위를 가진 양 당사자가 합의하여 온 업계의 일반적인 실시료와 상응하게 된다.

　하지만 표준필수특허의 경우에는 합리적인 FRAND 로열티 이상의 수취행위가 경쟁제한성을 가지게 된다. 개념본질적으로 산업에서 정립된 표준필수특허는 설사 기술적인 우위에 있다고 하더라도 당해 표준필수특허를 우회할 수 없다고 할 것이므로 이런 표준필수특허권자의 남용행위를 제어할 수 있는 수단인 FRAND 확약을 위반한 FRAND 로열티 이상의 수취행위는 그 자체로 경쟁제한성을 가지게 된다. 이런 생각을 뒷받침할 수 있는 이론이 바로 '경쟁자비용상승 이론'이다.

### (2) 경쟁자비용상승 이론[346]

　이 개념은 미국의 경쟁법에서 시장점유율을 확대하거나 경쟁자를 시장에서 배제하기 위하여 경쟁자의 비용상승을 유도하는 방법이 사용되는 것이 경쟁제한성을 가지게 된다는 점을 설명하기 위해서 고안되었다. 경쟁법상의 배타

---

346) Thomas G. Krattenmaker & Steven C. Salop, Anticompetitive Exclusion: Raising Rivals' Costs to Achieve Power over Price. *The Yale Law Journal* Vol 967 No. 2 Dec. 1986.

적 계약은 경쟁법 위반 여부의 판단의 대상으로 주목을 받는다.[347] '배타권 (exclusionary right)'은 법률의 규정이나 계약에 의해서 발생한다. 계약에 의한 배타권의 사례로 예를 들어 알코아(Alcoa)가 알루미늄 생산을 위해서 전기회사와 계약을 체결하면서 다른 알루미늄 회사에는 전기공급을 하지 않기로 하는 계약을 체결하는 경우가 배타권이 계약에 의해서 발생하는 사례가 된다.[348] 이 사건에서 알코아는 자신들이 필요한 전기보다 더 많은 전기를 사용하기로 계약을 체결함으로써 경쟁자를 봉쇄하는 효과를 발생시켰다고 보았다.[349]

이런 배타권의 존재는 경쟁에 아무런 영향을 주지 않을 수도 있지만 많은 경우 친경쟁적 효과와 반경쟁적 효과가 모두 존재한다. 친경쟁적 효과로 배타권을 획득한 회사로서는 안정적으로 자원을 공급받을 수 있게 됨으로서 이로 인한 생산에서의 비용감소를 통한 저가공급이 가능해지는 면을 들 수 있다. 그리고 이런 배타권을 획득함으로써 명성이나 제품의 질을 올릴 수 있음으로 인해서 경쟁자의 무임승차를 막을 수 있는 효과가 있다.[350] 반면 배타적 계약을 체결함으로써 경쟁자들에게 부품(요소)의 공급을 제한하거나 공급받는 가격을 끌어올리는 방법으로 경쟁자의 생산을 인위적으로 제한하거나 가격을 올릴 수밖에 없도록 하는 것은 반경쟁적이다.[351] 이런 점에서 이런 행위는 반경쟁적으로 판단될 수 있다. 이런 배타권을 활용한 경쟁제한행위를 규제하기 위한 이론적인 틀로 고안된 것이 경쟁자 비용상승을 통한 경쟁자배제행위이다.

1956년 시카고대학의 아론 디렉터 교수는 시장에서 독점력을 가지고 있는 회사가 만일 경쟁자를 시장에서 배제하기 위하여 다른 사업자들에게 추가적인 비용을 부담시키게 되면 이런 추가적인 비용이 배제효과를 발생시킬 수 있다고 주장하였다.[352] 이런 시장에서의 지배력을 가지고 있는 사업자의 행위는 시

---

347) John E. Lopatka and Paul E. Godek, Another Look at Alcoa: Raising Rivals' Costs Does Not Improve the View, The Journal of Law & Economics Vol. 35, No. 2 (Oct., 1992), pp. 311~329. 알코아 판결에서 Hand 판사는 경쟁자의 비용을 올리는 행위가 배제행위라고 보았다.
348) United States v. Aluminum Co. of Am., 44 F. Supp. 97, 121–44 (S.D.N.Y. 1941), aff'd in part, rev'd in part, 148 F.2d 416 (2d Cir. 1945).
349) Id. at 124–38.
350) Thomas G. Krattenmaker & Steven C. Salop, p 229.
351) Thomas G. Krattenmaker & Steven C. Salop, p 229.

장에서의 잠재적 경쟁자들을 퇴출시키는 효과를 발생시킨다.[353] 예를 들어 자동화를 많이 진행시켜서 임금의 비중이 낮은 시장지배적 지위에 있는 회사가 자동화의 정도가 낮은 경쟁사업자를 시장에서 퇴출시키기 위한 목적으로 임금을 올리는 경우, 자신은 자본집약적인 사업구조를 가지고 있지만 경쟁사업자의 경우에는 노동집약적 사업구조를 가지고 있기 때문에 이런 사업구조적인 특징으로 인해서 경쟁사업자는 시장에서 경쟁력을 가지고 사업을 영위하기 어렵게 된다.[354] 경쟁자에게 핵심적인 부품이나 요소가 공급되지 못하도록 하거나 고가로 공급이 이루어지도록 함으로써 구매하려는 경쟁자의 요소공급을 막거나 필요한 정도의 요소공급을 받지 못하도록 하는 방법은 직접적으로 봉쇄효과(foreclosure effect)를 발생시킬 수 있는 방법이 된다.[355]

1980년대 중반 Steven Salop과 David Scheffman은 시장지배적 사업자의 경쟁자의 변동비용을 상승시킴으로써 이익을 얻을 수 있다는 점을 주장하였다.[356] 이런 주장은 약탈적 가격설정행위보다 경쟁우위를 가지기 용이한 것으로 설명력을 가지는 이론으로 경쟁자비용상승이론을 자리매김하게 하였다.[357]

---

352) Aaron Director & Edward H. Levi, Law and the Future: Trade Regulation, 51 Nw. U.L. Rev. 181, 290 (1956).

353) Aaron Director & Edward H. Levi, Law and the Future: Trade Regulation, 51 Nw. U.L. Rev. 181, 290 (1956). 이후의 문헌으로 Richard R. Nelson, Increased Rents From Increased Costs: A Paradox of Value Theory, 65 J. Pol. Econ. 287 (Oct. 1957) 참조.

354) Oliver Williamson, Wage Rates as a Barrier to Entry: The Pennington Case, 85 Q.J. Econ. 16 (Feb. 1968). 사례로는 United Mine Workers v. Pennington, 381 U.S. 657, 665－66 (1965),

355) Thomas G. Krattenmaker amd Steven C. Salop, p 230.

356) S. Salop and D. Scheffman, MULTI－MARKET STRATEGIES IN A DOMINANT FIRM INDUSTRY (Federal Trade Commission, Bureau of Economics, Working paper no. 100, 1984).

357) David T. Scheffman and Richard S. Higgins, Twenty Years of Raising Rivals' Costs: History, Assessment, and Future, 12 Geo. Mason L. Rev. 371, 376, 379(2003)("The important lesson that was largely ignored, at least in the ensuing economics literature, was that lawyers and the judicial system could not be convinced that economics could suitably draw the line determining when a firm with market power was doing "too much" of what are otherwise normal competitive strategies and tactics, particularly with respect to product innovation and introduction, expansion, and pricing. The subsequent literature has not contributed much to drawing that line credibly.").

이런 방식의 배제행위는 그 효과가 명시적 또는 묵시적 담합행위로 인한 봉쇄
효과나 공급제한과 같다. 이런 점에서 보면 경쟁자 비용상승을 통한 배제행위
는 결코 경쟁법의 영역에서 새로운 반경쟁적 경쟁전략은 아니다.[358] 그러나 경
쟁자 비용상승을 통한 배제이론의 신규성은 공동행위가 아니라고 하더라도 시
장지배적 지위에 있는 사업자가 구매자와 공급자 간의 계약을 통해서 경쟁사
업자를 시장에서 배제할 수 있음을 보여줌으로써 이들 간의 이런 행위가 정당
화될 수 없는 위법행위라는 점을 증명할 수 있게 된 점에 있다.[359]

경쟁자의 비용이 상당히 상승하게 되면, 그 결과 경쟁은 세 가지 면에서
배제된다. 이 경우 배타권을 가질 수 있는 다른 경쟁자, 배제되지 않은 경쟁자,
잠재적인 경쟁자 모두 경쟁을 할 능력을 가지지 못하거나 경쟁을 할 인센티브
를 가질 수 없게 된다(경쟁자의 경쟁능력 및 경쟁인센티브에 대한 영향).[360] 비용상승을 겪
게 되는 경쟁자로서는 이로 인해서 자신의 제한적인 공급능력을 확대할 수 있
는 여력이 없게 됨으로 인해서 시장에서 봉쇄되는 결과를 겪게 된다. 특히 공
급가격을 올릴 수 있는 여력이 생긴 부품공급자는 이를 통해서 가격을 올림으

---

358) S. Salop and D. Scheffman, MULTI—MARKET STRATEGIES IN A DOMINANT FIRM
INDUSTRY (Federal Trade Commission, Bureau of Economics, Working paper no.
100, 1984). 이 보고서는 이후 1986년 보완되었다. 기본모델은 공격자와 경쟁자의 양자
모델이다("We begin with a general model of competition between the predator and
a competitive (price—taking) fringe, where the predator may be either a price taker
or a dominant firm. Let D(p) be market demand, and let the predator's and fringe's
cost functions be given, respectively, by the functions C(x,a) and G(y,a), where
outputs are given by x and y, and where a cost—raising parameter, a, influences the
costs of all firms, perhaps symmetrically. For example, a could be interpreted as a
regulatory parameter, the price of an input, expenditures on advertising oc research
and development. We adopt the convention that increases in a raise the average and
marginal costs of the fringe and the average costs of the predator,i.e., the partial
derivatives Ca , Ga , and Gya all are non—negative. We assume that the predator has
the power to control the level of a, subject to a general market constraint formalized
by the equation F(a,p,x,y) ~ O. In subsequent sections, we consider particular forms
for this constraint corresponding to specific institutional settings"). 이 모델은 1986년
보고서에서 인용하였다(S. Salop and D. Scheffman, Cost—Raising Strategies, Federal
Trade Commission, Bureau of Economics, Working paper no. 146, 1986.
359) Thomas G. Krattenmaker amd Steven C. Salop, p 231.
360) Thomas G. Krattenmaker amd Steven C. Salop, p 243.

로서 시장에서의 경쟁을 할 수 있는 여력이 제한되게 되는 것이다.361) 이를 통해서 시장에서 가격상승에도 불구하고 살아남은 경쟁자들조차도 공급능력 제한으로 인해서 제대로 된 시장경쟁을 할 수 없게 되는 것이다.

이에 대해서 배타권을 가지고 경쟁자의 가격상승을 유도하는 사업자에 대항해서 역시 배타권을 가질 수 있다면 경쟁이 가능한 것이 아닌가 하는 생각을 할 수 있지만 이 경우에도 역시 경쟁을 할 인센티브를 가지지 못하게 된다. 일단 경쟁자의 배제행위가 이루어지게 되면 배타권을 획득하여 경쟁을 하는 선택을 하는 것보다 오히려 서로 담합행위를 명시적으로 하거나 내지 동조행위를 묵시적으로 하는 방법을 취함으로써 생산량 제한이나 가격상승에 대응하는 것이 이익이 될 수 있기 때문에 이를 통해서 시장에서의 경쟁이 제한되는 효과가 발생하게 되는 것이다(동조행위의 촉진, facilitating coordination).362)

잠재적 경쟁자의 관점에서도 경쟁자의 가격상승을 유도하는 전략은 진입장벽을 높이는 효과를 발생시킨다. 왜냐하면 신규 진입을 하려는 잠재적 경쟁자의 경우에는 진입 여부의 의사결정을 함에 있어서 공급받는 가격의 상승은 시장에 대한 진입장벽이 올라간 것으로 인식될 것이다. 그렇기 때문에 이런 경우에 시장진입을 억제하는 효과가 발생한다.363)

이와 같은 효과를 종합하여 보면 경쟁자 비용상승을 유도하는 행위는 가격을 올리게 되면 자신의 매출이 감소하게 된다는 전통적인 경제학의 이론과 전혀 상충되지 않으면서도 심지어 완전경쟁이 일어나는 시장에서 조차도 경쟁자를 배제하여 반경쟁적인 효과를 발생시킬 수 있다는 점을 보여 주었다.364)

퀄컴 Ⅱ 사건에서도 경쟁자비용상승 이론이 논의되었고, 서울고등법원은 퀄컴이 경쟁모뎀칩셋 제조사에게 자신이 FRAND 확약을 한 표준필수특허를 라이선스를 해주지 않는 행위를 함으로써 경쟁모뎀칩셋 사업자들에게 특허공격의 위험을 발생하게 하였고, 이런 위험이 결국 경쟁모뎀칩셋 사업자들의 비용상승으로 이어지게 되어 이들 사업자들의 퇴출로 이어지게 되었음을 인정하였다.365)

---

361) Thomas G. Krattenmaker amd Steven C. Salop, p 243.
362) Thomas G. Krattenmaker amd Steven C. Salop, p 244.
363) Thomas G. Krattenmaker amd Steven C. Salop, p 246−247.
364) Thomas G. Krattenmaker amd Steven C. Salop, p 251.

### (3) 경쟁자 비용상승효과의 사례[퀄컴 Ⅱ 사건]

1) 퀄컴 Ⅱ 사건에서 퀄컴이 시장에서 경쟁칩셋 사업자들에게 자신이 FRAND 확약을 한 표준필수특허의 라이선스를 하는 것을 거절하는 행위를 하게 되면 이로 인해서 경쟁칩셋사업자들은 이를 표준필수특허를 가지고 있지 않음으로 인해서 발생하는 비용을 추가적으로 부담하게 됨으로 인해서 시장에서 배제되는 효과를 발생시키게 된다. 이런 배제효과는 FRAND 로열티 이상의 로열티를 퀄컴이 자신이 칩셋을 공급하는 휴대폰 제조사업자로부터 수취함으로써 발생시키게 된다. 이런 점에서 퀄컴이 시장지배적 지위를 가지고 있는 이 사건 표준필수특허 라이선스 시장에서 생산된 용역을 공급 받아 새로운 상품을 생산하는 시장인 이 사건 표준별 모뎀칩셋 시장에서 경쟁을 제한하였거나 경쟁제한의 효과가 생길 만한 우려가 있는 행위에 해당한다고 봄이 상당하다.

구체적으로 상승되는 비용을 살펴본다. ① 경쟁 모뎀칩셋 제조사의 비용 상승은 퀄컴의 우선 특허공격 위험으로 인해서 발생한다.[366] 경쟁 모뎀칩셋 제조사의 비용 상승의 구조를 보면, 다음과 같다. 휴대폰 제조사 C가 퀄컴으로부터 모뎀칩셋에 구현된 표준필수특허에 대한 라이선스를 받지 않은 경우 경쟁 모뎀칩셋 제조사는 C에게 자신의 모뎀칩셋을 판매하는 (경쟁 모뎀칩셋 제조사와 휴대폰 제조사 C 모두 피심인들의 특허에 대한 라이선스를 갖고 있지 못하므로) 즉시 퀄컴으로부터 특허침해소송을 당할 위험에 처하게 되고, 따라서 경쟁 모뎀칩셋 제조사는 C에 대한 모뎀칩셋 판매를 포기하게 된다. 만약 경쟁 모뎀칩셋 제조사가 퀄컴의 특허공격 위험을 감수하고서라도 퀄컴으로부터 라이선스를 받지 못한 C에게 모뎀칩셋을 판매하고자 할 경우, C는 경쟁 모뎀칩셋 제조사에 대해 퀄컴으로부터 라이선스를 확보하지 못한 모뎀칩셋을 구매함으로써 C가 퀄컴으로부터 특허침해소송을 당하는 경우 그 소송과 관련하여 발생하는 비용을 경쟁 모뎀칩셋 제조사가 부담하도록 요구할 것이다(이를 '면책비용'이라고 한다). 이 면책비용은 특허침해에 따른 고객의 손해배상액을 기준으로 책정될 것이고, 퀄컴이 휴대폰 전체 가격을 기준으로 실시료를 부과하고 있는 점을 감안할 때 경쟁 모뎀칩셋 제

---

365) 서울고등법원 2017누48 판결 보도자료.
366) 공정위 2015시감2118 사건 의결서 122면.

조사가 부담해야 할 면책비용은 모뎀칩셋 판매마진으로 감당하기 어려운 수준이 될 소지가 높다.367)

그림 2-2 **특허공격위험으로 인한 경쟁 모뎀칩셋 제조사의 비용상승효과**368)

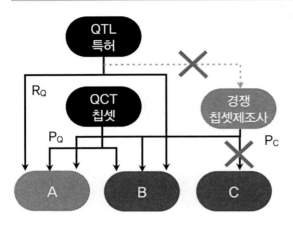

* A·B : 피심인들의 라이선시인 휴대폰 제조사
* C : 피심인들의 비라이선시인 휴대폰 제조사
* RQ : 피심인들과의 라이선스 계약
* PQ : 피심인들로부터 모뎀칩셋 구매
* PC : 경쟁 모뎀칩셋 제조사로부터 모뎀칩셋 구매

경쟁칩셋 사업자들에게 자신이 FRAND 확약을 한 표준필수특허의 라이선스를 하는 것을 거절하는 행위로 경쟁 모뎀칩셋 제조사에게 특허공격 위험이 발생하고, 이러한 특허공격의 위험은 경쟁 모뎀칩셋 제조사의 비용 상승으로 연결된다. 이런 비용은 특허면책비용이라는 형태로 나타나게 된다.369) 경쟁 모뎀칩셋 제조사가 퀄컴과 특허 라이선스 계약을 체결한 휴대폰 제조사(A·B)에게 모뎀칩셋을 판매하는 경우에도 경쟁 모뎀칩셋 제조사의 비용 상승효과는 완전히 사라지지 아니한다. 우선 경쟁 모뎀칩셋 제조사의 입장에서 향후 A·B와 퀄컴 간에 실시료 지급과 관련하여 특허 분쟁이 발생하는 경우 퀄컴으로부터 라이선스를 확보하지 못한 상태에서 모뎀칩셋을 판매한 경쟁 모뎀칩셋 제조사도 이들 간의 특허분쟁에 휘말릴 수 있는 위험이 있다.370)

실무상 제품(부품, 반제품, 재공품 등)을 구입하는 측에서는 판매자에게 여러 가지 종류의 진술과 보증(representation and warranty)을 요구하곤 한다.371) 이 때 특허

---

367) 공정위 2015시감2118 사건 의결서 123면.
368) 공정위 2015시감2118 사건 의결서 123면.
369) 공정위 2015시감2118 사건 의결서 123-124면.
370) 공정위 2015시감2118 사건 의결서 123-124면.

면책의 방법은 다른 회사로부터 모뎀칩셋을 공급받는 휴대폰 제조사들로부터 퀄컴의 특허공격에 의한 손해를 보전하는 면책약정의 제공, 제3자 지식재산권 침해에 대한 면책 보증 등의 방법이 있다. 계약 상대방이 퀄컴의 실시권자에게 판매하더라도 해당 실시권자가 특허실시계약에 따른 실시료를 지불하지 않는 경우 등 일정한 조건이 충족되면 퀄컴이 계약 상대방을 대상으로 특허를 주장할 수 있도록 규정된 경우라면, 특허 침해소송의 위협은 존재하므로 부품을 공급받는 휴대폰 제조사들은 면책을 요구하게 된다. 한시적 제소유보약정 역시 실시권자가 일정한 기간(standstill period) 내에 실시료를 납부하지 않으면 계약 상대방에게 특허침해주장을 제기할 수 있도록 규정하면, 역시 면책약정이 필요하게 된다.

한편 휴대폰 제조사 A · B의 입장에서도 퀄컴으로부터 특허 라이선스를 제공받지 못한 경쟁 모뎀칩셋 제조사가 퀄컴으로부터 특허공격을 받는 경우 경쟁 모뎀칩셋 제조사의 모뎀칩셋을 사용하던 A · B의 휴대폰 사업에도 차질이 발생할 수 있으므로 A · B는 이와 같은 위험을 고려하여 경쟁 모뎀칩셋 제조사에게 비용분담이나 모뎀칩셋 가격인하 등을 요구할 수 있고 이는 곧 경쟁

---

371) Representations and Warranties of Licensor. Licensor hereby represents and warrants to Licensee as follows:4.1 Ownership. Licensor is the sole and exclusive owner of the Licensed Marks.4.2 Authority. Licensor is authorized to grant the rights conferred hereby.4.3 No Violation. The execution and delivery of this Agreement, the granting of the rights contained herein and the use of the Licensed Marks in accordance with the terms of this Agreement, will not violate any laws or regulations or violate or invalidate any agreement or documents to which Licensor is a party and by which Licensor is bound or to which the Licensed Marks is subject.4.4 No Other Grants. To knowledge of Licensor, no person or entity is entitled to any claim for compensation from Licensee for the use of the Licensed Marks in accordance with the terms and conditions of this Agreement, and no Person or entity has been granted any right in or to the Licensed Marks or any part hereof, anywhere in the world.4.5 Infringement. The Licensed Marks are not the subject of any pending adverse claim or, to the knowledge of Licensor, the subject of any threatened litigation or claim of infringement or misappropriation. To Licensor's knowledge, the Licensed Marks do not infringe on any Intellectual Property Rights of any third party.(2020. 3. 최종접속). https://www.lawinsider.com/clause/representations-and-warranties-of-licensor 진술과 보증은 여타 유형의 계약에서도 문제가 되는데, 가장 대표적 사건에 대한 문헌으로 최승재, 기업인수과정에서의 진술과 보증 조항의 의미 - 대법원 2015. 10. 15. 선고 2012다64253 판결을 중심으로, 경영법률 26권 3호(2016) 1~39면 참조.

모뎀칩셋 제조사의 비용상승 요인이 된다. 즉 퀄컴이 경쟁 모뎀칩셋 제조사에게 지금처럼 라이선스를 거절하거나 제한하지 않고 완전하고 소진적인 라이선스를 제공하였다면 경쟁 모뎀칩셋 제조사로부터 모뎀칩셋을 구매하는 (피심인들의 라이선시인) 휴대폰 제조사 A · B 뿐만 아니라 (퀄컴의 라이선스가 아닌) C는 퀄컴과 특허분쟁 위험이 없으므로 경쟁 모뎀칩셋 제조사에 대해 모뎀칩셋 가격 외에 추가적인 면책비용이나 비용분담 등을 요구할 필요도 없게 되는 것이다.372)

퀄컴이 휴대폰 제조사를 상대로 특허침해소송을 제기하여 모뎀칩셋 제조사에게 전가되는 위험비용이 모뎀칩셋 단계 라이선스가 이루어져 모뎀칩셋 제조사가 퀄컴에게 지급하는 실시료와 같거나 적다고 보기 어렵다. 오히려 퀄컴은 2008년 이전 모뎀칩셋 제조사와 휴대폰 제조사 모두와 특허실시계약을 체결할 당시 모뎀칩셋 제조사를 상대로 통상 모뎀칩셋 가격의 일정비율을, 휴대폰 제조사를 상대로 통상 휴대폰 순판매가격의 일정비율을 각각 실시료로 수취하고 있었는데, 모뎀칩셋과 휴대폰의 가격 차이가 시간의 경과에 따라 상당한 수준으로 발생하였음에도 그 시간 동안 유사한 실시료 비율을 그대로 유지함으로써 최종 실시료 금액에 큰 차이가 있었다. 따라서 모뎀칩셋 제조사에게 전가되는 위험의 불확실성을 충분히 고려하더라도, 모뎀칩셋 제조사가 지급하여야 하는 라이선스 실시료보다 작은 수준이라 보기 어렵다.373)

또한 경쟁 모뎀칩셋 제조사의 비용 상승효과는 실제 특허소송에 따른 손해배상액이나 면책비용처럼 확정된 금액만으로 초래되는 것은 아니다. 경쟁 모뎀칩셋 제조사는 퀄컴으로부터 표준필수특허 라이선스를 확보할 수 없게 됨에 따라 언제라도 퀄컴으로부터 특허침해 주장을 받아 모뎀칩셋 사업이 일시에 전면적으로 중단될 수 있는 위험에 노출된다. 또 퀄컴이 구축한 '특허우산'에 따른 경쟁사 비용상승 메커니즘으로 인해서 역시 경쟁모뎀칩사들은 비용상승 압력을 받게 되는 것이다.374) 퀄컴은 모뎀칩셋 제조사에게는 라이선스를 거절하거나 제한하면서 동시에 퀄컴과 라이선스를 체결한 휴대폰 제조사 AH, BH에게 퀄컴의 모뎀칩셋을 구매하는 다른 휴대폰 제조사에(각각 AH는 BH에게 BH는 AH

---

372) 공정위 2015시감2118 사건 의결서 124면.
373) 이와 관련해서 공정위 2015시감2118 사건 의결서 124-126면에서 제시된 사례들 참조.
374) 공정위 2015시감2118 사건 의결서 126면.

에) 대한 부제소 확약을 요구·확보하여 사실상 휴대폰 제조사가 보유한 표준
필수특허에 대한 권리를 행사하지 못하도록 하고 있다.[375]

　이와 같이 퀄컴이 자신의 모뎀칩셋 고객에 대해서까지 휴대폰 제조사의
부제소약정을 확보함에 따라 퀄컴 및 퀄컴과 라이선스 계약을 체결한 휴대폰
제조사의 특허로 구성된 '특허우산'[376]이 구축된다. 퀄컴은 이를 활용하여 경쟁
모뎀칩셋 제조사(RM)의 비용을 추가적으로 상승시켜 경쟁사 배제 효과를 증폭
시킨다.

**그림 2-3**　**피심인들이 구축한 특허우산에 따른 경쟁사의 비용상승 효과[377]**

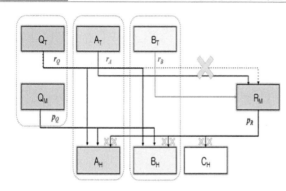

* QT : 퀄컴(라이선스 사업)
* QM : 퀄컴(모뎀칩셋 사업)
* RM : 경쟁 모뎀칩셋 제조사
* AT, BT : 특허권자
* AH, BH : 퀄컴과 라이선스를 체결
　한 휴대폰 제조사
* CH : 퀄컴과 라이선스를 체결하지
　않은 휴대폰 제조사

　위 표에서 AH, BH가 퀄컴(QM)으로부터 모뎀칩셋을 구매할 경우, 모뎀칩
셋 가격과 실시료를 합해 PQ+rQ만을 지불하면 된다. 그러나 휴대폰 제조사
AH, BH가 경쟁 모뎀칩셋 제조사 RM으로부터 칩셋을 구매할 경우 AH는

---

375) 퀄컴은 휴대폰사들이 퀄컴의 고객에 대해서까지 부제소약정을 하여 실시료를 받지 못
　　하는 것은 퀄컴이 제공하는 기술과 휴대폰 제조사의 기술을 비교하여 양사의 교차라이
　　선스 및 실시료 조건에 반영된 것이라고 주장한다. 그러나 퀄컴은 개별 휴대폰사가 보
　　유한 특허의 총량 또는 가치에 대해 아무런 평가를 거치지 않고 있고, 특히 특정 휴대폰
　　사가 표준필수특허를 다수 보유하고 있다고 하더라도 자신의 고객에 대해 부제소약정
　　을 제공하는 것에 대한 반대급부를 제대로 지불하고 있지 않다. 이러한 행위에 대해
　　2009년 일본 공정취인위원회와 2015년 2월 중국 국가발전개혁위원회 모두 위법하다고
　　판단하고 금지명령을 내린 바 있다.
376) 퀄컴이 구축한 '특허우산'에 의해서 모뎀칩셋 시장에서 경쟁자를 배제하는 효과가 강화
　　될 뿐만 아니라, 기술을 보유한 휴대폰사들은 정당한 보상을 받지 못하게 되어 기술혁
　　신 유인의 저하가 심화된다.
377) 공정위 2015시감2118 사건 의결서 127면.

'PR+rQ+rB'만큼을, BH는 'PR+rQ+rA'만큼을 지불해야 한다. 따라서 AH, BH가 RM으로부터 칩셋을 구매할 경우에는 퀄컴들(QM)로부터 구매할 경우에 비해서 각각 rB, rA를 추가적으로 지불해야 하는 것이다. 따라서 경쟁 모뎀칩셋 제조사 RM이 퀄컴과 같은 가격(PR=PQ)의 모뎀칩셋을 공급할 수 있다 하더라도 RM에게 rB, rA 만큼의 추가 비용이 발생하게 되는 것이다.

또한 이는 퀄컴(QM)과 경쟁 모뎀칩셋 제조사 간 가격차별 효과가 발생한 것으로 볼 수도 있다. 퀄컴(QT)이 다른 특허권자(AT, BT)로부터 교차 라이선스 또는 (자신의 고객에게까지 확장된) 부제소약정을 확보한 결과, 퀄컴(QM)은 다른 특허권자(AT, BT)에게 실시료를 지불하지 않는다. 반면, 경쟁 모뎀칩셋 제조사 RM은 퀄컴(QT)은 물론 AT, BT에게까지 총 rQ+rA+rB를 실시료로 지불하게 된다.[378] 따라서 RM은 피심인들에 비해서 양 사의 기술 차이에서 기인하는 실시료(rQ)를 제외하고 rA+rB의 실시료 비용을 추가적으로 지불해야 하는 것이다.

이는 퀄컴이 '부제소약정 풀'을 통해 휴대폰 제조사로 하여금 자신(또는 계열회사)과 경쟁사에게 실시료를 차별하도록 강요한 것으로 해석할 수 있다. 즉 휴대폰 제조사로 하여금 퀄컴에게는 실시료를 부과하지 않도록 하면서 경쟁사에게는 정상적인 실시료를 부과하도록 하여 실시료를 차별하고 경쟁사의 비용상승을 유발한다.

위와 같은 비용상승압력 상황에서 경쟁 모뎀칩셋 제조사는 장기적인 설계의 자유를 확보하지 못하고, 사업의 불확실성은 이 사건 표준별 모뎀칩셋 시장에서 요구되는 대규모 연구·개발이나 설비 확대에 상당한 제한이 된다. 이러한 어려움은 행위 1과 같은 라이선스 구조에서 경쟁 모뎀칩셋 제조사들이 직면할 수밖에 없는 위험이고, 휴대폰 제조사로부터 실제 면책비용 부담을 요구받은 사례가 없더라도 퀄컴의 이런 행위가 경쟁자비용상승의 우려를 발생시킨다는 결론에는 영향이 없다고 할 것이다.[379]

**2) 비대칭적 크로스 그랜트로 인한 경쟁 모뎀칩셋 제조사의 비용 상승**

---

378) 물론 퀄컴은 2009년 이후 자신의 특허에 대해 경쟁 칩셋사로부터 더 이상 실시료를 징수하지 않고 있다. 따라서 2009년 이후의 경우 경쟁사는 퀄컴에게 지급해야 하는 실시료(rQ)는 지급하지 않는다.

379) 서울고등법원 48누17 보도자료 참조.

또 다른 문제는 비대칭적 크로스 그랜트로 인한 경쟁 모뎀칩셋 제조사의 비용 상승의 문제이다. 퀄컴은 행위 1을 통하여 경쟁 모뎀칩셋 제조사와의 크로스 그랜트 조건, 휴대폰 제조사와의 크로스 그랜트 조건을 약정하고, 퀄컴과 해당 계약을 체결한 경쟁 모뎀칩셋 제조사, 휴대폰 제조사가 퀄컴뿐만 아니라 퀄컴의 모뎀칩셋을 구매한 사업자에게까지 특허침해 주장을 하지 못하도록 하였다. 그로 인하여 휴대폰 제조사가 경쟁 모뎀칩셋 제조사로부터 모뎀칩셋을 구매하는 비용이 퀄컴으로부터 구매할 때보다 증가하게 된다.[380]

이와 같은 경쟁제한 효과는 퀄컴 자신은 크로스 그랜트 조건을 통해 휴대폰 제조사나 모뎀칩셋 제조사로부터 해당 사업자의 특허기술에 대한 소진적 권리를 확보해 오면서도 경쟁 모뎀칩셋 제조사에게는 자신이 보유한 표준필수특허의 소진적 라이선스를 제공하지 않는 비대칭성에 기인한다. 퀄컴도 모뎀칩셋을 구매하는 고객들에게 위와 같은 경쟁 모뎀칩셋 제조사의 비용 상승효과를 적극적으로 홍보하고 있다.[381]

서울고등법원은 이 사건에서 퀄컴만이 이 사건 표준필수특허 라이선스시장과 이 사건 표준별 모뎀칩셋 시장의 시장지배적 사업자로서 일관되게 경쟁 모뎀칩셋 제조사에 대하여 소진적 라이선스를 제공하지 않는 정책을 유지하고 있는 것 자체가 비대칭적 라이선스 구조의 핵심이므로, 퀄컴이 모뎀칩셋 제조사로부터 비소진적 크로스 그랜트를 받는다거나 크로스 그랜트를 받지 않는다

---

380) 공정위 2015시감2118 사건 의결서 133-135면.

381) 피심인들의 대표였던 스티브 알트만(Steve Altman)은 2005년 11월 영국에서 개최된 투자자 회의에서 모뎀칩셋 사업에서 특허우산의 중요성을 강조하였다. 그는 "피심인들의 모뎀칩셋을 구매할 경우 피심인들의 지식재산권 뿐만 아니라 100개가 넘는 회사의 지식재산권에 접근할 수 있어 실시료 중첩(stacking)을 방지할 수 있다. 그러나 경쟁사의 모뎀칩셋을 구매할 경우 다른 회사 모두와 개별적인 협상을 거쳐야 하고 잠재적으로 별도의 실시료를 지불할 위험에 처하게 된다."고 언급하였는데, 이는 피심인들의 모뎀칩셋이 특허우산으로 인하여 특허 보호 측면에서 우월해짐을 강조한 것이다. 또 "휴대폰 제조사에게 보낸 '제3자 특허권 사용 혜택(Third Party IP Rights Benefiting)'이라는 백서에서, 피심인들이 2008년 11월 기준 총 ***개 업체로부터 특허 사용 권한을 제공받은 결과 피심인들의 모뎀칩셋을 구매할 경우 경쟁 모뎀칩셋 제조사의 모뎀칩셋을 구매할 경우 지불해야 하는 실시료를 크게 절약할 수 있다고(substantial royalty savings) 설명하였는데, 이는 특허우산으로 인해 피심인들의 모뎀칩셋이 실질적인 가격 측면에서 경쟁사보다 비교우위에 있음을 홍보한 것이다."(공정위 2015시감2118 사건 의결서 131면).

는 사정만으로 모뎀칩셋 제조사에 대한 이동통신 표준필수특허의 라이선스 거부로 인한 경쟁제한의 효과나 우려가 부정된다고 볼 수 없다고 판단하였다.[382]

## 3. FRAND 확약의 의미와 비차별(non-discriminatory) 요건

### 가. 라이선스 계약상대방에 대한 비차별요건[누구든지 요건]

(1) 원래 라이선스계약도 계약법이 적용되는 계약이므로 특허권자는 라이선스 계약을 누구와 할 것인가에 대한 사적자치 내지 계약의 자유(freedom of contract)를 가지고 있다. 그러나 표준필수특허의 경우에는 상대방 선택의 자유가 제한되고 라이선스를 받고자 하는 자라면 누구에게나 라이선스를 하여야 한다. 실시를 원하는 자라면 누구에게나 라이선스를 허여하여야 한다는 해석은 다수의 문헌에서도 발견된다.[383] FRAND 조건은 궁극적으로는 표준화기구의 정책과 FRAND 문언의 해석 문제일 것인데, 학설상 ETSI의 FRAND 해석과 관련하여 부품제조사에게 표준필수특허권자가 제품의 제조와 관련된 모든 제조 단계(특히 부품제조사)에서 라이선스를 해 줄 의무가 있는 것인지, 아니면 표준필수특허에 접근하여 이를 사용할 수 있도록 만하면 충분한 것인지에 관한 쟁점(License to All vs Access to All issue)에 대해서 여러 의견들이 제시되고 있다.[384]

---

382) 서울고등법원 48누17 판결 보도자료 참조.

383) Farrell, Shapiro & Sullivan, "Standard-setting, Patents and Hold-up, 74 Antitrust Law Journal No.3, 2007.; Jay P. Kesan and Carol M. Hayes, Patent Transfers in the Information Age: FRAND Commitments and Transparency, 2012, p. 5 ("During the standard setting process, a board or committee may request that members disclose relevant patents, and may also seek agreements from patent holders to either license these patents on royalty-free (FRAND-RF) or FRAND terms to anyone who requests a license."); p. 6 ("In the second situation, a party may disclose his patent to the SSO and initially agree to license the patent on FRAND terms to anyone who requests a license.")
http://sites.nationalacademies.org/cs/groups/pgasite/documents/webpage/pga_072485.pdf.

384) Layne-Farrar, Anne and Stark, Richard, "License to All or Access to All? A Law and Economics Assessment of Standard Development Organizations Licensing Rules" (May 18, 2020). George Washington Law Review Rosenbrock, Karl Heinz, "Licensing At All Levels Is The Rule Under The ETSI IPR Policy": A Response to Dr. Bertram Huber (Nov. 3, 2017); Kattan, Joseph. "The Next FRAND Battle: Why the Royalty Base

　　판례상으로는 미국은 텍사스북부 연방지방법원이 CONTINENTAL AUTOMOTIVE
SYSTEMS vs Avanci LLC 사건(2020)에서 모두에게 접근가능하여야 한다('Access to
All')는 입장을 취한 것으로 보이고, 독일의 Mannheim 지방법원은 Nokia v
Daimler 판결(2020)에서, Munich 지방법원은 Sharp v Daimler 판결(2020)에서 부
품 제조사에 라이선스를 거절한 행위가 반독점법 위반이라는 피고의 항변을
배척함으로써 모두에게 접근가능하여야 한다('Access to All')에 가까운 입장을 취한
것으로 보인다. 이러한 원칙들은 현존하거나 잠재적 표준과 관련된 모든 특허
를 공개할 의무 뿐 아니라, 이러한 특허의 보유권자는 표준을 실시하고자 하는
누구에게나 무상의 라이선스를 제공하거나 어느 사용자에게나 FRAND 조건에
따른 특허 라이선스를 제공할 의무를 부담하는 것이라고 보는 것이다.385) 2017
년 유럽 공동연구센터(JRC)에서도 FRAND 확약은 표준필수특허권자가 모든 잠
재적인 실시권자에게 특허기술을 합리적 조건하에 사용할 수 있는 권리를 허
여하도록 신의성실하게 협상할 의무를 의미한다고 해석하고 있다.386) 이런 견

---

Matters." Antitrust Chronicle 3 (2015); Grasso, Roberto. "Standard Essential Patents:
Royalty Determination in the Supply Chain." Journal of European Competition Law &
Practice 8.5 (2017): 283－294; Geradin, Damien, "SEP Licensing After two Decades of
Legal Wrangling: Some Issues Solved, Many Still to Address", Antitrust Chronicle,
March vol., Competition Policy International (2020).; ean－Sébastien Borghetti et al.,
"FRAND Licensing Levels under EU Law," February 2020, 46.; FTC v. Qualcomm Inc.,
935 F.3d 752 (9th Cir. 2019) and the DOJ's Business Review Letter in response to the
request from Avanci LLC 23.; Layne－Farrar, Anne and Stark, Richard, "License to All
or Access to All? A Law and Economics Assessment of Standard Development
Organizations Licensing Rules" (May 18, 2020). George Washington Law Review.;
Bowman Heiden, Jorge Padilla, and Ruud Peters "THE VALUE OF STANDARD
ESSENTIAL PATENTS AND THE LEVEL OF LICENSING" (23 October 2020) 등 참조
385) Stanley M. Besen, Why Royalties for Standard Essential Patents Should Not Be Set by
the Courts, 15 Chi.－Kent J. Intell. Prop. 19, 20 (2015) ("The policies often require or
encourage members of the standards setting organizations to identify patents that are
essential to a proposed standard and to agree to license their essential patents on
reasonable and non－discriminatory ('RAND') terms to anyone who requests a
license."); Anne Layne－Farrar, "How to Avoid Antitrust Trouble in Standard Setting:
A Practical Approach", 23 Antitrust ABA 42, 43 (Summer, 2009).
386) European Commission's science and knowledge service(Joint Research Centre), "JRC
Science for Policy Report: Licensing Terms of Standard Essential Patents. A
Comprehensive Analysis of Case", Chryssoula Pentheroudakis, Justus A. Baron (2017),

해는 경쟁법 분야에 다수의 전문가의견서를 작성한 바 있는 그레고리 시댁 (Gregory Sidak)이 취하는 견해와 같다.387)

(2) 표준화기구들은 FRAND 확약을 규정하면서 그 규정의 문언은 다소 상이하지만 공통적으로 '누구든지' 요건을 규정하고 있다. ITU · ISO · IEC 등 주요 표준화 기구는 FRAND 확약의 대상에 제한이 없다(an unrestricted number of applicants)라고 하고 있다. ITU · ISO · IEC의 라이선스 선언서(Licensing declaration)는 라이선스 대상에 대해서 아무런 제한을 하지 않고 있다. 이는 표준특허보유자는 누구든지 라이선스를 원하는 경우 성실한 협상을 전제로 하여 라이선스를 하도록 하려는 것이다.388)

와이파이 등 주요한 통신표준을 제정하는 표준화기구인 IEEE는 FRAND 확약을 하였으면 특정 단계 또는 특정 사업자라고 하여 라이선스 대상에서 배제할 수 없다고 규정하고 있다.389) 2015년 개정된 IEEE의 특허정책에서도 부품 단계의 라이선스가 표준필수특허권자의 의무임을 명확하게 하였다. 이런 점에서 특정 실시권자에 대하여 표준필수특허 라이선스를 거절하는 행위는 IEEE의 특허정책을 정면으로 위반한 것이다. 이 개정은 기존에 논의를 명확하게 해서 정리하기 위한 것으로 2015년 2월 IEEE의 총회는 지적재산권(IPR) 정책을 개정하기로 하면서, 전 세계적인 범위에서 라이선스를 요청하는 모든 사용자(unrestricted number)에게 무상으로 또는 RAND 조건으로 라이선스를 제공하고, 적

---

p. 18, 24~27 ("the FRAND commitment creates an obligation for the SEP owner to offer every potential implementer the right to use the patented technology on reasonable conditions that are negotiated in good faith").

387) J. Gregory Sidak, International Trade Commission Exclusion Orders for the Infringement of Standard—Essential Patents, 26 Cornell J.L. & Pub. Pol'y 125, 163 (2016) ("For most SSOs, however, a voluntary FRAND commitment means that the SEP holder undertakes a duty to offer to license its SEPs on FRAND terms to anyone seeking to implement the standard.").

388) "Patent holders is prepared to grant a license to an restricted number of applicants on a worldwide non—discriminatory basis and on reasonable terms and conditions to make, use and sell implementations of the above document."라고 명시하고 있다.

389) "The Update obligates patent holders band by the IEEE RAND commitment to license their patents for 'any compliant Implementation' meaning that a patent holder making an IEEE RAND Commitment cannot refuse to license its patents for use in IEEE SA standards at certain levels of production"

극적으로 실시를 희망하는 라이선시에 대해 판매금지청구(injunction)를 제한하며, 표준필수특허가 제3자에게 이전될 경우, RAND 의무도 함께 승계하도록 하는 내용 등을 골자로 지식재산권 정책을 개정하였다.390)

이동통신분야 표준화기구의 하나인 ESTI 지적재산권(IPR) 정책 문언을 보면, 지식재산권정책 제6.1조는 '제조(manufacture)'와 같은 다양한 표준준수 활동에 관하여 라이선스를 부여할 의무가 있다는 점을 명시하고 있다. 여기서 '제조'는 '장비(equipment)의 생산'을 의미하고, 여기서 '장비'는 '표준을 완전하게 구현하는 모든 시스템 또는 기기(system or device)'라고 정의하고 있다. 이 조항의 해석은 특허법을 고려하여 해석되어야 하는데, 시스템과 기기, 방법과 운영(method or operation)이라고 규정하는 ETSI의 정책은 특허법이 대상으로 하는 물건발명(특허)과 방법발명(특허)을 구별하여 규정하면서 이동통신특허가 표준필수특허가 되는 경우 그 대상을 물건발명이건 방법발명이건 누락 없이 모두를 대상으로 하고 그 대상이 되는 특허들을 누구에게나 실시하도록 하는 규정으로 이해된다.

예를 들어 퀄컴과 같은 표준특허권자는 모뎀칩셋 사업자이건, 휴대폰 사업자이건 실시권자를 구분하지 않고 실시계약을 체결하여야 한다. 즉, 실시계약을 희망하는 누구에게나 실시계약을 체결하여야 하고 실시계약을 거절할 수 없다. 다만 표준필수특허권자가 그 실시계약을 구하는 자가 실제로는 실시를 할 생각이 없으면서도 특허라이선스계약을 체결하지 않고 사용하는 기간을 늘리기 위한 시간을 끄는 방식으로 협상을 한다는 점을 증명하면 실시를 거절하고 침해금지를 구하는 본소나 가처분을 제기할 수 있다.391) 만일 이와 같이 해석하지 않으면, 표준필수특허는 표준화 기구가 정한 표준규격에 따라 사업자가

---

390) European Commission's science and knowledge service(Joint Research Centre), "JRC Science for Policy Report: Licensing Terms of Standard Essential Patents. A Comprehensive Analysis of Case", Chryssoula Pentheroudakis, Justus A. Baron (2017), p. 167.

391) AIPPI Special Committee on Patents and Standards (Q222) Report - Work Plan Item #5 Availability of injunctive relief for FRAND-committed standard essential patents, incl. FRAND-defence in patent infringement proceedings. 이 보고서에는 세계 각국에 금지청구에 대해서 취한 태도가 정리되어 있다.

제품을 기술적으로 구현하는 과정에서 반드시 이용해야만 하는 특허로서 표준
화 기구의 표준문서에 기술 내용을 실시하면 해당 특허를 불가피하게 침해하
게 된다.

　　따라서 모뎀칩셋 제조사가 이동통신 기능을 구현하는 모뎀칩셋 시장에 진
입하기 위해서는 피심인들이 보유한 CDMA, WCDMA 및 LTE 등 각 통신표준
별 표준필수특허에 대한 접근 및 사용이 보장되어야 한다. 만약 표준필수특허
에 대한 라이선스를 제공받지 못한 상태에서 모뎀칩셋 제조사가 모뎀칩셋을
제조·판매하는 경우, 모뎀칩셋 제조사는 피심인들로부터 특허침해에 대한 손
해배상소송 또는 침해금지청구의 위험에 노출될 수밖에 없다. 그 결과 시장에
서 경쟁사업자들이 배제되는 반경쟁적 결과가 발생하게 된다.[392]

　　반대로 표준필수특허권자라고 해서 항상 아무런 제약 없이 라이선스를 하
여야 한다고 해석을 하게 되면 위와 같이 내심으로는 라이선스를 받을 의사가
없으면서도 시간을 끄는 행위를 대항할 수 없게 되므로 위와 같은 해석을 하는
것이다.[393]

　　이러한 '누구든지' 요건은 표준특허의 특성에 의해서 당연히 인정되어야

---

392) 공정위 2015시감2118 사건 의결서 141면.
393) 이와 관련하여 표준필수특허권자에게 금지청구권을 박탈하는 방식으로 해석이나 입법을
　　하는 것에 대해서 일본에서도 논의가 되었으나 이는 특허권의 배제권으로서 속성을 박
　　탈하는 것으로 과다하다는 해석이 주류를 이루어 위와 같은 자발적 실시권자(willing
　　licensee) 여부에 의한 통제를 하는 것으로 정리되었다. 일본에서의 사건으로 일본 동경
　　지방법원에서 있었던 삼성 v 애플 사건이 있었다.("The case in Japan so far is Samsung
　　v Apple. In this case, the Tokyo District Court denied Samsung's motion for
　　preliminary injunction and found that it cannot seek damages from Apple either. The
　　court based its finding on abuse of right and breach of good faith. The court held that
　　both parties who have entered into contract negotiations owe a duty to each other
　　under the principle of good faith to provide the other party with important
　　information and to negotiate in good faith towards the conclusion of license
　　agreement. The Court found that Samsung breached that duty, because it failed to
　　disclose to Apple material information, including a rationale for the initially requested
　　royalty rate, and the license agreements it has with other licensees. The court also
　　took issue with Samsung having declared the patents in suit to ETSI as being essential
　　only two years after the adoption of the standard. The case is on appeal at the IP
　　High Court and a hearing is scheduled for 31 March 2014." 위 각주 328의 AIPPI 리포
　　트의 일본 부분 인용).

하는 것이다. FRAND 확약에서의 '누구든지'요건을 충족하기 위해서는 표준특허권자는 대상 표준특허에 대하여 실시계약을 희망하는 누구에게나 자신이 FRAND 확약을 한 표준필수특허의 실시를 허락하여야 한다. 표준특허권자는 그 자가 중소기업이든, 외국기업이든, 경쟁사이든, 부품제조회사이든 차별하지 않고 실시를 허여하여야 하는 것이다. 그러므로 표준특허권자는 실시를 요청하는 자가 부품 제조사인지 혹은 완제품 제조사인지를 차별하지 않고 라이선스를 하여야 하는 의무를 부담하며, 이 '누구든지' 요건으로 인하여 표준특허권자는 실시계약을 거절할 수 없다고 해석함이 상당할 것이다. 즉 FRAND 확약을 해석함에 있어서 비차별요건의 해석은 누구에게나 라이선스를 원하는 자에게 라이선스를 하여야 하는 의무이다.[394]

---

394) 국내 학자의 견해를 정리하면, 이런 견해를 취하고 있음을 알 수 있다. 이 견해들은 공정위 2015시감2118 사건 의결서 108면에도 인용되어 있다. 유계환, "표준특허권자의 부당한 권리행사의 제한가능성에 관한 검토", 창작과 권리 75호(2014) 57면("표준특허에 대해 권리자의 독점적인 특허권 행사에 제약을 가해 누구든지 이를 사용할 수 있도록 하기 위한 하나의 장치가 'FRAND' 선언인 것이다."); 이호영, "표준필수특허 보유자의 FRAND 확약 위반행위에 대한 공정거래법의 집행에 관한 연구", 「상사법연구」 제31권 제4호, 2013, 256면("먼저, FRAND 확약을 제출한 표준필수특허 보유자가 해당 특허의 실시계약을 거절하는 것은 FRAND 확약의 취지에 정면으로 반하는 것으로 이에 위반하는 것이라는 점에 의문의 여지가 없다.").

해외 학자의 견해로는 Robert D. Keeler, Why Can't We Be (f)rands?: The Effect of Reasonable and Non−Discriminatory Commitments on Standard−Essential Patent Licensing, 32 Cardozo Arts & Ent. L.J. 317, 326 (2013) ("This language seems to establish that under the IEEE framework, RAND licenses are available to any applicant who chooses to apply for one."). Brian T. Yeh, Availability of Injunctive Relief for Standard−Essential Patent Holders, 2012, in summary ("when those companies have previously committed themselves to license their patented technology to anyone (corporate partners or competitors) on FRAND terms.").

https://www.law.berkeley.edu/files/CRS_SEP_Report_9−2012.pdf.; Jay P. Kesan and Carol M. Hayes, Patent Transfers in the Information Age: FRAND Commitments and Transparency, p. 5 ("During the standard setting process, a board or committee may request that members disclose relevant patents, and may also seek agreements from patent holders to either license these patents on royalty−free (FRAND−RF) or FRAND terms to anyone who requests a license."); p. 6 ("In the second situation, a party may disclose his patent to the SSO and initially agree to license the patent on FRAND terms to anyone who requests a license.").

http://sites.nationalacademies.org/cs/groups/pgasite/documents/webpage/pga_072485.pdf.

### (3) 지식재산권 정책문서의 해석

지식재산권 정책문서의 해석도 다른 법률문서의 해석과 다르지 않다. 즉 처분문서의 해석과 기본적으로는 동일하다. 다만 이런 정책문서의 해석이 계약해석과 같은 일반적인 해석과 구별되는 점은 정책문서의 경우 경쟁법적인 고려가 동시에 이루어져야 하는 것이므로 그 취지를 반드시 고려하여야 하며 그렇게 하지 않으면 해석상 오류가 발생한다는 점이다. 처분문서의 해석에 대해서 우리 대법원은 처분문서는 그 성립의 진정함이 인정되는 이상, 법원은 반증이 없는 한 그 기재내용에 의하여 그 의사표시의 존재 및 내용을 인정하여야 하고, 특별한 합리적 이유 없이는 이를 배척할 수 없다고 하고 있다.395) 표준화기구의 정책문서도 그 문언의 사전적인 의미와 규정취지를 고려하여 판단하여야 하는 것이다.396)

ETSI 지재권 정책 제3.3조도 "표준화의 일반원칙에 따라 잠재적 이용자(potential users)가 표준을 자유롭게 이용할 수 있도록 최선의 조치를 취할 것"이라고 설명한다. 그리고 ETSI가 규정하는 라이선스의 제공대상 중 '장비'에는 휴대폰 등 '시스템' 단계의 제품과 부품 등 '기기' 단계의 제품이 모두 포함된다. '기기'라는 단어의 의미를 해석함에 있어서도 이런 점은 마찬가지이다. 통상적인 기술적 용어로서 '기기(device)'라는 용어는 '반도체', '집적회로', 그리고 '부품'을 의미하는 것으로 이용되며,397) 해당분야의 표준화기구인 JEDEC은 '기기(device)'를 기초적인 전자 기능을 수행하기 위한 반도체 칩(semiconductor chip)을 의미하기 위해서 사용하고 있으며,398) 이러한 용례는 ETSI의 문서에서도 동일하

---

395) "처분문서인 을 제3호증(근저당설정계약서)은 그 성립의 진정함이 인정되는 이상, 법원은 반증이 없는 한 그 기재내용에 의하여 그 의사표시의 존재 및 내용을 인정하여야 하고, 특별한 합리적 이유 없이는 이를 배척할 수 없다 함이 당원의 판례로 하는 견해(당원 1982. 7. 27. 선고 81다카1117 판결 참조)[이다]"(대법원 1982. 12. 14. 선고 82다카413 판결 [청구이의]).

396) 이와 같은 점은 프랑스법을 준거법으로 하는 ETSI 정책문서의 해석에서도 마찬가지이다.

397) http://whatis.techtarget.com/definition/solid-state.

398) JEDEC는 '개별 소자(discreet device)'의 정의와 관련하여 'A semiconductor device that is specified to perform an elementary electronic function and is not divisible into separate components functional in themselves"라고 적시하고 있다(JEDEC, JEDEC Publishes Revision of International Standard for Semiconductor Device Package

게 발견된다.[399] 특히 라이선스 제공대상을 규정함에 있어서 특허법의 시각을 반드시 같이 고려하여야 할 것인데, 특허법은 라이선스의 대상을 물건발명과 방법발명, 물건을 생산하는 방법발병으로 나누고 있다(특허법 제2조). 이동통신분야의 경우 물건발명을 흔히 시스템과 기기로 분류한다는 점에서도 기기의 해석은 이와 같이 하는 것이 타당하다.

ETSI이외의 다른 표준화기구, 즉 ITU, ISO, IEC, TIA, ARIB 등도 실시계약의 대상에 제한이 없다고 보고 있다.[400] 3G 표준(IMT-2000) 선정 절차의 초기에 CDMA 기술을 주장한 퀄컴과 GSM 기술을 주장한 에릭슨 사이의 대립으로 퀄컴이 FRAND 확약을 거부하자, 1988년 국제전기통신연합(ITU)은 퀄컴 기술을 3G 표준에서 제외할 것이라고 발표하였고, 이에 퀄컴은 보도자료를 통하여 '해당 산업 내 모든 참여자(to the rest of the industry)'에게 FRAND 조건에 따라 실시계약을 체결할 것을 약속한 바 있다.[401] 또, IEEE 특허정책도 누구든지 요건을 규정하고 있다.[402]

## (4) 비교법적 고찰

1) FRAND 확약의 비차별(Non-Discriminatory) 요건에 의해서 표준필수특허권자의 라이선스 계약의 상대방은 '누구든지'로 해석된다. 미국 법무부(DOJ)는 표준화 기구의 구성원인지 여부와 관계없이 "모든 표준실시자(all implementers)"에게 FRAND 확약이 적용되어야 한다고 보았다.[403] 또 다수의

---

Components(JESD30G), 2016).

399) ETSI, "mm-Wave Semiconductor Industry Technology - Status and Evolution" (2016) 문서에서 이와 같이 사용되고 있다.

400) 공정위 2015시감2118 사건 의결서 109면.

401) 퀄컴 1999년 3월 26일자 보도자료("As part of the agreement, the companies will each commit to the ITU and to other standard bodies to license their essential patents for a single CDMA standard or any of its modes to the rest of the industry on a fair and reasonable baiss free from unfair discrimination.").

402) IEEE, IEEE-SA Standards Board Bylaws (Apr. 2007) ([IEEE's policy requires] "a statement that a license for a compliant implementation of the standard will be made available to an unrestricted number of applicants on a worldwide basis without compensation or under reasonable rates, with reasonable terms and conditions that are demonstrably free of any unfair discrimination."). <http:// standards.ieee.org/ guides/bylaws/sect6-7.html>.

미국 법원 판결에서도 이런 이해는 반복적으로 확인된다. Apple v. Motorola 판결,404) Ericsson v. D−Link 판결405) 등이 주요판결이다. 미국 제9연방항소법원은 'FRAND 확약에 따라 라이선스를 제공받을 수 있는 신청인의 자격이나 숫자에 제한이 없다'고 판단하였으며406), 미국 일리노이주 북부연방지방법원407) 및 미국 연방항소법원408)은 표준필수특허에 대하여 FRAND 조건으로 단계별 차별 없이 누구에게나409) 라이선스하여야 한다고 판결하였다.410)

---

403) "we have encouraged SSO to : Make it clear that licensing commitments made to the standards body are intended to bind both the current patent holder and subsequent purchasers of the patents and that these commitments extend to all implementers of the standard whether or not they are a member of the standards body."(Department of Justice, "The Role of Standards in the Current Patent Wars")

404) Apple, Inc. v. Motorola, Inc., 869 F.Supp.2d, 901, 914 (N.D. Ill 2012) ("By committing to license its patents on FRAND terms, Motorola committed to license the '898 to anyone willing to pay a FRAND royalty and thus implicitly acknowledged that a royalty is adequate compensation for a license to use that patent.").

405) Ericsson, Inc. v. D−Link Sys., Inc., 773 F.3d 1201, 1231 (Fed. Cir. 2014) ("Ericsson promised that it would 'grant a license under reasonable rates to an unrestricted number of applicants on a worldwide basis with reasonable terms and conditions that are demonstrably free of unfair discrimination.'").

406) Microsoft Corp.v. Motorola, Inc., 696 F.3d 872, 884 (9th Cir.2012)

407) Apple, Inc. v. Motorola, Inc., 869 F. Supp. 2nd, 901, 914 (N.D. Ill 2012) "By committing to license its patents on FRAND terms, Motorola committed to license the '898 to anyone willing to pay a FRAND royalty and thus implicitly acknowledged that a royalty is adequate compensation for a license to use that patent."

In re Innovatio IP Ventures, LLC Patent Litig., No. 11 C 9308, 2013 WL 5593609 (N.D. Ill. Oct. 3, 2013) "considering the profit of the chip manufacture on the chip, rather than the profit margins of the Manufactures on the accused products, is appropriate because a RAND licensor such as Innovatio cannot discriminate between licensees on the basis of their position in the market."

408) Ericsson, Inc. v. D−Link Sys., Inc., 773 F.3d 1201, 1231 (Fed. Cir. 2014) "Ericsson promised that it would 'grant a license under reasonable rates to an unrestricted number of applicants on a worldwide basis with reasonable terms and conditions that are demonstrably free of unfair discrimination.'"

409) 원문은 "to anyone" 또는 "to an unrestricted number of applicants on a worldwide basis"이다. 이와 관련하여 심의에 전문가로 참가한 ***대학교 법학전문대학원 *** 교수는 "누구에게나(anyone) 라이선스를 제공해야 하는 것은 표준화의 성격에서 기인한다"고 하면서, "표준화는 여러 참가자의 공동행위에 의하여 표준으로 선정되지 않은 기술을 시장에서 퇴출시키고 표준으로 선정된 특허의 특허권자만이 그 기술을 독점적으로 실시할 수 있는 효과를 가진다. 그러한 인위적 독점을 방지하기 위하여 FRAND 확약은

2012년 미국 북부일리노이연방지방법원에서 포스너(R. Posner) 판사는 그 특허정책에 따라 누구에게나 라이선스를 허여하여야 한다고 판시한 바 있다.411) 에릭슨이 디링크와의 소송에서도 미국 법원은 전세계의 모든 실시희망자에게 제한 없이(to an unrestricted number of applicants on a worldwide basis) FRAND 확약에 따른 라이선스를 여야 한다는 법리를 제시하였다.412)

마이크로소프트와 모토롤라 사건에서도 미국 법원은 표준필수특허권자가 표준화기구(SSO)에 대하여 RAND 선언함으로써 표준필수특허권자와 표준화기구 사이에 제3자를 위한 계약이 성립하고, 표준기술의 이용자는 수익자(third party beneficiary)로서 해당 필수특허의 라이선스를 받을 수 있다고 하여 비차별원칙의 해석과 관련하여 표준필수특허권자는 누구에게나 라이선스를 하여야 한다는 것이 비차별원칙의 의미라고 판시하였다.413) 이와 관련하여 2020년 제9

---

anyone 요건을 내포하고 있다. 만약, 표준필수특허권자가 실시권자를 선택할 수 있게 되면 대상 특허발명은 소수의 또는 특허권자 단독의 전유물이 되고 그에 따라 경쟁이 저해된다. 그러한 현상을 방지하기 위하여 anyone 요건이 필요하다. 그런 면에서 anyone 요건은 FRAND 확약의 여러 요건 중 가장 중요한 요건이다. anyone 요건이 준수되지 않으면 실시계약 자체가 존재할 수 없으므로 FRAND 확약의 다른 요건들을 논할 기회조차 없어진다. 그러므로 anyone 요건 위반에 대하여는 다른 요건의 위반에 대하여 보다 더 엄중한 조치가 필요하다"는 의견을 밝혔다.(2016. 9. 5. 공정거래위원회 전원회의 제3차 기일에 제출한 전문가 *** 의견서). 공정위 2015시감2118 사건 의결서 108면.

410) 공정위 2015시감2118 사건 의결서 16면.
411) Apple, Inc. v. Motorola, Inc., 869 F.Supp.2d, 901, 914 (N.D. Ill 2012) Paul H. Saint-Antoine, IP, Antitrust, and the Limits of First Amendment Immunity: Shouting 'Injunction' in A Crowded Courthouse, Antitrust, Summer 2013, at 41, 43("For example, in Applev. Motorola, Judge Richard Posner denied injunctive relief to Motorola, which made commitments to the European Telecommunications Standards Institute(ETSI) to license its '898patent——which was part of a portfolio of patents for technology that enables communications between cellphones and cell towers——to anyone on FRAND terms.") (citing Apple, Inc. v. Motorola, Inc., 869 F.Supp.2d 901, 911-12 (N.D. Ill. 2012)).
412) Ericsson, Inc. v. D-Link Sys., Inc., 773 F.3d 1201, 1231 (Fed. Cir. 2014) ("Ericsson promised that it would 'grant a license under reasonable rates to an unrestricted number of applicants on a worldwide basis with reasonable terms and conditions that are demonstrably free of unfair discrimination.'").
413) Microsoft Corp. v. Motorola Inc., 854 F.Supp.2d 993 (W.D. Wash. 2012). 이 판결과 관련한 평석으로 차상육, "표준필수특허에 기초한 금지청구권 행사의 제한 가능성", 2015, 85면.

항소법원은 이 부분에 대한 판시는 정면으로 하지 않고, Aspen 판결을 통해서 Aspen 판결의 적용이 없다는 논리를 펼쳤다.[414]

2) 유럽의 경우, ETSI의 정책을 관장하는 EU 집행위는 수평합의 가이드라인에서 표준화기구의 정책이 모든 제3자(all third parties)에게 실시계약이 제공되어야 한다고 설명하고 있다.[415] 나아가 FRAND 확약을 통하여 실시계약을 거절하거나 또는 불공정하거나 불합리한 실시료를 요구함으로써 표준의 실시를 어렵게 하는 것을 방지할 수 있다고 설명하고 있다.

3) 중국 경쟁당국은 2015년 4월 지식재산권의 권리남용에 관한 새로운 심사지침을 공표하였으며 그 지침 제13조가 표준특허권자가 실시계약을 거절하는 행위를 FRAND 확약을 위반하는 행위라고 설명하고 있다.[416]

## 나. 라이선스 계약 내용에서의 '비차별'

비차별 요건은 모든 잠재적 실시권자를 동일하게 취급하여야 한다는 것이다.[417] 표준특허권자가 동일한 표준특허에 대하여 실시권자에 따라 상이한 '실시료'를 부과하면 그러한 실시계약은 차별적인 것이 된다.[418] 다만 현실세계에서 잠재적 실시권자는 여러 다른 목적, 사정, 지위, 특허, 노하우 등을 가지므

---

414) FTC v. Qualcomm Ins 935 F.3d. 752(9th Cir) 2020.

415) *Guidelines on the applicability of Article 101 of the Treaty on the Functioning of the European Union to horizontal co-operation agreements* (2011/C 11/01), para. 285 ("In order to ensure effective access to the standard, the IPR policy would need to require participants wishing to have their IPR included in the standard to provide an irrevocabel commitment in writing to offer to license their essntial IPR to all third parties on fair, reasonable and non-discriminatory terms ...").

416) Brian Scarpelli, Trends in FRAND: Recent Regulatory Developments in the Far East, March 8, 2016.

417) Robert D. Keeler, Why Can't We Be (f)rands?: The Effect of Reasonable and Non-Discriminatory Commitments on Standard-Essential Patent Licensing, 32 Cardozo Arts & Ent. L.J. 317, 326 (2013) ("On its face, the non-discriminatory requirement would dictate that a licensor treat all potential licensees in the same manner.").

418) 이호영, "표준필수특허 보유자의 FRAND 확약 위반행위에 대한 공정거래법의 집행에 관한 연구", 「상사법연구」 제31권 제4호, 2013, 275-276면("표준필수특허 보유자가 실시자들에 대하여 상이한 실시료를 부과하였다면, 일견 차별적 조건에 의한 실시계약으로 인정할 수 있을 것이다."); 차별성의 의미에 대해 윤기호 등, "표준특허 선정 관련 공정경쟁 확보 및 합리적 라이센싱 방안에 대한 연구", 공정거래위원회, 2010.

로 계약의 내용이 완전히 동일할 것을 요구하는 것은 비상식적, 비현실적이다. 동일한 상황에 있는 사업자에게 동일하게 취급하여야 한다는 의무를 의미하는 것이므로 비차별성 요건을 충족하는지 여부의 판단은 이런 점을 종합적으로 고려하여 판단하여야 한다. FRAND의 비차별적 요소는 로열티율이 산업 전체에 동일해야 한다는 의미는 아니다.[419]

유의할 점은 실시료율을 상응시키는 것이 중요한 것이 아니라 실시료를 상응시키는 것이 중요하다. 표준이 되기 전의 특허의 가치(ex ante value)에 대하여 합리적 실시료를 인정하는 것이고 그 가치는 실시료에 의해 구현된다. 그러므로 실시료를 동일하게 또는 비슷하게 만들기 위하여 중간부품에 대한 실시료율보다 최종제품에 대한 실시료율이 낮아야 한다.

표준특허에 대한 실시계약이 공개되지 않는 경우 해당 실시계약이 차별적인지 여부를 알 수가 없다. 이전 실시계약의 내용이 공개되면 실시계약 협상에 임하는 잠재적 실시권자가 비차별 요건을 근거로 특허권자에게 공평한 대우를 요구할 수 있을 것이다.[420] 잠재적인 실시권자가 해당 계약서를 입수하는 경우 차별적인 실시계약의 시정 요구하기가 용이하다.[421] 이런 의미에서 계약내용 전체가 공개되지는 않더라도 비차별성이 달성되기 위해서는 합리적 범위에서의 정보가 라이선스를 받고자 하는 자에게 제공되는 것이 필요하다.

---

419) Unwised Planet Int'l Ltd v Huawei Technology, Uk High Court of Justice [2017] EWHC 711(Pat)

420) 표준특허 실시료 협상의 결과가 공개되어야 한다는 주장으로, Yoonhee Kim, Lifting Confidentiality of Frand Royalties in Sep Arbitration, 16 Colum. Sci. & Tech. L. Rev. 1 (2014).

421) Eric Stasik, Royalty Rates And Licensing Strategies For Essential Patents On LTE (4G) Telecommunication Standards, 2010 ("When Qualcomm and Nokia, for example, ended their long−running dispute over standard essential patents in 2008, at least one analyst estimated that Nokia will pay 1.5−2.0 percent of the sale price of each phone to Qualcomm for all standards, including LTE."). <http://www.lesi.org/les−nouvelles/les−nouvelles−online/2010/september−2010/2011/05/02/royalty−rates−and−licensing−strategies−for−essential−patents−on−lte−(4g)−telecommunication−standards>.

## 4. 성실한 협상(good faith[422] negotiation) 요건

### 가. 개  요

이 요건은 삼성과 애플 간의 소송 중에 다수의 법원에서 논의가 된 요소로서 FRAND 확약의 실체적인 의미로서의 공정성, 합리성, 무차별성의 다른 한 면으로 성실한 협상이 이루어져야 한다는 요건이다. 이 요건은 FRAND 협약의 절차적 요건으로서 이 요건에 따라서 FRAND 협약을 한 표준필수특허권자는 라이선스를 요구하는 자와의 협상을 선의로 성실하게 행하여야 할 의무를 부담한다.

표준필수특허권자는 선의에 의한 성실한 협상을 위하여 특허권자로서 자신의 특허에 대한 정보 및 청구항분석표(claim chart)와 같은 자료들을 제시하여 이를 기반으로 공정한 협상이 가능하도록 하여야 하는 것이다.

### 나. 삼성과 애플간의 소송

삼성과 애플간의 소송에서 애플은 자신들이 삼성에 삼성이 보유한 표준필수특허에 대한 라이선스를 요청하였을 때 삼성이 성실하게 협상에 응하지 않았다고 주장했다. 주지하는 바와 같은 삼성전자는 통신분야에서 오랜 기간 다수의 표준필수특허들을 축적한 사업자인 반면, 애플은 컴퓨터를 제조하는 회사로서 이 분야의 전문성이나 기술, 특허들을 다수 보유하고 있지만, 이동통신분야의 표준필수특허의 라이선스를 삼성전자로부터 받아야 하는 상황이었다.

애플의 주장에 대해서 서울중앙지방법원은 성실하게 협상에 응하는 것

---

422) Good faith라는 개념은 영미법상의 개념으로 이 개념에 대한 법원의 판결로 Interfoto Picture Library Ltd v Stiletto Visual Programmes Ltd [1989] 1 QB 433("In many civil law systems, and perhaps in most legal systems outside the common law world, the law of obligations recognises and enforces an overriding principle that in making and carrying out contracts parties should act in good faith. This does not simply mean that they should not deceive each other, a principle which any legal system must recognise; its effect is perhaps most aptly conveyed by such metaphorical colloquialisms as 'playing fair', 'coming clean' or 'putting one's cards face upwards on the table.' It is in essence a principle of fair open dealing ··· English law has, characteristically, committed itself to no such overriding principle but has developed piecemeal solutions in response to demonstrated problems of unfairness.").

(good faith negotiation)은 구성요건이라고 판단하였다.[423] 서울중앙지방법원은 상대방이 자의적으로 라이선스를 받으려고 하는 사업자라면 그 자와의 라이선스 협상을 성실하게 하여야 하는 것이라고 판단한 것이다.[424] FRAND 실시료라는 것이 얼마인지 사전적으로 정할 수 있는 것도 아니고, 결국 협상에 의해서 정해지게 되는 것이라는 점에서, 만일 확약을 한 표준필수특허권자가 사실은 라이선스를 할 의사가 없음에도 하는 척만 하면서 시간을 끌 경우에 실제적으로 FRAND 조건이 무의미하게 될 가능성이 있기 때문이다.[425]

FRAND 확약은 기본적으로 표준필수특허로 선언하려는 특허권자가 선언을 하는 경우 자신이 스스로 준수하기로 하는 약속으로 그 약속의 상대방은 계약법적인 시각에서 보면 표준화기구이다. 그런데 표준화기구의 규약은 당해 표준화기구의 회원사들을 구속한다. 이점까지는 별다른 이견을 제시하기 어렵다. 문제는 이후의 문제이다. 즉 표준화기구의 회원사가 아닌 제3자가 표준필수특허의 라이선스를 구하는 경우 이를 어떻게 할 것인가 하는 점이다. 이에 대해서는 개별 표준화기구별로 구체적인 정책이 완전히 동일하지 않으므로 개별 사안에서의 판단은 구체적으로 문제가 된 표준화기구의 지적재산권 정책을 보아야 한다. 예를 들어 3GPP의 경우 이를 구성하는 개별 표준화기구에서의 라이선스 문제가 발생하게 되면 그 구체적인 라이선스의 문제는 개별 표준화기구의 문제가 된다. 그러나 일반적으로 FRAND 확약이 가지는 의미가 있고 그 의미를 달성하기 위하여 앞서 언급한 바와 같이 누구에게나 라이선스가 이루어져야 하는데 그 누구에게나 라이선스가 이루어져야 한다는 이론구성을 어떻

---

423) 서울중앙지방법원 2012. 8. 24. 선고 2011가합39552 판결.
424) 서울중앙지방법원 2012. 8. 24. 선고 2011가합39552 판결의 판결요지 4. 서울중앙지방법원은 "실시료 조건에 대한 합의는 다른 특별한 사정이 없는 한 라이선스 계약의 성립요건이라고 할 것이므로 라이선스 계약에 대한 청약의 의사표시에 해당하려면 실시료 등의 구체적인 조건이 포함된 의사표시여야 하는 점, ETSI 지적재산권 정책이나 지적재산권 가이드에도 구체적인 실시료 산정 기준 등이 마련되어 있지 않고 당사자 상호간의 협상에 의하도록 하고 있는 점, 그 밖에 FRAND 선언의 문언내용과 의미 등을 종합해 보면, 실시료 조건에 관하여 구체적인 정함이 없는 특허권자의 FRAND 선언만으로 라이선스 계약에 관한 청약의 의사표시를 하였다고 볼 수 없다."라고 판시하였다.
425) 차상육, 표준필수특허 관련 해외 판례와 대배한 우리 '삼성 대 애플' 사건 판결의 재음미, 산업재산권 63권(2020) 87~145면 참조.

게 할 것인가에 대해서는 논의가 필요하다.

삼성과 애플간의 특허침해소송에서 다투어진 FRAND 확약에 의해서 삼성이 라이선스를 하여야 할 의무를 부담하는 것인지 여부에 대하여 서울중앙지방법원은 FRAND 확약이 표준필수특허권자와 실시희망기업에게 성실한 협상을 위한 쌍방적 절차적 의무를 부과한 것으로 해석한 바 있다.[426] 서울중앙지방법원은 삼성전자도 FRAND 확약을 하였기 때문에 이 조건에 의해서 실시를 하고자 하는 사업자에게 라이선스를 하여야 하지만, 실시를 하고자 하는 사업자도 무조건적으로 요구만 하면 되는 것이 아니라 성실하게 협상을 하여야 할 의무(good faith negotiation)가 있다고 보는 것이다. 이를 통해서 실시를 희망하는 사업자가 진정하게 실시를 원하는 경우여야 비로소 표준특허권자도 FRAND 조건에 따른 표준필수특허의 실시가 의무가 된다는 것이 서울중앙지방법원의 법리이고 이런 법리는 여러 나라의 법원에 의해서 받아들여지고 있다.[427] 이러한 절차적 의무를 이행하지 않고 적극적인 실시희망자(willing licensee)에게 금지청구권을 행사하는 경우에 경쟁법 위반으로 해석하는 것이 이런 법리의 흐름이다.[428] 이런 절차적 의무의 내용과 범위는 이미 특허권자의 사적 자치, 즉 특허권자가 누구에게 라이선스를 허여할 것인지 여부에 대하여 결정할 수 있는 자유(상대방선택 내지 결정의 자유)의 범위를 벗어난 것이다. 이는 공정거래법 해석의 문제이다. 이런 점에서 FRAND 확약의 효력범위와 관련된 논의인 제3자를 위한 계약이라는 구성은 계약법의 적용을 위한 구성일 뿐 공정거래법의 경우에는 계약의 당사자가 되건, 그렇지 않건 결과가 달라지지는 않기 때문에 법리적인 의미는 제한적이다.[429]

## 다. 퀄컴 Ⅱ 판결

퀄컴 Ⅱ 판결에서 서울고등법원도 표준필수특허권자는 표준화기구에 제출한 FRAND확약에 따라 특허 라이선스 계약 체결 시 공정하고 합리적이며 비차별적인 조건에 따른 실시허락을 위하여 상대방과 성실히 협상하여야 한다는

---

426) 서울중앙지방법원 2012 8. 24. 선고 2011가합39552 판결
427) 차상육, (2015) 71, 88면
428) 나지원. 삼성전자와 Apple사 간 특허침해소송에서 나타난 권리남용 하변, 변호사 제44집(2013)
429) Gregory Sidak, A FRAND Contract's Intended Third Party Beneficiary, (2020)

점을 분명하게 밝힌 것으로 이해된다.[430]


# IV. 표준특허의 필수성(Essentiality) 판단기준

## 1. 의 의

표준특허라고 하더라도 필수성을 가지는 비율은 100%가 아니다. 왜냐하면 표준필수특허는 특허권자가 스스로 주장하는 개념이지 표준화기구에서 누구도 표준으로 선언된 특허가 필수성을 가지는지 여부에 대하여 판단할 수 있는 능력을 가지고 이를 판단하는 절차가 없기 때문이다. 그러므로 실제 사건에서 필수성이 논란이 된다면 실제로 필수특허인지 여부는 검증이 필요하다. 다만 표준필수특허로 선언된 이상 필수성은 사실상 추정이 되는 것으로 보는 것이 옳다고 본다.


## 2. 기준점

### 가. 회피가능성 내지 대체가능성

특허등의 지식재산권이 필수요소(필수성, essential facility)가 되기 위해서는, ① 경쟁을 위하여 필수적인 지적재산권일 것(우회가능성), ② 이러한 지적재산권을 대체할 수 있는 지적재산권이 존재하지 않거나 사실상 불가능할 것(대체가능성), ③ 특허권의 행사 또는 라이선스 거절이 2차시장에서 경쟁을 제한하여 소비자들이 요구하는 새로운 제품의 출시를 제한할 것, ④ 공급 거절이 유효 경쟁을 봉쇄할 것, ⑤ 라이선스의 거절에 정당화사유가 없을 것이라는 5가지의 요건에 의하여 판단된다.[431]

특허권에서의 필수성은 회피설계(design around)를 통하여 우회가능한 기술인지 여부의 문제이다. 따라서 필수성은 우회가능성이라고 바꾸어 말할 수 있다.

---

430) 서울고등법원 2019. 12. 4. 선고 2017누48 판결 해설 보도자료. 서울고등법원은 판결문을 구두로 읽고는 보도자료를 배포하였다.

431) 상세는 최승재, 특허권 남용의 경쟁법적 규율, 세창출판사 (2010) 173~191면 참조

이와 밀접한 관계에 있는 것이 대체가능한 기술이 존재하는가 하는 질문이다. 경우에 따라서는 당해 기술이나 단계를 생략하도고 상품화하여 관련 시장에서 경쟁이 있을 수도 있다. 이 두 가지 경우를 염두에 둔 것이 바로 회피가능성과 대체가능성이다.432) 특허권이 상업적인 성공을 보장하는 것이 아니라는 연장선상에서 특허권을 가지고 있다고 하여 모든 특허가 특정 제품의 생산이나 서비스의 제공을 위하여 항상 필수적인 것이 아님도 이해하여야 할 것이며,433) 따라서 세부적인 판단기준이 필요하게 되는 것이다.

특허권의 우회설계를 통하여 일정한 요소를 제거하는 설계를 할 수 있는가 하는 점이 회피가능성 문제이다. 예를 들어 특허는 전요소주의(all element rule)에 의하여 A+B+C+D라는 요소로 구성되어 있는 특허의 경우 이 모든 구성요소를 구비하지 않는 경우에는 특허침해가 되지 않는다(구성요소 완비의 원칙). 이러한 특허 법리에 기초하여 특허침해 문제가 발생할 경우 쉽게 회피설계를 할 수 있다면 이러한 회피설계가 가능한데도 불구하고 여전히 침해를 한다면 이러한 경우까지 경쟁법이 라이선스를 강제하여서는 안된다. 또 특허권의 존재로 바로 시장지배력을 추정할 수는 없다.434)

특허권 등을 새로운 형태의 경쟁을 제한하기 위한 수단으로만 사용되는 경우를 제한하는 경우에 한정되어서 제한이 가하여 져야 한다는 점에서 당해 기술이 비록 열후적이지만 동일한 기능을 수행할 수 있는 기술이 존재하지 않는다는 점(회피가능성)도 같이 입증이 되어야 한다. 이러한 기준이 바로 대체가능한 특허의 존재에 대한 심사라고 판단된다. 양도는 요구할 수 없다고 할 것이고, 실시의 경우에 전용실시권은 허용되지 않을 것이고, 통상실시권의 경우에 허용하도록 할 것인가 하는 것이 문제가 될 것인가 하는 점이 문제가 될 것이다. 결국 필수성 판단의 첫 요건은 대체가능성이다.435)

432) 독점규제 및 공정거래에 관한 법률 시행령 제5조 제3항 제3호(정당한 이유 없이 다른 사업자의 상품 또는 용역의 생산, 공급, 판매에 필수적인 요소의 사용 또는 접근을 거절, 중단하거나 제한하는 행위) 및 제4항 제3호(정당한 이유 없이 새로운 경쟁사업자의 상품 또는 용역의 생산, 공급, 판매에 필수적인 요소의 사용 또는 접근을 거절하거나 제한하는 행위)
433) Illinois Tool Works v Independent Ink, 210 F.Supp.2d 1155, 1159 (C.D.Cal. 2002): 최승재(2010), 151~155면.
434) 최승재(2010), 158면.

반면 표준필수특허권의 경우는 필수성이 추정된다는 점에서 그 복멸에 대한 증명은 상대방의 책임으로 보아야 할 것이다.


## V. FRAND 확약 위반의 규율

### 1. FRAND 확약 위반과 계약위반

표준화기구는 공정하고 합리적인 조건의 라이선스 협상을 위한 개별적인 FRAND 확약을 표준특허선언을 하려는 회원사에게 요구한다. 이것은 사전에 정해진 요율에 합의하고자 하는 협상은 아니기 때문에 실제 개별적인 합의를 통해서 실시료율을 정하는 것이지만 합리성이나 비차별의 원칙은 분명히 지도원리로서 로열티 결정에 중요한 의미를 가진다. FRAND 확약은 표준화기구의 법률상 또는 지식재산권 정책436) 또는 IEEE의 보증서(letters of assurance)와 같은 약정으로 나타난다.

FRAND 의무조항의 의미를 살펴보면, FRAND 약정의 가장 중요한 목적은 실시권자에게 특허기술에 대한 접근권(Right to access)을 부여하고 표준필수특허권자에게 표준에 대한 기여에 합당한 보상을 하는 데에 있다.437) 그러나 FRAND 약정을 체결할 의무는 특정한 실시권자가 라이선스 계약을 체결할 수 있음을 보장하지 않는다. FRAND 약정이 있다고 하더라도 실시권자가 표준필수특허권

---

435) Oscar Bronner v. Mediaprint Zeitungs — und Zeitschriftenverlag – 1998 E.C.R. I — 7817 [1999]

436) ETSI IPR Policy Section 6.1.(ETSI Directives Version 36, 2016년 6월)은 필수 IPR이 공개되는 경우, ETSI는 IPR의 소유권자로 하여금 FRAND 약정과 조건하에서 취소할 수 없는 라이선스를 부여하겠다는 서면약정을 요구하고 라이선스 신청권자에게 거절할 권능은 포기하도록 하고 있다.

437) Sidak, G. The Meaning of FRAND. Part I: Royalties. Journal of Competition Law and Economics, 9(4), (2014), pp. 931~1055.; Sidak, G. The Meaning of FRAND. Part II: Injunctions. Journal of Competition Law & Economics, 11(1), (2015), pp. 201-269.; Sidak, G. FRAND in India: The Delhi High Court's Emerging Jurisprudence on Royalties for Standard — Essential Patents. Journal of Intellectual Property Law & Practice, Vol. 10, Issue 8, (2015), pp. 609 — 618.

자와 협상 없이 계약을 할 수 있다는 의미는 아니며, 실시권자와 표준필수특허권자와의 협상은 여전히 실패할 수 있다. 다만 표준필수특허권자는 성실한 협상이 이루어지는 한 금지청구를 할 수는 없다. 표준필수특허권자는 실시권자에게 FRAND 제안을 함으로써 FRAND 약정에 의한 의무를 부담하게 되는 것이지만, 이것이 언제나 실시권자로 하여금 표준필수특허권을 이용하는데 있어서 FRAND 조건에 의한 로열티를 지불할 수 없거나 지불하지 않고자 하는 특정 실시권자와도 라이선스 계약이 체결하여야 함을 의미하는 것은 아니다.

FRAND 약정의 이러한 본질적인 모호함은 계약의 불완전성이라는 특징을 보여준다. 그러나 경제학적 관점에서 계약의 불완전성이 불완전한 계약이라는 점에서 비효율성을 의미하는 것은 아니다. 그것은 오히려 계약관계의 존속에 있어서 발생할 수 있는 만일의 사태에 대비하는데 발생하는 비용을 추계함으로써 예측가능하고 효율적인 결과가 될 수도 있다. 그러나 법률적 관점에서 FRAND 계약의 불완전성은 표준필수특허권 라이선싱의 영역에서 사후적 기회주의를 통제할 수 있는 다양한 법률적 도구와 정책들이 필요함을 의미한다.[438]

FRAND 약정이 포함된 표준필수특허권의 경우, FRAND 의무를 강제하는 것은 여러 미국 법원들에 의하여 지지된 표준화기구와 표준필수특허권자 사이에 체결된 FRAND 약정의 계약상 성질에 근거하는 것이다. 이러한 접근방법에 의할 경우, 표준을 설정하는 지식재산권 규칙들은 그것이 법률상 강제할 수 있는 범위 내에서만 법률적으로 의미가 있다. 지식재산권 규정들은 기본적으로 표준화기구의 회원들이 지식재산권의 소유권과 관련하여 스스로 정한 규칙들에 불과하기 때문에, 그것을 법률적으로 강제할 수 있는지 여부는 계약법의 문제이다.[439] 다시 말해, 표준필수특허권자와 표준화기구 사이에 체결되는 FRAND 협약은 FRAND 계약의 제3의 수혜자로써 실시권자가 표준필수특허권자의 표준필수 기술을 이용할 수 있는 권리를 규정하는 것이다.[440] 관련된 특허가 채택

---

438) Tsai, J. and Wright, J. Standard Setting, Intellectual Property Rights, and the Role of Antitrust in Regulating Incomplete Contracts (July 18, 2014), 80 (1) Antitrust Law Journal 2015 (forthcoming).

439) Lemley, M. A. Intellectual Property Rights and Standard-Setting Organizations, (2002) 90 California Law Review 1889.

440) Sidak, G. The Meaning of FRAND. Part I: Royalties. Journal of Competition Law and

된 이후, 실시권자이자 잠재적 이용자는 특허권자로 하여금 제3의 수익자(3rd Party Beneficial)[441]로서 약정을 이행해줄 것을 요구할 수 있다. 그러나 당해 표준화기구의 회원이 아닌 자가 특허를 이용할 경우, 누구든지 요건의 해석 및 FRAND 확약의 취지를 고려하면 FRAND 계약상 제3의 수익자로 된다고 보는 것이 옳다. 이 경우 회원 아닌 자를 어떻게 계약법적으로 구성할 것인가는 논의가 필요할 수 있는데 미국법상으로 제3의 수익자(third party beneficiary)[442]라고 할 것이다.

계약으로 FRAND 약정의 법률적 구속력에 대한 유럽법원에서의 논의를 보면, 프랑스법하에서는 계약의 어느 당사자가 제3자를 수익자로 지정하는 경우, 그러한 제3자에 대해서도 계약의 구속력을 인정한다. 독일법은 이러한 예약(Vorvertrag)[443]에 대하여 구체적인 라이선스 조항이 확정되기 전에는 매우 예외적인 조건하에서만 법률적 구속력을 인정하고 있다.[444] 이러한 구속력의 범위와 관련하여 서로 다른 시각이 존재한다. 일부 견해는 FRAND 약정은 해당 표준화기구에 대해서만 구속력이 있다고 주장한다.[445] 여기서 의무라는 것은

---

Economics, 9(4), (2014), pp. 931~1055. ; Sidak, G. The Meaning of FRAND. Part II: Injunctions. Journal of Competition Law & Economics, 11(1), (2015), 201-269.

441) 우리법상 제3자를 위한 계약상 수익자와 유사한 면이 있다.

442) 회원이 아닌 자는 미국 법에서 제3의 수익자(third party beneficiary)가 된다는 학자로 Lemley, M. A., Intellectual Property Rights and Standard—Setting Organizations, (2002) 90 California Law Review 1889.

443) 이 단어의 번역을 예약으로 하였다. 우리 민법상 예약과 완전히 일치하는 것으로 볼 수 있는 것은 아니다. 국내법의 해석상 예약에는 2가지 유형(類型)이 있다. ① 일방이 본계약 체결의 청약을 하면 상대방이 이를 승낙할 의무를 지는 경우이다. 이 경우 청약할 수 있는 권리를 일방만이 가지는 경우를 편무(片務)예약, 쌍방이 가지는 경우를 쌍무(雙務)예약이라 한다. ② 일방이 본계약을 성립시키고자 하는 의사표시(예약완결의 의사표시)를 하면 상대방의 승락을 요하지 않고 즉시 본계약이 성립하는 경우이다. 이 경우에 예약완결권을 일방만이 가지는 경우를 일방예약, 쌍방이 가지는 경우를 쌍방예약이라 한다. https://terms.naver.com/entry.nhn?docId=1127669&cid=40942&categoryId=31721

444) Burghartz, H. Technische Standards, Patente und Wettbewerb. Duncker & Humblot, Berlin (2011); Näagele, T. and Jacobs, S. Zwangslizenzen im Patentrecht-unter besonderer Berüucksichtigung des kartellrechtlichen Zwangslizenzeinwands im Patentverletzungsprozess, WRP (2009), 1062 ff.

445) Ullrich, H. Patente, Wettbewerb und technische Normen: Rechts—und ordnungspolitische Fragestellung, GRUR (2007), p. 817.

잠재적 이용자에게 라이선싱 제안을 하는 것을 의미하고 계약법상 청약과 승낙에 대한 판단기준에 의한다.446) 독일 뒤셀도르프 지방법원은 FRAND 약정을 유럽연합기능조약(TFEU) 제102조에 의한 라이선스 체결의사를 선언하는 규정으로 보고 있다.447) 특허 침해의 맥락에서 FRAND 약정이 포함된 표준필수특허는 특허 실시에 있어서 표준필수특허권자의 자발적인 약정을 의미한다고 본다.

　　FRAND 약정 그 자체만으로 라이선스계약이 체결되는 것이 아니고, 단지 라이선스의 가능성만을 만드는 것이다. FRAND 약정이 과연 신의성실에 따라 라이선스를 부여하거나 그러한 협상에 임할 의무를 부과하는데 그치는 것이지 그 자체로 계약체결을 의미하는 것은 아니라고 보는 것이 옳다. 계약의 기초로서 FRAND 약정을 받아들이는 견해는 대륙법과 영미법 전통에서의 계약법과 그 이행에 따라 달라질 수 있다. 이런 점에서 계약법적 의미를 파악하는 문제는 당해 지식재산권 정책이 문제가 된 특정 표준화단체의 정책문서의 계약법적 의미에 대한 당해 국가의 관할법원이 가지는 해석 권한과 그 권한에 의한 판단의 문제이다.448) 계약법이 적용될 수 있는 경우, 양 당사자의 주관적인 의도가 이러한 계약을 해석하는데 주된 역할을 한다. 계약의 해석은 기본적으로 당사자가 계약을 체결하는 경우 그 진의를 파악하는 절차이기 때문이다.

　　FRAND 조항에 의거한 라이선스 협약을 체결하는 경우, 지적재산권자는 합리적인 범위를 벗어나 더 엄격한 조건을 부과할 수 없다. 따라서 만약 협약 체결에 관한 청약이 있었으나 그것이 거절된 경우, 이 때 남는 마지막 계약상 질문은 양 당사자가 처한 특정한 환경 및 시장상황을 모두 감안하였을 때, 청약에 포함된 계약 조건들이 FRAND 약정에 따른 합리적 범위를 벗어나는 것인지 여부이다.

---

446) Dusseldorf District Court, Decision of 4 August 2011, Az 4b O 54/0
447) Dusseldorf District Court, Decision of 24 April 2012, 4b O 274/10 - IPCom v. Deutsche Telekom and Vodafone
448) Brooks, R. G. and Geradin, D. Taking Contracts Seriously: The Meaning of the Voluntary Commitment to License Essential Patents on 'Fair and Reasonable' Terms (March 12, 2010). Available at http://ssrn.com/abstract=1569498 ; Brooks, R. G. and Geradin, D. Interpreting and Enforcing the Voluntary FRAND Commitment, 9 Int'l J. IT Standards & Standardization Res. 1 (2011).

표준필수특허권자는 반드시 신의성실의 원칙에 따라 선의(bona fide)로 FRAND 약정을 제안하여야 한다. 표준필수특허권자는 잠재적 실시권자와 협상을 진전시킬지 여부를 결정하여야 하는데, 여기서 발생하는 질문은 FRAND 계약을 체결하는 것이 표준필수특허권자에게 신의성실하게 협상할 의무를 부과하는지 여부이다. 미국 지방법원이 계약 협상단계에서 이와 같은 의무가 존재를 인정한 판례가 있다. 어떠한 형태의 청약이든, 최초의 청약이든 주고받는 협상 도중에 이루어진 청약이든지 여부를 불문하고, 신의성실과 공정한 거래 의무가 FRAND 확약에 의한 계약상 의무라고 본 것이다.449)

FRAND 약정을 의무화하기 위한 일반적인 목적에서 계약법을 적용하는 대신 공정거래법에 의한 규율을 의미하는 것으로 보는 판례도 있다.450) 이런 접근법은 FRAND 약정을 표준필수특허권자와 표준화기구, 또는 그 회원들과 제3자 간에 협상하는데 적용되는 일정한 지침에 불과한 것으로 보거나 경쟁법 이론에 적용되는 특허보증(patent pledge)의 한 형태로 본다. 특허보증은 일반적으로 정식의 라이선스 계약 및 다른 약정을 진행시킨다. 그럼에도 불구하고 시장 참가자들로 하여금 특허침해의 두려움 없이 보편적인 기술 플랫폼을 채택하고 이를 위해 비용을 지출하도록 유인하는 것을 목적으로 한다.451)

FRAND 약정을 계약 해석의 문제로 보는 경우, FRAND 약정이 표준필수특허권자의 금지청구권을 포기를 의미하는지 여부에 대하여는 견해가 대립된다.

FRAND 약정을 체결함으로써 표준필수특허권자들은 그들의 표준필수특허 침해행위로 인하여 발생하는 손해는 충분히 보상된다는 것을 전제하는 것이고,

---

449) Microsoft v Motorola, 864 F. Supp. 2d 1023 at 1038 (United States District Court for the Western District of Washington, June 6, 2012); Apple Inc. v Samsung, No. 11-cv-01846, 2012 WL 1672493, at 12 (N.D. Cal. May 14, 2012)

450) U.S. International Trade Commission, Initial determination on Remand issued 27 April 2015, In the Matter of Certain 3G Mobile Handsets and Componets Thereof (Inv. No. 337-TA-613).

451) patent pledges를 적용시키기 위하여 영미법상 신뢰요건에 대한 이론적 근거 중 시장신뢰(market reliance) 이론이 적용되는데, 이것은 patent pledge는 영미법에서의 요건을 충족하는지 여부를 불문하고, 반드시 이행되어야 하는 약속에 불과하다고 보는 것이다. Contreras, J. L. A Market Reliance Theory for FRAND Commitments and Other Patent Pledges (August 16, 2015), 2015 Utah Law Review 479; American University, WCL Research Paper No. 2014-26.

금전적 배상이 있음을 감안할 때, 표준필수특허권자는 그들의 표준필수특허 침해행위로 인하여 회복불가능한 손해를 입는 것이 아니고, 따라서 미국 대법원의 eBay Inc. 대 MercExchange452) 판결에서 확립된 금지청구권의 발생요건을 충족하는 것이 아니라는 견해를 취하는 학설이 있다.453) 이런 취지의 법원의 판결로는 Realtek 대 LSI Corp. 판결이 있다. 이 사건에서 캘리포니아주 북부지방법원은 RAND 조건에 따라 라이선스 약정을 하는 경우, 피고는 RAND 로열티로 대변되는 금전적 배상이 Realtek의 침해행위의 결과로 발생한 모든 피해를 보상하기에 적절하다고 판시하였다.454)

이와는 반대로, FRAND 확약이 금지청구권을 포기하는 것으로 해석될 근거가 없다는 견해도 있다.455) 이 견해를 취하는 논자는 FRAND 약정에 법률에 의한 금지청구권을 포기한다는 내용이 분명하고 명확하게 설시되지 않는 이상, 표준필수특허(SEP) 보유자는 표준화기구(SSO)와 체결한 FRAND 계약 및 이에 따라 표준필수특허(SEP) 보유자가 제3 수익자에 대해 갖는 의무를 위반하지 않고서도 얼마든지 실시권자에 대하여 금지청구를 구할 수 있다고 본다.456)

계약법에 의한 구제수단은 기본적으로는 손해배상이다. 이는 미국법원도 마찬가지이다. 다만 미국 연방지방법원은 적절한 배상이 이루어지지 않을 경우 피고로 하여금 계약이행을 강제하는 수단으로써 금지명령을 내린다.457) 그러나 다른 법원들은, 침해행위에 대한 어떠한 형태의 금지명령이나 임시적 금지(가처분) 명령은 라이선싱 계약의 위반행위로 해석될 여지가 있음을 밝히고 있다458)

---

452) eBay Inc. v MercExchange, L.L.C., 547 U.S. 388 at 391 (US Supreme Court 2006)
453) Lemley, M. A. and C. Shapiro. Patent holdup and royalty stacking, Texas Law Review, 85 (7)(2007), pp. 1991~2049.; Lemley, M., Shapiro, C. A Simple Approach to Setting Reasonable Royalties for Standard−Essential Patents. Working paper. (2013).
454) Realtek Semiconductor Corp v LSI Corp., 946 F. Supp. 2d 998 at 1006−07 (N.D. Cal. May 20, 2013)
455) Sidak, G. The Meaning of FRAND. Part II: Injunctions. Journal of Competition Law & Economics, 11(1) (2015), 201-269.; Sidak, G. FRAND in India: The Delhi High Court's Emerging Jurisprudence on Royalties for Standard−Essential Patents. (2015).
456) Id.
457) Apple v. Samsung, No. 11−cv−01846, 2012 WL 1672493 (N.D. Cal. May 14, 2012); Realtek Semiconductor Corp. v LSI Corp., 946 F. Supp. 2d 998 at 1006−07 (N.D. Cal. May 20, 2013) 참조

## 2. FRAND 확약 위반과 공정거래법(경쟁법) 위반

FRAND확약의 위반이 공정거래법의 위반이 될 가능성은 위에서 본 바와 같이 높다. 사실상 추정된다고 보아야 무방하다고 본다. FRAND확약의 위반 단순한 사적 계약의 위반으로 그치는 것도 아니다. 기본적으로 FRAND확약은 표준화기구에 의해서 만들어진 표준필수특허 보유자의 시장지배적 지위의 사후적 남용을 방지하기 위한 것이기 때문에, 그 위반이 공정거래법 위반에 해당될 가능성이 높다.459) 그 정도는 사실상 추정이라고 본다. 표준필수특허 보유자가 사후적으로 기회주의 행동을 하는 경우에 계약법적 구제수단으로 충분하지 않고 공정거래법의 개입이 필요하다는 점은 부인하기 어려울 것이다. 예컨대, 표준필수특허 보유자가 실시기업들(implementers)에게 요구하는 실시료가 다르다는 이유만으로 공정거래법 위반에 해당되지는 않지만, 그러한 실시료의 차별이 실시기업들간의 경쟁을 왜곡하거나 잠재적 실시희망기업의 진입을 가로막는다면 공정거래법의 위반으로 될 수 있음은 물론이다.460) 표준필수특허 보유자가 잠재적 경쟁관계에 있는 실시희망기업에 대한 실시허락을 거절함으로써 FRAND 확약을 위반하고 그러한 위반으로 인해서 특허권자가 실시희망기업과 경쟁하고 있거나 경쟁해야 될 시장에서 지배적 지위를 새로 얻거나 유지하게 된 경우에 공정거래법 위반에 해당되고 그에 따른 제재와 시정조치가 불가피하다.461)

특히 2차 퀄컴 사건의 경우에서 보는 바와 같이 오랜 기간에 걸쳐서 다수의 국가에서 FRAND확약의 반복적인 위반이 발생한 경우462) 공정거래법 위반

---

458) Microsoft Corp. v. Motorola, Inc., 696 F.3d 872 at 885 (9th Cir. 2012). 이 판결에서 미국 법원은 FRAND 약정이 존재하는 한, SEP 보유자가 회복불가능한 손해가 존재하거나 법률에 따른 배상이 적절하지 않음을 증명하는 것이 불가능하게 되므로, 가구제 명령을 청구하는 행위는 인용될 수 없다고 판시하였다. 법원은 RAND 라이선스 요율을 결정하는 어떠한 방법이 적절한 것인지를 불문하고, 판매를 금지하는 것이 가구제 명령이 아니라, 최종적으로 판결을 통해 확정되고 그러한 확정요율이 소급 적용되어 지급되는 배상방법만이 표준필수 특허와 부합하는 배상방법이라고 보았다.

459) Marianela LÓpez−Galdos, Antitrust Policy Tools & IP Rights: U.S., Transatlantic & International Effects, 15 Chi.−Kent J. Intell. Prop. 441 (2016).

460) Unwired Planet v. Huawei, [2017] EWHC 711 (Pat).

461) A. Douglas Melamed and Carl Shapiro, How Antitrust Law Can Make FRAND Commitments More Effective, Forthcoming, *Yale Law Journal (2018)*, pp. 12~13.

462) 미국 판결로는 Broadcom Corp. v. Qualcomm Inc, 501 F.3d 297 (3d Cir. 2007), 국내판

의 가능성은 더욱 높아진다. FRAND 확약의 반복적인 위반은 관련 시장내 모든 실시희망기업들이 FRAND 확약을 통해서 확보될 것으로 기대하였던 표준기술에 접근가능성을 훼손한다. 예를 들어 ETSI의 IPR 정책의 경우에도 6.1.조는 사용가능성(availability)이라는 표현을 사용하고 3조에서는 접근가능성(access)의 확보를 규정하고 있다. FRAND확약의 존재로 인해서 시장의 기업들은 당해 기업이 전방에 있건, 후방에 있건 아니면 경쟁사업자이건 구별하지 않고 당해 표준필수특허에 접근할 수 있을 것으로 기대한다.

다시 말해 FRAND 확약은 이를 통해서 표준화를 하는 것이 가지는 경쟁촉진적인 효과(pro-competitive effects)가 확보되고 표준화를 통해서 발생할 수 있는 경쟁제한적 효과(anti-competitive effects)를 제어할 수 있다. 애초에 표준기술 선정 단계에서부터 공정거래법 위반가능성을 알면서도 대체적 기술을 배제함으로써 부당하게 관련 시장 내 독점적 지위를 획득함으로써 경쟁을 배제하고 소비자 후생을 감소시킨 결과를 야기했다고 판단하는 것[463]은 이런 점을 감안하면 지극히 합리적인 추론이고 이런 점에서 경쟁제한적 효과는 사실상 추정된다고 보는 것이 옳다.

계약법과 경쟁법의 영역에서는, FRAND 약정의 주된 목적이 특허 억류를 방지하는 것이라는 것이 법원의 판결이다.[464] 실시권자로 하여금 표준필수특허권자를 계약위반으로 제소하고, 특허 억류가 불가능한 것이 아닌 이상, 법원이 특허 억류의 개연성이 낮다고 판단되면 FRAND 로열티를 직권으로 정할 수 있도록 청구할 수 있다는 주장도 있다.[465] 경쟁의 맥락과 경제학적 이론에서의 특허억류와 실시료 누적은 FRAND에 대한 여러 법원의 접근방법에 영향을 미쳤다. 법원은 특허억류와 실시료 누적은 잠재적으로 기술 표준의 채택 및 소비재 가격을 결정하는 데 잠재적으로 중요한 요소이다. 따라서 실시료 결정에 있

---

결로는 서울고등법원 2013. 6. 19. 선고 2010누3932 판결이 대표적이다.

463) 이호영, "표준필수특허 보유자의 FRAND확약 위반행위에 대한 공정거래법의 집행에 관한 연구", 상사법연구 제31권 제4호 (2013), 254면.

464) Microsoft Corp. v. Motorola, Inc., 696 F.3d 872 at 876 (9th Cir. 2012). 그리고 이 것은 통설적인 견해이기도 하다.

465) 계약해석의 관점에서, Sidak는 FRAND 약정의 존재의 이유가 특허 억류의 방지에 있다는 어떠한 사실적 근거도 없다고 주장한다. Sidak, G. The Meaning of FRAND. Part II: Injunctions. Journal of Competition Law & Economics, 11(1), (2015). 201-269.

어서 경제학적 기준은 다수의 법원에서 사용되었다.

또 경쟁당국은 경쟁에 관한 그들의 전문성 및 실행력을 소비자와 발명자 양측에게 어떠한 손해도 발생하지 않도록 저지하는데 중점을 두었다.[466] 미국 에서 또 다른 경쟁당국의 하나인 미국 법무부(US Department of Justice)와 특허청(US Patent & Trademark Office)은 함께 표준화 과정에서 발생하는 반독점에 관한 우려를 표명하기도 하였다.[467]

유럽 법원에서는 표준필수특허권자의 실시희망자에 대한 금지명령의 인용 문제는 주요한 반독점 사건에서 주된 쟁점이 되었다. Motorola Mobility[468]와 Samsung[469] 사건에서, 유럽연합 집행위원회(European Commission)는 표준필수특허 권자가 양 당사자간 불균형을 야기하는 원인인 특허 억류를 야기한다는 이유 로 가처분(금지청구)을 불허하였다. 표준필수특허권에 기반하여 가처분을 구하는 행위는 EU 반독점법에서 금지되는 지배력의 남용이라고 본 것이다. 가처분 신 청이 특허 침해행위에 대한 가처분과 같은 가구제 수단이 될 수 있음은 분명하 지만, 표준필수특허와 관련하여서는, 특허권자가 FRAND 약정을 체결한 상황 에서는 그것이 권한남용이 될 수 있다. 이러한 상황에서, 가처분 신청행위는 라이선싱 협상을 왜곡시키고 부당한 라이선싱 조건으로 귀결됨으로써 결국 소 비자 효용에 부정적인 영향을 미치게 된다.[470]

---

466) 미국 연방거래위원회의 Edith Ramirez 위원장은 표준필수특허권 라이선스 사례에서 반 독점 규제 개입의 중요성에 대해 강조하였다. "특허권자가 자발적으로 그들의 기술을 표준으로 등록하는 댓가로서 FRAND 약정에 따라 라이선스를 제공하기로 합의하였다 면, 독점을 규제하는 당국기관으로써는 이러한 약정을 위반하여 특허 억류를 야기하는 행위에 대해 법률적 우려를 갖게 됩니다. 특히, 그러한 위반행위가 소비자들로부터 반 독점법을 준수하는 표준보유기업들이 자유경쟁을 함으로써 합법적으로 얻게 되는 이익 을 박탈할 위험을 야기하는 경우 규제당국의 주의를 요하게 될 것입니다."라고 하면서 자 발적인 특허권자가 가구제(假救濟) 수단을 통하지 않고 로열티 규정에 관하여 야기하 는 분쟁은 표준설정 맥락에 있어서 경쟁의 문제를 야기하는 과도한 이윤창출의 문제를 발생시키지 않을 것이라고 보았다.

467) Joint Policy Statement on Remedies for Standards.Essential Patents Subject to Voluntary F/RAND Commitments (2013).

468) DG Competition, Decision of 29 April 2014, C(2014) 2892 final.

469) Commitment Decision of 29 April 2014, C(2014) 2891 final.

470) EC Press Release in the case of *Samsung v Apple*, 31 January 2012; EC Press Release in the case of *Motorola v Apple*, 6 May 2013.

## 3. 표준필수특허권자의 거절거래에 대한 라이선스 의무의 부과

표준필수특허권자가 FRAND 확약을 하였음에도 불구하고 라이선스를 하지 않을 경우 이에 대한 가장 분명한 경쟁회복수단은 라이선스를 하도록 의무를 부과하는 것이다. 표준화 기구가 특허 보유자에게 요구하는 FRAND 확약은 경쟁법적 측면에서는 표준필수특허권자의 지배력 남용을 제어하는 유일한 수단으로서 표준 선정 절차가 없었다면 존재하였을 경쟁기술의 존재를 대체하는 기능을 한다고 볼 수 있다. 따라서 표준필수특허에 대한 FRAND 확약 위반은 당해 표준 내 다른 대체 기술이 존재하지 않는다는 점을 감안할 때 그 자체로서 경쟁제한행위를 방지하는 유일한 수단을 제거하는 결과를 초래한다. 구체적으로 FRAND 위반으로 인한 경쟁법적 효과에 대하여 (i) EU 집행위원회는 표준화과정의 왜곡, 실시권자에게 일방적으로 불리한 라이선스 계약의 강요 등의 경쟁제한 효과가 발생한다고 하였으며,471) (ii) 미국 연방거래위원회는 표준채택의 완전성과 효율성의 저하 등 표준화과정의 왜곡, 표준을 이용하는 상품의 생산비용 증가 및 증가된 비용의 소비자 전가 등의 경쟁제한 효과가 발생한다고 보았다.472)

한편, 이러한 FRAND 확약 위반으로 인한 경쟁제한 효과는 해당 표준을 대신할 수 있는 대체 표준의 존재나, 해당 표준을 구현하는 하류 상품시장의 경쟁 상황 등에 따라 다르게 평가될 수도 있다. FRAND 확약의 추상성은 한편으로는 그 해석에 대한 논란을 야기하는 이유가 된다. 그러나 다른 한편 FRAND 확약의 추상성은 여러 가지 논란이 되는 상황들을 포섭할 수 있는 기초가 된다.

실제 ETSI IPR 정책 6.1.조의 해석에 있어서도 그 의미에 대한 논란이 있을 수 있다. 구체적으로 그 해석을 함에 있어서 이동통신산업의 특성과 당해 표준필수특허의 내용도 살펴보아야 하겠지만 3조에서 규정하고 있는 취지에 대한 규정, 즉 위험을 감소시키면서도 합리적인 보상이 있을 수 있도록 양자의 균형을 도모한다는 취지가 고려되어 개별구체적인 사안에서의 의미를 도출할 수 있다. 다시 말해 FRAND 확약의 문언은 일응 추상적이지만, 확약의 목적은

---

471) EU Commission, Case AT.39985 — Motorola — Enforcement of GPRS Standard essential patents. 2014. 4. 29.

472) United States of America before the Federal Trade Commission, Docket No. C—4410

명확하다. FRAND 확약은 표준필수특허권자에 의한 특허억류(patent holdup)의 폐해를 방지하고 누구든지 합리적인 조건으로 실시허락을 받아서 경쟁에 참여할 수 있도록 하기 위한 것이라고 보는데 이론의 여지가 없다.473) 미국연방법원의 일부 판례는 계약법적 접근을 하고 있지만 이들 판례들도 FRAND 확약의 목적은 특허억류(patent holdup) 및 실시료과적(royalty stacking)에 의한 위협을 제거함으로써 표준기술의 광범위한 활용을 촉진하기 위한 것임을 분명히 하고 있다.474)

FRAND 확약의 목적은 표준기술선정의 혜택을 받는 대가로서 향후 제3자와의 라이선스 계약체결시 불합리하거나 차별적인 실시허락을 하지 않겠다고 하는 FRAND 조건의 준수에 의해서 달성될 수 있다. 따라서 FRAND 확약은 특허권자 스스로 자신의 특허권 행사에 있어서 사적 자치의 범위를 축소하겠다고 하는 약속이다.475) 이러한 FRAND 확약의 목적을 고려해 본다면, 표준필수특허 보유자의 실시거절이나 기타의 불합리한 특허권행사에 대해서는 사적 자치 또는 계약법적 해석에 한계가 있고, 특허법상 구제수단의 제한 및 공정거래법의 적용에 의해서 해결될 필요가 있음이 명백해진다.

예를 들어 ETSI IPR 정책 3.1 내지 3.3.의 의미를 통해서 6.1.조를 해석하는 과정에서도 FRAND 확약이 표준필수특허 보유자가 표준기술설정의 혜택을 받는 대신 그로 인한 부작용을 예방하기 위해서 표준화기구와의 자율적 규제에 합의한 것이고, 그 목적의 실현을 위해서 계약법상의 사적 자치 대신에 특허법과 공정거래법 등 관련 법제도로부터 도출되는 일정한 행위규범에 따라야 할 의무가 있음을 확인한 것이라는 점을 반드시 감안하여야 한다. 표준기술이 선정된 이후에는 우월적 지위를 가진 특허권자와 표준기술에 고착화된 잠재적 실시희망기업들 사이에 상당한 협상력의 차이가 생기게 된다. 이런 협상력의 차이는 일반특허의 경우와 달리 특허자체의 힘에 의해서 발생하는 것에서 나아가 표준으로 선정되어 특정한 기술을 구현하기 위해서는 반드시 그 기술을 사용하여야 한다는 점에서 발생한다는 점에 주목하여야 한다. 예를 들어 이동

---

473) Erik Hovenkamp, Tying, Exclusivity, and Standard—Essential Patents, 19 Colum. Sci. & Tech. L. Rev. 79 (2017).
474) Microsoft Corp. v. Motorola, Inc., No. C10—1823JLR, 2013 WL 2111217, at 10—11 (W.D. Wash. Apr. 25, 2013).
475) 나지원, FRAND확약의 효력과 표준특허권 행사의 한계, 경인문화사 (2018) 125면.

통신분야의 경우 실제 기술적으로 크게 보면 시분할(TDMA), 주파수분할(FDMA), 코드분할(CDMA)과 같은 기술로 나뉘었고, 이들 기술을 바탕으로 한 GSM과 CDMA라는 크게 두 가지 분파의 표준이 경쟁하였다. 그리고 3세대 이동통신표준을 정함에 있어서 3GPP가 GSM에 기반한 표준을 결정하자, 퀄컴은 3GPP2라는 별도의 표준화기구를 만들어서 자신의 기술표준이 유리한 고지를 점하고자 하였다. 궁극적으로는 현재 우리가 알고 있는 퀄컴 기술의 다수가 표준필수특허의 형태로 기술표준이 되었다.

　　이런 표준필수특허들은 특허라는 점에서 나오는 힘으로서의 손해배상청구나 금지청구와 같은 배타적 힘에 더해서 표준이라는 점에서 발생하는 추가적인 힘을 가지게 된다. 그런데 이런 힘은 표준필수특허의 경우 규율되는 것과 달리 이들 원리의 적용의 면에서 일반적인 특허의 기본적 작동원리인 사적 자치를 비롯한 계약법 원리의 적용에 있어 명확한 한계가 있다. 이는 특허가 가지고 있는 특허법상의 권리의 제한[476] 외에도 공정거래법의 적용에 의해서 통제되어야 한다.[477]

---

476) 특허법이 가지고 있는 권리제한은 특허권의 소진도 이중이득취득을 방지하기 위한 일종의 제한장치이고, 특허권남용법리 예를 들어 특허무효항변이나 권리남용항변도 이런 장치의 하나이다. 소진에 대해서는 제4절에서 설명한다. 특허권남용항변에 대해서는 최승재, 특허침해와 특허권 남용항변 Princo Corp v. ITC 사건, 경쟁저널 (2011. 3) 18~33면; 최승재 "EU에서의 특허권남용에 대한 규율 – 아스트라 제네카 사건을 중심으로 –, 경쟁저널(2010. 11) 18~29면

477) 예컨대, FRAND확약의 소위 "실시료억제기능(price controlling function)"이 침해금지청구, 실시거절, 끼워팔기 등에 의해서 무력화되는 경우에 공정거래법이 이런 표준필수특허권자의 권리남용을 통제하여야 한다. Erik Hovenkamp, Tying, Exclusivity, and Standard–Essential Patents, 19 Colum. Sci. & Tech. L. Rev. 79 (2017), p. 88.

# 제 4 절  특허권의 소진과 FRAND 확약

## I. 도  입

FRAND 확약을 했다고 해도 특허권의 소진을 피하기 위해서 소진이 되지 않도록 라이선스를 할 수 있다는 주장이 있을 수 있다. 그러나 특허권 소진의 문제는 FRAND 확약의 해석을 변경하여야 할 사항도 아니고 영향을 주는 것도 아니다. 아래에서는 특허권의 소진에 대하여 살펴보고 왜 특허권 소진문제와 FRAND 확약의 해석의 문제가 서로 영향을 줄 것이 아닌지에 대해서 기술하고자 한다. 소진론은 FRAND 확약과 관련하여 한국 소송 및 미국에서의 소송[478] 모두에서 논의가 되고 있다. 이 문제는 라이선스 관행의 문제와도 관련된 주제이므로 이 쟁점에 대해서도 설명한다.

---

[478] 블룸버그 테크놀러지 등 외신이 20일(현지시간) 보도한 바에 따르면 애플은 이날 법원에 제출한 서류에서 얼마 전 미 대법원이 내놓은 '특허소진론' 판례를 들어 퀄컴에 공세를 폈다. 특허소진론은 특허권자의 배타적 배포권은 제품 판매 후 없어진다는 특허법 이론으로, 이중 보상을 막기 위해 고안됐다. 특허를 적용한 제품을 정당한 절차를 밟아 판매했다면 이후 특허품이 재가공 · 재판매될 때 재차 특허료를 요구할 수 없다는 의미다. 대법원은 지난달 말 카트리지 업체인 렉스마크와 리셀러 업체 임프레션 간 특허 소송에서 "이미 판매된 카트리지에 대해 렉스마크가 특허권으로 제품 처분 등을 막아서는 안 된다"는 판결을 내린 바 있다.
애플 측 변호인은 성명에서 렉스마크 판결을 기념비적 결론이라 평가하면서 "특허권자는 자사 제품에 대해 단 한 번의 보상만 요구할 수 있다"면서 "자사의 칩을 산 고객에게 별도로 특허 사용료를 요구하는 퀄컴의 비즈니스 관행은 미국 특허법을 정면 위반한 것"이라고 밝혔다.
이어 애플은 퀄컴 특허의 유효성에도 의문을 제기했다. 애플은 "퀄컴 특허 12건 중 일부는 기존 특허와 충돌해 무효"라면서 "나머지 특허도 무선 통신에 필수적이지 않은데도 퀄컴이 표준필수특허와 묶어 팔기 위해 불공정 계약을 체결했다"고 주장했다.(전자신문 2017. 6. 21. 자).
http://www.etnews.com/20170621000265

## II. 특허권의 소진

### 1. 특허권 소진론

#### 가. 의 의

특허소진법리는 특허권자가 일단 특허권이 구현된 물건을 판매한 이후 최초판매이후 재판매가 이루어진 경우에도 특허권의 효력이 중고물품에 대해서도 여전히 권리주장이 가능하다고 하면 특허권자는 이중이득(double dipping)을 얻게 되고, 특허권이 있다는 이유로 해서 중고물품을 취득한 자는 다시 특허실시료를 부담하게 되면 이로 인해서 거래의 법적안정성이 해쳐질 우려가 있다는 점에서 인정되는 법리이다. 특허소진은 특허권자가 일단 판매를 하고 난 뒤에는 특허권을 주장할 수 없다는 이론으로 특허침해주장에서의 방어이론의 하나이다.[479]

소진이론은 특허제품의 적법한 양도에 의해 당해 물품에 대한 특허권의 효력이 소멸한다는 이론으로 특허권과 소유권의 조화라는 관점에서 명문의 규정이 없더라도 이를 인정하는 것은 문제가 없다.[480] 판례법상의 소진법리의 출발은 유체물의 판매와 같은 특허실시의 결과물이나 실시에 필수적으로 관련되어 있는 물건에 대한 소유권 이전을 전제로 하고 형성된 이론이다. 권리소진론의 이론적 근거중 대표적인 것으로 미국에서는 권리자에게 이미 충분한 보상이 이루어졌다는 점(소유권설)과 유체물 소유자의 거래를 보장하기 위한 것(보상설)이 있다. 미국에서는 정당한 보상(just compensation, just reward)이라는 점에서 그 이상의 보상이 이루어져서는 안 된다는 점에 대한 인식과 동산의 양도제한 금지라는 보통법상 법리를 근거로 하여 권리자에게 이미 충분한 보상이 이루어진 경우 그 유체물의 소유자의 거래를 보장하기 위하여 권리자의 권리를 소진시킬 필요가 있다고 이해한다.[481]

---

479) Janice M. Mueller, *Patent Law*, Fifth ed Wolterskluwer 2016 p 762.

480) 강명수, "방법발명의 특허권 소진에 관한 비판적 고찰", 사법 48호, 사법발전재단 2019 29면.

481) 이러한 논의는 독일의 이론적인 전개와 유사하다. 독일의 경우 권리소진이론의 근거는 **소유권이론, 보상설, 거래보호설** 등이 주장되고 있으나 어느 설에 의하더라도 이중의

특허권의 소진이 최초판매에 의해서 이루어진다는 점에 대해서는 논란이 있는 상황은 아니고 계약법과의 관계에서 소진을 어떻게 볼 것인지의 문제가 있을 뿐이다. 그와 관련된 사건이 콴타판결과 렉스마크판결이다. 이들 판결의 의의에 대해서는 별도의 항에서 살펴본다.

## 2. 특허소진에 대한 우리 판례의 태도

특허권의 소진과 관련하여 직접적으로 검토한 것은 아니라고 볼 수 있지만, 관련판결로 종래 우리 법원은 명칭을 '유기성 폐기물을 순간 고온처리하여 사료를 제조하는 방법'으로 하는 특허발명 특허청구범위 제1, 2항에 대한 특허권의 공유자 중 1인의 소유였던 사료제조설비가 갑에게 양도된 사안에서, 갑이 위 설비를 이용하여 확인대상발명을 실시하는 것과 관련하여 확인대상발명이 그 권리범위에 속한다는 확인을 구하는 것과 위 특허권이 소진되었는지 여부는 아무런 관련이 없다고 한 사례에서 "특허권의 적극적 권리범위 확인심판은 특허발명의 보호범위를 기초로 하여 심판청구인이 확인대상발명에 대하여 특허권의 효력이 미치는가를 확인하는 권리확정을 목적으로 한 것이므로, 설령 확인대상발명의 실시와 관련된 특정한 물건과의 관계에서 특허권이 소진되었다 하더라도 그와 같은 사정은 특허권 침해소송에서 항변으로 주장함은 별론으로 하고 확인대상발명이 특허권의 권리범위에 속한다는 확인을 구하는 것과는 아무런 관련이 없다."고 판시한 바 있다.[482]

본격적으로 우리 법원이 특허소진에 대한 태도를 보인 판결은 2019년 1월 선고된 대법원 판결이다.[483] 대법원은 "어떤 물건이 '물건을 생산하는 방법의 발명'을 포함한 '방법의 발명'(이하 통틀어 '방법발명'이라고 한다)을 실질적으로 구현한

---

이득을 배제한다는 것이 그 이론적 근거임은 마찬가지다.

482) 대법원 2010. 12. 9. 선고 2010후289 판결. 이 판결에 대한 평석으로 박정희, "권리범위확인심판에서 특허권 소진을 주장할 수 있는지 여부", 특허판례연구 (2017) 701-706면.

483) 대법원 2019. 1. 31. 선고 2017다289903 판결. 이 판결에 대한 평석으로는 이헌, "방법의 발명과 특허권 소진", 사법 48호, 사법발전재단 2019 115-168면; 조영선, "방법발명 특허에 대한 권리소진", 법률신문 4716호 13면 (2019); 강명수, "방법발명의 특허권 소진에 관한 비판적 고찰", 사법 48호, 사법발전재단 2019 3-35면.

것인지 여부는 사회통념상 인정되는 그 물건의 본래 용도가 방법발명의 실시 뿐이고 다른 용도는 없는지 여부, 그 물건에 방법발명의 특유한 해결수단이 기초하고 있는 기술사상의 핵심에 해당하는 구성요소가 모두 포함되었는지 여부, 그 물건을 통해서 이루어지는 공정이 방법발명의 전체 공정에서 차지하는 비중 등 위의 각 요소들을 종합적으로 고려하여 사안에 따라 구체적·개별적으로 판단하여야 한다."고 하면서, "사회통념상 인정되는 물건의 본래 용도가 방법발명의 실시뿐이고 다른 용도는 없다고 하기 위해서는, 그 물건에 사회통념상 통용되고 승인될 수 있는 경제적, 상업적 또는 실용적인 다른 용도가 없어야 한다. 이와 달리 단순히 특허방법 이외의 다른 방법에 사용될 이론적, 실험적 또는 일시적 사용가능성이 있는 정도에 불과한 경우에는 그 용도는 사회통념상 인정되는 그 물건의 본래 용도라고 보기 어렵다."고 하여 간접침해에서의 용도에 대한 개념을 가지고 와서 방법발명의 소진여부에 대한 판단기준을 제시하였다.[484]

　　2019년 대법원 판결 선고전에 특허권소진법리를 명시적으로 선언한 판결이 없었기 때문에 이 판결의 의의는 상당하다.[485] 다만 이 판결은 물건의 발명에 대한 판결이 아니라는 점, 방법의 발명을 순수한 방법발명과 물건을 만드는 방법발명으로 구별하지 않음으로써 이 점에 대한 법리설시에 문제가 있다. 또 방법발명의 특허권 소진을 긍정하는 판례가 제시하는 근거인 이중이득방지, 거래안전, 특허청구항 구성 방법에 따른 소진회피가능성 등은 방법발명의 특허권 소진을 인정할 논거로서는 빈약하다. 물건과 방법발명은 구분되는 것이므로 이중이득이라고 볼 수 없고, 거래안전의 문제도 공정거래법에 의한 규제를 전제로 묵시적 실시허락에 의해 충분히 해결할 수 있으며, 특허청구항 구성방법에 따른 소진회피 가능성은 다항제의 도입취지 등에 비추어 설득력 있는 논거로 보기 어렵다.[486]

　　그 외에도 2019년 대법원 판결은 다수의 문제가 있지만 이 문제는 반드시

---

484) 대법원 2019. 1. 31. 선고 2017다289903 판결.
485) 이헌, 120면.
486) 강명수, "방법발명의 특허권 소진에 관한 비판적 고찰", 사법 48호, 사법발전재단 2019
　　　30면.

표준필수특허와 관련된 쟁점은 아니므로 깊게는 논의하지 않기로 한다. 다만 이와 같은 우리 법원의 태도는 미국법원의 판례에 영향을 받은 것으로 보이는 바, 우리 법원의 태도가 정확히 미국 판례와 일치하는 것은 아니라고 하더라도 상당한 정도의 영향을 받은 것은 사실이다. 그런 점에서 미국 판례의 흐름을 보기로 한다.

## 3. 미국 판례의 흐름

### 가. 미국법상 특허권소진항변(Patent Exhaustion defense)

삼성과 애플 간의 소송에서도 특허권의 소진이 문제가 되었다. 그리고 퀄컴 Ⅱ 사건에서 미국법상 특허소진의 항변이 제기될 수 있기 때문에 FRAND 로열티를 상회할 수 있는 기기단계라이선스를 할 수밖에 없었다는 항변이 제기되었다.

이런 주장을 이해하기 위해서는 미국법상 특허소진항변을 이해할 필요가 있다. 미국에서의 특허권소진항변은 특허제품의 구매자는 그 제품을 사용하거나 다시 판매하는 경우 특허권의 제한을 받지 않는다는 원칙이다. 다시 말해 특허받은 제품에 대한 특허권자의 권리는 특허 받은 제품을 판매하거나, 판매할 권한을 부여함으로서 소멸된다는 원칙이다. 이 이론은 사법부의 판례에 의하여 발달되어 왔다. 이 법리를 통하여 특허권자 또는 실시권자가 일단 특허제품을 판매한 이후에는 특허권 행사가 제한되어 구매자로부터 다시 실시료를 받을 수 없게 되는 것이다.

### 나. 판례의 전개

#### (1) 초기판례들

1853년 미국 연방대법원은 Bloomer v. McQuewan 사건에서 적법하게 매각된 제품의 구매자가 다시 판매한 제품은 특허권에 의한 제약을 받지 않는다는 판시를 하였다. 이 판결을 통해 특허 받은 제품을 적법하게 매수한 자로부터 다시 매수한 제3자는 특허권자의 권리행사로부터 제약을 받지 않게 되었다.[487]

1873년 Adams v. Burke사건에서 미국 연방대법원은 Bloomer사건에서의 특허권소진법리를 재확인하였다. 이 사건에서 Lockhard & Seelye사는 보스톤에서 10마일 이내의 지역에서 장의용(葬儀用) 관두껑에 대한 특허권을 양수받아 보유하고 있었다. Adams는 Lockhard & Seelye사가 보유한 권리 이외의 특허에 대한 권리를 보유하고 있었다. Burke는 장의용(葬儀用) 관두껑을 Lockhard & Seelye사로부터 구매하여, 보스톤에서 17마일 떨어진 Natick타운에서 사용하였다. Adams는 Burke를 상대로 하여 특허침해소송을 제기하였다. Burke는 Bloomer사건을 선결례로 원용하였고, 법원은 이러한 Burke의 주장을 인용하여 원고의 청구를 기각하였다. 미국 연방대법원은 특허권자가 적법하게 특허받은 제품을 매도한 이상 매수인은 이를 적법하게 사용할 권리가 발생하는 것이며, 매수인의 사용에 어떤 제약도 부가되는 것이 아니라고 판시하였다.[488]

## (2) 특허권소진법리의 적용범위 확장; Univis 판결[489]

1942년 미국 연방대법원은 Univis사건에서 특허권소진법리를 완제품이 아닌 경우에도 적용함으로써 특허권소진법리의 적용범위를 확장하였다. Univis사는 Univis Lens사에 렌즈를 제조하여 도매상 및 소매상에 판매할 수 있는 권리를 허여하였다. Univis Lens사가 Univis사에 지급하여야 할 로얄티는 개당 0.5불이었다. Univis사는 도매상과 소매상들도 정해진 가격에 렌즈를 판매할 것을 요구하였고, 그 요구의 기초는 도매상과 소매상들도 특허를 사용하기 때문에 Univis사의 요구는 정당한 특허권의 행사라고 주장하였다.

Univis 사건에서 미국 정부는 Univis의 라이선스 계약 조건이 셔먼법 제1조와 제3조를 위반한 것이라고 주장하였고, 이에 대해서 Univis는 자신들의 라이선스 계약에 포함된 가격협정조건은 자신이 보유한 특허권에 기초한 것으로서 특허권의 정당한 행사라고 주장하였다.[490] 1심법원은 Univis가 보유한 특허

---

487) 14 How. 539(U.S.1853).
488) 84 U.S. 453(1873).
489) 316 U.S. 241(1942).
490) United States v. Univis Lens Co., 316 U.S. 241 (1942). 이 사건에서 Univis사는 다수의 다촛점렌즈에 대한 특허를 가지고 있었다. 그런데 스스로는 생산을 하지 않고 계열회사에 렌즈 반제품을 생산하도록 하고 자신이 지정한 실시권자들에게만 이를 판매하도록 하는 라이선스를 제공하였다. 라이선스는 크게 3가지 종류가 있었지만 이들 라이선스계

의 개별적인 8개의 특허청구항들은 완성된 렌즈를 위한 것이고, 각각의 렌즈를 가공하는 구매자들은 렌즈회사가 공급받은 렌즈 반제품을 가공하는 방식에 따라 부분적으로 그 특허를 필연적으로 실시하게 된다는 점을 근거로 실시권자가 허가된 라이선스 없이 그 렌즈를 완성하는 마지막 행위는 특허를 침해한다고 판시했다.491)

미국 연방대법원은 특허권소진법리에 기초하여 Univis사의 주장을 배척하였다. Univis사의 특허권자로서의 권리는 Univis Lens사에 권리를 부여함으로써 소진되었고, 이후의 도매상과 소매상이 지켜야할 것은 표준을 준수함으로써 성능을 유지하는 것 외에는 없다고 판시하였다. 따라서 연방대법원의 결론에 의하면, 사건의 경우 특허권자의 권리에 제약을 받는 것은 하류시장(downstream market)에 있는 도매상이나 소매상이 아니라, Univis Lens사만인 것이 된다. 특허권자는 일단 판매가 이루어지고 난 이후에는 그 이후의 하류시장 관여자에게 특허권에 기초하여 어떤 권리도 행사할 수 없으며, 특허권을 부여받은 최초 매수인은 완제품이 특허권자에 의하여 요구받는 형식으로 제조될 수 있도록 하는 의무를 부담하는 것이라고 보았다.492) 미국 연방대법원은 '특허를 실시함으로써만 이용가능한 제품의 적법한 판매(authorized sale)는 판매된 제품에 관한 특허권을 포기한 것이라고 하면서 특허권소진법리를 인정하였다.493) 그러면서 대법원은 제품이 청구항의 필수요소들을 포함하고 있다면 부분적으로 완성된 특허제품의 판매에 확장된다고 보았다.494)

---

약은 모두 공통적으로 가격협정조건을 포함하고 있었다. "Univis는 16개의 특허 가운데 이 사건과는 관련이 없는 특허도 소유하고 있고, 반제품생지를 생산함에 있어서 렌즈회사에 의해 이용되어지는 렌즈를 생산하는 방법특허도 존재하지만, 그 방법특허는 렌즈 반제품 생지를 완성하는 실시권자에 의해 채택되어지는 방법이나 절차와는 관련이 없다.

491) Univis Lens, 316 U.S. at 247.

492) 316 U.S. 241 at. 250−251(1942).

493) Univis Lens, 316 U.S. at 249 ("[T]he authorized sale of an article which is capable of use only in practicing the patent is a relinquishment of the patent monopoly with respect to the article.").

494) Univis Lens, 316 U.S. at 251 ("[W]here one has sold an uncompleted article which, because it embodies essential features of his patented invention, is within the protection of his patent").

## (3) 계약에 의한 소진의 배제: Mallinckrodt 판결[495]

Univis 판결이후 특허소진의 제한에 대한 중요한 판결이 선고되었다. 그것이 Mallinckrodt 판결이다.[496] 1980년대는 친특허정책의 시대였다. 특허권자의 권리가 최대화되도록 하기 위한 노력이 전방위적으로 이루어졌다. 연방항소법원(CAFC)은 특허권소진이론의 적용을 제한하는 판결을 한다. 1992년 Mallinckrodt 사건에서 CAFC는 특허권 소진은 특허제품의 판매에 있어서 아무런 조건이 부가되지 않은 경우에만 적용되는 원칙으로 만일 특허권자가 명시적으로 라이선스 조건을 부가하는 경우에는 적용이 없다고 판시한다.[497] 이러한 CAFC의 판시에 의하면 이제 특허권자는 제3자에 대하여는 직접적인 구매자가 아니지만 라이선스를 하는 과정에서 일정한 조건을 부가함으로써 제3자의 행위를 제약할 수 있게 되는 것이다. 이후 이 판결은 2008년 콴타 판결로 이 판결에서 정립된 조건부 판매 원칙(conditional sales doctrine)이 사실상 폐기될 때까지[498] 미국 특허법 영역에서 구입 후 제품의 사용 및 양도에 대한 제한 위반 시 특허권 침해로 인한 구제를 받을 있도록 하는 역할을 하였다.

CAFC의 판결은 일견 미국 연방대법원이 Bloomer사건[499] 이후 형성하여 온 특허권소진법리를 존중하는 것처럼 보이지만 실제로는 형해화하는 판시였다. 왜냐하면 종전의 특허권소진법리는 일단 판매가 이루어지고 난 이후의 하류시장에서의 행위에 대하여는 특허권자가 절대적으로 아무런 권리도 행사할 수 없게 되는 것이었음에 반하여, Mallinckrodt사건에서 CAFC가 제시한 법리는 실제로 계약을 통하여 특허권자가 특허권소진을 우회할 수 있게 됨으로써 자신의 특허권에 대하여 인식하고, 라이선스 계약에 이러한 점을 반영할 수 있는 특허권자라면 Mallinckrodt사건 이후 특허권자에게 특허권소진법리는 하류

---

495) 976 F.2d. 700(Fed,. Cir. 1992).

496) Mallinckrodt, Inc. v. Medipart, Inc., 976 F.2d 700 (Fed. Cir. 1992).

497) 이 사건에 대한 평석으로는 Richard H. Stern, "Post Sale Patent Restrictions After Mallinckrodt— An Idea in Search of Definitions", Alb. L.J. Sci. & Tech. 1.8.(1994) 참조.

498) Eric J. Rogers, The Inexhaustible Right to Exclude Reproduction Doctrine, 14 Colum. Sci. & Tech. L. Rev. 389 (Published July 31, 2013).
     URL: http://www.stlr.org/cite.cgi?volume=14&article=7.

499) Bloomer v. Millinger. 68 U.S. (1 Wall.) 340.

시장에의 특허권행사에 아무런 제약이 되지 않게 되었기 때문이다.500)

이 사건은 1회용으로만 사용하도록 지정된 방사능치료기구에 대하여 특허침해소송을 제기한 사건이다. 이 사건에서 문제된 것은 1회용으로 표지가 붙어 있는 제품으로 이 제품은 병원에서 사용하고 난 뒤에 오염물 처리센터를 통해서 폐기되도록 되어 있었다. 그런데 피고는 병원이 이미 1회 사용한 제품을 회수하여 그 부품을 재활용함으로써 원래 Mallinckrodt가 50달러에 판매한 제품을 피고. Medipart는 20달러에 판매하였다.

이 사건에서의 쟁점은 피고가 제기한 '수리(repair)' 주장이었다. 원고는 피고가 라이선스 조건을 위반하여 사용하였기 때문에 특허권침해라고 주장하였고501), 이에 대해서 피고는 이미 최초판매로 특허권이 소진되었고, 자신들의 행위는 수리에 그치는 것이므로 특허권침해가 아니라고 주장하였다. 이에 대하여 법원은 조건부로 판매된 경우 그 적법한 조건을 위반하여 사용한 경우에는 이는 특허법에 의해서 침해가 인정될 수 있다고 보았다.502) 즉 Mallinckrodt사는 병원에 1회용으로만 사용하도록 지정된 방사능치료기구를 판매하였다. 병원들은 Medipart사에 이미 사용한 기구를 판매하고는 다시 사용할 수 있도록 조정(re-conditioning)된 기구를 공급받았다. Mallinckrodt사는 Medipart사를 상대로 하여 특허침해소송을 제기하였다. Mallinckrodt사는 Medipart사가 이미 사용한 기구를 판매하고는 다시 사용할 수 있도록 조정(re-conditioning)함으로써 병원들의 특허침해를 유도한 것이므로 특허침해행위(induced infringement)를 구성한다고 주장하였다.

---

500) 미국법원의 조건부 판매원칙과 소진이론에 대한 역사적 전개에 대해서는 이수미, "조건부 판매 원칙의 회생, 특허권 소진 원칙의 후퇴", 특허미국특허판례연구 (Ⅱ), 미국특허법연구회 (2017) 216면.

501) Mallinckrodt, Inc. v. Medipart, Inc., 976 F.2d at 702 ("The device is marked with the appropriate patent numbers, and bears the trademarks 'Mallinckrodt' and 'Ultravent' and the inscription 'Single Use Only'. The package insert provided with each unit states 'For Single Patient Use Only' and instructs that the entire contaminated apparatus be disposed of in accordance with procedures for the disposal of biohazardous waste.").

502) Mallinckrodt, Inc. v. Medipart, Inc., 976 F.2d at 701 ("[U]se of a patented product in violation of a valid restriction may be remedied under the patent law, provided that no other law prevents enforcement of the patent.").

만일 이 사건에 전통적인 Univis doctrine을 적용한다면 병원들에게 일단 판매한 이후에는 1회용이라는 제한을 달았다고 하더라도 이후의 Medipart사의 행위가 특허침해가 될 수는 없다. 왜냐하면 Mallinckrodt사의 특허권은 병원들에 대한 판매로 인하여 소진되었기 때문이다. 그러나 CAFC는 위에서 언급한 것과 같은 조건부 판매 접근법(conditional sale approach)을 적용하였다. CAFC는 부가된 조건이 특허권남용에 해당하거나, 독점금지법 위반이 되지 않는 한, 라이선스에 있어서 특허권자는 어떤 조건으로 라이선스를 할 것인가 하는 점에 대한 자유를 가지고 있다는 점을 강조한다. 그런데, Mallinckrodt사가 부가한 1회용이라는 제한은 제품의 특성을 고려한 것으로 일응 경쟁을 제한하는 면이 있다고 하더라도 합리의 원칙에 의할 때 친경쟁적 내지 공공의 이익을 위한 측면이 더 커서 특허권남용에 해당하거나, 독점금지법에 위반되는 조건이라고 볼 수 없는 정당한 조건이다.[503]

CAFC의 조건부 판매 접근법을 통하여 특허권자는 특허권소진법리에 의한 제약을 실제로 받지 않게 되었고, 계약에 의해서 특허권자의 권리를 극대화할 수 있는 방안을 강구할 자유를 구가할 수 있게 되었다.

또한 방법청구항(method claim)으로 출원된 특허의 경우에는 이러한 소진법리에 의하여 특허권이 소진되지 않는다는 것이 1984년 CAFC의 판결인 Bandag 사건[504] 이후 정립된 실무였다. CAFC의 Mallinckrodt판결은 친특허경향하에서 많은 대중의 지지를 받은 판결이었다. 특허권자는 더 많은 이익을 얻을 수 있을 것이라고 보았기 때문이었다. 실제로도 특허권자는 특허권소진법리를 계약으로 배제할 수 있게 됨으로써 결국 최종소비자의 부담하에 수익의 극대화를 달성할 수 있게 되었다.[505] 이 판결의 법리에 의하면 특허권자가 자신이 라이선스를 하면서 일정한 조건을 부기하여 특허소진을 막을 수 있게 되었다. 하지만 이와 같은 법리는 이후 콴타판결을 통해서 일정 부분 연방대법원

---

503) 976 F.2d. 700, 708(Fed,. Cir. 1992).
504) Bandag, Inc. v. Al. Bolser's Tire Stores, Inc., 750 F.2d 903(Fed. Cir. 1984).
505) Richard H. Stern, "Post Sale Patent Restrictions After Mallinckrodt—An Idea in Search of Definitions", Alb. L.J. Sci. & Tech. 1.8.(1994). 이 논문에서는 Mallinckrodt 판결의 주요한 효과 중의 하나가 부의 이전효과(Wealth transfer effect)라고 지적하고 있다.

판결로 더 이상 유지될 수 없었다. 이러한 태도는 최소한 2008년 미국 연방대법원이 LG v. Qunata 판결506)에서 다시 특허권소진법리에 대하여 판시하기 전까지는 실무에서 일반적으로 받아들여졌다.

### (4) 방법특허도 특허소진이 되는지: Bandag 판결

CAFC는 Bandag 사건507)에서 방법특허의 경우에는 특허권소진이 이루어지지 않는다고 판시하였다.508) 이 사건에서 CAFC는 이유를 상세하게 설명하지 않은 채 대상 특허가 장치항이 아닌 방법청구항(method claim)으로 작성되어 있는바, 이러한 경우에는 특허권의 소진은 이루어지지 않는다고 판시하였다.

이 사건의 피고 Bolsers는 재생타이어업을 하고 있었는데, 종래에는 가열방식을 통하여 재생타이어를 만들어서 팔다가 특허권자인 Bandag의 저온방식으로 재생타이어업을 하게 되면서 특허침해소송이 발생하게 되었다.509) Bolser가 저온방식을 택하게 된 것은 Bandag의 체인점 중의 하나가 프랜차이즈 영업을 폐업하면서 그 체인점이 보유하고 있던 기기를 구매하여 이를 사용하게 되면서 부터였다. Bosler는 Bandag이 이미 자신의 체인점에게 기기를 판매하였으므로 Bandag의 특허권은 소진되었다고 주장하였으나 CAFC는 앞서 본 것과 같이 방법특허의 경우에는 특허권 소진법리가 적용되지 않는다고 함으로써 특허권소진법리는 중대한 예외가 발생하게 되었다.

### (5) 국제소진과 Microsoft 판결(2007), Kirsaeng 판결(2013)과 렉스마크 판결(2016)

CAFC는 특허권의 소진의 지역적 범위에 대해 미국에서 최초판매가 이루어지지 않는 한 미국에서의 특허소진은 이루어진 것이 아니라고 본다. CAFC는 Fuji Film 사건510)에서 특허침해소송의 피고인 Jazz Photo사는 미국 외에서 판매된 Fuji Film사의 1회용 카메라를 수입하여 이를 다시 사용할 수 있도록 한

---

506) Quanta Comp. v. LG Eletronics, 553 U.S. 617(2008); 86 USPQ2d 1673(June 9. 2008).
507) Bandag, Inc. v. Al. Bolser's Tire Stores, Inc., 750 F.2d 903(Fed. Cir. 1984).
508) 이와 달리 우리 대법원은 2019. 1. 31. 선고 2017다289903 판결에서 방법특허도 일정한 조건하에서 소진이 된다고 보았다.
509) 이 사건도 상표법 관련 이슈 등 여러 가지 이슈가 있지만 특허와 관련된 이슈에 국한한다.
510) Fuji Photo Film Co. v. Jazz Photo Corp., 394 F.3d. 1368, 1376(Fed. Cir. 2005).

후에 판매한 사안에서 Fuji의 해외판매는 미국에서는 일어나지 않은 것이며, 미국 특허법은 역외에서는 적용되는 것이 아니므로, 미국에서의 최초판매가 이루어지지 않는 한 미국에서의 특허소진은 이루어진 것이 아니라고 판시하였다(=국제소진의 부인).

미국 연방대법원은 앞서의 Fuji Film 사건에서의 법리를 유지하였고, 2007년 AT&T v. Microsoft사건511)에서 미국 특허시스템은 역외에 적용되는 것을 예상하고 있지 않으며, 이러한 점은 입법자의 의도라는 점을 분명하게 판시한 바 있으므로 이러한 점을 고려할 때 당분간 판례변경이 있을 것으로 보이지는 않는다.512)

미국 연방대법원에 의하여 파기되고 있는 것들의 CAFC의 판결들은 대개 CAFC가 특허권자의 보호를 위하여 공공정책이라는 이름으로 혁신을 보호하는 것을 목적으로 판결을 한 경우이다. 미국 연방대법원은 Microsoft사건에서 Microsoft의 행위에 대하여 공공적인 우려가 있음을 인식하고 있으며, 이러한 문제점은 해결되어야 한다. 그러나 이러한 해결은 의회가 해결하여야 할 몫이며, 법원이 공공정책적인 관점을 고려하여 판결에 이를 반영할 수는 없다고 보았다.513)

국제소진에 대해서 이후 저작권 사건이지만 Kirsaeng 판결514)에서 전기를 맞이한다. 이 사건은 태국 국적의 미국 코넬대 학생인 Kirsaeng이 자신의 가족이 태국에서 구입한 미국 출판사의 해외판을 미국내로 수입하여 웹사이트에서 저렴한 가격으로 재판매(배포)한 행위가 2008년 당시 미국 저작권법 제602조의 수입권과 제106조(3)의 배포권을 각 침해한 고의저작권침해인지 여부가 쟁점이 되는 사건이다515). 2013년 3월 미국 연방대법원은 외국에서 적법하게 만들

---

511) 127 S.Ct. 1746, 1752(2007).
512) 국제적 소진은 우리나라와 일본에서는 특허권소진론에서 가장 많이 논의된 부분이나 Quanta 사건에서는 상고심에 제기된 질문이 아니었기 때문에 간략히만 언급한다.
513) 127 S.Ct. 1746, 1759(2007).
514) Kirsaeng v. John Wiley & Sons, Inc., 133 S.Ct. 151 (2013). 이 사건에 대한 평석으로 Zubin Gautam, The Murky Waters of First Sale: Price Discrimination and Downstream Control in the Wake of Kirtsaeng v. John Wiley & Sons, Inc. 29 Berkeley Tech. L.J. 717 (2014); Clark D. Asay, Kirtsaeng and the First-Sale Doctrine's Digital Problem66 Stan. L. Rev. Online 17 (2013-2014).

어져 판매된 저작물의 복제물을 미국 내에 수입하는 것에도 소진(최초판매원칙)이 된다고 판시하면서 이와 다른 견해를 취한 연방제2항소법원의 판결을 파기하였다. 이 사건은 국제소진을 정면으로 인정한 최초의 저작권법 침해가 문제된 사건이다.516)

한편 렉스마크 사건의 항소심(CAFC) 판결에서도 특허권자에 의해 해외로 판매된 특허제품이 다시 미국으로 수입되는 경우 해외 판매로 인해 특허권이 소진되는지 여부가 쟁점이 되었고 이 점에 대해서는 소진에 대해서는 의견이 나뉘었던 재판부도 일치된 의견으로 해외 판매에 대한 미국 특허권의 소진의 문제는 국내 판매로 인한 특허권의 소진과는 다르다고 하면서, 다수의견에서는 기본적으로 해외 판매로 인해 미국 특허권의 소진은 생기지 않지만 예외적으로 묵시적 라이선스가 될 수 있다고 보았고, 반면 소수의견은 특허권 소진의 추정이 된다고 보았다.517)

### (6) 커피 카트리지와 Keurig 판결

Keurig 판결에서 침해를 한 자로 지목된 Sturm은 자신이 만든 커피 카트리지를 Grove Square라는 명칭으로 제조하여 판매를 하였다. 그리고 이 카트리지를 이용하여 고객들은 Keurig의 커피머신을 이용하여 커피를 만들어서 마실 수 있었다.518) Keurig사는 Sturm사를 상대로 해서 특허침해소송을 제기하였는데, 그들은 물건(커피 카트리지)에 대한 발명특허에 기초하지 않고 그 물건을 만드는 방법발명에 기초한 소를 제기하였다. 이 사건에서 쟁점이 된 대표청구항을 보면 커피를 만드는 카드리지를 이용하여 커피를 내리는 방법특허임을 알 수 있다.519) 이 사건 발명은 종래 기술이 가지고 있던 문제점을 극복하고 새로

---

515) 이 사건에 대한 소개는 박성호, 「저작권법」, 박영사 (2017) 367-368면. 이 판결에 대한 국내문헌으로 황의산·정차호, "저작권 국제소진: 미국 연방대법원 교과서 병행수입 판결", 국제통상연구 제18권 제2호 (2013. 6.) 87-114면.
516) 박성호, 368면.
517) Lexmark Inc. v. Impression Products, Inc., 816 F.3d 721 (Fed. Cir. 2016)(en banc). Rajec, Sarah R. Wasserman, "Impression Products, Inc. v. Lexmark Inc.: Will International Patent Exhaustion Bring Free Trade in Patented Goods?" (2017). Popular Media. 417. https://scholarship.law.wm.edu/popular_media/417.
518) Keurig, Inc. v. Sturm Foods, Inc., 732 F.3d 1370 (2013).
519) Keurig, Inc. v. Sturm Foods, Inc., 732 F.3d at 1374.

운 카트리지의 삽입이나 사용한 카트리지의 제거가 용이하게 되었다.[520] 특허권자는 자신들의 특허를 유도 또는 기여침해를 하였다고 주장하였다. 즉 이 사건에서 Sturm사는 이 사건에서 특허권자의 특허제품에 사용할 수 있는 카트리지를 제조하여 판매함으로써 소비자들이 침해할 수 있도록 유도하였거나 직접침해에 기여하였다고 주장한 것이다. 이러한 주장에 대해서 법원은 특허권자는 Sturm사가 커피머신을 판매하게 되면 소비자들은 침해행위를 할 수 있게 된다고 하지만, 특허권자가 이 사건 커피머신을 판매한 이상 소비자들은 이 커피머신을 사용할 수 있는 것이고, 소비자들은 어떤 방식으로 커피머신을 사용할 것인지에 대해서 결정할 수 있는 것이므로 이 사건의 특허권자의 권리는 소진되었다고 판단하였다.[521]

---

520) US Patent No. 7,165,488.

1. Field of the Invention

This invention relates generally to single serve beverage brewers, and is concerned in particular with the provision of a novel and improved brew chamber for such brewers.

2. Description of the Prior Art

In known brew chambers for single serve beverage brewers, such as those disclosed for example in U.S. Pat. Nos. 5,325,765; 6,079,315; 6,142,063; and 6,606,938, a disposable beverage filter cartridge is pierced by inlet and outlet probes to accommodate a through flow of metered hot water. The hot water infuses a dry beverage medium contained in the cartridge to thereby produce a single serving of the beverage.

The brew chambers are opened and closed by automatically operable mechanisms that have proven to be reliable, although relatively complex and expensive.

Other beverage brewers of the type disclosed for example in WO 02/43541 A1 have brew chambers that are opened and closed manually, but these also employ unduly complicated operating mechanisms.

Moreover, the prior art brew chambers, be they automatically or manually operated, suffer from an added disadvantage in that their cartridge or pod receptacles remain vertical and thus inconveniently oriented when the chambers are opened.

There exists a need, therefore, for an improved beverage chamber that has a relatively simple and inexpensive operating mechanism, with the capability of presenting the cartridge receptacle in a forwardly inclined position, thus enhancing its accessibility during both insertion of fresh cartridges and retrieval of spent cartridges.

521) Keurig, Inc. v. Sturm Foods, Inc., 732 F.3d at 1374.

## 다. 특허소진을 배제하는 계약조항과 LG v. Quanta 판결(2008)[522]

### (1) 도 입

공정거래법과의 관계에서 특허소진항변이 문제되는 맥락은 라이선스 계약을 통해서 특허소진항변을 배제할 수 있는지 여부에 대한 점에 있다. 특허소진법리는 미국 특허법에서 논란이 있었고 특히 계약법과의 관계에서 소진을 배제하는 계약조항이 포함될 경우 그런 계약조항이 소진을 배제하게 되는지 여부에 대해서 판례의 변경이 있었다.

LG v. Quanta 판결은 특허권소진법리의 부활을 알리는 신호탄이다. 이 사건 이전에 특허권소진법리는 라이선스 계약에 의한 배제가 사실상 가능했기 때문에 소진을 우려할 필요는 전혀 없었다. 이 사건은 컴퓨터와 관련된 IT 산업에서 문제가 된 사건이지만, 실제 그 효과는 IT 산업에 머물지 않을 것이다. 오히려 이 판결의 의의가 실제적으로 발생할 수 있는 유력한 분야 중의 하나가 바로 생명공학분야라고 본다.[523] 이 사건은 특허권소진법리에 대한 사건이지만, 미국 연방대법원이 이 판결을 통하여 달성하고자 하였던 것은 특허권자의 보호에 치우쳐있던 CAFC의 판결태도를 수정하여, 특허권자의 라이선스 계약을 통한 최초 판매이후의 제3자에게 대한 통제와 특허제품의 원활한 사용 및 수익 사이의 균형점을 발견하고자 한 것이다. 다만 미국 연방대법원은 이 사건의 적용범위는 특허법상의 특허권소진법리에 국한된다고 판시하였다.[524] 따라서 LG는 특허침해소송을 통하여 손해배상을 받을 수 없다는 의미일 뿐, 계약관계에 의한 청구까지 금지되는 것은 아니다.

이 사건을 통하여 향후 미국에서는 일단 특허권자가 최초 판매를 하고 난

---

522) 이 판결은 법리적으로 매우 중요한 의미를 가지고 있으며, 다수의 논문이 있다. Lawrence T. Kass, Patent Exhaustion, Litigation, Licensing After Quanta, New York Law Journal volume 240 (2008.6); Richard P. Gilly and Mark S. Walker, Supreme Courts Quanta Decision Clarifies the Reach of Patent Exhaustion, Intellectual Property & Technology Law Journal (2008) 등 참조.

523) 관련하여 Monsanto Co. v. McFarling, 302 F.3d 1291(Fed. Cir. 2002); J.E.M. Ag Supply v. Pioneer Hi—Bred Int'l, Inc., 534 U.S. 124, 143(2001) 참조.

524) Quanta Comp. v. LG Eletronics, 86 USPQ2d 1673 at 1682(June 9. 2008).

이후에는 특허권소진이 강력하게 이루어질 것이므로, 이 사건은 하류시장의 제
3자의 행위에 대한 제약을 가할 수 있는 중요한 수단 중의 하나인 특허권침해
소송을 통한 구제가 제한되게 되었다는 의의를 가진다. 또 Quanta판결로 인하
여 Univis 판결의 적용범위가 분명해졌다. 비록 완제품이 아니라고 하더라도
그 부품에 실질적으로 특허가 구현되어 있고, 잔여단계가 오로지 단순한 표준
화된 부품의 결합이나, 단순한 지시사항대로의 이행에 불과한 것이라면 이러한
잔여단계의 존재에도 불구하고 부품 단계에서의 판매가 특허권자의 특허권을
소진시킨다는 점을 미국 연방대법원이 분명하게 하였다.525)

　　미국에서는 콴타 판결 이후 논란이 있기는 했다. 몬산토 사건이 대표적이
다.526) 이 사건에서 문제된 몬산토의 특허527)에 대해서 농부인 피고는 몬산토
의 특허는 몬산토가 판매한 씨앗이 판매되었고, 이 씨를 가지고 농부들은 역사

---

525) 한편으로는 방론이기는 하지만 미국 연방대법원이 계약위반에 기한 구제까지도 금지되
　　는 것이 아니라고 판시함으로써 계약법에 기초한 계약해석문제가 있을 수 있음을 분명
　　히 하였다. 미국법상으로는 이 문제는 상당한 의의가 있다. 왜냐하면 특허법상 손해배
　　상을 인정할 수 있는 경우에는 고의침해의 경우 3배 배상으로 끌고가서 고액의 손해배
　　상을 하도록 할 수 있는 반면, 계약위반의 경우에는 이행이익의 배상에 그치게 될 것이
　　므로 그 손해배상액이 현저하게 차이가 날 수 있기 때문이다.

526) 대표적으로 Bowman v. Monsanto Co., 569 U.S. 278 (2013), 이 사건에서는 '라운드업
　　레디'와 관련된 몬산토의 특허권 소진이 문제되었다. Supreme Court of the United
　　States, Vernon Hugh Bowman v. Monsanto Company et al., 13 May 2013, available
　　on the Internet at <http://www.supremecourt.gov/opinions/12pdf/11−796_c07d.pd
　　f>. United States Court of Appeals for the Federal Circuit, Monsanto Company and
　　Monsanto Technology LLC v. Vernon Hugh Bowman, 21 September 2011, 657 F. 3d
　　1341. 이 사건에 대한 논문으로 Emanuela Gambini, The Seeds of Dispute: Vernon
　　Hugh Bowman v. Monsanto Company et al., European Journal of Risk Regulation,
　　Vol. 4, Issue 4 December 2013 , pp. 579~585,

527) Monsanto alleges infringement of claims 1, 2, 4, 5 of the '605 Patent. See U.S. Patent
　　No. 5,352,605, available on the Internet at <http://patft.uspto.gov/netacgi/nph−
　　Parser?Sect1 = PTO1&Sect2 = HITOFF&d = PALL&p = 1&u = %2Fnetahtml%2FPTO%
　　2Fsrchnum.htm&r = 1&f = G&l = 50&s1 = 5,352,605.PN.&OS = PN/5,352,605&RS
　　= PN/5,352,605>(last accessed on 25 November 2013). Monsanto alleges infringement
　　of 17 claims of the '247E Patent. See U.S. Patent No. RE39,247E, available on the
　　Internet at <http://patft.uspto.gov/netacgi/nph−Parser?Sect1 = PTO1&Sect2 = HITOFF&d
　　= PALL&p = 1&u = %2Fnetahtml%2FPTO%2Fsrchnum.htm&r = 1&f = G&l = 50&s1 =
　　RE39,247.PN.&OS = PN/RE39,247&RS = PN/RE39,247> (last accessed on 25 November
　　2013).

상 계속 농사를 지어 왔기 때문에 소진되었다거나 종자(種子)는 특별한 취급을 받아야 한다는 주장(seeds−are−special)을 배척하고 몬산토의 특허권이 소진되었다는 주장을 배척하였다.528)

2017년 렉스마크 판결에 의해서 다시 확인된 바와 같이 특허법리상 특허권자와 실시권자가 특허권이 소진되지 않는다고 약정하였다고 하여도 그 약정은 특허권의 소진 여부에는 영향을 주지 않는 것으로 정립된 것으로 이해된다. 이러한 법리를 정립한 이유는 당사자 사이 약정으로 특허권 소진이 배제된다면 특허권자가 실시권자의 채권적 약정 사실을 알지 못하는 제3자에게 불측의 타격을 입힐 수 있기 때문이다. 그리고 이와 같은 약정은 계약법에 의한 구제를 받을 수 있기 때문에 반드시 아무런 보호가 없다고 볼 수는 없다.529)

### (2) 사건의 개요

콴타판결은 계약조항으로 특허권의 소진을 우회할 수 없다고 하는 것이 요지이다. 이 사건에서 원고 LG는 컴퓨터 시스템과 방법에 대한 일련의 특허들을 가지고 있었다. LG전자는 인텔과 라이선스계약을 체결하였다. 이 라이선스 조건에 따르면, 인텔은 마이크로프로세서와 칩셋을 LG전자의 특허를 사용하여 제조할 수 있었다. 문제는 인텔이 자신이 제조한 칩셋을 제3자인 콴타에게 판매함으로써 발생했다. 인텔은 인텔이 제조하지 않은 컴퓨터 메모리나 버

---

528) Bowman v. Monsanto, 133 S.Ct. at 1768−1769 (2012).

529) IMPRESSION PRODUCTS, INC., PETITIONER v. LEXMARK INTERNATIONAL, INC., 137 S. Ct. 1523 (2017).("A patentee's authority to limit licensees does not mean that patentees can use licenses to impose post−sale restrictions on purchasers that are enforceable through the patent laws. So long as a licensee complies with the license when selling an item, the patentee has, in effect, authorized the sale. That licensee's sale is treated, for purposes of patent exhaustion, as if the patentee made the sale itself. The result: The sale exhausts the patentee's rights in that item. A license may require the licensee to impose a restriction on purchasers, like the license limiting the computer manufacturer to selling for non−commercial use by individuals. But if the licensee does so, by, perhaps, having each customer sign a contract promising not to use the computers in business, the sale nonetheless exhausts all patent rights in the item sold. The purchasers might not comply with the restriction, but the only recourse for the licensee is through contract law, just as if the patentee itself sold the item with a restriction.").

스와 같은 부품과 함께 조립한 부품을 칩으로 만들어서 콴타에게 판매하였다.530)

이 사건에서 쟁점은 라이선스 계약이었다. LG전자는 인텔에게 라이선스를 주면서 특허를 사용할 수 있는 권리를 허여했지만, 인텔이 스스로 생산하지 않은 부품을 결합하여 제3자에게 판매하는 경우에 대한 라이선스를 허여한 것은 아니므로 특허권의 소진은 되지 않는다고 주장하였다. 이 사건에서 미국 연방대법원은 방법특허의 소진에 있어서 구현심사(embodiment test)를 제시하였고, 방법특허의 경우에도 그 방법이 제품에 구현된다면 그러한 구현은 특허권소진법리를 발동시킨다고 보았다.531)

이 판결의 우리나라 특허법에 대한 시사점을 볼 때 유의하여야 할 점은 미국 특허법은 우리나라의 특허법과 달리 물건의 발명과 방법의 발명이라고 구별하였지, 방법의 발명을 다시 물건을 만드는 방법의 방법과 순수한 방법발명으로 구별하지 않고 있다는 점이다. 따라서 미국의 경우에는 소진론을 적용할 경우 이런 점에서 방법발명이라고 해서 일률적으로 소진이 된다거나 되지 않는다고 할 수 없고, 나름의 기준이 필요하다. 미국에서 물건의 발명의 경우와 달리 방법발명의 경우에는 기본적으로 소진이 되지 않는다고 이해하고 있으며, 이런 점에서 방법발명의 소진의 문제는 지속적으로 문제가 되었다.532) 반면 우리나라 특허법상으로 카테고리가 순수한 방법발명으로 분류되는 경우라면 특허권의 소진은 인정될 수 없다고 본다.533)

---

530) 553 US 617 (2008).
531) 128.S.Ct. 2109, 2119 (2008).
532) Mueller, p 765.
533) 우리 특허법의 방법발명에 대한 특허는 특허권자에게 자연법칙을 이용하는 행위 그 자체에 대하여 독점 · 배타권을 부여하는 제도(특허법 제2조)이다. 방법발명의 특허권자인 갑(甲)이 을(乙)에게 실시권부여했다고 하더라도 그 특허가 방법특허인 경우에는 소진은 이루어지지 않는다고 보아야 한다. 왜냐하면 제2호의 순수한 방법특허의 경우에는 방법특허의 실시를 허락한다고 해서 방법특허는 그 시간으로 흐름으로 행위가 종료되는 것으로 소진을 관념할 수 있는 대상이 없기 때문이다.

## (3) 콴타 판결에서 쟁점이 된 청구항 분석534)

### 1) US PAT 5,077,733특허535)

프로그램 가능한 노드 체류시간을 갖는 우선순위장치에 대한 특허인 733 특허는 컴퓨터 시스템의 구성요소를 이루는 여러 디바이스536)들은 다른 디바이스들과 서로 필요한 데이터들을 주고받으며 유기적으로 동작하여 컴퓨터를 동작시킨다. 이들 디바이스들은 신호나 데이터를 보내기 위해 컴퓨터 시스템에 한정된 데이터회선(Bus)을 공유하며 데이터를 보낼 때마다 실시간으로 회선을 할당받고 있다.

여러 디바이스들은 그 특성상 즉시 데이터 회선을 확보하여 빠르게 응답하는 장치, 회선을 오래 확보하여 많은 데이터를 주고, 받아야 하는 장치 혹은 둘 다를 만족해야 하는 장치 등이 있을 수 있다. 만약 이들을 효율적으로 제어하지 못하여 특정 장치가 회선을 독점하면 데이터 정체 현상이 발생하게 되어 성능이 충분히 좋은 컴퓨터임에도 사용자 경험이 떨어지는 일이 발생한다.537)

733 특허의 청구항들은 함께 정의된 물건(칩셋, 장치, Apparatus) 발명의 동작 순서를 정의한 것에 불과하며, 당해 정의된 물건을 통하여서만 발명의 실시가 가능하다. 733 특허는 컴퓨터 시스템의 디바이스들의 특성에 따라 효율적으로 회선을 점유할 수 있도록 하면서도 우선순위가 높은 특정 디바이스가 회선을 무제한으로 독점하지 못하도록 하기 위해 점유 우선순위를 실시간으로 변경하도록 하는 장치 및 그 방법을 제안한 것이다.

733 특허에 정의된 '방법'은 컴퓨터 중앙처리장치에 반도체 설계로 탑재된 모듈을 통해 행해진다. 컴퓨터 중앙처리장치는 먼저 컴퓨터의 각 디바이스들에게 임의로 일정한 우선순위를 부여한다. 만약 각 디바이스들이 데이터 회선의

---

534) Quanta Computer Inc. v. LG Electronics Inc., Slip Op. 553 U.S. 617 (2008)
535) 이하 '733특허'라고 한다.
536) 중앙처리장치(CPU), 하드디스크, 메모리반도체(RAM), 그래픽처리장치 (GPU) 및 각종 입력장치(키보드 마우스 등)
537) 예를 들면, 고성능 게임을 실행시켰을 때 키보드 및 마우스 입력이 끊어지는 현상이 종종 발생하는데 아주 고성능의 컴퓨터를 사용하여 컴퓨터의 자원이 충분히 남아도 이러한 현상이 사라지지 않는 경우가 있습니다. 이는 데이터 처리의 최적화가 잘되지 않아 데이터 정체현상이 발생한 것이다.

배정을 요구하는 경우 중앙처리장치는 정해진 우선순위에 따라 우선순위가 높은 장치에 회선을 우선 배정하여 디바이스가 회선을 특정 기간 동안 사용할 수 있도록 허가한다. 한편 각 디바이스들에는 그 특성에 맞게 미리 정해진 '접근(배정) 횟수 한도'가 정해져 있는데 한 디바이스의 실제 배정 횟수가 미리 정해진 배정 횟수 한도를 초과하는 경우, 중앙처리장치는 장치들에 부여한 우선순위를 초기화하고 다시 우선순위를 배정하여 어느 한 장치만 고정적으로 높은 우선순위를 가지는 일이 없도록 조정을 하게 된다. 이러한 과정을 통해 특정한 디바이스가 아무리 중요한 일을 하더라도 데이터 회선을 오랫동안 배정받을 수 있을 뿐 무한히 독점하는 일은 없게 된다.

733 특허의 청구항 제1항 내지 10항은 상기 내용에 대한 장치(Apparatus)에 대한 발명이며, 15항 내지 19항은 사건에서 소진 여부가 문제된 방법(method)에 대한 발명이다. 각 청구항들을 아래에서 구체적으로 비교해 보면 다음과 같다.

**표 2-3    733 특허의 청구항들 비교**

| 청구항 1 | 청구항 15 |
| --- | --- |
| 버스에 결합된 디바이스들의 세트 중에서 버스에 대한 액세스의 우선 순위를 결정하기위한 장치로서, | 버스에 결합 된 디바이스들의 세트 중에서 버스에 대한 액세스의 우선 순위를 결정하는 방법으로서, |
| 각각의 디바이스는 노드들의 그룹 내의 노드에 의해 우선 순위 목적으로 표현되며, | 각각의 디바이스는 노드 그룹의 노드에 의해 우선 순위 목적으로 표현되고 |
| 각각의 노드들은 버스에 결합되고, 상기 제1 인접 노드와 상기 제2인접 노드 사이에 우선 순위 선을 제공하고, | |
| 상기 현재 우선 순위가 가장 높은 단일 노드에 관련된 우선 순위를 갖는 | 각 노드는 현재 가장 높은 단일 노드에 관련된 우선 순위를 가지는, |
| 우선 순위 결정 장치로서, | 우선 순위를 결정하는 방법에 있어서, |
| 액세스 요청 장치보다 | 표현 된 장치로부터 노드에서 액세스 요청을 수신하는 단계 |

| | |
|---|---|
| 더 높은 우선 순위의 노드(장치)가 액세스를 요청하지 않은 경우 | 더 높은 우선 순위를 갖는 임의의 노드가 액세스 요청을 수신했는지 여부를 결정하는 단계 |
| 그 장치(높은 우선 순위 장치)에 액세스를 허용하기 위한 우선 순위 로직 수단 | 상기(높은 우선순위의) 노드가 액세스 요구를 수신하지 않으면, 상기 장치가 상기 버스에 액세스 할 수 있게 하는 단계 |
| 상기 버스에 응답하여 미리 정해진 수의 액세스가 발생하는 경우, | 상기 장치에 의한 상기 버스로의 액세스 횟수를 카운팅하는 단계; 버스에 대한 미리 정해진 수의 액세스가 발생하는 경우 |
| 상기 노드가 현재 최상위 우선 순위 노드인지 여부를 특정하고, 상기 노드가 현재 최우선 순위 노드인 경우, 상기 노드들 중 다른 노드에 동적으로 가장 높은 우선 순위를 부여하는 수단 장치 | 다른 노드에 가장 높은 우선 순위를 부여하는 단계 |

733 특허의 물건의 발명의 독립항인 제1항 발명에서 발명대상인 장치(Apparatus)는 다음과 같이 정의하고 있다.

① 디바이스들의 세트 중에서 회선 엑세스(접근, 회선배정)을 위한 우선순위를 정하기 위한 장치이며

② 컴퓨터 시스템의 장치들을 노드로 표현하고 가장 높은 우선순위를 가진 노드와의 관계에 따라 우선순위를 순서대로 배정하는 우선순위 결정장치이며

③ 각 디바이스가 액세스(회선 배정)를 요청하는 경우 디바이스의 현재 우선순위에 따라 액세스를 제공하는 수단(mean)을 제공하고,

④ 장치들의 세트 중 하나의 장치가 정해진 수의 액세스가 발생한 경우 현재 노드가 최우선순위 노드인지 판별하여 다른 노드에 최우선순위를 배정하고 우선순위를 초기화하는 수단장치

반면, 733 특허의 방법발명의 독립항인 제15항 발명의 청구항은 컴퓨터 시스템(실제로는 중앙처리장치)의 동작을 정의하고 있는데 그 동작방법(method)의 절차(steps)는 다음과 같다.

① 디바이스들의 세트 중에서 회선 엑세스(접근, 회선배정)을 위한 우선순

위를 정하기 위한 방법이며

② 컴퓨터 시스템의 장치들을 노드에 의해 우선순위를 표현하고 가장 높은 우선순위를 가진 노드와의 관계에 따라 우선순위를 순서대로 배정하는 우선순위 결정 단계와

③ 장치로부터 액세스(회선 배정) 요청을 수신하여 더 높은 우선 순위를 갖는 임의의 노드가 액세스 요청을 수신했는지 여부를 판단하여 높은 우선순위의 액세스 요구가 없으면 해당 장치가 상기 버스에 액세스 할 수 있게 하는 단계(우선순위에 따라 회선을 배정하는 단계)

④ 장치에 의한 회선의 액세스 횟수를 카운팅하여 회선에 대한 미리 정해진 수의 접근이 발생하는 경우 다른 노드에 가장 높은 우선 순위를 부여하고 우선순위를 초기화하는 단계

결국 상기 청구항의 비교에 따르면, 제1항 발명 및 제15항 발명은 장치(Apparatus)와 방법(method), 수단(mean)과 단계(step)의 단어치환만 있을 뿐 동일한 발명이며, 제1항 발명은 제15항 발명의 순서에 따라 동작하고 있을 상정하고 제안된 장치이며 제15항 방법발명의 구성요소는 컴퓨터프로그램발명의 본질적 특성상 각 구성요소에 대응되는 장치의 구성요소를 완비한 제1항 발명의 장치 통해서만 실시가 가능한 것임을 알 수 있다.

2) US PAT 5,379,379 특허[538]

읽고 쓰기 요청에 대한 선택적 수행이 가능한 메모리 제어 유닛에 대한 379특허는 컴퓨터 시스템의 중앙처리장치(CPU)는 메모리로부터 데이터를 읽어(read)와 필요한 연산을 하고 연산된 결과를 다시 메모리에 쓰는(write) 과정을 반복하며 컴퓨터를 동작시킨다. 보통 이러한 계산과정은 컴퓨터프로그래머가 작성한 컴퓨터프로그램을 통해 정의되어 있는데 앞 단계의 연산 내용을 바탕으로 후속단계의 연산을 하는 것이기 때문에, 원칙적으로 컴퓨터프로그램으로 정의된 계산과정은 정의된 순서에 따라 계산을 하고 앞 단계가 완전히 완료가 되어야 다음 단계로 넘어갈 수 있다. 이를 어기고 계산 순서를 바꾸는 경우 정확

---

538) 이하 '379특허'라고 한다.

한 계산이 이루어질 수 없다.

그런데 메모리 반도체 하드웨어의 한계상 메모리에 데이터를 쓰는 과정은 시간을 매우 오래 소비한다. 결국 중앙처리장치가 메모리에 데이터를 새롭게 쓰게 되면 쓰기를 완료할 때까지 걸리는 시간이 너무 길어 쓰기를 완료할 때까지 컴퓨터가 연산을 멈추고(stall) 이를 기다리게 되고 이에 따라 연산 속도가 너무 느려지는 문제가 있다.

반대로 쓰기가 완료될 때까지 기다리지 않고 다음 단계로 넘어가게 되면, 메모리에 쓰기가 완료되기 전까지는 메모리에 저장된 정보는 최신정보가 아니므로 다음 단계에서 낡은 데이터를 불러와 잘못된 연산 결과를 도출하게 되는 문제가 발생한다. 379 특허는 최신의 메모리 정보를 유지하며 데이터를 빠르게 읽고 쓰기 위한 중앙처리장치의 동작을 정의하고 있다. 379 특허에서 소진이 문제된 방법특허의 독립항은 청구항 7항이다. 해당 청구항은 만약 중앙처리장치가 쓰기를 요청한 데이터를 이후에 우연히 바로 읽어 들이는 경우를 '예외 상황'으로 보아 이러한 '예외 상황'이 발생하기 전까지는 쓰기 완료를 기다리지 않고 다음 단계로 넘어가는 컴퓨터 중앙처리장치의 연산방법을 제안하고 있다.

**[청구항 7]**

함께 복수의 버스 접속을 결합하기 위한 시스템 버스를 갖는 정보 처리 시스템에서, 버스 접속 중 하나는 하나 이상의 메모리 유닛에 연결된 메모리 제어 유닛이고, 상기 메모리 제어 유닛은 상기 메모리 제어기의 어드레스 및 데이터 신호 라인에 응답하며, 정보 유닛을 상기 메모리 유닛들에 기록하고 상기 정보 유닛들을 상기 메모리 유닛들로부터 판독하기 위한 시스템 버스를 포함하며, 상기 정보 유닛들을 판독하고 기록하는 방법은,

쓰기 주소를 포함하여 시스템 버스로부터 수신 된 쓰기 요구를 버퍼링하는 것;

판독 어드레스를 포함하는 판독 요청을 시스템 버스로부터 수신 할 때이를 버퍼링하는 단계; 수신 된 판독 어드레스가 버퍼링 된 기입 어드레스의 미리 결정된 범위의 어드레스 값 내에있는 어드레스 값을 갖는지 여부를 결정하기 위해, 만약 있다면, 각각의 판독 어드레스를 수신 한 때를 버퍼링 된 기입 어드레스와 비교하는 단계; 수신 된 어드레스가 임의의 버퍼링 된 기입 어드레스의 소정의 어드레스 범위 내에

있지 않다고 결정되면, 먼저 버퍼링 된 모든 읽기 요청을 순서대로 실행하고, 모든 버퍼 된 쓰기 요청을 순서대로 실행한다.

그렇지 않으면, 수신 된 어드레스가 임의의 버퍼링 된 기입 어드레스의 미리 결정된 범위의 어드레스 값들 내의 어드레스 값을 갖는 것으로 결정되면;

미리 결정된 범위 내에있는 것으로 판정 된 수신 된 판독 요청을 포함하지만 포함하지 않는 모든 버퍼링 된 판독 요청을 먼저 순서대로 실행하고;

버퍼링 된 모든 쓰기 요구를 실행하는 단계;
상기 미리 결정된 범위 내에 있다고 결정된 상기 버퍼링 된 판독 요청을 실행하는 단계를 더 포함하는 방법.

컴퓨터가 메모리에 데이터를 쓴 경우에 컴퓨터는 쓰기 완료를 기다리지 않고 다음 단계로 넘어가서 연산을 수행하며, 대신 별도의 메모리 제어 유닛 (MCU – Memory Control Unit)을 통해 쓰기가 완료되지 않은 메모리 영역을 기록으로 남겨 둔다(buffering). 만약 쓰기가 아직 완료되지 않은 메모리 영역에 대하여 읽기 요청이 있을 경우에는 예외 상황(assertion)이 발생한 것으로 그 때는 더 이상 읽기 요구 등을 하지 않고, 쓰기가 모두 완료될 때까지 기다렸다가 읽기를 수행하게 된다.

이를 통하여 컴퓨터는 대부분의 메모리 쓰기 과정에서 메모리 쓰기 완료를 기다리지 않으며, 쓰기가 완료되지 않은 메모리를 다시 읽어드리는 예외적인 상황에서만 쓰기 완료를 기다리게 된다. 이를 통해 메모리 읽기 쓰기 과정에서의 수행 속도와 정확성을 모두 담보할 수 있게 된다.

요컨대, 379발명의 문제가 된 방법발명(제7항 발명)은 메모리를 효율적으로 읽고 쓰기 위한 특별한 동작방법이 구현된 중앙처리장치(CPU) 혹은 이를 위한 별도의 메모리제어유닛(MCU)이 탑재된 중앙처리장치(CPU)에 대한 발명으로 볼 수 있다.

3) 정 리

Quanta 판결에서 소진이 문제가 된 특허권들은 특허 실시를 위해서 필연적으로 특허권이 구체적으로 실현된 물건이나 이를 실현할 장치가 존재하여야 한다. 콴타 판결의 쟁점 발명들은 모두 '특정한 동작을 하도록 설계된 칩셋(반도체배치설계)'에 대한 발명이며 ① 이는 그 자체로 청구항의 'method'라는 용어에도 불구하고 물건의 발명의 성격을 가지고 있거나 ② 아니면 컴퓨터프로그램 발명의 법리를 적용하는 경우[539] '청구항에 기재된 정보 처리가 하드웨어를 이용해 구체적으로 실현되고 있는 경우, 즉, 하드웨어가 협동한 구체적 수단에 의해 사용 목적에 부응한 정보의 연산 또는 가공을 실현함으로써 사용 목적에 부응한 특유의 정보 처리 장치(기계) 또는 그 동작 방법이 구축되어 있는 경우'를 만족해야만 발명의 성립성이 인정되는 발명이다.

Quanta 판결의 실질적 구체화(Substantially embody) 요건의 취지는 이와 같은 쟁점발명들의 특징을 요건화한 것이다. 즉, 쟁점발명들의 실시는 곧 특정 물건(하드웨어, 중앙처리장치)의 생산·사용·양도의 관념 없이는 불가능한 것이며, 쟁점발명들의 본질적인 특징상 물건(하드웨어)의 생산·사용·양도의 허락을 전제하지 않은 다른 방식의 방법발명의 실시허락이란 존재하지 않는다.

### (4) 사건의 의의

컴퓨터프로그램 발명은 그 발명이 방법의 발명이더라도 그 발명이 성립하기 위해서는 반드시 그 발명이 구체적으로 실현된 하드웨어(물건)가 상정되어야 한다. 특허권자가 컴퓨터프로그램 발명의 실시를 허락하는 약정은 곧 컴퓨터프로그램 발명의 본질상 당해 하드웨어(물건)의 제조·사용·판매 등을 허가한다는 것과 완전히 동일한 의미이며, 반대로 컴퓨터프로그램의 실시 허락에서 하드웨어(물건)의 제조·사용·판매를 제외한 다른 방식의 실시란 존재할 수가 없다.

Quanta 판결에서 말하는 실질적 구체화(Substantial embodiment) 요건의 적용에 있어서 소진이 문제가 된 특허발명의 청구항은 반도체배치설계 혹은 컴퓨터프로그램에 대한 발명에 해당하며, 이들의 발명의 성립성을 인정하기 위해서는 정보처리과정의 실현된 컴퓨터 시스템(물건)이 필수적이다. 콴타 판결에서 소진

---

539) 반도체 배치설계 역시 컴퓨터프로그램과 마찬가지로 컴퓨터프로그래머가 반도체의 일정 동작 과정을 어문 형태로 정의하면 변환기가 이를 다수의 논리회로를 구성하는 반도체 배치 설계도로 변환하는 과정을 통해 만들어진다.

이 문제가 된 엘지전자가 보유한 특허발명의 청구항들, 즉 콴타 판결에서 문제가 된 '쟁점 발명들'은 반도체배치설계(컴퓨터 칩셋, 물건) 혹은 컴퓨터프로그램에 대한 발명이다. 이들이 우리 특허법상 발명으로 인정받기 위해서는 특허청구항에 기재된 정보처리과정이 모두 하드웨어(컴퓨터 시스템, 물건)에서 실시되는 것이 필수적이다. 즉, 당해 물건(하드웨어)의 사용이 곧 방법발명의 실시가 되는 것임은 물론이거니와 방법발명의 실시를 위해서는 반드시 이에 대응되는 구성요소가 완비된 물건발명(하드웨어)의 실시가 있어야 한다. 달리 말하자면 콴타 판결에서 문제가 된 쟁점발명들은 물건발명으로 출원할 수 있는 것을 대응하는 방법발명의 형식을 빌어 출원한 것으로 소진의 대상이 되는 물건이 존재하는 경우이다.540)

　　Quanta 판결에서 특허권 소진이 인정된 쟁점발명들의 청구항들은 '컴퓨터 시스템이 효율적으로 정보를 처리할 수 있도록 하는 중앙처리장치의 특별한 동작 방법(method)'에 대하여 정의하고 있다. 그런데 이들은 도치(倒置)하여 쓰면 '효율적으로 정보를 처리하기 위하여 중앙처리장치에 특별한 동작방법이 구축되어 있는 컴퓨터 시스템'이 된다. 이 특허에서 정의된 동작을 하는 주체는 컴퓨터 시스템(물건)이며, 필연적으로 방법발명의 실시에는 모든 동작의 구성요소에 대하여 대응되는 구현이 갖추어진 컴퓨터시스템(물건)이 필수적이다.541)

---

540) 이 사건 당사자인 대만의 컴퓨터 제조업체인 Quanta Computer는 인텔의 메인프로세서 및 메모리 반도체 등을 구입하여 자신이 제조한 메인보드에 연결하여 당해 발명의 특허권을 실시하는 컴퓨터 시스템을 완성한 주체가 되었고, 특허권자인 엘지전자로부터의 실시권료 지급요구를 거부하여 침해소송을 당하게 되었다.

541) '컴퓨터 시스템'이란 흔히 말하는 컴퓨터 중앙처리장치(CPU), 메인보드(실무에서는 '마더보드'라고도 한다) 및 메모리 반도체 등의 결합을 말하는데 이들은 주지하는 바와 같이 생산주체도 각각 다르고 별도의 부품들로 판매되고 있다. 컴퓨터는 중앙처리장치(CPU)는 컴퓨터의 두뇌 역할을 하는데 메인보드에서 제공하는 데이터 회선{이를 전문용어로'버스(Bus)'라고 한다}을 통하여 데이터를 주고, 받으며 메인보드에 연결된 여러 디바이스 들을 제어한다. 컴퓨터 시스템에 연결된 각 디바이스들 역시 데이터 회선을 공유하며 이를 통해 전자신호를 다른 디바이스들에게 보내어 상호 연락을 주고받으며 유기적으로 동작하게 되는데, 회선 관리는 중앙처리장치가 하며 각 디바이스들은 필요에 따라 회선의 점유를 중앙처리장치에 요청하여 중앙처리장치가 일정 시간동안 회선을 할당해 주면 이를 통해 통신을 한다. 한편 중앙처리장치는 일반적으로 메모리 반도체(RAM, Random Access Memory)에 저장된 정보를 읽고 그 데이터를 처리하여 다시 메모리에 쓰는 과정을 반복함으로써 자신의 동작을 수행한다.

콴타사건의 쟁점 발명들은 모두 컴퓨터 시스템이 효율적으로 동작하도록 하기 위해, ① 메모리 반도체로부터 정보를 효율적(빠르고 정확하게)으로 읽고 쓸 수 있는 컴퓨터 중앙처리장치(CPU)의 동작방법542) 및 ② 컴퓨터 중앙처리장치(CPU)가 여러 디바이스들에게 한정된 데이터 회선(Bus)의 점유를 할당하는 동작방법543)을 제안한 것이다. 쟁점발명들은 모든 구성요소의 작동에 대하여 반도체배치설계(물건)의 구현이 필수적으로 전제되는 발명들이다.544)

### 라. 렉스마크 판결545)

2016년 연방항소법원은 렉스마크 판결에서 계약에 의하여 소진을 막는 조항을 두는 것이 효력이 있다고 판결하였다.546) 이는 2008년 콴타판결의 적용범위에 대한 논란을 야기하게 되었고, 이를 정리하여 미국 연방대법원이 2017년 렉스마트 판결을 하였다.547)

요컨대 미국 법원은 과거 계약에 의한 특허소진 제한을 허용하는 태도를 보이다가, 2008년 콴타판결에서 계약상 특허소진에 대한 제한을 부가하더라도 이는 계약법적으로 당사자간에는 유효하지만 특허법상 소진은 이러한 계약상 제한 내지 효력과 무관하게 이루어진다는 취지로 판시하였다. 그런데, 이런 조건부 판매(conditional sale)의 경우 계약법적 효력뿐만 아니라 이중이득의 가능성이 없다면 특허법상 소진도 배제되어야 한다는 주장은 존재하였다.548) 2016년

---

542) US PAT 5,379,379 특허.

543) US PAT 5,077,733 특허.

544) 이 사건에서 당해 발명들의 실질적인 동작은 중앙처리장치 제조업체인 인텔(Intel)이 만든 중앙처리장치(CPU)에서 이루어지는 것이며, 특허권자인 엘지전자는 인텔로부터 특허권 라이선스의 대가(상호 실시허락 약정 체결)를 받았다. 그런데 당해 발명들의 동작이 실제로 행해지기 위해서는 중앙처리장치가 데이터 회선(Bus), 메모리 반도체와의 연결되어 있어야 한다. 즉, 인텔은 중앙처리장치 칩셋만 별도로 판매하였는데 칩셋이 컴퓨터(PC)의 부속으로 탑재되어야 침해가 성립하게 된다.

545) 특허소진론 중에서 이 판결에서 언급된 국제소진에 대해서는 Daniel J. Hemel, Trade and Tradeoffs: The Case of International Patent Exhaustion, 116 Colum. L. Rev. Online 17 (2016). 이 쟁점에 대해서는 본 항에서 논의하지 않는다.

546) Lexmark Inc. v. Impression Products, Inc., 816 F.3d 721 (Fed. Cir. 2016)(en banc).

547) Impression Products, Inc. v. Lexmark International, Inc., 581 U.S. ___ (2017),

548) 이 점에 대해서 연방대법원은 2017년 렉스마크판결에서 NPE 논의와 연계하여 그 태도를 밝힌 바 있다("We conclude otherwise, as we did in Mallinckrodt and subsequent

미국 연방항소법원은 다시 계약에 의한 특허법상 소진 제한을 인정하였고, 그러자 2017년 미국 연방대법원은 연방항소법원 판결에 대한 상고를 허가하고 2008년 콴타 판결에서 연방대법원이 내린 판결상의 법리를 유지하겠다고 판시하였다(렉스마크 판결).549) 즉 특허법이 보통법인 계약법에 우선한다는 것이 연방대법원 판결의 요지이다.550)

decisions. A sale made under a clearly communicated, otherwise — lawful restriction as to post — sale use or resale does not confer on the buyer and a subsequent purchaser the 'authority' to engage in the use or resale that the restriction precludes. And there is no sound reason, and no Supreme Court precedent, requiring a distinction that gives less control to a practicing — entity patentee that makes and sells its own product than to a non — practicing — entity patentee that licenses others to make and sell the product").

549) 다른 하나의 중요한 판시는 국제소진에 대한 것으로서 특허소진과 공정거래법의 관계에 대해서는 특허소진 여부가 공정거래법의 적용에 영향이 없다면 국제소진 쟁점도 없는 것이므로 별도로 상설하지는 않는다. 연방대법원은 "Second, we adhere to the holding of Jazz Photo Corp. v. International Trade Comm'n, that a U.S. patentee, merely by selling or authorizing the sale of a U.S. — patented article abroad, does not authorize the buyer to import the article and sell and use it in the United States, which are infringing acts in the absence of patentee — conferred authority. Jazz Photo's no — exhaustion ruling recognizes that foreign markets under foreign sovereign control are not equivalent to the U.S. markets under U.S. control in which a U.S. patentee's sale presumptively exhausts its rights in the article sold. A buyer may still rely on a foreign sale as a defense to infringement, but only by establishing an express or implied license—a defense separate from exhaustion, as Quanta holds—based on patentee communications or other circumstances of the sale. We conclude that Jazz Photo's no — exhaustion principle remains sound after the Supreme Court's decision in Kirtsaeng v. John Wiley & Sons, Inc., in which the Court did not address patent law or whether a foreign sale should be viewed as conferring authority to engage in otherwise — infringing domestic acts. Kirtsaeng is a copyright case holding that 17 U.S.C. § 109(a) entitles owners of copyrighted articles to take certain acts "without the authority" of the copyright holder. There is no counterpart to that provision in the Patent Act, under which a foreign sale is properly treated as neither conclusively nor even presumptively exhausting the U.S. patentee's rights in the United States

550) 관련하여 Univis 판결의 적용범위에 대해서도 연방대법원은 판결의 문언그대로 해석되어야 하지 그 이상으로 확대 해석되어서는 안된다고 보았다.("Moreover, although some language in Univis, like language in other decisions in the area, can be taken out of context and read as going beyond the specific restrictions involved, the most the Court ruled, even as to patent law all by itself, was that a vertical price — control

이 판결에서 연방대법원은 일단 판매가 이루어지면 그 이후에 소진에 대한 제약을 하였다고 하더라도 이러한 제약이 특허법상 소진을 제한하는 것은 아니라는 점을 분명히 하면서 기존에 이런 취지로 선고된 법리를 확인하였다.[551] 이 판결에서 언급한 Mallinckrodt, Inc. v. Medipart, Inc.[552]의 조건부 판매 법리는 사실상 폐기되었고, Quanta Computer, Inc. v. LG Electronics, Inc.[553]판결은 이 렉스마크 판결에 의해서 재확인되었다.

## 4. 특허권의 소진과 공정거래법의 적용

### 가. 특허권의 소진여부가 FRAND 확약 이행의 면책사유가 되는지 여부

특허소진여부는 전적으로 법원의 판단으로 인정되는 법률효과에 불과하다. 따라서 특허가 소진되는지 여부가 공정거래위원회가 한 시정명령의 적법 타당성에 어떠한 영향도 줄 수 없다. 또 특허권 소진여부는 공정거래법 및 FRAND 확약의 준수의무에 대한 면제 또는 항변사유가 될 수 없다.

표준필수특허권자가 FRAND 확약을 한 이상 사후적으로 법원의 특허권소

---

restriction was ineffective to preserve patent rights after sales of articles embodying the patents. While Univis is controlling on what it decided on the issues before it, we do not think it appropriate to give broad effect to language in Univis, taken out of context, to support an otherwise—unjustified conclusion here on a question not faced there.")

551) First, we adhere to the holding of Mallinckrodt, Inc. v. Medipart, Inc. that a patentee, when selling a patented article subject to a single—use/no—resale restriction that is lawful and clearly communicated to the purchaser, does not by that sale give the buyer, or downstream buyers, the resale/reuse authority that has been expressly denied. Such resale or reuse, when contrary to the known, lawful limits on the authority conferred at the time of the original sale, remains unauthorized and therefore remains infringing conduct under the terms of § 271. Under Supreme Court precedent, a patentee may preserve its § 271 rights through such restrictions when licensing others to make and sell patented articles; Mallinckrodt held that there is no sound legal basis for denying the same ability to the patentee that makes and sells the articles itself. We find Mallinckrodt's principle to remain sound after the Supreme Court's decision in Quanta Computer, Inc. v. LG Electronics, Inc.

552) 976 F.2d 700 (Fed. Cir. 1992).

553) 553 U.S. 617 (2008).

진에 대한 법리변경이 생긴다고 해서 그로 인해서 누구에게나 라이선스를 하겠다고 약속한 FRAND확약에 따른 표준필수특허권자의 의무가 소멸하는 것은 아니며, 여전이 경쟁법 위반을 통한 경쟁제한의 우려가 존재하는 한 FRAND 확약을 준수하지 않게 되면 그 행위로 인한 효과로서의 경쟁법 위반에 따른 제재는 부담하여야 한다. 미국 법원의 콴타 판결에 의하더라도 모뎀칩셋 등 부품단계 라이선스를 제한하거나 금지하는 것도 아니라는 점에서도 법원의 특허소진항변에 대한 태도변화, 정확하게는 라이선스계약에 대한 제한법리의 변경이 되었다고 해서 표준필수특허권자의 FRAND 확약을 준수의무가 소멸하는 것은 아니다.

미국에서의 논의를 보더라도 특허권 소진의 문제는 특허법과 계약법의 관계에 대한 미국법원의 태도에 따라서 변화하였다. 특허소진에 대한 미국 법원의 판단이 어떻게 변화하는가에 따라서 공정거래법 위반여부가 변동되어서는 안된다. 우리나라의 경우에는 2019년 대법원 판결이 특허권소진에 대한 사실상 최초의 판결이다.[554] 이런 점에서 계약조항에 의한 특허소진의 제한이 가능한지에 대한 법리도 명확하게 법원의 판결로 정립된 것은 아니므로 이런 점에서 보면 우리나라에서의 라이선스의 문제에서는 특허소진 여부는 아직 정리되지 않은 쟁점이다.

### 나. 특허권의 소진여부가 FRAND 확약 이행을 위한 라이선스조건 설정에 대한 관행변화로 볼 수 있는지 여부

특허소진에 대한 판례변경이 있다고 해서 이런 판례변경이 FRAND 확약 미준수를 정당화시키는 것도 아니고 확약준수의무를 배제시키는 것도 아니다. 그리고 관행의 변화라는 것도 명확한 증거에 의해서 증명되지 않으면 쉽게 인정되어서는 안되며, 특히 FRAND 확약의 경우에는 확약 당시의 라이선스 조건에 대한 신뢰를 보호하여야 할 경쟁법적 필요성이 크다는 점에서 인정하기 어려우며 인정한다고 하더라도 관행변경은 매우 엄격하게 인정되어야 한다.

미국 연방대법원은 2008. 6. 9. Quanta 사건에서 특허를 실질적으로 구현하

---

554) 이헌, 방법의 발명과 특허권 소진, 사법 48호, (2019년 6월) 120면.

는 제품이 적법하게 판매되면 특허 보유자의 권리가 소진되고, 특허 보유자가 해당 제품의 판매 후 사용 행위를 통제하기 위해 특허법에 호소하지 못하게 된다는 취지로 판결하였고,555) 그에 따라 특허실시계약에서 실시권한을 제한하더라도 라이선스에 따른 특허제품이 판매되면 특허소진이 발생할 위험이 커졌다.

### 다. 퀄컴 Ⅱ 판결에의 적용

퀄컴 Ⅱ 사건에서 퀄컴은 Quanta 판결 이후 특허소진을 방지하기 위하여 모뎀칩셋 제조사와 특허실시계약을 체결하지 아니하고 모뎀칩셋 제조사의 요청이 있는 경우에도 특허실시계약이 아닌 부제소확약(covenant not to sue)을 체결하였다.556)

미국 연방항소법원(United States Court of Appeals for the Federal Circuit)은 2009. 4. 9. 조건이나 제한 없는 부제소확약은 특허실시 제품에 대한 판매 권한을 부여한 것이고, 2011. 5. 23. 권한 있는 판매 여부는 판매 당시를 기준으로 하며 설령 판매 후 조건이 충족되지 않거나 위반이 있더라도 권한 없는 판매로 변경되지 않는다는 취지로 판결하였다.557)

미국 국제무역위원회(International Trade Commission)는 2013. 5. 2. 노키아와 퀄컴사이의 부제소약정에서 해당 확약이 소진적이라고 인정되는 경우 그 확약을 처음부터 무효로 하는 유보조항은 효력이 없다고 결정하였다.558) 위 결정 이후

---

555) 최승재, "미국에서의 특허권소진론의 전개와 LG v. Quanta 사건의 의의와 시사점 – 계약에 의한 특허권소진의 배제가능성과 방법특허–", 서울대학교 Law&Technology 5권 1호 통권 21호 2009. 1. 61–74면.

556) 예를 들어 "피심인들은 2008년 *월 이후 A가 WCDMA 이동통신 표준필수특허에 대한 라이선스 계약 체결을 요청하였으나 이를 거절하고 A에게 제약 조건이 결부된 부제소약정만을 제공하였다. A는 2008년 *월 전자메일을 통해 피심인들에게 WCDMA 특허에 대한 라이선스 계약 조건을 제시해 줄 것을 요청하였고, 이에 대해 피심인들은 2008년 *월 *일 A가 내용을 검토할 수 있도록 WCDMA 모뎀칩셋 라이선스 계약 초안을 제공할 것이라고 회답하였다. 그러나 이후 A의 계속되는 요청에도 불구하고, 피심인들은 약 4개월 이상의 기간 동안 별다른 이유를 설명하지 않은 채 라이선스 계약 협상안을 제공하지 않았다."(공정위 2015시감2118 사건 의결서 47면).

557) Tessera, Inc v. ITC, 646 F.3d 1357(Fed. Cir. 2011).

558) In the matter of Certain Electronic Devices, Including Mobile Phones and Tablet Computers, and Components Thereof, USITC Inv. No. 337–TA–2013 WL 3049144, Order no. 13. (May 2. 2013). 관련해서 In the Matter of Certain Electronic Devices,

퀄컴은 모뎀칩셋 제조사의 라이선스 요청이 있는 경우 한시적 제소유보약정을
제안하였다. 이처럼 퀄컴은 특허소진에 관한 법리의 발전과 변화에 대응하기
위하여 모뎀칩셋 제조사와의 계약 형태를 변경해오고 있다.[559]

　그러나 퀄컴은 2008년 Quanta 판결 전까지는 휴대폰 제조사뿐만 아니라
모뎀칩셋제조사와도 특허실시계약을 체결하여 그로부터 실시료를 수취하여 오
다가, 2008년 Quanta 판결을 기점으로 퀄컴으로부터 라이선스를 받은 경쟁 모
뎀칩셋 제조사가 모뎀칩셋을 판매하면 그 모뎀칩셋 제조사와 비소진적 라이선

---

Including Mobile Phones, Portable Music Players, and Computers; Notice of
Commission Determination To Review in Part a Final Initial Determination Finding No
Violation of Section 337; Schedule for Filing Written Submissions on the Issues Under
Review and on Remedy, the Public Interest and Bonding. 2017년 1월 24일 또 다른
관세법 337조 조사가 관련되어서 시장되었다는 점에 대해서 USITC Institutes Section
337 Investigation of Certain Electronic Devices, Including Mobile Phones, Tablet
Computers, and Components Thereof("The U.S. International Trade Commission
(USITC) has voted to institute an investigation of certain electronic devices, including
mobile phones, tablet computers, and components thereof.  The products at issue in
the investigation are generally known to consumers as mobile phones or smartphones
and tablet computers or tablets. The investigation is based on a complaint filed by
Nokia Technologies Oy of Espoo, Finland, on December 22, 2016. The complaint
alleges violations of section 337 of the Tariff Act of 1930 in the importation into the
United States and sale of certain electronic devices, including mobile phones, tablet
computers, and components thereof that allegedly infringe patents asserted by the
complainant.  The complainant requests that the USITC issue a limited exclusion
order and a cease and desist order. The USITC has identified Apple Inc., a/k/a Apple
Computer, Inc., of Cupertino, CA, as the respondent in this investigation. By
instituting this investigation (337−TA−1038), the USITC has not yet made any
decision on the merits of the case.  The USITC's Chief Administrative Law Judge will
assign the case to one of the USITC's administrative law judges (ALJ), who will
schedule and hold an evidentiary hearing.  The ALJ will make an initial determination
as to whether there is a violation of section 337; that initial determination is subject
to review by the Commission. The USITC will make a final determination in the
investigation at the earliest practicable time.  Within 45 days after institution of the
investigation, the USITC will set a target date for completing the investigation.  USITC
remedial orders in section 337 cases are effective when issued and become final 60
days after issuance unless disapproved for policy reasons by the U.S. Trade
Representative within that 60−day period.").
559) 공정위 2015시감2118 사건 의결서 46−57면의 A사 사례 참조.

스 계약을 체결하더라도 판매되는 모뎀칩셋에 대한 퀄컴의 특허가 특허법적으로 소진되는 것을 막을 수 없으므로 모뎀칩셋 제조사에 대한 라이선스를 거부하는 방향으로 라이선스 정책을 변경하였다. Quanta 판결이 모뎀칩셋 등 부품단계 라이선스를 제한·금지하는 것은 더더욱 아니다. 오히려 퀄컴은 특허소진 법리의 확립에 따라 모뎀칩셋 제조사와 휴대폰 제조사 둘 모두로부터 실시료를 수취하는 것이 어렵다고 판단되자 휴대폰 가격에 기초한 실시료 수입이 모뎀칩셋 가격에 기초한 실시료 수입보다 막대하기 때문에 모뎀칩셋 제조사에 대한 라이선스를 중단한 것이고 FRAND 확약을 위반한 점에 대해서 모색적으로 특허권소진을 활용한 것으로 보인다.

이런 점에서 특허소진법리의 변화가 관행의 변화라고 보아서도 안된다고 본다. 공정거래법의 집행에서 관행은 행위당시의 합리성을 가지고 있는 관행을 의미하는 것이고, 이때 우리나라 공정거래법의 집행에 있어서 미국 법원의 판례 태도 변화가 관행변화의 근거가 될 수 있다고 보아서도 안된다. 이런 점에서 1행위의 위법성을 인정하면서 소진에 대한 퀄컴의 주장을 배척한 서울고등법원의 태도는 타당하다고 본다.

# 제5절 공정거래위원회의 「지식재산권의 부당한 행사에 대한 심사지침(지식재산권 심사지침)」560)

## I. 의 의

　　지식재산권 남용의 문제는 공정거래법은 제59조에 단 하나의 조문밖에 없고 그 내용이 매우 복잡하고 다양한 쟁점들이 있기 때문에 이를 규율하기 위해서는 별도의 심사기준이 필요하다. 그래서 공정거래위원회(이하 '공정위'라 한다)는 이미 2000년 최초의 지재권 가이드라인을 발표하였다. 그러나 그 후 상당기간 동안 지재권 가이드라인이 적용된 사례는 거의 없었다. 그러다가 공정위는 마이크로소프트(Microsoft)의 끼워팔기[윈도우즈(Windows)와 윈도우즈 미디어플레이어(Windows Media Player) 및 윈도우즈 메신저(Windows Messenger)] 관행을 조사하여 이를 위법하다고 보아 과징금을 부과하고, 유럽에서 Microsoft가 선마이크로시스템(Sun Microsystems)의 라이선스(license) 요청을 거절한 것에 대하여 유럽집행위원회가 경쟁법 위반행위로 문제를 삼은 사건을 계기로, 이 주제에 대하여 관심을 본격적으로 가지게 되었다. 우리나라에서도 공정위가 Microsoft를 윈도우즈와 윈도우즈 메신저, 미디어 플레이어와의 끼워팔기로 제재하고,561) 이 사건이 서울고등법원에서 원고의 소(訴)취하로 종료될 때까지의 일련의 과정을 거치면서 이 분야에 대한 상당한 경험을 축적하였고, 이후 퀄컴(Qualcomm)과 인텔(Intel) 등 주요 글로벌 IT 회사들의 특허권 등의 라이선스 관행에 대하여 제재를 하였다.

　　이러한 성과와 관련한 연구결과를 바탕으로 2000년에 제정된 지재권 가이드라인 개정이 2010년도에 큰 폭으로 개정이 이루어졌다. 2010년 지재권 가이드라인은 "특허 등의 지식재산제도는 혁신적인 기술에 대한 정당한 보상을 통하여 새로운 기술혁신의 유인을 제공함으로써 창의적인 기업활동을 장려하고

---

560) 「지식재산권의 부당한 행사에 대한 심사지침」(개정 2010. 3. 31. 공정거래위원회 예규 제80호)에서 큰 개정이 있었고 표준특허가 처음으로 규율되었다. 필자가 공정위 심사지침 개정작업 참여한 후 기고한 논문으로, 최승재, "지식재산권 부당한 행사에 대한 현행 가이드라인에 관한 연구", 경쟁법연구 (2010) 참조.

561) 공정위의결 2006. 2. 24. 2006−042호 (마이크로소프트 사건).

관련 산업과 국민경제의 건전한 발전을 도모한다. 이러한 점에서 지식재산제도와 이 법은 궁극적으로 공통의 목표를 추구한다"고 규정하여, 특허법과 공정거래법이 기술혁신을 통한 소비자 후생의 증진이라는 점에서 공통된다는 점을 명확하게 하였다는 점에서도 의의가 있다. 2010년 가이드라인은 '기술시장'이라는 개념을 도입하였다. 전통적으로 공정거래법은 시장획정을 함에 있어서, '상품시장'과 '지리적 시장'이라는 2가지 요소를 고려하였다. 그러나 가이드라인은 '상품시장'이라는 개념으로는 지재권의 특성을 반영하기 어렵다고 보고 '기술시장' 개념을 도입하여 고려하기로 하였다. 그리고 이 개념은 이후 공정위의 실무 및 법원에 의하여 사용되고 있다. '기술시장' 개념은 우리나라의 공정거래 실무에서 시장획정이 중요하다는 점을 감안하면, 지재권 남용에 대한 공정거래법 집행에 있어서 시장획정과 관련하여 중요한 의미가 있다.

2010년 가이드라인 개정 이후 지재권 남용과 관련된 사례는 특허와 저작권, 상표권 분야에서 지속적으로 발생하고 있다. 그리고 공정위도 역지불합의에 대한 공정거래법 집행을 한 최초의 사례가 있었고, 이 사건은 대법원 판결까지 선고되었다.[562] 그리고 2021년에는 대웅제약 사건에서 부당한 특허침해 소송의 제기가 공정거래법 위반으로 판단되는 최초의 사례도 나왔다.[563]

이하에서는 공정위 지재권 가이드라인에 열거된 행위 중 4개의 유형을 선택하여 관련된 사례를 정리하여 소개하고자 한다. 이 4개의 유형들은 실제로 공정위에 의하여 사건화 되어 다루어졌던 주제들이다. 이하에서는 4개의 유형을 제시하고, 각 유형에 대한 사례를 살펴보기로 한다.

## II. 유형 1 : 특허권 종료 후의 라이선스

### 1. 의 의

특허권이 만료된 이후의 기간을 특허라이선스 계약기간으로 포함시키는 것의 적법성이, 이 유형에서의 핵심 쟁점이다. 직관적으로 보면, 특허권은 특허

---

562) 대법원 2014. 2. 27. 선고 2012두24488 판결
563) 공정위 2021. 2. 24. 의결 2017지감3085 사건

기간 동안만 보호되는 것이므로, 그 기간이 만료된 이후의 기간을 포함하여 특허권을 라이선스 하는 행위는 허용되지 않는 행위로 보인다. 없는 권리를 라이선스 한다는 것이, 직관적으로 특허권자가 자신의 우월한 지위를 이용하여 특허권이 종료된 뒤의 기간을 실시를 하려는 자의 의사에 반하여 강제로 포함시켜 실시료(로열티)를 받는 행위가 아닐까 하는 의심을 가지게 하여, 어떻든 위법한 행위(당연위법, Per se illegal)로 보이게 하기 때문이다.

## 2. 사 례

공정위가 이러한 지재권의 보호 범위를 넘는 기간을 포함한 특허권 실시계약을 위법한 계약으로 판단한 사례가 있다. 퀄컴은 통신용 칩셋(chip set)을 제조하는 글로벌 기업으로, 한국에서 주요 휴대용 단말기 제조업체들과 라이선스 계약을 체결하면서 그 라이선스 계약 기간에 특허권이 종료된 뒤의 기간을 포함시켰다.564) 이 계약은 여러 쟁점에 있어서 공정위에서 문제되었는데(공정거래위원회 2009. 12. 30. 의결 2009지식0329 사건), 그 중 하나가 본 유형의 행위이었다. 공정위는 이러한 행위가 공정거래법 제23조 제1항 제4호에 위반되는 불이익강제행위로 보아 위법이라고 판단하였다. 공정위가 4호를 적용한 것은 만일 퀄컴의 라이센싱 스킴을 따라지 않으면 높은 실시료를 내도록 하는 구조가 불이익강제행위로 본 것으로 보인다.

이 쟁점에 대해서는 미국에서 선행 판결이 있다. 미국의 Brulotte 판결 [Brulotte v Thys Co., 379 U.S. 29 (1964)]에서, 미국 연방대법원은 원심을 파기하고 본 유형의 행위를 위법으로 보았다. 이후 미국 법원의 태도는 항소법원 별로 사실관계에 따라서 약간의 차이가 있지만, 기본적으로 대법원의 태도는 유지되고 있다.565) 이 사건에서 미국 연방대법원은 특허권자가 협상을 통하여 가능한 한 높

---

564) 퀄컴은 2004년 국내 휴대폰 제조사인 삼성전자, 엘지전자와 CDMA 기술 라이선스 수정계약 및 WCDMA 기술 라이선스 계약을 체결하면서, 삼성전자와 엘지전자에게 라이선스한 특허권이 소멸하거나 효력이 없게 된 이후에도 로열티의 ○○%를 계속 지불하도록 하는 내용으로 계약을 체결하였다(2009지식0329 의결서 171~182면).
565) Kimble v. Marvel Entertainment, LLC (2015). 이 판결에서 Scalia, Kennedy, Ginsberg, Breyer, Sotomayor, Kagan 대법관이 다수의견을, Alito, Roberts, Thomas 대법관이 소수의견을 내었다.

은 로열티를 받는 것은 당연히 인정되는 것이지만 특허권 소멸 후에 로열티를 받는 행위는 끼워팔기와 유사한 것으로, 특허권이 유효할 때의 권리를 지렛대로 활용하여 특허권이 소멸한 이후에도 로열티를 받는 행위로서 특허권의 독점력 영향이 미쳐서는 안 되는 영역까지 독점력을 행사한 것으로 위법하다고 보았다. 이러한 이론적인 전개는 한국 공정위의 판단과 같은 취지로 이해된다.566)

## 3. 고려할 점

본 유형의 행위가 위법한 것인지는 고려할 점이 있다. 예를 들어, 5년간 1,000만 달러를 받을 수 있는 특허권자가 특허권의 존속기간이 아닌 5년을 추가로 포함시키기로 하면서 10년간 1,000만 달러를 받기로 하는 계약을 체결하는 경우, 이 1,000만 달러 계약은 실시권을 허여받는 입장에서 보면 — 이자가 발생한다는 점을 고려하지 않는다면 — 경제적으로 아무런 차이가 없다. 그렇다면 도대체 특허권자가 어떠한 부당한 행동을 하였다는 것인가 하는 의문을 가질 수 있다. 특허권을 행사하면서 특허권 소멸 이후에도 실시료를 받는 것이, 특허권 존속 기간 중의 상대방의 자금 조달의 어려움 등을 감안하여 특허권자가 실시료의 지급 시기를 유예하여 준 것이라는 등의 특별한 사정이 증명될 수 있다면, 반드시 위법이라고 할 수는 없다는 주장도 가능하다.567)

2010년 가이드라인은 Ⅲ. 1. 가. (5) "부당하게 특허권 소멸 이후의 기간까지 포함하여 실시료를 부과하는 행위"를 들어 "실시허락의 대가를 부당하게 요구하여 관련 시장의 공정한 거래를 저해할 우려가 있는 행위는 특허권의 정당

---

566) 다만, 공정위의 효율성 증대효과 등과의 형량을 인정하여 당연위법으로 판단한 미국 연방대법원과는 그 판단기준에서 차이점이 있다("심사지침에 따르면, 거래 조건의 설정, 변경 및 불이익 제공으로 인한 효율성 증대효과나 소비자 후생 증대효과가 거래 내용의 불공정성으로 인한 공정거래 저해효과를 현저히 상회하는 경우에는 공정거래 저해성이 부정될 수 있다. 그러나 특허권의 효력이 소멸한 경우에 로열티의 ○○%를 부과하도록 하는 규정은 거래상대방에게 불이익을 줄 뿐, 거래 비용을 감소시키는 등의 효율성을 증대시키거나 소비자 후생을 증대시킨다는 어떠한 증거도 없는 반면, 이 규정의 편익은 오로지 거래상 지위를 이용한 퀄컴에게 있다고 할 것이므로, 이 규정은 합리성이 있다고 볼 수 없다"). (2009지식0329 의결서 179면)

567) Scheiber v. Dolby Labs., Inc 293 F.3d. 1014, 1017~1018(7th Cir. 2002) 판결에서 Posner 판사는 이런 접근법이 합리적이라고 보았다.

한 권리 범위를 벗어난 것으로 판단할 수 있다. 다만, 일정한 행위가 공정거래법 제3조의2 [시장지배적 지위 남용 금지], 제19조 [부당한 공동행위 금지], 제23조 [불공정거래행위의 금지] 등에 위반되는지는 각 조항에 규정된 별도의 위법성 성립 요건을 종합적으로 고려하여 결정한다."고 규정하여, 위법행위가 될 수 있는 행위의 예시로 제시되고 있다.


## Ⅲ. 유형 2 : 표준특허의 남용

### 1. 의 의

표준특허와 관련된 일련의 논점들이 삼성전자와 애플 간의 소송으로 인하여 전 세계적으로 논란이 되었다. '기술표준' 개념은 공정거래법의 시각에서는 2010년 가이드라인에서 처음으로 도입된 개념이지만, 소송으로 인하여 FRAND 조건(Fair Reasonable and Non-Discriminatory)은 이제 공정거래법 관련 전문가들에게 익숙한 표준특허의 결정과 관련된 조건이 되었다. FRAND 조건은 표준화기구(Standard Setting Organization 또는 Standard Development Organization)에서 특허를 표준으로 인정함에 있어서, 만일 표준으로 결정된 이후에 특허의 실시를 거절하게 되면 시장진입을 봉쇄할 우려가 있기 때문에 미리 받아두는 약속이다.

표준특허는 FRAND 약정 외에도 여러 가지 공정거래법상 쟁점들이 제기된다. 왜냐하면, 표준특허는 그 개념상 Microsoft의 Windows와 같은 사실상의 표준이든 표준화기구에 의한 표준이든 당해 표준이 시장에서 널리 쓰이면 일단 표준으로 선정된 기술을 다른 기술로 대체하는 데는 상당한 전환비용이 소요되어, 이러한 영향력은 장기간 지속될 수 있다. 특히 기술표준이 배타적·독점적 특성을 갖는 특허권으로 보호를 받는 경우는 관련 시장에 심각한 공정거래 저해효과를 초래할 수도 있다. 이러한 문제를 해결하기 위하여 많은 표준화기구들은 기술표준 선정에 앞서 관련된 특허 정보를 미리 공개하도록 하고, 기술표준으로 선정될 기술이 특허권으로 보호받는 경우는 공정하고, 합리적이며, 비차별적(FRAND)으로 실시허락할 것을 사전에 약속하도록 하고 있다. 그러나 이러한 사전 장치에도 불구하고, 표준특허의 속성상 특히 수 천 개의 특허가 하나의 기술을 이루는 경우가 적지 않은 IT 분야에서는 호환성이나 상호운용성을 확보하기 위하여 표준을 정하는 경우가 많으므로,[568] 표준특허와 관련된 쟁점은 계속 발생할 것으로 보인다.

2010년 가이드라인이 규정하는 표준보유자의 금지행위의 예시로는 4가지가 있다. ① 기술표준 선정을 위한 협의 과정에서 이와 관련된 거래가격·수량, 거래지역, 거래상대방, 기술개량의 제한 등의 조건에 부당하게 합의하는 행위 ② 기술표준으로 선정될 가능성을 높이거나 실시조건의 사전 협상을 회피할 목적 등으로 부당하게 자신이 출원 또는 등록한 관련 특허정보를 공개하지 않는 행위 ③ 부당하게 기술표준으로 널리 이용되는 특허발명의 실시허락을 거절하는 행위(표준화기구를 통하여 선정된 기술표준뿐만 아니라 공공기관 입찰시 필수 활용기술로 채택되는 등으로 관련 분야에서 사실상 기술표준으로 널리 이용되는 경우 포함) ④ 부당하게 기술표준으로 널리 이용되는 특허발명의 실시조건을 차별하거나 비합리적인 수준의 실시료를 부과하는 행위가 있다. 이 중에서 ②의 유형은 표준화기구의 정책문서(policy document)에서 요구되는 특허권자의 공개의무(duty to disclose)에 대응하는 것으로, 특허를 가지고 있으면서도 이를 공개하지 않고 표준화를 시킨 이후에 표준화된 기술에 대한 특허권을 홀드업(hold up)을 통해서 부당하게 이익을 얻는 행위인 특허매복(patent ambush) 행위를 규제하기 위한 규정이다.[569]

## 2. 사례 1: 삼성전자 v. 애플

표준특허와 관련된 쟁점 중에서 가장 논쟁적인 사례는 FRAND 조건의 해석에 대한 삼성전자와 애플 간의 소송이다. FRAND 조건은 공정위 2009. 12. 30. 의결 2009지식0329 사건에서도 언급되었지만, 삼성전자와 애플 간의 사건

---

568) 표준 설정이란 일정한 방식을 사전에 정의하여 제품 간 호환성을 확보하기 위한 과정이다. 예를 들어, 전기 플러그의 표준화는 모든 전기제품의 플러그 모양을 통일시킴으로써 소비자들이 제품의 제조사에 관계없이 전기 제품을 쉽게 사용할 수 있도록 하는 것이다. 표준은 Windows 컴퓨터 운영체제와 같이 별도의 합의 없이 순수한 경쟁으로 인하여 자연스럽게 형성될 수도 있으며, 관련 산업의 일부 사업자 혹은 사업자 단체들이 임의로 설정하는 경우도 있으며, 정부 또는 공공단체가 주도하여 설정하는 경우도 있다(공정거래위원회 2009. 12. 30. 의결 2009지식0329 사건).

569) 2010년 가이드라인 III. 3. 기술표준 관련 특허권의 행사 참조.

에서 본격적으로 논의되었다. 문제가 된 쟁점으로는 FRAND 조건과 관련된 주제들로, FRAND 조건으로 그 의미가 무엇인지, 계약이 성립하면서 어떠한 요건이 필요한지, 표준화기구에 라이선스를 허여하기로 한 표준특허보유자가 가처분 신청을 할 수 있는지 등이 있다. 이 사건에서 삼성전자는 통신표준특허를 보유하고 있는 사업자이고, 애플은 통신표준특허를 이용하여 '아이폰'을 제조하는 사업자인바, 애플은 삼성전자에 위 특허의 실시를 구하였으나570) 그 실시를 거절하였다고 하면서 이러한 거절행위 및 애플에 대한 가처분신청이 삼성전자가 표준화기구에 대해서 동의한 FRAND 조건(선언) 위반이라고 주장하였다.

　　우선 표준특허에 기한 금지청구가 허용될 수 있는가에 대하여 살펴보면, 표준특허의 경우는 그 표준의 일부를 구성하는 특허보유자가 FRAND 조건에 동의하였음에도 불구하고, 특허권자는 여전히 실시를 거절하고 실시를 금지할 수 있는지가 쟁점이다. 이 쟁점은 미국, 일본, 독일 등에서도 쟁점이 되어 표준특허의 실시와 관련하여 전 세계적으로 논의되었다. 서울중앙지방법원은 "실시료 조건에 대한 합의는 다른 특별한 사정이 없는 한 라이선스 계약의 성립요건이라고 할 것이므로 라이선스 계약에 대한 청약의 의사표시에 해당하려면 실시료 등의 구체적인 조건이 포함된 의사표시여야 하는 점, ETSI(European Telecommunications Standards Institute) 지적재산권 정책이나 지적재산권 가이드에도 구체적인 실시료 산정 기준 등이 마련되어 있지 않고 당사자 상호 간의 협상에 의하도록 하고 있는 점, 그 밖에 FRAND 선언의 문언 내용과 의미 등을 종합해 보면, 실시료 조건에 관하여 구체적인 정함이 없는 특허권자의 FRAND 선언만으로 라이선스 계약에 관한 청약의 의사표시를 하였다고 볼 수 없다"571)라고 판시하여, FRAND 선언의 계약법적 의미에 대하여 설시하였다.572)

　　이 판단은 삼성전자가 애플을 상대로 하여 자신들이 보유한 3세대 이동통신에 필수적인 UMTS(universal Mobile Telecommunications Standard) 표준특허에 기초하여 2011년 4월 이 표준특허를 사용한 애플 제품의 판매 및 수입 등을 중지할

---

570) 이러한 행위가 청약인지, 청약의 유인인지가 쟁점이 되었음.

571) 서울중앙지방법원 2012. 8. 24. 선고 2011가합39552 판결.

572) 이 사건은 애플과 삼성전자가 모두 항소하여, 고등법원(2012나78063)에 계류 중이었다가 소 취하로 종료되었다. 삼성전자와 애플의 소송은 양사의 합의에 의해서 미국을 제외한 전세계 모든 국가에서 소취하를 하여 종료되었다.

것으로 청구하자, 서울중앙지방법원이 삼성전자의 청구를 인용한 것과 논리적으로 연계선상에 있다.

특허권의 행사에서 가장 중요한 것이 특허권에 기한 금지청구라고 할 것인데, 표준특허에 대하여 이러한 권리가 제한되는가는 표준특허의 가치와 관련하여 핵심 쟁점 중의 하나이다.

이 건과 관련된 공정거래법상의 쟁점은 애플이 주장한 것과 같이, 삼성전자가 표준특허보유자로서 또한 필수설비보유자로서 시장지배적 사업자의 지위에 있기 때문에, 가처분을 구하는 것은 그 시장지배적 사업자의 지위를 남용하는 것에 해당한다는 것이다. 법원은 이에 대하여 삼성전자의 필수표준특허(standard essential patent)는 필수설비에 해당한다고 하면서도, 소위 '포스코 판결'573)의 법리에 의할 때, 사업자의 라이선스 거절행위가 공정거래법 위반이 되기 위해서는 그러한 실시거절행위에 경쟁제한의 의도나 목적이 있어야 하며 그 행위로 인하여 관련 시장에서의 객관적인 경쟁제한의 효과나 경쟁감소가 있어야 하는데, 삼성전자의 행위에 그러한 주관적인 의도나 목적이 있었다거나 객관적인 경쟁제한의 효과가 발생하였다고 볼 수 없다고 판단하였다.

## 3. 사례 2: 퀄컴 Ⅱ 사건

### 가. 미 국

이 사건에서 미국 연방거래위원회는 퀄컴의 일련의 행위가 미국 독점금지법 위반으로 판단하여 퀄컴을 상대로 하여 북부연방지방법원에 소를 제기하였다.574) 미국 연방거래위원회는 퀄컴이 휴대폰제조업체가 퀄컴의 경쟁사로부터

---

573) 대법원 2007. 11. 22. 선고 2002두8262 전원합의체 판결.

574) 칩제조기업으로서 퀄컴의 경쟁사업자의 지위에 있는 인텔도 퀄컴의 행위가 관련 시장 전체에 심각한 반경쟁적 폐해를 초래한다고 주장하면서 미국 연방거래위원회의 주장에 동조하는 법정의견서(an amicus brief)를 법원에 제출했다. 또 휴대폰 제조기업이면서 퀄컴의 모뎀칩을 구입하는 고객이기도 한 삼성은 모뎀칩을 설계하고 제조 및 판매하는 잠재적 경쟁사업자이기도 하기 때문에, 미국 FTC의 주장에 동조하는 내용의 의견을 법원에 제출한 바 있다. 삼성은 퀄컴의 고객이면서 동시에 경쟁사업자라고 하는 독특한 지위에서 퀄컴의 미국 공정거래법 위반 여부에 관한 의견을 제출한다는 점을 강조하면서, 미국 FTC가 주장한 바와 같은 퀄컴의 일련의 배타적인 행위로 인해서 삼성

모뎀칩을 구입할 경우에 자신의 독점적 지위를 이용하여 동 휴대폰제조업체에 대해서 과다한 실시료를 부과하고, 표준설정당시 FRAND조건의 실시허락을 약속한 바 있음에도 불구하고 경쟁사업자인 모뎀칩 제조업체들에게 실시허락을 거절하고, 자신의 표준필수특허(SEP)와 비표준필수특허(non-SEP)를 묶어서 제공하는 끼워팔기를 강요하고, 크로스 라이선스해 준 특허에 대한 대가를 적정히 책정하지 않은 행위가 미국 독점금지법 위반에 해당된다며 소를 제기한 것이다.575) 그리고 루시 고 판사는 2018. 8. 미국 연방거래위원회의 소가 약식판결에 의해서 기각되어야 한다는 퀄컴의 청구를 기각하였다.576) 2018. 11. 원고 미국 연방거래위원회의 약식판결이 인용되었다.577)

미국 연방거래위원회의 소제기와는 별도로 애플도 퀄컴의 실시허락조건이 독점금지법을 위반한 불공정한 행위라고 소를 제기했다.578) 퀄컴은 이 사건 이전에도 미국법원의 Broadcom Corp. v. Qualcomm Inc.사건에서 불공정거래행위가 논란이 되었었다. 이 사건에서 제3연방항소법원은 퀄컴이 FRAND조건으로 자신의 WCDMA기술에 대한 라이선스를 부여하겠다고 약속함으로써, 표준

---

은 직접적인 손해를 받게 되었다고 하는 의견을 제출하였다. 삼성은 특히 퀄컴이 FRAND확약을 했음에도 불구하고 칩제조기업에게 실시허락을 해주진 않고 오직 휴대폰제조기업에게만 실시허락을 해주고 있다는 점을 강조하면서, 퀄컴의 FRAND확약 위반은 직접적으로 경쟁사업자를 축출하고 경쟁질서에 해를 끼치고 있다는 의견을 제시했다. 삼성은 서울고등법원에서 진행중인 사건에서도 보조참가인으로 피고 공정거래위원회의 승소를 보조하였다가 퀄컴과의 합의를 통해서 보조참가인으로서의 지위에서 탈퇴하였다.

575) Federal Trade Commission v. Qualcomm Inc. (N.D.Cal. Jan. 17, 2017).

576) Case No. 5:17-cv-00220-LHK-NMC FEDERAL TRADE COMMISSION'S MOTION FOR PARTIAL SUMMARY JUDGMENT ON QUALCOMM'S STANDARD ESSENTIAL PATENT LICENSING COMMITMENTS AND MEMORANDUM OF POINTS AND AUTHORITIES IN SUPPORT.

577) Case No. 5:17-cv-00220-LHK. ORDER GRANTING FTC'S MOTION FOR PARTIAL SUMMARY JUDGMENT Re: Dkt. No. 792.(For example, the Telecommunications Industry Association ("TIA"), a SSO in the United States, "establishes engineering and technical requirements for processes, procedures, practices and methods that have been adopted by consensus." ECF No. 792-2, Ex. 1 이 사건에서 문제가 되는 표준화기구는 TIA와 ATIS이다.p 3.["TIA IPR") at 8. As work began on third generation—or "3G"—cellular communication standards, collaborations of SSOs formed to ensure global standardization. ECF No. 870-22].

578) Apple v. Qualcomm, Case No. 3:17-cv-00108-GPC-MDD

화기구인 UMTS가 퀄컴의 WCDMA 기술을 표준기술로 선정했고, 표준화기구
는 퀄컴의 FRAND확약을 믿고 퀄컴의 기술을 표준기술로 채택했음에도, 퀄컴
이 자신의 FRAND확약을 통해서 자신의 기술과 경쟁관계에 있었던 기술을 시
장에서 배제함으로써 관련 시장에서 시장 지배적 지위에 있는 퀄컴이 FRAND
확약을 위반하는 행위를 한 것은 미국 Sherman Act하에서의 반경쟁적 행위
(anti-competitive conduct)에 해당된다고 판시하였다.579) 연방항소법원은 퀄컴이 자
신과 경쟁관계에 있는 칩셋제조업체로부터 칩셋을 구입하는 휴대폰제조기업에
대해서는 2배 이상의 과다한 실시료를 부과하는 한편 자신의 칩셋만을 구입하
는 충성고객에 대해서는 그 충성을 조건으로 리베이트를 제공하는 관행이 미
국 셔먼법 제2조 위반에 해당될 뿐만 아니라 보통법상 기망적 위법행위(fraud)에
해당된다고 하는 점도 명확히 판시하였다.580) 이와 같이 2019년 미국 캘리포니
아 북부 연방지방법원은 퀄컴의 라이선스 거절 행위가 경쟁자의 이익을 침해
하기 위한 의도적 행위로써, 경쟁자들의 고객 기반과 판매량을 감소시켜 시장
퇴출을 야기하였고 최종 고객들이 경쟁자들의 모뎀을 사용할 가능성을 제한하
였다고 판단하였다. 이에 따라 퀄컴이 셔먼법 제1조 및 제2조에 위반되는 반경
쟁적 행위를 통해 CDMA 칩 시장 및 프리미엄 LTE 칩 시장에서의 독점을 유
지하였다고 판단하고, 위 행위에 대한 중지명령을 내렸다.

그러나 2020. 8. 11. 미국 연방제9항소법원은 3인으로 구성된 소부 판결
(panel decision)을 통해 연방지방법원의 판결을 취소(reverse and vacate)하고 원고 퀄
컴에 대한 승소 판결을 했다. 연방제9항소법원은 사실문제(matter of fact)에 대해
서는 아무런 언급 없이 Aspen Skiing 판결581)의 법리가 당해 사건에는 적용이
없다고 하면서 판단을 달리하였다.582) 이후 미국 연방거래위원회가 전원합의

---

579) Broadcom Corp. v. Qualcomm Inc, 501 F.3d 297 (3d Cir. 2007), p.314.

580) James E. Abell III, Setting the Standard: A Fraud-Based Approach to Antitrust
Pleading in Standard Development Organization Cases, 75 U. Chi. L. Rev. 1601
(2008), p.1617.

581) AspenSkiing Co. v. Aspen Highlands Skiing Corp., 472 U.S. 585, 105 S. Ct. 2847, 86
L. Ed. 2d 467 (1985).

582) FTC v. Qualcomm Inc., 935 F.3d. 752 (9th Cir. 2019)("The Court held that the Aspen
Skiing exception, which said that a company has a duty to license its competitors if a
company is (1) terminating a "voluntary and profitable course of dealing," (2)

(en banc)판결을 신청하였으나 이는 기각되었다. 이후 미국 연방거래위원회가 대법원 상고를 미국 연방 대법원 상고접수기한인 2021. 3. 29.까지 하지 않기로 하여 상고포기를 함으로써 이 사건은 확정되었다.583)

## 나. 중 국

중국에서 퀄컴의 표준필수특허 기술 라이선스 시장과 베이스밴드칩시장에서의 시장지배적 지위 남용이 문제된 사안에서, 중국발전개혁위원회(国家发展改革委員會, NDRC)584)는 특허목록의 공개 거절, 특허권 존속기간이 만료된 특허기술에 대한 실시료 부과, 중국 실시희망기업으로부터의 무상교차실시허락(free cross-license) 강요, 비표준필수특허기술의 끼워팔기 및 단말기판매가액 기준 과다 실시료 부과 등의 착취적 조건과 칩공급 거절 등이 중국 공정거래법(반농단법, 反壟斷法)585) 위반에 해당된다고 보고 중국 60억위엔의 벌금을 부과하고 시정조치를 명했다.586)

---

"sacrific[ing] short-term benefits in order to obtain higher profits in the long run from the exclusion of competition," and (3) involving products that are already sold in the existing market to other customers. The Court found that "no license, no chips" was "chip supplier neutral," meaning that Qualcomm's requirement that OEMs pay to license it patents before being eligible to purchase chips affects itself and its competitors all the same, so the policy did not violate the Sherman Antitrust Act. The decision clarified that Qualcomm was not required to license its competitors since it did not meet the circumstances of the Aspen Skiing exception to the general rule that companies are not required to deal with their competitors. Although the Ninth Circuit agreed with Koh's observation that "no license, no chips" impacted consumers who paid higher prices for cell phones, consumers are not Qualcomm's competitors, so under antitrust law, the company is not liable for any harm imposed on them. Other residual questions, such as the possible violation of FRAND rates, were not covered under antitrust law. If these issues are to be litigated, the Ninth Circuit held that they should be ruled under contract or patent law, not antitrust law."). Harvard Law School Jolt Digest에서 인용.

583) https://www.hankyung.com/international/article/202103309129Y(한국경제 2021. 3. 30.자).

584) 실무에서는 흔히 '발개위'라고 줄여서 칭하거나 영문약칭인 'NDRC'라고 한다.

585) 이 법은 2007년 8월 30일 제1회전국인민대표자회의상무위원회 제29기회의를 통과하여 2008년 8월 1일 발효되었다. 정식명칭은 중화인민공화국반농단법《中華人民共和國反壟斷法》이다.

586) NDRC press release: http://www.sdpc.gov.cn/xwzx/xwfb/201502/ t20150210_ 663822. html

중국 법원도 FRAND확약의 공정거래법상 효과를 명확히 하고 있는데, Huawei Technologies Co Ltd v InterDigital Group 사건에서 심천중급인민법원(深圳中級人民法院)은 표준필수특허권자 InterDigital이 삼성 등에 제공한 실시료보다 많은 실시료를 Huawei에 부과하고 Huawei에게 비표준필수특허를 표준필수특허에 끼워서 포괄적인 실시허락을 강요한 행위가 시장지배적 지위의 남용에 해당된다고 판시한 바 있다.

### 다. 대 만

대만 공정거래위원회(公平交易委員會)도 2018년 퀄컴이 데이터통신에 필수적인 기술특허의 보유자로서 경쟁사업자에게 실시허락을 거절함으로써 대만 공정거래법을 위반했다고 판단하고 퀄컴에 대해서 7억7천4백만 대만달러의 과징금을 부과하고 매6개월마다 관련 기업과의 협상결과를 공정거래위원회에 보고하도록 하였다.587) 이에 대해서 퀄컴은 불복하였지만 2018년 8월 10일 대만 공정거래위원회와의 합의에 의하여 사건을 종결하였다.588) 구체적인 합의의 내용은 밝혀지지 않았으나 합의를 통해서 대만공정거래위원회는 불복절차 진행으로 인한 곤란을 줄이고 대신 퀄컴의 5세대이동통신(5G) 관련 대만투자를 받기로 한 것으로 알려지고 있다.589)

## 4. 정 리

표준특허와 관련된 쟁점을 중심으로 하여 지적재산권 소송에서의 경쟁법적 쟁점을 정리하면 아래와 같다. 이 중에서 가장 논란이 많이 되고 있는 쟁점

---

587) https://www.ftc.gov.tw/internet/main/doc/docDetail.aspx?uid=126&docid=15235.

588) 本會與Qualcomm Incorporated於智慧財產法院合議庭試行和解下,達成訴訟上和解. 公平交易委員會（下稱公平會）與Qualcomm Incorporated（下稱美商高通公司）於智慧財產法院合議庭（下稱智財法院）試行和解下，就公平會106年10月20日公處字第106094號處分有關專利權行使爭議案（下稱原處分），依法達成訴訟上和解° https://www.ftc.gov.tw/internet/main/doc/docDetail.aspx?uid=126&docid=15551

589) 本案經綜合審酌後，公平會於107年8月8日第1396次委員會議決議通過，並於107年8月9日在智財法院與美商高通公司達成公平會史上首次基於公共利益之訴訟上和解，原處分以和解內容代替之° 公平會希望本案能有效地形塑行動通訊產業良好之競爭環境，並對臺灣半導體´行動通訊及5G技術發展等各方面帶來正面影響°

은 표준특허의 부당한 행사 여부에 관한 것이다.[590] 표준특허는 표준결정절차
가 있고, 표준으로 결정되는 경우 표준특허를 보유한 특허권자가 자신의 특허
에 대해서 그 가치 이상으로 특허실시료를 받아내려고 버티기(patent hold-up)를
할 우려가 있으므로 이런 우려를 사전에 제어하기 위해서 그 표준결정과정에
서 FRAND(Fair, Reasonable and Non-Discriminatory) 확약을 받고 표준으로 결정하는
등의 절차를 거친다.[591]

| 표 2-4 | 표준특허 관련 지적재산권 소송에서의 경쟁법적 쟁점 |
|---|---|
| 특허공개의무(duty to disclosure) 위반 ||
| 특허공개의무 위반에 대한 지식재산권법적 해결 사례 | Wang v. Mitsubishi 사건(1997) JPEG 표준 사건(2002) |
| 특허공개의무 위반에 대한 경쟁법적 해결 사례 | Dell 사건/ Union Oil Co. of California 사건(2005) |
| FRAND 조건 위반에 대한 경쟁법적 해결 사례 ||
| FRAND 의무 | Qualcomm v. Broadcom 사건[592] Negotiated Data Solution 사건 |
| 특허매복행위(Patent Ambush) ||
| 사실상 표준특허(de facto standard) ||
| | 사실상 표준특허에 대한 FRAND 의무의 적용 가능성 |
| | 사실상 표준특허의 거래거절과 필수설비 이론(Essential Facilities Doctrine)의 적용 가능성 |
| 비표준 특허의 남용 문제 ||
| | 특허법 내부의 해결(남용이론) |
| | 경쟁법의 적용을 통한 해결 |

---

590) 현재 통신산업에서의 특허공룡인 퀄컴에 대하여 전 세계 정부가 조사에 나서고 있다. 한
국 공정거래위원회는 2015년 2월부터 퀄컴이 자신과 경쟁제품인 칩셋을 만드는 제조업체
들에 특허사용권을 부여하지 않고, 스마트폰 제조업체들에게 과다한 특허사용료를 요구
하는 등 표준특허를 남용하였는지에 대하여 조사하고 있다. 미국은 2014년 11월부터 조
사를 시작하였으며, EU도 현재 조사 중이다. 중국은 2015년 2월 反壟斷法(반독점법) 위
반혐의로 퀄컴에 대하여 60억 8,800만 위안(약 1조 1,000억 원)의 벌금을 부과하였다.
591) 예를 들어, IEEE는 표준 결정의 대상이 되는 특허권자로 하여금 IEEE에 보증서(letter of
assurance)를 보내서 자신의 특허는 표준필수특허이고, FRAND 조건을 준수하겠다고
약속해야 하는 것으로 특허정책(patent policy)을 정하고 있다.

## Ⅳ. 유형 3 : 특허권 실시거절 및 저작권 이용허락거절행위

### 1. 의 의

특허권자의 실시거절은 특허권 남용의 대표적인 형태이다. 공정거래법은 거래거절을 중요한 공정거래법 위반의 한 유형으로 판단하고 있다. 다만, 같은 거래거절이라도 시장지배적 지위 남용에 해당하려면, 앞서 포스코 판결에 의한 요건이 구비되어야 한다는 점에서 불공정거래행위(제23조)에 의한 거래거절과 실무상 요건에서 구별된다.

이러한 거래거절의 문제는 특허권뿐만 아니라 저작권에서도 문제시 된다. 저작권법은 2개의 입법 목적을 가지고 있는데, 하나는 문화의 창달이고, 다른 하나는 저작권자의 보호이다. 궁극적으로는 문화 창달을 위하여 저작권자도 보호하는 것이어서 문화 창달이 최종적인 입법 목적이라고도 할 수 있으며, 문화 창달을 위해서는 산업의 속성상 다수자가 사용하고 향유할 수 있도록 할 필요가 있다. 거래거절도 신규로 특허권을 실시하려고 하거나 저작권의 이용허락을 받으려고 하는 경우, 그리고 이미 기존에 실시권이나 이용허락을 받아서 이용하고 있는 경우는 구별된다고 보는 것이 일반적이다. 저작권자가 부당하게 거래를 거절하는 경우 중에서도, 기존에 거래 관계가 있는 경우 거래를 거절하는 것은 경쟁사업자에게 치명적인 영향을 줄 수 있다. 미국에서도 기존의 계약 관계가 있는 경우 거래거절을 하는 경우에 대하여, Aspen skiing[593] 사건에서 미국 연방대법원이 위법한다고 본 사안이 있었던 것도 이러한 점을 감안한 것이다.

공정위의 2010년 지재권 가이드라인에서도 특허소송의 제기가 불공정거래행위가 될 수 있다고 보고 있다. 이용거절행위 자체를 공정거래법 위반으로 다투는 방법도 있겠지만, 다음에서 보는 바와 같이 실시거절이나 이용허락거절 후에 실제로 침해행위를 계속하면서 그 침해행위의 금지를 구하는 소(訴)제기가 지재권 남용행위라고 다투는 경우도 고려할 수 있다. 유럽에서도 저작권 이

---

592) 표준특허 남용에 대한 적용법조의 문제 등의 문제에 대한 기본 판결이다. FTCA 제5조와 셔먼법 제2조, 민사불법행위(사기) 등이 논의되었다.
593) Aspen Skiing Co. v. Aspen Highlands Skiing Corp., 472 U.S. 585 (1985).

용허락거절행위가 시장지배적 지위남용이라고 인정한 사례가 있다.594) 이러한 거래거절은 지재권 남용사례의 기본적인 유형으로 향후에도 관련된 사건이 계속 있을 것으로 본다.

## 2. 사 례

### 가. 메가스터디 사건

국내 사례로는 메가스터디595) 사건이 그 대표적인 사례이다. 국내 최대 온라인 입시교육업체인 메가스터디는 국내 1위 교과서업체인 비상교육 및 천재교육과 교과서 및 평가문제집에 대한 이용허락계약을 체결, 일정한 이용료를 지불하고 온라인 강의를 제작·공급하여 왔다. 그러나 출판사(교과서업체) 측이 자신들도 별도의 인터넷 강의 사업을 진행하게 되면서, 계약 만료 후에 메가스터디 측으로부터 계약 갱신을 제안받았지만 출판사 측은 이를 거절하였다. 이후 메가스터디 강사들이 출판사의 교과서나 문제집 내용을 그대로 칠판에 적는 등의 방식으로 강의를 계속하고 온라인으로 이를 제작·공급하자, 천재교육 및 비상교육, 그리고 교과서의 저자 20명이 메가스터디가 운영 중인 온라인 강의에 자신들의 교과서와 문제집이 무단 사용되지 않도록 하는 금지명령과 함께 메가스터디가 저작권 침해를 계속할 경우에 매일 1,000만 원씩 지급하라는 간접강제를 구하는 가처분을 신청하였다.

2011년 서울중앙지방법원은 가처분신청을 모두 기각하였다. 재판부는 메가스터디가 각 강의를 녹화하여 동영상을 제작하고 원저작물에 추가적 변형을 가하였다고 하더라도, 교과서와 문제집의 기본 틀과 지문이 강의에서 그대로

---

594) RTE and ITP v. EU Commission (Court of First Instance in Magill, 1995)건에서 저작권 이용허락 거절행위가 문제되었다. 이 사건은 유럽법원은 영국과 아일랜드에 소재한 방송사업자가 저작권 라이선스를 거부한 행위가 다음의 요건을 구비하면, 지재권 남용으로 인정되는 예외적 상황이라고 판시하였다. 그 요건으로 ① 시장지배적 기업이 보유한 지재권이 유일한 경우(필수설비 원리), ② 라이선스 거절이 신상품 도입을 방해하는 경우, ③ 시장지배적 기업이 정당한 거부 사유를 입증하지 못하는 경우, ④ 시장지배적 기업이 경쟁자 배제를 통해 하류시장을 확보하는 경우의 4가지 요건을 저작권이용허락 거절행위가 경쟁법 위반행위가 되기 위한 요건으로 보았다.

595) 서울중앙지방법원 2011. 9. 14. 선고 2011카합709 결정, 서울고등법원 2012. 4. 4. 선고 2011다1456 결정.

사용된 점 등에 비추어 이는 2차적 저작물 작성권 침해라고 판단하였다. 이처럼 법원은 교과서를 활용한 온라인 강의가 저작권 침해에 해당한다고 인정하면서도, 이를 완전히 금지하는 것은 권리 남용이라고 판단하였다. 이 사안에서 법원은 비상교육 등이 메가스터디에 대하여 교과서 등의 이용허락을 거절하는 행위는 시장지배적 지위 남용으로 교육 소비자의 이익을 해할 우려가 상당하다고 하는 공정거래법의 법리를 들어, 온라인 강의 서비스 금지를 구하는 것은 공공복리를 위한 권리의 사회적 기능을 무시하는 것으로 권리 남용에 해당한다고 가처분 신청을 받아들이지 않았다. 이 사건은 저작권 침해 사건에서 공정거래법 상의 법리를 들어 가처분 신청을 기각하였다는 점에서 의미가 있다. 특기할 점은, 이 사건의 항소심에서 서울고등법원은 이러한 1심 법원과 결론을 같이 하면서도, 그 이유로 공정거래법 위반을 들지 않고 가처분 요건의 하나인 보전의 필요성이 없음을 들었다는 점이다.

## 나. 수원지방법원 성남지원 2013. 12. 10. 선고 2012가합8921 판결(확정)

2013년에도 성남지방법원이 저작권 남용을 인정한 판결을 선고하였다. 유선방송사의 무단 재송신에 대한 저작권 침해 금지 청구에 대하여 저작권 남용을 인정한 사안이었다. 이 사건의 사실 관계를 살펴보면, 원고는 이른바 PP(Program Provider)로서, 방송프로그램을 제작·구매하여 이를 시청자에게 제공하면서 방송 채널을 사용하는 방송채널사용사업자이다. 그리고 피고는 이른바 SO(System Operator)로서, 경기도 성남시 방송구역에 대한 지역사업권을 부여 받은 가운데 종합유선방송국을 관리·운영하는 종합유선방송사업자이었다. 원고는 이 사건 방송 저작물에 대하여 저작권 또는 저작인접권(동시중계방송권)을 갖고 있으며, 2006년 1월 1일부터 2011년 12월 31일까지 피고와 방송저작물에 대한 저작물 이용 계약을 매 1년 단위로 각 체결하고, 피고에 대하여 IRD(integrated receiver & decoder) 장비를 설치한 가운데 원고의 방송저작물을 위 계약 기간에 걸쳐 약 6년 동안 제공하여 왔다. 피고는 위 계약 기간 동안 원고에게 방송저작물의 사용료를 매월 정기적으로 지급하였고, 원고는 방송저작물의 사용료에 대하여 별다른 이의를 제기하지 않았다. 그러나 원고는 2011년 12월 2일부터

2011년 12월 28일까지 3회에 걸쳐 피고에게 위 각 저작물 이용 계약에 대한 해지 통지 내지 갱신 거절의 의사표시를 일제히 하였다. 피고는 위 IRD 장비를 반환하지 아니한 채, 원고가 송출하는 방송신호를 수신하여 이를 경기도 성남시 방송구역의 시청자 약 100만 명에게 송신하는 방법으로 원고의 방송저작물을 계속 이용하자, 원고는 저작권 침해를 이유로 하는 소(訴)를 제기하였다. 이에 대하여 성남지방법원은 방송법의 취지를 비추어보면 방송법 제85조의2 제1항 제1호를 위반하였고, 저작권법의 취지에도 반하는 소의 제기라는 이유로 저작권 남용을 인정하여, 저작권 침해 금지의 소를 기각하였다.

## V. 유형 4 : 역지불합의를 포함한 특허소송 진행 중의 합의596)

### 1. 의  의

특허소송 중의 합의는 소송을 조기에 종결시킬 수 있는 방법으로 흔하게 이용된다. 그러나 특허소송 진행 중의 합의가 불공정행위가 될 수 있다는 것이 공정위 가이드라인의 이해이다. 2010년 가이드라인은 "특허권자와 이해관계인은 소송 등의 법적 절차 이외에도 당사자간 합의를 통하여 특허의 효력, 특허침해 여부에 대한 분쟁을 해소할 수 있다. 일반적으로 이러한 합의는 소송비용과 기술이용의 위험을 감소시킬 수 있다는 점에서 특허권자의 권리 보장을 위한 효율적 분쟁 해결 수단으로 인정될 수 있다."라는 합의의 긍정적 효과를 인정한다.

그러면서도 가이드라인(2010)은 특허분쟁 과정의 부당한 합의는 "무효인 특허의 독점력을 지속시키고 경쟁사업자의 신규 진입을 방해함으로써 소비자 후생을 저해하는 결과를 초래할 수 있다. 따라서 특허무효심판, 특허침해소송 등의 특허분쟁 과정에서 부당하게 시장진입을 지연하는데 합의하는 등 관련 시장의 공정한 거래를 저해할 우려가 있는 행위는 특허권의 정당한 권리 범위를

---

596) 최승재, "제약시장에서의 역지급합의에 대한 경쟁법 적용에 관한 연구", 경쟁법연구 2009

벗어난 것으로 판단할 수 있다"[597]고 규정하고 있다. 이 규정은 특허소송 중의 역지불합의를 통한 소송상 합의가 위법한 것으로 판단되는 경우도 활용될 수 있지만, 일반적인 소송상 합의에서도 위법성 판단의 근거로 활용될 수도 있다. 그러나 소송상 합의는 특허권의 확률적 권리로서의 속성을 감안하면, 원고와 피고 등 소송당사자들이 추가적인 비용을 줄이고 조기에 분쟁을 해결하기 위하여 필요한 효율적인 분쟁 해결 수단이라는 점에서, 본 규정도 신중하게 적용되어야 할 것이다.

## 2. 사 례

국내에서는 역지불합의(Reverse payment agreement)가 문제된 사건으로는 공정위(원심 피고) 2011. 12. 23. 의결 제2011-300호가 있다. 사건의 내용을 살펴보면, 갑(甲, 원심 원고)들과 을(乙)은 2000년 4월 17일 갑들이 을에게 항구토제인 '조프란(Zofran)'의 국내 공동판매권과 항바이러스제인 '발트렉스(Valtrex)'의 국내 독점판매권, 통상적인 관행을 넘어서는 높은 수준의 현금 인센티브(incentive) 등의 경제적 이익을 제공하고, 을은 그 대신에 자신이 개발하여 1998년 출시한 Zofran의 복제약 '온다론'의 생산과 판매를 중단함과 아울러 향후 Zofran이나 Valtrex와 동일한 성분의 복제약을 개발하지 않고, 더 나아가 Zofran이나 Valtrex와 약리유효성분을 달리하는 새로운 경쟁제품의 개발 · 생산 · 판매까지도 포기하는 내용의 합의를 하였다. 공정위는 이러한 행위는 특허권의 정당한 행사 범위를 초과하여 당해 특허 신약 및 복제약 등과 관련된 시장에서 부당하게 경쟁을 제한하는 행위를 한 것으로, 부당한 공동행위(공정거래법 제19조 제1항 제4호 및 제9호)에 해당한다는 이유로 갑들과 을에 대하여 별지 기재 시정명령 및 과징금 납부명령(이하 '이 사건 처분'이라 한다)을 하였다.

이 사건에서 서울고등법원은 원고의 청구를 모두 기각하였다.[598] 이에 대하여 대법원은 "의약품의 특허권자가 자신의 특허권을 침해할 가능성이 있는 의약품의 제조 · 판매를 시도하면서 그 특허의 효력이나 권리 범위를 다투는

---

597) 2010년 가이드라인 Ⅲ. 5. 특허분쟁과정의 부당한 합의 참조.
598) 서울고등법원 2012.10.11. 선고 2012누3028 판결.

자에게 그 행위를 포기 또는 연기하는 대가로 일정한 경제적 이익을 제공하기로 하고 특허 관련 분쟁을 종결하는 합의를 한 경우, 그 합의가 '특허권의 정당한 행사라고 인정되지 아니하는 행위'에 해당하는지는 특허권자가 그 합의를 통하여 자신의 독점적 이익의 일부를 상대방에게 제공하는 대신 자신의 독점적 지위를 유지함으로써 공정하고 자유로운 경쟁에 영향을 미치는지에 따라 개별적으로 판단하여야 하고, 이를 위해서는 합의의 경위와 내용, 합의의 대상이 된 기간, 합의에서 대가로 제공하기로 한 경제적 이익의 규모, 특허분쟁에 관련된 비용이나 예상이익, 그 밖에 합의에서 정한 대가를 정당화할 수 있는 사유의 유무 등을 종합적으로 고려하여야 한다(대법원 2014. 2. 27. 선고 2012두24498 판결)."고 판시하여 그 기준을 제시하였다.[599]

　　미국에서는 다수의 사건이 존재하는 역지불합의의 위법성이 인정된 이 사건은 특허침해소송 과정에서의 합의가 공정거래법 위반으로 인정될 수 있는 최초의 선례로 의미가 있다.[600]


# VI. 사실상 표준특허의 문제

## 1. 사실상 표준특허

　　사실상 표준의 경우에도 표준화 기구에 의한 표준(de jure standard) 특허와 마찬가지로 시장지배적 지위남용이 이루어질 수 있다. 실제로 발생한 사례가 바로 마이크로소프트 판결이다. 이 사건은 2000년 미국 연방항소법원이 기술적 끼워팔기(technology tying)로 본 이 사건은 이후 2007년 유럽 1심 법원이 부당한 실시거절로 판단하여 위법으로 판단되었고 우리나라에서도 위법행위도 공정거

---

599) 결론적으로 대법원은 이 사건에서 담합행위와 관련된 관련시장의 획정 등이 위법을 이유로 하여 사건을 원심으로 파기·환송하였다.

600) 나영숙, "역지불합의에 대한 경쟁법적 규율: 우리나라와 미국 판례의 비교분석을 중심으로", 경제법연구 vol. 14. no.1. (2015) 315-352면; 김학수, "미국 제3연방항소법원의 역지급합의에 대한 최신판결: In re K-Dur Litigation, 경쟁법연구 164호(2012) 56면; 이황, 역지불합의에 대한 미국 Actavis 판결과 시사점, 판례실무연구 Ⅺ(2014) 551-592면.

래위원회가 판단하였고 서울고등법원에 소송계속 중 소취하로 종료되었다. 2000년 공정거래위원회의 지식재산권 행사지침에도 사실상 표준특허의 남용도 포함되었으나 사실상 표준은 성과경쟁의 승자에 대한 패널티라는 점에서 부정적인 시각이 있었고 이런 공정거래위원회의 지식재산권 행사지침의 태도에 대해서는 논란이 있었다.

## 2. 사실상 표준[601]과 2016년 부당한 지식재산권 행사지침의 개정

Huawei 판결에서 제시된 것처럼, 표준이라고 하면 개념적으로 표준특허에는 사실상 표준(de facto standard) 특허라는 개념도 포함된다. 그런데 사실상 표준 특허는 표준화기구(SSO; Standard Setting Organization)[602]에 의한 표준과 달리 경쟁과정에서 승자가 된 특허권자가 표준이 되었다는 점에서 표준화기구의 결정에 의한 표준과는 구별되는 점이 있으며 이런 차이는 공정거래법 관점에서 의미를 가진다고 본다. 이런 점을 인식하여, 공정거래위원회는 2015. 12. 16. 「지식재산권의 부당한 행사에 대한 심사지침」(이하 '지재권 심사지침'이라 한다)[603] 개정안을 마련하였다. 이에 따라 지침이 개정되었다. 개정된 지침은 사실상 표준특허(de facto SEP)는 정상적인 시장 경쟁의 결과 관련 업계에서 표준처럼 이용되는 기술이므로, 표준화기구 등이 FRAND 확약을 전제로 표준으로 채택한 표준필수특허와 동일하게 규제하는 것은 적절하지 않다는 의견이 있어서 이를 반영하여 사실상 표준특허에 대해서는 일반적인 특허권의 부당한 행사와 동일한 기준으로 위법성 판단을 하기로 하고, 사실상 표준특허에 대해 표준필수특허와 동일한 판단기준을 적용하는 현행 관련 조항을 정비·삭제하였다.[604]

---

601) 이에 대한 상세는 정연택, "표준특허와 사실상 표준에 대한 경쟁법적 고찰", 사법논집 제61집 351－406면.

602) Mark A. Lemley, Intellectual Property Rights and Standard－Setting Organizations, 90 Calif. L. Rev. 1889 (2002).

603) 2015년 12월 16일자 공정거래위원회 보도참고자료 참조.

604) 현행 심사지침 I. 3(5)은 "'표준기술'이란 정부, 표준화기구, 사업자단체, 동종기술 보유 기업군 등이 일정한 기술분야에서 표준으로 선정한 기술 또는 해당 기술분야에서 사실상 표준으로 널리 이용되는 기술을 의미한다"고 규정되어 있는데, 이 정의는 "'표준기술'이란 정부, 표준화기구, 사업자단체, 동종기술 보유 기업군 등이 일정한 기술분야에서 표준으로 선정한 기술을 의미한다"고 정의를 개정하였고, 이 정의의 개정에 따라서

그 밖에 지재심사지침의 목적을 "자유롭고 공정한 경쟁 촉진"으로 변경하고, 경쟁제한성 판단과 직접 관련이 없는 일부 규정을 정비하였다. 특히 지재권 심사지침이 기존 불공정거래 위주의 판단에서 시장지배적 지위 남용 및 부당한 공동행위 판단 중심으로 전환된 점 등을 반영하였다는 것이 2015년 행정예고에 의한 개정의 주된 내용이다.605)

---

사실상 표준에 대한 부분들은 삭제되었다.
605) 2014년 12월에 이 심사지침이 개정되었는데, 2015년에 다시 개정된다면 심사지침은 매년 개정되는 상황이 된다. 그 만큼 최근 이 쟁점에 대한 논의가 급격하게 전개되고 있음을 반영하는 것으로 볼 수 있다.

# 제 3 장

## 표준필수특허의 규율:
## 시장지배적 지위남용

# 제3장 표준필수특허의 규율 : 시장지배적 지위남용

## 제1절 시장지배적 지위남용행위의 개관

### I. 시장지배적 지위남용행위의 의의와 관련시장획정

　　표준필수특허권자의 공정거래법 위반여부가 문제가 될 때 가장 먼저 검토하여야 하는 것이 시장지배적 지위남용행위이다. 표준필수특허의 특수한 문제를 논하기 위해서 우선 시장지배적 지위남용행위에 대한 법리개관을 하고자 한다.[1] 시장지배적 지위남용행위는 시장지배적 지위의 존재, 이를 판단하기 위한 관련시장의 획정, 위법성의 판단지표로서의 경쟁제한성이 필요하다.

> 공정거래법 법 3조의2(시장지배적 지위의 남용 금지)
> ① **시장지배적사업자는** 다음 각호의 1에 해당하는 행위(이하 "남용행위"라 한다)를 하여서는 아니된다.
> 　1. 상품의 가격이나 용역의 대가(이하 "가격"이라 한다)를 **부당하게** 결정 · 유지 또는 변경하는 행위
> 　2. 상품의 판매 또는 용역의 제공을 **부당하게(경쟁제한)** 조절하는 행위

---

1) 정세훈 · 한득희, 표준필수특허권자의 시장지배적 지위 남용 - 중국 Huawei v. Inter Digital 판결, 경쟁저널 제179호 (2014) 참조.

> 3. 다른 사업자의 사업활동을 **부당하게(경쟁제한)** 방해하는 행위
> 4. 새로운 경쟁사업자의 참가를 **부당하게(경쟁제한)** 방해하는 행위
> 5. **부당하게(경쟁제한)** 경쟁사업자를 배제하기 위하여 거래하거나 소비자의 이익을 현저히 저해할 우려가 있는 행위

## 1. 관련시장획정의 기본이론

### 가. 시장획정의 의의

공정거래법 제3조의2는 시장지배적 사업자의 단독행위에 대한 규율이다. 특정한 사업자가 시장지배력이 있는지 여부, 즉 여기서 시장지배적 사업자인지 여부는 시장점유율이 가장 중요한 지표이다.[2] 이런 점에서 시장지배적 지위는 추정규정을 통해서 통상 정해진다.[3] 시장지배적 지위에 있는지 여부에 따라서 시장지배적 지위남용이 될 수도 있고, 아니면 제23조의 불공정거래행위가 될 수 있고, 이 경우 적용법조가 달라지므로 부당성 판단기준의 변화가 생긴다.

따라서 문제가 된 사업자가 시장지배적 지위에 있는지를 보아야 하는데, 이를 판단하기 위한 전제가 바로 도대체 여기서 말하는 '시장'이 무엇인지를 특

---

2) 서울고등법원 2007. 12. 27. 선고 2007누8623 판결("(4) 원고는 시장지배적사업자에 해당하지 아니한다. 온라인 음악감상 시장의 경우에는 매출액을 기준으로 점유율을 산정하는 것이 합리적이지 못할 뿐 아니라 실제 시장의 경쟁상황을 왜곡할 가능성이 크며, 나아가 피고는 대다수의 온라인 음악사업자의 매출액을 누락하고 매출액 산정의 기준으로 삼은 10개 온라인 음악사업자의 매출액 산정의 기준을 달리 적용함으로써 원고의 점유율이 심하게 부풀려지는 결과를 초래하였다. 또한 피고는 통합 임대형 상품의 매출액 중 다운로드와 스트리밍 서비스의 비율을 5:5로 가정하고 있으나, 이는 지나치게 자의적이며, 온라인 음악감상시장의 점유율은 방문자수 또는 페이지뷰 수를 기준으로 산정하는 것이 합리적이며, 2006. 1. 방문자수 기준으로 산정한 멜론의 시장점유율은 18%에 불과하므로 시장지배력을 가지고 있다고 볼 수는 없다.").

3) 같은 취지로 F.T.C. Commissioner Mary L. Azcuenaga, Remarks Before the Japanese Fair Trade Commission: Panel Discussion on Technological Innovation, International Trade and Competition Policy, (Dec. 1, 1997), 1997 WL 778602 (F.T.C.)("Monopoly power" is the ability to control prices and output or to exclude competitors from the market....Market share is an essential factor in ascertaining whether a firm has monopoly power....Generally, a market share greater than seventy percent indicates monopoly power, while a market share less than fifty percent is evidence against a finding of monopoly power.).

정할 필요가 있다. 이것이 시장획정(market definition)의 문제이다.[4] 시장획정은 이후의 전개에서 논리적으로 출발점이 되면서 동시에 매우 중요한 기능을 한다. 시장획정은 다시 상품시장(product market) 획정과 지리적 시장(geographic market) 획정으로 나뉜다.[5] 상품시장의 획정은 당해 상품과 대체상품간의 수요에 대한 교차탄력성(cross-elasticity)이나 합리적 대체가능성(reasonable interchangeability)을 기준으로 하여 판단한다.[6] 지리적 시장획정은 판매자가 영업을 하고, 구매자가 공급선교체를 예측할 수 있는지 여부에 의해서 제한을 받는다.[7]

### 나. 포스코 판결

시장지배적 지위와 관련하여 기본 판례로 기능하고 있는 포스코 판결[8]이다. 이 판결에서 대법원이 제시한 판단기준은 "특정 사업자가 시장지배적 지위에 있는지 여부를 판단하기 위해서는 경쟁관계가 문제될 수 있는 일정한 거래분야에 관하여 거래의 객체인 '관련 상품에 따른 시장'과 거래의 지리적 범위인 '관련 지역에 따른 시장' 등을 구체적으로 정하고 그 시장에서 지배가능성이 인정되어야 한다. 여기서 '관련 상품에 따른 시장'은 일반적으로 시장지배적 사업자가 시장지배력을 행사하는 것을 억제하여 줄 경쟁관계에 있는 상품들의 범위를 말하는 것으로서, 구체적으로는 거래되는 상품의 가격이 상당기간 어느 정도 의미 있는 수준으로 인상 또는 인하될 경우 그 상품의 대표적 구매자 또는 판매자가 이에 대응하여 구매 또는 판매를 전환할 수 있는 상품의 집합을 의미하고, 그 시장의 범위는 거래에 관련된 상품의 가격, 기능 및 효용의 유사성, 구매자들의 대체가능성에 대한 인식 및 그와 관련한 구매행태는 물론 판매자들의 대체가능성에 대한 인식 및 그와 관련한 경영의사결정 형태, 사회적·경제적으로 인정되는 업종의 동질성 및 유사성 등을 종합적으로 고려하여 판단하여야 하며, 그 외에도 기술발전의 속도, 그 상품의 생산을 위하여 필요한

---

4) Herbert Hovenkamp, Federal Antitrust Policy — The Law of Competition and its Practice, West Publishing Co (1994) p 91.
5) Brown Shoe v. United States, 370 US. 294, 324(1962).
6) Brown Shoe v. United States, 370 US. at 1524-25(1962).
7) E.I.Dupont de Nemours & Co. v. Kolon Indus. Inc., 637 F.3d 435, 439 (4th Cir. 2011).
8) 대법원 2007. 11. 22. 선고 2002두8626 전원합의체 판결.

다른 상품 및 그 상품을 기초로 생산되는 다른 상품에 관한 시장의 상황, 시간적·경제적·법적 측면에서의 대체의 용이성 등도 함께 고려하여야 한다. 또한, '관련 지역에 따른 시장'은 일반적으로 서로 경쟁관계에 있는 사업자들이 위치한 지리적 범위를 말하는 것으로서, 구체적으로는 다른 모든 지역에서의 가격은 일정하나 특정 지역에서만 상당기간 어느 정도 의미 있는 가격인상 또는 가격인하가 이루어질 경우 당해 지역의 대표적 구매자 또는 판매자가 이에 대응하여 구매 또는 판매를 전환할 수 있는 지역 전체를 의미하고, 그 시장의 범위는 거래에 관련된 상품의 가격과 특성 및 판매자의 생산량, 사업능력, 운송비용, 구매자의 구매지역 전환가능성에 대한 인식 및 그와 관련한 구매자들의 구매지역 전환행태, 판매자의 구매지역 전환가능성에 대한 인식 및 그와 관련한 경영의사 결정 행태, 시간적·경제적·법적 측면에서의 구매지역 전환의 용이성 등을 종합적으로 고려하여 판단하여야 하며, 그 외에 기술발전의 속도, 관련 상품의 생산을 위하여 필요한 다른 상품 및 관련 상품을 기초로 생산되는 다른 상품에 관한 시장의 상황 등도 함께 고려하여야 한다. 그리고 무역자유화 및 세계화 추세 등에 따라 자유로운 수출입이 이루어지고 있어 국내 시장에서 유통되는 관련 상품에는 국내 생산품 외에 외국 수입품도 포함되어 있을 뿐 아니라 또한 외국으로부터의 관련 상품 수입이 그다지 큰 어려움 없이 이루어질 수 있는 경우에는 관련 상품의 수입 가능성도 고려하여 사업자의 시장지배 가능성을 판단하여야 한다."는 것이었다.

관련시장 획정은 시장지배적 지위남용행위 판단의 출발점이다. 공동행위의 경우에는 시장획정이 불필요하다는 생각, 특히 경성공동행위(Hardcore cartel)의 경우에는 시장획정이 요구되지 않는다고 보았지만 서울고등법원은 공동행위의 경우에도 시장획정이 필요하다고 보았다.[9] 그러면서, "어떠한 공동행위가 부당

---

9) 서울고등법원 2010. 7. 22. 선고 2009누9873 판결("이 사건 공동행위의 관련시장에 대해서 이 사건 공동행위의 관련시장을 획정함에 있어서는 다른 무엇보다도 공동행위의 대상 및 사업자의 의도, 공동행위가 이루어진 영역 또는 분야, 공동행위의 수단과 방법, 그 영향 내지 파급효과 등과 관련하여 아래와 같이 이 사건 공동행위 자체에 존재하는 특성들을 고려해야 할 필요가 있다.
① 공동행위의 대상 및 사업자의 의도 면에서, 원고는 비엠더블유자동차 딜러들로서 다른 수입자동차 딜러들과 담합하여 각 수입자동차 브랜드간(Inter-brand) 차원의 가격

한지 여부는 그 공동행위의 행위자들이 시장지배력을 행사하여 경쟁을 제한하

경쟁을 제한하려고 하는 의도나 목적에서가 아니라, 바로 그 하위판매자인 비엠더블유자동차 딜러들 사이에서 자신들 몫으로 주어지는 판매마진을 극대화하기 위한 목적으로 비엠더블유자동차의 가격할인 한도 및 판매조건에 대한 제한을 직접적인 담합의 대상 및 내용으로 삼았다.

② 공동행위가 이루어진 영역 또는 분야 면에서, 원고가 과도하게 가격할인 한도를 제한함으로써 비엠더블유자동차의 가격이 다른 브랜드의 수입자동차 가격에 비하여 높은 수준으로 설정되고, 이에 따라 소비자들이 비엠더블유자동차 판매시장에서 이탈하여 다른 브랜드의 수입자동차로 구매를 전환함으로써 결국 원고의 전체 수익이 감소하는 불이익한 결과가 초래된다고 하면 이 사건 담합을 할 만한 경제적 유인이나 동기가 사라지게 된다. 따라서 원고는 위와 같이 수입자동차를 구매하려는 고객들의 시장이탈 내지 구매전환을 가져오지 않는 범위 내에서만 가격할인을 제한할 수밖에 없는 고유한 경쟁적인 제약요인에 직면하게 되므로, 이 사건 공동행위가 퀼컴간의 브랜드내(Intra-brand) 경쟁을 넘어서 다른 수입자동차와의 브랜드간(Inter-brand) 경쟁에까지 영향을 미치기는 어렵다고 보인다.

③ 공동행위의 수단 및 방법 면에서, 퀼컴이 비엠더블유자동차의 판매로 얻는 수익은 권장소비자가격에서 부가가치세를 제외한 금액의 약 14% 상당이지만 퀼컴의 평균마진율(매출액 대비 당기순이익)은 1%에도 미치지 못하는 낮은 수준에 불과하므로(증인 김종민의 증언 참조), 이 사건 공동행위는 최종 소비자가격에 대한 직접적인 통제가 아니라 퀼컴이 취득할 수 있는 판매마진의 범위 내에서 판매마진을 조절하는 매우 제한적인 방법으로 이루어질 수밖에 없다.

④ 공동행위의 영향 내지 파급효과 면에서, 비엠더블유자동차 딜러들인 원고사이에서는 엄연히 브랜드내(Intra-brand) 경쟁이 이루어지고 있었고 과도한 가격할인 경쟁으로 인하여 원고의 수익성이 악화되자 이를 타개하기 위하여 이 사건 공동행위에 이르게 되었는바, 아래에서 보는 바와 같이 이 사건 공동행위로 인하여 퀼컴간의 브랜드내(Intra-brand) 경쟁, 특히 가격경쟁이 즉각적으로 영향을 받게 된다.

2) 나아가 앞서 본 이 사건 공동행위 자체의 특성들에 더하여 을제1호증의 8, 을제9호증의 1, 2, 을제10호증의 1 내지 4의 각 기재에 변론 전체의 취지를 종합하여 인정되는 사정, 즉 ① 국내 소비자들은 수입자동차를 구입할 때 어떤 회사의 자동차를 살 것인지, 즉 어떤 브랜드를 선택할 것인지를 최우선적으로 고려하고 그 다음으로 자동차의 가격, 차급, 배기량 등을 선택기준으로 삼고 있는 점, ② 원고도, 비엠더블유자동차가 벤츠, 아우디, 렉서스 등의 수입자동차 브랜드와 경쟁관계에 있기는 하지만 일단 소비자가 비엠더블유자동차 매장을 방문하는 경우에는 대체로 비엠더블유라는 브랜드를 선택하였거나 선택하려고 하는 상태이기 때문에 그 이후에 원고들사이의 브랜드내Intra-brand) 경쟁을 더 중요한 것으로 인식하고 이에 맞추어 가격할인, 세금지원, 각종 서비스제공 등의 판매전략을 세우고 있는 점, ③ 원고들은 비엠더블유자동차 신차종의 판매만을 담당하고 있고 중고비엠더블유자동차의 거래는 중고자동차매매업소 등 별도의 유통경로를 통하여 이루어지고 있는 점 등까지 모두 보태어 보면, 이 사건 공동행위의 관련시장은 '국내에서 판매되는 비엠더블유자동차 신차 전차종'(즉 지리적 시장은 국내시장이고, 상품시장은 비엠더블유자동차의 모든 신차종의 판매시장이다)이라고 봄이 상당하다.")

고 있는지를 살펴서 판단하여야 하고, 이러한 경쟁제한성을 따져보기 위해서는 그 전제로서 경쟁이 이루어지는 일정한 거래분야, 즉 관련시장을 확정할 것이 요구된다. 여기서 관련시장이라 함은 거래의 객체별·단계별 또는 지역별로 경쟁관계에 있거나 경쟁관계가 성립될 수 있는 분야를 말하고(공정거래법 제2조 제8호), 이는 거래대상인 상품의 특성 내지 기능 및 효용의 유사성, 구매자 또는 판매자들의 대체가능성에 대한 인식, 그와 관련된 구매행태 또는 경영의사결정 형태 등을 종합적으로 고려하여 판단하여야 할 것이다."고 하였다.10)

　　이런 점에서 보면 시장획정의 문제는 우리 공정거래법 위반여부의 판단에 있어서 시장지배적 지위남용, 공동행위 모두를 통관하는 요건이 되었다.11) 이러한 관련시장의 획정은 사업자들 사이에 경쟁의 경계를 특정하고 획정하는 수단이고 경쟁정책이 적용될 수 있는 기본 틀의 설정을 가능하게 하는 것이므로, 공정거래법상 관련시장의 획정을 필요로 하는 당해 행위가 무엇인지에 따라 달리 취급되어야 한다. 즉 기업결합의 경우에는 기업결합으로 발생할 장래의 경쟁 상황의 변화를 예측하기 위한 전제로서 관련시장의 획정이 문제되고 기업결합 자체가 규모의 경제 등 효율성을 수반하기 때문에 잠재적인 경쟁압력을 폭넓게 반영하여 관련시장을 획정하게 되는 것과 비교하여, 부당한 공동행위의 경우에는 이미 발생한 담합에 대한 위법성을 사후에 판단하는 것으로서, 관련시장을 획정함에 있어 무엇보다도 행위자의 의도와 목적, 공동행위로 이미 경쟁제한 효과가 발생한 영역 내지 분야 등을 일차적인 판단기준으로 삼는다는 점에서 차이가 난다고 할 것이다.12)

　　시장획정의 문제는 시장과 브랜드 관점에서 모두 고려되어야 한다. 특히, 상표 등의 지적재산권은 그 자체로 시장지배력을 가지기도 하고 단일 특허가 시장을 형성하고 그 시장에서의 지배력의 원천이 되는 경우가 있고, 그렇지 않은 경우가 있다. 전자의 대표적인 경우가 제약시장이고, 후자의 대표적인 경우

---

10) 대법원 2009. 4. 9. 선고 2007두6793 판결 참조.
11) 다만 이런 식의 논의를 일관하는 것은 경성공동행위 중에서 입찰담합의 경우에는 한계가 있다. 물론 이 문제의 해법은 여전히 입찰담합의 경우에도 시장획정은 필요하지만 당해 입찰에 대해서 담합한 행위가 하나의 관련시장에 대한 행위로 보고 시장획정을 별도로 요구하지 않는 방법이 있다.
12) 서울고등법원 2010. 7. 22. 선고 2009누9873 판결.

가 통신기기시장이다. 이런 특징들이 고려되어야 한다. 그런 점에서 후자의 시장의 경우에는 특허나 상표만으로 시장지배력이 인정될 수 없다고 보고 있다.[13] 브랜드의 차이가 지배력을 결정하는 경우도 있다. 시장에서 기술적으로 이미 성숙된 경우에는 기술적인 차이가 크지 않음에도 불구하고 브랜드의 차이가 시장에서의 지배력을 좌우하는 경우가 있다. 소비자들은 이런 경우 브랜드에 의존하여 소비를 하는 것이고 브랜드의 힘이 시장지배력의 원천이 되는 것이다.[14]

## 다. SSNIP 테스트

위 법리 적용을 위해서 시장획정의 가장 기본적인 질문을 해 본다. 소주시장과 맥주시장은 같은 시장인가? 이 질문을 바꾸어보면, '소주를 마시던 사람이 소주의 가격이 오르면 맥주를 마시게 될까'로 치환할 수 있다. 이 문제는 정도의 문제이다. 소주를 마시던 사람이 소주가격이 오르면 금주를 하지 않고 맥주로 바꿀 가능성(대체가능성)을 보는 것이 기본적인 모습이다.

이런 심사를 우리는 이른바 SSNIP(Small but Significant and Nontransitory Increase in Price) 테스트라고 한다. SSNIP 테스트는 가상적인 독점기업이 '작지만 의미 있고 일시적이지 않은 가격인상'을 통하여 이윤을 높일 수 있는 최소범위의 상품군으로 관련시장을 획정하는 방법을 말한다.[15]

SSNIP는 실무에서 가장 자주 사용되는 시장획정 방법이다. 서울고법 2009누9873 사건에서 원고 코오롱글로텍 주식회사는 SSNIP 테스트를 이용하여 경제분석을 한 결과 비엠더블유자동차의 가격이 5% 또는 10%의 일정한 수준으로 일정 기간에 걸쳐 인상될 경우 소비자들이 다른 수입자동차 또는 국내 고급자동차로 구매를 전환하게 됨을 알 수 있으므로, 결국 이 사건 관련시장은 비엠더블유자동차 외에 다른 수입자동차 또는 국내 고급자동차를 포함하는 판매

13) Herbert Hovenkamp, p 91. 미국 법원은 Independent Ink 판결에서 이런 설시를 하였고, 이전에 미국 법무부 지재권 가이드라인도 이런 태도를 취했다. 이런 태도에 대해서는 최승재, 특허권의 시장지배력 추정에 관한 연구 —Independent Ink 사건을 중심으로—, 상사판례연구 22권 1호 (2009) 161–192면.
14) Herbert Hovenkamp, p 92.
15) 서울고등법원 2010. 7. 22. 선고 2009누9873 판결.

시장으로 확대하여야 한다고 주장했다.[16) 이에 대해서 법원은 이 사건 공동행위가 부당한 공동행위에 해당되는지를 판단하기 위해서는 먼저 위와 같은 법리에 따라 SSNIP 테스를 통해서 관련시장을 획정하고 그 관련시장에서 원고가 시장지배력을 가지고 공동행위를 통하여 경쟁을 제한하는지 여부를 심사하여야 할 것이라고 논리적인 검증순서를 정하였다. 그리고 법원은 이 사건 공동행위의 관련시장은 '국내에서 판매되는 비엠더블유자동차 신차 전차종'[17)(즉 지리적

---

16) 서울고등법원 2010. 7. 22. 선고 2009누9873 판결.

17) 이 사건에서 원고는 이른바 SSNIP(Small but Significant and Nontransitory Increase in Price) 테스트를 이용하여 경제분석을 한 결과 비엠더블유자동차의 가격이 5% 또는 10%의 일정한 수준으로 일정 기간에 걸쳐 인상될 경우 소비자들이 다른 수입자동차 또는 국내 고급자동차로 구매를 전환하게 됨을 알 수 있으므로, 결국 이 사건 관련시장은 비엠더블유자동차 외에 다른 수입자동차 또는 국내 고급자동차를 포함하는 판매시장으로 확대하여야 한다고 주장한다.

이에 대해서 법원은 ① 비엠더블유 본사 내지 국내 독점수입사 비엠더블유코리아가 경쟁에 이용할 수 있는 경쟁수단은 자동차의 성능이나 디자인의 개선, 생산원가의 절감, 유통구조의 개선, 다른 브랜드와의 차별화를 위한 광고 등으로 매우 다양함에 비하여, 비엠더블유코리아로부터 자동차를 공급받아 판매하는 퀄컴으로서는 자신들의 몫으로 할당되는 판매마진 범위 내에서 현금지원이나 세금보상 등 주로 판매가격을 할인해 주는 것이 거의 유일한 경쟁수단인 점, ② 비엠더블유코리아가 직면하는 경쟁적인 제약요인을 살펴보면 다른 브랜드의 수입자동차 수입사들을 그 경쟁대상으로 파악하고 앞서 본 바와 같이 다양한 경쟁수단을 통하여 경쟁할 뿐만 아니라 경쟁으로 인한 파급효과도 다른 수입자동차 수입사와의 브랜드간(Inter-brand) 경쟁분야에 주로 미치게 되는 반면에, 퀄컴이 직면하는 경쟁적인 제약요인은 비엠더블유코리아로부터 수입자동차를 공급받아 판매하는 하위사업자인 딜러들을 그 경쟁대상으로 파악하고 가격할인이라는 제한된 경쟁수단만을 이용하여 경쟁할 뿐만 아니라 경쟁으로 인한 파급효과가 미치는 범위도 비엠더블유자동차 딜러들 사이의 브랜드내(Intra-brand)경쟁에 불과하므로, 결국 수입자동차의 독점수입사들 사이에 브랜드간(Inter-brand) 경쟁이 이루어지는 시장과 각 수입자동차의 딜러들 사이에 브랜드내(Intra-brand) 경쟁이 이루어지는 시장은 각각의 시장행위자들이 직면하는 경쟁적인 제약요인이 상이하여 서로 '단계별'로 구분되는 별개의 시장이라고 보이는 점, ③ 이 사건 공동행위의 관련시장을 비엠더블유자동차 외에 다른 수입자동차 내지 국내 고급자동차까지 포함하는 것으로 보아 퀄컴의 이 사건 공동행위로 인한 경쟁제한의 효과가 발생하지 않거나 미미하다고 한다면, 퀄컴이 굳이 4년 동안 각 차종별로 구체적인 할인한도를 제한하기로 합의하고 그 실행 여부를 감시할 만한 동기나 유인이 없다고 보이는 점(원고 코오롱의 소외인 팀장은 "가장 최근의 딜러협의회 모임은 2008. 2.경이다. 딜러들 간에 합의사항이 제대로 지켜지지 않는 등 문제가 많았으나 이런 모임까지 없다면 2004년도처럼 큰 적자가 날 수 있기 때문에 그래도 모임을 지속하는 것이 낫다고 판단하였다."라고 진술하고 있다), ④ 퀄컴을 비롯한 수입자동차 딜러들은 국내 독점수입사로부터 해당 브랜드 자동차만을 공급받아 판매하

시장은 국내시장이고, 상품시장은 비엠더블유자동차의 모든 신차종의 판매시장이다)이라고  보았
다.[18]  결론도 중요하지만, 위 판결에서 법원이 "피고가 이 사건 공동행위의 관
련시장을 '국내에서 판매되는 비엠더블유자동차 신차 전차종'으로 획정한 것은
정당하고 이를 위법하다고 할 수 없다"는 결론을 도출하는 과정을 보아야 한
다.[19]

위 판결 사안에서 자동차 시장을 구분하여 보면, 수입차, 국산차, 프리미
엄급 차량과 그렇지 않은 차량 등 여러 기준으로 나누어 볼 수 있으며, 이 가
운데 어느 하나의 시장을 이 사건의 관련시장으로 획정하게 된다.

특수한 형태의 시장획정이 고려될 수 있는 경우들이 있는데, 군집시장과
양면시장이 그 예이다. 이는 뒤에서 후술한다.

### 라. 상품시장과 기술시장

미국 연방거래위원회는 특허라는 재산권이 가지는 특성을 감안하여, 전통
적인 상품시장 외에 기술시장을 관념하였다. 상품시장과 기술시장은 서로 구별
되는 경우가 있고 그렇지 않고 실질적으로는 하나로 기능하는 경우가 있다. 기
술시장은 상품시장과 구별되어 사용되어야 하는 용어로서 상품시장과 기술시
장이 겹치는 대표적인 경우가 제약시장이다. 제약시장의 경우도 다시 나누어
바이오 고분자(large molecule) 제약과 화학합성을 통한 저분자제약 시장으로 분류
할 수 있는데[20] 전통적인 화학합성을 통한 저분자 약품의 경우 그 상품은 대

---

기 때문에 브랜드내(Intra－brand) 경쟁에 직면할 수밖에 없으나, 국내 자동차 판매시장
의 경우 제조회사가 직영하는 판매점이 큰 역할을 하고 있어 그 경쟁적인 제약요인이
서로 다르다고 보이는 점 등을 모두 보태어 보면, 이 사건 공동행위의 관련시장을 비엠
더블유자동차 판매시장을 넘어서 다른 수입자동차 전체 내지 국내 고급자동차 판매시
장으로까지 확대해야 할 필요가 있다고 볼 수 없다. 따라서 원고들의 위 주장은 받아들
이지 아니한다.
따라서 피고가 이 사건 공동행위의 관련시장을 '국내에서 판매되는 비엠더블유자동차
신차 전차종'으로 획정한 것은 정당하고 이를 위법하다고 할 수 없다.
18) 서울고등법원 2010. 7. 22. 선고 2009누9873 판결.
19) 서울고등법원 2010. 7. 22. 선고 2009누9873 판결.
20) 바이오시밀러와 전통적인 화학합성물제약은 여러 면에서 구별된다. 제도적으로도 이런
차이점을 인식하여 미국의 허가특허연계제도를 규정한 Hatch－Waxman Act는 전통적
인 화학합성물 약품을 염두에 두고 복제약(제네릭 의약품)의 개발 비용 및 시간을 절감
하기 위하여 제정된 법이다. 동법 제정 이전에는 제약회사가 제네릭 의약품을 허가 받

개 하나의 특허가 하나의 약품을 구성한다. 물론 이런 하나의 특허는 다시 염치환 등으로 해서 다른 특허가 출원되고 등록되거나 제법특허로 등록되기도 하지만 궁극의 물질특허는 하나라고 이해되고 이런 점에서 상품시장과 기술시장이 서로 겹치는 것으로 볼 수 있다. 반면 이동통신기술의 경우에서 보는 것처럼 하나의 스마트폰이라는 상품은 만여개의 특허로 구성된다고 하는데 이 경우 개별적인 특허들이 각각의 부품이나 시스템, 인프라설비에 구현되고 전체로서 하나로서 기능한다. 즉 기술시장이 복수이고 최종적으로 거래되는 상품은 하나이다. 반독점 상품시장의 범위는 해당 상품과 대체재 사이에 사용 측면에서 합리적인 상호대체가능성이 있는지 또는 수요의 교차탄력성이 있는지에 따라 정의한다.[21] 합리적인 대체가능성 테스트에 따라 미국 연방지방법원은 합리적으로 예측가능한 장래에 가격결정을 제약하는 대체상품만을 고려해야 하며, 비교적 단기간내에 시장에 진입할 수 있는 상품만이 이러한 역할을 할 수 있다.[22] 관련시장의 획정은 가용한 대체상품이 존재하는지에 달려 있다. 그 밖에 반독점 상품시장을 실질적으로 보여주는 지표로는 시장에 대한 업계 또는 대중의 인식과 상품의 고유한 특징 및 용도가 포함된다.[23]

물론 상품시장도 다시 실제 거래되는 개별적인 부품단위를 두고 보면 그

---

기위해서 신약과 마찬가지로 자체적으로 임상시험을 시행하여 안전성 및 유효성을 입증하여야 하였으나,1984년 동법을 제정함으로써 오리지널 의약품의 임상시험 정보를 원용하여 제네릭 의약품 허가를 받을 수 있도록 한 것이다. 더 나아가, 의사가 대체조제 금지를 처방전에 표시하지 않는 이상,약사의 대체조제가 가능하다. 그런데 바이오시밀러의 시장 진입을 보다 원활하게 하기위하여 2010년부터 시행된 법이 BPCIA(Biologics Price Competition and Innovation Act)이다. 동 법하에서 바이오시밀러에 대한 허가는 biosimilarity 허가와 interchangeability 허가로 구분된다. 이는 Hatch−Waxman Act와 구별된다(Biosimilarity 허가를 위하여 분석 연구,동물실험 및 임상시험 자료가 요구되는데,임상시험 자료는 안전성(safety),순도(purity) 및 강도(potency)를 입증할 수 있는 약동학 또는 약역학적 평가 자료면 충분하다. Interchangeability 허가를 위해서는, 위와 같은 biosimilarity 허가 요건에 더하여, 오리지널 의약품과 동등한 수준의 임상 결과 및 오리지널 의약품을 해당 바이오시밀러로 교체 투약하였을 때 발생할 수 있는 안전성이나 효능 감소 문제가 오리지널 의약품을 계속 사용하였을 때와 비교하여 크지 않다는 점이 인정되어야 한다. 이재상. "[특별기고] 바이오시밀러와 바이오의약품의 약가", 데일리팜 2018. 2. 12. 자. http://www.dailypharm.com/News/236683.

21) Brown Shoe, 370 U.S. at 1524−25.
22) Microsoft,253 F.3d at 53−54.
23) Brown Shoe Co., 370 U.S. at 325.

자체로 하나의 상품시장을 구성하게 되지만 그렇게 보더라도 제약시장에 비하여 훨씬 기술과 상품의 간극이 크다고 할 수 있다. 물론 실제로 어느 정도 단위에서 판매되는 상품이라고 볼지는 그 자체로도 흥미로운 주제이다. 이와 관련해서 미국법원은 SSPPU(Smallest Salable Patent Practicing Unit, 흔히 '최소 판매가능 특허실시단위'라고 번역함)라는 개념을 도입하여 그 단위를 특허침해로 인한 손해배상액 산정의 기준으로 사용하고 있다.[24] 'SSPPU'(Smallest Salable Patent Practicing Unit, 최소판매가능 특허실시단위)는 여러 부품으로 구성된 기기에서 '특정 특허 기술'이 적용된 가장 작은 단위의 부품을 의미한다.[25] 이런 의미에서 상품시장도 실제로는 다양한 변주가 있다. 상품시장과 기술시장의 관계도 결국 이런 변주의 연장선상

---

24) 2017. 7. 20. 법무법인 태평양이 개최한 세미나에서 특허청 곽준영 심사기획국 과장은 "표준특허설정시 표준특허권자는 표준과 무관한 부분에까지 로열티를 요구하거나(포괄적 라이선스), 고액 실시(Hold-up)를 할 가능성이 높다"며 "FRAND(공정하고 비차별적인 특허기술사용조건 확약) 원칙상 실시료는 최소 판매가능 특허실시 단위(SSPPU)를 기준으로 산정되어야 하며, 실시료에 이견이 존재할 경우 표준특허권자와 실시자는 독립적인 제3자에게 FRAND 실시료에 대해 판정을 받는 것에 상호 동의하여야 한다"라고 말한 바 있다.([법무법인 태평양] 첨단기술표준과 특허권 행사 관련 법제 세미나 개최) https://blog.naver.com/bklpc/221084584870.

25) "SSPPU는 랜들 레이더(Randall Rader) 판사가 지난 2009년, 일회성 상황을 해결하기 위해 고안한 개념이다. 미국 코넬대학교가 HP社를 상대로 제기한 특허침해 소송에서, 특허권자인 코넬대학교는 그들이 보유한 특허기술이 중간 부품에만 적용됐음에도 HP의 전산 시스템 전체를 기준으로 로열티를 요구했다. 이 소송의 대상 특허는 HP 프로세서의 `지시 재배열 버퍼` 속도와 효율성을 증가시켰다. 이 프로세서는 독자적으로 판매되거나 CPU 모듈에 설치돼 판매될 수 있었고, CPU 모듈 또한 독자적으로 판매되거나 CPU 브릭에 설치될 수 있었다. 또 CPU 브릭도 독자적으로 판매되거나 서버에 설치돼 판매될 수 있는 특수한 상황이었다. 이 경우 합리적인 손해액 산정 범위를 벗어난다고 생각한 레이더 판사는 코넬대학교가 액수도 크고 적용키도 부적절한 `서버 전체` 판매 수익을 제시해 배심원을 현혹하지 못하도록 했다. 이 코넬대학교 사건에서 효율성이 뛰어난 프로세서가 HP 서버의 상품가치를 증가시켰을지는 모르지만, 그 프로세서는 각 서버 가치 중 `일부`만 증대시킨다는 것이 명백했다. 레이더 판사는 이 구체적 상황, 즉 배심원단이 특정 특허에 대해 판단하고, 해당 특허가 모듈형 제품에 사용되고, 그것이 순차적으로 더 큰 제품의 일부로 사용돼 이 각각의 제품들이 시장에서 독립적인 가치를 가지는 상황을 해결하기 위해 SSPPU 이론을 개발했던 것이다. SSPPU 이론은 이와 같은 특수한 상황에서는 배심원들에게 1차 제품(first-order product)의 판매액이 적절한 로열티 산정의 기준이라는 지침을 줘야 한다는 원칙을 의미한다."고 소개하면서 이 원칙의 적용의 한계를 지적하는 견해로 [IP노믹스]<특별기고/ 데이비드 카포스 전 美 특허청장> 배상액 산정에 있어 SSPPU가 최선이라는 오해, 전자신문 2016. 11. 8.자. http://www.etnews.com/20161108000288.

에서 고려되어야 한다.

한편 2018년 경쟁국의 국장대행을 맡고 있던 브루스 호프만(Bruce Hoffman)은 '기술산업과 경쟁정책(Competition Policy and the Tech Industry - What's at stake?)'이라는 강연에서 기술산업이라는 용어도 매우 다양한 의미로 사용되고 있다고 지적하고 있다.[26] 그런데 기술산업이라는 용어와 기술시장이라는 용어도 구별되어 사용되어야 할 용어이다. 기술산업은 기술시장과는 서로 다른 맥락의 용어로서 기술산업이라는 용어는 좁게는 데이터산업이나 온라인 검색산업과 같은 산업을 의미한다. 이런 기술산업에 특허는 주요한 기능을 하기도 하지만 공개할 수 없는 알고리즘과 같은 영업비밀이 중요한 기능을 하는 경우도 많다. 그런 점에서 기술시장과 기술산업이라는 용어는 서로 구별하여 사용하는 것이 옳다.

## 마. 표준필수특허권자

기술(라이선스) 시장에서 해당 표준필수특허를 대체하는 다른 기술이 존재하지 않는다 하더라도 동 표준을 대체할 수 있는 다른 표준이 존재하는 경우, 표준필수특허 보유자의 지배력 남용은 적절히 제어될 수 있다. 또한 대체 표준이 존재하지 않더라도 표준을 적용한 하류 상품시장에서 해당 표준을 적용하지 않는 다른 제품과의 경쟁이 활발한 경우라면 표준필수특허의 영향력은 낮아질 수 있고 각 표준필수특허 보유자의 독점적 지위는 하류 상품시장의 경쟁을 통해 견제될 수 있다.[27] 표준필수특허권자의 FRAND 확약 위반으로 상품시장에서 생산비용이 상승하는 경우에도 소비자는 대체 가능한 다른 상품을 이

---

26) 2018. 4. 12. 자 미국 연방거래위원회 문서.
   https://www.ftc.gov/system/files/documents/public_statements/1375444/ccia_speech_final_april30.pdf 2018. 4.12. 자 미국 연방거래위원회 문서.

27) 예를 들어 컴퓨터에 사용되는 이동식 저장매체 장치 중 하나인 블루레이(Blu-ray) 미디어를 생산하고 이용하기 위한 표준은 하나이지만, 다른 대체 가능한 상품으로 이동식 저장매체인 USB 등이 존재하고 USB를 생산이용하기 위한 다른 표준이 존재한다. 이때 각각의 저장매체에 적용되는 표준 간에는 대체가능성이 없지만 각 표준을 이용하여 생산된 상품인 블루레이와 USB사이에는 대체성이 인정될 수 있다. 따라서 표준을 이용한 하류시장에서 상품간 대체가능성이 있다면 각 저장매체의 표준을 이용하기 위해 필수적인 표준필수특허의 독점력 행사는 하류시장의 대체품간의 경쟁을 통해 제한될 수 있는 것이다.

용할 수 있으므로 표준필수특허권자의 지배력 남용은 하류시장의 경쟁구조에 의해 제한을 받기 때문이다. 소비자들이 특정한 제품이 고착되어 있는 경우 (lock in)가 있을 수도 있다. 이런 경우에는 시장획정이 더욱 좁게 이루어질 수밖에 없다.[28] 이와 같은 고착화는 소비자들이 특정한 제품이 이미 대규모의 투자를 하였기 때문에 이를 다른 것으로 변경하려고 하는 경우에는 기존의 투자를 포기하여야 하는 엄청난 비용적인 문제가 있거나,[29] 소비자들이 특정한 특허나 상표와 같은 지적재산권을 사용할 것을 전제로 하여 대규모 투자를 한 경우를 들 수 있다. 후자의 대표적인 경우가 바로 표준필수특허권자의 FRAND 확약 이후의 라이선스 거절행위이다. 올리버 윌리암슨은 계약당사자들이 기회주의적인 거동을 하는 바, 이런 기회주의적인 거동이 항상 그들에게 이득이 되는 것은 아니지만, 기회주의적인 거동이 사기적인 성격을 가지고 있을 때는 이득이 된다고 본다. 기회주의적인 거동이 문제가 되는 대표적인 경우가 바로 특허 억류(hold up)의 경우이다.

이 주제에 대한 정의로 가장 단순한 것은 계약의 일방 당사자가 위협을 하면서 만일 자신의 요구대로 응하지 않을 경우에는 다른 당사자에게 경제적인 손해를 가하겠다고 위협을 하는 경우인데, 전형적으로 이런 경우에 부합하는 것이 바로 퀄컴이 자신의 특허를 표준필수특허로 표준화기구가 정해주기만 하면 누구든지 라이선스를 하겠다고 약속(FRAND 확약)을 한 뒤에 그 약속을 어기고 자신의 요구대로 라이선스를 해주지 않으면 칩셋을 팔지 않겠다고 하는 경우이다.[30]

---

28) Herbert Hovenkamp, p 92. Herbert Hovenkamp는 이런 사례로 크라이슬러사는 자동차 시장에서는 다수의 메이커들과 경쟁을 하지만, 부품에 있어서는 크라이슬러 자동차의 구매자들은 반드시 크라이슬러사의 부품을 구매할 수밖에 없는 상황이므로 이런 상황이 바로 소비자들이 특정 제품이 고착화된 경우라고 설명하고 있다.

29) 이런 문제는 내구재(durable goods)의 문제에서 발생하기도 한다. 장기투자나 특정자산에 대한 투자는 올리버 윌리엄슨이 이미 지적한 문제로서 이런 경우에 고착화의 문제가 생기고 반대편은 이런 상황을 이용하여 홀드업 행위를 할 수 있게 된다. Benjamin E Hermalin, A tribute to Oliver Williamson: Holdup: Implications for investment and organization, Winter 2010 Vol 52 no 2 California management Review; James H. Love, Opportunism, Hold−Up and the (Contractual) Theory of the Firm, Journal of Institutional and Theoretical Economics (JITE) /Zeitschrift für die gesamte Staatswissenschaft. Vol. 166, No. 3 (September 2010), pp. 479~501.

그러나 위의 두 가지 조건에 해당하지 않는 경우, 즉 특정 표준을 대체할 수 있는 다른 표준이 존재하지 않고 표준을 적용한 하류 상품시장의 경쟁 구조를 통해 독점력 남용을 제어할 방법도 마땅치 않은 경우에는 표준화 기구에서의 FRAND 확약은 특허권자의 독점력 남용을 방지하는 유일한 수단이 된다. 이와 관련하여 유럽최고법원의 IMS Health 판결[31]과 마이크로소프트 판결,[32] ZTE 판결[33]이 참고가 된다.

## 2. 군집시장(cluster market)

군집시장이란 일군(群)의 서비스가 묶여서 제공되는 시장을 말한다.[34] 독점규제 및 공정거래에 관한 법률은 시장지배적 사업자가 일정한 남용행위를 하는 것을 금지하고 있다(제3조의2). 여기서 시장지배적 사업자란 일정한 거래분야의 공급자나 수요자로서 단독으로 또는 다른 사업자와 함께 상품이나 용역의 가격·수량·품질 기타의 거래조건을 결정·유지 또는 변경할 수 있는 시장지위를 가진 사업자를 말한다(제2조 제7호 전문). 시장지배적 사업자 여부를 판단함에 있어서는 시장점유율, 진입장벽의 존재 및 정도, 경쟁사업자의 상대적 규모 등을 종합적으로 고려하되, 일정한 거래분야에서 1개 사업자 시장점유율이 100분의 50 이상인 경우 등에는 해당 사업자를 시장지배적 사업자로 추정한다(제2조 제7호 후문, 제4조 제1호). 한편 시장지배적 사업자 인정의 전제가 되는 관련상품시장의 범위는 거래에 관련된 상품의 가격, 기능 및 효용의 유사성, 구매자들의 대체가능성에 대한 인식 및 그와 관련한 구매행태는 물론 판매자들의 대체가능성에 대한 인식 및 그와 관련한 경영의사결정 형태, 사회적·경제적으로 인정되는 업종의 동질성 및 유사성 등을 종합적으로 고려하여 판단하여야 하고, 그 밖에도 기술발전의 속도, 그 상품의 생산을 위하여 필요한 다른 상품 및

30) 퀄컴 미국판결문(2019) 41-44면.
31) IMS Health GmbH & Co. OHG v. NDC Health GmbH & Co. KG, 2004 E.C.R. I-05039, [2004] 4 C.M.L.R. 28.
32) Microsoft Corp. v. Motorola, Inc. 696 F.3d 872 (9th Cir. 2012).
33) Huawei Technologies v. ZTE Deutschland GmbH (Case C-170/13),
34) 김성철, 권영신, 남찬기 "인터넷서비스 분류 및 시장획정에 대한 연구" 한국방송학보 통권 27-5호 (2013. 9).

그 상품을 기초로 생산되는 다른 상품에 관한 시장의 상황, 시간적·경제적·법적 측면에서 대체의 용이성 등도 함께 고려하여야 한다.[35]

이와 같은 법리를 바로 적용하기 어려운 특수한 유형의 시장의 하나가 바로 군집시장이다. 인터넷서비스 시장의 경우가 대표적인데, 이 시장은 서비스의 비정형성, 무료서비스, 동태적 기술혁신, 소비자의 낮은 전환비용 등의 군집시장으로서의 특징으로 인해서 SSNIP 테스트의 사용이 어렵다. 군집시장의 사례로 대법원이 차량정비업과 관련 사례가 있다(현대자동차 사례. 대법원 2012두6308 판결).

이 사건에서, ① 원고와 그 경쟁부품업체들은 각 대리점과 비대리점을 구분하여 다품종 거래관계를 계속적으로 유지하면서 차량 정비용 부품을 공급하는데, 원고 대리점이 아닌 경우 원고로부터의 순정품 구매가 사실상 어렵고, 원고 대리점의 경우도 개별 품목별로 정비용 부품을 공급받는 것이 아니라 일련의 정비용 부품 전체에 관한 수급권을 부여받는 형태로 원고와 거래하는 점, ② 부품도매상들이 정비용 부품 수요자인 차량정비업체에 정비용 부품을 판매할 때는 그들 사이에 개별 품목별로 경쟁관계가 성립할 수 있지만, 원고 등 정비용 부품업체들 사이의 경쟁은 부품도매상들을 놓고서 '원고로부터 현대·기아차 전체 부품의 수급권을 가지는 대리점이 되는 방법'과 '개별 부품별로 경쟁부품업체들로부터 구매하는 업체가 되는 방법'을 각 제시하여 도매상들로부터 선택받는 형태로 이루어진다고 볼 수 있는 점, ③ 현대·기아차용 정비용 부품이 100만 종이 넘어 원고 등과 그 부품도매상 사이에서 각 부품별로 개별적인 거래가 이루어진다고 보기 어려운 점 등의 사정을 알 수 있다.[36]

위 사건에서 법원은 이와 같은 사정들을 앞서 본 법리에 비추어 보면, 이 사건 관련상품시장을 전체 차량 정비용 부품시장 또는 현대·기아차용 전체 정비용 부품 시장으로 정할 수 있다고 하였다. 원심은 이와 같은 결론을 택하여 관련상품시장을 정하고, 나아가 그와 같은 시장을 전제로 원고의 시장점유율, 원고 작성 문건상의 기재 내용, 연구기관 등의 조사결과, 완성차 시장에서 현대·기아차의 시장점유율, 경쟁부품업체의 상대적 규모, 정비용 부품시장의

---

35) 대법원 2007. 11. 22. 선고 2002두8626 전원합의체 판결 등.
36) 대법원 2014. 4. 10. 선고 2012두6308 판결.

진입장벽 등을 종합하여 원고 현대·기아차가 시장점유율 50% 이상의 시장지배적 사업자에 해당한다고 판단하였다.[37] 이 사건에서 법원은 원고의 배타조건부 거래의 위법성도 인정하였다.[38]

## 3. 양면(兩面)시장(Two-sided Market)[39]

### 가. 의 의

시장에는 양면시장이라고 불리는 유형이 있다. 이 시장은 두 개의 집단이 서로 외부경제를 발생시키는 시장으로 신용카드 시장[40]이나, 무가지에 광고를 실어서 제공하는 경우나 여성은 무상으로 입장시키면서 남성에게는 여성에게 무상으로 입장시켜서 클럽비용까지 전가해서 부담시키는 경우가 대표적인 사안으로 들고 있다. 최근 사례로 '배달의 민족' 기업인수 사례가 양면시장 플랫폼 사건이라고 할 수 있다.[41]

이런 사안들을 통해서 양면시장의 개념요소를 찾아서 양면시장을 정의하

---

37) 대법원 2014. 4. 10. 선고 2012두6308 판결.

38) ① 원고가 자신의 대리점을 상대로 순정품 취급을 강제하고 비순정품 거래를 통제한 것은 정비용 부품시장에서 원고의 시장지배적 지위를 계속 유지하기 위해 경쟁부품의 판매 유통망을 제한함으로써 인위적으로 시장질서에 영향을 가하려는 의도나 목적으로 이루어졌음이 명백한 점, ② 원고의 경쟁부품업체들은 전국의 원고 대리점을 통해 경쟁부품을 공급할 수 있을 때 유효한 경쟁을 할 수 있는데, 원고의 이 사건 배타조건부 거래행위로 인하여 경쟁부품업체가 시장에서 배제되거나 신규진입에 실패할 가능성이 커지고, 그만큼 경쟁부품이 원활하게 공급되지 않아 시장에서는 다양성과 가격경쟁이 감소하여 순정품 가격이 더 비싸지고 소비자는 정비용 부품을 더 싸게 살 기회를 갖지 못하게 되어 소비자 후생이 감소할 수밖에 없는 점 등을 근거로, 원고의 배타조건부 거래행위에 대한 부당성을 인정하였다.

39) 김현수, "양면시장에서의 시장획정 및 시장지배력 평가:, 안암법학 24권 (2011) 759-790면; 이광훈, "양면시장으로서의 유료방송 시장의 경쟁 구조 및 정책이슈", 미디어 경제와 문화 (2011); 최승재, "티브로드 사건과 양면시장이론의 적용가능성", 경쟁저널 (2009); 최승재, "양면시장 이론과 한국 경쟁법상 역할에 대한 연구-구글의 더블클릭 인수사건을 포함하여-", 경쟁법연구 제17권 (2008) 등.

40) 이성복, "신용카드시장에 대한 가격규제 필요성: 양면시장 이론에 기초하여", 산업조직연구 (2011).

41) 공정거래위원회 2021. 2. 2. 2020기결1877 사건; 강지원, 플랫폼 기업의 M&A 동향과 경쟁법적 쟁점: 배달의 민족과 요기요 기업결합 사건에 대한 분석을 중심으로, 기업법학회 발표문 2021. 5. 14.자

면, 서로 다른 두 가지 유형의 이용자 집단이 플랫폼을 통해서 상호작용을 하며, 이 때 창출되는 가치는 간접적 네트워크 외부성을 발생시키고 이 외부성에 의해서 특징 지워 지는 시장으로 어느 한 쪽의 플랫폼 이용료를 부과함으로서 수익을 발생시키는 것을 일반적인 모습으로 하는 시장42)을 말한다고 정의할 수 있다. 법원은 양면시장(two-sided markets 또는 two-sided platforms)이란 네트워크를 통하여 두 개(이상)의 구분되는 집단(end-user)을 상호 연결될 수 있도록 하는 시장을 의미한다고 정의하였다.43)

플랫폼은 다수의 집단이 모여드는 곳을 의미하므로 다면(multi-sidedness)이 본질적인 특성이나, 일반적으로 양면 플랫폼(two-sided platform, 이하 "2SP"라 한다)이라 부르기도 하는데, 2SP 사업자의 역할은 서로를 필요로 하는 고객 집단에게 거래가 성사되도록 기회를 제공하는 것이며, 2SP 사업자가 수익모델을 가지고 활동하는 공간이 양면시장(two-sided markets)이라고 할 수 있다. 일반적으로 양면시장이 성립하기 위해서는 다음과 같은 요건들이 충족되어야 한다. 첫째, 양면성으로, 상호 연결을 필요로 하는 둘 이상의 구분되는 고객군(two distinct groups)이 존재해야 한다. 둘째, 적어도 한 면(side)의 고객군은 다른 면(the other side)의 고객군 규모가 클수록 더욱 높은 효용을 얻을 수 있어야 한다. 이를 '교차 네트워크 효과(cross network effect)' 또는 '간접 네트워크 효과(indirect network effect)'라고 한다. 다만, 자신이 속해 있는 면의 네트워크의 크기에 의해 효용이 증가되는, 즉 '직접 네트워크 효과(direct network effect)' 또는 '동일면 네트워크 효과(same-side effect)'가 반드시 존재할 필요는 없다. 셋째, 높은 거래비용 등으로 서로 다른 고객군들이 자체적인 노력(직접 거래)으로 교차 네트워크 외부성을 내면화하기 어렵고 이를 용이하게 하기 위해 플랫폼을 이용하여야 한다. 이와 같은 특성을 감안할 때, 인터넷 포털은 최종 소비자인 이용자와 광고주, 이용자와 CP(contents Provider) 또는 이용자와 e-쇼핑몰 등을 연결해주는 전형적인 양면시장에 해당된다.44)

---

42) 상세는 Jean-Charles Rochet and Jean Tirole, Two-Sided Markets: An Overview, March 12. 2004 논문 참조.

43) 서울고등법원 2009. 10. 8. 선고 2008누27102 판결.

44) 서울고등법원 2009. 10. 8. 선고 2008누27102 판결.

양면시장은 네트워크 효과를 조금 더 구체화시킨 개념이라고 볼 수 있다. 어떤 집단이 다른 집단의 크기에 대하여 선호를 가지고 있고 또 자기 집단의 크기에 대하여도 선호를 가지는 경우 외부경제가 발생한다.[45)

### 나. 사  례[46)

(1) 양면시장과 인터넷 포탈에 대한 사건이 양면시장이 우리 법정에 등장하는 첫 번째 사건은 국내 대표 포털사인 NHN 사건이다.[47) 인터넷 포털(portal)은 네트워크(플랫폼으로 표현하기도 한다)를 기반으로 이용자와 이용자, 이용자와 광고주, 이용자와 CP(Contents Provider)를 연결하는 네트워크 사업이다.[48) 서울고등법원은 공정거래위원회가 이 사건 관련상품시장을 인터넷 포털서비스 이용자시장으로 획정하면서도 인터넷 서비스 사업자 중 1S-4C서비스[49) 전부를 제공하는 사업자만을 경쟁이 일어나는 관련시장의 범주로 한정한 것은 NHN이 이 사건에서 CP들에게 제공한 것과 동일한 인터넷 검색서비스를 제공하는 인터넷 사업자들을 관련 상품시장에서 처음부터 제외함으로써 NHN과 동

---

45) 이선희, "우리나라 경제력 집중 규제제도가 거래 플랫폼 사업자의 규제에 줄 수 있는 시사점", 한국공정거래조정원 LEG 최종발표회자료집(2020. 11. 9)
46) 미국 사례로 정세훈·이승재·한주혜, 양면시장에서의 시장획정: 미국 연방대법원의 Ohio v. American Express 판결과 시사점, 경쟁저널 196호(2018)
47) 공정거래위원회 전원회의 의결 제2008-251호. 이 사건에 대한 논문으로는 송태원, "인터넷 검색서비스에 대한 경쟁법 집행에 있어 관련시장 획정에 대한 검토- 대법원 2014. 11. 13 선고 2009두20366 판결을 중심으로 -", 중앙대학교 법학논문집 제39집 제1호
48) 공정거래위원회는 인터넷 포털서비스 시장이 이용자 측면과 광고주 내지 CP 측면으로 구분되는 양면시장의 특징을 가지고 있다는 점에 착안하였다. 이에 NHN의 동영상 선(先)광고 제한 행위는 NHN이 인터넷 포털 서비스의 이용자시장에서의 지배력을 기반으로 동영상 CP에 대하여 온라인 광고 시장 및 동영상 콘텐츠 시장의 경쟁을 저해한 것이므로 시장지배력 보유 여부의 판단기준이 되는 관련시장도 이용자 측면에서의 인터넷 포털 서비스 시장이라고 보았다(공정거래위원회 전원회의 의결 제2008-251호). 공정거래위원회는 양면시장에 다른 면에서의 매출액이 포털서비스 이용자 시장에서의 지배력 기준이 된다고 본다. 공정거래위원회는 시장지배력 판단의 기준이 되는 관련시장을 '인터넷 포털서비스 이용자시장'으로 획정하고 해당 시장에서의 시장지배력은 매출액을 기준으로 산정하는 것이 타당하다고 보았다. 이에 NHN의 전체매출액(광고,전자상거래, 게임 등 콘텐츠 매출액을 포함한 회사의 전체 사업 매출액)을 기준으로 NHN은 관련시장에서 시장지배적 지위에 있다고 판단하였다.
49) 이 사건에서 1S-4C는 검색서비스(Search), 콘텐츠(Contents)·커뮤니케이션(Communication)·커뮤니티(Community)·전자상거래(Commerce) 서비스를 의미한다.

영상 검색 서비스에 있어 경쟁관계에 있는 다른 사업자들을 포함하지 않은 위법이 있다고 판단하였다.[50]

네트워크 산업의 특성상 이용자의 효용 또는 편익이 자신 이외의 다른 이용자들의 네트워크 사용에 의하여 직접적 또는 간접적인 영향을 받게 되는데, 이러한 효과를 네트워크의 외부성(network externality)이라 한다. 네트워크 외부성이 존재하는 경우 소비자는 그렇지 않은 경우에 비하여 가격에 보다 민감하게 반응하므로 경쟁시장 균형가격은 네트워크 외부성이 없는 경우에 비해 낮게 형성될 가능성이 높다. 네트워크 외부성이 존재하는 시장에서 두 기업이 가격 경쟁을 하는 경우, 한 기업이 가격을 내리면, 경쟁기업의 네트워크 크기에도 부정적인 영향을 줄 수 있어 네트워크 외부성이 존재하지 않는 경우에 비해 더 많은 수요자를 창출할 수 있다. 이 경우 경쟁기업은 자신의 수요자 이탈을 막기 위해 네트워크 외부성이 없는 경우에 비해 더 낮은 가격으로 대응해야만 한다. 이러한 원리에 따라 인터넷 포털사가 제공하는 이메일 서비스, 블로그, 미니홈피, 대부분의 무료 컨텐츠 등은 유지·관리에 상당한 비용이 소요됨에도 불구하고 무료로 제공되고 있다.[51]

양면시장에서는 특정 서비스의 가격이 인상될 경우 해당면 수요의 자체 가격탄력성 뿐만 아니라 자신이 제공하는 서비스의 다른 면의 반응을 동시에 고려하여야 하고, 이와 함께 다른 경쟁 2SP 사업자와 그 사업자의 개별면의 단면 사업자의 반응도 고려하여야 한다. 인터넷 포털이 제공하는 서비스의 상당 부분이 무료인 것은 이러한 양면시장의 특성을 고려하여 가격전략을 택하기 때문이다. 이러한 이유 때문에 단면시장에 적용되는 SSNIP 테스트를 기계적

---

50) 서울고등법원 2009. 10. 8. 선고 2008누27102 판결. 이 사건에서 서울고등법원은 인터넷 포털을 통한 동영상 콘텐츠의 유통을 인터넷 포털서비스 이용자 측면에서 파악하여 시장을 획정한다고 하더라도, 이용자들도 1S-4C서비스를 모두 제공하지 않는 인터넷 사업자의 검색서비스를 통해 서도 동영상 콘텐츠를 제공받는 것이 가능하고, 그 서비스의 효용이나 성능, 소요되는 비용은 1S-4C서비스를 제공하는 인터넷 포털사와 별다른 차이가 있을 수 없어 이용자 측면에서도 1S-4C서비스를 제공하지 않는 인터넷 사업자를 경쟁관계에서 배제한 오류가 있다고 판시하였다. 대법원 2014. 11. 13 선고 2009두20366 판결에서도 원심법원의 판단이 타당하다고 보았다.

51) 서울고등법원 2009. 10. 8. 선고 2008누27102 판결. 이 사건과 관련하여 황창식, "다면적 플랫폼 사업자에 대한 공정거래규제", 정보법학 제13권 제2호, (2009. 9.) 97-148면.

으로 양면시장에 적용할 경우 시장상황을 제대로 반영하지 못하는 문제가 발생하게 되는데, 일반적으로 양면시장에서 양면성을 고려하지 않고 시장분석을 할 경우 관련시장이 좁게 획정될 가능성이 높다.[52]

### (2) 양면시장의 관련시장이 좁게 획정될 가능성을 고려한 상품시장과 지리적 시장 획정

1) 우선 상품시장의 경우, 인터넷 포털은 초창기에는 많은 수의 이용자를 확보한 서비스의 기반에 따라 크게 검색포털, 커뮤니티/커뮤니케이션포털 및 접속포털로 구분되었으나, 현재는 대부분 1S‒4C를 기반으로 하여 유사한 서비스를 제공하고 있다. 그리고 다음과 같은 사정들을 고려할 때, 이용자는 일반적으로 각 서비스를 개별적으로 이용하기 보다는 필요한 서비스를 한 개의 포털사이트에서 이용하고자 하는 행태를 보이는 것으로 이해할 수 있다. 따라서 관련상품 시장획정은 포털에서 제공되는 다양한 서비스들의 묶음을 관련시장으로 획정하는 것이 타당하며, 인터넷 포털서비스와 관련된 상품시장은 '인터넷 포털서비스 이용자시장'으로 본다.[53] 그 논거를 보면, ① 아래의 표에 의하면 인터넷 사용자들이 시작페이지로 포털 사이트를 설정하는 비중이 76%에 달하여 시작페이지 설정에서 포털사이트가 다른 종류의 웹페이지를 월등하게 추월하고 있으며, 포털 사이트 접속 방법 중 시작 페이지로 설정하는 방법이 53.7%, 즐겨찾기를 이용하는 방법이 20.8%에 달하고 있음을 볼 수 있다. 대다수의 이용자가 시작 페이지로 포털 사이트를 사용한다는 것은 특정 개별 서비스만 이용하기 위해 포털 사이트를 방문한다고 이해되기보다는 그때그때 필요에 따라 불특정 서비스를 이용하기 위해서라고 볼 수 있다.[54]

---

52) 서울고등법원 2009. 10. 8. 선고 2008누27102 판결.
53) 서울고등법원 2009. 10. 8. 선고 2008누27102 판결.
54) 서울고등법원 2009. 10. 8. 선고 2008누27102 판결.

| 표 3-1 | 시작 페이지 설정 및 포털 사이트 접속 방법[55] |

(2007년 기준, 단위 : 명, %)

| 시작 페이지 | 빈도(%) | 포털 사이트 접속방법 | 빈도(%) |
|---|---|---|---|
| 포털 사이트 | 604(76.0%) | 시작 페이지 | 427(53.7%) |
| 회사/학교/기업 홈페이지 | 98(12.3%) | 즐겨찾기 이용 | 165(20.8%) |
| 개인 홈페이지 | 19(2.4%) | 영문 도메인 입력 | 145(18.2%) |
| 게임 사이트 | 15(1.9%) | 한글 도메인 검색 | 42(5.3%) |
| 기 타 | 59(7.4%) | 기 타 | 16(2.0%) |
| 전 체 | 795(100.0%) | 전 체 | 795(100.0%) |

② 인터넷 포털사 입장에서도 하나하나의 서비스를 별개로 간주하기 보다는 자신들이 제공하는 서비스 전체를 하나로 인식하여 이익 극대화 전략을 구사한다고 볼 수 있다. 인터넷 포털은 직접적 또는 간접적 네트워크 효과가 존재하는 특성을 보유하고 있어 가급적 많은 이용자를 확보하는 것이 수입의 상당한 부분을 차지하는 광고수입과 직결되어 사업의 성패를 좌우하게 되기 때문이다. 결국, 인터넷 포털시장은 다양한 서비스를 원하는 이용자와 이윤극대화 전략으로 다양한 서비스를 제공하는 인터넷 포털의 이해관계가 일치하여 형성된 것으로 볼 수 있다.[56]

③ 현재 통계청 표준산업분류에서는 인터넷 포털업을 별도로 구분하고 있지 않으나 인터넷 포털사들이 제공하는 서비스를 하나로 보아 별도의 산업으로 분류하고자 하는 시도를 하고 있으며, 한국신용평가 정보기관도 인터넷 포털이 제공하는 서비스를 하나로 묶어서 별도 산업으로 분류하고자 노력중이다.[57]

앞에서 설명한 바와 같이 대부분의 인터넷 포털사들이 제공하는 검색서비스, 이메일·메신저 등 커뮤니케이션 서비스, 카페·블로그 등 커뮤니티 서비스, 전자상거래 서비스 및 뉴스·오락·생활·문화·금융·정보 등 컨텐츠 서비스 등 1S-4C는 반드시 포함되어야 하며, 1S-4C를 함께 제공하지 않는 사

---

55) 서울고등법원 2009. 10. 8. 선고 2008누27102 판결.
56) 서울고등법원 2009. 10. 8. 선고 2008누27102 판결.
57) 서울고등법원 2009. 10. 8. 선고 2008누27102 판결.

업자는 포털시장 참여자에서 제외하는 것이 타당하다. 하지만, 현재에는 없으나 향후 포털서비스의 진화에 따라 새로 제공되는 서비스도 묶음시장에 포함될 수 있다고 본다.[58]

2) 지역시장획정의 경우, 서울고등법원은 인터넷 포털 시장은 인터넷 접속만 가능하다면 전세계 어디에서나 이용 가능하므로 세계시장적 성격을 가지고 있다고 볼 수 있으나, 이용자 입장에서 가장 중요한 요소는 언어이므로 지역시장은 언어, 즉 한글을 기준으로 정하는 것이 타당하다. 한글로 서비스하는 인터넷 포털은 대부분 국내에 본사 또는 지사를 두고 있으며 매출액의 대부분도 국내에서 발생하므로 지역시장을 국내시장으로 한정하여 획정하였다. 통상적으로 전통적인 시장획정은 단면시장에서의 문제이지만 플랫폼 경제가 발전하면서 양면시장 이슈가 점차 중요해지고 있어서 이에 대한 관심도 필요하다.

### 4. 표준필수특허의 경우

### 가. 법 리

표준필수특허권자의 시장지배적 지위남용이 문제가 되면 시장획정은 크게 기술시장, 상품시장, 그리고 지리적 시장획정이 문제된다.

첫째, 기술시장의 경우에는 표준필수특허는 개념속성상 100%의 시장점유율이 인정된다고 할 것이므로 당해 표준기술시장에서 시장지배적 지위를 추정하는 것은 큰 어려움이 없다고 본다. 실제로 퀄컴 I 사건[59]과 II 사건[60]에서 모두 퀄

---

58) 서울고등법원 2009. 10. 8. 선고 2008누27102 판결.

59) 서울고등법원은 「퀄컴 인코포레이티드, 한국퀄컴(주), 퀄컴 씨디엠에이테크놀로지코리아의 시장지배적 지위 남용행위 등에 대한 건」(2009.12.30. 공정거래위원회 의결 제2009－281호)에 대한 시정조치등 취소청구소송(2010누3932)에서 위원회의 의결과 같이 관련 상품시장을 'CDMA 표준에 포함된 특허기술 중 퀄컴이 보유한 특허기술시장'으로 본 후, 이 시장에서 퀄컴의 시장점유율이 100%임 이유로 퀄컴을 해당시장에서 시장지배적 사업자로 추정하였다.

60) 공정위 2015시감2118 사건 의결서 92면(피심인들은 CDMA, WCDMA 및 LTE 등 각 통신표준별 피심인들이 보유하는 전체 특허기술 라이선스 시장에서 시장지배적 사업자에 해당한다. 첫째, 표준필수특허의 본질상 피심인들이 보유한 특허가 표준필수특허로서 기술 표준의 구현에 필수적이므로 이를 경쟁사업자의 기술로 대체하는 것은 불가능하므로 각각 별도의 관련시장을 구성한다. 따라서 CDMA, WCDMA, LTE 각 통신표준별

컴이 기술시장에서 시장지배적 지위에 있다는 점은 큰 다툼이 되지 않았다.[61]

둘째, 상품시장획정의 문제가 있다. 관련상품시장은 상류시장인 기술시장에서의 지배력을 가지고 있는 표준필수특허권자가 당해 특허를 구현한 상품이 판매되는 시장에서의 지배력인 바, 양자 모두 관여하지 않는 경우와 퀄컴과 같이 서로 분리된 두 개의 법인이 수직적 관계에서 시장을 장악하기 위한 비즈니스모델을 형성하고 있는 경우가 동일하지 않을 것이다.

마지막으로 지리적 시장의 문제가 있다. 위 상품의 지리적 시장을 획정하는 것은 표준필수특허가 구현된 상품의 특성을 감안하여 결정하여야 한다. 당해 상품이 전세계적으로 수출입이 용이하고 이동이 쉬운 상품인지 여부를 포함한 상품의 물리적 특성, 거래 구조, 수요·공급 대체가능성, 시장참여자들의 인식·행태, 각 지역에서의 통신표준 채택 경과 등을 고려하여 결정하여야 한다.

### 나. 사례연구 1: 퀄컴 Ⅱ 사건[62]

#### (1) 시장획정의 전제

퀄컴은 모뎀칩셋 제조·판매에 필수적인 자신들의 CDMA, WCDMA 및 LTE 등 이동통신 표준필수특허를 경쟁 모뎀칩셋 제조사의 요청에도 불구하고 경쟁 모뎀칩셋 제조사에 대해 라이선스 계약 체결을 거절하거나 그 범위를 제한하고(행위 1), 자신의 모뎀칩셋을 구매하고자 하는 휴대폰 제조사에게 모뎀칩셋 공급과 라이선스 계약 체결을 연계하여 모뎀칩셋을 구매하고 사용하려면 라이선스 계약을 먼저 체결하고 이를 이행할 것을 요구하고(행위 2), 이러한 계

---

표준필수특허 라이선스 시장에서 피심인들의 시장점유율은 100%에 해당하고 법률상 시장지배적 지위자로 추정된다. 둘째, 더욱이 피심인들은 자신의 이동통신 표준필수특허에 대해 제3자에게 재실시허락(Sub-license) 권리를 제공하고 있지 않는 바, 피심인들 외의 다른 경쟁사업자가 존재할 수도 없다.)

61) 서울고등법원도 2017누48 판결에서 공정위의 시장획정을 그대로 인정하였다(보도자료 4면). 표준필수특허는 다른 기술로 대체하는 것이 불가능하므로, 하나의 SEP만 보유하고 있어도 당해 SEP 보유자는 완전한 독점력을 갖게 된다.

※ CDMA의 경우 대부분의 SEP을 퀄컴이 보유했던 것과는 달리, WCDMA(27%), LTE(16%) 표준에서 퀄컴의 비중은 크게 감소

62) 이 사건에서 공정위의 시장획정을 서울고등법원 2017누48 판결에서도 그대로 인용하였으므로 공정위의 의결서에 따라서 시장획정을 정리한다.

약 행태와 사업구조에 기초하여 휴대폰 제조사가 퀄컴과 라이선스 계약을 체결할 때 합리적으로 요구되는 정당한 협상절차를 거치지 않고 포괄 라이선스 조건만을 제공하면서 일반적으로 필요한 정당한 대가 산정 절차를 거치지 않고 자신이 정해놓은 기준에 따라 실시료 조건을 요구하여 받아들이도록 하는 한편, 휴대폰 제조사의 특허를 자신 및 자신의 고객에게 무상으로 크로스 그랜트를 제공하도록 하였으며(행위 3), 이러한 각 행위들은 실행되는 과정에서 상호 유기적으로 연계되고 순환되어 영향을 미치는 구조를 이루고 있다.[63]

따라서 행위 1·2·3은 모두 공통적으로 이동통신 표준필수특허 라이선스 시장 및 모뎀칩셋 시장이 관련 시장이 된다. 구체적으로 보면 행위 1은 퀄컴이 자신의 경쟁 모뎀칩셋 제조사에 대해 라이선스를 거절하거나 제한하므로 시장지배적 지위가 형성되는 시장은 이동통신 표준필수특허 라이선스 시장이고, 그 지위가 행사되는 시장은 모뎀칩셋 시장이다. 행위 2·3과 관련하여서는 휴대폰 제조사와의 모뎀칩셋 공급계약에서 퀄컴이 자신의 모뎀칩셋 공급과 휴대폰 제조사와의 라이선스 계약을 연계하여 라이선스 계약 체결이 이루어지도록 하는 것이므로 시장지배적 지위가 형성되는 시장은 모뎀칩셋 시장이고 그 지위가 행사되는 시장은 이동통신 표준필수특허 라이선스 시장이다. 또한 그 효과는 다시 모뎀칩셋 시장에 영향을 미친다. 따라서 행위 1·2·3 모두에 관련이 되는 시장은 이동통신 표준필수특허 라이선스 시장과 모뎀칩셋 시장이므로 이를 획정하면 다음과 같다.[64]

### (2) 이동통신 표준필수특허 라이선스 관련시장

1) 이동통신 표준필수특허 라이선스 관련 상품시장[65]

라이선스 관련 상품시장은 CDMA, WCDMA 및 LTE 등 각 통신표준에 포함된 특허 중 퀄컴이 보유한 전체 표준필수특허 라이선스 시장이다.

① CDMA, WCDMA 및 LTE 등 각 통신 표준에 포함된 퀄컴의 표준필수특허 기술을 사용하지 아니하고서는 각 통신 표준을 온전히 구현할 수 없으며,

63) 공정위 2015시감2118 사건 의결서 82면.
64) 공정위 2015시감2118 사건 의결서 82면.
65) 공정위 2015시감2118 사건 의결서 83면.

표준별 기술 간에 호환성이 없다. 특히 각 표준들은 이를 구현하기 위해 필요한 기술의 구성, 기능, 통신 방법 등이 다르므로 하나의 표준을 구현하는 특허 기술이 다른 표준을 구현할 수 없다.

② 한편, 각 이동통신 표준을 구성하는 퀄컴의 개별적인 특허 기술들은 서로 독자적인 기능을 수행하기 때문에 각각의 기술들이 서로 대체재의 관계에 있지는 않다. 따라서 CDMA, WCDMA, LTE 등 각 표준에 포함된 퀄컴의 개별 표준필수특허가 별도로 시장지배적 지위가 있는 각각의 시장으로 획정될 여지도 있으나, 특정 이동통신 표준을 구현하기 위해서는 당해 이동통신 표준에 대해 퀄컴이 보유한 관련 기술 전체가 보완적으로 필요하고, 실제 퀄컴은 각각의 특허기술에 대해 개별적으로 라이선스를 제공하는 것이 아니라 자신이 보유한 특허 표준 전체를 라이선스 한다는 점 등을 고려할 때, 관련 상품시장은 CDMA, WCDMA 및 LTE 등 각 표준별로 퀄컴이 보유한 전체 표준필수특허 라이선스 시장으로 획정한다.

2) 이동통신 표준필수특허 라이선스 관련 지리적 시장[66]

라이선스 관련 지리적 시장은 세계시장이다.

① CDMA, WCDMA 및 LTE 표준들은 ETSI, ITU 등 표준화 기구가 이동통신 산업의 표준으로 채택한 것으로 아시아, 유럽, 미주 등 전 세계에 걸쳐 이동통신 기술을 보유하고 있거나 이를 이용하려는 구성원들이 표준선정 과정에 참여하고 있다. 표준필수특허의 사용자는 당해 특허 기술 또는 기술보유자의 지리적 위치를 고려하지 않고 실시허락을 받고 있으며, 표준필수특허 보유자 또한 실시권자의 지역적 위치를 중요하게 고려하지 않고 라이선스 계약을 체결한다.

② 각 통신 표준은 국제 표준화 기구들에 의해 표준으로 선정된 이후 각 국가가 특정 표준을 자국의 산업 표준으로 채택함으로써 개별 국가 또는 지역으로 확산된다. 가령 3세대 표준 중 TD-SCDMA 또는 CDMA2000 등은 당해 표준을 도입한 지역 범위가 상대적으로 협소함에 비해 3세대 WCDMA 또는 4세대 LTE의 경우에는 전 세계적으로 훨씬 광범위한 지역에서 표준으로 인정되

---

66) 공정위 2015시감2118 사건 의결서 83-84면.

고 있다. 다만, 이 사건에서는 각각의 이동통신 표준을 구현하기 위해 필수적인 특허들 중 퀄컴이 소유한 특허 전체가 상품시장이 되고 표준필수특허라는 개념 상 해당 상품시장에 다른 대체기술 또는 경쟁사업자가 존재할 수 없다는 점을 감안할 때 지리적 시장의 범위를 보다 좁게 획정하더라도 퀄컴의 시장지배력에는 차이가 없다.

### (3) 모뎀칩셋 관련시장

1) 모뎀칩셋 관련 상품시장[67]

모뎀칩셋 관련 상품시장은 CDMA, WCDMA 및 LTE 등 각 표준별 모뎀칩셋 시장이다.

① 각 이동통신 표준은 사용하는 주파수 대역폭, 신호 전송·변조 방식, 안테나 개수 등 적용되는 기술이 상이하여 기술적으로 다른 표준과 상호 대체 가능성이 없다. 서로 다른 통신 표준을 지원하는 기지국과 휴대폰 사이에는 정보의 송수신이 불가능하기 때문에 기지국 망을 변경하지 않는 이상 다른 표준을 구현하는 모뎀칩셋을 사용할 수 없게 된다.

② 모뎀칩셋의 공급자인 퀄컴 스스로도 이러한 점을 반영하여 CDMA, WCDMA 및 LTE 등 각 통신 표준별 모뎀칩셋을 별도의 상품으로 분리하여 인식하고 있고, 각 모뎀칩셋 시장별로 다른 경쟁 전략을 구사하고 있다. 또한, 모뎀칩셋의 수요자인 휴대폰 제조사들도 각 통신 표준을 구현하는 모뎀칩셋을 대체 불가능한 서로 다른 상품으로 인식하고 있다.

이와 같이 CDMA, WCDMA 및 LTE 등 각 표준별 모뎀칩셋은 서로 수요 및 공급 측면에서 대체 가능성이 없으므로 별개의 관련 상품시장을 구성한다.[68]

---

67) 공정위 2015시감2118 사건 의결서 84면.

68) 다만, 일부 LTE 모뎀칩셋의 경우 이전 세대의 표준과 호환이 가능한 제품이 존재한다. 구매자의 입장에서 여러 표준에서 호환되는 단일한 모뎀칩셋을 사용할 수도 있고 LTE 표준만 구현한 칩셋을 타 표준을 구현한 칩셋과 함께 사용할 수도 있어 수요 대체성이 있고, 공급자의 입장에서도 얼마든지 LTE 표준만 구현한 모뎀칩셋을 생산, 판매할 수 있어 공급대체성이 있다. 따라서 2G 및 3G 표준과 호환이 가능한 LTE 모뎀칩셋과 LTE 표준만 구현한 LTE 모뎀칩셋은 단일한 상품시장으로 획정될 수 있다.

2) 모뎀칩셋 관련 지리적 시장[69]

다음과 같은 휴대폰용 모뎀칩셋의 물리적 특성, 거래 구조, 수요·공급 대체가능성, 시장참여자들의 인식·행태, 각 지역에서의 통신표준 채택 경과 등을 고려할 때, 각 이동통신 표준별 모뎀칩셋의 지리적 시장은 각 표준이 채택되어 운용되는 세계시장이다.

① 먼저 모뎀칩셋은 소형의 반도체 제품으로 국가 간 이동 및 장기 보관에 따른 부패·변질 또는 파손 가능성이 크지 않고 이에 따라 장거리 운송에 소요되는 비용이 저렴하다. 따라서 모뎀칩셋의 가격에 비해 운송비용이 낮아 지리적 차이가 시장획정에 큰 영향을 주지 못한다.

② 또한 모뎀칩셋 제조사는 전 세계적으로 생산공장을 가지고 있고 특정 지역 범위를 넘어서서 판매활동을 전개하고 있다. 특히 최근에는 모뎀칩셋의 수요자인 휴대폰 제조사간 경쟁이 전 세계적으로 격화되고 있고 이들은 모뎀칩셋 제조사의 지리적 위치 보다는 모뎀칩셋이 통신 표준을 안정적으로 구현하는지 여부, 특허 분쟁의 발생 위험, 모뎀칩셋 가격 및 서비스 등을 기준으로 모뎀칩셋을 선택하고 있다.

③ 실제로 퀄컴은 모뎀칩셋 시장에서 퀄컴의 제품 가격이 경쟁사에 비해 높아 해외 다른 지역의 경쟁사로부터도 경쟁 압력을 인식하고 있으며 이에 대해 제품 가격 인하 전략을 수립하여 대응하였다. 이러한 인식 및 경영의사결정 행태는 다른 모뎀칩셋 제조사의 경우에도 유사하다.

④ 나아가 이동통신 기술의 진화에 따라 통신표준도 전 세계적으로 통합되는 추세이며, 특히 3세대, 4세대 표준의 경우 사실상 전 세계적으로 단일 표준이 폭넓게 채택되었다. 이에 따라 지리적 시장은 이전보다 전 세계 범위로 확대될 여지가 더욱 커지게 된다.

⑤ 기본적으로 각 국가는 이동통신의 호환성 확보 및 한정된 주파수 자원의 효율적 활용 등을 위해 표준화 기구가 선정한 통신 표준 중 각 지역의 실정에 적합한 이동통신 표준을 채택하여 운용하게 된다.

우리나라는 과거 2세대 표준의 경우 CDMA와 이를 구현할 수 있는 모뎀

69) 공정위 2015시감2118 사건 의결서 85-87면.

칩셋만이 사용되었다. 이후 3세대의 경우, WCDMA 및 CDMA2000이 이동통신 사별로 함께 사용되었고 2000년대 후반부터는 4세대 LTE 표준으로 통합되었다. 전 세계적으로 이동통신 표준 채택 경과를 살펴보면, 과거 2세대의 경우 우리나라 · 북미 등이 CDMA 표준을 채택하였음에 비해 유럽과 일본은 각각 TDMA를 기반으로 한 GSM, PDC를 표준으로 선정하는 등 지역별로 다른 표준이 운용되었다.

그러나 2000년 이후 3세대 표준의 경우 지역별 표준의 통합화가 진행되어 GSM과 CDMA를 통합한 3세대 WCDMA가 우리나라를 포함하여 전 세계적으로 폭넓게 채택되었고, 2000년대 후반 4세대에 이르러서는 LTE가 사실상 단일 통신 표준으로 광범위하게 보급되고 있다.

**표 3-2**  **각 통신표준별 전 세계 시장에서의 비중**[70]

| 구 분 | 통신표준 | 주요 기능 | 사용지역 | 시장비중 | 퀄컴의 라이선스 대상 |
|---|---|---|---|---|---|
| 2세대 | GSM | 무선망을 통한 전화통신 (음성/문자) | 유럽 등 | 81% | × |
|  | CDMA |  | 한국, 미국 | 19% | ○ |
| 3세대 | WCDMA | 음성/화상통신, 데이터통신 | 전세계 대부분 | 85% | ○ |
|  | CDMA2000 |  | 한국, 미국, 일본 | 13% | ○ |
|  | TD－SCDMA |  | 중국 | 2% | × |
| 4세대 | LTE | 초고속 데이터 통신 | 전세계 | 100% | ○ |

## 다. 사례연구 2: Motorola 유럽판결[71]

### (1) 사실관계

Motorola는 2003년에 GSM 표준의 일부인 GPRS 표준의 일부로 자신의 특허를 포함시키면서 ETSI(European Telecommunications Standards Institute)[72]의 FRAND 조

---

70) 출처 : Strategic Analysis(시장비중 기준 : 2세대 2002년, 3세대 2011년, 4세대 2013년).
71) CASE AT.39985 － MOTOROLA － ENFORCEMENT OF GPRS STANDARD ESSENTIAL PATENTS.
72) 삼성과 Apple 사인의 분쟁에서도 문제가 되었던 표준들은 ETSI 표준들이 다수였다.

건으로 라이선스해주고 이를 변경하지 않을 것을 약속하는 FRAND 확약을 하였다. 유럽에서도 애플이 2007년 성공적으로 아이폰을 출시하였고, 2011년 4월 Motorola는 애플이 GPRS 표준을 포함한 통신표준기술을 실시하면서 자신들이 보유한 위 GPRS 표준특허들을 침해하였다고 주장하면서 독일 법원에 애플을 상대로 특허침해 금지청구소송을 제기하였다.

2009년 독일 연방대법원은 오렌지북 판결[73]에 의해서 표준보유자에게 경쟁법에 기초한 특허권 남용 항변을 하기 위한 전제로 FRAND 조건에 의하여 철회불능의 라이선스를 요청하여야 하고, 합리적인 수준의 로열티를 제공하거나 만일 이의 수령을 거절할 경우에는 당해 특허를 사용하는 기간 동안에 합리적인 수준의 로열티를 공탁할 것을 요구한 바 있다.[74] 이는 수령거절에 대한 독일 계약법상 법리에서 파생된 것으로 보이는 바, 이때의 청약요건은 법원에 FRAND 실시료에 대한 완전한 심사권을 부여하게 된다.

위 항변은 2004년 Standard-Spundfass 판결에서 독일 연방 대법원이 원형을 제시하였고, 이후 이 항변은 '경쟁법위반 항변'으로 불리게 되었다.[75] 이 항변이 받아들여지게 되면, 그에 따른 구제수단으로 구 유럽 조약 제82조를 위반한 특허침해소송의 원고의 행위에 대해서 피고는 원고에 대해서 FRAND 조건에 의한 강제실시 주장을 할 수 있게 된다고 보았다.[76]

그러나 Motorola는 2011년 12월에 이 청약을 거절하고 침해금지청구 절차를 계속 진행하였고, 독일 만하임(Mannheim)법원이 Motorola의 침해금지청구를 받아들였다. 이에 Motorola가 바로 다음 달에 판결을 집행하려고 하자 Apple

---

73) BGH, 5/6/2009 - KZR 39/06. 이 판결은 콤팩트디스크(Compact Disk) 녹음기술에 대한 필립스의 사실상 표준 기준이 문제가 된 것으로, 필립스는 모든 CD-R 제작자들은 '오렌지 북'이라고 불리는 사용을 준수해야 하며, 자신들로부터 실시권을 받아야 한다고 요구하였다.

74) i. it has made an unconditional offer to license under terms that cannot be refused by the patent holder without abusing its dominant position; and ii. these terms require the implementer to behave as if a licence were in place by, for example, making royalty payments into an escrow account and waiving its right to challenge the patent.

75) BGH, 7/13/2004 - KZR 40/02.

76) 이와 관련한 유럽최고재판소 판결로 IMS-Health (ECJ, 4/29/2004 - C-418/01) 판결 참조.

은 다시 여섯 번째 라이선스 청약을 제안하였다. 이 여섯 번째 청약은 Apple이 실시되는 표준필수특허의 유효성을 다툴 경우 Motorola가 계약을 해지할 수 있도록 하는 조항을 두었고 이와 더불어 Apple의 모든 단말기가 실시되는 표준 필수특허를 침해하였다는 것을 명시적으로 인정하는 내용을 담고 있었다. 이 청약에 따라 독일 법원은 침해금지청구의 집행을 중지하고, 양 사는 화해계약을 체결하였다. 2014년 4월 29일 유럽집행위원회는 Motorola에 대하여 Regulation 1/2003 제7조에 따라서 행위금지 결정을 명하였다.

### (2) 유럽집행위원회의 판단[77]

#### 1) 시장획정

집행위원회는 관련시장을 획정함에 있어서 GPRS 표준 기술규격으로 지정된 Motorola의 GPRS 표준필수특허 기술을 실시하는 시장을 관련 기술시장으로 획정하고, 칩셋 및 모바일 기기와 같이 GPRS 표준을 따르는 제품이 판매되는 시장을 관련 제품시장으로 획정하였다.[78] 또한 집행위원회는 '수평적 협력약정에 대한 경쟁법적용에 관한 지침'에 따라서 Motorola의 GPRS 표준필수특허 기술과 Motorola의 기술 가격이 작지만 영구적으로 인상되었을 경우에 구매자가 이에 대응하여 전환할 가능성이 있는 기타의 기술들을 고려하였다. 같은 기준에 의할 때, Motorola의 GPRS 표준필수특허의 실시자가 Motorola의 가격인상에 대해 적절한 방법을 통해 대체 기술로 쉽게 전환할 수 있다면 그 대체기술은 관련 기술제품 시장에 포함된다.

집행위원회는 이러한 제품의 수요 대체성을 고려하여 모바일 기기의 제조자들의 입장에서 Motorola의 GPRS의 표준필수특허 기술을 대체할 만한 기술이 없다고 판단하였다. 또한 GPRS의 표준필수특허 기술이 GPRS 표준의 일부라는 사실 때문에 공급대체성이 없으므로 특허 여부에 관계없이 Motorola 이외의 기술 보유자들은 GPRS 표준기술규격으로 지정된 Morotola의 표준필수특허 기술이 가지는 독창성으로 인해 이와 유사한 기능의 기술을 가지고 있다고

---

77) CASE AT.39985 — MOTOROLA — ENFORCEMENT OF GPRS STANDARD ESSENTIAL PATENTS.
78) '기술이전계약에 대한 EU기능조약 제101조의 적용 지침' 참조.

하더라도 공급할 수 없다. 따라서 집행위원회는 이 사건 관련 상품시장을
GPRS 표준 기술규격으로 지정된 Motorola의 GPRS 표준필수특허 기술을 실시
하는 시장으로 획정하였다.

 2) 시장지배적 지위의 남용행위

 ① 시장지배적 지위의 유무

집행위원회는 표준에 부합하는 제품을 생산하는 제조자에게 Motorola의
GPRS 표준필수특허가 포함된 GPRS 표준이 필수적이라는 점과 산업이 그러한
표준에 고착(lock-in)되었다는 두 가지 점을 근거로 하여 Motorola의 시장지배
적 지위를 인정하였다. 표준필수특허 보유자라는 사실에서 바로 그 사업자가
시장지배적 지위에 있다는 것을 의미하지 않는다는 것은 미국에서 정립된 법
리이다.[79] 이 점에 대해서 2015년 Huawei 사건에서 Advocate General은 독일
법원의 요청사항이 아니었음에도 표준특허보유자는 시장지배적 지위에 있다고
추정되지만, 이는 복멸 가능한 추정으로 표준특허보유자는 구체적인 정황증거
를 들어서 이러한 추정을 복멸할 수 있다는 의견을 제시하였다.[80]

 ② 시장지배적 지위의 남용 여부의 판단

특허와 같은 지적재산권의 보유 그 자체가 시장지배적 지위의 남용이라고
볼 수 없다는 것은 미국의 1995년 지재권 지침과 이후 2007년 연방대법원의
판결로 정립된 원칙이며, 우리나라의 지재권 심사지침과 유럽에서 모두 공통된
법리이다. 그러므로 지적재산권의 행사가 예외적으로 남용이 되기 위해서는 별
도로 시장지배적 지위 남용에 해당하는 요건이 구비되어야 한다.[81]

---

79) 미국 연방항소법원도 Broadcom v. Qualcomm 판결에서, Qualcomm의 WCDMA 관련
    필수기술은 다른 기술과 대체될 수 없고 해당 기술이 표준으로 채택되면 관련 사업자들
    이 표준기술에 고착된다는 것을 근거로 표준필수특허 보유자에게 상당한 시장지배력이
    있다고 보았다{BROADCOM CORPORATION, Appellant v. QUALCOMM INCORPORATED.,
    501 F.3d 297 (2007) No. 06-4292}.

80)  Huawei Technologies Co. Ltd v ZTE Corp., ZTE Deutschland GmbH (Case
    C-170/13).

81) 현재 유럽일반법원으로 이름이 바뀐 유럽1심법원(Court of First Instance)은, 1998년 7
    월 ITT Promedia 판결에서 시장지배적 지위 남용에 해당하여 당시 구 유럽조약 제86조
    (현재의 제102조)의 적용이 되기 위한 원칙을 선언하였다. ITT Promedia NV v
    Commission of the European Communities, Case T-111/96.

이 사건에서 집행위원회는 예외적으로 남용이 인정된다고 본 근거로 GPRS의 표준설정과정과 ETSI에 표준필수특허를 FRAND 조건에 따라서 라이선스하기로 한 약정과 관련하여, 사건의 경우 GPRS 표준이 광범위하게 구현되어 있어서 해당 산업이 고착(lock-in)되었다는 점을 주목하였다. 이처럼 특정 표준에 산업이 고착화된 상태에서만 표준필수특허 보유자가 표준이 채택된 이후에 실시를 받고자 하는 사업자에게 실시를 하지 않거나 매우 가혹한 조건으로만 실시하겠다고 버티는(hold-up) 등의 방법으로 경쟁제한적인 행위를 할 수 있다는 것이 집행위원회의 이해이다.

집행위원회는 Motorola가 ETSI에 제출된 FRAND 확약을 감안하면, 표준에 따른 제품을 생산하는 제조자의 입장에서는 Motorola가 표준필수특허의 실시를 원하는 모든 사업자에게 실시를 허락할 것이라고 기대하는 것이 합리적이라고 보았다. 집행위원회는 이 사건 표준기술들은 ETSI의 지적재산권 정책상 변경할 수 없는 FRAND 확약이 제출되지 않은 특허기술이 포함된 표준을 채택하는 것을 허용하지 않았기 때문에 특허권자가 표준기술에 포함되지 않은 특허나 FRAND 조건으로 라이선스하기로 한 확약이 배제된 특허를 근거로 금지청구를 하거나 실시를 하지 않겠다고 하는 등의 방법으로 특허권 고유의 배타권(right to exclude)을 행사하고자 하는 경우와 달리 이 사건 GPRS 표준화 과정과 FRAND 조건으로 라이선스하기로 Motorola가 ETSI에 확약을 한 이 사건에서 Motorola의 행위는 경쟁제한적 행위의 예외에 해당할 수 있다고 보았다.

집행위원회는 ⅰ) 2011년 Apple이 두 번째 청약을 하였음에도 만하임 법원이 2011년 12월에 침해금지명령의 청구를 인용하자 Motorola가 2012년 1월 30일에 이를 집행하려고 했다는 점 ⅱ) Motorola는 만일 Apple이 화해계약에 포함된 표준필수특허의 유효성을 다툰다면 Motorola가 실시계약을 종료시킬 수 있는 권리를 부여하는 것을 내용으로 하는 계약해지조항(termination clause)을 포함시킴으로써 Apple의 권리를 부당하게 제한하였다는 점 등을 Motorola의 행위가 경쟁제한성을 인정하는 근거로 보았다.

③ 유럽 1심법원(현재 일반법원)의 판단

유럽 1심 법원은 2007년 Microsoft 판결에서 시장지배적 지위남용이 있더라도 객관적 정당화 사유가 존재하는 경우(객관적 정당화사유의 항변)에는 위법성이 조각될 수 있다고 판결하였다.[82] 집행위원회는 Motorola의 객관적 정당화사유의 항변을 배척하면서도 FRAND 조건으로 라이선스를 요청할 의사가 없는 잠재적 실시자에 대해서는 FRAND 조건을 수락한 표준필수특허 보유자라도 침해금지명령을 청구하고 집행할 수 있다고 보았다.

## II. 시장지배적 사업자

### 1. 기본이론

#### 가. 공정거래법 제4조의 해석

법 제4조는 시장지배적 사업자의 추정 기준을 규정하고 있다.

> 제4조(시장지배적사업자의 추정) 일정한 거래분야에서 시장점유율이 다음 각 호의 어느 하나에 해당하는 사업자(일정한 거래분야에서 연간 매출액 또는 구매액이 40억원 미만인 사업자는 제외한다)는 제2조(定義)제7호의 시장지배적 사업자로 추정한다.   <개정 2007. 8. 3.>
> 1. 1사업자의 시장점유율이 100분의 50 이상
> 2. 3 이하의 사업자의 시장점유율의 합계가 100분의 75 이상. 다만, 이 경우에 시장점유율이 100분의 10 미만인 자를 제외한다.

법 제4조는 사업자의 시장점유율이 일정한 수준을 넘는 경우, 특별한 사정이 없는 한 일정한 거래분야에서 1 사업자의 시장점유율이 50% 이상이거나, 3 이하의 사업자의 시장점유율의 합계가 75% 이상인 경우, 그 사업자는 시장지배적 사업자로 추정된다.[83] 시장지배적 사업자로 법률상 추정하고 있다.[84] 공

---

82) 이 쟁점에 대해서는 Microsoft Corp v Commission (2007) T-201/04이 기본판결이다. 이 판결에 대한 평석으로, 최승재, "마이크로소프트 유럽공동체 사건 판결에 대한 연구", 정보법학회 정보법학 제11권 제2호 (2007년 12월) 57-87면.

83) 구 공정거래법 제2조 제7호, 제4조 제1항, 구 공정거래법 시행령(1999. 3. 31. 대통령령 제16221호로 개정되기 전의 것) 제4조 제1항 본문, 제2항, 제7조 제1항의 규정을 종합

정거래법 시행령 제4조 제3항은 시장지배적 사업자의 정의 및 추정에 있어서 당해 사업자와 그 계열회사는 하나의 사업자로 본다고 규정하고 있다. 이 규정은 법률상 추정 규정에 해당하므로 시장지배적 사업자가 아니라는 점에 대한 증명책임은 당해 사업자에게 있다(법률상 추정에 의하여 증명책임 전환).

특정시장에서는 논리적으로 1개 사업자이건 과점에 의해서건 하나의 시장지배력이 존재한다. 그러나 예컨대 비대칭적 과점에서는 독점추정[85]과 과점추정[86] 양 구성요건이 중복될 수 있다. 이 경우 독점추정과 과점추정에 대한 선택보다는 사안의 중점이 어디에 있는가로 판단하는 것이 타당하며 비대칭적 복점(複占) 하에서는 독점추정이 명백히 과점추정을 배척한다는 견해가 타당하다고 본다.[87]

시행령 제4조는 법 제4조에서 정한 매출액 또는 구매액의 산정방법 등을 규정하고 있다.

① 법 제4조(시장지배적사업자의 추정)에서 "연간 매출액 또는 구매액"이란 해당 사업자가 법 제3조의2(시장지배적지위의 남용금지)를 위반한 혐의가 있는 행위의 종료일(해당 행위가 인지일이나 신고일까지 계속되는 경우에는 인지일이나 신고일을 해당 행위의 종료일로 본다. 이하 같다)이 속하는 사업연

하면, 시장지배적 사업자는 동종 또는 유사한 상품이나 용역의 공급에 있어서 1 사업자의 국내 시장점유율이 100분의 50 이상이거나 3 이하의 사업자의 시장점유율의 합계가 100분의 75 이상으로서 최근 1년간 국내에서 공급된 금액이 1,000억 원 이상인 시장에서 당해 상품 또는 용역을 공급하는 사업자 중 공정거래위원회에 의하여 시장지배적 사업자로 지정·고시된 사업자를 말하는데, 원심이 적법하게 인정한 사실과 채택한 증거들에 의하면, 위 3차례의 거래거절행위가 이루어진 1997년부터 1998년까지 사이에 열연코일(열연광폭대강)시장에서의 원고의 국내 시장점유율은 100분의 50 이상으로서 원고는 최근 1년간 국내에서 공급된 금액이 1,000억 원 이상인 열연코일시장에서 열연코일을 공급하는 사업자였고, 피고에 의하여 열연코일시장의 시장지배적 사업자로 지정·고시되어 있었던 사실을 알 수 있다(대법원 2007. 11. 22. 선고 2002두8626 전원합의체 판결).

84) 합산추정에서 시장점유율 10/100 미만은 제외한다. 연간 매출액 또는 구매액이 40억원 미만인 사업자는 동조의 추정대상에서 제외한다. 이런 규정을 최소기준(de minimus rule)이라고 한다.

85) 신동권, 「독점규제법(제2판)」, 박영사(2016) 193−194면.

86) 신동권, 194면.

87) 신동권, 194면.

도의 직전 사업연도 1년 동안에 공급하거나 구매한 상품 또는 용역의 금액 (상품 또는 용역에 대한 간접세를 제외한 금액을 말한다. 이하 같다)을 말한다.

② 법 제2조(정의)제7호 및 법 제4조(시장지배적사업자의 추정)에서 "시장점유율"이라 함은 법 제3조의2(시장지배적지위의 남용금지)의 규정에 위반한 혐의가 있는 행위의 종료일이 속하는 사업연도의 직전 사업연도 1년동안에 국내에서 공급 또는 구매된 상품 또는 용역의 금액중에서 당해사업자가 국내에서 공급 또는 구매한 상품 또는 용역의 금액이 점하는 비율을 말한다. 다만, 시장점유율을 금액기준으로 산정하기 어려운 경우에는 물량기준 또는 생산능력기준으로 이를 산정할 수 있다.

③ 법 제2조(정의)제7호 및 법 제4조(시장지배적사업자의 추정)의 규정을 적용함에 있어서 당해사업자와 그 계열회사는 이를 하나의 사업자로 본다.

④ 법 제2조(정의)제7호의 규정에 의한 시장지배적사업자의 판단에 관하여 필요한 세부기준은 공정거래위원회가 정하여 고시할 수 있다.

이런 법리를 적용함에 있어서 인텔 사건에서 시장점유율 추정에 더해서 관련 사실을 판단하면서, 서울고등법원은 인텔이 관련 시장에서 시장점유율이 평균 95.3%이었으므로 시장지배적 사업자로 추정되며, CPU 시장은 진입장벽이 대단히 높고, 사실상 유일한 경쟁사업자인 AMD는 시장점유율, 생산능력 등에서 현저히 뒤쳐져 있다는 점을 인텔의 시장지배적 사업자 지위에 대한 법률상 추정번복 주장을 배척하였다.[88]

### 나. 공정거래법 제2조 제7호의 해석

다음으로 공정거래법 제2조 제7호에서 정하고 있는 시장지배적 사업자 여부 판단 기준(실질적 판단 기준)을 본다. 공정거래법 제2조 제7호에서 정한 시장지배적 사업자 여부 판단 기준(실질적 판단 기준)은 다음과 같다. 기본 요소로는 시장점유율, 진입장벽, 경쟁사업자(법 2조 7호), 추가 요소로는 봉쇄효과(foreclosure effect), 시장지배력 전이, 필수성과 대체성, 경쟁자 감소, 소비자선택권 감소 등이 고려

---

88) 서울고등법원 2013. 6. 19. 선고 2008누354672 판결. 이 사건은 대법원에 상고되지 않고 확정되었다.

되어야 한다.[89]

　　시장지배적 지위남용행위에서의 시장획정과 비교하여, 공동행위에서의 시장획정 사건을 본다. 특히 청량음료 담합사건에서 보는 것처럼 소비자 기호의 다양성을 충족시키는 것이 중요한 음료시장의 경우와 비교하여 보는 것도 의미가 있다고 본다. 청량음료 담합사건에서, 대법원은 "이와 같은 관계 법령의 내용, 형식, 체제 및 입법 취지 등에 비추어 보면, 공정거래법 제19조 제1항 제1호에 규정된 부당한 공동행위에 해당하는지 여부를 판단하기 위해서는, 먼저 경쟁관계가 문제될 수 있는 일정한 거래분야에 관하여 거래의 객체인 관련상품에 따른 시장(이하 '관련상품시장'이라 한다)을 구체적으로 정하여야 한다. 여기에서 관련상품시장은 경쟁관계에 있는 상품들의 범위를 말하는 것으로서, 구체적으로는 거래되는 상품의 가격이 상당기간 어느 정도 의미 있는 수준으로 인상 또는 인하될 경우 그 상품의 대표적 구매자 또는 판매자가 이에 대응하여 구매 또는 판매를 전환할 수 있는 상품의 집합을 의미한다. 이러한 관련상품시장을 정할 때에는 거래대상인 상품의 기능 및 효용의 유사성, 구매자들의 대체가능성에 대한 인식 및 그와 관련한 경영의사 결정형태 등을 종합적으로 고려하여야 한다.[90]"라는 법리를 제시하면서, "일반적으로 음료상품을 과실음료 · 탄산음료 · 기타음료 등의 항목으로 구분하는 것은 음료상품 제조 사업자들이 해당 항목 상품의 판매실적 조사 및 경쟁력 진단, 재고관리, 신제품 개발 등의 목적에서 이루어지는 것으로 보이고, 음료상품시장은 소비자 기호의 다양성 · 급변성으로 음료상품의 수명이 짧아지고 종류는 더욱 다양해지는 경향을 보여 과실음료 · 탄산음료 · 기타음료의 구분이 모호해지고 있으며 브랜드에 따라서는 소비자 선호의 고착성이 강한 품목도 있지만 대체성이 높은 품목도 상존하는 시장이며, 음료상품 사이에 기능적인 상호 대체가능성 및 잠재적 공급대체성이 있다는 등의 판시와 같은 사정들을 들어, 이 사건 부당한 공동행위에 관한 관련상품시장은 과실음료시장 · 탄산음료시장 · 기타음료시장으로 구분되지 아니하고 이 사건 부당한 공동행위가 영향을 미치는 전체 음료상품시장으로 보는

---

89) 신동권, 70−75면.
90) 대법원 2012. 4. 26. 선고 2010두18703 판결 등 참조.

것이 타당하다고 판단"한 원심을 유지하였다.[91]

## 2. 시장지배적 사업자 판단기준

시장지배적 사업자의 판단은 개별적으로 시장을 독점 또는 과점의 형태로 지배하고 있지 아니한 여러 사업자들이 집단적으로 통모하여 독과점적인 지위를 형성한 경우 이들 사업자들도 시장지배적 사업자에 포함된다고 볼 수 없다는 것이 대법원의 판단이다.

이와 관련하여 **경제적 단일체 법리**(economic single entity doctrine)을 이용하여 시장지배적 사업자의 지위를 인정할 수 있는지 여부가 문제된다.[92] 관련 판결로는 비씨카드 판결이 있다. 이 사건에서 서울고등법원은 은행공동망을 구성하는 은행들은 물론, 은행공동망 구성은행[93]과 비씨카드와의 관계에서도 하나의 사업자로 볼 수 없다고 판단하였다. 즉 대법원은 이 사건에서, "비씨카드가 자신

---

91) 대법원 2013. 4. 11. 선고 2012두11829 판결.

92) 시장지배적사업자를 판단함에 있어서 시장지배적사업자의 추정규정으로 한정하는 서울고등법원(서울고등법원 2003. 5. 27. 선고 2001누15193 판결 그리고 이 판결의 상고심으로 대법원 2005. 12. 9. 선고 2003두6283 판결)의 태도보다는 **공동의 시장지배**(collective dominance)가 인정되지 않는 다수의 사업자들의 경우에는 지배력 행사주체를 실질적인 성격에 따라서 판단하여야 하며, 여기서의 전제조건으로 다수 사업자들 사이에는 경쟁이 결여되어 외관상으로는 하나의 사업자처럼 행동하여야 한다는 견해로 신동권, 69면.

93) 서울고등법원 2003. 5. 27. 선고 2001누15193 판결("시장지배적 지위의 남용을 금지한 공정거래법 규정에서 하나의 사업자"라 함은 "자기의 계산으로 재화나 용역을 공급하는 경제활동을 하면서 그 활동과 관련된 각종 결정을 독자적으로 할 수 있는 자"를 의미한다고 할 것이므로, 공정거래법 시행령 제4조 제3항에 규정된 당해 사업자와 그 계열회사와 같이 별도의 독립된 사업자로서 각기 자기의 계산으로 사업을 하고 있더라도 실질적으로는 단일한 지휘 아래 종속적으로 경제활동에 참가하고 있어 독자성을 갖추지 못하고 있는 경우에는 이를 하나의 사업자로 해석할 여지도 있다고 할 것이나, 더 나아가 독자적으로 경제활동을 하는 개별 사업자들이 시장에서 그 활동과 관련한 각종 결정을 사실상 동일 또는 유사하게 함으로써(피고는 이를 하나의 **경제적 행위 동일체**라고 한다.) 영향력을 행사하는 경우까지 하나의 사업자에 해당한다고 볼 근거는 없으므로, 독자성을 갖춘 사업자들이 연합하거나 단체를 구성하여 시장에서 사업과 관련한 각종 결정을 사실상 동일 또는 유사하게 하였다고 하더라도 이러한 행위가 부당공동행위 또는 사업자단체의 금지행위 위반에 해당할 수 있음은 별론으로 하고 위 사업자들을 통틀어 하나의 사업자로 볼 수는 없다고 할 것이다.).

과 12개 회원은행을 대신하여 신용카드사업 전체를 대행하고 12개 회원은행들은 이에 따른 수익만을 일정한 비율로 분배하는 관계에 있다거나 비씨카드와 회원은행들이 실질적으로 단일한 지휘 아래 종속적으로 이 사건 사업에 참여하고 있다고 볼 수 없고, 오히려 12개 회원은행은 각기 위 사업을 자신의 책임과 계산 하에 독자적으로 수행하되, 카드발급이나 가맹점 관리 등 일정부분을 비씨카드에게 대행하게 하고 수수료를 지급함과 동시에 비씨카드를 사실상 공동으로 운영하고 있는 관계에 있다고 할 것이므로, 시장지배적 사업자인지 여부를 판단하면서 12개 회원은행들을 각각 독립된 별개의 사업자가 아닌 하나의 사업자라고 볼 수는 없다"고 판시하였다.[94] 미국의 경우에도 경제적 단일체

---

94) 서울고등법원 2003. 5. 27. 선고 2001누15193 판결("이 사건으로 돌아와 비씨카드와 12개 회원은행의 관계에 관하여 살피건대, 앞서 든 각 증거와 갑제6, 7호증의 각 1, 2, 갑제 22, 25호증의 각 기재와 당심증인 오현택의 증언에 변론의 전취지를 종합하면, ① 비씨카드는 1981. 12. 신용카드 발급 및 카드전산망 공동사용 등 신용카드 업무를 공동으로 처리하기 위하여 5개 시중은행(조흥, 상업, 제일, 한일, 서울은행)이 출자하여 설립된 법인으로서, 2001. 3. 당시 12개 회원은행이 각각 일정한 지분비율로 참여하고 위 회원은행 중 8개의 회원은행의 임직원이 비씨카드의 비상임이사를 겸직하는 등 위 회원은행들이 사실상 비씨카드를 공동으로 운영하고 있었던 사실, ② 비씨카드는 전체 신용카드시장의 0.1% 정도를 차지하고 있는 자신의 고유한 신용카드사업을 제외하고는 주로 회원은행들이 행하는 이 사건 신용카드사업 중 신용카드의 발급 및 홍보업무, 가맹점의 모집 및 관리업무, 기타 각종 고지서의 발급과 상품의 개발 등 일정부분의 업무를 대행하는 등 회원은행들이 신용카드업을 영위하기 위하여 필요한 업무와 기능 중 상당부분을 분담하여 수행하고 있으나, 위와 같이 분담하여 수행한 업무에 대한 수수료를 지급받을 뿐 이 사건 신용카드사업 자체를 비씨카드가 대행하고 12개 회원은행들이 이로 인한 수익을 일정한 비율로 나누어 가지는 관계에 있지는 아니한 사실, ③ 또한, 회원은행들이 비씨카드의 상표(비씨카드의 표면에 개별 회원은행의 명칭도 병기되어 있기는 하나, 동일한 전산망을 사용하고 있고, 비씨카드가 그 발급 및 홍보를 모두 대행하고 있어 일반 카드고객에게는 사실상 동일 또는 유사한 브랜드로 인식되어 있는 등 그 브랜드 자체를 상당부분 공동으로 사용하고 있다고 볼 수 있다.)와 전산망을 공동으로 사용하고 고객정보 또한 일괄 관리되고 있고, 회원은행들이 이 사건 사업에 관한 각종 정책 및 정보의 상당부분을 공유하고 있으며, 이를 서로 교환하기도 하나, 이 사건 신용카드사업에 필요한 자금의 조달, 판매상품의 결정 및 회원의 모집, 신용카드 이용과 관련한 대금의 결제 및 수수료나 이자의 취득 등은 모두 회원은행 자신의 책임 하에 수행하고 있고, 이러한 사업으로 인한 수익과 손실 또한 모두 자신의 계산으로 하고 있는 사실, ④ 또한, 회원은행들이 이 사건 신용카드사업과 관련된 각종 결정을 함에 있어 다른 회원은행이나 비씨카드로부터 지시 또는 감독을 받는 종속적인 관계에 있지 아니하고, 오히려 회원은행들이 비씨카드를 사실상 공동으로 운영하고 있는 사실을 각 인정할 수 있다.").

로 보는 것은 완전모자관계에 있지 않으면 인정을 쉽게 하지 않고 있는 바,[95] 우리나라에서도 경제적 단일체로서 시장지배력을 인정하는 것은 쉽게 인정되지 않는 것으로 이해된다.[96]

---

95) 이와 비교하여 유럽의 경우에 대해서 Okeoghene Odudu, David Bailey, 'The single economic entity doctrine in EU competition law' (2014) 51 Common Market Law Review, Issue 6, pp. 1721~1757. 유럽의 경우 기능조약 제101조 및 제102조의 적용에 있어서 복수의 경제주체들이 하나의 경제적 단일체를 구성할 수 있다고 보고 있다. 이런 복수의 경제주체를 하나의 그룹으로 묶어내는 개념을 통해서 공동행위가 아니라 시장지배적 지위남용으로도 이론구성을 할 수 있게 되는 것이다. 개념구성으로는 집단적 지배(collective dominance) 이론을 구성할 수도 있다. 집단적 지배개념에 대해서는 Ioannis Kokkoris, 'The Development of the Concept of Collective Dominance in the ECMR. From its Inception to its Current Status' (2007) 30 World Competition, Issue 3, pp. 419~448 참조.

96) (1) 공정거래법은 제2조 제1호에서 사업자를 "제조업, 서비스업, 기타 사업을 행하는 자"라고만 규정하고 있을 뿐 이를 구체적으로 정의하고 있지는 아니하나, 일반적으로 사업자라 함은 타인에게 일정한 경제적 이익, 즉 재화나 용역을 공급하고 이에 상응한 반대급부를 제공받는 경제활동을 하고 그 결과로 발생하는 손해나 이익의 귀속주체가 되는 자를 의미하고, 공정법의 목적이 사업자의 시장지배적 지위의 남용이나 과도한 경제력 집중의 방지, 부당한 공동행위나 불공정한 거래행위를 규제함으로써 시장에서의 공정하고 자유로운 경쟁을 촉진하고자 하는데 있는 점에 비추어 보면, 공정거래법에서 사업자라 함은 위와 같은 경제활동에 참가하는 사업자 중에서도 경제활동과 관련된 각종 결정을 자신의 의사에 기하여 독자적으로 할 수 있는 자를 의미한다 할 것이다. 또한, 현행 공정거래법에서 시장에 참여한 사업자들의 시장에서의 활동을 규제하는 방법은 크게, ① 소수의 사업자가 시장을 사실상 지배하고 있어 용이하게 거래조건을 통제할 수 있는 독과점적 시장구조에 있어서는 시장을 지배하고 있는 이들 소수의 사업자를 일명 시장지배적 사업자로 분류하여 그들이 자신의 지위를 남용하는 행위를 하지 못하도록 규제하고(공정거래법 제2장 참조), ② 시장에 참여한 사업자들이 계약, 협정 등을 통하여 공동으로 부당하게 경쟁을 제한하는 행위를 하지 못하도록 규제하며(공정거래법 제4장 참조), ③ 2 이상의 사업자가 공동의 이익을 증진할 목적으로 조직한 사업자단체가 다른 사업자 또는 사업자단체와 공동으로 이러한 행위를 하지 못하게 하는 한편, 구성사업자들의 사업내용이나 활동을 제한하지 못하도록 규제하는(공정거래법 제6장 참조) 한편, ④ 일반 사업자의 공정한 경쟁을 저해할 우려가 있는 행위를 규제함으로써 시장에서 공정하고 자유로운 경쟁이 이루어질 수 있도록 하고 있고, 공정거래법 제2조 제7호에 시장지배적 사업자의 정의를 규정해 둠과 동시에 같은법 시행령 제4조 제3항에서 시장지배적 사업자의 규정을 적용함에 있어서 당해 사업자와 그 계열회사를 하나의 사업자로 본다는 내용의 규정을 두고 있다(서울고등법원 2003. 5. 27. 선고 2001누15193 판결).

## 3. 시장지배적 지위의 판단에 있어서 수입가능성의 고려

시장지배적 지위에 있는지를 판단함에 있어서 관련상품의 수입이 가능한지 여부(수입가능성)을 판단하여야 한다.[97] 특정 사업자가 시장지배적 지위에 있는지 여부를 판단하기 위해서는 경쟁관계가 문제될 수 있는 일정한 거래 분야에 관하여 거래의 객체인 '관련 상품에 따른 시장'과 거래의 지리적 범위인 '관련 지역에 따른 시장' 등을 구체적으로 정하고 그 시장에서 지배가능성이 인정되어야 한다. 대법원은 관련 상품시장과 관련지리적 시장의 획정에 있어서 다음과 같은 법리를 제시한 바 있다.

대법원도, "여기서 '관련 상품에 따른 시장'은 일반적으로 시장지배적 사업자가 시장지배력을 행사하는 것을 억제하여 줄 경쟁관계에 있는 상품들의 범위를 말하는 것으로서, 구체적으로는 거래되는 상품의 가격이 상당기간 어느 정도 의미 있는 수준으로 인상 또는 인하될 경우 그 상품의 대표적 구매자 또는 판매자가 이에 대응하여 구매 또는 판매를 전환할 수 있는 상품의 집합을 의미하고, 그 시장의 범위는 거래에 관련된 상품의 가격, 기능 및 효용의 유사성, 구매자들의 대체가능성에 대한 인식 및 그와 관련한 구매행태는 물론 판매자들의 대체가능성에 대한 인식 및 그와 관련한 경영의사결정 형태, 사회적·경제적으로 인정되는 업종의 동질성 및 유사성 등을 종합적으로 고려하여 판단하여야 하며, 그 외에도 기술발전의 속도, 그 상품의 생산을 위하여 필요한 다른 상품 및 그 상품을 기초로 생산되는 다른 상품에 관한 시장의 상황, 시간적·경제적·법적 측면에서의 대체의 용이성 등도 함께 고려하여야 한다.[98]

또한, '관련 지역에 따른 시장'은 일반적으로 서로 경쟁관계에 있는 사업자들이 위치한 지리적 범위를 말하는 것으로서, 구체적으로는 다른 모든 지역에서의 가격은 일정하나 특정 지역에서만 상당기간 어느 정도 의미 있는 가격인상 또는 가격인하가 이루어질 경우 당해 지역의 대표적 구매자 또는 판매자가

---

97) 유사품 및 인접시장의 존재는 다른 말로 잠재적 경쟁을 의미하는 것이다. 대법원(대법원 2007. 11. 22. 선고 2002두8626 판결)은 이런 점에서 현재 및 장래의 수입가능성을 고려하여야 한다고 보았고, 열연강판의 경우 관련 지리적 시장을 정함에 있어서 세계시장으로 정할 수 있다고 보았다.

98) 대법원 2007. 11. 22. 선고 2002두8626 전원합의체 판결.

이에 대응하여 구매 또는 판매를 전환할 수 있는 지역 전체를 의미하고, 그 시장의 범위는 거래에 관련된 상품의 가격과 특성 및 판매자의 생산량, 사업능력, 운송비용, 구매자의 구매지역 전환가능성에 대한 인식 및 그와 관련한 구매자들의 구매지역 전환행태, 판매자의 구매지역 전환가능성에 대한 인식 및 그와 관련한 경영의사 결정 행태, 시간적 · 경제적 · 법적 측면에서의 구매지역 전환의 용이성 등을 종합적으로 고려하여 판단하여야 하며, 그 외에 기술발전의 속도, 관련 상품의 생산을 위하여 필요한 다른 상품 및 관련 상품을 기초로 생산되는 다른 상품에 관한 시장의 상황 등도 함께 고려하여야 한다. 그리고 무역자유화 및 세계화 추세 등에 따라 자유로운 수출입이 이루어지고 있어 국내 시장에서 유통되는 관련 상품에는 국내 생산품 외에 외국 수입품도 포함되어 있을 뿐 아니라 또한 외국으로부터의 관련 상품 수입이 그다지 큰 어려움 없이 이루어질 수 있는 경우에는 관련 상품의 수입 가능성도 고려하여 사업자의 시장지배 가능성을 판단하여야 한다."라고 보았다.[99]

## 4. 관련시장획정과 동태성(dynamics)

인터넷 산업의 경우에는 시장이 급격하게 변화한다. 대표적으로 마이크로소프트 사건의 경우 고등법원의 판결이 없어 법원의 태도를 확인할 수 없지만 이런 문제가 첨예하게 다투어졌다.[100] 시장이 동태적으로 변화하는 경우에는 현재의 시장점유율을 장래의 점유율을 표창하는 수단으로 사용하는 것은 적절하지 않을 수 있다는 것이 이런 주장의 기본적인 아이디어다.

2007년 당시 한국과 유럽에서 진행되었던 마이크로소프트 사건에서 원고 마이크로소프트는 인터넷 시장에서의 운영체제와 메신저 또는 미디어플레이어의 끼워팔기는 시장의 동태성을 고려하면 관련시장에서의 자신들의 시장점유율이 자신들의 시장지배적 지위의 존재를 입증하는 수단으로 사용될 수 없다고 주장하였다. 그러나 이 사건은 소취하로 종결되어 이런 주장에 대한 법원의

---

99) 대법원 2007. 11. 22. 선고 2002두8626 전원합의체 판결.
100) 최승재, "마이크로소프트 유럽공동체 사건 판결에 대한 연구", 정보법학회 제11권 제2호, (2007. 12.) 1-19면.

판단은 당시에는 확인할 수 없었다.

이후 이 논의에 대한 설시는 같은 인터넷 업종의 엔에이치엔 사건에서 이루어졌다. 대법원은 "특정 사업자가 시장지배적 지위에 있는지를 판단하기 위해서는, 우선 경쟁관계가 문제 될 수 있는 일정한 거래 분야에 관하여 관련시장이 구체적으로 정해져야 하고, 그 다음에 그 시장에서 지배가능성이 인정되어야 한다. 관련시장 중 관련상품시장은 일반적으로 시장지배적 사업자가 시장지배력을 행사하는 것을 억제하여 줄 경쟁관계에 있는 상품들의 범위를 말하는 것으로서, 구체적으로는 거래되는 상품의 가격이 상당기간 어느 정도 의미 있는 수준으로 인상 또는 인하될 경우 그 상품의 대표적 구매자 또는 판매자가 이에 대응하여 구매 또는 판매를 전환할 수 있는 상품의 집합을 의미하고, 그 시장의 범위는 거래에 관련된 상품의 가격, 기능 및 효용의 유사성, 구매자들의 대체가능성에 대한 인식 및 그와 관련한 구매행태는 물론, 판매자들의 대체가능성에 대한 인식 및 그와 관련한 경영의사의 결정행태, 사회적·경제적으로 인정되는 업종의 동질성 및 유사성 등을 종합적으로 고려하여 판단하여야 하며, 그 외에도 기술발전의 속도, 그 상품의 생산을 위하여 필요한 다른 상품 및 그 상품을 기초로 생산되는 다른 상품에 관한 시장의 상황, 시간적·경제적·법적 측면에서의 대체의 용이성 등도 함께 고려하여야 한다."고 설시하여 이와 같은 법리를 확인하였다.[101]

이때 동태적이라는 주장은 단순히 동태적이라는 주장만으로 쉽게 인정할 것은 아니고 이를 뒷받침할 수 있는 객관적인 증거가 있어야 한다. 단순히 관련시장이 동태적인 특성이 있다는 주장만으로는 시장점유율에 의한 시장지배적 사업자로서의 법률상 추정이 복멸된다고 볼 수 없다.[102]

## 5. 시장지배력 전이(leverage theory)

### 가. 의  의

시장지배력 전이라는 주장은 특정한 시장에서 시장지배적 지위가 있는 되

---

101) 대법원 2014. 11. 13. 선고 2009두20366 판결.
102) 서울고등법원 2019. 12. 4. 선고 2017누48 판결.

는 사업자가 자신이 시장지배력을 가지고 있는 관련시장에서의 지배력을 이용
하여 다른 시장으로 자신의 시장지배력을 확장하는 행위를 위법한 행위로 판
단하기 위한 이론구성이다.[103] 이론적으로 시장지배력 전이(leverage)라는 문제가
쟁점이 된 것으로 획정된 하나의 시장에서 다른 시장에서 그 지배력이 옮겨가
는지 여부가 논점이 된다.[104] 이 이론에 대해서는 논란이 있으므로 섬세한 경
제학적 검증이 요구된다. 이런 시장지배력 전이이론은 현실의 사안에서도 다수
논란이 되었다.[105]

　　포스코 판결에서 대법원은 경쟁제한 효과가 문제되는 관련시장은 시장지
배적 사업자 또는 경쟁사업자가 속한 시장뿐만 아니라 그 시장의 상품 생산을
위하여 필요한 원재료나 부품 및 반제품 등을 공급하는 시장 또는 그 시장에서
생산된 상품을 공급받아 새로운 상품을 생산하는 시장도 포함될 수 있다고 보
았다.[106]

## 나. 사　례

### (1) 강서티브로드 사건

　　관련시장획정에 대한 사안으로 중요한 지리적 시장획정에 대한 사안으로
프로그램 송출시장과는 별개의 프로그램 송출서비스 시장이 있다고 하면서 관
련 지역시장을 전국으로 확장한 **강서티브로드** 사건이 있다.[107] 이 사건은 붙이

---

103) Daniel L. Rubinfeld, Antitrust Enforcement in Dynamic Network Industries, 43 ANTITRUST BULL. 859, 877.(1998)(explaining that leveraging occurs "when a firm uses its advantage from operating in one market to gain an advantage in selling into one or more other, generally related markets").

104) Jennifer M. Clarke – Smith, The Development of the Monopolistic Leveraging Theory and Its Appropriate Role in Antitrust Law, 52 Cath. U. L. Rev. 179 (2003); William F. Dolan, Developments in Private Antitrust Enforcement in 2000, 1252 PLI/CoRP 891, 978 (2001); Roger D. Blair & Amanda K. Esquibel, Some Remarks on Monopoly Leveraging, 40 ANTITRUST BULL. 371, 373 (1995).

105) Virgin Atlantic Airways, Ltd. v. British Airways, 257 F.3d 256, 272 (2d Cir. 2001); United States v. Griffith, 334 U.S. 100, 107 (1948); Berkey Photo, Inc. v. Eastman Kodak Co., 603 F.2d 263, 275 (2d Cir. 1979).

106) 대법원 2002두8626 판결.

107) 대법원 2008. 12. 11. 선고 2007두25183 판결.

익제공강제 행위가 문제된 사건으로서108), 강서티브로드 사건에서 원심은 시장지배력의 전이를 인정하였으나 대법원은 전이를 인정한 원심을 파기하였다.

　　대법원은, "특정 사업자가 시장지배적 지위에 있는지 여부를 판단하기 위해서는, 우선 경쟁관계가 문제될 수 있는 일정한 거래 분야에 관하여 관련 상품시장과 관련 지역시장이 구체적으로 정하여져야 하고, 그 다음에 그 시장에서 지배가능성이 인정되어야 한다. 관련 상품시장은 일반적으로 시장지배적 사업자가 시장지배력을 행사하는 것을 억제하여 줄 경쟁관계에 있는 상품들의 범위를 말하는 것으로서, 구체적으로는 거래되는 상품의 가격이 상당기간 어느 정도 의미 있는 수준으로 인상 또는 인하될 경우 그 상품의 대표적 구매자 또는 판매자가 이에 대응하여 구매 또는 판매를 전환할 수 있는 상품의 집합을 의미하고, 그 시장의 범위는 거래에 관련된 상품의 가격, 기능 및 효용의 유사성, 구매자들의 대체가능성에 대한 인식 및 그와 관련한 구매행태는 물론, 판매자들의 대체가능성에 대한 인식 및 그와 관련한 경영의사의 결정행태, 사회적 · 경제적으로 인정되는 업종의 동질성 및 유사성 등을 종합적으로 고려하여 판단하여야 할 것이며, 그 외에도 기술발전의 속도, 그 상품의 생산을 위하여 필요한 다른 상품 및 그 상품을 기초로 생산되는 다른 상품에 관한 시장의 상황, 시간적 · 경제적 · 법적 측면에서의 대체의 용이성 등도 함께 고려하여야

---

108) 대법원 2008. 12. 11. 선고 2007두25183 판결.("독점규제 및 공정거래에 관한 법률(이하 '법'이라 한다) 제3조의2 제1항은 시장지배적 사업자의 지위남용행위를 금지하고 있고, 같은 항 제3호는 그 지위남용행위의 하나로 다른 사업자의 사업활동을 부당하게 방해하는 행위를 규정하고 있다. 그리고 법 제3조의2 제2항이 남용행위의 유형 또는 기준을 대통령령에 위임함에 따라 독점규제 및 공정거래에 관한 법률 시행령(이하 '법 시행령'이라 한다) 제5조 제3항 제4호는 '다른 사업자의 사업활동을 부당하게 방해하는 행위'의 하나로 '제1호 내지 제3호 외의 부당한 방법으로 다른 사업자의 사업활동을 어렵게 하는 행위로서 공정거래위원회가 고시하는 행위'를 규정하고 있고, 이에 따라 공정거래위원회가 고시한 시장지배적 지위남용행위 심사기준(2002. 5. 16. 공정거래위원회 고시 제2002-6호) Ⅳ. 3. 라. (3)은 법 시행령 제5조 제3항 제4호의 한 경우로서 "부당하게 거래상대방에게 불이익이 되는 거래 또는 행위를 강제하는 행위(이하 '불이익 강제행위'라 한다)"를 규정하고 있다. 결국, 위 관련 법령 등의 규정에 의하면, 시장지배적 사업자의 지위남용행위로서의 불이익 강제행위는 '시장지배적 사업자가 부당하게 거래상대방에게 불이익이 되는 거래 또는 행위를 강제함으로써 그 사업자의 사업활동을 어렵게 하는 행위'라 할 것이다."). 이 판결에 대한 평석으로는 최승재, 「경쟁전략과 법」, 한국학술정보 (2009) 82-99면.

할 것이다. 또한, 관련 지역시장은 일반적으로 서로 경쟁관계에 있는 사업자들이 위치한 지리적 범위를 말하는 것으로서, 구체적으로는 다른 모든 지역에서의 가격은 일정하나 특정 지역에서만 상당기간 어느 정도 의미 있는 가격인상 또는 가격인하가 이루어질 경우 당해 지역의 대표적 구매자 또는 판매자가 이에 대응하여 구매 또는 판매를 전환할 수 있는 지역 전체를 의미하고, 그 시장의 범위는 거래에 관련된 상품의 가격과 특성 및 판매자의 생산량, 사업능력, 운송비용, 구매자의 구매지역 전환가능성에 대한 인식 및 그와 관련한 구매자들의 구매지역 전환행태, 판매자의 구매지역 전환가능성에 대한 인식 및 그와 관련한 경영의사의 결정행태, 시간적·경제적·법적 측면에서의 구매지역 전환의 용이성 등을 종합적으로 고려하여 판단하여야 할 것이며, 그 외에 기술발전의 속도, 관련 상품의 생산을 위하여 필요한 다른 상품 및 관련 상품을 기초로 생산되는 다른 상품에 관한 시장의 상황 등도 함께 고려하여야 할 것"이라는 대법원의 포스코 판결의 법리109)에 의하면 시장지배력 전이를 인정할 수 없다는 것인데, 이론 자체를 부정하는 취지라기보다는 시장지배력 전이를 증명하지 못하였다는 취지로 이해한다.110)

---

109) 대법원 2007. 11. 22. 선고 2002두8626 전원합의체 판결 참조.

110) 대법원은 두 개의 시장 중에서 프로그램 송출시장에서의 시장지배적 지위남용은 인정하였다("원심은 그 채택 증거를 종합하여 판시와 같은 사실을 인정한 다음, 피고가 이 사건 관련 상품시장을 프로그램 송출시장으로 획정하고 관련 지역시장을 서울 강서구로 한정한 것은 잘못이라는 원고(원심의 원고인 주식회사 티브로드 지에스디방송은 2007. 10. 31. 원심의 원고인 주식회사 티브로드 강서방송을 흡수 합병함과 동시에 상호를 현재의 상호인 주식회사 티브로드 강서방송으로 변경하였다)의 주장에 대하여, 피고의 이러한 관련 시장 획정 및 원고에 대한 시장지배적 사업자의 지위 인정은 일응 적법하다고 하였다. 그러면서도 원심은, 유료 방송시장의 거래구조는 종합유선방송사업자 등과 같은 플랫폼 사업자와 TV홈쇼핑 사업자 등 사이에 형성되는 프로그램 송출서비스 시장 및 플랫폼 사업자와 그 플랫폼 사업자에 유료 가입하여 프로그램을 시청하는 가입자 사이에 형성되는 프로그램 송출시장으로 구분되는데, 원고와 같은 플랫폼 사업자와 주식회사 우리홈쇼핑(이하 '우리홈쇼핑'이라 한다) 등 사이에는 후자인 프로그램 송출시장과는 별개의 시장인 프로그램 송출서비스 시장이 형성되고, 이 시장은 관할 지역을 할당받은 전국의 많은 플랫폼 사업자들이 TV홈쇼핑 사업자 등에게 송출채널을 제공하고 그 수수료를 지급받는 것 등을 주요 거래내용으로 하는 시장으로서 전국적 범위에 이른다고 한 다음, 원고는 프로그램 송출시장에서의 시장지배적 지위를 전이하여 인접시장인 프로그램 송출서비스 시장에서의 거래상대방으로서 다른 사업자인 우리홈쇼핑에게 이 사건 채널변경 행위를 통하여 시장지배적 사업자의 지위남용 행위를 하였다고

대법원은 "이 사건 관련 상품시장 및 관련 지역시장에 관한 원심판결 이유를 위 법리 및 기록에 비추어 보면, 원심의 이유 설시에 일부 모순되는 듯한 점은 있으나, 원심이 결론적으로 이 사건 관련 상품시장은 프로그램 송출시장과는 별개의 시장으로서 원고와 같은 플랫폼 사업자가 TV홈쇼핑 사업자 등으로부터 수수료를 지급받고 송출채널을 통해 프로그램의 송출서비스를 제공하는 프로그램 송출서비스 시장이고, 이 사건 관련 지역시장의 범위는 전국이라고 본 것은 옳은 것으로 수긍할 수 있다. 그러나 원심이 스스로 인정한 바와 같이 별개의 시장인 프로그램 송출시장에서의 시장지배적 사업자가 곧바로 프로그램 송출서비스시장에서도 시장지배적 사업자가 되는 것이 아니며, 또한 위 양시장의 거래내용, 특성, 시장지배적 지위남용 행위의 규제목적, 내용 및 범위 등을 비롯한 여러 사정을 종합적으로 고려하면, 프로그램 송출시장에서 시장지배적 사업자인 원고의 시장지배력이 프로그램 송출서비스 시장으로 전이된다고 볼 만한 근거를 찾아 볼 수도 없다. 따라서 이 사건 채널변경 행위가 이루어진 이 사건 관련 시장에서 원고가 시장지배적 사업자의 지위에 있다고 볼 수는 없다 할 것이다."라고 하여 원심의 판단을 위법하다고 보았다.[111]

### (2) 에스케이 멜론 사건

이런 전이의 문제는 MP3 파일 다운로드 시장으로의 지배력 전이 문제가 논의된 에스케이 멜론 사건에서 쟁점이 되었다.[112] 이 사건은 이동통신서비스업체인 에스케이가 자신의 MP3폰과 자신이 운영하는 온라인 음악사이트의 음악파일에 자체 개발한 DRM(Digital Rights Management)을 탑재하여 에스케이의 MP3폰을 사용하는 소비자로 하여금 위 음악사이트에서 구매한 음악파일만 재생할

---

판단하였다.").

111) 그럼에도 불구하고, 원고가 이 사건 관련 시장에서 시장지배적 사업자의 지위에 있다고 판단한 원심판결에는 법 제3조의2 제1항 제3호에 규정된 시장지배적 사업자의 지위남용행위 성립요건에 관한 법리 등을 오해하여 판결에 영향을 미친 위법이 있다. 이를 지적하는 이 부분 상고이유의 주장은 이유 있다.(대법원 2008. 12. 11. 선고 2007두25183 판결 [시정명령취소등]). 이 사건의 경우 필자는 두 개의 시장에서 시장지배력의 전이가 문제가 되는 사건이 아니라 전체를 하나의 시장으로 획정하여 시장지배적 지위남용을 인정하였어야 하는 사건으로 본 바 있다(최승재, 「경쟁전략과 법」, 한국학술정보 (2009) 99면).

112) 대법원 2011. 10. 13. 선고 2008두1832 판결.

수 있도록 하고, 다른 사이트에서 구매한 음악은 위 음악사이트에 회원으로 가입한 후에 별도의 컨버팅 과정 등을 거치도록 한 행위에 대하여, 독점규제 및 공정거래에 관한 법률 제3조의2 제1항 제3호에서 정한 '다른 사업자의 사업활동을 부당하게 방해하는 행위'에 해당한다며 공정거래위원회가 시정명령 및 과징금 납부명령을 한 사안이다. 에스케이가 자신의 MP3폰과 음악파일에 DRM을 탑재한 것은 인터넷 음악서비스 사업자들의 수익과 저작권자 보호 및 불법 다운로드 방지를 위한 것으로서 정당한 이유가 있다고 보이는 점, 소비자가 에스케이의 MP3폰으로 음악을 듣기 위해서 겪어야 하는 불편은 MP3파일 다운로드서비스 사업자들에게 DRM을 표준화할 법적 의무가 있지 않은 이상 부득이한 것으로 현저한 이익 침해가 되거나 부당하여 불법한 것으로 보이지 않는 점, 위 행위로 인해 현실적으로 경쟁제한 효과가 일정 정도 나타났지만 DRM의 특성과 필요성 및 개발경위 등에 비추어 에스케이의 행위에 경쟁제한 효과의 의도나 목적이 있었다고 단정하기 어려운 점 등을 종합할 때, 에스케이의 행위가 '다른 사업자의 사업활동을 방해하는 행위'에 해당하더라도 그 부당성을 인정할 수 없다는 이유로 위 처분이 위법하다고 본 원심판단을 수긍하였다. 대법원은 "이동통신 서비스 업체인 에스케이가 자신의 MP3폰과 자신이 운영하는 온라인 음악사이트의 음악파일에 자체 개발한 DRM(Digital Rights Management)[113]을 탑재하여 에스케이 MP3폰을 사용하는 소비자로 하여금 위 음악사이트에서 구매한 음악파일만 재생할 수 있도록 하고, 다른 사이트에서 구매한 음악은 위 음악사이트에 회원으로 가입한 후에 별도의 컨버팅 과정 등을 거치도록 하는 행위에 대하여, 독점규제 및 공정거래에 관한 법률 제3조의2 제1항 제5호 후단에서 정한 '부당하게 소비자의 이익을 현저히 저해할 우려가 있는 행위'에 해당한다며 공정거래위원회가 시정명령 및 과징금 납부명령을 한 사안에서, 소비자의 이익을 현저히 저해할 우려가 있는 행위를 판단하는 방법에 관한 법리

[113] DRM은 **기술적 보호조치**(Technical Protection Measure)의 하나이다. 디지털 기술과 인터넷의 결합은 저작권법을 이른 바 디지털 딜레마에 빠뜨렸다. 그 결과 디지털 기술을 통해서 저작물의 복제와 유통은 쉬워졌지만 반면 복제와 유통의 통제도 가능해졌다. 기술적 보호조치는 이런 상황에서 도입된 장치이다. 저작권법 제2조 제28호 가목(접근통제) 및 나목(이용통제)은 이를 규정하고 있으며 저작물의 보호를 위해서 일정한 기술적 조치를 할 수 있도록 했다. 이에 대한 상세는 박성호, 694-695면.

와 제반 사정에 비추어 에스케이의 행위가 '현저한 침해'에 해당하지 않는다"고 판시하였다.114)

이 사건은 저작권의 보호와 이 과정에서의 시장지배적 사업자의 지배력 남용행위가 서로 조화되어야 하는 문제가 있었다.115) 이 사건에서 원고는 2004. 11.부터 이동통신서비스와는 별도로 멜론이라는 음악사이트의 운영을 시작한 업체로서, MP3폰을 보유하고 있는 고객에게 PC 또는 MP3폰을 통해 다운로드 받는 방식으로 음악파일을 판매하면서 멜론사이트의 음악파일과 MP3폰에는 자체 개발한 DRM을 탑재하여 SKT용 MP3폰을 소지하고 있는 소비자로 하여금 원고가 운영하는 멜론사이트에서 구매한 음악파일만 재생할 수 있도록 하고, 타 유료사이트에서 구매한 음악은 SKT용 MP3폰으로 재생하여 들을 수 없도록 하였다. 다만, 별도의 DRM이 장착되지 않은 음악파일은 원고의 음악사이트(멜론)에 회원으로 가입 후에 컨버팅 또는 CD굽기 과정을 거쳐 청취할 수 있도록 하였다. 한편 주식회사 AD이천엔터테인먼트는 유료 음악사이트 운영사업자로서 자신이 운영하고 있는 음악사이트(MaxMP3)에서 다운로드받은 음악을 SKT의 MP3폰으로 들을 수 있도록 원고에게 DRM을 공개하여 줄 것으로 요청하였으나 원고로부터 거절당하자, 2005. 9. 5. 피고에게 원고의 위와 같은 행위는 법 위반행위에 해당한다는 신고를 하였다.116)

이 사건에서 피고 공정위는 시장지배적 지위남용 행위(사업활동방해 등)로 판단하였다.117) 이에 대해서 법원은 피고의 관련시장 획정에 오류가 있다고 보았

---

114) 대법원 2011. 10. 13. 선고 2008두1832 판결.
115) 저작권법 제2조 28. '기술적 보호조치'란 다음 각 목의 어느 하나에 해당하는 조치를 말한다.
가. 저작권, 그 밖에 이 법에 따라 보호되는 권리의 행사와 관련하여 이 법에 따라 보호되는 저작물등에 대한 접근을 효과적으로 방지하거나 억제하기 위하여 그 권리자나 권리자의 동의를 받은 자가 적용하는 기술적 조치
나. 저작권, 그 밖에 이 법에 따라 보호되는 권리에 대한 침해 행위를 효과적으로 방지하거나 억제하기 위하여 그 권리자나 권리자의 동의를 받은 자가 적용하는 기술적 조치
116) 서울고등법원 2007. 12. 27. 선고 2007누8623 판결.
117) 피고는 위와 같은 판단 하에 원고의 행위를 위법하다고 보아 원고에게 별지 기재의 시정명령 및 과징금납부명령 등의 처분을 하였다(이하 '이 사건 처분'이라 한다). 그 중 과징금의 부과결정은 법위반기간을 멜론서비스를 유료화한 2005. 1.부터 피고의 심의일인 2006. 12. 13.까지로 정하고, 관련매출액은 MP3폰에 사용하기 위하여 다운로드를 받은

다.118) 법원은 MP3폰을 디바이스로 하는 이동통신 서비스시장과 MP3 다운로드시장은 서로 별개의 시장으로 상호 밀접한 관련이 없다고 보았다. 즉 법원은, "위 이동통신서비스 시장과 다운로드 서비스시장은 별개의 시장으로 구분된다고 하더라도 MP3폰을 디바이스로 하는 이동통신 서비스 시장과 MP3 다운로드 서비스시장은 서로 별개의 시장으로 상호 밀접한 관련이 없다. 즉, 원고가 이동통신 서비스를 제공하거나 이용하기 위해서 온라인 음악서비스가 필요하거나 온라인 음악서비스를 이용하기 위하여 이동통신 서비스가 필요하다고 볼 수 없으므로, 이동통신서비스 시장과 온라인 음악감상 시장에는 시장지배력이 전이될 수 있는 밀접한 관련성이 없고 그 지배력도 전이될 수 없는 것이다. 원고는 이동통신 서비스와 멜론사이트를 통한 MP3 파일 판매 서비스를 각각 별개의 지위에서 소비자에게 제공하는 사업자일 뿐이고 단말기(MP3폰)를 제조하여 판매하는 사업자가 아니므로, 원고가 MP3폰에 자체 개발한 DRM만을 탑재하였다고 인정한 기본 전제사실이 잘못되었으며, 원고의 이 사건 행위는 결국 '멜론사이트에서 판매되는 MP3파일에 자체 개발한 DRM을 탑재한 행위'인데, 이는 불법유통이 만연해 있던 온라인 음악감상 시장에서 MP3파일에 대한 저

---

멜론매출액만을 별도로 산출하는 것이 불가능하다는 이유로 법 시행령 제10조, '과징금 부과 세부기준 등에 관한 고시' Ⅵ. 1. 가.(2)의 규정에 의한 중대한 위반행위에 해당하는 부과기준금액 3억 원을 기본과징금으로 하고, 이에 대하여 의무적·임의적 조정과징금의 산정과정을 거친 10%의 가산금을 더한 330,000,000원을 부과하였다(서울고등법원 2007. 12. 27. 선고 2007누8623 판결 [시정명령등취소]).

118) 피고의 관련시장 획정에 오류가 있다. "(가) 이동통신 서비스시장을 'MP3폰을 디바이스로 하는 이동통신 서비스 시장'과 그렇지 않은 이동통신 서비스시장, 즉 'MP3 기능이 포함되어 있지 않은 이동통신 서비스시장'으로 획정하는 것은 시장획정의 기본 원리에 반하며, 이동통신 서비스는 단말기에 MP3 기능이 탑재되어 있는지 여부에 따라 그 가격과 품질 등에 차이가 있거나 다른 내용의 서비스가 제공되는 것이 아니고(공급 측면), 소비자 또한 단말기에 MP3 기능이 포함되었는지 여부에 따라 사업자들이 제공하는 이동통신 서비스를 선택하는 것이 아니기 때문에(수요 측면), 'MP3폰을 디바이스로 하는 이동통신 서비스시장'을 별도로 획정한다는 것은 상정할 수 없다."(서울고등법원 2007. 12. 27. 선고 2007누8623 판결 [시정명령등취소]). 또 나) MP3 파일의 다운로드 서비스와 스트리밍 서비스는 수요대체성 및 공급대체성이 매우 높은 점 등에 비추어 음악감상시장을 'MP3 파일 다운로드 서비스시장'과 스트리밍시장으로 획정하는 것은 타당성이 없고 시장의 현실을 무시한 시장획정이다."라는 것이 법원의 판단이었다(서울고등법원 2007. 12. 27. 선고 2007누8623 판결 [시정명령등취소]).

작권을 보호하기 위한 기술적 행위이자 원고가 세계 최초로 개발한 '월 정액제 임대형 음악서비스'(월 일정 금액을 내면 MP3파일을 무제한으로 다운로드 받거나 스트리밍을 통해 이용할 수 있는 서비스)를 구현하기 위한 필요 최소한의 행위로서 정당하다."라고 판단하였다.[119] 이렇게 시장획정을 한 뒤에 법원은 이 사건에서 에스케이가 멜론에서 다운로드 받는 음원에 대해서 DRM를 통해서 다른 플랫폼에서는 음악이 재생되지 못하게 한 행위는 경쟁사업자의 사업활동을 방해하거나 소비자의 이익을 현저히 저해할 우려가 없다고 보았다.[120] '불편은 불법이 아니다'라는 유명한 설시도 이 판결문에 등장한다. 저작권 보호를 위한 DRM으로 인해서 이용자가 불편해지는 것은 사실이나, 그것만으로 불법(공정거래법 위반)은 아니라는 것이다.

## 다. 2차 시장으로의 지배력전이(leverage)와 강제적인 라이선스

특허권 등의 지적재산권이 경쟁을 제한하기 위한 수단으로 사용되는 경우 다른 우회설계에 의한 회피가능한 설계 내지 대체적인 기술이 비록 열후적(劣後

---

119) 서울고등법원 2007. 12. 27. 선고 2007누8623 판결 [시정명령등취소].

120) 서울고등법원 2007. 12. 27. 선고 2007누8623 판결("온라인 음악감상 시장은 현재 그 사업자의 수가 많고 진입장벽이 낮으며 제품이 동질적이라는 점에서 완전경쟁에 가까운 상태에 있는데, 다른 경쟁사업자들은 특별한 어려움 없이 정상적으로 사업활동을 하고 있으므로, 다른 사업자들의 사업활동을 방해하지 아니하였다. 또한 소비자들이 멜론사이트를 선호하는 이유는 뛰어난 품질, 사용편의성, 다양한 음원(곡) 수, 디자인 등 다양한 측면에서 경쟁사업자보다 우수한 서비스를 제공하고 있기 때문이고, 원고는 멜론사이트에서 구매하는 MP3 파일을 어떤 디바이스에서 들을 수 있는지 등에 관하여 사전에 충분히 고지하고 있으며, MP3폰을 통하여 원고의 이동통신서비스를 제공받는 소비자들 중 7%만이 유료로 멜론서비스를 이용하고 있을 뿐만 아니라(그 7% 중 다른 음악사이트도 함께 이용하고 있는 소비자를 제외하면 멜론사이트만을 유료로 이용하고 있는 소비자는 2.5%에 불과하다), 소비자들 또한 MP3 파일의 구입처를 선택할 때 어떤 방법과 경로로 어떤 디바이스에서 들을 수 있는지 등을 고려하여 의사결정을 내린다고 할 것이므로 소비자의 선택권이 침해되거나 선택기회가 제한된다고 볼 수 없다. 또한 원고가 멜론사이트에서 다운로드시 소비자들로부터 지급받는 금액은 음악저작권료를 포함한 적절한 것이고 불필요한 지출을 초래하는 것은 아닐 뿐만 아니라 소비자들이 멜론사이트에서 구매하지 않은 MP3파일 중 DRM이 탑재되지 않은 MP3 파일을 MP3폰을 통해 재생하여 듣고자 하는 경우 간단하고 친숙한 방법(컨버팅, CD굽기 등 무료로 이용할 수 있는 간단한 과정만 거치면 됨)을 통하여 MP3파일을 다운로드받아 감상할 수 있으므로, 약간의 불편은 있다고 하더라도 소비자의 이익을 현저히 저해할 우려가 없다.").

的)이지만 동일한 결과를 가지고 올 수 있는 수단으로서 존재하지 않는다는 것 외에 그러한 필수성에 더한 경쟁제한성이 추가적으로 요구된다는 것에 대한 입증이 이루어져야 한다. 지적재산권의 강제실시(compulsory license)가 이루어져야 하는 상황은 서로 충돌하는 지적재산권이라는 재산권의 가치 보장 내지 희석화의 정도와 이를 통하여 경쟁을 촉진함으로 사회가 얻을 수 있는 소비자후생의 증대가 형량되는 상황으로 이러한 경쟁제한이 이루어지는 시장은 기존 시장에서의 신규 진입을 위한 우월한 지위를 가지고 있는 회사가 부가시장(ancillary market) 내지 2차 시장에서 시장 지배력을 전이하고자 하는 경우이다.

2차 시장에서 1차 시장에서의 시장 지배력을 복제하여, 그대로 2차 시장으로 전이시키는 것은 매우 용이한 과제가 된다. 시간문제일 뿐 시간이 경과하면, 점차적으로 시장 점유율의 변동이 일어나게 되고, 결국 시장은 2차 시장에서 조차도 초기 시장 진입을 위한 가격정책(pricing policy)을 완전히 잘못 설정한다든가 하는 결정적인 실수를 저지르는 경우라고 하는 사정과 같은 변수를 제거하고, 다른 조건이 동일하다면, 이러한 1차 시장에서의 특허기술과의 연결을 통한 시장 지배력의 전이는 명확한 상황이 된다.

딜레마는 네트워크 효과가 크게 작용하는 산업에서 시간을 두고 있다가 일단 시장에서 레버리지 효과가 보이기 시작하면, 이때는 벌써 외부성이 발생하여 보이기 시작한 것으로 급속하게 시장의 판도가 바뀌게 되어 경쟁당국이 개입한다고 하여 이를 바꾸는 것은 교정적인 효과가 매우 떨어지게 된다는 것이다.

그러므로 이와 같은 시장지배적 사업자의 행동에 대하여는 경쟁당국이 시장의 경쟁상황에 초기에 개입하여 시정조치를 하여야 효과적인 시정이 이루어질 수 있고, 또 경쟁제한적 효과를 최소화하면서 차단할 수 있다.

다만, 그럼에도 실제에서는 이러한 개입은 쉽지 않을 것으로 보인다. 경쟁당국은 어느 국가나 행정부의 일부이고, 행정부는 경쟁정책 외에 여러 가지 정책을 집행하여야 하며, 여러 이해집단이 자신이 속한 산업에서 산업정책적인 주장을 내세우며, 한편에서는 언론을 통하여 아직 시장에서의 효과가 미진하고, 시장점유율도 미미한데 이러한 개입을 하는 것을 통하여 시장을 죽인다던가 하는 주장을 하기 시작하면, 경쟁당국도 부담을 가지게 될 것이고, 이러한 집행은 결국 조사라는 이름으로 시간을 끌어 실질적으로 시장에서 경쟁사가 거의 퇴출될 지경에 이르게 된 경우나, 퇴출되고 난 뒤에 이루어지고, 이러한 경쟁사의 실패는 시장에서의 경쟁력 없는 자의 자연도태라고 이름으로 자리매김이 될 것이기 때문이다. 시장에서 자연도태(自然淘汰)라고 모든 경쟁에서 밀리고 시장에서 밀려난 경쟁자들에게 이름 붙이는 것은 너무나도 그럴듯한 것처럼 보이기 때문이다. 그러나 그것이 장점에 의한 경쟁의 결과가 아닌 경쟁법 위반의 결과인지를 공정거래법과 경쟁당국이 지속적으로 관찰하고 지켜야 할 일이다.

## 6. 표준필수특허의 경우

### 가. 라이선스시장의 경우

표준필수특허는 당해 특허기술의 라이선스 시장에서의 점유율이 개념상 100%가 될 것이므로 관련 시장에서의 시장지배적 지위 추정은 어려움이 없다.

예를 들어, 퀄컴 Ⅱ 사건에서도 다음의 2가지 점을 들어 시장지배적 지위 추정이 이루어졌고 서울고등법원도 공정위의 이런 판단을 유지했다. ① 첫째, 표준필수특허의 본질상 퀄컴이 보유한 특허가 표준필수특허로서 기술 표준의 구현에 필수적이므로 이를 경쟁사업자의 기술로 대체하는 것은 불가능하므로 각각 별도의 관련시장을 구성한다. 따라서 CDMA, WCDMA, LTE 각 통신표준별 표준필수특허 라이선스 시장에서 퀄컴의 시장점유율은 100%에 해당하고 법률상 시장지배적 지위자로 추정된다. ② 둘째, 더욱이 퀄컴은 자신의 이동통신 표준필수특허에 대해 제3자에게 재실시허락(Sub-license) 권리를 제공하고 있지 않는 바, 퀄컴 외의 다른 경쟁사업자가 존재할 수도 없다.[121]

### 나. CDMA, WCDMA 및 LTE 등 각 표준별 모뎀칩셋 시장

퀄컴은 CDMA, WCDMA 및 LTE 등 각 표준별 모뎀칩셋 시장에서 시장지배적 사업자에 해당한다.[122]

---

121) 공정위 2015시감2118 사건 의결서 92면.

122) 서울고등법원은 「퀄컴 인코포레이티드, 한국퀄컴(주), 퀄컴 씨디엠에이테크놀로지코리아의 시장지배적 지위 남용행위 등에 대한 건」(2009.12.30. 공정거래위원회 의결 제2009-281호)에 대한 시정조치등 취소청구소송(2010누3932)에서 위원회의 의결과 같이

첫째, 모뎀칩셋 시장은 그 특성상 진입에 있어 초기 단계의 막대한 투자와 네트워크, 인력 등 일정한 생산 조건123)이 필요한 점, 모뎀칩셋의 후방시장인 휴대폰 시장은 제품 교체 주기가 짧아 휴대폰 제조사들이 신규 사업자의 모뎀칩셋 보다 시장에서 성능과 신뢰도가 검증된 기존 사업자의 모뎀칩셋을 사용하여 제품 개발 소요기간을 최소화하는 것을 일반적으로 선호하는 점, 휴대폰 사업자가 이동통신사에게 휴대폰을 공급하기 위해서는 여러 단계의 호환성 시험과 통신망 인증시험 등을 통과하여야 하는 점 등을 고려할 때, 신규 모뎀칩셋 사업자가 모뎀칩셋 시장에 진입하기 어려운 진입장벽이 존재한다.

둘째, 이렇게 제품과 사업 특성상 진입장벽이 있는 시장에서 퀄컴은 아래의 표와 같이, CDMA, WCDMA, LTE 등 이동통신 표준별 모뎀칩셋 시장에서 각각 법률상 시장지배적 사업자로 추정되는 점유율을 차지하고 있다.

| 표 3-3 | 퀄컴의 표준별 모뎀칩셋 세계시장 점유율124) | | | | | | | |
|---|---|---|---|---|---|---|---|---|
| 표준(년) | 2008 | 2009 | 2010 | 2011 | 2012 | 2013 | 2014 | 2015 |
| CDMA | 98.4% | 97.6% | 96.4% | 94.3% | 92.4% | 93.1% | 91.6% | 83.1% |
| WCDMA | 38.8% | 47.4% | 45.7% | 55.0% | 50.4% | 53.9% | 48.8% | 32.3% |
| LTE | － | － | 34.2% | 58.8% | 94.5% | 96.0% | 84.8% | 69.4% |

셋째, CDMA 모뎀칩셋 시장을 보면, 퀄컴이 CDMA 표준필수특허를 90% 이상 보유하고 있고, 이를 기반으로 CDMA 모뎀칩셋 시장에서 사업 초기부터 2014년까지 지속적으로 90% 이상 점유율을 유지하고 있으며, 퀄컴의 경쟁사로는 유일하게 ***만이 있다. 그러나 ***의 CDMA 모뎀칩셋은 주로 저가 휴대폰

---

관련 상품시장을 'CDMA2000 방식 모뎀칩 시장'으로 본 후, 퀄컴의 점유율이 50%를 훨씬 상회하므로 퀄컴은 해당 시장에서 시장지배적 사업자로 추정된다고 하였다.
123) 모뎀칩셋은 최첨단기술이 요구되는 반도체 제품으로 생산 초기단계에서부터 우수한 인력과 막대한 자금력이 확보되어야 하며 기술 발전에 대응하기 위하여 지속적인 투자가 요구된다. 실제 모뎀칩 하나를 설계하는 데에만 대략 150억원 내지 200억원 정도가 소요된다고 알려져 있다.
124) 출처 : Strategy Analytics 'Baseband Market Share Tracker' 공정위 2015시감2118 사건 의결서 94면.

에 장착되고, \*\*\*는 WCDMA 모뎀칩셋 제조·판매를 위해 2012년 퀄컴에게 WCDMA 모뎀칩셋 관련 라이선스 계약을 요청하였으나 퀄컴이 이를 거절하였고 해당 시장에 진출하지 못하였다.

넷째, 퀄컴의 독점적인 CDMA 모뎀칩셋 점유율은 모뎀칩셋의 후방호환성을 매개로 4세대 LTE가 보급된 현재까지 영향을 미쳐 LTE 모뎀칩셋 시장의 지배력을 공고히 하고 있다. 휴대폰 제조사가 2세대 CDMA 표준을 채택했던 이동통신사[125]에게 휴대폰을 공급하기 위해서는 'CDMA-LTE 멀티모드' 모뎀칩셋이 필요한데, 'CDMA-LTE 멀티모드' 모뎀칩셋을 공급하는 모뎀칩셋 제조사는 사실상 퀄컴이 유일하다.

다섯째, LTE 모뎀칩셋 시장을 보면, 퀄컴은 LTE 모뎀칩셋 사업 초기부터 점유율이 급상승하여 2013년에는 96%를 차지할 정도로 LTE 모뎀칩셋 시장에서 지배적이며 2015년에도 70%의 점유율을 유지할 정도로 시장지배적 사업자이다. 특히 많은 데이터를 좀 더 빠르게 처리할 수 있도록 이를 지원하는 LTE가 계속 진화하여 프리미엄(premium) LTE 모뎀칩셋이 시장에서 차지하는 중요성과 비중이 커지고 있는데, 이 프리미엄 LTE 모뎀칩셋 시장에서는 사실상 퀄컴외 경쟁자가 없다.[126]

여섯째, 퀄컴은 모뎀칩셋 시장에서 1위 사업자인 동시에, 경쟁 모뎀칩셋 제조사와 달리 라이선스 사업까지 하는 수직 통합사업자이기도 하며 모뎀칩셋 공급과 라이선스 계약을 연계하는 상호 유기적·순환적 효과를 통해 양 시장의 지배력을 강화시키고 있다.

---

125) 미국에는 버라이어존(Verizon)과 스프린트(Sprint), 중국에는 차이나 텔레콤(China Telecom), 일본에는 케이디디아이(KDDI) 등이 있다.

126) 퀄컴이 2014. 9.에 작성한 내부자료에는 LTE 모뎀칩셋과 관련하여 중(Mid)·저가(Low) 제품군에서는 \*\*\*·\*\*\*·\*\*\*·\*\*\* 등을 자신의 경쟁사로 분류하고 있으며, 고사양의 프리미엄 제품군에서는 \*\*\*만을 경쟁사로 기재하고 있다. 그런데 \*\*\*는 퀄컴과의 특허 라이선스 계약으로 인해 모뎀칩셋의 외부판매를 할 수 없는 상황이므로 프리미엄 모뎀칩셋 시장에서는 사실상 퀄컴의 경쟁사가 없다고 할 수 있다.

## Ⅲ. 경쟁제한성의 판단

### 1. 기본이론

시장지배적 지위남용 행위의 위법성(부당성)의 징표는 기본적으로 경쟁제한성이다. 불공정거래 행위 부당성은 공정거래 저해성이라는 점에서 시장지배적 지위남용과 제23조의 불공정거래 행위의 부당성은 그 판단기준에서 상이하다.

공정거래법 제19조 제1항은 "사업자는 계약·협정·결의 기타 어떠한 방법으로도 다른 사업자와 공동으로 부당하게 경쟁을 제한하는 다음 각 호의 어느 하나에 해당하는 행위를 할 것을 합의(이하 '부당한 공동행위'라 한다)하거나 다른 사업자로 하여금 이를 행하도록 하여서는 아니 된다"고 규정하면서 제1호에서 '가격을 결정·유지 또는 변경하는 행위'를 들고 있다. 그리고 공정거래법 제22조 본문은 "공정거래위원회는 제19조(부당한 공동행위의 금지) 제1항의 규정을 위반하는 행위가 있을 때에는 당해 사업자에 대하여 대통령령이 정하는 매출액에 100분의 10을 곱한 금액을 초과하지 아니하는 범위 안에서 과징금을 부과할 수 있다"고 규정하고 있다. 그 위임에 따라 공정거래법시행령 제9조 제1항 본문은 공정거래법 제22조 본문에서 '대통령령이 정하는 매출액'이란 위반사업자가 위반기간 동안 일정한 거래분야에서 판매한 관련상품이나 용역의 매출액 또는 이에 준하는 금액(이하 '관련매출액'이라 한다)을 말한다고 규정하고 있으며, 한편 공정거래법 제2조 제8호는 "'일정한 거래분야'라 함은 거래의 객체별·단계별 또는 지역별로 경쟁관계에 있거나 경쟁관계가 성립될 수 있는 분야를 말한다."고 규정하고 있다.[127) 즉 법 2조8의2호는 "경쟁을 실질적으로 제한하는 행위"라 함은 "일정한 거래분야의 경쟁이 감소하여 특정 사업자 또는 사업자단체의 의사에 따라 어느 정도 자유로이 가격·수량·품질 기타 거래조건 등의 결정에 영향을 미치거나 미칠 우려가 있는 상태를 초래하는 행위를 말한다."고 규정하여 경쟁제한성의 판단기준으로 가격, 산출량과 같은 기본적 요소와 다양성, 혁신저해, 봉쇄효과 등을 경쟁제한성의 징표로 보고 있다.

지식재산권의 행사, 거래와 부수적 제한이 경쟁을 제한하거나 저해하는

---

127) 대법원 2013. 4. 11. 선고 2012두11829 판결.

것은 개별구체적인 경쟁을 행하는 시장을 획정하고, 시장에 있어서의 당사자의 지위와 다른 사업자와의 경쟁의 상황, 집중도, 신규참여나 수입의 용이성, 인접시장으로부터의 경쟁압력 등을 고려하여 판단하여야 한다.[128] 무엇보다 신규기술에 있어서는 시장지배력을 구비할 수 있는가의 판단과 그를 위한 사실을 파악하는 것이 용이하지 않다. 이런 점에서 일본 지식재산권의 가이드라인이 특정기술이 기술시장에서 점하는 점유율에 있어서는 당해기술을 사용하는 제품의 시장에 있어서의 점유율로 대체할 수 있는 경우가 많다고 규정한다(가이드라인 2-3).[129] 통상적으로는 제한행위의 대상이 되는 기술을 이용하는 사업활동을 행하는 사업자의 제품시장에 있어서의 점유율의 합계가 20%이하인 경우에는 원칙적으로 경쟁감쇄 효과가 경미한 것으로 생각하다고 하고 있다. 다만 기술시장에 있어서 경쟁에 미치는 영향에 대해서 제품시장에 있어서의 점유율을 산출할 수 없는 경우에는 제품시장에 있어서의 점유율에 기반한 기술시장에의 영향을 판단하는 것이 적당하다고 인정하지 않은 경우에는 당해 기술이외에 사업활동에 현저하게 지장을 초래하지 않고 이용가능한 대체기술에 대한 권리를 가진 자가 넷 이상이 존재한다면 경쟁감쇄 효과는 경미한 것으로 볼 수 있다고 한다(가이드라인 2-3).[130]

## 2. 개별적인 판단요소

### 가. 가격상승 또는 산출량 감소

시장지배적 지위남용을 규율하는 이유는 시장지배적 사업자가 가격을 부당하게 높게 설정하거나 산출량을 제한하는 방식으로 소비자의 후생을 감소시키는 것을 막기 위한 규율이다. 일정한 거래분야에 속한 상품·용역 또는 직·간접적으로 영향을 받는 인접시장에 속한 상품·용역의 가격이 상승하거나 산출량이 감소할 우려가 있는지 또는 이러한 현상이 당해 행위로 인하여 실제 발생하고 있는지 여부를 고려한다.

---

128) 金井貴嗣, 川濱昇, 泉水文雄 編著, 獨占禁止法, 弘文堂 (2018) 402頁.
129) 金井貴嗣, 川濱昇, 泉水文雄 編著, 獨占禁止法, 弘文堂 (2018) 402-403頁.
130) 金井貴嗣, 川濱昇, 泉水文雄 編著, 獨占禁止法, 弘文堂 (2018) 403頁.

## 나. 상품이나 용역의 다양성 감소

시장지배적 사업자가 공급하는 제품과 경쟁관계(잠재적 경쟁관계를 포함한다) 또는 보완관계에 있는 저렴한 상품이나 용역을 구매할 기회가 제한되는 등 다양한 상품이나 용역을 구매할 기회가 제한 또는 축소되는지 여부를 고려한다. 포스코 판결에서 대법원은 "시장지배적 사업자의 거래거절 행위가 그 지위남용 행위에 해당한다고 주장하려면, 그 거래거절이 상품의 가격상승, 산출량 감소, 혁신 저해, 유력한 경쟁사업자의 수의 감소, 다양성 감소 등과 같은 경쟁제한의 효과가 생길 만한 우려가 있는 행위로서 그에 대한 의도와 목적이 있었다는 점을 입증하여야 하고"라고 설시하여 다양성 감소를 경쟁제한의 효과의 하나로 열거하고 있다.[131]

## 다. 혁신 저해

혁신산업의 경우 경쟁제한성은 혁신저해라는 효과로 나타난다. 소비자에게 유익한 기술·연구·개발·서비스·품질 등의 혁신 유인을 저해하는지 여부를 고려한다. 혁신 저해는 봉쇄효과, 경쟁자의 비용 상승(raising rival's cost)[132] 등 다른 경쟁제한 효과의 궁극적인 결과일 수 있다.

대법원은 2019년 1월 퀄컴 1 판결에서 이와 같은 점을 확인하였다. 대법원은 "독점규제 및 공정거래에 관한 법률 제3조의2 제1항 제5호 전단의 '경쟁사업자를 배제하기 위하여 거래한 행위'의 부당성은 독과점적 시장에서의 경쟁촉진이라는 입법 목적에 맞추어 해석하여야 하므로, 시장지배적 사업자가 시장에서의 독점을 유지·강화할 의도나 목적, 즉 시장에서의 자유로운 경쟁을 제한함으로써 인위적으로 시장질서에 영향을 가하려는 의도나 목적을 갖고, 객관적으로도 그러한 경쟁제한의 효과가 생길 만한 우려가 있는 행위로 평가할 수

---

131) 대법원 2002두8626 판결.
132) 이 이론은 시카고 대학교의 아론 디렉터와 에드워드 레비가 제안하였던 이론으로 이후 경쟁법에서 지속적으로 논의되었다. 관련된 문헌으로 Steven C. Salop and David T. Scheffman, Raising Rivals' Costs: Recent Advances in the Theory of Industrial Structure, 73 Am. Econ. Rev. 267 (1983); Steven C. Salop and David T. Scheffman, Cost−raising Strategies, 36 J. Indus. Econ/ 19 (1987) 참고.

있는 행위를 하였을 때에 부당성을 인정할 수 있다. 이를 위해서는 그 행위가 상품의 가격상승, 산출량 감소, 혁신 저해, 유력한 경쟁사업자의 수의 감소, 다양성 감소 등과 같은 경쟁제한의 효과가 생길 만한 우려가 있는 행위로서 그에 대한 의도와 목적이 있었다는 점이 증명되어야 한다. 그 행위로 인하여 현실적으로 위와 같은 효과가 나타났음이 증명된 경우에는 그 행위 당시에 경쟁제한을 초래할 우려가 있었고 또한 그에 대한 의도나 목적이 있었음을 사실상 추정할 수 있지만, 그렇지 않은 경우에는 행위의 경위 및 동기, 행위의 태양, 관련시장의 특성 또는 유사품 및 인접시장의 존재 여부, 관련시장에서의 가격 및 산출량의 변화 여부, 혁신 저해 및 다양성 감소 여부 등 여러 사정을 종합적으로 고려하여 그 행위가 경쟁제한의 효과가 생길 만한 우려가 있는 행위로서 그에 대한 의도나 목적이 있었는지를 판단하여야 한다. 다만 시장지배적 지위 남용행위로서의 배타조건부 거래행위는 거래상대방이 경쟁사업자와 거래하지 아니할 것을 조건으로 거래상대방과 거래하는 경우이므로, 통상 그러한 행위 자체에 경쟁을 제한하려는 목적이 포함되어 있다고 볼 수 있는 경우가 많다. 여기에서 배타조건부 거래행위가 부당한지를 앞서 든 부당성 판단 기준에 비추어 구체적으로 판단할 때에는, 배타조건부 거래행위로 인하여 대체적 물품구입처 또는 유통경로가 봉쇄·제한되거나 경쟁사업자 상품으로의 구매전환이 봉쇄·제한되는 정도를 중심으로, 그 행위에 사용된 수단의 내용과 조건, 배타조건을 준수하지 않고 구매를 전환할 경우에 구매자가 입게 될 불이익이나 그가 잃게 될 기회비용의 내용과 정도, 행위자의 시장에서의 지위, 배타조건부 거래행위의 대상이 되는 상대방의 수와 시장점유율, 배타조건부 거래행위의 실시기간 및 대상이 되는 상품 또는 용역의 특성, 배타조건부 거래행위의 의도 및 목적과 아울러 소비자 선택권이 제한되는 정도, 관련 거래의 내용, 거래 당시의 상황 등 제반 사정을 종합적으로 고려하여야 한다."라고 하여 배타조건부 거래 행위에서의 경쟁제한성 판단을 위한 기준을 제시하였다.[133]

---

133) 대법원 2019. 1. 31. 선고 2013두14726 판결.

### 라. 봉쇄효과

경쟁사업자의 시장진입 내지 확대기회가 봉쇄되거나 또는 봉쇄될 우려가 있는지 여부를 고려한다. 경쟁사업자에 대한 봉쇄효과는 유력한 경쟁사업자의 수를 감소시키고, 시장지배적 사업자에 대한 경쟁의 압력을 저하시켜 결과적으로 가격상승, 산출량 감소, 상품·용역의 다양성 제한, 혁신 저해 등의 경쟁제한 효과를 초래할 수 있다. 사실 시장봉쇄의 다른 방법은 공동행위이고, 이를 통해서 시장에서의 혁신저해나 다양성 감소 등이 발생할 수 있다. 시장지배적 지위남용 행위도 이런 봉쇄효과를 단독행위로 달성하는 방법이다.

### 3. 경쟁제한의 의도

포스코 판결은 경쟁제한 효과뿐만 아니라 경쟁제한의 의도와 목적이 있어야 한다고 보고 있다. 다만 효과에 의해서 의도나 목적은 추단될 수 있다.[134]

[사례연구] 퀄컴 Ⅱ 사건의 경우, 행위 1, 즉 퀄컴이 경재모뎀칩셋 사업자들에게 FRAND확약을 하고자 모뎀칩셋을 공급하지 않은 행위의 경우에 이 행위가 원고 퀄컴의 경쟁제한 의도나 목적에 의한 것인지는 간접사실을 통해서 증명되었다고 보았다.[135] 퀄컴 Ⅱ 사건에서 퀄컴은 이 사건 표준별 모뎀칩셋 시장에서의 자유로운 경쟁을 제한함으로써 인위적으로 시장질서에 영향을 가하려는 의도나 목적으로 행위 1을 하였다고 인정할 수 있다.

---

134) 대법원 2007. 11. 22. 선고 2002두8626 전원합의체 판결.
135) "피심인들의 모뎀칩셋 시장과 이동통신 표준필수특허 라이선스 시장에서의 수직 통합자로서의 지위, 피심인들의 FRAND 확약 준수 필요성에 대한 인식 사실, 피심인들의 사업보고서와 대외 발표자료를 통해 확인되는 모뎀칩셋 사업에 있어 이동통신 표준필수특허 확보의 중요성에 대한 피심인들의 인식 및 피심인들의 특허 라이선스 계약 방식 등을 고려하면, 피심인들은 모뎀칩셋 시장에서의 경쟁을 제한하고 자신의 모뎀칩셋 지배력을 확보·유지·강화하여 휴대폰 단계에서의 라이선스 정책 모델을 이행·정착시키기 위한 의도로 경쟁 모뎀칩셋 제조자에 대해 이동통신 표준필수특허의 라이선스 계약 체결을 거절하거나 이를 제한한 것으로 판단된다."(공정위 2015시감2118 사건 의결서 116−117면).

## 가. 퀄컴 내부문서에서 드러난 경쟁제한 의도

퀄컴은 이 사건 표준별 모뎀칩셋 시장에서 경쟁 모뎀칩셋 제조사의 지위를 약화시키기 위하여 경쟁 모뎀칩셋 제조사에 대한 실시허락을 거부하고 판매처 제한 조건을 부가하였다.[136)]

## 나. 경쟁제한 유인[137)]

퀄컴은 이 사건 표준필수특허 라이선스 시장과 이 사건 표준별 모뎀칩셋

---

136) "피심인들은 유력한 경쟁 모뎀칩셋 제조사일수록 보다 강한 제한이 결부된 형태의 계약조건을 제시하였다. (i) 우선 피심인들의 내부자료를 보면 피심인들은 B를 유력한 경쟁 사업자로 인식하고 있었는데, 2011년 B가 라이선스 계약 체결을 요청하자 피심인들은 당초 '보충적 권리행사 약정'을 협상안으로 제시하였다가 이를 다시 '한시적 제소유보'로 변경하여 제시하였다. 당초 제시한 보충적 권리행사 약정은 휴대폰 제조사를 상대로 먼저 특허침해를 주장하고 마지막 구제수단으로 B를 상대로 특허침해를 주장하는데 비해, 한시적 제소유보는 **일 내지 **일의 일정기간 동안만 B에 대한 특허침해주장을 유보하는 것으로 보다 불리한 계약조건이라 할 수 있다. (ii) 또한 피심인들은 2009년 A에 대해 WCDMA 표준 관련 라이선스 대신 부제소약정을 제공하면서 피심인들의 라이선시로 판매처를 제한하는 조건을 결부시키는 한편, 다른 모뎀칩셋 제조사에게는 없었던 판매처 위반시 벌금을 부과하는 조항도 함께 규정하였다. 당시 A가 GSM 표준 관련 모뎀칩셋 시장에서 ***, ***, *** 등을 제치고 *위 사업자로 부상하고 있음을 고려할 때, 피심인들이 A에 대해 보다 강한 제약조건을 부과한 것은 WCDMA 모뎀칩셋 시장에서 A의 사업을 제한하려는 의도가 있었다고 보인다. (iii) 한편, 피심인들은 CDMA 모뎀칩셋 시장에서 자신의 유일한 경쟁 사업자인 c가 2012년 WCDMA 표준 관련 특허 라이선스 계약 체결을 요청하자, 피심인들은 모뎀칩셋 시장에서 지위가 미약한 ***, ***, *** 등에게는 WCDMA 표준 관련 계약을 체결하고 있었음에도 유독 c에 대해서는 종전 CDMA 라이선스 계약도 보충적 권리행사 약정으로 변경할 것을 요구하였는데, 이 또한 피심인들이 자신의 유력한 경쟁 사업자에 대해 보다 불리한 계약조건을 제시하였음을 보여주는 사례라 할 것이다."(공정위 2015시감2118 사건 의결서 120-121면).

137) "피심인들은 CDMA, WCDMA 및 LTE 등 각 통신 표준별 표준필수특허 보유자로서 해당 라이선스 시장에서 100% 시장지배적 사업자이면서 동시에 이 표준필수특허를 사용하여 모뎀칩셋을 제조·판매하는 모뎀칩셋 사업자로서 해당 모뎀칩셋 시장의 지배적 사업자이다. 이처럼 피심인들은 지배적 수직 통합사업자의 지위를 갖고 있으므로 경쟁 모뎀칩셋 제조사에 대해 자신의 표준필수특허의 라이선스를 거절하고 자신은 제한 없이 라이선스를 사용하여 자신의 모뎀칩셋을 제조·판매함으로써 모뎀칩셋 시장에서 경쟁 사업자를 배제하고 모뎀칩셋 시장에서의 지배력을 보다 공고히 하는 동시에, 모뎀칩셋 시장의 지배력을 이용하여 휴대폰 제조사와 라이선스 계약을 체결하고 실시료를 수취함으로써 이익을 극대화할 동기나 유인이 있다고 할 것이다."(공정위 2015시감2118 사건 의결서 117-118면).

시장에서의 시장지배적 사업자로서, 지배적 수직통합 사업자로서의 지위에 있다.[138] 경쟁 사업자에 대한 이동통신 표준필수특허 라이선스를 거절함으로써 경쟁 모뎀칩셋 제조사의 비용을 증가시켜 이 사건 표준별 모뎀칩셋 시장에서의 자유로운 경쟁을 제한하여 지배력을 공고히 하고, 위와 같이 구축한 이 사건 표준별 모뎀칩셋 시장의 지배력을 바탕으로 휴대폰 제조사에게 퀄컴으로부터 모뎀칩셋을 구매하기 전에 퀄컴보유 특허에 관한 실시계약의 체결을 강제함으로써 휴대폰 제조사로부터 막대한 실시료를 수취하기 위하여 경쟁 모뎀칩셋 제조사를 시장에서 배제할 유인을 가지고 있다.[139] 퀄컴의 내부 문서에 의하면 퀄컴은 QCT 분야의 이 사건 표준별 모뎀칩셋 시장에서의 시장지배적 사업자 지위를 휴대폰 제조사들을 상대로 한 라이선스 사업의 수익을 유지하는 중요한 요소로 인식하였음을 알 수 있다.[140]

### 다. FRAND 확약의 인지

퀄컴의 내부 문서, 이메일, 표준화기구들에 제출한 FRAND 확약의 내용 등을 고려하면, 퀄컴은 표준필수특허 실시희망자 누구에게나 FRAND 조건으로 라이선스를 제공할 것임을 확약한다는 FRAND 확약의 의미를 알고 있었고, 모뎀칩셋 제조사에 대한 이 사건 표준필수특허 라이선스의 거절이 여러 표준화기구에 제출한 FRAND 확약을 반한다는 점을 알고 있었던 것으로 보인다. 그러나 퀄컴은 휴대폰 제조사만 라이선스 계약을 체결하고 실시료를 받는 것이 훨씬 막대한 수익을 얻으므로 경쟁 모뎀칩셋 제조사에게 라이선스를 제공하지 않는 사업모델을 구축하였다.[141]

---

138) 공정위 2015시감2118 사건 의결서 117면.
139) 공정위 2015시감2118 사건 의결서 117면.
140) 공정위 2015시감2118 사건 의결서 117면.
141) "피심인들은 자신들이 보유한 특허기술이 표준으로 선정되는 조건으로 표준화 기구에 자신의 특허 기술을 공정하고 합리적이며 비차별적인 조건으로 산업 내 모든 참여자에게 라이선스 할 것이라는 FRAND 확약을 선언하였다. 또한 과거 에릭슨과의 소송에서 피심인들은 에릭슨이 자신에게 에릭슨의 표준필수특허를 라이선스 할 의무가 있다고 주장하였으며, 자신도 '산업 내 모든 참여자'에게 자신의 표준필수특허를 FRAND 조건으로 라이선스 할 것임을 밝힌 바 있다. 따라서 경쟁 모뎀칩셋 제조사의 특허 라이선스 계약 체결 요청을 거절·제한하는 것은 FRAND 확약에 위반되어 허용될 수 없는 것임을 충분히 인지할 수 있었다고 할 것이다. 그럼에도 불구하고 피심인들이 경쟁 모뎀칩

## 라. 모뎀칩셋 단계 라이선스에 대한 이중적 태도

퀄컴은 자신들의 모뎀칩셋을 특허권자의 특허공격으로부터 보호하고, 설계의 자유를 확보하기 위해 이동통신 표준필수특허에 대한 라이선스를 확보하는 것이 매우 중요하다는 사실을 인식하고, 자신들의 모뎀칩셋 제조·판매를 위해 필요한 이동통신 특허에 대하여 크로스 그랜트를 받아오면서도, 경쟁 모뎀칩셋 제조사에 대하여는 라이선스 제공을 거부하였다. 퀄컴은 2013. 2. 발표자료에서 다른 모뎀칩셋 제조사와 달리 크로스 그랜트를 통하여 설계의 자유를 안정적으로 확보하였다고 홍보하였다.[142]

## 마. 소결론

이런 점을 종합하여 서울고등법원은 행위 1은 공정거래법 제3조의2 제1항 제3호, 공정거래법 시행령 제5조 제3항 제4호, 심사기준 IV.3.라.(2)의 '정상적인 거래관행에 비추어 타당성 없는 조건 제시하여 다른 사업자의 활동을 부당하게 방해하는 시장지배적 사업자의 지위남용 행위'에 해당한다고 판단하였다.[143]

---

셋 제조사의 특허 라이선스 계약 체결 요청에 대해 2008년 이전까지는 사용권한을 제한하는 제한적인 범위의 라이선스만을 제공하고 2008년 이후에는 라이선스 제공 자체를 거절한 것은 모뎀칩셋 시장에서 경쟁을 제한하고 자신의 모뎀칩셋 지배력을 확보하여 휴대폰 단계에서 유리한 라이선스 조건을 확보하기 위한 의도로 볼 수밖에 없다"(공정위 2015시감2118 사건 의결서 118면).

142) "피심인들은 경쟁 모뎀칩셋 제조사에 대해서는 이동통신 표준필수특허에 대한 라이선스 계약 체결을 거절·제한하면서도, 2015년 8월 기준으로 전 세계 195개 휴대폰 제조사로부터 자신들의 모뎀칩셋 제조·판매를 위해 필요한 이동통신 특허에 대해 크로스 그랜트를 제공받아 오는 이중적인 태도를 취하고 있다. 또한 피심인들은 ***·***과의 특허 라이선스 계약 체결 협상 과정에서 비이동통신 단말기에서는 완전한 라이선스를 제공하는 반면 유독 휴대폰용 모뎀칩셋에 대해서만은 라이선스 제공을 거절하였다. 또한 모뎀칩셋의 외부 판매를 위해 라이선스를 요구한 B와 새로 모뎀칩셋 사업을 시작하기 위해 라이선스를 요구하는 C 등 경쟁 모뎀칩셋 제조사에게는 라이선스를 거절하면서도 그 경쟁 사업자가 보유한 라이선스는 무상으로 크로스 그랜트할 것을 요구하는 등 제한적 약정을 제시하여 라이선스 계약 체결이 무산되었다. 이러한 피심인들의 이중적 태도는 피심인들이 자신이 보유한 이동통신 표준필수특허를 이용하여 자신들에게만 유리한 구조를 만들어 경쟁 모뎀칩셋 제조사는 자신들과 공정하고 대등한 경쟁을 하기 어렵도록 하려는 의도에서 비롯된 행위라는 것 외에 달리 합리적인 이유를 찾기 어렵다." (공정위 2015시감2118 사건 의결서 119-120면).

143) 서울고등법원 2019. 12. 4. 선고 2017나48 판결 보도자료 참고.

## Ⅳ. 공정거래법 제23조와의 관계

### 1. 기본이론

공정거래법 제3조의2의 시장지배적 지위남용행위 규제조항과 제23조의 불공정거래행위 규제 규정은 서로 별개의 구성요건을 가지고 있는 행위규범으로 독자적으로 규율된다. 그러므로 제3조의2에 의한 시지사업자가 제23조의 불공정거래행위 요건도 구비하는 경우에는 양자가 모두 '청구권경합' 관계로 규율되며, 제3조의2가 법조경합 관계에서 특별법으로 제23조보다 우선적으로 적용되는 것은 아니다. 대법원은 시장지배적 지위남용 행위와 불공정거래 행위는 경쟁법상 기능이 상시한 별개의 제도이므로 부당성 판단기준도 구별되어야 한다는 의미로 해석되며, 따라서 동일한 사안에 대한 양 조항의 중복적용이 가능하다고 본다.[144]

포스코 판결에서 이 쟁점이 다투어 졌는데, 다수의견은 "거래거절 행위가 독점규제 및 공정거래에 관한 법률 제3조의2 제1항 제3호의 시장지배적 사업자의 지위남용 행위에 해당하려면 그 거래거절행위가 다른 사업자의 사업활동을 부당하게 어렵게 하는 행위로 평가될 수 있어야 하는바, 여기에서 말하는 '부당성'은 같은 법 제23조 제1항 제1호의 불공정거래 행위로서의 거절행위의 부당성과는 별도로 '독과점적 시장에서의 경쟁촉진'이라는 입법목적에 맞추어 독자적으로 평가 · 해석하여야 하므로, 시장지배적 사업자가 개별 거래의 상대방인 특정 사업자에 대한 부당한 의도나 목적을 가지고 거래거절을 한 모든 경우 또는 그 거래거절로 인하여 특정 사업자가 사업활동에 곤란을 겪게 되었다거나 곤란을 겪게 될 우려가 발생하였다는 것과 같이 특정 사업자가 불이익을 입게 되었다는 사정만으로는 그 부당성을 인정하기에 부족하고, 그 중에서도 특히 시장에서의 독점을 유지 · 강화할 의도나 목적, 즉 시장에서의 자유로운 경쟁을 제한함으로써 인위적으로 시장질서에 영향을 가하려는 의도나 목적을 갖고, 객관적으로도 그러한 경쟁제한의 효과가 생길 만한 우려가 있는 행위로

---

144) 대법원 2009. 7. 9. 선고 2007두22078 판결, 대법원 2013. 4. 25. 선고 2010두25090 판결. 신동권, 612면.

평가될 수 있는 행위로서의 성질을 갖는 거래거절 행위를 하였을 때에 그 부당성이 인정될 수 있다. 그러므로 시장지배적 사업자의 거래거절 행위가 그 지위남용 행위에 해당한다고 주장하려면, 그 거래거절이 상품의 가격상승, 산출량 감소, 혁신 저해, 유력한 경쟁사업자의 수의 감소, 다양성 감소 등과 같은 경쟁제한의 효과가 생길 만한 우려가 있는 행위로서 그에 대한 의도와 목적이 있었다는 점을 입증하여야 하고 거래거절 행위로 인하여 현실적으로 위와 같은 효과가 나타났음이 입증된 경우에는 그 행위 당시에 경쟁제한을 초래할 우려가 있었고 또한 그에 대한 의도나 목적이 있었음을 사실상 추정할 수 있지만, 그렇지 않은 경우에는 거래거절의 경위 및 동기, 거래거절행위의 태양, 관련시장의 특성, 거래거절로 인하여 그 거래상대방이 입은 불이익의 정도, 관련시장에서의 가격 및 산출량의 변화 여부, 혁신 저해 및 다양성 감소 여부 등 여러 사정을 종합적으로 고려하여 거래거절행위가 위에서 본 경쟁제한의 효과가 생길 만한 우려가 있는 행위로서 그에 대한 의도나 목적이 있었는지를 판단하여야 한다. 그리고 이때 경쟁제한의 효과가 문제되는 관련시장은 시장지배적 사업자 또는 경쟁사업자가 속한 시장뿐만 아니라 그 시장의 상품 생산을 위하여 필요한 원재료나 부품 및 반제품 등을 공급하는 시장 또는 그 시장에서 생산된 상품을 공급받아 새로운 상품을 생산하는 시장도 포함될 수 있다."고 판시함으로써 양자의 관계가 서로 법조경합관계에 있는 것은 아니며, 하나의 행위가 시장지배적 지위남용이 성립되면서 동시에 불공정거래 행위도 될 수 있다고 보았다.145) 이에 대해서는 반대의견이 있다.146)147)

---

145) 대법원 2007. 11. 22. 선고 2002두8626 전원합의체 판결.
146) 대법원 2007. 11. 22. 선고 2002두8626 전원합의체 판결("[대법관 이홍훈, 안대희의 반대의견] 독점규제 및 공정거래에 관한 법률 제3조의2 제1항 제3호를 해석할 때에는, 시장지배적 사업자가 다른 사업자에 대하여 거래를 거절함으로써 외형상 그 사업자의 사업활동을 어렵게 하는 행위를 한 경우에 그 행위는 시장지배적 사업자가 자신의 시장지배적 지위를 남용하여 시장에서의 공정하고 자유로운 경쟁을 저해할 우려가 있는 '부당한 행위'를 한 것으로 추정된다고 해석하는 것이 합리적이다. 따라서 시장지배적 사업자가 위 추정에서 벗어나기 위해서는 그 거래거절행위가 실질적으로 다른 사업자의 사업활동을 방해하는 행위가 아니라거나 그와 같은 의도나 목적이 없어 공정하고 자유로운 경쟁을 저해할 우려가 있는 '부당한 행위'가 아니라는 점을 주장·입증하거나, 그와 같은 행위에 해당한다고 하더라도 거래를 거절할 수밖에 없는 정당한 사유가 있다는 점을 주장·입증하여야 한다. 이때 시장지배적 사업자의 거래거절행위가 합리적이고 사업상

## 2. 불공정거래 행위로서의 거래상 지위남용과의 비교

시장지배적 지위남용행위의 주체는 시장지배적 사업자이다. 이는 불공정 거래행위 중 흔히 비교가 되는 거래상 지위남용행위의 경우 원칙적 주체 요건 이 없고, 거래상 지위 남용만 주체가 거래상 우월한 지위에 있으면 된다는 점 과 구별된다. 거래상지위 남용은 시장지배적 지위남용과는 서로 구별되는 개념 으로 거래관계에서의 상호간의 지위의 우열을 보는 규율이다. 우월한 지위남용 은 일본 사적독점금지법도 규율을 두고 있는데, 우월한 지위의 남용에 대해서 일본 독점금지법 제2조 제9항 제5호의 규정에서 정하는 바와 제2조 제9항 제6 호에서 규정하는 바에 기하여 일본 공정거래위원회(公正取引委員會)가 일반지정 및 특수지정에서 세부규정을 정하고 있다. 특수지정으로는 「특정하주가 물품을 운송 및 보관을 위반하는 경우에 특정한 불공정한 거래방법」(물류업특수지정)과 「대 규모 소매업자에 의한 납품업자와의 거래에 있어서의 특정한 불공정거래방법」에 대한 '대규모소매업자 특수지정'이 있다.148)

최근 판결로 거래상 지위남용행위에 대해서 가장 중요한 판결은 아래의 골프장 판결이다. 이 판결에서 대법원은 거래상 지위남용의 의미에 대해서 분 명히 하였다. 거래상 지위가 공정거래법에 의해서 규율되려면 시장지배적 지위

---

불가피하였다는 등 정당한 사유가 있는지 여부는 거래를 거절하게 된 목적과 경위, 당 사자의 거래상 지위 및 경영상태, 경영상 필요, 거래거절 대상의 특성, 시장상황, 거래 거절의 결과 등을 종합적으로 고려하여 판단하여야 한다.").

147) 대법원 2007. 11. 22. 선고 2002두8626 전원합의체 판결("[대법관 박시환의 반대의견] 다수의견과 같이 독점규제 및 공정거래에 관한 법률 제3조의2 제1항 제3호의 시장지배 적 사업자의 거래거절행위의 '부당성'의 의미를 주관적·객관적 측면에서 '경쟁제한의 우려'가 있는 행위로만 파악하는 것은 시장지배적 사업자가 그 시장지배력을 남용하는 것을 규제함으로써 독점을 규제하고자 하는 우리 헌법의 정신 및 독점규제 및 공정거래 에 관한 법률의 입법목적에 반하므로, 독점규제 및 공정거래에 관한 법률 제3조의2 제1 항 제3호의 시장지배적 사업자의 지위남용행위로서의 거래거절행위의 부당성은 같은 법 제23조 제1항 제1호가 규율하는 불공정거래행위로서의 거래거절행위의 부당성과 같 은 의미로 평가·해석하여야 하고, 결국 시장지배적 사업자의 거래거절이 지위남용행 위로서 행하여진 경우에는 '독점규제' 측면에서 경쟁제한의 우려 여부와 관계없이 이를 규제하여야 한다.").

148) 金井貴嗣, 川濵昇, 泉水文雄 編著, 獨占禁止法, 弘文堂 (2018) 350頁.

는 아니고 그 행위의 상대방이 사업자 또는 경쟁자로 한정되는 것은 아니지만 거래상 지위남용의 경우에도 거래질서와의 관련성은 요구된다고 보았다. 공정거래법 제23조 제1항은 "사업자는 다음 각 호의 어느 하나에 해당하는 행위로서 공정한 거래를 저해할 우려가 있는 행위(이하 '불공정거래행위'라 한다)를 하거나, 계열회사 또는 다른 사업자로 하여금 이를 행하도록 하여서는 아니 된다."고 규정하면서 제4호로 '자기의 거래상의 지위를 부당하게 이용하여 상대방과 거래하는 행위'를 들고 있고, 제2항에서 "불공정거래 행위의 유형 또는 기준은 대통령령으로 정한다."고 규정하고 있다. 이러한 위임에 따라 불공정거래 행위의 유형을 정한 구 공정거래법 시행령(2010. 5. 14. 대통령령 제22160호로 개정되기 전의 것, 이하 같다) 제36조 제1항의 [별표 1]은 그 제6호 (라)목에서 '거래상 지위의 남용행위'의 하나인 '불이익 제공'을 '(가)목 내지 (다)목(구입 강제, 이익제공 강요, 판매목표 강제)에 해당하는 행위 외의 방법으로 거래상대방에게 불이익이 되도록 거래조건을 설정 또는 변경하거나 그 이행과정에서 불이익을 주는 행위'로 규정하고 있다.

　　대법원도 공정거래법 제23조 제1항 제4호에서 규정하고 있는 "'거래상 지위'는 일방이 상대적으로 우월한 지위 또는 적어도 상대방과의 거래활동에 상당한 영향을 미칠 수 있는 지위를 가지고 있으면 인정할 수 있고, 거래상 지위가 있는지 여부는 당사자가 처하고 있는 시장의 상황, 당사자 사이의 전체적 사업능력의 격차, 거래의 대상이 되는 상품 또는 용역이나 그 거래관계의 특성 등을 모두 고려하여 판단하여야 한다."고 판시하였다.[149]

---

149) 대법원 2015. 9. 10. 선고 2012두18325 판결("원심은 그 채택 증거들을 종합하여 판시와 같은 사실을 인정한 다음, ① 원고가 회원의 골프장 이용에 관한 정보와 골프장 이용 배정권한을 사실상 독점하고 있고, 골프장 이용자는 일반적으로 회원권 구입에 소요되는 비용 때문에 회원권을 여러 개 보유하기 어려운데, 원고의 회원이 다른 골프장을 이용할 때에는 우선 이용 및 요금 할인 등의 혜택이 없어 이용이 곤란하거나 추가비용이 발생하는 점 등에 비추어 볼 때, 평일회원의 원고에 대한 거래의존도가 높고, ② 평일회원들이 ○○CC를 탈회하고 반환받는 입회비로 다른 골프장의 평일회원권을 구입할 수는 있지만, 입회 후 수년이 지난 시점에서 탈회하고 반환받는 입회비로는 국내 골프장 중 최고가의 정회원권 거래시세를 형성하고 있는 ○○CC에 버금가는 골프장의 평일회원권을 구입하는 것이 쉽지 않을 뿐만 아니라, 그 거래에 드는 비용 또한 적지 않다는 등 그 판시와 같은 이유를 들어, 원고는 평일회원에 대하여 상대적으로 우월한 지위에 있다고 볼 수 있다고 판단하였다. 기록에 비추어 살펴보면 이러한 원심의 판단은 앞서 본 법리에 부합하는 것으로서 정당하고, 거기에 상고이유로 주장하는 바와 같은 지위남

이 판결에서 대법원은 "불공정거래행위의 한 유형으로 거래상 지위의 남용행위를 규정하고 있는 것은, 현실의 거래관계에서 경제력에 차이가 있는 거래주체 사이에도 상호 대등한 지위에서 법이 보장하는 공정한 거래를 할 수 있게 하기 위하여, 사업자가 그 지위를 남용하여 상대방에게 거래상 불이익을 주는 행위를 금지시키고자 하는 데 그 취지가 있다. 나아가 거래상 지위의 남용행위로서 불이익 제공에 해당한다고 하기 위해서는 당해 행위의 내용이 상대방에게 다소 불이익하다는 점만으로는 부족하고, 구입 강제, 이익제공 강요, 판매목표 강제 등과 동일시할 수 있을 정도로 일방 당사자가 자기의 거래상의 지위를 부당하게 이용하여 그 거래조건을 설정 또는 변경하거나 그 이행과정에서 불이익을 준 것으로 인정되어야 한다(대법원 2013. 4. 25. 선고 2010두25909 판결 등 참조)."는 기존 법리를 확인하면서, 공정거래법은 불공정거래행위를 규제하여 공정하고 자유로운 경쟁을 촉진함으로써 창의적인 기업활동을 조장하고 소비자를 보호함과 아울러 국민경제의 균형있는 발전을 도모함을 목적으로 하고(제1조 참조), 불공정거래행위에서의 '거래'란 통상의 매매와 같은 개별적인 계약 자체를 가리키는 것이 아니라 그보다 넓은 의미로서 사업활동을 위한 수단 일반 또는 거래질서를 뜻하는 것으로 보아야 하는 점(대법원 2010. 1. 14. 선고 2008두14739 판결 참조)을 고려할 때, 공정거래법 제23조 제1항은 단순히 불공정한 계약내용이나 사법상 권리의무를 조정하기 위한 것이 아니라 공정한 거래질서 또는 경쟁질서의 확립을 위하여 경제에 관한 규제와 조정이라는 공법적 관점에서 불공정한 거래행위를 금지하는 규정이라고 보아야 한다.

또한 공정거래법 제23조 제1항 각 호 중 이 사건 처분의 근거가 된 제4호를 제외한 나머지 규정이 금지하고 있는 불공정거래행위의 구체적인 유형은, '부당하게 거래를 거절하거나 거래의 상대방을 차별하여 취급하는 행위'(제1호), '부당하게 경쟁자를 배제하는 행위'(제2호), '부당하게 경쟁자의 고객을 자기와 거래하도록 유인하거나 강제하는 행위'(제3호), '거래의 상대방의 사업활동을 부당하게 구속하는 조건으로 거래하거나 다른 사업자의 사업활동을 방해하는 행위'(제5호), '부당하게 특수관계인 또는 다른 회사에 대하여 가지급금 · 대여금 ·

─────────────────────

용 불공정거래행위에서 거래상 지위에 관한 법리를 오해한 위법이 없다.").

인력·부동산·유가증권·상품·용역·무체재산권 등을 제공하거나 현저히 유리한 조건으로 거래하여 특수관계인 또는 다른 회사를 지원하는 행위'(제7호) 등이고, 구 공정거래법 시행령 제36조 제1항 [별표 1]은 위와 같은 불공정거래행위를 거래 거절(제1호), 차별적 취급(제2호), 경쟁사업자 배제(제3호), 부당한 고객유인(제4호), 거래 강제(제5호), 구속조건부 거래(제7호), 사업활동 방해(제8호), 부당한 지원행위(제10호) 등으로 세부적으로 유형화하고 있다. 이와 같은 불공정거래행위에 관한 법령의 규정 내용에 따르면, "그 문언에서 행위의 상대방을 사업자 또는 경쟁자로 규정하고 있거나 그 문언의 해석상 거래질서 또는 경쟁질서와의 관련성을 요구하고 있으므로, 이러한 규정의 체계를 고려할 때 공정거래법 제23조 제1항 제4호가 '자기의 거래상의 지위를 부당하게 이용하여 상대방과 거래하는 행위'라고 규정하여 행위의 상대방을 사업자 또는 경쟁자로 한정하고 있지는 않지만, 그 거래상 지위의 남용행위에서는 적어도 거래질서와의 관련성은 필요하다고 보아야 한다."고 하면서, "이상과 같은 여러 사정을 종합하여 보면, 거래상 지위 남용행위의 상대방이 경쟁자 또는 사업자가 아니라 일반 소비자인 경우에는 단순히 거래관계에서 문제 될 수 있는 행태 그 자체가 아니라, 널리 거래질서에 미칠 수 있는 파급효과라는 측면에서 거래상 지위를 가지는 사업자의 불이익 제공행위 등으로 인하여 불특정 다수의 소비자에게 피해를 입힐 우려가 있거나, 유사한 위반행위 유형이 계속적·반복적으로 발생할 수 있는 등 거래질서와의 관련성이 인정되는 경우에 한하여 공정한 거래를 저해할 우려가 있는 것으로 해석함이 타당하다고 할 것이다."고 판시하였다.

이러한 법리에 비추어 보면, 비록 이 사건 행위의 내용이 원고의 평일회원들에게 다소 불이익하다고 볼 수는 있지만, 평일회원들은 골프장 경영 회사인 원고에 대한 관계에서 일반 소비자에 해당하므로, 먼저 거래질서와의 관련성이 인정되어야만 이 사건 행위가 공정한 거래를 저해할 우려가 있다고 볼 수 있을 것이라고 하여 거래질서의 관련성이 민법의 적용과 공정거래법 적용을 가르는 기준이 된다고 판시하였다.150)

---

150) 대법원 2015. 9. 10. 선고 2012두18325 판결.

## 3. 표준필수특허권자의 거래상 지위남용행위 규제[151]

### 가. 법 리

시장지배적 지위남용과 거래상 지위남용은 서로 구별되는 행위임은 주지하는 바와 같다. 거래상 지위남용행위(공정거래법 제23조 제1항 제4호)는 거래상 지위를 남용하는 불공정거래행위에 대한 규제를 담당하는 것으로 공정거래법 제3조의2의 시장지배적 지위남용과는 구별되는 조문이다. 양자는 서로 규율하는 바가 다르기 때문에 중첩적으로 적용될 수 있다는 것이 대법원 판례이다.[152] 이 판결에서 대법원은 시장지배적 사업자가 행한 거래거절행위의 부당성의 판단기준에 대하여 법 제23조 제1항의 제1호의 불공정거래행위로서의 거래거절행위의 부당성과는 구별된다고 하면서 입법목적에 비추어 독자적으로 해석하고 평가하여야 한다고 보았다.[153]

공정거래법 제23조 제1항 제4호의 거래상 지위남용만을 문제 삼고 있는 것이지 시장지배적 지위남용행위를 문제 삼고 있는 것은 아니기 때문에 거래상 지위남용행위를 한 자가 관련시장에서 지배적 지위(dominant market position)에 있는지 여부는 쟁점이 아니다.

공정거래법 제23조 제1항 제4호의 거래상 '우월한 지위'는 시장에서의 독점적·지배적 지위에 있다는 의미의 '절대적 우월성'을 말하는 것은 아니고 개별적 거래의 상대방에 대한 우월적인 지위에 있다는 의미에서의 '상대적 우월성'을 말하는 것이다. 이런 거래상 지위의 우월에 기한 지위남용의 규제는 일본 사적독점금지법에도 규정이 있는 바, 이 때의 우월한 지위의 해석에 우월적 지위의 유무를 판단하는 기준에 대해서 일본 공정거래위원회 및 학자들은 대체로 '거래필요성' 여부를 기준으로 하는 입장을 취하고 있다(거래필요성 기준).[154] 즉 거

---

151) 최승재, "거래상 직위남용의 지식재산권 남용에의 적용", 경쟁저널 2021. 5. 47−57면 참조.
152) 대법원 2007. 11. 22. 선고 2002두8626전원합의체 판결. 일본에서도 이런 견해는 마찬가지다. 일본에서도 양자의 요건에 모두 해당하는 경우에는 양자가 중복하여 적용될 수 있다고 본다(金井貴嗣, 川濱昇, 泉水文雄[編著], 獨占禁止法[第6版], 弘文堂 2018年 361면).
153) 이호영, 독점규제법(제5판), 홍문사 329면.
154) 일본의 우월적 지위남용 가이드라인은 그것을 갑이 거래선에 있는 을에 대해서 우월한

래상대방이 행위자와 거래를 하지 않으면 안되는 상황에 있는 경우 우월적 지위에 있는 것이다. 이때 거래를 하지 않으면 안되는 상황은 반드시 영구적일 필요는 없다.[155] 일본 공정거래위원회는 이런 점에서 남용행위를 인정하는 경우 '우월적 지위에 있지 않았다면 통상 을이 갑의 남용행위를 받아들이지 않았을 것'인데 라는 식의 논법을 사용한다.[156]

공정거래법 제23조 제1항 제4호는 그 행위의 내용이 상대방에게 다소 불이익하다는 점만으로는 부족하고, 다른 행위유형인 구입강제, 이익제공강요, 판매목표강제 등과 동일시할 수 있을 정도로 일방 당사자가 우월적 지위를 남용하여 그 거래조건을 설정한 것이 인정되고, 그로써 정상적인 거래관행에 비추어 상대방에게 부당하게 불이익을 주어 공정거래를 저해할 우려가 있어야 한다는 것이 대법원의 판례이다.[157] 일본에서도 이는 마찬가지여서 과대한 불이익을 주는 행위여야 한다.[158]

거래상 지위를 남용하여 현저히 고가나 저가 공급을 요청하였다는 주장의 판단에 있어서의 정상가격의 통상적인 의미는 이와 비교할 만한 유사한 상황에서 이루어진 거래가격이다.[159] 참고할 수 있는 부당지원행위심사지침(II.5)은 정상가격을 "지원주체와 지원객체 간에 이루어진 경제적 급부와 동일한 경제적 급부가 시기, 종류, 규모, 기간, 신용상태 등이 유사한 상황에서 특수관계가

---

지위에 있다는 것은 갑과의 거래가 계속되지 않으면 경영상 심각한 지장이 오는 경우로 갑이 을에게 현저히 불이익한 요청을 행해도 을이 받아들일 수밖에 없는 행위를 말한다고 하여 거래필요성(취인필요성) 기준을 취한다(白石忠志, 獨禁法講義(第8版), 2018 191면).

155) 白石忠志, 위의 책, 192면.
156) 일본 공취위심판심결 2015년6월4일 도이자라스 사건.
157) 대법원 1993. 7. 27. 선고 93누4984 판결 등. 예를 들어 우월한 지위를 가지고 있는 갑과 그 상대방이 되는 을의 거래가격 그 자체가 남용이 되는가 여부의 문제는 쉽게 그렇다고 할 수 없는 경우가 많다. 우월한 지위에 있는 갑이 매도자가 되는 경우 현저히 높은 가격으로 판매를 하거나, 또는 갑이 매수자가 되는 경우에는 현저히 낮은 가격으로 매수를 하는 것이 거래상 지위남용행위가 되는 것은 통상적으로 판단이 쉽지 않다. 그러나 쉽지 않다는 것과 판단을 할 수 없다는 것은 명백히 구별되는 것으로 일본 공정거래위원회는 단순히 가격이 높고 낮음이 아니라 장기계약이라는 점에 착안하여 우월한 지위에서의 불이익한 가격결정행위를 한 것으로 인정한 바 있다.
158) 白石忠志, 위의 책, 194면.
159) 대법원 2008. 6. 26. 선고 2006두8972 판결 등.

없는 독립된 자 간에 이루어졌을 경우 형성되었을 거래가격"이라고 규정하고 있다. 대법원도 정상가격의 일종인 정상금리가 문제된 사건에서 정상금리는 "지원주체와 지원객체 사이의 자금거래와 시기, 종류, 규모, 기간, 신용상태 등의 면에서 동일 또는 유사한 상황에서 그 지원객체와 그와 특수관계가 없는 독립된 금융기간 사이에 자금거래가 이루어졌다면 적용될 금리, 또는 지원주체와 지원객체 사이의 자금거래와 시기, 종류, 규모, 기간, 신용상태 등 면에서 동일 또는 유사한 상황에서 그 지원객체와 그와 특수관계가 없는 독립된 금융기관 사이에 자금거래가 이루어졌다면 적용될 금리를 의미한다고 보고 있다.160) 우리나라의 다양한 법률에서 정상가격을 산정하기 위한 기준을 제시하고 있지만 가장 기본적인 방법론은 유사가격비교법이다. 이 방법을 사용하기 위하여는 유사한 사례가(similarly situated price)를 발견하는 것이다.

또한 대법원은 거래상 지위는 일방이 상당한 영향을 미칠 수 있는 지위를 갖고 있으면 인정할 수 있고, 거래상 지위가 있는지는 당사자가 처한 시장의 상황, 당사자 간의 전체적 사업능력의 격차, 거래의 대상인 상품의 특성 등을 종합하여 고려하도록 하고 있다.161) 이때 상대방에게 부당하게 불이익을 주는 행위인지 여부는 문제되는 거래조건에 의하여 상대방에게 생길 수 있는 불이익의 내용과 불이익 발생의 개연성, 당사자 사이의 일상거래과정에 미치는 경쟁제약의 정도, 관련 업계의 거래관행과 거래형태, 일반 경쟁질서에 미치는 영향, 관계 법령의 규정 등 여러 요소를 종합하여 판단하여야 한다.162) 이때 우월한 지위로 인한 거래필요성이 있는지 여부의 판단에 있어서 신규거래에 비하여 거래를 관계, 즉 계속성이 있는 거래의 경우에는 거래필요성 요건을 충족하기 쉬워서 거래상 우월한 지위의 인정이 용이하다.163) 올리버 윌리암슨의 관계특정 내지 자산특정투자이론(relationship specific or asset specific investment)을 통해서 우월한 지위가 인정될 수 있다.164)

---

160) 대법원 2004. 10. 14. 선고 2001두2935 판결 등.
161) 대법원 2011. 5. 13. 선고 2009두24108 판결.
162) 대법원 1998. 3. 27. 선고 96누18489 판결.
163) 白石忠志, 앞의 책, 189면.
164) Williamson, O. E. Markets and Hierarchies: Analysis and Antitrust Implications. Free Press, New York, NY, 1975. 이와 관련한 문헌으로, 최승재, "거래상 지위남용의 지식

## 4. 공정거래법 제23조 제1항 제4호의 규정취지[165]

### 가. 규정내용

공정거래법 제23조 제1항 제4호 제2항, 공정거래법 시행령 제36조 제1항, [별표 1의 2] 제6호 라목에서 불공정거래행위의 한 유형으로 사업자가 '자기의 거래상의 지위를 부당하게 이용하여 상대방과 거래하는 행위'를 규정하고 있는 것은, 현실의 거래관계에서 경제력에 차이가 있는 거래주체 간에도 상호 대등한 지위에서 법이 보장하고자 하는 공정한 거래를 할 수 있게 하기 위하여 상대적으로 우월한 지위 또는 적어도 상대방의 거래활동에 상당한 영향을 미칠 수 있는 지위에 있는 사업자에 대하여 그 지위를 남용하여 상대방에게 거래상 불이익을 주는 행위를 금지시키고자 하는 데 그 취지가 있다.[166]

여기서 말하는 거래상의 지위를 부당하게 이용하였는지 여부는 당사자가 처하고 있는 시장 및 거래의 상황, 당사자 간의 전체적 사업능력의 격차, 거래의 대상인 상품 또는 용역의 특성, 그리고 당해 행위의 의도·목적·효과·영향 및 구체적인 태양, 해당 사업자의 시장에서의 우월한 지위의 정도 및 상대방이 받게 되는 불이익의 내용과 정도 등에 비추어 볼 때 정상적인 거래관행을 벗어난 것으로서 공정한 거래를 저해할 우려가 있는지 여부를 판단하여 결정

---

재산권 남용에의 적용", 경쟁저널 2021. 5. (47면 이하).

165) 법 제23조 (불공정거래행위의 금지) ① 사업자는 다음 각 호의 어느 하나에 해당하는 행위로서 공정한 거래를 저해할 우려가 있는 행위(이하 "불공정거래행위"라 한다)를 하거나, 계열회사 또는 다른 사업자로 하여금 이를 행하도록 하여서는 아니된다.
4. 자기의 거래상의 지위를 부당하게 이용하여 상대방과 거래하는 행위
시행령 제36조 (불공정거래행위의 지정) ① 법 제23조(불공정거래행위의 금지) 제3항에 따른 불공정거래행위의 유형 또는 기준은 별표1의2와 같다.
[별표 1의2] 불공정거래행위의 유형 및 기준(제36조 제1항 관련)
6. 거래상 지위의 남용
법 제23조(불공정거래행위의 금지)제1항제4호에서 "자기의 거래상의 지위를 부당하게 이용하여 상대방과 거래하는 행위"라 함은 다음 각목의 1에 해당하는 행위를 말한다.
가. ~ 다. (생략)
라. 불이익 제공
가목 내지 다목에 해당하는 행위 외의 방법으로 거래상대방에게 불이익이 되도록 거래조건을 설정 또는 변경하거나 그 이행과정에서 불이익을 주는 행위

166) 대법원 2000. 6. 9. 선고 97누19472 판결, 대법원 2011. 10. 27. 선고 2010두8478 판결 등 다수.

하여야 한다.167)

### 나. 시장지배적 지위남용과 거래상 지위남용의 관계

거래상 지위남용행위의 주체인 사업자는 상대적으로 우월한 지위 또는 적어도 상대방의 거래활동에 상당한 영향을 미칠 수 있는 지위에 있어야 한다.168) 어떠한 행위가 시장지배적 지위 남용행위와 불공정거래행위의 각 요건에 모두 해당한다면 하나의 행위라도 모두에 해당할 수 있다. 시장지배적 지위남용행위가 성립하지 않는다고 하더라도 불공정거래 행위가 성립할 수도 있다. 시장지배적 지위남용행위의 경우에는 시장전체의 경쟁상황에 대한 부정적인 영향여부에 대한 판단인 경쟁제한성이 위법성의 본질이 되지만, 거래당사자간의 상대적 지위를 문제삼은 거래상 지위남용행위의 경우에는 시장전체의 경쟁상황에 대한 영향 보다는 개별 거래내용의 불공정성이 위법성의 본질이 된다.169)

그러나 시장지배적 지위남용이 관련시장 획정을 전제로 하고 지위 요건이 엄격하며 경쟁제한의 효과나 우려의 범위도 광범위하여 거래상 지위남용보다 증명이 어렵다는 이유로 시장지배적 지위남용에 관한 법령 적용을 부정하고 거래상 지위남용으로 손쉽게 대체할 수 있도록 인정한다면, 시장지배적 지위남용 행위와 불공정거래 행위로 구분하고 공정하고 자유로운 경쟁질서의 확립을 주된 목적으로 하는 공정거래법령의 본래 목적과 체계에 맞지 않는 측면이 있다. 시장지배적 지위남용행위와 불공정거래 행위의 각 유형도 다양하여 이를 일률적으로 특별법과 일반법의 관계라 볼 수도 없다.170)

### 다. 입법취지

사업자의 거래상 지위남용행위를 규제하는 현실의 거래관계에서 경제력에 차이가 있는 거래주체 간에도 상호 대등한 지위에서 법이 보장하고자 하는 공

---

167) 대법원 2000. 6. 9. 선고 97누19427 판결, 대법원 2002. 1. 25. 선고 2000두9359 판결 등 참조.
168) 대법원 2009. 10. 29. 선고 2007누20812 판결, 대법원 2011. 5. 13. 선고 2009두24108 판결 등 다수. 법원이 거래상 지위를 인정한 사안들에 대해서 신동권, 709-713면.
169) 신동권, 717면.
170) 대법원 2000. 6. 9. 선고 97누19472 판결, 대법원 2006. 9. 8. 선고 2003두7859 판결 등 다수.

정한 거래를 할 수 있게 하기 위하여 상대적으로 우월적 지위에 있는 사업자에 대하여 그 지위를 남용하여 상대방에게 거래상 불이익을 주는 행위를 금지시키고자 하는데 그 취지가 있다.[171]

공정거래법 제23조 제1항 제4호는 시장지배적 지위를 말하는 것이 아니며 거래상의 지위를 말하는 것이다. 그러므로 시장지배적 지위의 존부, 즉 시장획정을 전제로 하는 것이 아니며 양당사자의 거래상의 관계를 중심으로 파악하는 것이다. 이 때 거래상의 지위는 상대적이다. 따라서 일방이 다른 당사자에 비하여 거래상 지위가 열위에 있으면 족한 것이며 통상적인 시장에서의 매출이나 산출량에 의한 판단이 아니라 관계적으로 판단되는 것이다. 이런 점에서 보면 기술적인 고착화가 발생하는 경우에는 그 고착화는 오히려 큰 회사가 작은 회사에 의존하게 되어 객관적인 지표, 예를 들어서 매출액이나 영업이익이 절대적으로 작은 회사가 오히려 큰 회사와의 관계에서 거래상 우월한 지위에 있을 수도 있다. 그리고 계약에 해석에 관한 다툼이 있는 민사 사안이라는 이유만으로 공정거래법 적용이 배제되는 것도 아니다.[172]

공정거래법 제23조 제1항 제4호는 남용으로 인하여 경직된 시장구조가 고착화되는 것을 억제하기 위한 공정거래법의 각 조문 중에서 현실 거래관계 속의 경제력, 교섭력 측면에서 우위를 점하여 상대적 지배력을 가지게 된 사업과 그렇지 못한 사업자 간의 대등한 지위를 확보하여 주는 것을 목적으로 하는 조문이다. 결국 이 조문이 해결하려고 하는 것은 거래관계의 '의존성 내지 종속성'의 문제를 해결하려고 하는 것으로 규모의 격차에 의한 것을 생각하지만 거래처의 전환가능성, 거래에 특수한 투자여부 등을 종합적으로 판단하는 과정을 거치게 된다.

법원이 일반적으로 공정거래법 제23조 제1항 제4호를 적용하는 사안들은 일방이 대규모 업체이고, 대규모 업체에 의존도가 높은 소규모 업체들인 경우임을 알 수 있다.[173] 그러나 반드시 우월하다고 하기 어렵다 하더라도 시장의

---

171) 전북개발공사의 거래상 지위 남용행위 건에 대한 서울고등법원 2003. 6. 3. 선고 2002누 10768 판결 및 그 상고심인 대법원 2003. 11. 27. 선고 2003두102989 판결. 대법원은 서울고등법원의 판결을 심리불속행기각으로 확정시켰다.
172) 대법원 2009. 10. 29. 선고 2006두20812 판결.

상황과 특성을 감안하여 시장에서 거래활동에 상당한 영향을 미칠 수 있는 지위에 있다면 이 역시 거래상 지위에 있다고 할 것이다.174)

## 5. 판례의 태도 분석

### 가. 거래와 거래상 지위의 판단기준

공정거래법 제23조가 불공정거래행위를 금지하는 이유는 경쟁 그 자체의 공정성뿐만 아니라 경쟁자와 소비자의 이익도 함께 보호하는 것을 목적으로 한다. 그러므로 통상 공정한 거래라 함은 공정한 경쟁을 넘어서 경쟁의 수단이나 방법의 공정성 및 거래조건의 공정성을 포함하는 개념으로 이해된다.175) 이 중 거래상 지위남용에 대한 규율로서의 거래상의 지위는 현실의 거래관계에서 경제력에 차이가 있는 거래주체간에도 상호 대등한 지위에서 공정한 거래를 할 수 있게 하기 위하여 상대적으로 우월한 지위 또는 적어도 상대방의 거래활동에 상당한 영향을 미칠 수 있는 지위에 있는 사업자에 대하여 그 지위를 남용하여 상대방에게 거래상 불이익을 주는 행위를 금지시키고자 하는데 그 취지가 있다. 이런 점에서 공정거래법상 거래상 지위남용 행위의 규제는 사적자치원칙의 예외가 된다.176) '거래상 지위'는 일방이 상대적으로 우월한 지위 또는 적어도 상대방과의 거래활동에 상당한 영향을 미칠 수 있는 지위를 가지고 있으면 인정할 수 있고, 거래상 지위가 있는지 여부는 당사자가 처하고 있는 시장의 상황, 당사자 사이의 전체적 사업능력의 격차, 거래의 대상이 되는 상품 또는 용역이나 그 거래관계의 특성 등을 모두 고려하여 판단하여야 한다.177)

---

173) 서울고등법원 2003. 6. 3. 선고 2002누10768 판결.
174) 대법원 2006. 6. 29. 선고 2003두1646 판결.
175) 공정거래법상 불공정거래행위에 대한 조항들의 입법 연혁을 보면, 동 조항은 직접적으로 일본의 '사적독점금지 및 공정거래의 확보에 관한 법률(사적독점금지법)'에서 유래한 것으로, 일본의 '사적독점금지법'은 미국 '연방거래위원회법(Federal Trade Commission Act)' 5조를 계수한 것이다. 미국의 이 조항은 독점금지법에 위배되는 경쟁제한행위 이외에 반드시 경쟁제한적 효과가 입증되지 않는 다양한 행위를 포섭하기 위한 것이다(이호영, 앞의 책, 276－277면).
176) 金井貴嗣 외, 350면.

## 나. 부당성의 판단기준

부당한 불이익이란 우월적 지위의 남용의 결과로서 상대방이 공정하고 자유로운 경쟁을 할 수 없는 것으로부터 생기는 불이익이라고 할 것이다.[178] 거래상 지위를 부당하게 남용하였는지 여부의 판단은 당사자가 처하고 있는 시장 및 거래의 상황, 당사자 간의 전체적 사업능력의 격차, 거래의 대상인 상품 또는 용역의 특성, 그리고 당해 행위의 의도·목적·효과·영향 및 구체적인 태양, 해당사업자의 시장에서의 우월한 지위의 정도 및 상대방이 받게 되는 불이익의 내용과 정도 등에 비추어 볼 때 정상적인 거래관행을 벗어난 것으로서 공정한 거래를 저해할 우려가 있는지 여부를 판단하여 결정하여야 한다.[179]

공정거래법 제23조 제1항 제4호, 제2항, 공정거래법 시행령 제36조 제1항 [별표 1의2] 제6호 라목의 '자기의 거래상의 지위를 부당하게 이용하여 거래상 대방에게 불이익이 되도록 거래조건을 설정 또는 변경하거나 그 이행과정에서 불이익을 주는 행위'를 하였음을 이유로 처분을 하기 위해서는 거래상대방에게 발생한 '불이익'의 내용이 객관적으로 명확하게 확정되어야 하고, 여기에서의 '불이익'이 금전상의 손해인 경우에는, 법률상 책임 있는 손해의 존재는 물론 그 범위(손해액)까지 명확하게 확정되어야 한다.[180]

공정거래법 제23조 제1항 제4호, 제2항, 공정거래법 시행령 제36조 제1항 [별표 1의2] 제6호 라목의 규정체계에 비추어 볼 때, 라목의 '불이익제공'에 해당하기 위하여는 그 행위의 내용이 상대방에게 다소 불이익하다는 점만으로는 부족하고, 가목 내지 다목이 정하는 바와 같이 구입강제, 이익제공강요, 판매목표강제 등과 동일시할 수 있을 정도로 일방 당사자가 자기의 거래상의 지위를 부당하게 이용하여 그 거래조건을 설정 또는 변경하거나 그 이행과정에서 불이익을 준 것으로 인정되고, 그로써 정상적인 거래관행에 비추어 상대방에게

---

177) 대법원 2011. 5. 13. 선고 2009두24108 판결 등.
178) 이호영, 앞의 책, 330면.
179) 대법원 2006. 9. 8. 선고 2003두7859 판결. 일본 사적독점금지법은 법조문에 '정상적인 상관습에 비추어 부당'이라고 하고 있으나(金井貴嗣 외 352면), 우리 법은 이런 제한이 없으므로 '정상적인 상관습'에 대한 고려가 반드시 이루어 져야 하는 것은 아니다.
180) 대법원 2002. 5. 31. 선고 2000두6213 판결.

부당하게 불이익을 주어 공정거래를 저해할 우려가 있어야 하며, 또한 상대방에게 부당하게 불이익을 주는 행위인지 여부는, 당해 행위가 행하여진 당시를 기준으로 당해 행위의 의도와 목적, 당해 행위에 이른 경위, 당해 행위에 의하여 상대방에게 생길 수 있는 불이익의 내용과 정도, 당해 행위가 당사자 사이의 거래과정에 미치는 경쟁제약의 정도, 관련업계의 거래관행, 일반경쟁질서에 미치는 영향 및 관계 법령의 규정 등 여러 요소를 종합하여 전체적인 관점에서 판단하여야 한다.[181]

### 다. 불이익 제공행위에 대한 사례

#### (1) 일반론

불이익 제공행위에서의 불이익에 해당하기 위하여는 그 행위의 내용이 상대방에게 다소 불이익하다는 점만으로는 부족하고, 구입강제, 이익제공강요, 판매목표 강제와 동일시 할 수 있을 정도로 일방 당사자가 자기의 거래상의 지위를 부당하게 이용하여 그 거래조건을 설정 또는 변경하거나 그 이행과정에서 불이익을 준 것으로 인정되어야 하고, 또한 거래상 지위를 부당하게 이용하여 상대방에게 불이익을 준 행위인지 여부는 당해 행위의 의도와 목적, 효과와 영향 등과 같은 구체적 태양과 상품의 특성, 거래의 상황, 해당 사업자의 시장에서의 우월적 지위의 정도 및 상대방이 받게 되는 불이익의 내용과 정도 등에 비추어 볼 때 정상적인 거래관행을 벗어난 것으로서 공정한 거래를 저해할 우려가 있는지 여부를 판단하여 결정하여야 한다.[182]

공정거래위원회의 「불공정거래심사지침」에서 공정거래법 제23조 제1항 제4호에서의 거래상지위가 인정되기 위해서는 우선, 계속적인 거래관계가 존재하여야 한다고 보고 있다. 이를 위한 요건으로 "① 계속적 거래를 하는 경우에는 통상 특화된 자본설비, 인적자원, 기술 등에 대한 투자가 이루어지게 된다. 이렇게 고착화(lock-in) 현상이 발생하면 상대방은 우월적 지위에 있게 되어 이를 이용하여 불이익한 거래조건을 제시하는 것이 가능해지고 그 상대방은 이미 투입한 투자 등을 고려하여 불이익한 거래조건 등을 수용할 수밖에 없는 상황이 된다."고

---

181) 대법원 2002. 5. 31. 선고 2000두6213 판결 등.
182) 이호영, 앞의 책, 330면.

하면서, "② 계속적 거래관계 여부는 거래관계 유지를 위해 특화된 자본설비, 인적자원, 기술 등에 대한 투자가 존재하는지 여부를 중점적으로 검토한다. 예를 들어 거래상대방이 거래를 위한 전속적인 설비 등을 가지고 있는 경우에는 거래상지위가 있는 것으로 볼 수 있다."라고 가이드라인을 정하고 있다.[183]

　　통상적인 경우, 거래상 지위의 우월성 판단이 문제가 되는 사안은 대규모 업체가 소규모 업체와 거래하는 관계에서 발생한다. 지금까지 공정거래법 제23조 제1항 제4호가 적용되는 사안들을 보면 대규모 업체가 소규모 업체와 거래하는 관계에서 문제가 되는 것을 알 수 있다. 법원의 판결이나 일본 공정거래위원회의 심결에서 우월적 지위가 인정된 사례를 보면 금융기관이 자신의 융자처에 대하여 융자조건 등에 관하여 구속을 하는 경우, 대규모제조업자가 일반 소매업자에 부당하게 불이익한 조건을 부과하는 경우, 대규모소매업자가 자신의 납품업자에 대하여 부당하게 비용을 부담시킨 경우, 대규모제조업자가 자신과 전속적인 하청관계에 있지는 않지만 자기의 상품을 계속적으로 위탁제조시키는 제조업자에 대하여 부당한 조건을 강요하는 경우 등이 문제되었다.[184] 거래상 지위 남용에서의 부당성 판단은 개별적으로 그리고 관계적으로 이루어지는 것이므로 여기서의 판단도 구체적인 계약당사자간에 개별적으로 이루어져야 한다.[185]

---

183) 시행 2015. 12. 31. 공정거래위원회 예규 제241호, 2015. 12. 13. 일부개정.
184) 이호영, 앞의 책, 330면.
185) 거래상 지위 남용행위의 특성과 관련하여, 서울고등법원은 거래상 지위 남용 규제의 목적에 비추어 외국 사업자 사이의 거래라는 이유만으로 거래상 지위 남용행위에 관한 규정이 전면적으로 배제된다고는 볼 수 없지만, 퀄컴의 휴대폰 제조사들에 대한 거래상 지위 남용행위는 원칙적으로 거래 상대방인 휴대폰 제조사에 따라 개별적으로 판단되어야 한다. 앞서 살펴본 바와 같이 행위 3과 관련하여 퀄컴과 휴대폰 제조사들이 체결한 라이선스 계약도 포괄적 라이선스의 범위, 실시료 지급 조건, 크로스 그랜트 범위 등 개별화된 내용과 영역이 확인되므로, 퀄컴과 휴대폰 제조사별로 거래상 지위 남용행위가 성립한다고 볼 만한 사실이 전제되어야 한다고 보았다(서울고등법원 2017누48 판결). 이와 같이 본다고 하더라도 결론적으로 개별적인 라이선스 조건은 불이익제공강제로 보이지만 이는 법리의 문제가 아니라 개별적인 판단의 문제이다.

### (2) 사  례

#### [대한주택공사와 삼호토건 사건]

전북개발공사 사건의 경우, 원고 대한주택공사와 삼호토건 사이에 사업규모와 능력면에서 상당한 차이가 있고, 삼호토건은 발주업체로부터 공사를 도급받아 시공하는 건설업체이며, 원고가 전북지역에서 택지개발 및 건설사업을 대규모로 발주하는 자로서 거래상대방인 시공업체의 입장으로서는 원고와의 지속적인 거래관계를 유지하기 위하여 거래과정에서 원고가 요구 또는 제시하는 조건 등을 사실상 거절하기 어려운 점 등에 비추어 볼 때, 원고가 시공업체인 삼호토건에 대하여 거래상 우월한 지위에 있다고 판시하였다.[186)]

#### [씨제이헬로비전 사건]

씨제이헬로비전 사건의 경우, 씨제이헬로비전은 복합종합유선방송 사업자로서 협력업체들에 대하여 상대적으로 우월한 지위에 있다고 인정한 바 있다. 법원은 씨제이헬로비전 사건의 경우에도 원고 씨제이헬로비전은 전국 11개 지역에 종합유선방송 사업자를 보유하고 종합유선방송업을 영위하는 복합종합유선방송 사업자로서 1년 매출액이 1,800억 원에 이르는 대기업이고 위 종합유선방송사업자 중 가야방송은 경남 내 6개 지역에서 경쟁사업자가 없는 독점사업자인 반면 사건 4개 협력업체들은 가야방송이 관할하는 지역 내에서 전적으로 가야방송으로부터 업무를 위탁 받아 운용되는 중소기업인 점, 협력업체들은 가야방송으로부터 위탁수수료를 지급받는 대가로 가야방송의 포괄적인 지도감독 하에 가야방송의 상호, 상표 등을 사용하여 가야방송이 제공하는 케이블방송 등의 서비스 유지 보수 등의 업무를 위탁 수행하고 있는 점 등을 종합하여 협력업체들에 대하여 상대적으로 우월한 지위 또는 적어도 협력업체들과의 거래활동에 상당한 영향을 미칠 수 있는 지위를 갖고 있음이 충분히 인정된다고 보았다.[187)]

#### [남양유업 사건]

우유제조업자는 자사의 우유제품을 공급받고 있는 전속대리점에 대하여

---

186) 서울고등법원 2003. 6. 3. 선고 2002누10768 판결.
187) 대법원 2011. 5. 13. 선고 2009두24108 판결.

거래상 지위가 인정되며, 한국전기통신공사는 전기통신설치 등과 관련된 독점
적 수요자로서 거래상 지위가 인정되며, 도시가스공급업자는 가스지역관리소
사업자에게 불이익을 줄 수 있는 거래상 지위가 있고, 가맹사업자는 가맹계약
자의 거래활동에 상당한 영향을 미칠 수 있는 지위에 있다.[188] 거래상 우월한
지위를 인정함에 있어서 고려요소가 되어야 하는 것은 원고의 특정 모델에서
의 피고에 대한 거래의존도(거래의존도), 원고가 피고에 다른 거래선으로 변경할
수 있는 가능성(거래선변경가능성), 기타 당해 거래의 중요성이나 거래 대상 물품
의 향후 성장가능성 등을 종합적으로 고려하여야 하는 것이지, 원고와 피고간
의 사업규모의 차이에 의존할 것은 아니다.[189]

### (3) 표준필수특허의 경우: 퀄컴 Ⅱ 사건[190]

공정거래위원회는 이 사건 표준필수특허 라이선스 시장과 이 사건 표준별
모뎀칩셋 시장에서 시장지배적 사업자인 퀄컴이, 모뎀칩셋 단계에서 경쟁 모뎀
칩셋 제조사에 대해 자신의 표준필수특허의 라이선스를 거절하여 휴대폰 제조
사가 휴대폰 단계에서 라이선스를 체결해야 하는 구조를 만든 후(행위1) 자신의
모뎀칩셋 시장의 지배력을 이용하여 모뎀칩셋 공급과 라이선스 계약을 연계하
여 휴대폰 제조사로 하여금 퀄컴과 특허 라이선스 계약을 먼저 체결하도록 함
으로써(행위2), 특허 라이선스 계약 협상을 위해 특허의 목록, 청구항 분석자료
(claim chart) 등 적절하고 필요한 정보를 충분히 제공하지 않은 채 포괄적 라이선
스 조건을 제시하여 표준필수특허에 대한 휴대폰 제조사의 FRAND 협상 기회
를 배제하고, 이동통신 표준별 또는 기타 특허에 대한 라이선스를 구분하여 선
택할 수 있는 기회를 제공하지 않은 채 자신이 일률적으로 정한 휴대폰 가격기
준 실시료 조건을 받아들이게 하며, 휴대폰 제조사로 하여금 무상으로 자신의
특허를 크로스 그랜트하게 하는 등 자신에게 유리하고 휴대폰 제조사가
FRAND 조건으로 정당한 협상 절차를 거쳤다면 받아들이지 않았을 거나 행

---

188) 대법원 2000. 6. 9. 선고 97누19427 판결 및 그 파기환송심인 서울고등법원 2001. 6. 28.
    선고 2000누9221 판결[파스퇴르유럽의 거래상 지위남용행위 사건].
189) 이 사건은 한국전기통신공사가 제조위탁거래를 함에 있어 불리한 납품기한의 설정 등
    을 한 사안으로 대법원 1997. 8. 26. 선고 96누20 판결.
190) 공정위 2015시감2118 사건 의결 및 서울고등법원 2017누48 판결.

위를 강제하였다며(행위 3) 이 사건 제5, 6항의 시정명령과 이 사건 과징금납부 명령을 하였다.191)

　　퀄컴 Ⅱ 사건에서 퀄컴이 휴대폰 사업자들에게 자신들과 라이선스계약을 체결하지 않으면, 칩을 공급하지 않는 행위(행위 2. 소위 No License, No Chip 정책)가 거래상 지위 남용에 의한 불공정거래행위 여부인지 여부가 쟁점이 되었다.

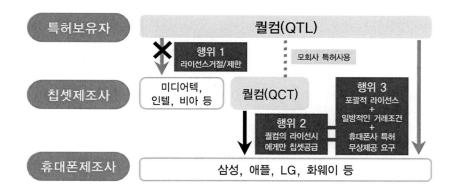

그림 3-1  **제2차 퀄컴 사건 행위의 구조**192)

1) 거래상 지위 존부

　　이 사건에서 퀄컴의 휴대폰 제조사들에 대한 거래상 지위는 다음과 같은 점들을 근거로 해서 인정되었다.

　　① 시장의 상황, 사업능력의 격차: 퀄컴의 사업규모와 매출액이 애플, 삼성전자, 화웨이, 엘지전자 등 주요 휴대폰 제조사보다 적은 규모이지만, 퀄컴은 이 사건 표준필수특허 라이선스 시장, 이 사건 표준별 모뎀칩셋 시장에서 각 시장지배적 사업자이자 수직 통합 사업자로서 모뎀칩셋 공급이나 이동통신 표준필수특허에 관한 라이선스 정책을 통하여 모뎀칩셋 공급의 상당한 부분을 퀄컴에게 의존하게 하거나 계속적 거래관계로 고착화(Lock-in)된 주요 휴대폰

---

191) 공정위 2015시감2118 사건 의결서 39면.
192) 공정거래위원회 보도자료, "퀄컴사의 이동통신 표준필수특허 남용행위 엄중제재" (2016. 12. 29).

제조사들에게 상당한 영향을 미칠 수 있다. 또한, 위와 같은 주요 휴대폰 제조사들 이외에도 200여개에 이르는 다른 중소 휴대폰 제조사들과 비교하면 대부분 사업규모와 매출액에 있어 퀄컴이 우위에 있다. 특히 국내 휴대폰 제조사들의 경우 LTE 표준 모뎀칩셋의 95% 이상을 퀄컴으로부터 구매하고 있어 모뎀칩셋에 대한 의존도가 높다는 점도 사업격차에도 불구하고 원고가 이 사건에서 휴대폰 제조사들에 대해서 거래상 지위를 가지는 이유가 된다.193)

　② 거래 상품과 거래관계의 특성: 휴대폰 제조사들은 피심인들과의 거래가 중단될 경우 단기에 이를 다른 모뎀칩셋으로 대체하기 어려워 사업이 중단될 위험에 처하게 된다. 휴대폰 제조사는 신제품 출시에 앞서 모뎀칩셋의 성능, 다른 부품과의 호환성 등에 관하여 기술적 검증 및 고객승인 절차를 거쳐 해당 휴대폰에 사용할 모뎀칩셋을 결정하고 휴대폰을 개발·출시하므로 특정 모델의 휴대폰에 사용될 모뎀칩셋을 결정하면 이를 다른 모뎀칩셋으로 대체하는 것이 상당히 어려워진다. 이처럼 휴대폰 제조사가 퀄컴으로부터 제때 모뎀칩셋을 공급받지 못하면 당초 예정한 출시 일정에 맞춰 다른 모뎀칩셋으로 대체하기 어려워지므로, 신제품 출시 등 중요한 휴대폰 사업이 중단될 위험에 처할 수도 있다. 퀄컴의 모뎀칩이 아닌 다른 칩을 사용한 사례가 있으나, 퀄컴의 표준필수특허 또는 라이선스 계약으로부터 상당한 제한과 위험 부담을 인수한 상태에서 이루어진 것에 불과하고,194) 다른 대부분의 휴대폰 제조사들이 일반적으로 선택할 수 있는 방법은 아니므로 이를 유효한 대체재라고 보기 어렵다.195)

　2) 부당한 불이익 제공 여부

　퀄컴의 행위 2는 상대방인 휴대폰 제조사에게 정상적인 거래관행에 비추어 상대방에게 부당하게 불이익을 주어 공정거래를 저해할 우려가 있다.

---

193) 공정위 2015시감2118 사건 의결서 186면.
194) 2019년 퀄컴 사건의 미국 판결문 56－62면. 이 판결문을 보면 삼성의 사안이 나오는데, 2001년의 경우 삼성은 칩공급에 대한 위협을 받았다. 소송에서 드러난 바에 의하면 삼성은 모뎀칩을 공급받지 못할 위험을 감내하여야 했고, 그 이후에도 여러 차례 어려움이 있었다.
195) 공정위 2015시감2118 사건 의결서 187면. 관련 사례로는 위의 미국 북부캘리포니아 연방지방법원 판결문 참조.

① 의도와 목적

퀄컴은 자신에게 유리한 계약 조건을 위해 이 사건 표준별 모뎀칩셋 시장의 지배력을 이 사건 표준필수특허 라이선스 시장에도 영향을 미치도록 사업정책을 의도적으로 설계하고 휴대폰 제조사와의 특허 라이선스 협상에 이용하였다.196)

② 관련 업계의 관행에 배치되는 행위

퀄컴을 제외하고는 모뎀칩셋 제조사가 휴대폰 제조사에게 모뎀칩셋을 판매하면서 사전에 특허 라이선스 계약 체결을 요구하거나 이를 체결하지 않는다는 이유로 모뎀칩셋 판매를 거부하는 사업자나 관행을 찾아보기 어렵다.197) 퀄컴은 다른 경쟁 모뎀칩셋제조사와 달리 자신의 모뎀칩셋에서 특허를 분리한 후 모뎀칩셋과 특허 라이선스 계약을 연계하여 휴대폰 제조사가 모뎀칩셋을 구매하기 전에 반드시 라이선스 계약을 체결하도록 하였다.198)

③ 불이익의 내용과 정도

퀄컴과 휴대폰 제조사 사이의 모뎀칩셋 공급계약에 따르면, 퀄컴은 휴대폰 제조사가 라이선스 계약을 위반하였다고 판단하는 경우 해당 휴대폰 제조사에 대해 일방적으로 모뎀칩셋 공급을 중단할 수 있다. 휴대폰 제조사들의 불이익은 퀄컴의 모뎀칩셋을 공급받기 위하여 퀄컴과 유효한 라이선스 계약을 체결하거나 유지 또는 이행하여야만 하는 것이고, 이러한 불이익은 모뎀칩셋 공급계약의 내용을 통하여 명확히 확정되어 있다. 또한, 휴대폰 제조사는 퀄컴의 모뎀칩셋 공급에 의존하고 있으므로 라이선스 계약과 연동된 모뎀칩셋 공급 중단의 위험은 휴대폰 사업의 중단 위험으로 이어진다.199)

④ 경쟁질서에 대한 영향

퀄컴의 모뎀칩셋 공급과 라이선스 계약의 연계는 특정 휴대폰 제조사에 대한 것이 아니라 200여개 이르는 휴대폰 제조사 전체를 대상으로 한 일관된

---

196) 공정위 2015시감2118 사건 의결서 188면.
197) 경쟁 모뎀칩셋 제조사의 경우 휴대폰 제조사에게 모뎀칩셋을 판매하면서 사전에 특허 라이선스 계약 체결을 요구하거나, 이를 체결하지 않는다는 이유로 모뎀칩셋 판매를 거부하는 사례는 없다. 공정위 2015시감2118 사건 의결서 188면.
198) 공정위 2015시감2118 사건 의결서 188면.
199) 공정위 2015시감2118 사건 의결서 188-189면.

정책이다. 행위 2는 휴대폰 제조사가 퀄컴이 원하는 라이선스 계약을 체결하도록 하는 중요한 지렛대로서 기능한다.[200]

## V. 시장지배적 지위남용행위의 유형별 법리 1: 표준필수특허권자의 실시거절행위

### 1. 개 관

시지남용의 행위 유형분류의 근거가 되는 법령은 다음과 같다.

> 제3조의2(시장지배적지위의 남용금지) ①시장지배적사업자는 다음 각호의 1에 해당하는 행위(이하 "濫用行爲"라 한다)를 하여서는 아니된다. <개정 1999. 2. 5.>
> 1. 상품의 가격이나 용역의 대가(이하 "價格"이라 한다)를 부당하게 결정·유지 또는 변경하는 행위
> 2. 상품의 판매 또는 용역의 제공을 부당하게 조절하는 행위
> 3. 다른 사업자의 사업활동을 부당하게 방해하는 행위
> 4. 새로운 경쟁사업자의 참가를 부당하게 방해하는 행위
> 5. 부당하게 경쟁사업자를 배제하기 위하여 거래하거나 소비자의 이익을 현저히 저해할 우려가 있는 행위
> ②남용행위의 유형 또는 기준은 대통령령으로 정할 수 있다. <신설 1996. 12. 30, 1999. 2. 5.>

> 령 제5조(남용행위의 유형 또는 기준) ①법 제3조의2(시장지배적지위의 남용금지)제1항제1호의 규정에 의한 가격의 부당한 결정·유지 또는 변경은 정당한 이유없이 상품의 가격이나 용역의 대가를 수급의 변동이나 공급에 필요한 비용(동종 또는 유사업종의 통상적인 수준의 것에 한한다)의 변동에

---

200) 공정위 2015시감2118 사건 의결서 189면("피심인들의 모뎀칩셋 공급과 라이선스 계약의 연계는 휴대폰 제조사에게 부당한 라이선스 조건을 획일적으로 강요할 수 있는 수단으로 기능한다.").

비하여 현저하게 상승시키거나 근소하게 하락시키는 경우로 한다.

②법 제3조의2(시장지배적지위의 남용금지)제1항제2호의 규정에 의한 상품판매 또는 용역제공의 부당한 조절은 다음 각호의 1에 해당하는 경우로 한다.

1. 정당한 이유없이 최근의 추세에 비추어 상품 또는 용역의 공급량을 현저히 감소시키는 경우

2. 정당한 이유없이 유통단계에서 공급부족이 있음에도 불구하고 상품 또는 용역의 공급량을 감소시키는 경우

③법 제3조의2(시장지배적지위의 남용금지)제1항제3호의 규정에 의한 다른 사업자의 사업활동에 대한 부당한 방해는 직접 또는 간접으로 다음 각호의 1에 해당하는 행위를 함으로써 다른 사업자의 사업활동을 어렵게 하는 경우로 한다. <개정 2001. 3. 27.>

1. 정당한 이유없이 다른 사업자의 생산활동에 필요한 원재료 구매를 방해하는 행위

2. 정상적인 관행에 비추어 과도한 경제상의 이익을 제공하거나 제공할 것을 약속하면서 다른 사업자의 사업활동에 필수적인 인력을 채용하는 행위

3. 정당한 이유없이 다른 사업자의 상품 또는 용역의 생산·공급·판매에 필수적인 요소의 사용 또는 접근을 거절·중단하거나 제한하는 행위

4. 제1호 내지 제3호외의 부당한 방법으로 다른 사업자의 사업활동을 어렵게 하는 행위로서 공정거래위원회가 고시하는 행위

④법 제3조의2(시장지배적지위의 남용금지)제1항제4호의 규정에 의한 새로운 경쟁사업자의 참가에 대한 부당한 방해는 직접 또는 간접으로 다음 각호의 1에 해당하는 행위를 함으로써 새로운 경쟁사업자의 신규진입을 어렵게 하는 경우로 한다. <개정 2001. 3. 27.>

1. 정당한 이유없이 거래하는 유통사업자와 배타적 거래계약을 체결하는 행위

2. 정당한 이유없이 기존사업자의 계속적인 사업활동에 필요한 권리등을 매입하는 행위

3. 정당한 이유없이 새로운 경쟁사업자의 상품 또는 용역의 생산·공급·판매에 필수적인 요소의 사용 또는 접근을 거절하거나 제한하는 행위

4. 제1호 내지 제3호외의 부당한 방법으로 새로운 경쟁사업자의 신규진입

을 어렵게 하는 행위로서 공정거래위원회가 고시하는 행위
⑤법 제3조의2(시장지배적지위의 남용금지)제1항제5호의 규정에 의한 경쟁
사업자를 배제하기 위한 부당한 거래는 다음 각호의 1에 해당하는 경우로
한다.
1. 부당하게 상품 또는 용역을 통상거래가격에 비하여 낮은 대가로 공급하
   거나 높은 대가로 구입하여 경쟁사업자를 배제시킬 우려가 있는 경우
2. 부당하게 거래상대방이 경쟁사업자와 거래하지 아니할 것을 조건으로
   그 거래상대방과 거래하는 경우
⑥제1항 내지 제5항의 규정에 의한 남용행위의 세부적인 유형 및 기준은
공정거래위원회가 정하여 고시할 수 있다.

## 2. 표준필수특허권자의 라이선스 거절행위의 규율

### 가. 공정거래법상 적용법조

표준필수특허(Standard Essential Patent) 남용행위가 공정거래법 위반이 되는 가
장 대표적인 유형은 라이선스 거절행위, 즉 특허실시거절행위(refusal to license)이
다. 이 실시거절행위는 지금까지 전세계적으로 표준필수특허가 경쟁법 위반으
로 문제가 된 거의 대부분의 사건에서 쟁점이 되었다. 특히 표준필수특허권자
의 경우 FRAND 확약을 하게 되는 바, FRAND 확약(commitment)은 대상 표준특
허에 대하여 실시계약을 원하는 '누구든지(anyone)' 조건없이(without restriction)
FRAND 조건으로 특허발명의 실시계약을 체결하겠다는 약속(promise)이다.[201]
그 약속을 절차적 약속과 실체적 약속으로 구분할 수 있는데, 절차적 약속은
희망하는 누구에게든지 실시계약을 체결하겠다는 약속이며, 실체적 약속은 그
실시계약의 내용이 조건이 없어야 하며, FRAND 조건에 부합하여야 한다는 것
이다.

이런 점에서 실시거절행위에 대한 공정거래법상 시장지배적 지위남용행위
로서의 규율은 시장지배적 사업자의 사업활동방해행위의 한 유형인 타당성 없

---

201) FRAND commitment is a promise to license its SEP on fair, reasonable and
    non-discriminatory terms to anyone willing to accept a license.

는 조건 제시에 의한 규율[202]이 가능하고, 다른 한편 굳이 관행의 정상성을 살필 필요가 없는 필수요소 사용 또는 접근의 거절·중단 제한에 의한 시장지배적 지위남용행위규정을 적용할 수도 있다. 양자는 중첩적으로 요건이 구비되면 모두 성립될 수 있는 관계에 있다.[203]

## 나. FRAND 확약에 위반한 표준필수특허권자의 실시거절행위

표준특허권자는 표준화기구(SSO: standard-setting organizations)에 FRAND 확약을 하고 퀄컴의 기술이 표준으로 선정됨에 따라 인위적으로 독점적 지위를 부여받는다. 그리하여 표준기술선정으로 인한 특허억류 및 고착효과의 부작용을 방지하기 위한 자율적인 노력에 해당하는 FRAND 확약에 위반할 경우, 표준화기구에 대한 약속의 위반을 넘어서, 표준기술에 고착된 관련 시장 전체에 부정적 효과를 미치고 특허법 및 공정거래법의 법목적에 정면으로 반하는 결과를 초래할 수 있게 된다. 즉 표준필수특허 보유자가 기술표준선정으로 시장지배적 지위를 얻게 되기 때문에, 사후적으로 실시허락을 거절하거나 불합리한 실시허락 조건을 강요하는 기회주의적 행위를 하면, 표준기술을 사용하고자 하는 사업자의 시장진입과 추가적인 기술혁신이 위축되고 표준필수특허 보유자의 독점적 이윤만 증대하는 소위 특허역류(patent hold-up) 현상이 나타난다.

또 표준기술이 선정되면 관련 산업 내 사업자들은 그러한 표준기술을 사용한 제품개발을 위해서 투자해서 사업을 시작하고, 기존의 투자와 사업상 노력이 매몰비용(sunk cost)으로 되어서, 관련사업자들이 모두 동일한 표준기술에 고착(lock-in)되는 결과가 나타난다. FRAND 확약은 특허권자와 실시기업 사이의 사적인 실시허락계약을 체결하기 위한 것이 아니고, 관련시장에서 특허권자가 표준기술의 접근 및 활용을 방해하지 않겠다고 하는 불특정 다수의 시장참가자들에 대한 공적 성격(公的 性格)의 약속에 해당한다. 이런 점에서 FRAND 확약은 양당사자가사인의 단순한 계약과는 분명히 구별된다. FRAND 확약은 관련 시장의 잠재적 실시희망기업을 포함한 불특정 다수의 사업자들에 대한 약

---

202) 공정거래법 제3조의2, 시행령 제5조제3항 제4호, 심사기준 IV. 3.라.(2).
203) 공정위 2015시감2118 사건 의결서는 1행위의 경우 양자를 모두 중첩적으로 적용하였고, 서울고등법원도 양자의 중첩적용이 가능하다고 보았다.

속으로, 이 약속을 신뢰하고 표준개발에 참가한 시장관여자들을 비롯한 관련 시장 내 불특정 다수 사업자들은 특허권행사에 관한 표준특허권자의 약속을 신뢰하고 이에 기초하여 사업의사결정을 하는 것이다.

그러므로 표준필수특허권자가 표준화기구가 표준을 선정하는 과정에서 자신의 특허기술이 표준으로 채택되도록 유도하기 위해 자발적으로 FRAND 확약을 제출하고도 자신이 스스로 행한 FRAND 확약을 위반하는 것을 방치하게 되면 표준화 과정에서 부수하는 반경쟁효과를 제어하기 위한 FRAND 확약의 경쟁법적 기능을 마비시키게 된다.[204]

## 3. 사업활동방해행위

### 가. 기본법리

사업활동방해행위는 시장지배적 사업자가 경쟁사업자의 사업활동을 방해하여 시장에서의 경쟁을 제한하는 유형의 위법행위이다. 공정거래법 시행령 **제5조 제3항 제4호**의 '다른 사업자의 사업활동을 어렵게 하는 행위'(이하 '사업활동방해행위'라 한다)가 공정거래법 제3조의2 제1항 제3호의 시장지배적 사업자의 지위 남용행위에 해당하려면 다른 사업자의 사업활동을 부당하게 어렵게 하는 행위로 평가될 수 있어야 하는바, 여기에서 말하는 '부당성'은 공정거래법 제23조 제1항 제5호의 불공정거래행위로서 '다른 사업자의 사업활동을 방해하는 행위'의 부당성과는 별도로 '독과점적 시장에서의 경쟁촉진'이라는 입법목적에 맞추어 독자적으로 평가 · 해석하여야 하므로, 시장지배적 사업자가 개별 거래의

---

204) FRAND 확약 위반은 계약위반에 불과하고, FRAND 확약 위반이라고 하여 곧바로 공정거래법 위반이라는 결론을 도출하기는 어렵다는 견해를 제시하는 논자로, Jean-Sébastien Borghetti et al., "FRAND Licensing Levels under EU Law," February 2020, 46.; FTC v. Qualcomm Inc., 935 F.3d 752 (9th Cir. 2019); the DOJ's Business Review Letter in response to the request from Avanci LLC 23.(CONTINENTAL AUTOMOTIVE SYSTEMS vs Avanci LLC(2020); Layne-Farrar, Anne and Stark, Richard, "License to All or Access to All? A Law and Economics Assessment of Standard Development Organizations Licensing Rules" (May 18, 2020). George Washington Law Review.; Bowman Heiden, Jorge Padilla, and Ruud Peters "THE VALUE OF STANDARD ESSENTIAL PATENTS AND THE LEVEL OF LICENSING" (23 October 2020) 등

상대방인 특정 사업자에 대한 부당한 의도나 목적을 가지고 사업활동을 방해한 모든 경우 또는 그 사업활동 방해 행위로 인하여 특정 사업자가 사업활동에 곤란을 겪게 되었다거나 곤란을 겪게 될 우려가 발생하였다는 것과 같이 특정 사업자가 불이익을 입게 되었다는 사정만으로는 그 부당성을 인정하기에 부족하고, 그 중에서도 특히 시장에서의 독점을 유지·강화할 의도나 목적, 즉 시장에서의 자유로운 경쟁을 제한함으로써 인위적으로 시장질서에 영향을 가하려는 의도나 목적을 갖고, 객관적으로도 그러한 경쟁제한의 효과가 생길 만한 우려가 있는 행위로 평가될 수 있는 행위로서의 성질을 갖는 사업활동 방해행위를 하였을 때에 그 부당성이 인정될 수 있다.

그러므로 시장지배적 사업자의 사업활동 방해 행위가 그 지위 남용행위에 해당한다고 주장하려면, 그 사업활동 방해행위가 상품의 가격상승, 산출량 감소, 혁신 저해, 유력한 경쟁사업자의 수의 감소, 다양성 감소 등과 같은 경쟁제한의 효과가 생길 만한 우려가 있는 행위로서 그에 대한 의도와 목적이 있었다는 점을 입증하여야 하고 사업활동 방해행위로 인하여 현실적으로 위와 같은 효과가 나타났음이 입증된 경우에는 그 행위 당시에 경쟁제한을 초래할 우려가 있었고 또한 그에 대한 의도나 목적이 있었음을 사실상 추정할 수 있지만, 그렇지 않은 경우에는 사업활동 방해행위의 경위 및 동기, 사업활동 방해행위의 태양, 관련시장의 특성, 사업활동 방해행위로 그 거래상대방이 입은 불이익의 정도, 관련시장에서의 가격 및 산출량의 변화 여부, 혁신 저해 및 다양성 감소 여부 등 여러 사정을 종합적으로 고려하여 사업활동 방해행위가 위에서 본 경쟁제한의 효과가 생길 만한 우려가 있는 행위로서 그에 대한 의도나 목적이 있었는지를 판단하여야 한다. 그리고 이때 경쟁제한의 효과가 문제되는 관련시장은 시장지배적 사업자 또는 경쟁사업자가 속한 시장뿐만 아니라 그 시장의 상품 생산을 위하여 필요한 원재료나 부품 및 반제품 등을 공급하는 시장 또는 그 시장에서 생산된 상품을 공급받아 새로운 상품을 생산하는 시장도 포함될 수 있다.205)

일본 사적독점금지법에서도 제2조 제9항 제4호에서 이를 금지행위의 하나로 규정하고 있다. 사업활동의 부당구속에 대한 규제를 규정하면서 재판매가격

---

205) 대법원 2007. 11. 22. 선고 2002두8626 전원합의체 판결.

의 구속, 배타조건부거래(일반지정 11항), 기타 구속조건부거래(일반지정 12항)에 관한 규정을 두고 있다. 재판매가격구속이나 배타조건부거래는 다양한 유형의 위법 행위가 존재할 수 있는 바, 거래의 상대방의 사업활동을 구속하는 행위를 규제 하는 이유는 거래의 대가 및 거래상대방의 선택에 있어서 당해거래당사에 있 어서 경제효율을 고려하여 자유롭게 개별적으로 결정할 수 있도록 하기 위함 이다.206) 사업활동을 구속하는 다양한 유형은 다시 상대방과 상대방의 상품, 서비스를 구입하는 자 사이의 거래에 있어서의 구속하는 경우, 상대방과 상대 방의 상품이나 서비스를 공급하는 자와의 사이에서 거래에 있어서의 구속 하 는 경우가 있다. 구속의 내용은 공정한 경쟁질서를 유지하는 관점에서 문제를 보아야 하는 것이므로 가격, 거래처, 거래지역, 판매방법 등이 있으며 행위가 경쟁질서를 침해하는 위법행위이면 행위의 형태와 구속의 정도를 고려하여 경 쟁제한성을 판단하여야 한다.207)

　　다른 사업자의 사업활동 방해의 상대방으로 다른 사업자에게 시장지배적 사업자의 거래상대방인 사업자도 포함된다.208) 대법원은 이 사건에서 사업활동 방해 행위의 부당성에 대해서 "독점규제 및 공정거래에 관한 법률 제3조의2 제 1항 제3호가 규정하고 있는 시장지배적 사업자의 지위남용행위로서 사업활동 방해행위의 부당성은 '독과점적 시장에서의 경쟁촉진'이라는 입법 목적에 맞추 어 해석하여야 하므로, 시장지배적 사업자가 개별 거래의 상대방인 특정 사업 자에 대한 부당한 의도나 목적을 가지고 사업활동을 방해한 모든 경우 또는 그 사업활동 방해로 인하여 특정 사업자가 사업활동에 곤란을 겪게 되었다거나 곤란을 겪게 될 우려가 발생하였다는 것과 같이 특정 사업자가 불이익을 입게 되었다는 사정만으로는 그 부당성을 인정하기에 부족하고, 그중에서도 특히 시 장에서의 독점을 유지·강화할 의도나 목적, 즉 시장에서의 자유로운 경쟁을

---

206) 金井貴嗣, 川濱昇, 泉水文雄 編著, 獨占禁止法, 弘文堂 (2018) 324頁.
207) 金井貴嗣, 川濱昇, 泉水文雄 編著, 獨占禁止法, 弘文堂 (2018) 324頁.
208) "독점규제 및 공정거래에 관한 법률 제3조의2 제1항은 시장지배적 사업자의 지위남용 행위를 금지하고 있고, 같은 항 제3호는 그 지위남용행위의 하나로 다른 사업자의 사업 활동을 부당하게 방해하는 행위를 규정하고 있는바, 여기에서 '다른 사업자'란 시장지배 적 사업자의 거래상대방인 사업자도 포함한다고 보아야 한다."(대법원 2010. 3. 25. 선 고 2008두7465 판결, 현대자동차 판결).

제한함으로써 인위적으로 시장질서에 영향을 가하려는 의도나 목적을 갖고, 객관적으로도 그러한 경쟁제한의 효과가 생길 만한 우려가 있는 행위로 평가될 수 있는 행위로서의 성질을 갖는 사업활동방해행위를 하였을 때에 그 부당성이 인정될 수 있다. 그러므로 시장지배적 사업자의 사업활동방해행위가 그 지위남용행위에 해당한다고 주장하는 공정거래위원회로서는 그 사업활동방해행위가 상품의 가격 상승, 산출량 감소, 혁신 저해, 유력한 경쟁사업자의 수의 감소, 다양성 감소 등과 같은 경쟁제한의 효과가 생길 만한 우려가 있는 행위로서 그에 대한 의도와 목적이 있었다는 점을 증명하여야 하고, 사업활동방해행위로 인하여 현실적으로 위와 같은 효과가 나타난 것이 증명된 경우에는 그 행위 당시에 경쟁제한을 초래할 우려가 있었고 또한 그에 대한 의도나 목적이 있었다는 것을 사실상 추정할 수 있지만, 그렇지 않은 경우에는 사업활동방해행위의 경위 및 동기, 사업활동방해행위의 태양, 관련 시장의 특성, 사업활동방해행위로 인하여 그 거래상대방이 입은 불이익의 정도, 관련 시장에서의 가격 및 산출량의 변화 여부, 혁신 저해 및 다양성 감소 여부 등 여러 사정을 종합적으로 고려하여 사업활동방해행위가 위에서 본 경쟁제한의 효과가 생길 만한 우려가 있는 행위로서 그에 대한 의도나 목적이 있었는지를 판단하여야 한다."고 법리를 설시하였다.209)

시장지배적 사업자의 사업활동의 위법성이 문제가 된 사건으로 에스케이 멜론 판결이 있다. 피고의 관련시장의 획정과 위반행위의 인정여부에 대해서 공정거래위원회는, 원고의 이 사건 행위210)는 MP3폰을 디바이스로 하는 이동

---

209) 대법원 2010. 3. 25. 선고 2008두7465 판결. 이 사건은 국내 승용차 및 5t 이하 화물차 판매시장에서 시장지배적 사업자인 자동차 제조·판매회사가 판매대리점의 거점 이전 승인 및 판매인원 채용등록을 지연하거나 거부하는 등 판매대리점의 사업활동을 방해한 행위는, 위 시장에서 **직영판매점과 판매대리점의 자유로운 경쟁을 제한함으로써 인위적으로 시장질서에 영향을 가려는 의도나 목적을 갖고, 객관적으로도 그러한 경쟁제한의 효과가 생길만한 우려가 있는 행위**로 평가될 수 있으므로, 독점규제 및 공정거래에 관한 법률 제3조의2 제1항 제3호의 시장지배적 지위남용행위로서 그 부당성이 인정된다고 한 사례이다.

210) 피고는 법 제2조 제8호에 의하여 경쟁관계가 성립될 수 있는 '일정한 거래분야'에서의 시장으로서 거래대상으로 구분되는 관련 서비스(용역)시장과 거래지역으로 구분되는 관련 지역시장을 다음과 같이 획정하고, 관련 시장에서 경쟁사업자 및 소비자에게 미치는 영향 여부를 판단하였다. 이 사건에서 시장지배적 지위의 형성이 이루어지는 시장은

통신서비스 시장에서의 지배력을 남용하여 별개 상품인 멜론의 MP3 음악파일을 거래상대방인 소비자에게 구입을 강제하는 결과를 초래하는 부당한 행위일 뿐만 아니라 부가된 상품인 MP3 파일에 대한 소비자의 선택권을 침해하고 소비자가 다른 제품을 접할 기회를 현저히 제약하며 불필요한 비용을 지출하도록 하는 불이익을 초래하는 행위를 강제하는 것으로서 소비자의 이익을 현저히 해할 우려가 있는 부당한 행위인 동시에 이로써 MP3 파일 다운로드서비스 시장에서 쏠림현상을 가중시키는 결과로 인하여 그 시장에서의 품질 및 가격 등에 의한 경쟁을 저해하여 경쟁사업자의 사업활동을 곤란하게 하는 행위라고 보았다.211) 그러나 대법원은 거래거절이 문제되었던 에스케이 멜론 판결에서 원고 에스케이티의 이 사건 행위로 인하여 현실적으로 경쟁제한의 효과가 일정 정도 나타났지만 DRM의 특성과 필요성, 개발경위 등에 비추어 원고에게 경쟁제한효과에 대한 의도나 목적이 있었음을 추단하기 어렵다고 판단함으로

---

이동통신서비스 시장 중에서 'MP3폰을 디바이스로 하는 이동통신서비스 시장'으로서, 2005년도 MP3폰을 통한 이동통신서비스매출액 기준으로 원고의 시장점유율은 60.2%이며, 2005년 말 MP3폰 가입자 중 59.5%를 점유하고, 이동통신서비스 시장의 진입장벽이 높으므로 원고는 법 제4조 소정의 시장지배적사업자에 해당한다. 원고가 시장지배적 지위를 남용하고 그로 인하여 경쟁제한이 나타나는 시장은 'MP3파일 다운로드서비스 시장'으로 획정하면서, 2005년 국내 10개 온라인음악업체 매출액 기준으로 원고의 시장점유율은 74.1%(온라인 음악시장에서는 56.4%)이고 멜론이 음악서비스를 시작한지 1년 정도 지난 2005. 12.경 방문자수를 기준으로 한 점유율이 약 18%에 달하는 것은 이동통신시장에서의 시장지배적 지위가 온라인 음악시장에서의 멜론의 시장점유율 확대로 전이된 것을 보여준다. 이동통신서비스는 국내사업자가 국내 가입자를 대상으로 실시하고 있으므로 'MP3폰을 디바이스로 하는 이동통신서비스 시장'의 관련 지리적 시장은 국내 시장이다. 원고는 시장지배적 사업자로서 원고의 MP3폰에 원고 고유의 DRM을 탑재함으로서 원고의 MP3폰을 소지하고 있는 소비자들로 하여금 원고가 운영하는 멜론사이트에서 구매한 음악파일만 MP3폰으로 재생할 수 있게 하고 다른 유료사이트에서 구매한 음악의 재생을 어렵게 하였는바(피고가 문제삼는 원고의 (1)항 행위사실을 이하에서 이 사건 행위라고 한다),

211) 서울고등법원 2007. 12. 27. 선고 2007누8623 판결("원고의 위와 같은 행위는 법 제3조의2 제1항 제3호, 같은 법 시행령 제5조 제3항 제4호, 공정거래위원회의 고시 '시장지배적 지위남용행위의 심사기준'(2005. 7. 13. 개정, 공정거래위원회 고시 제2005-15호) Ⅳ 3. 라. (3)에서 규정한 시장지배적 사업자가 부당하게 거래상대방에게 불이익이 되는 거래 또는 행위를 강제하는 행위로서 다른 사업자의 사업활동을 어렵게 하는 행위에 해당하고, 또한 법 제3조의2 제1항 제5호 후단에서 규정한 시장지배적 사업자가 부당하게 소비자의 이익을 현저히 저해할 우려가 있는 행위에 해당한다."),

써 부당성이 인정되지 않는다고 보았다.212)

비교를 위하여 공동행위의 경우 사업활동방해행위가 문제된 또 다른 대표적인 사건으로 한국여신전문금융협회 및 7개 신용카드회사들의 사업활동방해 공동행위 건이다. 이 사건에서 법원은 정당한 이유 없이 다른 사업자의 상품 또는 용역의 생산, 공급, 판매에 필수적인 요소의 사용 또는 접근을 거절 또는 중단하거나 제한하는 행위는 위법하다고 보았다. 이 판결에서 대법원은 필수설비는 시장지배적 기업이 전유하고, 동등한 시설 신설이 사실상 불가능하거나 경제적 타당성이 없어 이에 접근을 거절하는 경우 경쟁상대의 사업수행의 현저한 장애 등을 초래하는 설비로 보았다. 대법원은 가입비에 대해서는 원심을 파기하는 취지의 판결을 하면서도 이 사건 공동이용망이 필수설비라는 점에 대해서는 인정하였다.213)

### 나. 기타 사업활동방해행위

또 다른 시장지배적 사업자의 사업활동 방해의 유형이 '기타 사업활동방해행위'이다. 이 경우 부당하게 특정한 사업자에 대해서 거래거절을 하는 방식으로 그 사업자의 사업활동을 어렵게 하는 행위 등을 말한다.214) 대법원은 이 판결에서 "여기에서 말하는 '부당성'은 같은 법 제23조 제1항 제1호의 불공정거래행위로서의 거절행위의 부당성과는 별도로 '독과점적 시장에서의 경쟁촉진'이라는 입법목적에 맞추어 독자적으로 평가·해석하여야 하므로, 시장지배적 사업자가 개별 거래의 상대방인 특정 사업자에 대한 부당한 의도나 목적을 가지고 거래거절을 한 모든 경우 또는 그 거래거절로 인하여 특정 사업자가 사업

---

212) 대법원 2011.10.13. 선고 2008두1832 판결. 이 판결에서 대법원은 소비자가 다른 음악사이트에서 이미 유료로 음악파일을 구입한 경우에 원고의 MP3폰에서 작동이 안 되거나 매우 어렵기 때문에 동일한 음악파일을 보유한 소비자라도 원고의 MP3폰으로 음악을 듣기 위해서는 추가로 원고의 멜론사이트에서 음악파일을 다운로드받고 비용을 지출하게 되는 이중부담을 진다고 볼 여지는 있으나, 일반적으로 음악사이트에 새로 가입하거나 가입사이트를 변경하는 소비자의 경우는 그 침해의 현저성이 문제가 되지 아니하고, 또한 컨버팅 과정을 거치는 경우에도 이는 단지 불편할 뿐이지 현저한 침해가 된다고 보기는 어렵다고 판단하였다.{최승재, [2011년 분야별 중요판례분석] (16) IT관련법 2012. 7. 12. 자}.
213) 대법원 2001누5851 판결.
214) 대법원 2007. 11. 22. 선고 2002두8626 전원합의체 판결.

활동에 곤란을 겪게 되었다거나 곤란을 겪게 될 우려가 발생하였다는 것과 같이 특정 사업자가 불이익을 입게 되었다는 사정만으로는 그 부당성을 인정하기에 부족하고, 그 중에서도 특히 시장에서의 독점을 유지·강화할 의도나 목적, 즉 시장에서의 자유로운 경쟁을 제한함으로써 인위적으로 시장질서에 영향을 가하려는 의도나 목적을 갖고, 객관적으로도 그러한 경쟁제한의 효과가 생길 만한 우려가 있는 행위로 평가될 수 있는 행위로서의 성질을 갖는 거래거절행위를 하였을 때에 그 부당성이 인정될 수 있다. 그러므로 시장지배적 사업자의 거래거절행위가 그 지위남용행위에 해당한다고 주장하려면, 그 거래거절이 상품의 가격상승, 산출량 감소, 혁신 저해, 유력한 경쟁사업자의 수의 감소, 다양성 감소 등과 같은 경쟁제한의 효과가 생길 만한 우려가 있는 행위로서 그에 대한 의도와 목적이 있었다는 점을 입증하여야 하고 거래거절행위로 인하여 현실적으로 위와 같은 효과가 나타났음이 입증된 경우에는 그 행위 당시에 경쟁제한을 초래할 우려가 있었고 또한 그에 대한 의도나 목적이 있었음을 사실상 추정할 수 있지만, 그렇지 않은 경우에는 거래거절의 경위 및 동기, 거래거절행위의 태양, 관련시장의 특성, 거래거절로 인하여 그 거래상대방이 입은 불이익의 정도, 관련시장에서의 가격 및 산출량의 변화 여부, 혁신 저해 및 다양성 감소 여부 등 여러 사정을 종합적으로 고려하여 거래거절행위가 위에서 본 경쟁제한의 효과가 생길 만한 우려가 있는 행위로서 그에 대한 의도나 목적이 있었는지를 판단하여야 한다."라고 판시하여 소위 **효과주의**를 택하고 형식주의에 의한 부당성 판단을 배척하였다.215) 즉 의도와 효과의 증명이 필요하고, 효과를 증명하면 의도가 추정된다는 부당성 판단의 기준을 제시한 것이다.

　이런 기준에 의한 부당성이 인정된 사례로 현대자동차 판결이 있다. 이 판결에서 대법원은 "국내 승용차 판매시장 및 5톤 이하 화물차(트럭) 판매시장에서 시장지배적 사업자인 원고는 별다른 합리적인 사유 없이 노동조합과의 협의 지연 또는 노동조합의 반대 등을 이유로 9건의 판매대리점 거점 이전 승인을 지연하거나 거부하고 약 170건의 판매대리점 판매인원 채용등록을 지연하거나 거부하는 등의 이 사건 사업활동 방해행위를 하였는데, 이는 원고가 판매

---

215) 대법원 2007. 11. 22. 선고 2002두8626 전원합의체 판결.

대리점의 거점 이전 및 판매인원 채용으로 인하여 직영판매점의 경쟁력이 약화될 것을 우려하였기 때문인 사실, 판매대리점의 판매를 결정하는 주된 요소는 전시장 거점, 판매인원 수, 판매인원의 판매력으로서, 상권에 대한 고려와 함께 고객의 방문을 유도하기 위한 장소의 선택, 방문 고객을 위한 차량 전시장의 확보는 판매대리점 영업활동에 있어 중요한 환경요소이고, 판매인원의 증감에 따라 판매실적이 정비례하며, 또한 판매경로 중 방문 고객에 대한 판매가 12.3% 내지 40%를 차지하고, 판매인원을 통한 판매가 60% 내지 87.7%를 차지하는 사실, 이에 따라 판매대리점으로서는 거점을 이전해야만 하는 상황에서 이전이 지연되거나 유능한 판매인원을 확보하지 못하게 되면 같은 지역 내에서 경쟁하고 있는 직영판매점에 비하여 경쟁력이 약화될 수밖에 없는 사실, 원고의 시장점유율은 높은데 경쟁사업자의 수는 적고 경쟁사업자의 시장점유율은 낮아 원고의 판매대리점들이 다른 자동차 판매회사의 판매대리점으로 전환할 가능성도 제한되어 있는 사실, 이 사건 사업활동 방해행위의 대상이 된 판매대리점은 400여 개 판매대리점 중 100여 개로서 20%가 넘는 사실, 이 사건 사업활동 방해행위로 인하여 소비자로서는 판매대리점보다 직영판매점을 더 선택할 수밖에 없게 되고 이로 인해 서비스 질 제고 및 가격인하 유인이 축소될 수 있는 사실을 알 수 있다. 앞서 본 법리에 따라 위와 같은 사정을 종합적으로 고려하면, 원고의 이 사건 사업활동 방해행위는 국내 승용차 판매시장 및 5톤 이하 화물차(트럭) 판매시장에서 직영판매점과 판매대리점의 자유로운 경쟁을 제한함으로써 인위적으로 시장질서에 영향을 가하려는 의도나 목적을 갖고, 객관적으로도 그러한 경쟁제한의 효과가 생길 만한 우려가 있는 행위로 평가될 수 있으므로, 그 부당성이 인정된다."고 하여 부당성을 인정하였다.[216)]

또 현대차 판결에서 판매목표설정행위의 경우에는 "원고가 판매대리점들에 대하여 일방적으로 판매목표를 설정한 후에 판매목표 달성을 위하여 선출고를 요구하기도 하고, 자동차 판매실적과 판매목표 달성률 등을 주된 평가요소로 해서 부진대리점을 선정하여 경고장 발송, 자구계획서 징구, 재계약 불가 통보를 하는 등의 방법으로 부진대리점을 관리함으로써 판매목표 달성을 사실

---

216) 대법원 2010. 3. 25. 선고 2008두7465 판결 [시정명령등취소].

상 강제하였다 하더라도, 그 판매목표가 직영판매점에 비하여 지나치게 높게 설정되어 판매대리점들이 직영판매점에 비하여 불리한 위치에서 영업을 하였다고 볼 만한 뚜렷한 자료가 없는 점, 원고가 판매목표의 설정을 통하여 달성하고자 했던 것은 매출신장으로 인한 이윤의 극대화일 뿐 판매대리점에 대한 압박을 통한 판매대리점의 퇴출이나 경쟁력 약화는 아니었던 것으로 보이는 점 등에 비추어 보면, 원고가 직영판매점과 판매대리점의 자유로운 경쟁을 제한함으로써 인위적으로 시장질서에 영향을 가하려는 의도나 목적 아래 판매대리점에 판매목표를 설정하여 이를 강요하였다고 보기 어렵고, 또 원고의 위와 같은 행위를 객관적으로 경쟁제한의 효과가 생길 만한 우려가 있는 행위로 볼 수도 없다고 판단하였다. 기록에 비추어 살펴보면, 원심의 위와 같은 판단은 정당하고, 거기에 시장지배적 사업자의 사업활동 방해행위와 관련한 부당성에 관한 법리오해 등의 위법이 없다."고 하여 부당성을 인정하지 않았다.[217]

일본에서 단독행위로서 지적재산권 행사의 위법성이 문제가 된 사례는 제일흥상(第一興商) 사건이 있다. 이 사건은 음악저작권협회 사건과 함께 대표적인 단독행위로서의 지적재산권 행사행위의 위법성이 문제된 사건이다.[218] 단독행위로서 제일흥상 사건에서 관련시장은 제2위 사업자인 제일흥상은 제3위 사업자의 모회사(플라자 공업)가 제기한 특허침해소송에 관하여 2001년 5월경부터 화해교섭을 행하였던 바, 그 화해교섭이 결렬되자 2001년 11월경 경쟁사업자의 사업활동을 철저하게 공격하기로 방침을 정하고 자신의 자회사가 관리하는 악곡들의 사용을 하지 못하도록 하는 행위를 하였고, 관리하는 악곡을 사용하는 판매자들에게 이와 같은 사실을 고지한 행위가 문제되었다. 이 사건에서 일본 공정거래위원회는 단독의 거래거절, 그 고지행위를 이유로 해서 제일흥상이 경쟁사업자의 사업활동을 방해하였다고 판단하였다.[219] 일본 공정거래위원회의 심결에서 일본 공정거래위원회는 레코드 제작회사가 그 관리악곡을 가라오케기기제조회사에게 사용하는 것을 허락하지 않기로 결정하는 것은 저작권에 의한 권리를 행사하는 것이 해당한다는 점을 부정할 수는 없으나, 당사자간의 분쟁이 있는 경우, 관리

---

217) 대법원 2010. 3. 25. 선고 2008두7465 판결 [시정명령등취소].
218) 村上政博, 獨占禁止法, 弘文堂 (2016) 400頁.
219) 公取委審判審決 平成21年2月16日 審決集 55卷500頁.

악곡 사용의 가부에 관해서는 당사자의 결정권이 있다고 하더라도 관리악곡의 사용에 대해서 레코드제작회사의 결정은 저작권법에 의한 행사에 해당한다고 해도 일본사적독점금지법 제21조의 적용에 있어서 당해결정(당해 저작권사용갱신거절) 행위가 철저한 공격을 위한 피심인 제일흥상의 방침에 따라 이루어진 것으로 이러한 방침에 따라서 유통점에 고지를 하는 일련의 행위들을 함으로써 통신가라오케기기의 거래에 영향을 주는 행위를 한 것으로 저작권법상의 권리행사라고 해서 독점금지법상의 평가가 달라지는 것은 아니라고 판단하였다.[220]

## 4. 표준필수특허의 실시거절행위로서의 타당성 없는 조건 제시 행위

### 가. 정상적인 거래관행에 비추어 타당성 없는 조건 제시 여부에 관한 판단

#### (1) 거래거절의 본질을 가지는 타당성 없는 조건 제시 행위

공정거래법 제3조의2, 동 시행령 제5조 제3항 제4호, 공정위 심사기준인 시장지배적 지위남용행위 심사기준의 IV 시장지배적 지위 남용행위의 세부 유형 및 기준에 따르면 그 3, 라. (2)는 거래상대방에게 정상적인 거래관행에 비추어 타당성이 없는 조건을 제시하거나 가격 또는 거재조건을 부당하게 차별하는 행위를 위법한 행위로 들고 있다. 이 행위는 퀄컴 II 사건에서 원고 퀄컴이 한 위법행위1에 대해서 적용된 법조이다.[221] FRAND 조건에 의한 라이선스를 합리적이고 공정하여야 하는데, 이런 조건을 결한 부당한 조건을 제시하는 행위는 그 실질이 거절행위라고 할 것이므로 FRAND 확약을 위반하는 행위라고 할 것이다.

#### (2) '타당성 없는 조건 제시' 여부에 관한 판단기준

공정거래법령에서 정하는 정상적인 거래관행은 바람직한 경쟁질서에 부합하는 통상적인 거래관행이다. 여기에서 정상적인 거래관행이란 원칙적으로 해당업계의 통상적인 거래관행을 기준으로 판단하되 구체적인 사안에 따라서는 바람직한 경쟁질서에 부합하는 관행을 의미하기도 하며, 현실의 거래관행과 항

---

220) 公取委審判審決 平成21年2月16日 審決集 55卷500頁.
221) 공정위 2015시감2118 사건 의결서 87－90면.

상 일치하는 것은 아니다.[222] 또한 정상적인 거래관행에 비해 타당성이 없는 조건을 제시하여 다른 사업자의 사업활동을 어렵게 하는 행위에서 '타당성이 없는' 또는 '부당성'의 의미는 특정 사업자가 개별적으로 타당성이 없는 조건 제시 등으로 불이익을 입게 되었다는 사정만으로는 부족하고 시장에서의 독점을 유지, 강화할 의도나 목적, 즉 시장에서 자유로운 경쟁을 제한함으로써 인위적으로 시장질서에 영향을 가하려는 의도나 목적이 인정되어야 하고, 객관적으로도 경쟁제한 효과가 생길만한 우려가 있는 행위로 평가될 수 있어야 한다.[223] 따라서 정상적인 거래관행에 비추어 타당성이 없는 조건 제시로 인해 현실적으로 상품의 가격 상승, 산출량 감소, 혁신 저해, 유력한 경쟁사업자 수의 감소, 다양성 감소 등과 같은 경쟁제한의 효과가 나타났음이 입증된 경우에는 그 행위 당시에 경쟁제한을 초래할 우려가 있었고 또한 그에 대한 의도나 목적이 있었음을 사실상 추정할 수 있다. 그렇지 않은 경우에는 행위의 경위 및 동기, 태양, 관련시장의 특성, 거래상대방이 입은 불이익의 정도, 관련시장에서의 가격 및 산출량의 변화 여부, 혁신 저해 및 다양성 감소 여부 등 여러 사정을 종합적으로 고려하여 상기 경쟁제한의 효과가 생길만한 우려가 있는 행위로서 그에 대한 의도나 목적이 있었는지를 판단하여야 한다.[224]

---

222) 서울고등법원 2009누33777, 서울고등법원 2008누2868, 서울고등법원 2008누2462 판결 등
223) 시장지배적 지위 남용행위 중 거래거절과 관련하여 대법원은 "공정거래법 제3조의2 제1항 제3호에 의하여 금지되는 시장지배적 사업자의 지위남용 행위의 한 유형으로서의 거래거절 행위는 '시장지배적 사업자가 부당하게 특정 사업자에 대한 거래를 거절함으로써 그 사업자의 사업활동을 어렵게 하는 행위'라 할 것이다. (중략) 다만, 시장지배적 사업자가 개별 거래의 상대방인 특정 사업자에 대한 부당한 의도나 목적을 가지고 거래거절을 한 모든 경우 또는 그 거래거절로 인하여 특정 사업자가 사업활동에 곤란을 겪게 되었다거나 곤란을 겪게 될 우려가 발생하였다는 것과 같이 특정 사업자가 불이익을 입게 되었다는 사정만으로는 그 부당성을 인정하기에 부족하고 그 중에서도 특히 시장에서의 독점을 유지·강화할 의도나 목적, 즉 시장에서의 자유로운 경쟁을 제한함으로써 인위적으로 시장질서에 영향을 가하려는 의도나 목적을 갖고, 객관적으로도 그러한 경쟁제한의 효과가 생길만한 우려가 있는 행위로 평가될 수 있는 행위로서의 성질을 갖는 거래거절 행위를 하였을 때에 그 부당성이 인정될 수 있다."고 판시한 바 있다.(대법원 2007.11.22., 선고 2002두8626 전원합의체 판결, 포스코의 시장지배적 지위 남용행위 건)
224) 공정위 2015시감2118 사건 의결서 91면.

### 나. 사례연구: 퀄컴 Ⅱ 사건

#### (1) 개 관

당해 사건에서 모뎀칩셋 단계에서의 라이선스 제공 관행이 존재하고, 그 사건의 원고들(퀄컴)도 과거에는 경쟁 모뎀칩셋 제조사들에게 라이선스를 제공하였으며, 모뎀칩셋 인접시장에서는 부품단계 라이선스가 이루어지고 있다는 점 등을 종합하면 퀄컴은 자신이 시장지배적 지위에 있는 표준별 모뎀칩셋 시장에서만 부품 단계 라이선스를 거절하고 있고, 이로 인해서 라이선스를 확보하지 못하면 특허권자의 특허공격을 받을 위험이 있으므로, 모뎀칩셋 제조사는 모뎀칩셋의 제조·판매를 위해 원고들의 이동통신 표준필수특허에 대한 라이선스가 필요하다.225)

이런 점에서 퀄컴 Ⅱ 사건에서 피고 공정거래위원회는 정상적인 거래관행에 비추어 타당성 없는 조건 제시를 했다는 점을 퀄컴의 위법성이 인정되어야 하는 법적 근거의 하나로 제시하였다.226) 이에 대해 서울고등법원은 퀄컴의 모뎀칩셋 제조사들에게 라이선스를 거절하는 행위(행위 1)는 타당성 없는 조건의 제시라고 보았다.227) 즉 이동통신 표준필수특허권자라면 모뎀칩셋에 구현되는 특허에 대한 라이선스를 요청하는 모뎀칩셋 제조사에 대하여 FRAND 조건에 따라 제한 없는 접근과 사용이 가능한 라이선스를 제공하는 것이 정상적인 거래관행에 부합한다. 즉 이동통신 표준필수특허에 대한 라이선스 계약체결을 희망하는 모뎀칩셋 제조사에게 표준필수특허권자는 FRAND 조건에 따라 라이선스 실시허락을 하며, 실시허락의 조건으로 제한 없는 완전한 라이선스 권한을 제공하는 것이 모뎀칩셋 단계에서 표준필수특허의 라이선스와 관련한 정상적인 거래관행이라고 할 것이다.228)

그럼에도 모뎀칩셋 제조사에 대하여 FRAND 조건에 따른 라이선스를 거절한 퀄컴의 행위 1은 위와 같은 정상적인 거래관행에 반하여 경쟁 모뎀칩셋

---

225) 공정위 2015시감2118 사건 의결서 91-97면.
226) 공정위 2015시감2118 사건 의결서 90면.
227) 서울고등법원 2019. 12. 4. 선고 2017나48 판결.
228) 공정위 2015시감2118 사건 의결서 114면.

제조사들에 대하여 타당성 없는 조건을 제시한 행위에 해당한다고 봄이 상당하다고 보아 퀄컴의 행위 1이 타당성 없는 조건 제시에 해당하는 위법한 행위라고 판단한 것이다.[229]

### (2) 퀄컴의 경쟁모뎀칩셋 사업자에 대한 라이선스 거절행위가 관행에 부합하는지 여부

모뎀칩셋 단계 라이선스 관행의 존재에 대해서 보면, 퀄컴을 제외한 대부분 이동통신 특허권자들은 모뎀칩셋을 비롯한 부품 단계에서 라이선스를 제공하고 있다.[230] 따라서 표준필수특허에 대해 모뎀칩셋 제조사 또는 최종 기기가 아닌 모뎀칩셋과 같은 부품 제조사에 대해 라이선스를 제공하는 거래관행이 있다고 할 것이다[모뎀칩셋 단계 라이선스 관행의 존재].[231]

공정거래법상 정상적인 거래관행은 바람직한 경쟁질서에 부합하는 통상적인 거래관행이므로, 퀄컴이 행위 1을 통하여 표준화기구에 제출한 FRAND 확약을 위반한 이상 이를 정당한 관행으로 볼 수 없다. 특히 모뎀칩셋 단계에서의 라이선스 제공 관행은 존재함에도[232] 자신만이 독자적인 거래관행을 수익성을 높이기 위해서 자신이 한 약속을 위반하면서 행하는 것은 결코 관행이라고 볼 수 없다. FRAND 확약을 하는 것이 표준화기구에서 정립된 실무이고 그렇다면 이를 지키는 것이 관행이다. 라이선스 범위에 대한 표준화 기구의 지식재산권 규정[233] 및 실시에 관한 특허법 규정[234]에 비춰볼 때, 표준필수특허에

---

229) 공정위 2015시감2118 사건 의결서 114−116면.
230) 공정위 2015시감2118 사건 의결서 100면.
231) 공정위 2015시감2118 사건 의결서 100면.
232) 퀄컴을 제외한 다른 이동통신 산업 참여자들은 부품 단계에서 라이선스를 제공하고 있고, 퀄컴도 과거에 경쟁 모뎀칩셋 제조사들에게 라이선스를 제공하였으며, 모뎀칩셋 인접시장에서는 부품 단계 라이선스가 이루어지고 있다. 공정위 2015시감2118 사건 의결서 115−116면.
233) ETSI의 지식재산권 정책 제6.1조는 라이선스 대상에 "최소한 제조 권한과 제조된 장치의 판매, 대여, 처분, 수리, 사용, 운영 권한 및 방법의 사용 권한까지 포함"하는 것으로 규정하고 있다.
234) 특허법 제2조(정의) 3. '실시'란 다음 각 목의 구분에 따른 행위를 말한다.
   가. 물건의 발명인 경우: 그 물건을 생산·사용·양도·대여 또는 수입하거나 그 물건의 양도 또는 대여의 청약(양도 또는 대여를 위한 전시를 포함한다. 이하 같다)을 하는 행위

대해 '라이선스를 제공한다'는 의미는 '최소한 제조 권한과 제조된 장치의 판매, 대여, 처분, 수리, 사용, 운영 권한 및 방법의 사용 권한을 모두 포함'하는 것이라고 할 수 있고, 제조, 판매, 대여, 처분, 수리, 사용, 운영 등 각 행위는 각각 특허침해를 구성하므로 온전한 라이선스 계약은 앞서 열거한 모든 행위를 자유롭게 할 수 있는 권한을 부여하는 계약이어야 하는 것이지, 이 중 일부분을 제한하여 제한된 범위의 권한만을 제공하는 것이라고 보기는 어렵다.[235] 그럼에도 퀄컴은 시장지배적 지위에 있는 이 사건 표준별 모뎀칩셋 시장에서만 부품 단계 라이선스를 거절하였다.[236]

한편 경쟁법의 존재 이유와 가치를 생각하면 만일 반경쟁적 관행이 존재한다고 해도 그 자체로 거절행위를 정당화시키지 못한다. 미국에서 1890년 셔먼법이 제정되었던 시기도 공동행위가 대규모 기업집단 사이에 일반화되어 있었던 당시 관행을 개선하고 타파하기 위한 것이라는 점을 상기할 필요가 있다.

시장지배적 지위 남용행위를 비롯한 경쟁법 위반 행위가 우연히 다른 사업자들도 행하는 업계의 관행이라고 할지라도 그 위법성 판단은 그러한 관행의 존재 여부로 인해 달리 판단되지 않는다는 점은 이미 각국 경쟁당국 및 법원에 의해 확인된 기본 법리이다. EU 집행위원회 역시 Microsoft의 시장지배적 지위 남용행위 사건에서 구 유럽공동체조약 제82조 하에서 시장지배적 사업자의 행위가 산업관행에 부합한다는 이유로 법 적용이 배제된다고 볼 어떠한 근거도 없다는 원칙을 명백히 밝힌 바 있다.[237] 당시 Microsoft는 소비자이익을

---

나. 방법의 발명인 경우: 그 방법을 사용하는 행위

다. 물건을 생산하는 방법의 발명인 경우: 나목의 행위 외에 그 방법에 의하여 생산한 물건을 사용·양도·대여 또는 수입하거나 그 물건의 양도 또는 대여의 청약을 하는 행위

235) 공정위 2015시감2118 사건 의결서 115면.

236) 라이선스를 확보하지 못하면 특허권자의 특허공격을 받을 위험이 있으므로, 모뎀칩셋 제조사는 모뎀칩셋의 제조·판매를 위해 퀄컴의 이동통신 표준필수특허에 대한 라이선스가 필요하다는 점을 이용하여 타당성 없는 조건을 제시하는 행위를 한 것이다.

237) EU 집행위원회, MS 사건 Commission decision of 24.03.2004,Case COMP/C−3/37.792("In any case, there are no grounds under Article 82 of the Treaty according to which instances of behaviour by a dominant company which accord with industry practice should be screened out. Even if it were therefore the case that other vendors did not disclose similar interface information this would not mechanically exculpate Microsoft.").

저해하고 경쟁사업자의 사업활동을 방해하는 끼워팔기 행위가 업계의 관행이라고 주장하였으나 만일 그와 같은 관행이 있다고 하더라도 시장지배적 사업자로서 특별한 책임을 부담하고 있는 Microsoft의 행위를 정당화시키지는 못한다고 보았다.[238]

한편 휴대폰에 장착되는 무선통신 부품 중 와이파이(wi-fi), 어플리케이션 프로세서(AP), 메모리, 카메라 등 휴대폰에 장착되는 여타 부품의 제조·판매에 있어서는 해당 부품단계에서 표준필수특허의 라이선스가 제공되고 있는 것으로 알려져 있다.[239]

### (3) 모뎀칩셋 단계 라이선스 v. 휴대폰 단일 단계 라이선스

퀄컴보유 이동통신 표준필수특허 중 모뎀칩셋 단계에서 상당 부분 구현되거나 모뎀칩셋에서만 구현되는 청구항이 존재하므로, 표준필수특허의 개념상 모뎀칩셋 제조사의 모뎀칩셋 제조·판매는 퀄컴의 라이선스 없이는 퀄컴보유 이동통신 표준필수특허 중 모뎀칩셋 단계에서 상당 부분 구현되거나 모뎀칩셋에서만 구현되는 부분을 침해할 수밖에 없다. 따라서 표준필수특허의 실시를 희망하는 모뎀칩셋 제조사가 퀄컴으로부터 그 표준필수특허에 대한 라이선스를 받지 못하면 특허침해소송 등을 당할 위험이 항상 존재한다. 만약 경쟁 모뎀칩셋 제조사에게 퀄컴이 자신이 행한 FRAND 확약취지에 따라 모뎀칩셋에 구현되는 표준필수특허의 완전한 라이선스를 허락하였다면 휴대폰 제조사로서는 퀄컴의 모뎀칩셋을 구매하기 위해 불리한 라이선스 협상을 하는 대신 경쟁 모뎀칩셋을 선택하거나 이러한 선택가능성을 협상에 활용함으로써 퀄컴으로부터 특허침해위험을 해소할 수도 있었을 것이다.[240]

---

238) 이 사건은 공정위 의결 이후 서울고등법원에서 원고의 소취하와 피고의 동의로 종결되어 판결이 선고되지는 않았다.

239) 위원회 심의에 이해관계자로 참가한 ***은 "베이스밴드칩셋을 포함한 반도체 업계에서는 칩셋 단계 라이선스가 일반적"이라고 진술하였으며(2016. 9. 5. 위원회 3차 심의시 ***의 발표자료), ***에서 라이선싱 담당임원으로 근무한 ***은 "컴퓨터에 인터넷 연결을 제공하는 모뎀 기술에 대한 라이선스에 있어 ... 칩 단계에서 라이선스가 부여되었다"는 의견을 제출하였다.(2016. 9. 9. ***의 전문가 의견서 제출)

240) "물론 피심인들의 모뎀칩셋 단계에서의 라이선스 거절로 모뎀칩셋 시장의 경쟁이 제한되었고, 이로 인해 피심인들이 모뎀칩셋 시장에서의 지배적 지위를 획득·유지·공고화할 수 있었으며, 휴대폰 제조사가 선택할 수 있는 경쟁 모뎀칩셋도 줄었음은 앞서 행

그러나 퀄컴은 경쟁 모뎀칩셋 제조사에게는 라이선스를 제공하지 않으며, 일부 모뎀칩셋 제조사와 제한적인 특허 약정을 체결하는 경우에도 자신과 라이선스 계약을 체결한 휴대폰 제조사에게만 모뎀칩셋을 판매하도록 제한하고 경쟁 모뎀칩셋 제조사의 판매처 및 판매처별 판매수량을 보고하도록 요구함으로써, 휴대폰 제조사가 사전에 자신과 라이선스 계약을 체결하지 않고 모뎀칩셋을 구매할 수 있는 경로를 차단하고자 하였다.[241]

퀄컴은 최종 완제품 단계가 이동통신 표준필수특허의 가치를 가장 효과적으로 반영하므로 휴대폰 단일 단계 라이선스가 효율적이고 합리적이라고 주장하지만, 이런 주장을 받아들인다고 하더라도,[242] 특허 라이선스의 가격이 결국 당해 기술의 사용자(최종소비자)가 누리는 가치에 따라 결정되고, 최종 완제품 단계에서 종전 중간단계의 특허를 모두 포괄하여 산정하는 장점이 있다고 하더라도, 모뎀칩셋에서 구현되는 특허는 그 가치 여하에 불구하고 라이선스 없는 모뎀칩셋의 제조·판매로 인하여 침해될 수 있고, 침해되는 특허의 합리적 가격은 그 특허의 가치가 상당 부분 구현되는 대상의 실시료 산정 단계에서 수요자(실시희망자)와 공급자(특허권자) 사이의 자유로운 협상 결과에 따라 보다 정확하게 반영되므로, 그 이전 단계인 모뎀칩셋에서 구현되는 이동통신 표준필수특허에 대한 라이선스 거절을 정당화할 수 없다고 생각한다.

### (4) 모뎀칩셋 단계 라이선스와 표준필수특허권자의 특허공격 자제

퀄컴은 소송에서 실제로 자신들이 특허소송을 제기한 경우가 드물기 때문에 모뎀칩셋 사업자들이 자신들의 표준필수특허를 사용하여 사업을 할 수 있다는 주장을 했다.[243] 그러나 이는 경쟁법 위반행위를 정당화시킬 수 없으나 논리성도 결한 주장이다.

경쟁 모뎀칩셋 제조사들은 퀄컴으로부터 표준필수특허 라이선스를 확보하

---

위 1에서 살펴본 바 있다." 공정위 2015시감2118 사건 의결서 157면.

241) 공정위 2015시감2118 사건 의결서 157면.

242) 모뎀칩 사업자가 휴대폰 사업자보다 훨씬 수가 적기 때문에 오히려 경쟁모뎀칩셋 제조사와 라이선스 협상을 하는 것이 거래비용 중 협상비용을 줄이고 관리 및 모니터링 비용을 줄일 수 있을 것이다.

243) 공정위 2015시감2118 사건 의결서 104면. 이런 주장은 서울고등법원에서의 소송에서도 계속 되었지만 법원은 이 주장을 받아들이지 않았다.

지 못하고 있는 이상 퀄컴의 특허침해 주장으로 언제라도 모뎀칩셋 판매가 중
단될 수 있다. 실제로 퀄컴은 2005. 10.경 경쟁 모뎀칩셋 제조사인 브로드컴을
상대로 2세대 이동통신 표준인 GSM 특허에 관한 침해소송을 제기하였다가 패
소하였으며,244) 퀄컴은 자신의 모뎀칩셋을 구매하지 않는 중국 휴대폰 제조사
메이주(Meizu)를 상대로 미국, 중국, 독일 및 프랑스 등지에서 이동통신 표준필
수특허 침해소송을 제기하였다.245)

　　퀄컴은 경쟁 모뎀칩셋 제조사의 모뎀칩셋을 장착한 휴대폰 제조사에 대하
여 선별적으로 특허침해를 주장함으로써 실질적으로는 경쟁 모뎀칩셋 제조사
를 상대로 제소한 것과 동일한 효과를 거둘 수 있다. 공정위는 "FRAND 확약
취지 및 확약 내용에 비춰볼 때, 표준필수특허에 대한 실시허락 요청에 대해
기대되는 정상적인 거래관행은 FRAND 조건에 따른 취소할 수 없는 실시허락
(granting irrevocable license)이지 피심인들의 주장과 같이 단순한 방임행위가 아니다.
또한 피심인들이 주장하는 방임은 특허권자의 사실상 임의적 권리행사 유보상
태일 뿐이고, 특허권자가 아무런 권리행사를 하지 않겠다는 것이 아니다. 이는
실시허락을 요청하는 상대방으로서는 라이선스 계약을 체결하는 것에 비해 특
허침해 위험상태에 있어 비교할 수 없는 근본적인 차이가 존재한다."는 점을
퀄컴의 주장이 타당하지 않은 근거로 들었는데 자제하고 있다가 언제든지 공
격할 수 있는 상황이다.246) 경쟁 모뎀칩셋 제조사는 퀄컴으로부터 라이선스를
받지 못한다면 퀄컴의 수익 구조를 위협하지 않는 범위 내에서만 모뎀칩셋 사

---

244) Broadcom Corp. v. Qualcomm Inc., 501 F.3d 297 (3d Cir. 2007).

245) 퀄컴의 언론보도 참조.
　　https://www.qualcomm.com/news/releases/2016/06/23/qualcomm－files－complaint－
　　against－meizu－china("Qualcomm Incorporated (NASDAQ: QCOM) announced that
　　it has filed a complaint against Meizu in the Beijing Intellectual Property Court. The
　　complaint requests rulings that the terms of a patent license offered by Qualcomm to
　　Meizu comply with China's Anti－Monopoly Law, and Qualcomm's fair, reasonable
　　and non－discriminatory licensing obligations. The complaint also seeks a ruling that
　　the offered patent license terms should form the basis for a patent license with Meizu
　　for Qualcomm's fundamental technologies patented in China for use in mobile
　　devices, including those relating to 3G(WCDMA and CDMA2000) and 4G(LTE)
　　wireless communications standards.").

246) 공정위 2015시감2118 사건 의결서 105면.

업을 할 수밖에 없는 제한적 상황에 처하게 된다. 퀄컴이 실제로 경쟁 모뎀칩셋 제조사나 그로부터 모뎀칩셋을 구매하는 휴대폰 제조사를 상대로 이동통신 표준필수특허 침해를 주장하는지 여부에 관계없이, 경쟁 모뎀칩셋 제조사는 상시적으로 위와 같은 퀄컴의 특허침해 주장 가능성에 대비하여 예상되는 위험 비용을 부담하거나 이러한 제약 조건을 감수할 수밖에 없다. 퀄컴의 라이선스 사업모델이 많은 수익을 내고 있더라도, 만일 경쟁 모뎀칩셋 제조사가 퀄컴의 수익을 상당한 수준으로 잠식하거나 위협하는 수준에 이르면 언제든지 경쟁 모뎀칩셋 제조사를 상대로 특허침해를 주장할 수 있다. 이런 상황에서 자신의 휴대폰이 제조 및 판매가 되지 않을 위험을 감내할 휴대폰 제조사는 없다고 봐야 한다.

퀄컴은 모뎀칩셋 제조사를 상대로 특허침해 주장을 할 유인이 없다고 하나, 이는 퀄컴의 라이선스 사업모델에 따라 휴대폰 제조사로부터 수취하는 라이선스 실시료 수익과 모뎀칩셋 판매를 통한 수익의 합계 금액이 우월한 수준을 유지하는 경우에 한정되는 것이고, 만일 경쟁 모뎀칩셋 제조사의 시장점유율과 매출 증가 등으로 퀄컴의 전체 수익이 줄거나 퀄컴의 수익을 위협하는 수준이 되면 언제든지 해당 경쟁 모뎀칩셋 제조사를 상대로 침해소송을 제기할 충분한 유인이 된다.[247]

퀄컴이 FRAND 조건에 따른 특허 라이선스 계약 대신 체결한 부제소약정, 보충적 권리행사약정, 한시적 제소유보약정은 해당 모뎀칩셋 제조사가 퀄컴의 실시권자가 아닌 휴대폰 제조사에게 모뎀칩셋을 판매하는 경우에는 적용되지 않는데, 모뎀칩셋 제조사가 어떤 휴대폰 제조사에게 공급할지 여부에 따라서

---

247) 이와 관련하여, 위원회 심의에 전문가로 참가한 ***(***대학교 법학전문대학원 교수)는 "계약이란 양 당사자가 대가를 주고받는 내용에 대한 의사의 합치를 말하며, 그러한 계약이 이루어지기 위한 조건이 충족되지 않은 행위는 계약으로 인정할 수 없다. 만약 어떤 일방이 타방에게 일방적으로 특허권 침해소송을 제기하지 않을 것을 공언하였다고 하더라도 그 공언에 대가의 주고받음과 의사의 합치가 존재하지 않으면 그 공언은 법적으로 계약이 되지 못한다. 계약의 단계에 이르지 못한 공언은 실시계약이 아니게 되고 그래서 그 공언만으로는 FRAND 확약을 준수하지 못하는 것이 된다"고 진술하였다.(2016. 9. 5. 공정거래위원회 제3차 기일에 제출한 *** 의견서). 공정위 2015시감2118 사건 의결서 105면.

퀄컴의 특허소송 제기 가능성이 달라진다면 그러한 불확실성 자체만으로도 모뎀칩셋 제조사는 독자적인 경영계획 수립 등의 영업의 자유가 과도하게 제한된다.248) 결국 행위 1로 경쟁 모뎀칩셋 제조사들에게 특허공격 위험이 발생하므로 모뎀칩셋 제조사들은 모뎀칩셋 단계에서 라이선스를 받을 실질적 필요성이 있다.

### (5) 모뎀칩셋 단계 라이선스의 실현 가능성

그렇다면 모뎀칩셋 단계에서도 라이선스를 하고, 휴대폰 단계에서도 라이선스를 하는 구조, 즉 각각의 단계에 구현되는 특허를 구별하여 라이선스를 하는 것이 엄청난 초과 거래비용을 발생시킬까. 일단 이 논의는 경쟁법적으로도 특허법적으로도 무의미한 논의라고 본다. 이유는 다음과 같다.

첫째 경쟁법적으로는 표준필수특허권자에게 자신이 행한 FRAND 확약을 준수하도록 요구하는 것이므로 만일 비용이 발생한다고 하더라도 이 비용은 법률준수비용(compliance cost)으로서 비용의 다과를 논할 것이 아니다. 위와 같은 비용 증가는 이동통신 표준필수특허권자가 FRAND 확약에 따라 복수 단계의 실시희망자와 라이선스를 성실하게 협상하는 과정에서 불가피하게 발생하는 필요한 절차라고 볼 수밖에 없다. 모든 비용의 증가가 비효율이 되는 것은 아니다. 예를 들어 법을 지키는 경우와 법을 어기는 경우 사이에서 만일 전자가 후자에 비해서 돈이 더 든다고 해서 법을 지키는 것은 비효율적이므로 법을 어겨도 되는 것은 아니다. 준법비용(compliance cost)가 비효율의 원천이라고 주장하는 것은 타당한 주장이 아니다.

둘째 특허법적으로도 일반적인 특허 라이선스 실무에 비추어 보더라도 모뎀칩셋 단계에서 라이선스 계약체결은 충분히 가능하다. 특허권자는 특허의 특성 및 기술 적용 범위에 대한 검토를 마친 후 해당 특허를 출원하거나 표준에 잠재적으로 필수적이라고 선언하고, 상당한 규모의 특허 포트폴리오를 보유하고 있는 대다수 회사는 이후로도 자신의 특허에 대하여 상당량의 정보를 축적하므로, 그와 같은 정보를 활용하는 경우 표준필수특허를 실시단계별로 분류하는 작업은 대부분의 경우 이미 존재하는 자신의 자료를 특정한 상대방을 대상

---

248) 공정위 2015시감2118 사건 의결서 106면.

으로 하여 재정리하는 정도의 그치는 것이 대부분이다.249) 퀄컴도 이런 분류를
이미 한 사실이 있는 바, 2016. 10.경 NFC(near field communication) 관련 특허를 보
유하면서 NFC 칩을 생산하는 기업인 엔엑스피(NXP)를 인수하기 위하여 유럽연
합 집행위원회에 기업결합을 신고하면서, 칩 단계 NFC 특허와 시스템 단계에
서 실시되는 NFC 특허의 목록을 구분하여 제시하고, 기업결합 시 시스템 단계
에서 실시되는 NFC 특허는 인수하지 않겠다는 확약을 제출하였다.250) 특히 라
이선스를 업으로 하는 퀄컴의 라이선싱 회사(QTL)의 경우 전세계적으로도 전문
성을 인정받는 인력들이 있고, 이들은 휴대폰 제조사들과 이미 특허청구항 분
석 대상이 많고 기술적 복잡성이 높은 라이선스 계약을 체결하였다. 휴대폰 제
조사들과의 라이선스 계약에서 퀄컴이 주장하는 바와 같은 극히 비효율적인

---

249) 예를 들어 미국 판결문에 의하면 텍사스 인스트루먼트는 자신들이 보유한 특허를 실시
  단계별로 분류하여 시스템 단계와 칩셋 단계의 특허 포트폴리오를 분리하여 운영하였
  음을 알 수 있다.

250) https://www.qualcomm.com/news/releases/2016/10/27/qualcomm-acquire-nxp
  ("Qualcomm Incorporated (NASDAQ: QCOM) and NXP Semiconductors N.V.
  (NASDAQ: NXPI) today announced a definitive agreement, unanimously approved by
  the boards of directors of both companies, under which Qualcomm will acquire NXP.
  Pursuant to the agreement, a subsidiary of Qualcomm will commence a tender offer
  to acquire all of the issued and outstanding common shares of NXP for $110.00 per
  share in cash, representing a total enterprise value of approximately $47 billion."). 이
  퀄컴의 이 기업결합시도는 2018. 6. 26. 종료되었다. Qualcomm Announces Termination
  of NXP Acquisition and Board Authorization for $30 Billion Stock Repurchase
  Program
  https://www.qualcomm.com/news/releases/2018/07/26/qualcomm-announces-termin
  ation-nxp-acquisition-and-board-authorization-30("Qualcomm
  Incorporated(NASDAQ: QCOM) ("Qualcomm" or "the Company") today announced
  the termination of the acquisition of NXP Semiconductors N.V. (NASDAQ: NXPI)
  ("NXP") by Qualcomm River Holdings B.V., an indirect wholly owned subsidiary of
  Qualcomm, effective immediately. In accordance with the terms of the purchase
  agreement, Qualcomm River Holdings will pay a termination fee of $2 billion to NXP
  on July 26, 2018.  In connection with this termination, Qualcomm River Holdings has
  terminated its previously announced cash tender offer to acquire all of the outstanding
  shares of NXP. Qualcomm also announced today that its Board of Directors authorized
  a stock repurchase program of $30 billion, which replaces the Company's existing $10
  billion stock repurchase authorization.  Qualcomm expects to execute the majority of
  the stock repurchase program prior to the close of fiscal year 2019.").

거래비용이 발생하지 않았기 때문에 이런 방식을 유지할 수 있을 것이다. 그렇다면 모뎀칩셋 제조사와도 효율적인 방식으로 계약을 체결하는 것 역시 불가능하다고 볼 수 없다. 만일 모뎀칩셋 제조사와 계약을 체결하는 경우에는 극심한 비효율이 발생하나 휴대폰 제조사와 계약을 체결하는 경우에만 효율적이었다면, 이는 거꾸로 휴대폰 제조사와 계약을 체결하는 과정에서 휴대폰에 구현되는 표준필수 특허에 대한 분석과 가치평가 등 정당한 실시료 산정에 관한 절차가 제대로 수행되지 않았던 것으로 보아야 할 것이다.

공정위의 주문과 같이 FRAND 조건으로 계약이 체결된다면 이후 거래환경의 동적 변화, 불필요한 다툼으로 인한 위험부담을 감소시켜 장기적으로는 오히려 거래비용이 감소할 수 있다. 즉 모뎀칩셋 단계에서의 라이선스 제공을 통해 이 사건 표준별 모뎀칩셋 시장 내 10개 내외의 대형업체인 모뎀칩셋 제조사로부터 실시료를 수취한다면 휴대폰 시장 내 무수한 무명업체로부터 개별적으로 실시료를 수취하는 것보다 훨씬 간명하고 효율적일 수도 있다.

## 5. 필수설비 이론(essential facility doctrine)과 지적재산권 남용행위의 적용

### 가. 필수설비 이론의 의의

#### (1) 규정체계: 필수요소에 대한 사용 또는 접근을 거절·중단하거나 제한하는 행위

필수설비이론은 경쟁법 전체를 두고 보더라도 매우 이색적인 도구이다. 왜냐하면 필수설비이론은 사업자의 행위에 중점을 두는 것이 아니라 사업자의 상태 내지 사업자가 보유하고 있는 자원에 초점을 두는 것이기 때문이다. 공정거래법상 필수설비이론의 위치는 아래와 같다.

---

**독점규제 및 공정거래에 관한 법률**

제3조의2 (시장지배적지위의 남용금지) ① 시장지배적사업자는 다음 각 호의

1에 해당하는 행위(이하 "남용행위"라 한다)를 하여서는 아니된다.

  3. 다른 사업자의 사업활동을 부당하게 방해하는 행위

## 독점규제 및 공정거래에 관한 법률 시행령

제5조 (남용행위의 유형 또는 기준) ③ 법 제3조의2(시장지배적지위의 남용금지)제1항 제3호의 규정에 의한 다른 사업자의 사업활동에 대한 부당한 방해는 직접 또는 간접으로 다음 각호의 1에 해당하는 행위를 함으로써 다른 사업자의 사업활동을 어렵게 하는 경우로 한다.

  1.~2. (생략)

  **3. 정당한 이유 없이 다른 사업자의 상품 또는 용역의 생산·공급·판매에 필수적인 요소의 사용 또는 접근을 거절·중단하거나 제한하는 행위**

  4. 제1호 내지 제3호 외의 부당한 방법으로 다른 사업자의 사업활동을 어렵게 하는 행위로서 공정거래위원회가 고시하는 행위

## 시장지배적지위 남용행위 심사기준[251]

Ⅳ. 시장지배적지위 남용행위의 세부 유형 및 기준

  3. 다른 사업자의 사업활동에 대한 부당한 방해행위(법 제3조의2 제1항 제3호)

    직접 또는 간접적으로 다음 각 호의 1에 해당하는 행위를 함으로써 다른 사업자의 사업활동을 어렵게 하는 경우(영 제5조 제3항)

    가. ~ 나. (생략)

    **다. 정당한 이유없이 다른 사업자의 상품 또는 용역의 생산·공급·판매에 필수적인 요소의 사용 또는 접근을 거절·중단하거나 제한하는 행위**

      (영 제5조 제3항 제3호)

      (1)「필수적인 요소(이하 "필수요소"라 한다)」라 함은 네트워크, 기간설비 등 유·무형의 요소를 포함하며, 다음 각 호의 요건을 충족하여야 한다.

        (가) 당해 요소를 사용하지 않고서는 상품이나 용역의 생산·공급 또는 판매가 불가능하여 일정한 거래분야에 참여할 수 없거나, 당해

거래분야에서 중대한 경쟁열위상태가 지속될 것

(나) 특정 사업자가 당해 요소를 독점적으로 소유 또는 통제하고 있을 것

(다) 당해 요소를 사용하거나 이에 접근하려는 자가 당해 요소를 재생산하거나 다른 요소로 대체하는 것이 사실상·법률상 또는 경제적으로 불가능할 것

(2) 이 목에서 「다른 사업자」라 함은 필수요소 보유자 또는 그 계열회사가 참여하고 있거나 가까운 장래에 참여할 것으로 예상되는 거래분야에 참여하고 있는 사업자를 말한다.

(3) 「거절·중단·제한하는 행위」라 함은 다음과 같은 경우를 포함하여 실질적으로 거절·중단·제한하거나 이와 동일한 결과를 발생시키는 행위를 말한다.

(가) 필수요소에의 접근이 사실상 또는 경제적으로 불가능할 정도의 부당한 가격이나 조건을 제시하는 경우

(나) 필수요소를 사용하고 있는 기존 사용자에 비해 현저하게 차별적인 가격이나 배타조건, 끼워팔기 등 불공정한 조건을 제시하는 경우

(5) 「정당한 이유」가 있는지를 판단함에 있어서는 다음 경우에 해당하는지 여부 등을 고려한다.

(가) 필수요소를 제공하는 사업자의 투자에 대한 정당한 보상이 현저히 저해되는 경우. 다만, 경쟁의 확대로 인한 이익의 감소는 정당한 보상의 저해로 보지 아니한다.

(나) 기존 사용자에 대한 제공량을 현저히 감소시키지 않고서는 필수요소의 제공이 불가능한 경우

(다) 필수요소를 제공함으로써 기존에 제공되고 있는 서비스의 질이 현저히 저하될 우려가 있는 경우

(라) 기술표준에의 불합치 등으로 인해 필수요소를 제공하는 것이 기술적으로 불가능한 경우

(마) 서비스 이용고객의 생명 또는 신체상의 안전에 위험을 초래할 우려가 있는 경우

라. 이 외에 다음과 같은 행위로서 다른 사업자의 사업활동을 어렵게 하

는 행위(영 제5조 제3항 제4호)

(1) 부당하게 특정사업자에 대하여 거래를 거절하거나 거래하는 상품 또는 용역의 수량이나 내용을 현저히 제한하는 행위

(2) 거래상대방에게 정상적인 거래관행에 비추어 타당성이 없는 조건을 제시하거나 가격 또는 거래조건을 부당하게 차별하는 행위

(3) ~ (6) (생략)

법 제3조의2(시장지배적 지위의 남용 금지) 제1항 제3호 '다른 사업자의 사업활동에 대한 부당한 방해 행위' 중 시행령 제5조(남용행위의 유형 또는 기준) 제3항 제3호의 '정당한 이유없이 다른 사업자의 상품 또는 용역의 생산·판매·공급에 필수적인 요소의 사용 또는 접근을 거절하거나 제한하는 행위'가 성립하기 위해서는 ① 시장지배적 사업자가 ② 다른 사업자의 상품 또는 용역의 생산·공급·판매에 필수적인 요소(필수요소)의 사용 또는 접근을 거절, 중단, 제한함으로써 ③ 다른 사업자의 사업활동을 어렵게 한 행위이어야 한다. 다른 사업자의 사업활동을 어렵게 하는 경우를 판단함에 있어서는 다른 사업자의 생산·재무·판매활동을 종합적으로 고려하되, 사업활동을 어렵게 할 우려가 있는 경우를 포함한다.

여기서 필수요소란 네트워크, 기간설비 등 유·무형의 요소를 포함하여 ① 당해 요소를 사용하지 않고서는 상품이나 용역의 생산·공급 또는 판매가 사실상 불가능하여 일정한 거래분야에 참여할 수 없거나 당해 거래분야에서 피할 수 없는 중대한 경쟁열위상태가 지속되어야 하고(필수성), ② 특정사업자가 당해 요소를 독점적으로 소유 또는 통제하고 있어야 하며(통제성), ③ 당해 요소를 사용하거나 접근하려는 자가 당해 요소를 재생산하거나 다른 요소로 대체하는 것이 사실상·법률상 또는 경제적으로 불가능하여야 한다(대체불가능성).[252]

---

251) 2015. 10. 23. 공정거래위원회고시 제2015-15호로 개정된 것을 말하며, 이하 '심사지침'이라 한다.

252) 필수요소의 개념 요건과 관련하여 서울고등법원은 필수요소란 '일반적으로 그 시설(요소)을 이용할 수 없으면 경쟁상대가 고객에게 서비스를 제공할 수 없는 시설(요소)을 말하는 것으로서 경쟁상대의 활동에 불가결한 시설(요소)을 시장지배적 기업이 전유하고 있고, 그것과 동등한 시설(요소)을 신설하는 것이 사실상 불가능하거나

또한 필수요소의 사용 또는 접근을 거절, 중단, 제한한다는 것은 ① 필수요소에의 접근이 사실상 또는 경제적으로 불가능할 정도의 부당한 가격이나 조건을 제시하거나, ② 필수요소를 사용하고 있는 기존 사용자에 비하여 현저하게 차별적인 가격이나 불공정한 조건을 제시함으로써 실질적으로 필수요소의 사용 거절과 동일한 결과를 발생시키는 경우를 말한다.

공정거래법 제3조의2 제1항은 시장지배적 사업자가 다른 사업자의 활동을 부당하게 방해하는 행위를 사업활동방해남용으로(제3호), 새로운 경쟁사업자의 참가를 부당하게 방해하는 행위를 신규진입방해남용으로(제4호) 규정하고 그 구체적인 남용행위의 유형 및 기준은 대통령령으로 정하도록 하고 있는바, 이러한 방해남용유형을 구체화한 독점규제법 시행령 제5조는 사업활동방해남용253)과 신규진입방해남용254) 유형으로 각각 필수요소에 대한 접근거절조항을 새로이 도입하였다.255) 이러한 공정거래법의 태도는 미국이나 유럽 그리고 독일에 있어서 필수설비에 대한 접근거절의 문제를 독점사업자나 시장지배적사업자의 거래거절의 문제로 다루는 것과 부합된다.

시장지배적 사업자의 공정거래법 위반행위 중 필수요소 제한 관련 법령과 법리를 정리하자면, 공정거래법 시행령 제5조 제3항 제3호의 필수요소의 사용 또는 접근의 거절·중단·제한 행위는 같은 항 제4호와 달리 제3호가 규정한 행위 유형에 포섭되면 정당한 이유가 없는 한 원칙적으로 사업활동 방해의 부당성이 인정될 수 있다. 필수요소란, ① 당해 요소를 사용하지 않고서는 상품이나 용역의 생산·공급 또는 판매가 사실상 불가능하여 일정한 거래분야에 참여할 수 없거나 당해 거래분야에서 피할 수 없는 중대한 경쟁열위상태가 지속되어야 하

---

경제적 타당성이 없어 그러한 시설(요소)에의 접근을 거절하는 경우 경쟁상대의 사업수행이 사실상 불가능하거나 현저한 장애를 초래하게 되는 설비(요소)를 의미한다.'라고 판시한 바 있다(서울고등법원 2003. 4. 17. 선고 2001누5851 판결, 한국여신전문금융협회 및 7개 신용카드회사들의 사업활동방해 공동행위 건).

253) 제3항 제3호(정당한 이유없이 다른 사업자의 상품 또는 용역의 생산·공급·판매에 필수적인 요소의 사용 또는 거절, 중단하거나 제한하는 행위)

254) 제4항 제3호(정당한 이유없이 새로운 경쟁사업자의 상품 또는 용역의 생산·공급·판매에 필수적인 요소의 사용 또는 접근을 거절하거나 제한하는 행위)

255) 입법이전의 거래거절에 대한 일반론으로는 심재한, '단독의 거래거절행위', 상사판례연구 13집 (2002) 373−400면 참조

고(필수성), ② 특정사업자가 당해 요소를 독점적으로 소유 또는 통제하고 있어야
하며(통제성), ③ 당해 요소를 사용하거나 접근하려는 자가 당해 요소를 재생산하
거나 다른 요소로 대체하는 것이 사실상·법률상 또는 경제적으로 불가능한 것
이어야 한다(대체불가능성). 공정거래법 시행령 제5조 제3항 제3호는 네트워크, 기
간설비와 같은 유형적인 '필수설비'에 한정하지 아니하고 '필수요소'라 규정하고
있으므로 표준필수특허와 같은 지식재산권도 이에 해당할 수 있다.

   우리나라의 경우 거래거절은 시장지배적 사업자의 지위남용으로서뿐 아니
라 부당한 공동행위 및 불공정거래행위의 유형으로도 포함시켜 규제하고 있으
므로 필수요소 제공거절이 문제될 경우 시장지배적 지위남용의 문제는 물론,
불공정거래금지 등 관련 조항간에 금지요건의 경합이나 모순·충돌이 생길 여
지가 있다. 따라서 각 금지유형에 있어 거래거절행위와 관련한 필수설비법리가
적용될 수 있는가에 관하여 검토할 필요가 있다.

## (2) 현행법 조문과의 관계

   ① 시장지배적 사업자의 거래거절(제3조의2)과 불공정거래행위(제23조)의 적용
   거래거절을 필수설비이론을 통하여 위법화함으로써 거래강제를 하는 문제
는 사적자치의 원칙과의 관계에서 항상 한계를 가진다. 미국의 경우 '로크너 판
결'256)에서 알 수 있는 것처럼, 미국 판례는 연방주의에 대한 제한과 행정부나
사법부의 지나친 시장에 대한 개입을 항상 우려하고 있으며, 사적 자치를 강조
하여 왔다.257) 그런 관점에서 필수설비이론의 적용은 사적자치의 원리를 과도
하게 침해할 우려가 있다고 생각될 수 있다.258) 따라서 이러한 필수설비이론이
아닌 다른 방법으로 경쟁 제한적 거래거절을 셔먼법 제1조 및 제2조에 의하여

---

256) Lochner v. New York, 198 U.S. 45(1905)
257) '로크너 판결'에서 미국 연방대법원은 제과점 점원의 근무시간을 1일 10시간, 1주 60시
    간으로 제한하는 내용의 주법이 제과점 주인과 점원간의 계약을 침해한다고 위헌이라
    고 판시했다. 이 판결이후 대공황까지의 미국 연방대법원의 태도는 로크너 시대라고 불
    릴 정도로 계약자유가 강조되던 시기였다. 이런 미국 연방대법원의 태도는 뒤에 1929년
    대공황기에 루즈벨트 대통령의 뉴딜정책과 충돌이 일어났고, 미국 법제도에 증권법이나
    근로관계법을 포함한 다수의 규제법과 사회법이 입법되면서 변모하게 되었다(최승재,
    미국대법관이야기, 53-63면 참조).
258) 독일에서는 계약의 자유도 공공의 필요에 의해서 제한된다고 보며 공항과 같은 필수설비의
    경우 계약이 강제된다는 '체약강제(Kontrazierungs zwang)'법리를 판례상 형성하고 있다.

합리적으로 규율할 수 있다면 이러한 방법이 더 우월한 방법으로 이해될 것이다. 시장지배적 사업자라고 하여 계약의 자유가 없게 되는 것은 아니다.

또, 하나 지적재산권에 필수설비이론이 적용될 수 있는가 하는 문제와 관련하여, 필수설비를 공공재(public goods)적 성격이 강한 설비, 자연독점성이 강해 시장실패가 우려되는 설비, 오랫동안 국가나 공공주체의 투자되어 제공되어온 설비 기타 망 등의 경우로 한정할 경우 이러한 재화의 공익적인 성격은 경쟁법이 체약강제를 의무화한다고 하더라도 정당화될 수 있을 것이다. 하지만 일반적으로 지적재산권은 공공재적인 성격을 가지지 않고, 가지는 경우라고 하더라도 제한적이다.[259]

② 공정거래법 제19조의 적용

둘 이상의 사업자가 필수요소를 소유·지배하면서 그 제공을 공동으로 거절하는 행위는 독점규제법상 부당한 공동행위, 특히 거래지역·거래상대방의 제한이나 기타 다른 사업자의 사업활동 또는 사업내용을 방해하거나 제한하는 행위에 해당될 수 있다(법 제19조 제1항 제4호, 제8호). 그러나 부당한 공동행위의 규제는 반경쟁적 합의의 존재 자체를 위법판단의 근거로 삼는다는 점에서 거래거절의 합의가 있는 경우 해당 거래거절이 필수요소에 관한 것인가 여부는 공정거래법 제19조의 공동행위에 해당하는지 여부를 판단함에 있어 필수적인 것은 아니라고 할 것이다. 그러므로 실무상 공정거래위원회로서는 공동행위로서의 합의를 입증할 수 있는 한 굳이 해당 공동행위로서의 거래거절의 대상이 필수요소인가 여부를 입증할 필요가 없다.

③ 공정거래법 제26조의 적용

둘 이상의 사업자가 사업자단체를 통하여 필수적인 생산요소를 소유·지배하면서 소속 회원에게는 그 이용을 허락하고, 비회원에게는 이를 거절함으로써 비회원의 시장진입을 봉쇄하는 것이 독점규제법 제3조의2에 의한 시장지배적사업자의 남용행위에는 해당되지 않으면서 동법 제26조 제1항의 사업자단체의 경쟁제한행위로서 규율될 수 있다. 미국 독점금지법상 필수설비이론의 유사

---

259) 공공재로 보일 가능성이 상대적으로 높은 부분이 의약품 특허이며, 이 경우에는 경쟁제한성과 무관하게 공익상의 필요에 의하여 앞장에서 특허법 내부에서 강제실시를 인정하고 있는 입법례가 다수 있음을 알 수 있다.

사례로 자주 인용되는 초기의 연방대법원 판결 중 일부는 개별 사업자가 아니라 단체 내지 조합의 행위였다는 점도 특기할 만하다.260)

공정거래위원회의 심사지침은 남용행위로서 필수요소 접근거절에는 필수요소 보유자 또는 그 계열회사와 요소접근을 요구하는 사업자 간에 현실적 또는 잠재적 경쟁관계의 존재를 요구하고 있다.261) 그러므로 필수요소를 지배하는 사업자단체와 그 소속 회원인 사업자 사이에 계열관계가 존재하지 아니하고 해당 사업자단체가 직접 당해 필수요소의 전후방시장에 참여할 가능성이 없는 경우에는 해당 생산요소에 필수성이 인정된다고 하여도 시장지배적사업자의 지위남용행위로서 금지할 수 없을 것이다. 따라서 이러한 예외적인 경우에는 필수요소 제공거절은 사업자단체의 경쟁제한행위로서 규율될 여지가 있다고 본다.

## 나. 미국 판례상 필수설비이론의 전개

미국 판례에서 볼 수 있는 필수설비이론을 적용한 사안들을 거의 대부분 수직적으로 계열화된 회사가 어떤 설비에 대하여 독점적인 지배를 하고 있고, 이러한 지배력을 이용하여 하류시장(downstream market)이나 인접시장(adjacent market)에서 시장지배력을 강화하여 독점화를 하려고 하는 경우였다.

미국법의 연원이 되는 보통법(common law)의 기본적인 이념은 계약의 자유(freedom of contract)와 재산권의 보장이다. 미국 연방대법원은 '로크너 사건262)'에서 소위 '로크너 원칙'을 적용하면서, 계약의 자유의 원칙을 강조한다. 계약 자유에 대한 강조는 '독점을 형성하거나 유지할 목적이 없는 한 셔먼법은 사기업이 누구와 거래할 것인가를 결정함에 있어 가지는 고유의 재량권을 제한하지 않는다.'는 소위 '콜게이트(Colgate) 원칙263)'으로 표현되고 있으며 셔먼법 시행의

---

260) U.S. v. Terminal Railroad Ass'n, 224 U.S. 383(1912); Associated Press v. U.S., 326 U.S. 1(1944).

261) 공정거래위원회 고시 제2002-6호, "시장지배적지위남용행위심사기준"(2002.5.16), IV. 3. 다. (2) 참조

262) Lochner v. New York, 198 U.S. 45 (1905), 이 사건에서 연방대법원은 '계약의 자유(Right to free contract)'가 수정 헌법 제14조에 의한 적법 절차 원칙의 중요한 한 내용으로 헌법상 보장된다는 사실을 명확히 하였다.

263) United States v. Colgate & Co., 250 U.S.300 (1919); United States v. Colgate & CO.,

초기부터 현재에 이르기까지 셔먼법 해석의 한계 원리로 설명되고 있다.[264]

셔먼법 제2조는 독점력을 보유한 사업자가 "시장지배력의 의도적 획득 및 유지행위"를 독점력의 남용행위로서 금지한다.[265] 셔먼법 제2조의 적용에 있어 대다수 미국의 판례는 행위자의 의도(intent)요건을 중요시하면서 문제된 행위의 경위나 거래관계의 성질 등 전반적인 정황을 같이 고려하여 행위자의 의도를 증명하는 방식을 취해왔다. 필수설비이론은 독점사업자의 반경쟁적 행위 중 거래거절과 관련된 것으로, 경쟁에 필수적인 설비를 보유한 독점사업자가 설비제공이 충분히 가능함에도 불구하고 경쟁사업자에 대하여 동 설비의 제공을 거절하는 경우 셔먼법 제2조에 반한다고 보는 이론이다.

필수설비이론이 미국에서 최초로 논의되는 사건은 Terminal Railroad Association 판결[266]이다. 이 사건은 셔먼법 제1조 위반이 문제되었던 사안으로 미시시피강을 가로지르는 철교를 필수설비로 보았다. 1945년 Associated Press('AP')판결[267]도 필수설비이론과 관련하여 많이 언급되는 사건이다.[268]

---

E.D.Va. 253 Fed 522(1918). 이 사건에서 '콜게이트사'는 자신이 정한 판매가격 이하로 판매하는 사업자에 대하여 판매를 거절하였다.

264) 거래거절 쟁점 이외에도 '콜게이트 사건'은 '리진 사건' 이전의 판례였던, '닥터 마일즈 사건'의 당연위법의 원칙이 가져올 수 있는 가혹함을 완화하기 위한 재판매가격 유지행위에 대한 예외를 제시하고 있었다. 이에 대한 평석으로는 Erich M. Fabricius, 'The Death of Discount Online Retailing? Resale Price Maintenance After Leegin v. PSKS', North Carolina Journal of Law & Tech (2008.1.8)

265) Sherman Act § 2 'Every person who shall monopolize, or attempt to monopolize, or combine or conspire with any other person or persons, to monopolize any part of the trade or commerce among the several States, or with foreign nations, shall be deemed guilty of a felony, and, on conviction thereof, shall be punished by fine not exceeding $10,000,000 if a corporation, or, if any other person, $350,000, or by imprisonment not exceeding three years, or by both said punishments, in the discretion of the court.'

266) U.S. v. Terminal Railroad Association, 244 U.S. 383, 32 S.Ct. 507(1912)[이 사건은 세인트루이스시 철로를 소유하고 있던 대부분의 철도회사들로 구성된 피고조합 Terminal Railroad Association이 미시시피강을 건널 수 있는 2개의 철도교 모두와 이에 연결된 선로시설, 창고 및 터미널과 배를 통한 운반을 위한 선착장을 모두 취득하여 운영하게 되어 다른 모든 도강시설에 대한 통제 독점함으로써, 어떤 철도회사도 피고조합이 지배하고 있는 설비를 이용하지 않고는 세인트루이스를 통과하거나 그 도시에 진입하는 것이 불가능하게 된 사안이었다. 연방대법원은 피고조합의 이러한 일련의 행위가 셔먼법 제1조에 위반된다고 판단한 사건이다.]

1973년의 Otter Tail 판결에서 연방대법원은 셔먼법 제2조의 독점화금지에 위반된다고 판단한 사건도 전기의 공급이라는 망 사업의 특성을 감안하여 전기전송망을 필수설비로 보았고, 앞서 본 MCI 사건에서는 장거리 전화 연결을 위한 로칼 교환 설비를 필수설비로 보았다.[269] 통신망과 같은 네트워크의 경우에는 전 연방거래위원장 Pitofsky의 지적처럼 미국에서 필수설비이론은 명문 또는 묵시적으로 이미 적용되고 있었다.[270]

필수설비이론의 적용을 위한 요건은 1983년 연방 제7항소법원의 소위 MCI판결[271]을 통해 비로소 구체화되었다. MCI 판결에서 연방 제7항소법원은 ① 독점사업자에 의한 설비의 통제, ② 설비가 경쟁사업자에게 필수적인 것일 것, ③ 설비를 경쟁사업자가 복제 및 대체하는 것이 법률상 또는 사실상 불가능할 것, ④ 경쟁사업자에 대한 설비의 제공이 가능함에도 이를 거절하였을 것을 요건으로 하고 있는 바[272], 이러한 요건이 구비되었을 경우 위법한 거래거절이 되는 것으로 이해하였다. 이러한 판결은 그 기본적인 거래거절 사안에서의 필수설비이론을 적용하기 위한 틀로 사용되었다.[273] 논자에 따라서는 이러

---

267) Associated Press v. U.S. 326 U.S. 1, 65 S.Ct. 1416(1945)[미국 내의 대부분의 신문사를 회원으로 두고 있던 AP 통신사가 회원사를 위하여 수집한 뉴스를 비회원사에게 제공하지 못하도록 하는 정관을 제정·시행한 행위에 대하여 셔먼법 제1조 및 제2조에 위반된다고 판시하였던 사건]. 유사한 사건으로 지역신문이 99%의 지역 내의 일간신문시장을 장악하고 있던 경우에 셔먼법 제2조 위반을 인정한 사안으로 Lorain Journal v. U.S. 342 U.S. 143, 72 S.Ct. 181(1951).

268) 다만 이 사건에서 뉴스를 필수설비라고 명시적으로 언급하지는 않았다.

269) 410 U.S. 366(1973)[미국 연방대법원은 Minnesota주 등 5개 주의 중소도시의 91%가 넘는 도시에 전기를 공급하는 소매시장에서의 독점공급자로서 해당 지역 내 송전선을 모두 독점하고 있던 Otter Tail이 지방전기판매회사(municipal distribution system)에 대하여 자사의 전기공급을 거부함은 물론 다른 전기공급회사로부터 공급되는 전기를 자사의 송전선로를 이용하여 수용가의 배전선로까지 연결해 주는 탁송(wheeling)까지도 거부한 사안]

270) Robert Pitofsky, 'Essential Facility Doctrine Under the United States Anti-trust Law', (http://www.ftc.gov/os/comments/intelpropertycomments/pitofskyrobert.pdf)

271) MCI Communications v. American Tel. & Tel. Co., 708 F.2d 1081, 1132-33 (7th Cir. 1983).

272) (1) control of the essential facility by a monopolist; (2) a competitor's inability practically or reasonably to duplicate the essential facility; (3) the denial of the use of the facility to a competitor; and (4) the feasibility of providing the facility to competitors. (*MCI Communications*, 708 F.2d at 1132-33)

273) 이 판결의 연장선상에 있는 판결로 *Intergraph Corp. v. Intel Corp.*, 195 F.3d 1346,

한 필수설비이론은 거래거절과 관련된 거의 대부분의 사안에서 미국 법원이
고려한 원칙이라고 이해하기도 한다.[274] 하지만 이러한 견해에 의하더라도 필
수설비이론은 지적재산권의 경우에는 매우 제한적으로만 적용될 수 있다고 이
해되며, 그 이유는 지적재산권이 '필수성' 요건을 만족시키는 경우가 그리 많지
않을 것이기 때문이라고 한다.[275]

이후에도 필수설비이론은 종종 이용되었다. David L. Aldridge Co. v.
Microsoft Corp. 판결[276]에서 텍사스 연방 남부 지방법원은 필수설비에 해당하
기 위해서는 ① 자연독점, ② 법률상 복제가 금지된 설비, ③ 정부보조에 의한
것으로서 사인에 의해서는 현실적으로 구축될 수 없는 설비, 그리고 ④ 지리적
관련시장 내에서 유일한 설비 중 하나에 속해야 한다고 하여 필수설비로 인정
되기 위한 일응의 범주를 규정하기도 하였다.

미국법상 필수설비이론의 필요성 내지 적용범위 의문점은 미국 연방대법
원이 2004년 Verizon Communication Inc. v. Trinko 판결[277]을 선고함으로서
어느 정도 해소되었다.[278] 이 판결은 적어도 미국 셔먼법상 독점화행위로서의

---

1356, 1357 (Fed. Cir. 1999); *Carribbean Broad. Sys., Ltd. v. Cable & Wireless PLC*, 148
F.3d 1080, 1088 (D.C. Cir. 1998); *Ideal Dairy Farms, Inc. v. John Labatt, Ltd.*, 90 F.3d
737, 748 (3d Cir. 1996); *City of Anaheim v. S. Cal. Edison Co.*, 955 F.2d 1373, 1380
(9th Cir. 1992); Laurel Sand & Gravel, Inc. v. CSX Transp., Inc., 924 F.2d 539, 544
(4th Cir. 1991); *Delaware & Hudson Ry. Co. v. Consol. Rail Corp.*, 902 F.2d 174, 179
(2d Cir. 1990); *Advanced Health—Care Servs., Inc. v. Radford Cmty. Hosp.*, 910 F.2d
139, 150—51 (4th Cir. 1990); *City of Malden v. Union Elec. Co.*, 887 F.2d 157, 160
(8th Cir. 1989); *Ferguson v. Greater Pocatello Chamber of Commerce, Inc.*, 848 F.2d
976, 983 (9th Cir. 1988); *McKenzie v. Mercy Hosp.*, 854 F.2d 365, 370 (10th Cir.
1988), *overruled on other grounds*, 117 F.3d 1137 (10th Cir. 1997); *Int'l Audiotext
Network, Inc. v. American Tel. & Tel. Co.*, 893 F. Supp. 1207, 1213 (S.D.N.Y. 1994);
*Servicetrends, Inc. v. Siemens Med. Sys., Inc.*, 870 F. Supp. 1042, 1055 (N.D. Ga.
1994); *Sunshine Cellular v. Vanguard Cellular Systems, Inc.*, 810 F. Supp. 486, 497
(S.D.N.Y. 1992); *Data General Corp. v. Grumman Sys. Support Corp.*, 761 F. Supp.
185, 192 (D. Mass. 1991) 참조

274) Robert Pitofsky, 'Essential Facility Doctrine Under the United States Anti—trust Law',
(http://www.ftc.gov/os/comments/intelpropertycomments/pitofskyrobert.pdf)

275) *Id.* at. 25

276) David L. Aldridge Co. v. Microsoft Corp., 995 F.Supp. 728, 754(S.D.Tex. 1998)

277) Verizon Communications Inc., v. Law Offices of Curtis V. Trinko, LLP, 540 U.S. 398
124 S.Ct. 872 (2004).(이하 'Verizon 사건'이라고 한다.)

거래거절과 관련하여서 필수설비이론의 독자적 법리로서의 필요성이 매우 제한적임을 확인한 판결이라고 보인다. 하지만 이미 이 사건에서는 통신규제법에 의하여 필수설비에의 접근이 강제되고 있는 상황에서 다시 경쟁법을 적용하여 강제할 아무런 실질적인 실익이 없었던 사안이었기 때문에 이와 같은 판결을 하게 되었지만 망과 관련하여서는 만일 이러한 통신규제와 같은 필수설비에의 접근이 보장되어 있지 않은 경우에는 여전히 필수설비이론의 적용가능성은 남아있다고 본다.279)

### 다. 표준필수특허의 라이선스 거절(Refusal to License)과 필수설비이론

지적재산권에 필수설비 이론이 적용된다고 한다면 그 가능성이 가장 큰 부분은 거래거절이다. 물론 공동행위와 관련해서도 표준화기구에 의한 경우 공동연구개발이 병행되는 경우 그 결과물이 되는 특허권의 라이선스와 관련하여 발생할 가능성을 배제할 수는 없다. 지적재산권에 대한 공정거래법상 거래거절의 유형에 가장 적용가능성을 많이 가지고 있으며 반면 특허권의 공익적 목적을 위한 사용에 대하여 철학적인 대립이 있을 수 있다. 법원은 이러한 필수설비이론은 독점사업자에 의한 필수설비의 제공거절 사안에서 사실상 당연위법에 가까운 취급을 가능하게 하고 정당화사유의 존재에 대한 입증책임을 행위자에게 전가하는 모습으로 적용되면서, 거래거절의 상대방이 시장에서의 경쟁

---

278) 540 U.S. 398, 411[이 사건은 1996년 미국통신법(Telecommunication Act of 1996)의 강제규정에 따라 기존 지역전화사업자인 Verizon은 신규 경쟁사업자인 AT&T와의 협정을 맺어 규제기관이 정한 조건에 따라 자신의 전화망에 AT&T가 접속하도록 한 상황에서 AT&T의 고객인 Trinko 법률사무소가 Verizon이 AT&T에 대하여 접속에 있어 차별한다며 제기한 소송이다. 이 사건의 항소심은 필수설비이론에 근거하여 셔먼법 제2조 위반을 인정하였으나 연방대법원이 이러한 항소심의 판결을 파기하였다. 연방대법원은 필수설비이론을 종래 연방대법원이 인정한 바가 없으며, 이를 인정하거나 부정할 필요를 느끼지 못한다고 전제한 후, 가사 그러한 필수설비이론을 적용한다고 하여도 "필수설비이론을 적용하기 위한 불가결한 요건은 필수설비에 대한 접근이 불가능하다는 것이므로, 접근이 존재하는 경우 필수설비이론은 적용될 여지가 없으며, 규제기관이 설비의 공동사용을 강제하고 그 범위와 조건을 규율할 효율적 권한이 있는 경우 필수설비 주장은 받아들일 수 없다고 판시함].

279) 연방대법원이 통신규제당국인 FCC(Federal Communication Commission)의 권한이 FTC(Fair Trade Commission)의 권한에 우선한다는 취지의 판시를 한 것은 아니라는 점을 유의할 필요가 있다고 본다.

자 내지 잠재적 경쟁자여야 한다고 판시하였다.[280] 한편, 유럽이나 독일에 있
어서의 시장지배적사업자의 남용금지규제에 도입되었다.[281]

## (1) 특허권자의 배타적 라이선스 권한의 범위

지적재산권의 관점에서 일반적으로 라이선스를 하여야 할 의무를 부과할
수는 없다. 미국 연방대법원은 앞에서 본 컨티넨탈 페이퍼 백 컴퍼니 사건에서
이러한 점을 확인한 바 있다.[282] 미국 의회는 이러한 점을 확인하여 앞서 본
바와 같이 특허법 제271조 (d)(4)를 개정하여 "특허권자는 자신의 특허권을 실
시하지 않거나[283] 실시요청을 거절한다고 하여 권리남용으로 간주되지는 않는
다."라고 규정하였고, 이러한 규정은 비록 직접적으로 특허권자에게 라이선스
거절이 일반적으로 경쟁법의 적용을 배제하는 것으로 새기지는 않지만 특허권
남용의 판단에 경쟁법상의 판단이 실제로는 개입되는 점을 전제로 하면 상당
한 부분 이 조항을 통하여 특허권자의 라이선스 거절이 특허권 남용으로 판단
될 여지는 줄였다고 할 것이다.[284]

---

280) *Ferguson v. Greater Pocatello Chamber of Commerce, Inc.*, 848 F.2d 976,983 (9th Cir.
    1988) (essential facilities doctrine applies to refusals to deal with competitors);
    *Interface Group, Inc. v. Mass. Port Auth.*, 816 F.2d 9, 12 (1st Cir. 1987)(doctrine
    applies when access denied to actual or potential competitors); *merica Online, Inc. v.
    GreatDeals.net*, 49 F. Supp. 2d 851, 862 (E.D. Va. 1999) (doctrine requires that
    plaintiff and defendant are competitors); *Kramer v. Pollock−Kranser Found.*, 890
    F.Supp. 250, 257 (S.D.N.Y. 1995) ("the plaintiff must be a competitor of the
    defendant monopolist whose facility it seeks to employ"); *Driscoll v. City of New
    York*, 650 F.Supp. 1522, 1529 (S.D.N.Y. 1987); *cf. Ad−Vantage Tel. Directory
    Consultants, Inc. v. GTE Directories Corp.*, 849 F.2d 1336, 1348 (11th Cir. 1987).
281) 독일의 비록 GWB 제19조 제1항 제4호에 '시장지배적사업자의 지위남용'의 한 유형으로
    필수설비법리를 기초로 한 "망 및 인프라시설"에 대한 접근거절유형을 도입하였다.
282) 미국 연방대법원도 저작권 침해를 이유로 한 가처분의 경우에는 저작권 침해가 인정되
    는 사안에서도 공익적인 이유로 하여 가처분을 받아들이지 않은 사건도 있다. Campbell
    v. Acuff−Rose Music Co., 510 U.S. 569, 578 (1994). 다만 가처분을 받아들이지 않았다
    는 것일 뿐 손해배상은 여전히 인정하고 있다. 관련하여 항소법원의 사안으로는 Abend
    v. MCA, Inc., 863 F2d 1465, 1479(9th Cir. 1988) 참조.
283) 실시하지 않았다는 점은 지적재산권법 내부에서도 저작권의 경우에는 미실시하는 것이
    저작권의 성격에 비추어 크게 문제가 되지 않는 반면 상표권의 경우에는 상업적으로 사
    용하지 않는 상표를 오로지 타인의 사용을 방해할 목적으로만 등록하도록 하는 것은 입
    법목적상 제한할 필요가 있으므로 상표법은 상표로서 보호받기 위하여는 상업적인 사
    용을 할 것을 요구한다. 즉 상표는 불사용취소심판제도를 가지고 있다.

### (2) 라이선스 지속 의무의 존부

경쟁법에 의하여 지적재산권을 라이선스를 하여야 할 의무가 존재할 수 있는 환경은 당해 특허권자가 시장에서 시장지배적 지위를 가지고 있다는 점이 전제가 되어야 할 것이다. 하지만 시장지배적 사업자라고 하더라도 이러한 자가 경쟁자에게도 라이선스를 하여야 하는가에 대하여는 논란이 있다. 만일 경쟁자에게까지도 라이선스를 하여야 할 의무를 부과한다면 이러한 거래강제(duty to deal)은 앞서본 특허권의 제도적인 존재의의를 형해화시킬 수 있기 때문이다. 포스너(Posner) 판사는 Olympia Equip. Leasing v. Western Union Telegraph 사건285)에서 경쟁법은 경쟁을 보호하는 것이지 경쟁자를 보호하려고 하는 것이 아니라는 미국 연방대법원의 판결286)의 취지를 확인하면서 시장에서 독점력을 가지고 있는 사업자라고 하더라도 경쟁자에게 자신의 특허를 라이선스하여야 할 일반적인 의무를 부담하는 것은 아니라고 판시하였다.

미국 연방대법원이 1985년의 Aspen Skiing 사건287)에서 필수설비이론을 적용하여, 셔먼법 제2조 위반을 인정한 항소심의 판결을 유지하여 필수설비이론을 인정하면서 이미 지속적인 거래관계를 가지고 있던 경우에는 거래관계를 계속할 의무(continue to deal)를 부과하였다. 이 사건에서 필수설비이론을 적용한 항소심의 판단이 과연 타당한 것인가, 이러한 필수설비이론이 아니면 거래거절을 해결할 수 없었던 것인가 하는 의문이 있다. 이후 지적재산권과 관련된 사안에서 경쟁자에 대한 라이선스 의무와 관련하여 기존의 거래관계를 계속할 의무(continue to deal)가 강제되지 않는다는 취지의 후행판결이 선고된다.288)

---

284) Herbert Hovenkamp, Mark D. Janis & Mark A. Lamley, "Unilateral Refusal to License in the US, IP and Antitrust Principles Applied to Intellectual Property Law", Aspen Law & Business (2004).
285) 797 F.2d 370(7th Cir. 1986).
286) Brown Shoe Co., v. United States, 370 US. 294, 320 (1962).
287) Aspen Skiing Co., v. Aspen Highlands Skiing Corp., 105 S.Ct. 2847(1985) [Aspen 지역에 3개의 스키활강시설을 가지고 있던 스키社(Ski Co.)가 1개의 활강시설을 가지고 있던 하이랜드(Highlands)에 대하여 활강시설의 공동이용을 내용으로 하는 티켓(all-aspen-ticket)의 판매를 허용하고 있다가 일정 기간 이후에 거절한 이 사안은 필수설비이론을 미국 연방대법원이 인정한 사안].
288) Miller Instituform v. Instituform of North America, 830 F.2d. 606 (6th Cir. 1986).[이

## (3) 표준필수특허의 라이선스 거절(Refusal to License)과 필수설비 이론의 적용

지적재산권과 관련하여 필수설비이론이 인정된다는 것의 의미는 ① 지적재산권 보유자가 라이선스를 원하는 모든 자들에게 라이선스를 하여야 한다는 의미, ② 일단 지적재산권의 라이선스를 어느 누구에게 한 이상 다른 자가 라이선스를 원하는 경우에는 그 다른 자에게도 라이선스를 하여야 한다는 의미, 내지 ③ 일단 라이선스를 부여한 이상 계속 라이선스를 유지하여야 한다는 의미의 3가지의 경우로 나누어 볼 수 있다.

①은 라이선스 협상을 하였으나 라이선스를 그 어느 누구에게도 허여하지 않고 독자적으로만 사업을 하는 경우를 염두에 둘 수 있다. 이 경우 다른 사업자가 이 특허를 사용하기 위하여 경쟁법 위반을 주장하거나, 내지 무단히 특허를 사용하여 특허침해소송을 당하자 특허권 남용 항변을 필수적인 특허임을 근거로 하여 하는 경우를 생각할 수 있는 바, 이 경우는 특허권 자체에 하자가 있는 경우가 아니면 미국에서 경쟁법에 기초하여 특허권 남용을 인정받기는 어려울 것이다. ②의 경우와 같은 차별적인 라이선스의 경우에는 차별의 이유 내지 조건이 문제가 될 것이기 때문에 일률적으로 결론내리기 어렵지만 만일 합리적이고 비차별적인 조건이 아닌 방식으로 라이선스를 한다면 경쟁법 위반의 소지가 있다. ③의 경우가 바로 Aspen Skiing 사건에서 문제가 계속적 거래 의무, 다시 말해 특허권의 경우에는 계속적 라이선스 의무의 존부와 관련된 사안인데 특허권의 경우 직접적인 경쟁관계에 있는 사업자에게 라이선스를 일단 하였다고 하더라도 경쟁의 상황이 달라지면 라이선스를 더 이상 하지 않을 수 있는 특허권자가 권리를 보유하고 있다고 보는 것이 앞서의 Miller Instituform v. Instituform of North America 사건에서 정당한 라이선스 종료라고 본 이유라고 할 것이다.289)

---

사안은 직접적으로 전속적 특허라이선스계약을 통하여 라이선스를 받은 후 다시 서브라이선스를 주어서 사업을 하도록 하던 사업자가 서브라이선스를 종료시키고, 직접적으로 사업을 하려고 하자 라이선스 계약을 종료시킨 사안에서 이러한 라이선스를 종료시킨 행위가 거래거절에 해당하여 경쟁법 위반이 되는 것이 아니라고 판시하였음.].

289) 참고로 우리나라 부당한 지식재산권 행사에 대한 심사지침에 포함되어 있던 사실상 표

### (4) 소 결

미국 법원이 MCI 판결에서 정한 판단기준에 따라 검토해보면 지적재산권은 독점사업자에 의한 설비의 통제라는 요건과 관련하여 법 자체가 독점적인 지위를 부여하고 있어 당해 지적재산권에 대한 통제는 당연히 제도 본질에서 도출되는 것으로 설비가 경쟁사업자에게 필수적인 것일 것이라는 요건과 관련하여 이 요건은 의미가 있는 요건이나 지적재산권의 존재 자체로 바로 필수성이 도출되는 것은 아니며, 설비를 경쟁사업자가 복제 및 대체하는 것이 법률상 또는 사실상 불가능할 것이라는 요건과 관련하여 특허법은 발명의 공개의 대가로 법률상 이에 대한 복제를 불허하고 있으므로 이는 법률 내지 제도 자체에서 불가능한 것이며, 오로지 의미 있는 요건은 대체가능한 지적재산권의 존재이므로 이 부분만 도려내고, 경쟁사업자에 대한 설비의 제공이 가능함에도 이를 거절하였을 것이라는 요건은 특허권의 경우에는 무의미한 것이 특허의 경우는 지적재산권으로서의 특징이 바로 무한정한 사용에도 전혀 가치가 감소하지 않으므로 표준필수특허의 경쟁제한성의 기초는 스스로 행한 FRAND 조건의 위반에 있다고 보아야 한다. FRAND 조건을 위반하여 그 자체가 FRADN 조건이 표준필수특허가 가지는 경쟁제한성을 통제하기 위한 최소한의 수단이라는 점에서 생각하여 보면 경쟁제한성은 사실상 추정된다고 봄이 상당하다.

## 라. 유럽공동체에서의 필수설비이론의 전개와 지적재산권

### (1) 도 입

유럽에서의 필수설비이론은 지적재산권과 관련한 일련의 사건들이 발생하기 이전에는 상대적으로 정리되어 있는 이론이었다.290) 유럽에서의 필수설비이론은 다음과 같이 정리될 수 있다.291) ① 문제가 된 사업자가 2차 시장에서의

---

준에 대한 규율의 타당성에 대해서는 논란이 있었다. 이에 대한 문헌으로 이호영, "소위 '사실상 표준필수특허'의 행사에 대한 경쟁법적 평가―2016년 지식재산권 심사지침 개정을 중심으로", 경영법률, 제26집 제3호(2016).

290) 필수설비이론은 구 조약 제82조(b)에 기초한 것으로 현 기능조약 102조에서도 이런 점은 달라지지 않았다. 반면 미국에서는 Areeda가 필수설비이론은 너무 불명확하고 아무런 기준으로서의 역할을 하지 못하는 이론이라고 비판한다.(Areeda, "Essential Facilities; an ephithet in need of limiting principles", 58 antitrust L. J. (1989) p. 841.)

사업자들의 사업을 영위하기 위하여 필수적인 상품 또는 용역의 공급과 관련된 시장에서 시장지배적인 지위에 있다. ② 문제가 된 필수적인 상품 또는 용역은 경쟁자가 스스로 생산하거나 도는 만족한 만한 대체재(satisfactory substitute)가 존재하지 않는다. ③ 객관적으로 경쟁자가 2차 시장에서 사업을 영위하기 위하여 필수적인 상품 또는 용역을 사용할 수밖에 없다. ④ 시장지배적 사업자의 필수적인 상품 또는 용역의 제공 거부가 2차 시장에서 경쟁을 완화시키고, 새로운 재화나 용역의 출현을 막는다. ⑤ 2차 시장에서 상당한 수준의 경쟁이 존재하고 있어야 한다. 만일 필수적인 상품 또는 용역의 제공을 강제하는 것이 경쟁을 촉진하기보다 새로운 설비에 대한 투자의지를 꺾어서는 안된다. ⑥ 거래를 거절하는 데 정당화사유가 없다. ⑦ 유럽공동체집행위원회가 첫 번째 거래를 강제함에 있어 적정한 대가를 산정하지는 않는다. ⑧ 만일 지적재산권이 문제가 되는 경우에는 특허권 등의 통상적인 행사나 행사거절에서 발생하는 것 보다 더 큰 반경쟁적 효과가 발생하여야 한다.292)

### (2) 지적재산권의 라이선스 거절과 필수설비이론

1) Bronner 사건과 필수설비판단의 요건

거래거절이 시장지배적 지위의 남용이 되는 경우에 대하여 유럽공동체 최고법원의 기본적인 입장은 대체로 기존 공급행위의 철회나 새로운 거래의 거절(first refusal to deal) 모두 시장지배적 지위의 남용에 해당하기 위해서는 모두 지속적인 거래가 경쟁의 지속을 위해서 꼭 필요하거나 물리적 시설이 반드시 필요한 경우였다.293) 이러한 일련의 유럽공동체 최고법원의 판결을 정리하는 사건이 바로 1998년의 Oscar Bronner GmbH & Co. KG v. Mediaprint Zeitungs−und Zeitschriftenverlag GmbH & Co. KG294)판결이다295). 이 신문

---

291) John Temple Lang, "Essential Facility Doctrine; IP Rights and European Competition Law" at 'Antitrust, Patent and Copyright', Edward Elgar (2004) pp. 61~62.

292) Advocate General Jacobs in case C−7/97 Bronner v. Mediaset, [1998] ECR I−7791 at 7806−7807.

293) H. Sea Containers v. Stena Link Commission Decision 94/19/EC, 1994 O.J. (L 015) 8; Régie des Télégraphes et Téléphones v. GB−Inno−BM S.A 1991 E.C.R. I−5941, [1994] 1 C.M.L.R. 117. ; Aéroports de Paris v. Commission 2002 E.C.R. I−9297

294) 1998 E.C.R. I−7817, [1999] 4 C.M.L.R. 112.

배송(配送)망 사건을 통하여, 유럽공동체 최고법원은 필수설비로 인정되기 위한 기준을 제시하였다. 하지만, 여전히 지적재산권 이슈는 이후에 Magill 사건296)

---

295) Korah, *ibid*, pp. 204~216[이 사건은 Austria 신문시장을 관련 시장으로 한다. 이 사건의 원고인 Bronner는 발행부수로는 3.6%, 광고수입으로는 6%에 해당하는 시장점유율을 가진 신생 일간신문사로 급성장 중이었다. 반면, 피고 Media Prints는 발행부수로는 46.8%, 광고수입으로는 42%의 시장점유율을 보이고 있었으며 Austria 내부에서 유일하게 조간신문을 집에 배달하는 배송망을 갖추고 있었다. Bronner가 신청한 위 배송망을 통한 신문보급을 Media Prints가 거부하자 Bronner는 위 행위가 유럽공동체 조약 제82조 위반이라고 제소했다. 이에 대하여 유럽공동체 최고법원은 Media Prints가 가정 내 배송망 시장에서 지배적 지위를 갖추고 있음을 인정하면서도, 1) 그 거래거절 행위가 그러한 서비스를 요구하는 쪽 입장에서 일간신문 시장 내의 모든 경쟁을 소멸시켜야 하며, 2) 거절행위가 객관적으로 정당화 될 수 없는 것이어야 하며, 3) 문제된 서비스가 현재나 잠재적인 대체재가 없어 사업운영에 필수불가결하여야 한다고 판시하면서, 이 사건에서는 신문 배급에 덜 효과적이지만 다른 대체수단이 존재하며, Bronner 자신이 자신의 배급망을 만드는데 아무런 법적, 물리적 제약이 없다는 이유로 위 요건을 충족시키지 못한다고 판시하여 위 청구를 부정하였다. 특히 이 사건에서 Advocate General 이었던 Jacobs는 위 배급망을 건설하는 것이 적은 신문부수로 인하여 경제적으로 사업성이 없는가 문제가 아니라 경제적 실현가능성이 아예 없어 다른 제3자가 이와 같은 산업에 진입할 가능성이 아예 없어야 한다는 입장을 표시하면서 대체재의 기준이 주관적이 아닌 객관적 기준이 되어야한다는 입장을 표시하면서, 거래상대방 선택의 자유는 각 회원국에서 기본적으로 인정된 자유이고, 이러한 기본원칙에 대한 침해는 신중한 판단을 요구하며, 이러한 판단에 이를 때에는 장기적으로 각 사업자의 사업에 대한 투자 유인을 고려해야 하며, 너무 쉽게 시설의 공유를 허용할 경우 시설투자의 과소화를 불러 올 수 있으며, 단지 선행시장에서 지배적 지위에 있다는 이유만으로 후속시장에 대하여 거래거절이 당연히 지배적 지위의 남용에 해당하지는 않는다고 판시하면서, 그 참조판례로 미국의 MCI 사건이나, Otter Tail 사건 등을 언급하면서, 이 사건의 판결이 MCI의 5가지 요건 심사와 유사한 필수설비이론의 이론적인 기초에 의하여 판단을 하였다.]

296) Radio Telefis Eireann (RTE) and Independent Television Publications Ltd (ITP) v. Commission, 1995 E.C.R. I–743, [1995] 4 C.M.L.R. 718, [1995] 1 CEC 400 [이 사건의 다른 일방 당사자인 Magill의 이름을 따 Magill 사건으로 불린다. 사건은 RTE, ITV, BBC가 북아일랜드 및 아일랜드에 방송권을 독점하면서 동시에 자사의 주간 방송일정에 대하여 저작권을 가지는데서 시작된다. 물론 3회사는 각자 자신의 방송가이드를 발간하는 동시에 신문에 매일 공짜로 자신의 방송일정을 제공했다. 1985년 Magill이 위 3사의 저작권 사용승낙을 받아 통합 방송가이드를 발간했는데 저작권 사용승낙은 발간당일의 방송프로그램, 그 주 금융일과 토요일의 프로그램이나 토요일과 일요일의 프로그램, 그리고 다음 주 방송의 하이라이트 소개까지가 허용되었다. 초기 위 저작권 사용계약에 따라 수개월간 방송가이드가 제작되다가 당사자 사이에 분쟁이 발생했고, 20주간 방송가이드 출간이 중단되었다. 1986년 다시 Magill은 방송가이드를 출간했는데 저작권 계약과는 다르게 전체주간 방송일정이 담겨 있었다. 3개 회사는 Magill을 상대로 저작권을 기반으로 한 발간금지 명령을 아일랜드 및 북아일랜드 법원에 구했고, 위 명령이 받아

을 거쳐, 등장하는 IMS Health 사건을 기다려야 한다.

　2) 지적재산권의 라이선스 거절과 강제실시

　　과거 유럽공동체 특허 규정 제21조는 반경쟁적인 효과가 있다고 판단될 때는 사법부 또는 행정부가 유럽공동체 특허의 사용을 명할 수 있다고 규정하고 있지만 이 규정에서 바로 구 조약 제82(b)[현 기능조약 제102조]에 의한 강제실시권 외에 추가적인 강제실시권이 도출될 수 있는 것은 아니다.297) 영국 경쟁당국(Office of Fair Trading)은 1998년 경쟁법지침(A Competition Act of 1998 Guideline)298)에서 시장지배적 지위에 있는 지적재산권의 보유자가 지적재산권을 라이선스하지 않는다고 하여 그 자체로 바로 남용적 행사가 되는 것은 아니라고 하면서 지적재산권의 남용적 행사가 되어 구 조약 제82조의 위반으로 판단될 수 있기 위해서는 ① 실제적이고 잠재적인 대체기술이 존재하지 않고, ② 소비자들의 지속적이고 분명한 수요가 존재함에도 불구하고 이러한 수요가 라이선스 거절로 인하여 충족될 수 없게 되는 경우여야 한다고 한다. 다만 지적재산권과 관련하여 개별 국가의 경쟁당국은 다른 회원국의 지적재산권을 강제실시하도록 할 수는 없다.

　　분명한 것은 유럽에서 강제실시를 하기 위한 요건으로 단순히 지적재산권

---

들여져 항고 상태에서 Magill은 위 방송사들을 공정거래위원회에 고발했는데 위원회가 이를 받아들여 방송3 사에게 프로그램 정보를 Magill에게 제공하라고 명령한다. 이에 대하여 방송 3사가 이의를 제기한 사건에서 유럽공동체 1심법원(Court of First Instance)은 Volvo 사건을 인용하면서 이 사건은 Volvo가 언급한 예외적 사항에 해당한다고 판단하고 방송3사가 자신들의 기존 방송가이드를 보호하기 위하여 Magill이 만든 통합 방송가이드의 출현을 방해하기 위해 저작권을 행사하므로 이는 파생시장의 독점을 유지하기 위해 저작권을 사용한 경우로 유럽공동체 조약 제 82 위반이 된다고 판시하였다. 이 사건의 항소심에서 유럽공동체 최고법원(ECJ)은 저작권의 행사는 예외적인 상황(exceptional circumstance)에서 유럽공동체 조약 제82조 위반이 될 수 있다고 판시한 뒤, Magill 사건에서는 이러한 예외적 상황이 존재한다고 판시했다. ECJ는 예외적인 상황으로 1) 방송 3사의 거래거절로 과거의 제품과는 다른 새로운 제품의 시장 출현이 방해 받았고, 2) 방송 3사가 자신의 방송가이드를 발간하거나 공짜로 신문에 제공하는 행위는 거래거절의 정당한 사유가 되지 못하며, 3) 방송 3사가 저작권을 이용하여 후속시장을 자신들을 위하여 독점하면서, 모든 경쟁을 억눌렀으며, 4)방송3사의 프로그램 정보가 Magill의 방송가이드 발행을 위해서는 필수적이라는 점을 들었다.]

297) Coates, K & J Finnegan, "EC Law of Competition" Oxford; Oxford University Press (1999) p.633.

298) 이 가이드라인은 Case T0504/93. Ladbroke, [1997] ECR Ⅱ-923에 기초한 것이다.

보유자가 실시를 하고 있지 않다는 것에 더해서 별도의 추가적인 남용행위가 이루어져야 한다고 본다는 것이다.

유럽법원은 지적재산권 보유자의 라이선스 거절이 잠재적 수요가 존재하는 신제품의 출현에 대하여 이를 제한하는 방향으로 작용하는 경우 소비자 이익을 해하는 상황에서는 지적재산권을 필수설비로 보아야 한다고 해석하였다. 이것이 유럽 최고법원(ECJ)의 IMS Health 사건[299]에서의 판단이다.

### (3) IMS Health 사건

#### 1) 사건의 경과

IMS Health社(Intercontinental Marketing Service Health Inc.)는 미국 회사로 제약 및 건강관련 정보를 제공하는 회사로 유럽시장에서도 관련 사업을 하고 있었다. 이 회사는 전세계의 약 도매상과 소매상으로부터 정보를 수집하여 공급하는 역할을 하고 있었다. 문제가 된 사안은 독일에서의 정보 제공과 관련되어서만 문제가 된 사안으로 독일의 경우에는 유일한 제약 관련 정보 제공업체였다.

1999년 다른 미국 회사인 NDC(National Data Corporation)社와 벨기에 회사인 AzyX社가 이 시장에 진출하려고 하였으나[300] IMS Health社의 소위 1860 블릭 시스템(1860 brick system)이 사실상 표준으로 기능하고 있었기 독일시장에서의 시장 진입은 매우 어려웠다[301]. 이 시스템은 판매 자료를 지역별로 수집하는 것과 관련된 것으로, 여기서 '블릭(brick)'이라 함은 적어도 4~5개의 약국으로 구성되어 있는 지역적인 단위로 이 단위에 의한 정보를 수집하여 그에 따른 판매수익과 시장수익률 정보를 고객들에 제공하며, 각 고객들은 그 정보를 이용하

---

299) IMS Health GmbH & Co. OHG v. NDC Health GmbH & Co. KG., ECJ, [2004] 4 CMLR 1534
300) 이 데이터베이스 공급시장은 1999년 이전에는 IMS가 독점하던 위 시장으로 1999년 2월 Pharma Intranet Information AG(PI)라는 미국 회사가 진입했고, 1999년 10월에는 AzyX Deutschland GmbH Geopharma Information Service(AzyX)라는 벨기에 회사의 독일자회사가 시장에 진입했는데 모두 고객들의 요구에 따라 원래 자신들의 원래 데이터베이스 블록과는 달리 IMS의 데이터베이스와 유사한 1860 블록으로 표현된 데이터베이스를 제공했다. 두 회사 모두 원래는 IMS의 임원이었던 사람들이 사직 후 설립한 회사들이었다.
301) 1969년부터 IMS는 독일자회사를 통하여 독일을 지역적으로 1860개의 블록으로 나눈 데이터베이스를 도입하여 2000년에 새 버전을 판매하고 있었다.

여 자신의 판매사원에게 보상을 제공하거나 판매전략을 정하였다. 이 사건의 블릭 시스템은 유럽의 데이터베이스 보호지침302)에 의하여 위 데이터베이스에 대한 저작권은 고객에 대해 제공한 데이터베이스 자체만이 아니라 데이터를 가공하는 데이터베이스의 구성방법에까지 미쳤다.

　　2000년 4월 PI社(Pharma Intranet Information AG)의 저작권 침해를 의심한 IMS는 독일지방법원에 PI를 제소했고, 독일법원은 2회에 걸쳐 1860 블록이나 그 전단계인 2847 블록을 사용한 방식을 모두 사용하지 못하도록 가처분을 명했으며, 2000. 12.에는 IMS는 PI를 인수한 NDC와 AzyX를 상대로 소송을 제기해 가처분을 받았다303). IMS가 독일법원에 소송을 제기하는 동안 NDC와 AzyX는 EU의 집행위원회에 IMS의 저작권 사용계약요구의 거절을 구 조약 제82조 위반으로 신고했다. 2001년 집행위원회는 위 1860 블록구조가 독일시장에 진입하기 위한 필수적이라고 인정한 다음 드물게 행사하는 중간적인 조치인 긴급시정명령으로서 IMS에게 모든 경쟁기업에 적절한 가격으로 비차별적 조건으로 사용을 허가할 것을 명했다.304) 이 이례적인 조치에 대하여 IMS가 법원에 위 강제실시를 중단해 달라고 항고했고, 법원은 20년 만에 처음으로 최종 판결시까지 집행을 정지시켰다. 정지사유는 종전의 판례에 의하면 거래거절은 상위시장에서 독점적 지위를 가지는 자가 후속시장에 자신의 독점력을 행사하는 경우이지 이 사건과 같이 동일한 시장에서 경쟁하는 자의 경우는 아니었고, 두 번째로 이 사건이 Magill 사건이 요구하는 이례적 상황에 해당한다는 증거가 없으며, 세 번째로 이미 독일법원이 IMS의 저작권을 지지하고 있는 상황에서 위와 같은 긴급 시정조치는 주권침해의 소지가 있다는 것이었다.305) 최종적으로 독일 지방법원 항소부에서는 특허침해사건의 피고회사들이 이 사건 IMS의 저작물의 내용을 침해했다고 판단했으며, 위 저작권은 데이터베이스의 원자료를 공

---

302) Council Directive 96/9/EC of 11 March 1996 on the Legal Protection of Databases, art. 3, 1996 O.J. (L 77) 20.

303) IMS Health GmbH & Co. OHG v. NDC Health GmbH & Co. KG, 2004 E.C.R. I-05039, [2004] 4 C.M.L.R. 28.

304) Press Release, Commission of the European Communities, Commission Imposes Interim Measures on IMS Health in Germany, IP/01/941

305) Case T-184/01 R, IMS Health Inc. v. Commission, 2001 E.C.R. II-3193

급한 자들과 공동으로 가지고 있어 그 동의를 받지 않는 한 IMS가 피고회사들의 저작권 사용계약 요구를 거부한 것은 정당하다고 보았다. 당시 다른 법원에서 구 조약 제82조 위반사건이 진행되고 있어 이러한 독일법원의 판단과 EU법의 충돌을 우려한 독일법원은 ECJ에 대하여 몇 가지 선결문제[306]에 대한 판단을 요구했다. 이에 따라 ECJ가 자신의 판례를 검토해 내린 법률적인 판단이 이 사건이다.

2) 유럽공동체 최고법원(ECJ)의 판단

ECJ의 선결문제에 대한 답변은 매우 중요한 몇 가지 선례적인 가치가 있는 판단을 포함하였다. 독일법원이 ECJ에 요구한 선결문제 중 하나는 공동저작권자가 있을 때 이러한 상황이 구 유럽공동체 조약 제82조 위반 판단에 영향을 미치는지 하는 문제였다.

ECJ는 이 사건에서 위 데이터베이스를 만드는데 다수의 제약회사가 참여하고, 이에 따라 사용자들의 노력과 각종 자원이 이미 위 데이터베이스에 투자된 점을 중시했다. 따라서 Bronner 판결의 기준에 따라 위 데이터베이스의 1860 블록구조라는 저작권에 의하여 보호되는 데이터베이스라는 지적재산권이 필수설비인지 여부는 경쟁자가 경제적으로 실현가능성이 있는 대안을 만들 수 있는지에 달려 있으며 이 문제는 궁극적으로 독일법원의 사실판단에 의할 것이다. 그러나 이 사건과 같이 다수의 고객이 상당한 노력을 들인 가운데서는 경쟁자가 기존 고객들을 다른 대안으로 이동시키는 것이 불가능할지 모른다고 판단하였다. ECJ의 기존 판례인 Magill 사건은 지적재산권 행사가 구 유럽공동체 조약 제82조 위반이 되는 경우는 예외적인 상황이 있을 때이며 이러한 예외적인 상황으로는 사용계약의 거절이 ① 소비자의 수요가 존재할 새로운 상품의 출현을 막아야 하며, ② 다른 사업상의 정당한 목적이 없어야 하며, ③ 거래거절이 후속시장에서의 모든 경쟁을 소멸시키는 경우여야 한다고 판시하고 있었다. 이러한 조건이 모두 충족되어야 하는가 또는 일부 만족으로도 충분한가에 대해서 ECJ는 위 조건이 모두 충족된 경우에 한하여 구 유럽공동체 조약

---

306) 유럽공동체최고법원(ECJ: European Court of Justice)은 선결문제에 대한 판결 판단 (preliminary ruling)을 할 수 있는 권한을 가지며, 그 목적은 유럽공동체 내에서의 규범적인 조화이다.

제82조 위반이 된다고 본 뒤 차례로 이 사건에서 위 조건의 만족여부를 판단한다. 먼저 새로운 상품의 요건에 대하여 ECJ는 구 유럽공동체 조약 제82조는 기존 저작권자가 시장에 공급하는 상품을 그대로 복제하거나 동일한 상품을 제공하는 경우에까지 확대되는 것은 아니며, 기존의 서비스와는 다르거나 새로운 상품을 제공하는 경우에 한정된다는 것을 명백히 했다. 하지만 이 사건 NDC 등의 상품이 이러한 새로운 상품인지 여부는 사실관계의 문제이므로 독일법원에 판단을 맡겼다.307)

또 다른 쟁점으로 데이터베이스가 후속시장에서의 경쟁을 소멸시키는 것인지 아니면 그 자체로 하나의 시장인지의 문제에 대하여 판단했다. 이 사건에서 IMS는 이 사건에서 경쟁자들은 별도의 시장에서 IMS와 경합하는 것이 아니고 IMS와 동일한 의약품 데이터베이스 판매시장에서 경합하고 있어 위 요건을 만족시키지 못한다고 주장했고, 이에 대해 NDC 등은 위 Magill은 별도의 시장을 요구하지 않는다고 주장했다. ECJ는 여기서 문제된 필수적 투입요소는 후속시장에서 제공되는 상품과 명백히 구별되거나 적어도 일정한 가치가 투여되어야 한다고 보면서도, 별도로 실재하는 두 개의 시장이 요구되지는 않으며 후속시장은 선행시장에 의해 인식될 가능성이 있으면 충분하다는 일응 상호 모순적인 입장을 취했다. 따라서 투입요소의 시장이나 투입요소를 사용한 서비스 시장이 별도로 존재하지 않고 하나로 있다고 하더라도 이 사건과 같이 투입요소인 데이터베이스와 그 결과물의 판매라는 시장으로 분석될 수 있다면 별개의 후속시장으로 위 Magill의 요건을 만족시킬 수 있다고 보았다.

### (4) 마이크로소프트(Microsoft) 사건308)

1) 사건의 경과

유럽공동체 집행위원회에서의 4개의 쟁점 중 상호운용성(interoperability)

---

307) 이 쟁점은 유럽공동체 1심법원에서의 '마이크로소프트 사건'에서 중요하게 다투어졌다.
308) Case T‒201/04 R, Microsoft Corp. v. Comm'n of the European Cmtys[유럽공동체 1심법원은 집행정지 사건에서 위원회 결정에 일부 논리적 문제가 있음을 어느 정도 인정하면서도 이로 인한 손해가 회복불가능한 손해가 아니라는 이유로 집행정지 신청을 기각했다. 그리고 2007.9.17. 역사적인 유럽공동체 1심법원의 선고가 있었고, 마이크로소프트의 청구는 감독위원회(monitoring committee)에 대한 쟁점을 제외한 모든 쟁점에 대하여 기각되었다.]

과 관련된 부분은 워크그룹 서버 등의 프로토콜에 대한 선 마이크로시스템즈의 요구에 대한 마이크로소프트의 정보제공 거절과 관련된 사안으로 이 사건의 선 마이크로시스템즈가 마이크로소프트에 요구하였던 정보 중의 일부인 액티브 디렉토리(Active Directory) 기술의 경우에는 특허권 및 상표권에 의하여 보호되고 있는 지적재산권이며, 나머지는 마이크로소프트의 영업비밀 등의 형식으로 보호되고 있는 상황이었다. 1998년 선 마이크로시스템즈는 자신과 경쟁하고 있던 마이크로소프트의 PC OS 소프트웨어인 Windows 2000과 자사의 서버 운영체제인 Solaris의 상호운용성을 확보하기 위하여 PC 운영체제 내부의 워크그룹(work group)에 대한 통신 프로토콜(communication protocol) 등에 대한 정보의 제공을 요구했다. 이에 대하여 마이크로소프트는 위 정보공개를 거부했고, 선 마이크로시스템즈는 유럽공동체 집행위원회에 마이크로소프트를 제소했다.

2004년 유럽공동체 집행위원회는 마이크로소프트의 PC 소프트웨어 시장의 지배적 지위와 마이크로소프트가 선 마이크로시스템즈와 경쟁하는 Server 시장에서의 지위가 강한 상호연관성을 가지고 있다고 판단했다. 워크 그룹 서버 등과 같이 소형 서버시장으로 국한되어 논의된[309] 이 사건에서 이미 PC용 운영체제(Operating System) 시장에서 시장지배적인 지위를 가지고 있는 마이크로소프트가 소형 서버시장에서 PC 사용자들과 연결해 공동 작업을 할 수 있도록 하는 프로토콜 등을 제공하지 않게 되는 경우에는 상호운용성에서 우위를 차지하는 것을 이용하여, 서버시장에서의 우위를 취할 수 있게 된다고 판단하였다. 따라서 이러한 점을 고려하여 보면, 만일 선 마이크로시스템즈가 Widows 2000 개발과 관련하여 이러한 상호운용성 확보를 위한 정보를 제공받지 못하게 되면, 결국 서버시장에서의 경쟁을 소멸시킬 위험이 있다고 판단한 것이다. 따라서 워크그룹 서버시장에 있어서 필수적인 것으로 판단되는 상호운용성 관련 정보에 대하여 마이크로소프트는 적절한 가격에 경쟁자들에게 라이선스를 하여야 한다고 판단하였다.[310]

---

309) 관련 시장 획정과 관련하여, 서버시장의 정의에 대한 논점이 있었다.
310) 이 부분에 대하 상세는 최승재, "마이크로소프트 유럽공동체 사건 판결에 대한 연구", 정보법학, 정보법학회 (2008. 1.) 참조

### 2) 경쟁당국이 특허권 등의 라이선스를 명하기 위한 요건

이 사건 판결의 내용은 대부분 유럽공동체 집행위원회의 결정 내용이 타당하다고 존중하는 취지였다. 법적인 의미에서 가장 중요한 부분은 기존의 IMS Health 사건과의 관계에서 지적재산권에 대한 경쟁법의 관점에서의 라이선스를 경쟁당국이 강제적인 요구하기 위한 요건이 어떤 것인가 하는 점에 대한 것이었다. 앞서 살펴본 것과 같이 IMS Health 사건에서는 ① 대상 기술은 2차 시장(secondary market)에서 필수적인 기술(indispensable technology)이어야 한다. ② 공급 거절은 2차 시장에서 소비자 요구에 의한 새로운 제품이 출시되지 못하게 하여야 한다. ③ 공급 거절은 "모든 경쟁(all competition)" 없애야 한다. ④ 기술의 공급거절이 객관적으로 정당화(objectively justifiable)되지 못한다는 4개의 예외적인 상황 하에서는 지적재산권의 라이선스 거절이 위법한 공급거절이 된다고 판시하였다.

마이크로소프트 사건에서 유럽공동체 1심 법원은 이러한 기존의 IMS Health 사건에서의 판례를 완화하여 원고 회사가 선 마이크로시스템즈에 기술을 제공하여야 한다고 판시하였다[311]. 이 사건의 유럽공동체 1심 법원(CFI)의 판결에 의하면, ① 대상 기술은 필수적인 기술이어야 한다. ② 공급거절은 2차 시장에서 소비자 요구에 의한 예상되는 새로운 제품(hypothetical new product)이 출시되지 못하게 하여야 한다. ③ 공급 거절은 모든 경쟁이 아니라 유효경쟁(effective competition)[312]을 없앨 우려가 있다면 그것으로 충분하다. ④ 기술의 공급거절이 객관적으로 정당화되지 못한다고 판단하였다.[313]

---

311) 이러한 판단에 대한 반대 견해로는 Thomas Vinje, "European Union law on interoperability; What I the impact of the EU Court of First Instance's Microsoft Judgment?", 경제법 판례연구 11월 발표자료 중 [이 발표에서 마이크로소프트의 반대진영에서 활동하였던 Thomas Vinje 변호사는 이 사건은 기존의 맥길 사건이나, IMS Health 사건의 판례의 연장선상에 있고, 별도의 특이한 법리를 실시한 것이 없다고 주장한다.]

312) 유효경쟁의 의미에 대하여, 예를 들어 어느 정도의 경쟁자가 시장 점유율을 가지고 있어야 유효경쟁이 이루어지고 있다고 할 것인지 등에 대하여는 명확한 기준은 존재하지 않는 것으로 보인다. 다만 산업조직론(Industrial Organization) 등의 학문에서 사용되고 있는 용어로 개별적인 시장구조에 따라서 달라질 것으로 보인다. 그 만큼 이 유효경쟁이라는 개념은 모호성이 높은 개념이라고 판단된다.

313) 마이크로소프트 사건 유럽공동체 1심 법원 판결문 Paragraph 563.

유럽공동체 1심법원은 이 사건에서 명시적으로 필수설비인지 여부에 대한 논의를 하고 있지는 않다. 다만 대상 기술이 필수적인 기술인가 하는 점만 쟁점으로 하고 있다. 이러한 유럽 공동체 1심 법원의 태도는 매우 현명하고 타당하다. 왜냐하면, 만일 유럽공동체 1심 법원이 필수설비 이론을 가지고 설명하려고 하였으면 필수설비이론이 가지고 있는 기존의 틀에 지적재산권을 맞추어야 하였을 것인데, 이렇게 되면 판결과 같은 결론을 도출하는데 어려움이 있었을 것이고, 마이크로소프트로부터 필수설비이론과 관련된 공격을 받게 되어 논쟁을 불러일으킬 수 있었을 것이기 때문이다.

입법례의 관점에서 미국의 경우 필수설비를 근거로 한 지적재산권의 강제실시에 대하여 특허권자나 저작권자 법률상 보호되는 권리보호 범위를 넘지 않는 경우에는 라이선스를 거절하는 것이 독점화를 추구하는 경우에도 셔먼법 위반으로 보지 않아왔다.[314] 반면 유럽공동체에서는 상대적으로 필수설비이론에 관대하기는 하였으나[315] 마이크로소프트 사건과 IMS Health 사건에서 보는 것과 같이 반드시 필수설비이론을 가지고 설명할 수 있는 것인지가 의문이다. 독일은 GWB(Gesetz gegen Wettbewerbsbeschränkungen) 제19조 제4항 제4호의 입법과

---

314) *Berkey Photo, Inc. v. Eastman Kodak, Co.*, 603 F2d. 263, 281 (2nd Cir. 1979) *cert. denied*, 444 U.S. 1093 (1980).[이 사건에서 원고는 코닥이 오로지 코닥으로부터 구입한 기계로만 현상할 수 있는 필름을 새로 개발하여 시장에서 퇴출될 위험에 처했으며 코닥은 새로운 필름과 이와 결합된 현상기를 가지고 시장을 독점화하려고 한다고 주장하였으나 이러한 주장은 받아들여지지 않았다.]; *Data Gen. v. Grumman Sys. Support*, 36 F.3d 1147,1187 (1st Cir. 1994)도 같은 취지의 판결임. 이에 반해 Intergraph Co. v. Intel Co. Ltd. 3 F.Supp. 2d. 1255 (N. D. Ala. 1998); 125 F.3d. 1195 (9th Cir. 1997). 사건은 예외적인 사건이다.

315) 유럽에서의 향후 전개와 관련하여 (i) 유럽시장의 통합이라는 목적달성을 위하여 규제산업의 민영화가 절실한 상황에서 산업규제법 수준에서 필수설비이론의 도입의 현실적 필요성이 상존하고, (ii) 민영화된 산업에서 경쟁의 도입을 확대하고 유지하는데 있어 필수설비이론의 보편적 적용의 필요성이 예상되며, (iii) 정책집행당국의 필수설비이론의 적용에 대한 적극적 입장이 계속되고, (iv) 미국과 달리 지적재산권 부분까지 필수설비이론을 적용하고 있는 점 등에 비추어 유럽의 경우에는 애초 일반 경쟁법상 거래거절을 설명하는 이론으로 출발한 필수설비법리가 오히려 통신, 전기 등 규제산업에 있어서 민영화 및 자유화의 정책원리 및 수단으로 개별화하는 추세에 더하여 유럽공동시장의 통합이라는 정책목표와 결합하여 경쟁법상 필수설비법리가 필수설비에 대한 사전적 규제를 대신할 것이라고 한다.[D.G. Goyder, "EC Competition Law", 4th ed. Oxford Univ. Press (2003) p. 350]

정에서 망 또는 인프라설비로 국한시킴으로써 필수설비이론이 지적재산권에 적용될 가능성을 입법적으로 차단하였다.

결국 지적재산권의 강제라이선스를 인정하기 위한 요건은 ① 경쟁을 위하여 필수적인 지적재산권일 것(1요건), ② 이러한 지적재산권을 대체할 수 있는 지적재산권이 존재하지 않거나 사실상 불가능할 것(2요건), ③ 특허의 무임승차자 방지 및 일정한 지대추구의 인정이라는 요건을 유지하면서 경쟁제한적인 행사를 제한하기 위하여 2차시장에서 경쟁을 제한할 것(3요건), ④ 특허 라이선스의 거절에 정당화사유가 없을 것을 요건으로 하는 것이 타당하다고 본다(4요건).

이런 결론은 IMS Health 사건에서는 유럽최고재판소가 제시한 지식재산권자에 대한 실시를 명하기 위한 요건인 ① 대상 기술은 2차 시장(secondary market)에서 필수적인 기술(indispensable technology)이어야 한다. ② 공급거절은 2차 시장에서 소비자 요구에 의한 새로운 제품이 출시되지 못하게 하여야 한다. ③ 공급 거절은 "모든 경쟁(all competition)" 없애야 한다. ④ 기술의 공급거절이 객관적으로 정당화(objectively justifiable)되지 못한다.'는 요건과 거의 동일하게 된다. 다만 2요건은 우회발명을 인정하고 있는 특허제도의 본질을 고려하면 필요한 요건이며, IMS Health 사건의 요건 중 3요건인 모든 경쟁(all competition) 없애야 한다는 요건은 수정하여 유효한 경쟁을 제한할 정도로 하는 것이 타당하다.

### (5) Huawei 대 ZTE 판결

2013년 영국 항소법원의 Robin Jacob 판사는 표준필수특허권자가 법원에 특허침해를 이유로 해서 가처분을 신청하는 것이 중대한 원칙을 위반한 행위라고 보고, 이를 방지하기 위한 EC의 견해에 관하여 설시하였다.[316] 영국 법원은 유럽인권조약(European Convention of Human Rights) 제6조에 설시된 재판청구권과 유럽조약(European Treaty) 제4(3)조에 설시된 신의성실의 원칙을 상기시키면서 유럽공동체가 소송은 상황을 위기의 국면에 이르게 만드는 것이라는 사실을 간과하였다고 보는 것이 그의 견해였다. 그는 법원이 가하는 압력은 반-FRAND 약정을 체결하라는 것이 아니라, FRAND확약 체결을 지향하는 것이라는 점을 지적하였다.[317]

---

316) 표준필수특허는 그 자체로 시장 지배력을 갖는다고 가정하였다.

2015년 유럽사법재판소(CJEU)는 특허 보유자는 가처분을 신청하기 전 특허를 침해한자에게 통지를 하고 FRAND 청약을 해야 할 의무가 있다고 판시하였다[318]. Huawei 대 ZTE 사건에서, 유럽사법재판소는 특허 보유자와 표준 사용자가 진행중인 특허 침해 소송 및 FRAND 협상에서 경쟁법을 어떻게 적용해야 하는지에 관한 지침을 제공하였다. 중국의 Huawei는 유럽통신표준협회(ETSI)가 정한 표준인 LTE 관련 표준필수특허를 보유하고 있으며, 동사는 ETSI의 회원사이며 동 협회에 해당 특허를 알리면서(공개의무), FRAND조건에 따라 제3자에게 라이선스를 부여할 것을 확약한 바 있다.

한편 중국기업인 ZTE는 독일내 상품판매를 위해서는 Huawei의 특허를 이용할 수밖에 없었는데, FRAND 조건에 따른 라이선싱협약 체결을 위한 양사 간 협상이 실패함에 따라 Huawei는 2011년 뒤셀도르프 지방법원에 ZTE를 상대로 금지명령 등을 청구하였다. ZTE는 자신이 라이선스 협상을 성실히 했기(willing to negotiate licence) 때문에 Huawei의 금지명령청구소송은 시장지배적 지위남용행위라고 주장하였다.

이에 따라 2013. 4. 뒤셀도르프 지방법원은 동 소송과 관련하여 표준필수특허를 FRAND조건에 따라 라이선싱할 것을 확약한 업체가 그 표준을 따르는 제품을 생산하는 업체에 대하여 소송을 제기하는 것이 어떤 경우에 EU경쟁법상 시장지배적 지위남용에 해당하는지 여부에 대한 법률해석을 유럽사법재판소에 요청하였다.

이 사건에서 유럽사법재판소는 그간 판례를 통해 특허침해소송과 같은 배타적 권리의 행사는 특허보유자의 당연한 권리의 일부를 구성하며, 시장지배적 지위를 보유한 업체가 그러한 판매금지명령청구소송을 했다고 하더라도 그 자체가 시장지배력의 남용행위가 될 수 없다는 점을 명확히 하였다. 특허보유자의 배타적 권리행사가 시장지배적 지위남용에 해당되는 것은 예외적인 경우에 한해서라고 보아 특허권 자체의 본질적인 내용은 유지되어야 한다고 보았다.

---

317) The Rt. Hon. Professor Sir Robin Jacob, FRAND: A LEGAL ANALYSIS. http://is.jrc.ec.europa.eu/pages/ISG/EURIPIDIS/documents/RobinJacob.pdf.

318) CJEU, Case C-170/13, Decision of 16 July 2015, *Huawei v ZTE*.

그러나 당해 사건의 사실관계를 보면 금지청구는 허용될 수 없다고 보았다. ① 제품을 생산하기 위해서는 반드시 활용해야 하는 표준필수특허(standard-essential patent)와 관련된다는 점, ② 당해 특허가 표준필수특허가 된 것은 특허보유자가 표준화기구에 대하여 제3자에게 FRAND 조건으로 당해 특허를 라이선싱할 것을 취소불능확약(irrevocable undertaking)을 했기 때문인 점, ③ FRAND조건으로 라이선싱할 것을 확약한 표준필수특허 보유자가 판매금지청구소송이나 특허침해소송을 제기하는 행위는 다음의 절차를 거쳐야 시장지배적 지위남용에 해당하지 않는다고 보았다. 그 절차는 ① 우선 소송제기전 특허보유자가 특허침해자에게 어떤 특허가 어떻게 침해되었는지를 알림으로써 특허침해를 경고한(alerted) 후, ② 특허침해자가 FRAND조건으로 라이선싱 받을 것을 희망한 후(expressed its willingness), 특허보유자는 라이선싱조건, 특히 로열티와 로열티가 계산되는 방식에 대한 구체화된 서면제안을 특허침해자에게 제안해야 한다. ③ 그리고 특허침해자가 계속해서 당해 특허를 이용하고 있는 상황에서 동 분야 상관행(recognized commercial practices) 등에 비추어 특허침해자가 특허보유자의 제안에 대하여 성실하게(diligently) 대응하지 않은 경우에 금지청구를 할 수 있다. 이와 관련, 특허보유자의 제안을 수락하지 않더라도, 특허침해자가 특허보유자에게 신속하게 서면으로(promptly and in writing) FRAND 조건에 부합하는 구체적인 대안을(specific counter-offer) 제시했다면, 특허보유자의 판매금지청구소송이 시장지배력 남용에 해당함을 주장할 수 있다고 보았다.[319]

### (6) Sisvel v. Haier 판결(이하 'Sisvel 판결')[320]

독일 연방대법원은 Sisvel v. Haier 판결에서 기존의 2015년 Huawei v. ZTE 판결에서 선고된 법리에서의 표준필수특허권자가 금지청구를 할 수 있는지 여부의 판단기준으로서 '성실한 협상(good faith[321] negotiation) 요건'에 대한 설시

---

319) CJEU, Case C-170/13, Decision of 16 July 2015, *Huawei v ZTE.*

320) BGH:2020:050520UKZR36.17.0 Urteil.

321) Good faith라는 개념은 영미법상의 개념으로 이 개념에 대한 법원의 판결로 Interfoto Picture Library Ltd v Stiletto Visual Programmes Ltd [1989] 1 QB 433("In many civil law systems, and perhaps in most legal systems outside the common law world, the law of obligations recognises and enforces an overriding principle that in making and

를 하였다. 2015년 유럽사법재판소는 성실한 협상을 하는 상대에게 금지청구를 할 수 없다는 법리를 설시하였지만, 그렇다고 해서 어떤 경우에 성실한 협상을 한 것으로 볼 것인지 여부에 대해서는 판단하지 않았다. 그에 따라서 어떤 제안이 성실한 협상 기준에 따른 라이선스협상 제안인지는 실무적으로 논란이 되었다.

성실한 협상을 한 것인지 여부에 대해서 독일 연방대법원은 2020. 5. 5. 선고한 Sisvel 판결에서 일응의 기준을 제시하였다. 이 사건에서 Sisvel은 표준필수특허보유자로서 룩셈부르크법인이다. Sisvel은 유럽특허 EP0852885(표준필수특허)에 기초해서 Haier을 상대로 뒤셀도르프법원에 특허침해를 원인으로 한 손해배상청구의 소를 제기하였다. 이에 대해서 지방법원은 청구를 인용하였습니다. 뒤셀도르프고등법원은 지방법원의 판결을 취소하면서, Sisvel이 Haier에게 FRAND조건에 따른 제안을 한 것이 아니라고 하면서 Haier은 Sisvel의 제안보다 더 나은 조건을 제시받을 수 있는 지위에 있었다고 보았다. 이에 대해서 Sisvel은 연방대법원에 상고를 하였다. 그리고 연방대법원은 2015년 이후 최초로 FRAND 조건에 대한 판시를 하였다.

연방대법원은 Haier이 시스벨의 특허를 침해하였다는 점을 인정하였다. 그러나 Haier이 주장한 Sisvel이 관련시장에서 시장지배적 지위에 있지만 그렇다고 해서 시장지배적 지위를 남용한 것은 아니라고 보았다. 대법원은 만일 Haier의 주장이 인용되기 위해서는 Haier이 Sisvel에게 명시적으로 자신들이 FRAND 조건에 부합하는 라이선스 제안(청약)이라면 이를 수용할 의사가 있다는 점을 밝혔어야 하는 의무가 있다고 보았다. 즉 Haier이 특허를 침해하면서도 경쟁법 위반이라는 주장을 하려면 Haier은 표준필수특허권자의 청약에 대해서 적기(in good time)에 최대한 구체적인 조건(as concretely as possible)을 포함한 답

---

carrying out contracts parties should act in good faith. This does not simply mean that they should not deceive each other, a principle which any legal system must recognise; its effect is perhaps most aptly conveyed by such metaphorical colloquialisms as 'playing fair', 'coming clean' or 'putting one's cards face upwards on the table.' It is in essence a principle of fair open dealing … English law has, characteristically, committed itself to no such overriding principle but has developed piecemeal solutions in response to demonstrated problems of unfairness.").

변으로 자신들의 의사를 명시적으로 제시하였어야 하지만 Haier이 이와 같은 제안을 하였다는 점을 뒷받침할 증거가 없다고 하여 Sisvel의 침해청구를 인용하였다.

## 마. 표준필수특허과 필수설비이론: 퀄컴 사례[322]

### (1) 표준필수특허의 필수요소성

표준필수특허는 모뎀칩셋을 제조, 판매, 사용함에 있어 필수적인데, 퀄컴이 이를 독점적으로 통제하고 있고 다른 것으로 대체할 수 없으므로, 모뎀칩셋 제조사에게 퀄컴의 표준필수특허는 필수요소라 할 것이다.[323] 즉 표준필수특허는 개념 본질적으로 특허한 특허가 표준을 기술적으로 구현하기 위해서는 반드시 필요(필수성)한 경우를 의미하는 것이므로 그것이 필수적이지 않음에도 허위로 표준화기구에 선언을 하여 표준필수특허로 채택을 한 사정과 같은 특별한 사정이 있지 않으면 필수요소라고 할 것이다.

### 1) 필수성

표준필수특허는 표준화 기구가 정한 표준규격(specification)에 따라 사업자가 제품을 기술적으로 구현하는 과정에서 반드시 이용해야만 하는 특허로서 표준화 기구의 표준문서에 기술 내용을 실시하면 해당 특허를 불가피하게 침해하게 된다. 따라서 모뎀칩셋 제조사가 이동통신 기능을 구현하는 모뎀칩셋 시장에 진입하기 위해서는 퀄컴이 보유한 CDMA, WCDMA 및 LTE 등 각 통신표준별 표준필수특허에 대한 접근 및 사용이 보장되어야 한다. 만약 표준필수특허에 대한 라이선스를 제공받지 못한 상태에서 모뎀칩셋 제조사가 모뎀칩셋을 제조·판매하는 경우, 모뎀칩셋 제조사는 퀄컴으로부터 특허침해에 대한 손해배상소송 또는 침해금지청구의 위험에 노출될 수밖에 없다. 따라서 퀄컴이 보유한 CDMA, WCDMA 및 LTE 등 각 통신표준별 표준필수특허는 모뎀칩셋 제조·판매에 있어 필수적인 요소라 할 것이다.[324]

---

322) 공정위 2015시감2118 사건.
323) 공정위 2015시감2118 사건 의결서 140면.
324) 공정위 2015시감2118 사건 의결서 141면.

2) 통제성

퀄컴이 보유하고 있는 CDMA, WCDMA 및 LTE 각 통신표준별 표준필수특허는 퀄컴이 각 나라별 특허당국에 출원하거나 등록된 공식 특허이며, 퀄컴은 통상적인 특허권자의 권리로서 당해 표준필수특허들을 독점적으로 소유 또는 통제할 수 있는 권한을 가지고 있다.[325] 통상적으로 특허권의 경우에는 통제성을 인정하는 문제가 없고, 표준필수특허의 경우에도 특허라는 점은 다르지 않기 때문에 통제성이 없어서 필수요소로 인정되지 않는 경우는 상정하기 어렵다.

3) 대체불가능성

표준필수특허는 개념상 특정한 기술표준을 구현하기 위해서는 기술적으로 또는 경제적으로 우회 또는 회피설계가 불가능하여 당해 표준필수특허를 침해할 수밖에 없는 특허이다. 따라서 표준화 기구가 선정한 CDMA, WCDMA, LTE 각 표준을 구현하기 위한 필수특허에 대해 퀄컴이 특허 실시권 허여를 거부할 경우 표준필수특허를 사용하려는 사업자가 대체기술을 찾을 수 없거나 설령 대체기술이 존재하더라도 제품에 적용하여 시장에서 유효하게 경쟁한다는 것은 불가능하다.[326]

### (2) 필수요소의 사용을 거절 또는 제한하였는지 여부

첫째, 퀄컴은 2008년 이전에는 모뎀칩셋의 제조, 판매, 사용에 필수요소인 퀄컴의 표준필수특허에 대한 라이선스를 적극적 실시 희망자인 경쟁 모뎀칩셋

---

325) 독점적 통제성과 관련하여 표준필수특허는 표준화 기구에서 FRAND 확약을 선언한 특허이므로 적극적 실시희망자에 대해서 라이선스를 제공해 줄 의무가 있고 따라서 통제성 요건이 결여되었다는 주장이 제기될 수 있다. 그러나 FRAND 확약을 선언한 표준필수특허권자라 하더라도 여전히 합리적이고 비차별적인 조건으로 실시료를 수취할 수 있으며 적극적 실시희망자와 합리적인 실시료 수준에 대해 협상한 후 정당한 대가를 받을 수 있다. 따라서 표준필수특허도 다른 특허와 마찬가지로 특허보유자가 독점적으로 소유, 통제하고 있다고 보는 것이 합리적이다.

326) 특정 표준을 대체할 수 있는 경쟁 표준이 존재하는 경우 또는 당해 표준 기술을 구현하는 하류시장이 당해 표준에 구속(Lock-in)되어 있지 않는 경우에는 표준필수특허라고 하여 곧바로 필수요소라고 간주할 수는 없다. 그러나, 퀄컴이 보유한 WCDMA, LTE 등 표준필수특허의 경우 대체 표준이 존재하지 않고 하부 모뎀칩셋 시장, 휴대폰 시장, 기지국 장비 시장 등이 당해 표준에 구속되어(Lock-in) 있는 상태이므로 이를 대신할 수 있는 대체기술을 확보할 수 없다.

제조사에 대해 모뎀칩셋의 제조, 판매만 가능하고, 모뎀칩셋의 사용 권한은 제한되는 라이선스만 허용하면서, 판매처 제한, 무상 크로스 그랜트 요구, 영업정보 제공 요구 등 특허 실시허락의 범위를 부당하게 제한하는 조건들을 요구하였다.327)

둘째, 퀄컴이 모뎀칩셋 제조사에게 라이선스를 제공하지 않기로 정책을 변경한 2008년 이후에 퀄컴은 실시료 지불 능력과 의사가 있는 적극적 실시 희망자가 표준필수특허에 대한 라이선스를 요청하였음에도 이를 거절하였다.328)

이러한 퀄컴의 행위는 경쟁 모뎀칩셋 제조사에 대해 직접적으로 필수요소의 사용을 거절하거나 필수요소에 대한 사용을 제한하는 행위에 해당하며, 퀄컴을 비롯한 필수요소를 사용하는 다른 사용자에 비해 현저하게 차별적이거나 불공정한 조건을 제시함으로써 실질적으로 필수요소의 사용 거절과 동일한 결과를 발생시키는 행위에 해당한다.

### (3) 부당하게 다른 사업자의 사업활동을 어렵게 하였는지 여부

퀄컴이 경쟁 모뎀칩셋 제조사에 대해 모뎀칩셋 제조·판매를 위한 표준필수특허의 라이선스 제공 요청을 거절하고 부당한 조건이 결부된 제한적인 약정만을 제공한 행위는 부당하게 경쟁 모뎀칩셋 제조사의 사업활동을 어렵게한 행위에 해당한다.329)

### (4) 정당한 이유가 존재하는지 여부

첫째, 퀄컴이 모뎀칩셋 제조·판매를 위한 표준필수특허 라이선스를 제공하더라도 퀄컴의 투자에 대한 정당한 보상이 저해되지 않는다.330) 퀄컴의 표준필수특허가 휴대폰 단계에서만 구현된다고 보기 어렵고, 오로지 휴대폰 단계에

---

327) 공정위 2015시감2118 사건 의결서 142면.
328) 공정위 2015시감2118 사건 의결서 142면.
329) 공정위 2015시감2118 사건 의결서 143면.
330) 이와 관련하여 심사기준은 필수요소를 제공하는 사업자의 투자에 대한 정당한 보상이 현저히 저해되는 경우 필수요소 사용 또는 접근의 제한에 정당한 이유가 있는 것으로 볼 수 있으나, 경쟁의 확대로 인한 이익의 감소는 정당한 보상의 저해로 볼 수 없는 것으로 규정하고 있다.[시장지배적지위 남용행위의 심사기준 제 Ⅳ. 3. 다. (4). (가)]

서만 라이선스를 제공하는 것이 퀄컴의 특허가 정당하게 보상받을 수 있는 유일한 방법이라고 보기도 어렵다. 또한 퀄컴은 표준화 기구에 FRAND 확약을 선언한 표준필수특허권자로서, 자신이 보유한 표준필수특허에 대해 FRAND 조건으로 라이선스를 제공함으로써 실시료를 수취할 수 있는 기회가 보장된다. 따라서 모뎀칩셋 제조사에 대해 표준필수특허를 라이선스하는 것이 퀄컴의 투자에 대한 정당한 보상을 현저히 저해한다고 볼 수 없다.331)

또한 특정 기술이 표준으로 선정되면, 해당 표준을 구현하기 위해 표준필수특허의 보유자는 동 표준선정으로 인해 당해 기술 사용자의 저변이 크게 확대되고 자신의 특허 기술을 더 많은 상대에게 라이선스할 수 있는 기회를 갖게 되는 등 광범위한 사업 기회 확장의 혜택을 누릴 수 있다. 따라서 표준 선정은 그 자체로 특허 보유자에게 충분한 보상기회를 제공하는 것이라고도 볼 수 있다.332)

아울러 경쟁의 확대로 인해 초래되는 이익의 감소는 정당한 보상의 저해로 보지 않는데, 퀄컴이 FRAND 확약을 준수함에 따라 특허 실시자에 대한 특허 억류가 제한됨으로써 발생하는 이익이 감소한다 해도 이는 경쟁의 확대에 따른 결과이므로 이를 정당한 보상의 저해로 볼 수 없다.333)

둘째, 퀄컴이 경쟁 모뎀칩셋 제조사에게 모뎀칩셋 제조·판매를 위한 표준필수특허 라이선스를 제공하더라도 기존 사용자에 대한 제공량은 감소되지 않는다.334) 퀄컴의 표준필수특허는 수량이 제한된 유형의 설비가 아니라 무체재산권에 해당한다. 따라서 특정 실시자에 대한 라이선스 제공이 다른 실시자에 대한 라이선스를 제한하지 않으므로 표준필수특허에 대한 라이선스 제공으로 인해 기존 공급량이 감소할 우려는 없다.335)

셋째, 퀄컴이 경쟁 모뎀칩셋 제조사에게 모뎀칩셋 제조·판매를 위한 표준필수특허 라이선스를 제공하더라도 기존에 제공되는 서비스의 질이 현저히

331) 공정위 2015시감2118 사건 의결서 143면.
332) 공정위 2015시감2118 사건 의결서 143면.
333) 공정위 2015시감2118 사건 의결서 144면.
334) 이와 관련하여 심사기준은 기존 사용자에 대한 제공량을 현저히 감소시키지 않고서는 필수요소의 제공이 불가능한 경우 필수요소의 사용 또는 접근을 제한하는 정당한 이유가 될 수 있다고 규정하고 있다.[시장지배적지위 남용행위의 심사기준 제 IV. 3. 다. (4). (나)]
335) 공정위 2015시감2118 사건 의결서 144면.

저하될 우려가 없다.336) 필수요소인 표준필수특허에 대한 라이선스를 새로운 모뎀칩셋 제조사에게 제공한다 하더라도 이는 퀄컴이 배타적으로 보유하고 있는 무체재산권의 실시허락에 불과할 뿐이므로 기존의 모뎀칩셋 제조사에게 제공되는 서비스의 질 이 저하되지 않는다.337)

넷째, 퀄컴이 경쟁 모뎀칩셋 제조사에게 모뎀칩셋 제조·판매를 위한 표준필수특허 라이선스를 제공하는 것은 기술표준에의 불합치 등으로 인해 불가능한 것이 아니다.338) 이동통신 표준필수특허는 표준화 기구에서 세대별 이동통신 표준으로 선정된 기술을 구현하는 특허이므로 표준필수특허에 대한 라이선스 제공으로 인해 발생하는 기술표준의 불합치 등의 문제는 없다.339)

다섯째, 퀄컴이 모뎀칩셋 제조·판매를 위한 표준필수특허 라이선스를 제공하는 것은 고객의 생명 또는 신체상의 안전과도 무관하다.340)

### (5) 소 결

위와 같은 점을 근거로 하여 공정위는 퀄컴의 경쟁 모뎀칩셋 제조사에 대한 이동통신 표준필수특허의 라이선스 거절 또는 제한행위는 법 제3조의2 제1항 제3호 및 시행령 제5조 제3항 제3호에 따른 다른 사업자의 사업활동을 부당하게 방해하는 행위로서 정당한 이유없이 다른 사업자의 상품 생산, 판매에 필수적인 요소에 대한 사용 또는 접근을 거절 또는 제한한 행위에 해당하므로 위법하다고 판단하였다.341)

---

336) 이와 관련하여 심사기준은 필수요소를 제공함으로써 기존에 제공되고 있는 서비스의 질이 현저히 저하될 우려가 있는 경우는 필수요소의 사용 또는 접근의 제한에 정당한 이유가 있는 것으로 보고 있다.[시장지배적지위 남용행위의 심사기준 제 Ⅳ. 3. 다. (4). (다)]

337) 공정위 2015시감2118 사건 의결서 144면.

338) 이와 관련하여 심사기준은 기술표준에의 불합치 등으로 인해 필수요소를 제공하는 것이 기술적으로 불가능한 경우라면 필수요소 접근 또는 사용의 제한에 정당한 이유를 인정할 수 있다고 규정한다.[시장지배적지위 남용행위의 심사기준 제 Ⅳ. 3. 다. (4). (라)]

339) 공정위 2015시감2118 사건 의결서 144－145면.

340) 공정위 2015시감2118 사건 의결서 145면.

341) 서울고등법원 2019. 12. 4. 선고 2017누48 판결에서는 공정위 판단은 인정되지 않았다.

## VI. 시장지배적 지위남용행위의 유형별 법리 2 : 부당한 경쟁사업자 배제 또는 소비자이익의 저해

### 1. 배타조건부 거래행위

부당한 경쟁사업자 배제 또는 소비자이익의 저해행위 유형의 시장지배적 지위남용행위의 대표적인 경우가 배타조건부 거래행위이다.[342] 배타조건부 거래행위가 부당하려면 시장에서의 독점 유지, 강화 목적, 객관적인 경쟁제한 효과 발생 우려 등이 요구되나, 배타조건부 거래행위는 거래상대방이 경쟁사업자와 거래하지 아니할 것을 조건으로 거래하는 경우이므로 통상 그 행위 자체에 경쟁 제한 목적이 포함되어 있다고 볼 경우가 많을 것이다.[343]

시장지배적 지위의 남용행위로서 배타조건부 거래의 부당성에 관하여 대

---

[342] 홍대식, "배타조건부거래행위, 경쟁제한성 기준인가 강제성 기준인가?", 법조 60권 10호 2011년 140 – 189면; 강우찬, "불공정거래행위로서의 배타조건부 거래행위의 위법성 판단 기준", 사법 1권 2호 (2012) 139 – 193면; 오승한, "배타조건부 거래를 포함하는 시장선점·봉쇄전략에 대한 단계별 위법성 판단절차", 비교사법 17권 4호 (2010) 431 – 487면. 강우찬 부장판사는 사법지에 기고한 논문에서, "불공정 거래 행위로서 배타조건부 거래 행위의 위법성 판단 기준은 경쟁제한성이 되어야 하고, 강제성(Coercion) 등 거래의 자유 침해와 같은 요소는 도입되어선 안 됨을 보였다. 배타조건부 거래행위의 초점은 브랜드 간 경쟁제한효과에 있는 것이고, 미국과 유럽의 실무례도 이러한 기준으로 설정되어 왔을 뿐 아니라, 최근에는 수직적 거래제한으로서의 배타적 거래와 시장지배적 지위 남용으로서의 배타적 거래 사이의 위법성 판단 기준도 거의 동조화 되어가고 있으며, 우리 공정거래법은 거래상 지위남용을 따로 두고 있어서 강제적 계약이 문제될 경우 위 조문으로 충분히 규율이 가능하기 때문이다. 이와 같이 경쟁제한성이라는 일원적 기준으로 배타적 거래를 판단할 때에, 봉쇄효과의 판단과 관련하여, 시장지배적 지위 남용의 경우보다 적은 봉쇄로도 위법성이 인정될 수 있지만, 불공정거래행위에 있어서도 경쟁제한성의 판단 방법에는 본질상 차이가 없음을 지적하였다. 아울러, 기업행동에 왜곡된 유인(incentive)을 줄 여지가 있으므로 수직적 기업결합의 심사기준과 양립하는 방식으로 배타조건부 거래의 위법성 판단 기준이 세워져야 함을 강조하였다. 나아가, 병행적 배타조건부 거래가 있어 누적적 봉쇄율을 인정하는 경우에, 자기 책임의 원칙상 하류 사업자에 대하여도 책임을 묻기 위해서는 그 봉쇄에 대한 상당한 기여가 인정되어야 하고, 그 인정에도 제반 시장 상황을 고려하여 신중하게 규제해야 함을 주장하였고, 이를 위해 EC의 5% 기준을 참고 기준으로 제시하였다. 그리고 마지막으로 배타조건부 거래에서 경쟁구조의 유지(Rivalry) 또한 상황에 따라 중요 고려 요소가 될 수 있[다]"고 지적하였다.

[343] 대법원 2007두22078 판결(농협중앙회 화학비료 전속거래 요구 사건).

법원은 "구 공정거래법 제3조의2 제1항 제5호 전단은 시장지배적 사업자의 지위남용행위로서 '부당하게 경쟁사업자를 배제하기 위한 행위'를 규정하고 있고, 구 공정거래법 시행령 제5조 제5항 제2호는 그 유형의 하나로서 '부당하게 거래상대방이 경쟁사업자와 거래하지 아니할 것을 조건으로 그 거래상대방과 거래하는 경우'를 규정하고 있다. 여기서 '부당성'은 '독과점적 시장에서의 경쟁촉진'이라는 입법 목적에 맞추어 해석하여야 할 것이므로, 시장에서의 독점을 유지·강화할 목적, 즉 시장에서의 자유로운 경쟁을 제한함으로써 인위적으로 시장질서에 영향을 가하려는 목적을 가지고, 객관적으로도 그러한 경쟁제한의 효과가 생길 만한 우려가 있는 행위로 평가될 수 있는 배타조건부 거래행위를 하였을 때에 그 부당성이 인정될 수 있다. 그러므로 시장지배적 지위남용행위로서의 배타조건부 거래의 부당성은 그 거래행위의 목적 및 태양, 시장지배적 사업자의 시장점유율, 경쟁사업자의 시장 진입 내지 확대 기회의 봉쇄 정도 및 비용 증가 여부, 거래의 기간, 관련시장에서의 가격 및 산출량 변화 여부, 유사품 및 인접시장의 존재 여부, 혁신 저해 및 다양성 감소 여부 등 여러 사정을 종합적으로 고려하여 판단하여야 한다."344)고 판시하였다.

## 2. 조건부 리베이트와 배타조건부 거래행위의 위법성

2019년 선고된 퀄컴 1 판결의 경우에도 배타조건부 거래행위에 의한 부당성 판단이 문제되었고, 그 내용은 **조건부 리베이트**였다.345) 우리나라 공정거래위원회는 Intel에 대해 시정명령 및 과징금 266억 원을 부과하였고,346) Qualcomm의 충성 리베이트(loyalty rebate) 지급행위에 대한 조사를 실시하여 Intel 사건과 비슷한 논리로 약 2600억 원의 과징금을 부과한 바 있다.347)

---

344) 대법원 2009. 7. 9. 선고 2007두22078 판결 참조.
345) https://www.oecd.org/daf/competition/fidelity-rebates.htm OECD에서도 충성리베이트의 경쟁법적 쟁점에 대해서 논의한 바 있다. 2016년 6월 각국의 패널 페이퍼를 통해서 입장을 확인할 수 있다.
346) 공정거래위원회 의결 제2008-295호(2008.11.5.). 각국의 Intel 사건 처리의 비교에 대하여는 다음 논문 참조. 장득수, "시장지배적사업자의 배제적 남용행위의 법적 규제에 관한 연구", 중앙대학교 박사학위논문, 2010.2, 93면 이하.
347) 공정거래위원회 의결 제2009-281호(2009.12.30.).

조건부 리베이트 또는 충성리베이트란 일본에서는 '충성 리베이트'(忠誠 リベ
ート)라고 번역하여 사용되어 왔는데, 일반적으로는 특정한 구매행위에 대한 대
가로 고객에게 제공하는 rebate로서 일정기간 동안 정해진 구매량, 구매비율,
구매증가율 등을 충족시키는 경우에 제공되는 rebate를 의미한다.348) 종종 수
량할인(quantity rebate 또는 volume rebate)과 동일한 의미로 사용되기도 하지만, 구매
와 동시에 모든 고객에게 비차별적으로 가격을 깎아주는 통상의 할인(discounts)
과는 달리, 일정한 구매물량에 따라 대금의 일부를 사후에 환급해주거나 기준
치 이상의 초과구매량에 대하여 할인을 하여 주는 것을 말하는 경우가 일반적
이다. 전자를 소급형 rebate(retroactive rebates), 후자를 증분형 rebate(incremental re-
bates)라고 부르기도 한다.349)

대법원은 "다양한 형태의 조건부 리베이트 제공행위를 배타조건부 거래행
위로 의율하여 그 부당성을 판단할 때에는, 리베이트의 양면적 성격과 배타조
건부 거래행위의 부당성 판단 기준을 염두에 두고, 리베이트의 지급구조, 배타
조건의 준수에 따라 거래상대방이 얻게 되는 리베이트의 내용과 정도, 구매전
환 시에 거래상대방이 감수해야 할 불이익의 내용과 정도, 거래상대방이 구매
전환이 가능한지를 고려하였는지 및 그 내용, 리베이트 제공 무렵 경쟁사업자
들의 동향, 경쟁사업자의 시장진입 시도 여부, 리베이트 제공조건 제시에 대한
거래상대방의 반응, 거래상대방이 리베이트가 제공된 상품 내지 용역에 관하여
시장지배적 사업자에 대한 잠재적 경쟁자가 될 수 있는지, 배타조건부 거래행
위로 인하여 발생할 수도 있는 비용 절감 효과 등이 최종소비자들에게 미치는
영향 등을 아울러 고려하여야 한다. 조건부 리베이트 제공행위로 인한 부정적
효과와 그러한 행위가 반드시 소비자 후생증대에 기여하지는 않는 점, 장기간
의 배타조건부 거래계약을 체결함으로써 부당한 배타조건부 거래행위에 해당
하게 되는 경우에도 계약체결을 위하여 반대급부로 제공된 이익이 비용 이하

---

348) 조성국, "시장지배적 사업자의 리베이트와 남용규제", 「법학논문집 제34집 제1호」, 중앙
    대학교 법학연구소, 2010, 166면; 조성국, "시장지배적 사업자의 Loyalty Rebate(충성리
    베이트)의 법리에 관한 연구", 「법학논문집 제34집 제1호」, 중앙대학교 법학연구소,
    2011, 283면.

349) 조성국, "시장지배적 사업자의 Loyalty Rebate(충성리베이트)의 법리에 관한 연구", 「법
    학논문집 제34집 제1호」, 중앙대학교 법학연구소, 2011, 283면.

에 해당하는지 여부를 반드시 고려해야 한다고 볼 수는 없는 점과의 균형 등을 고려하면, 이른바 '약탈 가격 설정(predation)'과 비교하여 그 폐해가 발생하는 구조와 맥락이 전혀 다른 조건부 리베이트 제공행위를 그와 마찬가지로 보아 약탈 가격 설정에 적용되는 부당성 판단 기준을 그대로 적용할 수는 없다. 따라서 이러한 부당성 인정의 전제조건으로, 리베이트 제공이 실질적으로 비용 이하의 가격으로 판매한 경우에 해당하여야 한다는 점이나 시장지배적 사업자와 동등한 효율성을 가진 가상의 경쟁사업자 또는 실제 경쟁사업자들이 리베이트 제공에 대하여 가격 및 비용 측면에서 대처하는 데 지장이 없었다는 점 등에 관하여 회계적 · 경제적 분석(이하 '경제분석'이라 한다) 등을 통한 공정거래위원회의 증명이 필수적으로 요구되는 것은 아니다."라고 하면서, "한편 사업자는 조건부 리베이트 제공행위의 사실상 구속력이나 부당성 증명을 위하여 위와 같은 경제분석을 사용하여 그 결정의 신뢰성을 높이는 것은 권장될 수 있다. 나아가 통상의 경우 사업자는 경제분석의 기초가 되는 원가자료나 비용 관련 자료, 리베이트의 설계방식과 목적 · 의도와 관련한 자료 등은 보유하고 있으므로, 경제분석의 정확성이나 경제분석에 사용된 기초자료의 신뢰성 · 정확성과 관련한 모호함이나 의심이 있는 상황에서는, 사업자가 그 기초자료나 분석방법 등의 신빙성을 증명함으로써 조건부 리베이트 제공행위의 사실상의 구속력이나 부당성에 관한 공정거래위원회의 일응의 합리적 증명을 탄핵할 수는 있다."고 판시하였다.350)

## 3. 사례연구 1 : 오픈 마켓 판결(엠플온라인)351)

2019년 퀄컴1 판결 이전의 판결로는 오픈 마켓 판결이 대표적이다.352) 대

---

350) 대법원 2019. 1. 31. 선고 2013두14726 판결. 이 사건에서 충성리베이트에 대한 경제학적 분석으로, 조성진, "퀄컴의 가격결정행위에 대한 분석: Fidelity Rebate 가격정책을 중심으로", 응용경제 제13권 제2호 (2011) 273-298면.

351) 대법원 2011. 6. 10. 선고 2008두16322 판결.

352) 이 사건에서도 시장지배적 지위의 유무에 대한 다툼이 있었다. 대법원은 시장지배적 지위를 인정할 수 있다고 하였다.("구 독점규제 및 공정거래에 관한 법률(2007. 8. 3. 법률 8631호로 개정되기 전의 것, 이하 '구 공정거래법'이라 한다)은, 시장지배적 사업자라 함은 일정한 거래분야의 공급자나 수요자로서 단독으로 또는 다른 사업자와 함께 상품이

법원은 입점업체에게 경쟁사업자가 운영하는 오픈마켓에서의 판매가격인상, 거래중단을 요청하고, 그렇게 하지 않는 경우 메인화면에 노출된 상품을 빼내 버리겠다고 위협한 행위가 배타조건부 거래행위에 해당하는지 여부에 대해서 "원고가 2006. 10. 중순경, 원고가 운영하는 오픈마켓인 'G마켓'에 입점하여 상품을 판매하는 사업자들 중 주식회사 엠플온라인이 운영하는 쇼핑몰(이하 '엠플온라인'이라 한다)에도 입점하여 있던 누리원 등 7개 사업자들(이하 '7개 사업자'이라 한다)에게 G마켓에서의 판매가격을 인하하거나 엠플온라인에서의 판매가격을 인상할 것, 주로 원고와 거래하면서 매출을 올려 줄 것, 엠플온라인과의 거래를 중단할 것 등을 요구하고, 엠플온라인에 올려놓은 상품을 내리지 아니하면 원고의 메인 화면에 노출된 상품을 모두 빼버리겠다고 위협한 사실(이하 '이 사건 행위'라 한다)을 인정하고, 원고의 이 사건 행위가 구 공정거래법 제3조의2 제1항 제5호 전단, 제2항, 구 공정거래법 시행령 제5조 제5항 제2호 소정의 배타조건부 거래행위, 즉 '거래상대방이 경쟁사업자와 거래하지 아니할 것을 조건으로 그 거래상대방과 거래하는 경우'에 해당한다고 판단"한 원심이 타당하다고 보았다.353)

엠플온라인 사건에서 원심법원은 시장지배적 사업자인 원고가 그 지위를

나 용역의 가격·수량·품질 기타의 거래조건을 결정·유지 또는 변경할 수 있는 시장 지위를 가진 사업자를 말하고, 이를 판단함에 있어서는 시장점유율, 진입장벽의 존재 및 정도, 경쟁사업자의 상대적 규모 등을 종합적으로 고려한다고 규정하고 있고( 제2조 제7호), 일정한 거래분야에서 3 이하의 사업자의 시장점유율의 합계가 100분의 75 이상 인 경우 당해 사업자는 시장지배적 사업자로 추정한다고 규정하고 있다( 제4조 제2호 본문). 또한 구 공정거래법 시행령(2007. 11. 2. 대통령령 제20360호로 개정되기 전의 것)은, '시장점유율'이라 함은 시장지배적 지위의 남용금지 규정에 위반한 혐의가 있는 행위의 종료일이 속하는 사업연도의 직전 사업연도 1년 동안에 국내에서 공급 또는 구 매된 상품 또는 용역의 금액 중에서 당해 사업자가 국내에서 공급 또는 구매한 상품 또 는 용역의 금액이 점하는 비율을 말하며, 당해 사업자와 그 계열회사는 이를 하나의 사 업자로 본다고 규정하고 있다 ( 제4조 제2항 본문, 제3항). 원심은 적법하게 인정한 사 실관계를 기초로, 원고가 2006년 국내 오픈마켓 운영시장에서 계열사의 것을 포함한 시 장점유율이 39.5%에 이르고, 이것과 1위 사업자인 옥션의 시장점유율을 합한 상위 2사 의 시장점유율이 91.4%에 이르러, 원고는 국내 오픈마켓 운영시장에서 시장지배적 사 업자로 추정될 뿐만 아니라, 3위 사업자의 시장점유율과 현저한 격차, 오픈마켓 시장의 진입장벽 등을 함께 고려할 때 원고는 국내 오픈마켓 운영시장에서 시장지배적 사업자 의 지위에 있다고 인정하기에 충분하다고 판단하였다.").
353) 대법원 2011. 6. 10. 선고 2008두16322 판결.

남용하는 이 사건 행위를 함으로써 후발사업자가 결국 매출부진을 이기지 못하고 시장에서 퇴출되기에 이르러 유력한 경쟁사업자를 배제하는 효과를 거두었을 뿐만 아니라, 다른 신규 사업자의 시장진입에도 부정적인 영향을 미쳐 오픈마켓 운영시장에서 자신의 시장지배적 지위를 유지·강화시켰다고 보고, 이 사건 행위가 '부당하게 거래상대방이 경쟁사업자와 거래하지 아니할 것을 조건으로 그 거래상대방과 거래하는 경우'에 해당한다고 판단하였다.354)

그러나 대법원은, "과연 엠플온라인이 원고의 이 사건 행위로 인하여 매출부진을 이기지 못하고 오픈마켓 시장에서 퇴출된 것인지, 나아가 이 사건 행위가 다른 신규 사업자의 시장진입에도 부정적인 영향을 미쳤는지 명백하지 아니하다. 그렇다면 원심으로서는 오픈마켓 운영시장의 진입장벽이나 시장진입 초기 우량 판매자 확보의 중요도, 상품 구성의 영향 등의 제반 특성과 엠플온라인의 재무구조의 건전성이나 영업전략의 현실성 등을 심리하여 이 사건 행위가 엠플온라인의 전체 사업활동이나 매출에 어떠한 영향을 미쳤는지 등을 우선적으로 살핀 다음, 이를 전제로 엠플온라인이 이 사건 행위로 인하여 매출부진을 이기지 못하고 오픈마켓 시장에서 퇴출된 것인지 여부와 이 사건 행위로 나타난 신규 사업자의 시장진입을 봉쇄한 정도나 기간 등을 종합적으로 고려하여 이 사건 행위를 객관적으로 오픈마켓 시장에 경쟁제한의 효과가 생길만한 우려가 있는 행위로 평가할 수 있는지 여부 등을 판단하였어야 할 것이다. 그럼에도 원심은 그 판시와 같은 이유만을 들어 이 사건 행위가 '부당하게

---

354) ① 엠플온라인은 2006. 4.경 오픈마켓 운영시장에 후발사업자로 진입하여 공격적인 사업전략으로 빠르게 성장하고 있었는데, 원고가 2006. 10. 중순경 이 사건 행위 등의 방법으로 엠플온라인과의 거래중단을 요구하였다. 이러한 원고의 행위는 오픈마켓 운영시장에서의 자신의 독과점적 지위를 유지·강화할 의도나 목적을 가지고 행하여진 것으로 보인다.
② 오픈마켓에 입점한 판매자들로서는 인지도·신뢰도가 높은 오픈마켓을 통해 소비자들에게 자신의 상품을 효과적으로 노출시키는 것이 판매량 증대와 직결되므로, 원고의 요구를 거절하기는 어려울 것으로 보이고, 실제로 7개 사업자들은 원고의 위와 같은 요구에 강한 불만을 가지면서도 불이익을 우려하여 원고보다 더 유리한 조건으로 거래하고 있던 엠플온라인과의 거래를 중단하게 되었다.
③ 7개 사업자들은 매출이 상대적으로 높은 우량 판매자들로 보인다.
④ 후발사업자인 엠플온라인이 원고의 이 사건 행위로 인하여 우량한 판매자들과 거래를 확대하여 매출을 늘릴 수 있는 기회를 상실하였다.

거래상대방이 경쟁사업자와 거래하지 아니할 것을 조건으로 그 거래상대방과 거래하는 경우'에 해당한다고 판단하고 말았으니, 이러한 원심판결에는 시장지배적 사업자의 배타조건부 거래행위의 부당성에 관한 법리를 오해한 나머지 필요한 심리를 다 하지 아니한 잘못이 있고, 이러한 잘못은 판결에 영향을 미쳤음이 명백하다. 이를 지적하는 이 부분 상고이유의 주장에는 정당한 이유가 있다."고 하면서 원심판결을 파기했다.355)

## 4. 사례연구 2: 1차 퀄컴판결

### 가. 도  입

퀄컴 사건은 공정거래위원회에서 1차 사건과 2차 사건으로 나뉜다. 1차 사건은 2009년에, 2차 사건은 2017년에 각 공정거래위원회의 제재대상이 되었다. 2차 사건에서 공정거래위원회는 퀄컴의 표준필수특허 남용행위에 대한 제재를 하였고, 퀄컴은 현재 대법원에 계속 중인 1차사건 이후 다시 공정거래위원회의 시정명령을 받게 되었다.

---

355) 대법원 2011. 6. 10. 선고 2008두16322 판결. ("① 원고의 이 사건 행위로 인하여 7개 사업자들이 엠플온라인과 거래를 중단한 기간은 주로 1, 2개월이고, 짧게는 14일, 길게는 7개월 보름 남짓에 불과한 점, ② 그 기간 국내 오픈마켓 시장의 시장점유율 2위 사업자인 원고가 7개 사업자들로부터 얻은 판매수수료 총액이 약 2,500만 원에 불과하여, 원고보다 시장점유율이 훨씬 낮은 엠플온라인에게는 7개 사업자들과 위 기간 거래중단이 없었으면 얻을 수 있었던 판매수수료가 그보다 더 낮았을 것으로 보이는 점, ③ 이 사건 행위의 상대방은 7개 사업자들로서 G마켓에 입점한 약 23만 개의 판매업체를 기준으로 하더라도 그 비율이 극히 미미하고, 국내 오픈마켓 전체 시장을 기준으로 하면 그 비율은 더 낮았을 것으로 보이는 점, ④ 2006년 기준 7개 사업자가 G마켓을 통하여 상품 등을 판매한 거래금액의 비중은 G마켓의 전체 상품판매 거래금액의 0.24%에 불과하고, 오픈마켓 시장 전체를 기준으로 볼 때에도 이에 크게 벗어나지 않을 것으로 보이는 점 등을 알 수 있다.").

그림 3-2    CDMA 표준기술 관련 시장의 구조356)

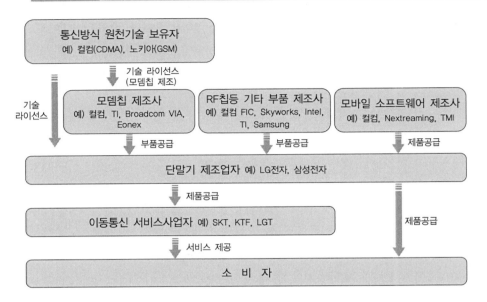

1차 사건은 2019년 1월 대법원 판결이 선고되었지만 파기환송이 되어 여전히 서울고등법원에 일부 쟁점이 남아 있고 이 상황에서 2차 사건의 본안이 서울고등법원에 계속중이다. 1차 사건의 시간대별 전개는 다음과 같다.357)

**공정위 퀄컴 과징금 1차 사건의 전개**

**1차 제재**

－퀄컴, 2000~2009년 삼성전자·LG전자·팬텍 등 국내 휴대폰 제조업체에 코드분할다중접속(CDMA) 기술 사용토록 한 뒤 경쟁사 모뎀칩을 사용하면 로열티를 더 받음.

－공정위, 2009년 7월 퀄컴에 2732억원 과징금 부과. 삼성전자·LG전자·팬택 등 국내 휴대폰 제조업체에 코드분할다중접속(CDMA) 기술 사용토록 한 뒤 경쟁사 모뎀칩을 사용하면 로열티를 더 받고 조건부 리베이트 했는 이

---

356) 공정거래위원회 보도자료, "공정위, 퀄컴사의 모뎀칩 시장 독점력 남용 시정조치" (2009. 7. 23).

357) http://news.chosun.com/site/data/html_dir/2019/02/11/2019021102842.html.

유 (당시 기준 역대 최대 규모)
- 퀄컴, 2010년 2월 과징금 취소소송 제기.
- 서울고등법원, 2013년 6월 공정위 처분에 관해 적법 판단.
- 공정위, 2014년 8월 퀄컴의 이동통신 표준특허 남용행위에 대한 조사 착수. 사실 관계 파악 위해 퀄컴에 자료요구서 발송.
- 공정위, 2015년 3월 한국퀄컴 현장 조사. 하드 디스크 8개 분량 증거 확보.
- 공정위, 2015년 11월 공정위 퀄컴에 심사보고서 발송.
- 대법원, 2019년 1월 "RF칩 리베이트 제공으로 그만한 시장봉쇄효과가 있었다고 보기 어렵다"며 공정위 승소 취지로 일부 파기 환송.

## 나. 제1차 퀄컴 사건의 경과 및 공정위의 의결 등[358]

### (1) 대상 행위 및 사건의 경과

퀄컴사는 한국 정부가 제2 세대 이동통신표준으로 선정한 CDMA 통신기술 관련 특허의 90% 이상을 보유함과 동시에 CDMA 방식 휴대폰의 제조에 필요한 CDMA 모뎀칩과 RF칩을 제조·판매하여 당해 시장에서도 높은 시장지위를 가지는 수직적으로 통합된 사업자이다. 그런데 퀄컴사는 아래 <그림 3-3>에서 보는 바와 같이 자신의 CDMA 관련 특허기술을 라이선스해주면서 모뎀칩을 제조·판매할 권리와, 그 모뎀칩을 사용하여 휴대폰을 제조·판매할 권리를 분리하여, 이를 각각 경쟁 모뎀칩 제조사와 휴대폰 제조사에게 라이선스해주고 로열티를 징수하는 독특한 라이선스 구조를 채택하고 있었다.

제1차 퀄컴 사건에서 문제로 된 행위는 세 가지로 요약할 수 있다. 첫째, 2004년경부터 상류시장(upstream market)이라고 할 수 있는 CDMA 표준 관련 특허

---

358) 공정거래위원회와 퀄컴의 '10년 전쟁'은 1차와 2차 두 갈래로 진행되고 있다. 이날 대법원이 공정위의 손을 들어준 '2000억대 과징금'은 2009년 시작한 '1차전'이다. 공정위와 퀄컴은 이와 별개로, 2016년부터 1조300억원 규모 과징금을 사이에 둔 '2차전'을 진행하고 있다.
앞서 공정위는 퀄컴이 지난 2000년부터 2009년까지 삼성전자·LG전자·팬텍 등 국내 휴대폰 제조업체에 자사의 코드분할다중접속(CDMA) 기술을 사용하도록 한 뒤, 경쟁사 모뎀칩을 사용하면 로열티를 더 받았다는 이유로 2732억원의 과징금을 부과했다. 이는 당시 기준 역대 최대 규모 과징금이었다.
http://news.chosun.com/site/data/html_dir/2019/02/11/2019021102842.html  조선일보 인터넷판 2019. 2. 11. 자. "공정위-퀄컴 '10년 전쟁' 일지".

기술 시장에서 자신의 특허기술을 사용하는 국내 휴대폰 제조사들에 대한 로열티를 책정하면서, 그 기준이 되는 휴대폰 판매가격에서 자신으로부터 구입한 모뎀칩·RF칩 등 부품 가격을 공제하고, 자신으로부터 구입한 모뎀칩을 장착한 휴대폰에 대한 로열티 부과율을 인하하거나 로열티 상한금액을 낮게 책정하는 등의 방법으로 자신으로부터 구입한 부품의 수량이 많을수록 로열티가 저렴하게 산정되도록 하였다('차별적 로열티 부과행위').

둘째, 2000년경부터 하류시장(downstream market)이라고 할 수 있는 CDMA 2000 방식 모뎀칩 시장에서 국내 휴대폰 제조사들에게 모뎀칩과 RF칩을 공급하면서, 각 휴대폰 제조사별로 산정한 기준 수량 또는 각 휴대폰 제조사의 부품 수요량 중 일정 비율 이상을 자신으로부터 구입하는 것을 조건으로 상당한 액수의 리베이트를 소급적·누진적으로 지급하였다('조건부 리베이트 지급행위').

셋째, 1993년경부터 국내 휴대폰 제조사와 CDMA 및 WCDMA 표준 관련 특허기술을 라이선스해주면서 그 계약서에 해당 특허권이 소멸한 뒤에도 종전 로열티의 50%를 납부하도록 하는 조항을 포함시킨 후 이를 계속 유지하였다('특허권 소멸 후 로열티 부과행위').

이를 요약하면 다음의 그림과 같다.

> **그림 3-3**　**퀄컴 사건 1의 행위 개요359)**

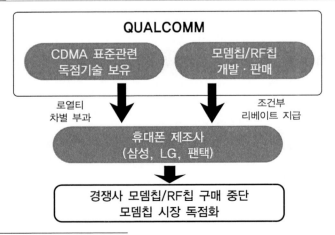

359) 공정거래위원회 보도자료, "공정위, 퀄컴사의 모뎀칩 시장 독점력 남용 시정조치" (2009. 7. 23).

2006년 2월 공정위는 위 행위들이 공정거래법을 위반한 단서를 포착하고, 동년 4월 퀄컴사 및 국내 휴대폰 제조사에 대한 현장조사를 실시하였으며, 그 후 이 사건 행위에 대한 2개 국내 회사와 2개 외국 회사의 신고를 접수한 뒤, 2007년 8월부터 퀄컴사 등에 대하여 4회에 걸쳐서 자료 제출을 요구하였고, 결국 조사를 개시한지 3년이 경과한 2009년 2월에서야 심사보고서를 완성하여 전원위원회에 상정하였다. 공정위 전원위원회는 2009년 5월말부터 7월 중순까지 6회의 회의를 개최하여 심의를 진행한 후, 2009년 7월 23일 이 사건 행위들이 공정거래법상 시장지배적 지위 남용행위 및 불공정거래행위에 해당한다고 판단하고, 이들 행위를 금지하는 시정조치를 명하고 약 2,731억 원의 과징금 부과처분을 내렸다.[360]

그 후 퀄컴사는 위 공정위 처분에 대하여 불복의 소를 제기하였는데, 이를 심리한 서울고등법원은 2013년 6월 이 사건 공정위의 시정명령 중 퀄컴사 이외에 이 사건 행위를 직접 결정하지 않은 퀄컴사의 국내 자회사에 대한 부분과 이 사건에서 실제 문제로 된 '모뎀칩 및 RF칩'이 아니라 '부품'으로 표현한 부분을 취소한 것을 제외하고, 공정위의 사실인정 및 위법성 판단을 모두 수용하고 원고의 청구를 기각하였다.[361]

### (2) 공정위의 의결

공정위는 제1차 퀄컴 사건에서 문제로 된 세 가지 행위 중 차별적 로열티 부과행위는 법 제3조의2가 금지하는 시장지배적 지위 남용행위 및 법 제23조가 금지하는 불공정거래행위에, 조건부 리베이트 지급행위는 시장지배적 지위 남용행위에, 그리고 특허 소멸 후 로열티 부과행위는 불공정거래행위에 해당한다고 결정하였다.[362]

#### 1) 차별적 로열티 부과행위

공정위는 퀄컴사의 차별적 로열티 부과행위를 검토하면서 그 전제로서 동

---

360) 공정위 보도자료, "공정위, 퀄컴사의 모뎀칩 시장 독점력 남용 시정조치"(2009. 7. 23) 및 공정위 의결 제2009-281호(2009. 12. 30).
361) 서울고등법원 2013. 6. 19. 선고 2010누3932 판결. 이 판결에 대해서 상고가 제기되어 이후 대법원 2019. 1. 31. 선고 2013두14726 판결로 대부분의 쟁점이 상고기각되었다.
362) 공정위 의결 제2009-281호(2009. 12. 30).

사업자의 시장지배적 지위가 형성되는 시장으로서 관련 상품시장을 'CDMA 표준에 포함된 특허기술 중 퀄컴사가 보유한 특허기술 전체 시장'으로, 관련 지리적 시장을 '국내시장'으로 획정하였고, 그 시장지배적 지위가 행사되는 시장으로서 관련 상품시장을 'CDMA2000 방식 모뎀칩 시장'으로, 관련 지리적 시장을 '국내시장'으로 획정하였다. 위와 같은 관련시장 획정을 전제로 퀄컴사가 관련시장에서 완전한 독점력을 보유하고 있고 신규진입 역시 사실상 불가능한 점 등을 근거로 쉽게 시장지배적 사업자로 인정하였다.

또한 공정위는 위 행위에 적용되는 시장지배적 지위 남용행위의 유형과 관련하여, 이 사건 차별적 로열티 부과행위는 휴대폰 제조사에 대하여 자신이 제공하는 모뎀칩을 사용하는지 여부에 따라서 로열티 부과율 등의 거래조건을 달리 정한 것이므로 '거래상대방에게 가격 또는 거래조건을 부당하게 차별하는 행위'(시장지배적 지위 남용행위 심사기준 Ⅳ. 3. 라. (2))로서 법상 시장지배적 지위 남용행위의 유형 중 '다른 사업자의 사업활동 방해'(법 제3조의2 제1항 제3호)에 해당하고, 또한 '부당하게 거래지역 또는 거래상대방에 따라 현저하게 유리하거나 불리한 가격으로 거래하는 행위'(법 시행령 [별표 1의2] 제2호 가목)로서 법 제23조가 금지하는 불공정거래행위의 유형 중 '차별적 취급'(법 제23조 제1항 제1호 후단)에 해당한다고 하였다.

나아가 공정위는 위 행위의 부당성을 판단함에 있어서 2007년 대법원이 POSCO 사건 판결에서 제시한 판단기준을 그대로 적용하였다. 대법원은 위 사건에서 내린 전원합의체 판결에서 시장지배적 지위 남용행위로서의 부당성이 인정되기 위해서는 시장에서 독점을 유지·강화할 의도나 목적을 갖고 객관적으로도 경쟁제한의 효과가 생길 만한 우려가 있어야 한다고 판시하였고[363] 그 이후 각급 법원이 이를 충실하게 따르고 있어서 이제는 확립된 판례 법리라고 할 수 있는데, 공정위는 제1차 및 제2차 퀄컴 사건에서 이 판례 법리를 적용하여 문제로 된 행위들의 부당성을 판단하였다.

공정위는 차별적 로열티 부과행위의 경쟁제한적 의도·목적과 관련하여, 이 사건 차별적 로열티 부과행위가 이루어진 그 시점, 문제로 된 라이선스 계

---

363) 대법원 2007.11.22. 선고 2002두8626 판결.

약상 자신의 모뎀칩을 일정 비율 이상 구매하지 않을 경우 계약을 해지할 수 있도록 한 조항, FRAND 조건의 준수 필요성에 대한 인식, 퀄컴사의 내부 자료 등을 근거로 경쟁제한적 의도·목적이 인정된다고 하였다. 나아가 위 행위의 경쟁제한의 우려와 관련하여, 표준화기구들이 FRAND 조건의 확약과 준수를 요구하는 것은 표준설정으로 인하여 획득한 독점력의 남용을 방지하기 위한 필수적 조치로서 표준필수특허 보유자가 FRAND 조건에 반하는 행위를 할 경우에 그 자체로서 경쟁제한의 우려가 있다고 하면서, 이 사건 차별적 로열티 부과행위는 CDMA 표준 관련 FRAND 조건을 위반한 것으로서 특히, 수직적으로 통합된 사업자가 FRAND 조건을 위반한 행위이므로 CDMA2000 방식 모뎀칩 시장에서 시장봉쇄 효과가 발생할 우려가 매우 크다고 하였다. 그밖에도 수직적으로 통합된 독점사업자의 차별행위는 진입장벽으로 작용할 우려가 있다는 점, 이 사건 로열티 차별의 정도와 그 기간이 상당한 점, 휴대폰 시장에서의 경쟁상황이 치열하다는 점, 아래에서 설명하는 조건부 리베이트 지급행위와 동시에 이루어짐에 따라 경쟁사업자의 사업활동을 방해하는 효과가 크다는 점 등을 근거로 경쟁제한의 우려를 인정하였다.[364]

또한 공정위는 이 사건 차별적 로열티 부과행위가 위에서 설명한 바와 같이 CDMA2000 방식 모뎀칩 시장에서의 경쟁을 제한함에 따라 퀄컴사의 지위를 유지·강화한 점, 경쟁사업자를 배제하려는 의도가 인정되는 점, 로열티 차별의 정도 및 지속성에 비추어 볼 때 경쟁사업자를 배제하거나 시장진입을 저지하기에 충분한 것으로 판단할 수 있는 점 등을 근거로 법상 불공정거래행위 중 부당한 차별적 취급(법 제23조 제1항 제1호 후단)에도 해당된다고 하였다.

2) 조건부 리베이트 지급행위

공정위는 퀄컴사의 조건부 리베이트 지급행위를 검토하면서 그 전제로서 모뎀칩 관련 리베이트의 관련 상품시장은 'CDMA2000 방식 모뎀칩 시장'으로, RF칩 관련 리베이트의 관련 상품시장은 'CDMA2000 RF칩 각 세부 칩 시장'으로 획정하고, 관련 지리적 시장은 '국내시장'으로 획정하였다. 위와 같은 관련

---

364) 추가적으로 공정위는 이 사건 행위로 인하여 실제로 경쟁사업자가 배제되는 효과가 발생하였고 제품의 다양성이 감소하고 가격인하가 저해되는 등 소비자피해가 발생하였다고 인정하였다.

시장 획정을 전제로 퀄컴사가 관련시장에서 각각 98% 및 70% 이상의 높은 시장점유율을 가지고 있고 당해 시장의 신규진입 역시 곤란한 점 등을 근거로 시장지배적 사업자로 인정하였다.

또한 공정위는 위 행위에 적용되는 시장지배적 지위남용행위의 유형과 관련하여, 이 행위는 거래상대방이 자신의 제품을 일정 비율 또는 일정 규모 이상 구매하는 경우 기존 구입 물량에 대해서 리베이트를 소급해서 지급하는 것으로서 비록 부과된 조건이 100% 배타조건에는 이르지 않더라도 경쟁사업자를 배제할 수 있고, 특히 퀄컴사는 경쟁사업자들과는 달리 관련 분야 특허까지 보유하면서 모뎀칩·RF칩을 동시에 생산하고 있는 점 등을 고려할 때 '배타조건부 거래'(법 시행령 제5조 제항 제2호)로서 법상 시장지배적 지위남용행위의 유형 중 '경쟁사업자 배제행위'(법 제3조의2 제1항 제5호 전단)에 해당된다고 하였다.

나아가 공정위는 이 사건 조건부 리베이트 지급행위의 경쟁제한적 의도·목적과 관련하여, 리베이트의 제공 시기, 퀄컴사의 내부 자료, 그리고 리베이트 지급구조가 거래상대방에 따라 다르게 설계되고 소급적·누진적으로 지급된 점 등을 근거로 경쟁제한적 의도·목적이 인정된다고 하였다. 또한 위 행위의 경쟁제한의 우려와 관련하여, 퀄컴사의 시장지배적 지위가 확고한 점, 이 사건 리베이트 지급구조가 휴대폰 제조사의 수요량 대부분을 퀄컴사로부터 구입하도록 설계되었고 누진적·소급적으로 지급하도록 되었으며 지급기준이 거래상대방에 따라 다르고 복잡·불투명하여 거래상대방이 경쟁사업자와의 가격비교를 하기 어렵게 한 점, 리베이트 제공기간이 장기간이고 경쟁사업자의 진입 및 확장 시기에 제공되었다는 점 및 차별적 로열티 부과행위와 동시에 이루어짐에 따라 경쟁자 배제효과가 크다는 점 등을 근거로 경쟁제한의 우려를 인정하였다.[365]

3) 특허권 소멸 후 로열티 부과행위

공정위는 퀄컴사가 국내 휴대폰 제조사들과 CDMA 및 WCDMA 기술 라이선스 계약을 체결하거나 이를 수정하면서, 특허권이 소멸하거나 효력이 없게 된 이후에도 종전 로열티의 일정 부분을 계속 지급하도록 한 행위를 불공정거

---

[365] 추가적으로 공정위는 이 사건 조건부 리베이트 제공행위로 인하여 실제로 경쟁사업자가 배제되는 효과가 발생하고 소비자의 제품 선택권이 축소되었다고 인정하였다.

래행위의 유형 중 거래상 지위의 남용(법 제23조 제1항 제4호)에 해당한다고 하였다. 먼저, 퀄컴사는 CDMA 및 WCDMA 관련 표준필수특허를 다수 보유하고 있으므로 거래상대방인 휴대폰 제조사나 이동통신용 부품 및 장비 제작 업체들이 CDMA 및 WCDMA 방식 이동통신용 부품과 휴대폰을 제작하기 위해서는 반드시 퀄컴사로부터 라이선스를 받아야 하고, 거래대상이 배타적 지배권이 인정되는 특허기술이므로 CDMA 및 WCDMA 이동통신 관련 기술시장에서 퀄컴사의 거래상 우월적 지위가 인정된다고 하였다.

나아가 특허권의 효력이 지속되는 동안만 로열티를 지급하는 것이 통상적인 거래관행인점, 퀄컴사 역시 특허권 소멸 후 로열티 부과 조항이 통상적인 거래관행에 반하는 행위임을 인지하고 있었음에도 그 거래상 지위를 이용하여 라이선스 계약 내용에 포함시킨 점, 특허권의 취지상 특허기술의 독점적 실시권은 일정 기간 동안만 인정하고 존속기간이 만료하면 더 이상 그 권리를 행사할 수 없다는 점 등에 비추어 볼 때, 이 사건 특허권 소멸 후 로열티 부과행위는 부당하게 불이익을 제공한 행위에 해당하고 이를 정당화할 만한 효율성 증대 효과나 기타 합리적 사유가 존재하지 않는다고 하였다.

4) 소  결

위 각 쟁점 중에서 특허권 소멸 후 로열티 부과행위에 대해서는 퀄컴사가 이를 다투지 않았기 때문에 서울고등법원에서 쟁점이 된 것은 로열티 차별적 부과행위와 조건부 리베이트 지급행위만이 쟁점이 되었다.

### (3) 서울고등법원의 각 쟁점별 판단

1) 로열티 차별적 부과행위에 대한 판단

퀄컴은 이 사건 로열티 차별적 부과행위에 관하여 거래상대방인 각 휴대폰 제조사에 대하여 동일한 조건을 부과하였으므로 시장지배적 지위 남용행위 또는 불공정거래행위로서의 차별행위에 해당할 수 없다고 주장하였는데, 이에 대하여 공정위는 시장지배적 지위 남용행위 심사기준의 내용을 원용하면서 차별행위는 두 가지 이상의 상품을 공급하는 사업자가 자신의 제품을 같이 구입하는지 여부에 따라 거래조건을 달리 정하는 경우도 포함한다고 하였고,[366] 서

---

366) 공정위 의결 제2009-281호(2009. 12. 30), 38면.

울고등법원 역시 법상 차별행위는 반드시 복수의 거래상대방을 전제하고 있다고 볼 수 없으므로 가격차별행위는 반드시 둘 이상의 구매자 사이에 가격을 차별하는 경우에 한정되지 않고, 하나의 구매자에 대하여 구체적 조건에 따라 가격을 차별적으로 할인하는 경우도 포함된다고 하였다.[367]

퀄컴은 이 사건 로열티를 산정하면서 자신으로부터 구입한 부품가격을 공제한 것은 1993년 당시 경제기획원 공정거래실이 제정한 '표준기술도입계약서'의 내용을 반영한 것으로서 정부기관의 승인을 받은 사항이고, 수출용 휴대폰에 대한 로열티 부과율을 인하하고 상한금액을 하향 조정한 것은 휴대폰 제조사들의 요청을 수용한 결과이므로 경쟁제한의 의도가 존재하지 않는다고 주장하였다. 이에 대하여 공정위는 표준기술도입계약서의 내용을 반영한 것이라고 할지라도 경쟁제한의 의도가 없었다고 단정할 수 없으며 이를 이용하여 경쟁제한적 행위를 하려는 목적이 인정되고, 문제로 된 2004년 라이선스 계약은 1993년 계약과는 전혀 다른 계약이며, 휴대폰 제조사들은 로열티 부담 완화를 요구하였을 뿐인데 퀄컴사가 이를 계기로 로열티 차별을 통해 경쟁을 제한하려는 의도가 인정된다고 하였다.[368]

또한 서울고등법원은 유사한 근거로 경쟁제한의 의도가 인정된다고 하였는데, 특히 1996년 우리나라 CDMA 이동통신표준이 제정되었고 그에 따라 퀄컴사가 FRAND 확약을 제출함으로써 로열티를 차별적으로 부과하는 이 사건 부품가격공제 조항이 FRAND 확약에 위반되어 허용될 수 없는 것임을 알 수 있었음에도 2004년 라이선스 수정계약을 체결하면서 이를 유지한 점을 중요한 근거로 제시하였다.[369]

2) 조건부 리베이트 지급행위에 대한 판단

퀄컴사는 이 사건 조건부 리베이트 지급행위는 그 성질상 가격할인행위로서 막강한 구매력을 지닌 휴대폰 제조사의 요구에 따른 것으로서 경쟁제한의 의도나 목적이 없었다고 주장하였다. 이에 대하여 공정위는 이 사건 리베이트 지급행위는 단순한 대량 구매 할인이 아니라 그 제공 의도나 배경, 제공시기,

367) 서울고등법원 2013. 6. 19. 선고 2010누3932 판결, 10면.
368) 공정위 의결 제2009-281호(2009. 12. 30), 59면.
369) 서울고등법원 2013. 6. 19. 선고 2010누3932 판결, 15면.

소급적·누진적 지급구조 등에서 경쟁사업자 배제의 목적이 확인된다고 하였다.[370] 또한 서울고등법원 역시 이 사건 조건부 리베이트 지급행위에 적용된 시장지배적 지위 남용행위의 세부유형인 '배타조건부 거래행위'는 통상 그러한 행위 자체에 경쟁을 제한하려는 의도나 목적이 포함되어 있다고 봄이 일반적이라고 한 선판결례[371]를 제시하면서, 이 사건 리베이트 지급행위가 이루어진 시기, 리베이트 지급에 관하여 배타조건이 부가된 경위, 퀄컴사의 내부 문서에 나타난 동기, 이 사건 이외에 총 수요량 중 일정 비율 이상의 구매를 조건으로 한 리베이트 지급 사례를 찾아보기 어렵다는 점 등을 근거로 경쟁제한의 의도·목적이 인정된다고 하였다.[372]

퀄컴사는 이 사건 로열티 할인 및 리베이트 지급은 결국 모뎀칩 가격을 할인하는 효과가 있는데, 그 할인된 가격이 비용수준에 미달하는 소위 '약탈적 가격책정'(predatory pricing)에 해당하지 않는 이상 정당한 가격경쟁으로 보아야 한다고 주장하였다.[373] 이에 대하여 공정위는 이 사건 행위의 경쟁제한성은 해당 행위의 의도, 가격차별의 정도 및 기간 등을 종합적으로 고려하여 판단하여야 하고 비용─가격 테스트는 경쟁제한성을 입증하는 다양한 방법 중 하나이지 유일한 판단기준이 아니라고 전제하고, 신뢰할 만한 비용·가격 데이터를 확보하기 매우 어렵고 규모의 경제나 브랜드 효과가 존재할 경우 유효가격이 비용보다 높은 수준에서 형성되더라도 경쟁사업자가 배제될 수 있는 등의 한계로 인하여 가격이 비용을 상회한다는 이유만으로 경쟁제한적 효과를 부인하기 어려우며,[374] 특히 동등 효율 경쟁자 가정에 입각한 비용─가격 테스트는 여러 가지 이론적·기술적 한계를 가진다고 지적하면서 퀄컴사가 제출한 비용─가격 테스트의 신뢰성 역시 인정할 수 없다고 하였다.[375]

서울고등법원 역시 이 사건 행위는 단순히 모뎀칩의 가격을 할인하는 것에 그치지 않고 이동통신기술 라이선스 시장에서 절대적인 지배력을 갖는 퀄

---

370) 공정위 의결 제2009─281호(2009.12.30), 94면.
371) 대법원 2009. 7. 9. 선고 2007두22078 판결.
372) 서울고등법원 2013.6.19. 선고 2010누3932 판결, 28면.
373) 공정위 의결 제2009─281호(2009.12.30), 60면 및 124면.
374) 공정위 의결 제2009─281호(2009.12.30), 61면.
375) 공정위 의결 제2009─281호(2009.12.30), 124─126면.

컴사가 그 지위를 이용하여 자신이 공급하는 모뎀칩을 구매하는지에 따라서 가격을 차별함으로써 다른 사업자의 사업활동을 방해하고, 또한 수요량의 일정 비율 이상을 자신으로부터 구매하도록 하는 구속력이 있는 배타조건을 부가함으로써 경쟁사업자를 배제하여 관련시장에서 경쟁을 제한하고자 하는 것이므로 단순한 가격할인행위와 같이 볼 수 없고 로열티 할인과 리베이트 제공으로 할인된 모뎀칩의 실질 판매가격이 비용보다 높다는 사정만으로 부당성이 조각될 수 없다고 하였다.[376]

그 밖에도 퀄컴사는 이 사건 행위로 인하여 모뎀칩·휴대폰·서비스 등 모든 공급단계에서 가격이 인하되고 전반적인 판매량이 증가하고 기술 혁신 및 제품의 다양성도 증가하는 등 친경쟁적 효과가 발생하였으므로 부당성을 인정할 수 없다고 주장하였다.[377] 이에 대하여 공정위는 위와 같은 친경쟁적 효과는 일반적인 내용에 불과하여 효율성의 실현 가능성, 효율성 실현을 위한 이 사건 행위의 필수성 및 최소 경쟁제한성, 부정적 효과의 상쇄 등 효율성 항변이 인정되기 위한 요건을 충족시키지 못하였다고 하였다.[378] 서울고등법원 역시 퀄컴사가 국내 휴대폰 제조사에 대하여 전 세계에서 가장 낮은 가격으로 모뎀칩을 공급하였으므로 독점화의 폐해나 우려가 발생하지 않았고, 모뎀칩의 가격이 지속적으로 하락하고 산출량은 급격하게 증가하고 성능과 품질 역시 급격하게 향상되었으며, 리베이트 제공 등으로 이중한계화와 과소투자 문제가 해결되는 등 친경쟁적 효과가 발생하였다는 주장에 대하여, 가격 하락, 산출량 증가, 성능 개선 등은 이동통신시장의 일반적인 현상으로서 이를 이유로 경쟁 제한 효과를 상쇄할만한 친경쟁적 효과가 발생한 것이라고 볼 수 없고, 이 사건 행위의 독점화 폐해가 없었다거나 이중한계화와 과소투자 문제를 해결하는 등의 효과가 발생하였다고 인정하기 어렵다고 하였다.[379]

### (4) 대법원의 판결

대법원은 6년 가까운 심리 끝에 서울고등법원의 판결을 대부분 유지하였

---

376) 서울고등법원 2013. 6. 19. 선고 2010누3932 판결, 30-31면.
377) 공정위 의결 제2009-281호(2009. 12. 30), 129면.
378) 같은 면.
379) 서울고등법원 2013. 6. 19. 선고 2010누3932 판결, 32-33면.

다.380) 배타조건부 거래행위의 성립요건에 관하여 대법원은 "「독점규제 및 공정거래에 관한 법률」(이하 '법'이라고 한다) 제3조의2 제1항 제5호 전단은 시장지배적 사업자의 지위 남용행위로 '부당하게 경쟁사업자를 배제하기 위하여 거래하는 행위'를 규정하고, 「독점규제 및 공정거래에 관한 법률 시행령」(이하 '시행령'이라고 한다) 제5조 제5항 제2호는 그 행위의 하나로 '부당하게 거래상대방이 경쟁사업자와 거래하지 아니할 것을 조건으로 그 거래상대방과 거래하는 경우'를 들고 있다. 여기서 '경쟁사업자와 거래하지 아니할 조건'은, 시장지배적 사업자에 의하여 일방적·강제적으로 부과된 경우에 한하지 않고 거래상대방과의 합의에 의하여 설정된 경우도 포함된다. 또한 '경쟁사업자와 거래하지 아니할 것을 조건으로 거래하는 행위'는 그 조건의 이행 자체가 법적으로 강제되는 경우만으로 한정되지는 않고, 그 조건 준수에 사실상의 강제력 내지 구속력이 부여되어 있는 경우도 포함된다. 따라서 실질적으로 거래상대방이 조건을 따르지 않고 다른 선택을 하기 어려운 경우 역시 여기에서 당연히 배제된다고 볼 수는 없다."고 판시하였다. 대법원 판단의 이유는 다음과 같다.

대법원은, "먼저 법령 문언이 그 조건 준수에 법적·계약적 구속력이 부여되는 경우만을 전제한다고 보기는 어렵다. 나아가 당연히 배타조건부 거래행위의 형식적 요건에 해당된다고 널리 인정되는 이른바 '전속적 거래계약'처럼 경쟁사업자와 거래하지 않기로 하는 구속적 약정이 체결된 경우와, 단순히 경쟁사업자와 거래하지 아니하면 일정한 이익이 제공되고 반대로 거래하면 일정한 불이익이 주어지는 경우 사이에는 경쟁사업자와 거래하지 않도록 강제되는 이익의 제공이 어느 시점에, 어느 정도로 이루어지는지에 따른 차이가 있을 뿐이고, 그와 같은 강제력이 실현되도록 하는 데에 이미 제공되었거나 제공될 이익이나 불이익이 결정적으로 기여하게 된다는 점에서는 실질적인 차이가 없다."고 하면서, "여기에 더하여 경쟁제한적 효과를 중심으로 시장지배적 지위 남용행위를 규제하려는 법의 입법목적까지 아울러 고려하여 보면, 결국 조건의 준

---

380) 대법원 2019. 1. 31. 선고 2013두14726 판결. 대법원은 대부분의 상고를 기각하면서도 원심판결의 원고 퀄컴 인코포레이티드 패소 부분 중 RF칩에 대한 조건부 리베이트 제공행위로 인한 과징금 납부명령 부분만을 파기하고 이 부분 사건을 서울고등법원에 환송하였다.

수에 계약에 의한 법적 강제력 내지 구속력이 부과되는지 여부에 따라 배타조건부 거래행위의 성립요건을 달리 보는 것은 타당하지 않다. 따라서 경쟁사업자와 거래하지 않을 것을 내용으로 하는 조건의 준수에 이익이 제공됨으로써 사실상의 강제력 내지 구속력이 있게 되는 경우라고 하여 '경쟁사업자와 거래하지 아니할 것을 조건으로 거래하는 행위'에 형식적으로 해당되지 않는다고 볼 수는 없다."고 판시하였다.

대법원은 이런 법리에 기초하여 원심이 시장지배적 지위 남용행위인 배타조건부 거래행위의 형식적 성립요건, 조건의 강제성 내지 구속력 등에 관한 판단을 유지하였다.

# 제 2 절  수직통합적 표준필수특허권자의 특허 · 제품 연계행위에 대한 경쟁법적 규율

## I. 수직통합적 표준필수특허권자의 연계행위의 의의

사업자가 기술시장(특허라이선스 시장)에서 사업을 영위하면서, 그 기술을 이용한 제품시장에서도 사업을 영위하고 있는 경우나, 부품시장에서 사업을 영위하고 있으면서 그 부품을 이용한 제품을 제조하는 사업을 영위하는 경우, 통신시장에서 망(network)서비스를 제공하면서, 망서비스를 이용하는 서비스도 제공하는 사업을 하는 경우와 같이 수직통합적 사업자인 경우들이 있다. 망사업과 그 서비스의 경우에는 망중립성381) 쟁점이나 이윤압착(margin squeeze)382)와 같은 쟁점과 같은 법률상 쟁점들이 있다. 기술시장과 제품시장과 부품시장과 제품시장과 같은 경우에 이런 수직통합형 사업을 하는 경우에 법적인 문제에 대해서도 사후서비스시장(후속시장, aftermarket)에서의 경쟁법적 쟁점이 논란이 되어 왔다.383) 만일 기술시장에서 표준필수특허권자가 당해 표준필수특허를 이용한 제품을 생산하는 업을 동시에 하고 있는 경우에 특정한 제품을 공급받으려고 하면 반드시 표준필수특허의 라이선스를 받도록 하는 것과 같이 두 시장간의 상호연계행위를 하는 경우가 경쟁법 위반이 되는 경쟁제한적 행위가 되는지 여부를 살펴볼 필요가 있다.

---

381) 최승재, 경쟁법 관점에서 본 망중립성에 대한 연구, 언론과법 제10권2호 (2011.12); 최승재, 모바일 플랫폼 중립성 개념정립, 서강대학교 법과기업연구 제1권 제1호 (211. 7); 최승재, 통신산업에서의 네트워크 중립성 논의와 적용에 대한 연구, 서울대학교 법학연구 (2008); 권오성, FCC의 망중립성 규정 폐지 및 국내영향, KISO 저널 제29호 (2017. 12).
382) 이석준, 최인선, 수직적 통합기업의 가격압착행위에 관한 미국과 EU 판결의 비교 분석, 경쟁저널 제144권 (2009); 황태희, 시장지배적 사업자의 이윤압착 행위의 부당성 판단, 사법 제38호 (2016); 임용, 경쟁자의 비용 증대를 통한 배제 전략의 경쟁법적 고찰 — 담배진열 공간 사례를 중심으로 —, 서울법학 제26권 제4호(2019. 2).
383) Competition Issues in Aftermarkets — Note from the United States, OECD 2017. 5. 26.

## Ⅱ. 퀄컴의 소위 No license, No Chip 정책의 위법성

### 1. 퀄컴의 라이선스 거절행위의 위법성

2차 퀄컴 사건에서 퀄컴이 행한 불공정거래행위의 한 유형인 라이선스를 받지 않으면 칩을 공급하지 않는다는 정책[384]은 표준필수특허권자의 불이익제 공강제행위의 사례이다. 퀄컴의 이와 같은 부당한 라이선스정책에 대해서는 각국의 경쟁당국의 제재가 이어지고 있다.

미국 북부캘리포니아연방지방법원이 퀄컴의 No license, No chip 정책이 경쟁법 위반이라는 미국연방거래위원회의 주장을 받아들였다.[385] 2020.8.11. 이후 제9항소법원은 지방법원의 판결을 취소하였고, 이후 연방거래위원회가 상고를 포기하여 확정되었다.[386] 그리고 대만공평위원회도 퀄컴의 행위가 위법이

---

384) 이하 'No license, No Chip 정책'이라고 한다.

385) FTC v. Qualcomm Inc., No. 17-CV-00220-LHK, 2019 WL 2206013 (N.D. Cal. May 21, 2019)(The court found that Qualcomm had violated Section 5 of the FTC Act by engaging in monopolization and unreasonable restraints of trade under legal standards that apply to Sections 1 and 2 of the Sherman Act. The court stated expressly that it did not reach the FTC's claim that Qualcomm's behavior also constitutes a separate "unfair method of competition." So its legal conclusions rest solely on its interpretation of Sections 1 and 2 of the Sherman Act.). 이 판결과 관련하여, 참고할 글로 Statement of Interest of the United States of America, FTC v. Qualcomm, Inc., No. 17-CV-00220-LHK (2019) (ECF No. 1487); Press Release, FTC, Statement by Federal Trade Commission Bureau of Competition Director Bruce Hoffman on District Court Ruling in Agency's Monopolization Case against Qualcomm (May 22, 2019); Christine Wilson, Op-Ed, A Court's Dangerous Antitrust Overreach, Wall St. J. (May 28, 2019); Press Release, FTC, Statement of Commissioner Rohit Chopra on the Ruling by Judge Lucy Koh in Federal Trade Commission v. Qualcomm Incorporated (May 22, 2019).

386) 2021. 3. 29. 레베카 캘리 슬로터(Rebecca Kelly Slaughler) 연방거래위원회 위원장 대행은 상고를 포기했으나, 연방항소법원의 결정에 동의하는 것은 아니라고 하였다. ("Given the significant headwinds facing the Commission in this matter, the FTC will not petition the Supreme Court to review the decision of the Court of Appeals for the Ninth Circuit in FTC v. Qualcomm. The FTC's staff did an exceptional job presenting the case, and I continue to believe that the district court's conclusion that Qualcomm violated the antitrust laws was entirely correct and that the court of appeals erred in concluding otherwise. Now more than ever, the FTC and other law enforcement

라고 판단했다. 이후 퀄컴이 불복하자 퀄컴과 합의를 통해서 대만에 대한 퀄컴의 투자를 조건으로 해서 제재를 종결하였지만 퀄컴의 행위를 위법으로 판단하였다는 점이 달라지는 것은 아니다.387) 중국 국가발전개혁위원회(NDRC, The National Development and Reform Commission of the People's Republic of China)가 퀄컴의 반경쟁 행위에 대한 조사 결과 2015. 2. 그 시장지배적 지위를 인정하고 퀄컴의 거래 구조가 경쟁법에 위반하는 행위임을 선언하고 그 시정을 명하였다. 이에 대해서 퀄컴은 표준필수특허와 비표준필수특허를 포괄적으로 라이선스 하는 거래 방식을 중단하고, 협상기간 중에 휴대폰제조사들에게 특허 관련 정보를 제공하며, 로열티 수준을 조정하고, 중국 NDRC가 비합리적이라고 판단한 조건이 포함된 라이선스계약을 체결하는 것을 모뎀칩셋 공급의 전제 조건으로 삼지 않겠다는 시정조치 이행을 확약하기까지 하였다.388) 퀄컴과 같이 시장지배적 사업자의 경우 퀄컴이 공정거래법상 모뎀칩셋 시장에서의 시장점유율을 통해서 시장지배적 지위 사업자로 추정되고, 이동통신 표준필수특허에 대한 라이선스

---

agencies need to boldly enforce the antitrust laws to guard against abusive behavior by dominant firms, including in high-technology markets and those that involve intellectual property. I am particularly concerned about the potential for anticompetitive or unfair behavior in the context of standard setting and the FTC will closely monitor conduct in this arena.")

387) 경제지인 Forbes는 퀄컴이 어떻게 대만 공평위(우리나라의 공정위에 해당함)와의 합의를 통해서 774,000,000USD에 이르는 경쟁법 위반에 따른 벌금을 피할 수 있었는지에 대한 기사를 게재하였다.
https://www.forbes.com/sites/ralphjennings/2018/09/19/how-qualcomm-escaped-a-760-million-antitrust-fine-and-made-tech-hub-taiwan-happy/#60a7bb1d78ed

388) An Overview of the NDRC Decision in the Qualcomm Investigation, July 2015. Winston&Strawn LLP.("1. Qualcomm controlled this market because manufacturers could not produce 3G and 4G smartphones without risking Qualcomm's initiating patent infringement lawsuits or seeking injunctions; 2. Smartphones manufacturers are highly reliant on Qualcomm's SEP portfolio, because each 3G and 4G SEP is indispensable and irreplaceable for such manufacturers; and 3. Entry into the market is difficult because, once a patent is incorporated into a standard, competing technologies are excluded from such standards, and switching to an alternative standard involves unbearable costs."). https://www.winston.com/en/thought-leadership/an-overview-of-the-ndrc-decision-in-the-qualcomm-investigation.html

를 거절하는 것은 명백한 FRAND 원칙 위반이고, 퀄컴의 No License, No Chip 정책은 지렛대로 기능하여 휴대폰 제조사 등에게 부당한 거래조건을 강제한 사정은 미국 연방거래위원회가 퀄컴의 반경쟁 행위에 대해 제기한 소송 및 대만 공평교역위원회의 결정 및 중국 NDRC의 2015년 결정 등을 통해 충분히 확인되고 있다.

## 2. 불이익강제행위

### 가. 기본법리

시장지배적 사업자의 불이익강제행위는 시지사업자가 부당하게 거래상대방에게 불이익이 되는 거래 또는 행위를 강제함으로써 그 사업자의 사업활동을 어렵게 하는 행위를 말한다.[389)]

> **법 제3조의2 (시장지배적지위의 남용금지)** ① 시장지배적사업자는 다음 각 호의 1에 해당하는 행위(이하 "남용행위"라 한다)를 하여서는 아니된다.
> 3. 다른 사업자의 사업활동을 부당하게 방해하는 행위
>
> **시행령 제5조 (남용행위의 유형 또는 기준)** ③ 법 제3조의2(시장지배적지위의 남용금지)제1항 제3호의 규정에 의한 다른 사업자의 사업활동에 대한 부당한 방해는 직접 또는 간접으로 다음 각호의 1에 해당하는 행위를 함으로써 다른 사업자의 사업활동을 어렵게 하는 경우로 한다.
> 1.~3. (생략)
> 4. 제1호 내지 제3호 외의 부당한 방법으로 다른 사업자의 사업활동을 어렵게 하는 행위로서 공정거래위원회가 고시하는 행위
>
> **심사기준 Ⅳ. 시장지배적지위 남용행위의 세부 유형 및 기준**
> 3. 다른 사업자의 사업활동에 대한 부당한 방해행위(법 제3조의2 제1항 제3호) 직접 또는 간접적으로 다음 각 호의 1에 해당하는 행위를 함으로써 다른 사업자의 사업활동을 어렵게 하는 경우(영 제5조 제3항)
> 가. ~ 다. (생략)

---

389) 대법원 2008.12.11. 선고 2007두25183 판결.

> 라. 이 외에 다음과 같은 행위로서 다른 사업자의 사업활동을 어렵게 하는
> 행위(영 제5조 제3항 제4호)
> (1) ~ (2) (생략)
> (3) 부당하게 거래상대방에게 불이익이 되는 거래 또는 행위를 강제하
> 는 행위
> (4) ~ (6) (생략)

일본 사적독점금지법 제2조 제9호 제4호 및 일반지정 제12호는 사업자의 가격결정 등의 사업활동을 구속하는 행위를 규제한다. 상대방의 사업활동의 구속이 되는 경우가 규율의 대상이 된다. 일본 최고재판소는 제1차 유아용분유(화광당) 사건에서 구속의 의미에 대해서 반드시 거래조건을 계약에 따르도록 규정하여야 하는 것은 아니며, 이런 경우가 아니라고 하더라도 경제상으로 어떤 불이익을 수반하는 것으로 현실적으로 실효성이 확보되는 경우이면 족하다고 판시하였다.390)

지적재산권의 행사에 의한 경쟁법 위반의 사안은 단독행위의 경우와 공동행위의 경우, 그리고 양자가 결합한 형태로 이루어진다.391) 단독행위로 배제행위가 이루어지는 경우의 대표적인 유형의 하나가 불이익을 강제하는 행위이다. 시장지배적 사업자의 불이익강제행위가 지위남용행위가 되기 위해서는 포스코 판결에서 설시한 의도와 효과가 증명되어야 하는데, 대법원은 "독점규제 및 공정거래에 관한 법률 제3조의2 제1항 제3호의 시장지배적 사업자의 지위남용행위로서 불이익 강제행위의 부당성은 '독과점 시장에서의 경쟁촉진'이라는 입법목적에 맞추어 해석해야 하므로, 시장지배적 사업자가 개별 거래의 상대방인 특정 사업자에 대한 부당한 의도나 목적을 가지고 불이익 강제행위를 한 모든 경우 또는 불이익 강제행위로 특정 사업자가 사업활동에 곤란을 겪게 되었다거나 곤란을 겪게 될 우려가 발생하였다는 것과 같이 특정 사업자가 불이익을 입게 되었다는 사정만으로는 부당성을 인정하기에 부족하고, 그중에서도 특히 시장에서의 독점을 유지 · 강화할 의도나 목적, 즉 시장에서의 자유로운 경쟁을

---

390) 最高裁 昭和 50年 7月 10日 判決.
391) 村上政博, 獨占禁止法, 弘文堂 (2016) 400頁.

제한함으로써 인위적으로 시장질서에 영향을 가하려는 의도나 목적을 갖고, 객관적으로도 그러한 경쟁제한의 효과가 생길 만한 우려가 있는 행위로 평가될 수 있는 불이익 강제행위를 하였을 때에 부당성이 인정될 수 있다."고 보았다.392)

　　시장지배적 사업자의 불이익 강제행위가 지위남용행위에 해당하는 지 여부에 대한 증명책임은 이를 주장하는 공정거래위원회에 있다. 즉 공정거래위원회는 불이익 강제행위가 경쟁제한의 효과가 생길 만한 우려가 있는 행위로서 그에 대한 의도와 목적이 있었다는 점을 입증하여야 하는 것이다.393)

　　대법원은 불이익 강제행위로 인하여 현실적으로 위와 같은 효과가 나타났음이 입증된 경우에는 그 행위 당시에 경쟁제한을 초래할 우려가 있었고 또한 그에 대한 의도나 목적이 있었음을 사실상 추정할 수 있다 할 것이지만, 그렇지 않은 경우에는 불이익 강제행위의 경위 및 동기, 불이익 강제행위의 태양, 관련시장의 특성, 불이익 강제행위로 인하여 거래상대방이 입은 불이익의 정도, 관련시장에서의 가격 및 산출량의 변화 여부, 혁신 저해 및 다양성 감소 여부 등 여러 사정을 종합적으로 고려하여 불이익 강제행위가 위에서 본 경쟁제

---

392) 대법원 2014. 11. 13. 선고 2009두20366 판결.
393) 대법원 2008. 12. 11. 선고 2009두20366 판결("시장지배적 사업자의 불이익 강제행위가 지위남용행위에 해당한다고 주장하는 공정거래위원회로서는 불이익 강제행위가 경쟁제한의 효과가 생길 만한 우려가 있는 행위로서 그에 대한 의도와 목적이 있었다는 점을 입증하여야 하고, 불이익 강제행위로 인하여 현실적으로 위와 같은 효과가 나타났음이 입증된 경우에는 그 행위 당시에 경쟁제한을 초래할 우려가 있었고 또한 그에 대한 의도나 목적이 있었음을 사실상 추정할 수 있다 할 것이지만, 그렇지 않은 경우에는 불이익 강제행위의 경위 및 동기, 불이익 강제행위의 태양, 관련시장의 특성, 불이익 강제행위로 인하여 거래상대방이 입은 불이익의 정도, 관련시장에서의 가격 및 산출량의 변화 여부, 혁신 저해 및 다양성 감소 여부 등 여러 사정을 종합적으로 고려하여 불이익 강제행위가 위에서 본 경쟁제한의 효과가 생길 만한 우려가 있는 행위로서 그에 대한 의도나 목적이 있었는지를 판단하여야 한다."). 관련 문헌으로 이황, "공정거래법상 '특수관계인에 대한 부당한 이익 제공행위'에서 '부당한 이익'의 해석론", 법학논문집 제41호 제2호, 중앙대학교 법학연구소 2017; 손동환, "배타조건부 거래행위 : 대법원 2014. 4. 10. 선고 2012두6308 판결", 경쟁과 법 제4호, 서울대학교 경쟁법센터 2015; 홍대식, "표준필수특허 보유자의 특허권 남용 사례에 대한 법적 분석 : 퀄컴 사건을 중심으로", 법조, 법조협회 2015; 주진열 "(한국 판례에 대한 법경제학적 접근) 시장지배적 지위 남용으로서 사업활동방해의 `부당성`요건에 대한 대법원 판례 분석", 경희법학 제51권 제4호, 경희대학교 2016.

한의 효과가 생길 만한 우려가 있는 행위로서 그에 대한 의도나 목적이 있었는지를 판단하여야 한다고 판시하였다.[394]

불이익 강제행위가 공정거래법 제3조의2 제1항 제3호의 시장지배적 사업자의 지위남용행위에 해당하려면 다른 사업자의 사업활동을 부당하게 어렵게 하는 행위로 평가될 수 있어야 하는바, 여기에서 말하는 '부당성'은 공정거래법 제23조 제1항 제4호의 불공정거래행위로서의 불이익 제공의 부당성과는 별도로 '독과점적 시장에서의 경쟁촉진'이라는 입법목적에 맞추어 독자적으로 평가·해석하여야 하므로, 시장지배적 사업자가 개별 거래의 상대방인 특정 사업자에 대한 부당한 의도나 목적을 가지고 불이익을 강제한 모든 경우 또는 그 불이익 강제로 인하여 특정 사업자가 사업활동에 곤란을 겪게 되었다거나 곤란을 겪게 될 우려가 발생하였다는 것과 같이 특정 사업자가 불이익을 입게 되었다는 사정만으로는 그 부당성을 인정하기에 부족하고, 그 중에서도 특히 시장에서의 독점을 유지·강화할 의도나 목적, 즉 시장에서의 자유로운 경쟁을 제한함으로써 인위적으로 시장질서에 영향을 가하려는 의도나 목적을 갖고, 객관적으로도 그러한 경쟁제한의 효과가 생길 만한 우려가 있는 행위로 평가될 수 있는 행위로서의 성질을 갖는 불이익 강제행위를 하였을 때에 그 부당성이 인정될 수 있다. 그러므로 시장지배적 사업자의 불이익 강제행위가 그 지위남용행위에 해당한다고 주장하려면, 그 불이익 강제행위가 상품의 가격상승, 산출량 감소, 혁신 저해, 유력한 경쟁사업자의 수의 감소, 다양성 감소 등과 같은 경쟁제한의 효과가 생길 만한 우려가 있는 행위로서 그에 대한 의도와 목적이 있었다는 점을 입증하여야 하고 불이익 강제행위로 인하여 현실적으로 위와 같은 효과가 나타났음이 입증된 경우에는 그 행위 당시에 경쟁제한을 초래할 우려가 있었고 또한 그에 대한 의도나 목적이 있었음을 사실상 추정할 수 있지만, 그렇지 않은 경우에는 불이익 강제행위의 경위 및 동기, 불이익 강제행위의 태양, 관련시장의 특성, 불이익 강제로 그 거래상대방이 입은 불이익의 정도, 관련시장에서의 가격 및 산출량의 변화 여부, 혁신 저해 및 다양성 감소 여부 등 여러 사정을 종합적으로 고려하여 불이익 강제행위가 위에서 본 경쟁제

---

394) 대법원 2014. 11. 13. 선고 2009두20366 판결.

한의 효과가 생길 만한 우려가 있는 행위로서 그에 대한 의도나 목적이 있었는
지를 판단하여야 한다. 그리고 이때 경쟁 제한의 효과가 문제되는 관련시장은
시장지배적 사업자 또는 경쟁사업자가 속한 시장 뿐만 아니라 그 시장의 상품
생산을 위하여 필요한 원재료나 부품 및 반제품 등을 공급하는 시장 또는 그
시장에서 생산된 상품을 공급받아 새로운 상품을 생산하는 시장도 포함될 수
있다.395)

## 나. 거래 상대방에 대한 불이익 강제 여부[사례연구] : 퀄컴 II 사건

### (1) 퀄컴 II 사건에서의 불이익 강제행위

퀄컴 II 사건에서 거래 상대방에 대한 불이익 강제 여부가 문제된 것은
라이선스를 받지 않으면 칩을 공급하지 않겠다고 한 소위 'No License, No
Chip 정책'이라고 불린 행위(사건 내의 2행위)였다. 퀄컴은 모뎀칩셋 공급을 조건으
로 특허실시계약의 체결·이행을 강제하지 않았다고 주장하였다.

그러나 법원은 퀄컴이 이 사건 표준별 모뎀칩셋 시장에서의 시장지배적 사업
자 지위를 남용하여 거래 상대방인 휴대폰 제조사에 대하여 특허 라이선스 계
약의 체결·이행을 강제함으로써 불이익이 되는 거래를 강제하였다고 봄이 타
당하다고 보았다.396)

#### 1) '모뎀칩셋 공급계약과 라이선스 계약의 연계' 및 이로 인한 표준필수특
허 라이선스 계약에서 공정한 협상기회 박탈

퀄컴은 모뎀칩셋 공급계약의 연계를 통한 특허 라이선스 계약 체결 강제
하였다. 특허권자 등이 특허발명이 실질적으로 구현된 물건을 적법하게 양도하
는 경우 특허소진 법리에 따라 해당 특허권은 목적을 달성하여 소진되고, 양수
인 등이 그 물건을 이용하여 방법발명을 실시하는 행위에 대하여 특허권의 효
력이 미치지 않는다. 따라서 휴대폰 제조사는 퀄컴으로부터 구매한 모뎀칩셋을
이용하여 휴대폰을 제조·판매하더라도 이에 해당 모뎀칩셋에 실질적으로 구
현되는 특허에 관한 퀄컴의 특허권의 효력이 미치지 아니하므로 퀄컴의 특허

---

395) 대법원 2007. 11. 22. 선고 2002두8626 전원합의체 판결 참조.
396) 서울고등법원 2019. 12. 4. 선고 2017누48 판결 보도자료 참조.

권을 침해하였다고 볼 수 없고, 휴대폰의 제조·판매를 위하여 퀄컴으로부터 별도로 실시허락을 받을 필요가 없다.

그럼에도 불구하고 퀄컴은 휴대폰 제조사로 하여금 퀄컴의 모뎀칩셋을 구매하기 위해서는 모뎀칩셋에 실질적으로 구현되는 특허들을 포함한 퀄컴보유 특허 포트폴리오에 관한 실시계약을 체결하도록 하는 사업 정책을 운영하면서, 특허실시계약 위반을 모뎀칩셋 공급계약의 종료 사유로 삼고 특허실시계약 위반 시 모뎀칩셋 공급을 중단·보류할 수 있다고 명시함으로써, 자신들의 모뎀칩셋 공급을 지렛대로 삼아 휴대폰 제조사에게 모뎀칩셋에 실질적으로 구현되는 특허에 관한 라이선스 체결을 강제하였다. 즉 퀄컴은 CDMA, WCDMA 및 LTE 모뎀칩셋 시장에서 시장지배적 사업자이며, 특히 프리미엄(Premium) 제품군에서는 피심인들 스스로도 경쟁 사업자가 없는 것으로 인식하고 있을 정도로 해당 제품군에서는 퀄컴의 모뎀칩셋을 대체할 수 있는 경쟁 상품이 없는 상황이다. 따라서 휴대폰 제조사가 휴대폰 사업을 시작하거나, 새로운 휴대폰을 출시하고자 하는 경우 퀄컴으로부터 모뎀칩셋을 구매할 수 있는지 여부가 중요한 전제조건이 된다. 이러한 상황에서 퀄컴이 모뎀칩셋 공급 전에 라이선스 계약 체결을 요구하는 경우 휴대폰 제조사는 이를 거절하기는 사실상 불가능하다 할 것이고, 퀄컴이 FRAND 확약에 위배되는 부당한 라이선스 조건을 요구하더라도 휴대폰 제조사는 모뎀칩셋 공급에 차질이 발생할 우려 때문에 퀄컴의 요구를 수용할 수밖에 없어 FRAND 확약에 따른 공정하고 성실하게 협상할 기회를 박탈당하게 되는 것이다. 가사 퀄컴이 특허 라이선스 계약 체결 전에 모뎀칩셋을 공급한다 하더라도, 모뎀칩셋 공급계약서의 "휴대폰 제조사는 특허 라이선스 없이는 구매한 모뎀칩셋을 사용하거나 다른 부품과 결합하여 판매할 수 없다"라는 규정 때문에, 휴대폰 제조사는 모뎀칩셋의 사용을 위해 여전히 퀄컴과 사전에 특허 라이선스 계약을 체결할 수밖에 없고 FRAND 확약에 따른 협상 기회를 박탈당하게 되는 것은 동일하다.[397)]

---

397) 공정위 2015시감2118 사건 의결서 150면. 퀄컴의 특허 라이선스 계약 체결 강제는 모뎀칩셋 공급계약의 문언 자체로도 인정될 수 있을 뿐 아니라 퀄컴은 더 나아가 아래와 같이 실제 휴대폰 제조사와의 특허실시계약 체결과정에서 모뎀칩셋 공급 중단을 위협하거나 실행하였다.

### 2) 사 례

퀄컴의 No License, No Chip 정책은 휴대폰 제조사들에게 관철되었다. 이에 대해서 미국 북부캘리포니아 연방지방법원은 퀄컴이 휴대폰 제조사들[398]을 상대로 하여 행한 행위가 이들에게 해를 끼친 사실을 인정하였다. 이런 점은 다수의 OEM 업체들을 대상으로 한 행위가 반경쟁적인 효과를 발생시킨 실제 사례들이 있다.

첫째, **엘지전자**[399]: 퀄컴은 엘지전자에게 만일 엘지전자가 다른 회사로부터 칩을 구매하면 기술적인 지원을 철회하고, 소프트웨어를 돌려받겠다고 하고, 더 높은 로열티를 받겠다고 위협하는 행위를 했다.[400]

시기적으로 보면, ① 퀄컴은 엘지전자의 WCDMA 제품 판매가 1993년 LG 실시계약의 라이선스범위에 포함되는지 여부에 관하여 중재를 신청하여 진행 중에 있었으므로 이런 절차를 통하여 분쟁을 해결할 수 있었음에도 불구하고 그와 같은 분쟁해결절차를 기다리지 않고 직접 모뎀칩셋 공급 중단을 위협하고 실행하였다.[401] 그리고 ② 퀄컴은 2004. 6. 16.자 공문 내용에 비추어 보면, 묵시적 라이선스 주장의 철회만을 요구한 것이 아니라, 엘지전자의 WCDMA 가입자 단말기 및 인프라 장비 관련 과거·장래 모든 판매량에 대하여 기존 특허실시계약 내용에 따른 실시료 보고·지급을 하지 않으면 모뎀칩셋 공급을 중단하겠다고 통지한 것이므로, 결국 특허실시계약에 대한 퀄컴의 해석을 그대로 수용하지 않을 수 없도록 모뎀칩셋 공급 중단을 이용하였다.[402] 이런 행위

---

398) 미국 법원은 'OEM 업체들'이라고 칭하고 있다.

399) 퀄컴 미국 판결문(2019) 45–52면.

400) 퀄컴 미국 판결문 45면.

401) 퀄컴 미국 판결문 46면.

402) 퀄컴의 어원 제이콥스 사장이 엘지전자에 보낸 이메일에서 "저는 LG전자가 즉시 다음의 조치를 취할 것을 요구합니다. (i) LG전자는 현행공급계약(SA) 하에서 퀄컴이 자신의 권리를 포기하였다거나, LG전자가 당사의 WCDMA ASICs를 사용할 수 있는묵시적 무상라이언스를 제공받았거나 제공받고 있다는 Mr. Ham의 주장을 철회 및 포기한다. (ii) LG전자는 현행 중재에서 각 당사자의 법적주장에는 영향을 주지 않는다는 조건 하에서, 라이선스 계약조건에 따라 기존 및 장래 WCMA 가입자 유닛 인프라 장비판매에 관해 보고 하고 실시료를 지급한다는 데 동의한다. LG전자가 위와 같은 조치를 즉시 취하지 않을 경우, 퀄컴은 다음과 같은 조치를취할 수밖에 없다: 1) 퀄컴은 LG전자의 WCDMA ASIC 구매 주문서 접수를 중지할 것입니다. 2) 퀄컴은 바로 다음 일정으로 잡

는 전형적인 거래상대방에 대한 불이익제공강제행위가 된다.403)

둘째, **소니**: 퀄컴은 소니(Sony)에게도 거래상대방에 대한 불이익제공강제행위를 했다. 2012년 초에 퀄컴은 소니가 에릭슨과의 합작법인(joint Venture)가 해소되자 소니가 라이선스가 없는 상태가 되었다고 판단하였다.404)

2012. 10. 27. 스티브 몰렌코프 원고 퀄컴 사장은 이시다(石田) 소니 최고경영자에게 'QCT가 임시 라이선스 계약 만료에도 불구하고 칩셋 공급을 계속하고 있으나, 이러한 상황이 더 이상 지속될 수 없고, 지체 없이 라이선스 계약에 서명할 수 있도록 해달라는 내용의 이메일을 보내어 특허 라이선스 계약의 체결이 지체되는 경우 모뎀칩셋 공급이 중단될 수 있음을 시사하였다.405)

2012. 10. 퀄컴은 소니에게 칩 공급이 중단될 수 있다는 점을 보여주기 위해서 주요 경영진들이 소니가 라이선스 계약을 체결하지 않는 것을 퀄컴이 심각하게 생각하고 있음을 보여주기 위해서 칩공급을 지연시키도록 하고 있음을 확인할 수 있었다. 위와 같은 퀄컴의 모뎀칩셋 공급 중단 위협 끝에, 2주간에 걸친 위협의 결과 퀄컴과 소니는 2012. 11.경 특허 라이선스 계약(Subscriber Unit Patent License Agreement)을 체결하였다.406)

셋째, **삼성전자**: 퀄컴은 삼성전자에게도 거래상대방에 대한 불이익제공강제행위를 했다. 퀄컴은 삼성전자와의 2009년 수정계약에 관하여도 동일한 취지의 주장을 하나 미국 법원은 받아들이기 어렵다고 판단하였다.407) 미국 법원

---

혀 있는 6월30일 선적 예정 MSM 6250 칩 500개와 7월 첫째 주 선적예정인 MSM 6200 칩 6,000개를 시작으로, LG전자에 대한 WCDMA ASIC 공급을 모두 중단할 것입니다. 3) 퀄컴은 현재 LG전자에 기술지원을 제공하고 있는 모든 실체적 WCDMA 엔지니어링자원을 전부 회수한 다음, 해당 자원을 공급계약과 라이선스 의무를 준수하는 당사의 전략적 ASIC 고객사에게 재배정할 것입니다. 4) 퀄컴은 LG전자가 당사의 WCDMA ASIC 소프트웨어의 모든 버전과 파생품 일체를 퀄컴에 반환할 것을 요구합니다. 퀄컴 미국 판결문 181면.
403) 퀄컴 미국 판결문 48면.
404) 퀄컴 미국 판결문 52면.
405) 퀄컴 미국 판결문 54-55면.
406) 퀄컴 미국 판결문 55면.
407) 퀄컴 미국 판결문 45면. 미국 판결을 통해 이메일의 내용을 보면, 퀄컴은 'To my knowledge, we have never shipped commercial quantities of chips to a company without a license. We can't do that here either.'라고 메일을 보냈다.

의 판결을 보면 이와 같은 점들이 상세하게 기술되어 있다.[408]

삼성은 1993년 CDMA구매를 하며 Subscriber Unit License Agreement and Technical Assistance Agreement(SULA) 계약을 체결하였다. 2001년 칩 공급을 중단하겠다는 위협이 퀄컴에 의해서 야기되었다. 당시 삼성이 CDMA에 대한 라이선스 계약은 3세대 이동통신에는 적용이 없다고 주장하였으나 이에 대해서 퀄컴은 칩공급을 중단하겠다는 위협으로 대응하였다.[409]

그리고 2003년 삼성과 퀄컴은 서로 라이선스 조건을 협상하는 과정에서 칩 구매 수량에 대한 약속을 하도록 강제되었다.[410] 그리고 퀄컴은 2008~2009년칩 샘플 소프트웨어의 공급을 지연하였고, 2018년에는 퀄컴은 삼성의 공정거래법 위반주장을 잠재우기 위해서 일련의 계약을 체결하였다.[411]

넷째, **화웨이**(Huawei): 퀄컴은 화웨이(Huawei)에게도 거래상대방에 대한 불이익제공강제행위를 했다. 화웨이는 2003년경 퀄컴과 CDMA 특허실시계약을 체결한 이후 2013년 퀄컴으로부터 칩공급의 중단에 대한 위협을 받았다.[412]

2013. 4.경 화웨이는 퀄컴에게 라이선스 조건에 대한 재협상의사를 표명하였다. 이에 에릭 라이프슈나이더 QTL 수석부사장 겸 총괄매니저(general manager)는 2013. 5. 1. 화웨이에 C2K SULA가 만료되고 C2K 제품에 관한 새로운 특허라이선스 계약으로 대체되지 않을 경우, 화웨이가 C2K 칩셋이나 QMCi 소프트웨어를 계속 사용할 수 있을지 문제가 될 것이라는 이메일을 보낸 뒤,[413] 2013. 5. 8. 화웨이에 재차 양측 모두에게 불필요한 위험을 만들지 않고 이달 말에 칩공급 중단을 피하는 방법, 그 중에서도 가장 간단한 방법은 화웨이가 지난 10년 동안 성공적으로 작동해왔던 C2K 라이선스 계약을 갱신할 권리를 행사하는 것

---

408) 퀄컴 미국 판결문 56-62면.
409) 퀄컴 미국 판결문 57면.
410) 퀄컴 미국 판결문 57면.
411) 퀄컴 미국 판결문 60-61면.
412) 퀄컴 미국 판결문 64면.
413) 퀄컴 미국 판결문 65면. 당시 화웨이는 퀄컴에게 지불하는 로열티를 낮추기 위한 협상을 하였다. "if the C2K SULA expires and has not been replaced by a new patent license agreement covering C2K products, there will be issues with Huawei's ability to continue to use C2K chipsets or QMCi's software, issues which I am sure both our companies would like to avoid." CX1000-004.

이라는 이메일을 보내 CDMA 특허 라이선스 계약의 갱신을 강제하였다.414)
2013. 5. 10. 화웨이와 미팅을 가진 자리에서 퀄컴의 에릭 라이프슈나이더는 칩
공급을 중단하겠다는 위협을 하였다.415) 퀄컴과 화웨이는 2013. 5. 27. CDMA
특허 라이선스 계약을 체결하였다. 이후에도 2014년 12. 15. 화훼이와 퀄컴은
SULA 개정을 하였고, 2016년에는 화웨이가 로열티의 수액이 많다는 불만을 제
기하였다. 이에 의하면 퀄컴은 비합리적으로 3세대 이동통신에서 높은 로열티
율을 4세대 멀티모드 베이스밴드 모뎀칩셋과 연계하고 있었다.416)

다섯째, **모토로라**(Motorola): 퀄컴은 모토로라(Motorola)에게도 거래상대방에
대한 불이익제공강제행위를 했다. 퀄컴은 만일 모토로라가 자신들로부터만
100% 모뎀칩셋 구매를 하게 되면 그에 따라서 상당한 의미가 있는 로열티를
줄여주겠다고 했다. 특히 모토로라의 구매본부장은 자신이 15년간 일을 했지만
퀄컴과 같이 칩을 사려면 라이선스를 같이 받아야 한다고 강요한 회사는 없었
다고 증언했다.417) 퀄컴이 모토로라에게 이와 같은 정책을 진행한 것은 2005년
의 칩 인센티브 펀드 계획이 확인된다.418) 2015년 모토로라와의 특허실시계약
협상을 진행하면서 모뎀칩셋 공급 중단을 위협하였다.419) 그리고 2016년에는
칩 인센티브 펀드와 칩 공급을 지레대로 활용하였다.420)

여섯째, **레노버**(Lenovo): 미국 법원은 퀄컴이 레노보에게 칩 공급 중단을 위
협하면서 경쟁 칩셋 업체인 미디어 텍의 공급을 못하도록 방해하면서 비합리
적으로 높은 로열티를 요구하면서도 정작 기술적인, 법적인 정보를 제공하지
않았다는 점을 지적하면서 퀄컴의 반경쟁적 행위가 있었다고 판단하였다.421)

퀄컴은 2013년 레노버와의 특허실시계약 협상과정에서 모뎀칩셋 공급 중

---

414) 퀄컴 미국 판결문 65면.
415) 퀄컴 미국 판결문 65면.
416) 퀄컴 미국 판결문 67면.
417) 퀄컴 미국 판결문 69면. Madderom Depo. 217:24-218:2.
418) 퀄컴 미국 판결문 69면. Madderom Depo. 217:24-218:2.
419) 퀄컴 미국 판결문 70면. 크리스티아노 아몬 원고 퀄컴 사장이 2015. 12. 9. '릭과 팀-모
토로라(Rick & Team-Motorola)'라는 제목 하에 작성한 메모에는, '에릭이 지속적으로
모뎀칩셋 공급중단을 위협하였으나 아직 특허실시계약이 합의되지 않았다'는 내용이 기
재되어 있다. Amon Depo. 50:24-51:2.
420) 퀄컴 미국 판결문 70-71면. Madderom Depo. 218:2-5.
421) 퀄컴 미국 판결문 72면.

단을 수단으로 한 특허실시계약 체결을 계획하고, 실제로 레노버에게 이를 위협하였다. 퀄컴과 레노버 사이의 계약 초안은 2013. 1. 29. 송부된 상태였는데, 퀄컴이 2013. 3. 14. '레노버 4G 전략(Lenovo 4G Strategy)'의 제목으로 작성한 내부 자료에 의하면, 퀄컴은 레노버에 대한 '당근과 채찍' 전략 중 채찍으로 모뎀칩셋 공급의 중단을 계획하고 있었다.[422] 아이라 블룸버그(Ira Blumberg) 레노버 지식재산권 부사장은 퀄컴과 같은 표준필수특허보유자가 FRAND 확약을 하는 경우 이런 회사는 누구에게나, 그것이 모뎀칩를 생산하는 회사이건, 휴대폰을 생산하는 회사이건 라이선스를 하여야 할 의무를 부담하는 것이라고 이해하고 있다고 증언하였다.[423] 실제로 2013년 퀄컴과 레노보 간의 라이선스 계약을 로열티율의 문제로 인해서 좌절되었는데, 이 때 퀄컴은 칩공급 중단을 위협하였다.[424] 퀄컴은 기술적인 설명 등을 하면서 왜 라이선스 계약을 종료시키는 것이 잘못된 결정인지를 설득하는 절차를 거치는 대신 칩 공급중단이라는 수단을 사용하여 위협으로 계약을 체결하도록 강요했고, 그 결과 2013년 6월 새로운 SULA가 체결되었다.[425]

　　일곱째 애플: 애플은 전세계적으로 저명한 휴대폰 제조회사이고 아이폰이라는 혁신적인 제품을 시장에 첫 선을 보인 회사로서 지속적인 혁신을 계속해오고 있다. 퀄컴은 애플에게 모뎀칩셋 공급 중단을 위협하면서 결국 특허라이선스 계약을 관철시켰다.[426] 그들은 애플에게 애플이 가진 전체 라이선스에 대한 크로스라이선스를 강제하였다. 또 2011년부터 2016년까지 자신들이 가지고 있는 독점력을 이용하여 애플이 경쟁 모뎀칩을 구입할 수 없도록 하였다.[427]

---

422) 퀄컴 미국 판결문 72-73면.
423) 퀄컴 미국 판결문 73면.
424) 퀄컴 미국 판결문 73면. 미국 판결은 'hamstring'이라는 단어를 사용하는데, 운동선수들이 자주 부상을 힘는 부위로 퀄컴이 이를 위협의 수단으로 사용하고 있었음을 잘 보여주는 단어라고 생각된다.
425) 퀄컴 미국 판결문 74면. 2013년 퀄컴과의 사전회의에서 라이선스 해지를 고려하고 있다고 하였는데, 이에 대하여 에릭 라이프슈나이더 QTL 수석부사장 겸 총괄매니저는 라이선스를 해지하면 퀄컴판매 모뎀칩셋을 더 이상 구매할 수 없을 뿐만 아니라 미디어텍을 포함한 퀄컴의 모뎀칩셋 실시권자들도 레노버에게 모뎀칩셋을 팔지 않을 것이라고 말했다.
426) 퀄컴 미국 판결문 82면.
427) 퀄컴 미국 판결문 82-83면.

2011년 퀄컴은 첫 번째 배타조건부 거래를 강제하였다. 애플은 프리미엄 모뎀칩셋을 오로지 퀄컴으로부터만 공급을 받기로 배타적으로 계약을 체결하면 애플은 CDMA 기술을 이용한 대체 거래선을 찾지 못했기 때문에 퀄컴을 대체할 수 있는 회사(maverick)를 찾으려고 하였다.428) 그러나 이런 계획은 퀄컴의 방해로 성공하지 못했다.

2013년 기존의 계약(Transition Agreement)을 개정하려고 하였는데, 2013년 퀄컴은 다시 애플에게 자신들의 칩만을 구매하는 것을 조건으로 로열티 디스카운트를 해주겠다고 하였습니다. 비록 애플은 퀄컴의 라이벌회사였던 인텔로부터 모뎀칩셋을 구매하고 있었지만, 2013년 퀄컴은 애플이 자신들과의 거래만을 배타적으로 하도록 함으로써 경쟁모뎀칩 제조사인 인텔을 봉쇄(foreclosure)하려고 하였던 것이다.429) 이를 통해서 퀄컴은 2016년까지 인텔이 애플에 모뎀칩셋을 공급하는 것을 막을 수 있었던 것이다. 퀄컴은 2013년 2개의 계약을 체결한다. 이 계약들을 통해서 퀄컴은 애플이 자신들로부터만 모뎀칩셋을 구매하여야 하고 인텔로부터의 구매를 할 수 없게 하였다. 당시 퀄컴은 애플에 대해서 프리미엄 급 모뎀의 가장 큰 수요자이며, 애플은 최고의 제품들을 공급하는 제조사가 되기 위해서 도전을 하는 회사이고, 애플은 지속적인 연구개발을 통해서 시장에서의 선도적인 지위를 가지고 있으므로 애플은 확보하는 것이 중요하다고 판단한 것이다.430)

### (2) 불이익강제행위의 경쟁제한성

미국 캘리포니아연방북부지방법원은 퀄컴의 No lience, No chip 정책은 퀄컴이 시장지배적 지위를 가지고 있어 표준별 모뎀칩셋 시장에서 경쟁을 제한하였거나 경쟁제한의 효과가 생길 만한 우려가 있는 행위에 해당한다고 보았다.

퀄컴은 FRAND 확약에 따른 성실한 협상을 회피하여 특허 라이선스 계약 체결 강제행위를 하였고, 더해서 경쟁 모뎀칩셋 제조사로부터 모뎀칩셋을 공급

---

428) 퀄컴 미국 판결문 89면.
429) 퀄컴 미국 판결문 93면.
430) 퀄컴 미국 판결문 95면.

받는 휴대폰 제조사에 대한 공급거절이나 금지청구 등을 통한 경쟁 모뎀칩셋
제조사 배제 위협을 하였다. 퀄컴의 경쟁 모뎀칩셋 제조사가 퀄컴의 '휴대폰
단일 단계 라이선스' 정책으로 표준필수특허 라이선스를 받지 못하면, 퀄컴과
특허 라이선스 계약을 체결하지 않은 휴대폰 제조사는 경쟁 모뎀칩셋 제조사
의 모뎀칩셋을 구매하여 사용하는 경우 퀄컴의 특허침해 주장의 위험에 그대
로 노출된다.431)

　　따라서 퀄컴이 경쟁 모뎀칩셋 제조사의 모뎀칩셋을 장착한 휴대폰 제조사
를 상대로 선별적으로 금지청구 등 특허침해의 소를 제기하거나 그러한 가능
성만으로도 실질적으로 경쟁 모뎀칩셋 제조사의 해당 모뎀칩셋의 제조·판매
에 제한을 가하는 효과가 있다. 이러한 위험이 경쟁 모뎀칩셋 제조사의 비용
증가 및 사업 중단 가능성을 발생시킨다.432)

### 1) 경쟁 모뎀칩셋 제조사의 구조적 열위

　　퀄컴의 행위 2를 통하여 휴대폰 제조사가 부담하는 총비용이 상승한다.433)
반면에 위 실시료 수익은 곧바로 퀄컴에게 귀속되므로 경쟁 모뎀칩셋 제조사

---

431) 도날슨은 "에릭슨, 노키아, 인터디지털에게는 no license, no chip 정책이 없었기 때문
　　에, 그들은 언제나 법적 조치가 있을지 모른다는 점을 염두에 둔 채로 협상을 진행하였
　　을 것입니다. 이는 위 특허보유자들의 경우 실시료 요구사항을 보다 합리적으로 설정했
　　을 것이고, 지금 이 수치에 반영되지 않은 수 많은 소송을 방지하기 위해 더 합리적으로
　　협상했으리라는 점을 시사한다."고 증언했다. 미국 판결문 180면.

432) 미국 소송에서 미국연방거래위원회 C측. 라이선스 전문가인 리차드 도날슨(Richard
　　Donaldson)은 퀄컴의 문서 및 OEM 업체 증언과 일치하는 전문가 증언을 제시했다. 도
　　날슨은 일반적인 협상에서는 실시권자가 항상 FRAND 소송을 수단으로 가지고 있다고
　　증언했다. 그는 만약 제안받은 로열티가 터무니 없이 높다고 생각한다면, 합리적인 법
　　원이 합리적인 실시료, 즉 그가 생각했을 때 합리적인실시료로 낮춰줄 것이라고 기대할
　　것이라고 증언했다. Tr. at 966:2-5. 그러나 그는 퀄컴의 라이선스 관행은 이러한 선택
　　권을 없앴다고 하면서, "그렇게 되면 실시권자가 심각한 불이익을 입게 될 겁니다. 기본
　　적으로, 그리고 해당 증언이 보여주듯이, 상대방은 한마디로 내가 그 라이선스에 동의
　　하거나 아니면 폐업한다는 입장을 취하고 있는 것입니다."라고 증언했다. Id. at
　　96718-21. 미국 판결문 180면.

433) 퀄컴의 모뎀칩셋 판매는 특허권을 포함하지 않는다. 휴대폰 제조사는 특허 라이선스 없
　　이는 구매한 모뎀칩셋을 사용하거나 다른 부품과 결합하여 판매할 수 없다. 구매한 모
　　뎀칩셋은 라이선스 계약에 따라서만 사용하거나 판매할 수 있으며, 모뎀칩셋을 휴대폰
　　에 장착하였다고 하여 라이선스 계약상의 실시료 지불의무가 면제되지 않는다. 공정위
　　2015시감2118 사건 의결서 60면.

는 퀄컴보다 이익 창출 구조에서 상대적 열위에 처하게 되고, 더 나아가 경쟁 모뎀칩셋 제조사의 모뎀칩셋 판매 증가 등으로 매출이 증가하더라도 퀄컴의 수입도 함께 증가하는 구조가 형성된다. 이와 같은 상황을 묘사하는 것이 바로 퀄컴세(Qualcomm tax)이다.[434]

이런 퀄컴세의 존재로 인하여 경쟁 모뎀칩셋 제조사들이 퀄컴과 모뎀칩셋의 가격·생산량·품질·다양성 등에 관하여 장점을 근거로 한 경쟁(competition on the merits)[435]을 하기 어려운 사업구조를 형성하였다.

경쟁 모뎀칩셋 제조사가 생산방식 효율화를 통한 모뎀칩셋 가격 인하 또는 품질 향상에 따른 판매량 증가로 결과적으로 매출이 증가하는 행위를 하더

---

434) Qualcomm's standard SEP license obliged these customers to pay exorbitant royalties to Qualcomm on all cellphones that they shipped, including cellphones that contained modem chips made by Qualcomm's rivals, so that Qualcomm used its SEP licenses to impose a standard "tax" on all sales made by its rivals, thus rendering their products too expensive. Federal Trade Commission v. Qualcomm Incorporated, 411 F.Supp.3d 658 (2019).

435) '장점 경쟁'이라 번역한다. 이 용어는 미국 경쟁법에서 특정 사업자가 경쟁법을 위반하지 않고 최선의 노력을 다해서 이룬 결과로 독점적인 지위에 이르게 되었다고 하더라도 이런 결과는 경쟁법 위반으로 보지 않는다는 논어를 지칭한다. OECD Policy Roundtable, Competition on the merits, 2005("Competition on the merits is a popular but vague term. There is substantial agreement on the broad goals and methods of enforcing competition laws against abuse of dominance, particularly with respect to studying harm to competition, not competitors, through the use of economics. There is some disagreement, however, over what variables to consider and whether to use a form−based approach or an effects−based approach. Dissatisfaction with both the ambiguity of some jurisdictions' competition statutes and the lack of clear definitions for terms like competition on the merits has prompted a number of specific tests that aim to detect abusive conduct. The profit sacrifice test states that conduct should be considered unlawful when it involves a profit sacrifice that would be irrational if the conduct did not have a tendency to eliminate or reduce competition. The no economic sense test states that conduct should be unlawful if it would make no economic sense without a tendency to eliminate or lessen competition. The equally efficient firm test states that conduct should be unlawful if it would be likely to exclude a rival that is at least as efficient as the dominant firm is. Consumer welfare balancing tests determine whether conduct should be unlawful by requiring decision−makers to weigh the positive and negative effects that the conduct has on consumer welfare.").

라도, 퀄컴은 휴대폰 제조사로부터 경쟁 모뎀칩셋 제조사의 모뎀칩셋 판매량 증가에 비례하는 실시료를 수취하고, 더군다나 이를 모뎀칩셋 보다 훨씬 고가 인 휴대폰 판매량을 기준으로 수취하여 경쟁 모뎀칩셋 제조사의 모뎀칩셋 시 장에의 진입을 봉쇄할 수 있다.436) 이러한 경쟁 제한적 구조는 퀄컴이 행위 1, 2와 연계되어 구축한 '휴대폰 단일 단계 라이선스' 정책에 따라 형성된 것이고, 반드시 퀄컴의 라이선스 실시료가 과도하다거나 퀄컴의 모뎀칩셋 판매가격이 과소한 것임을 전제로 하는 것은 아니다.437)

이 사건 표준필수특허 라이선스 시장은 단일 공급자 시장인 반면 이 사건 표준별 모뎀칩셋 시장은 경쟁 모뎀칩셋 사업자가 존재하므로 모뎀칩셋 가격의 인상은 새로운 경쟁압력이 될 수 있고, 오히려 실시료를 인상하면 경쟁 모뎀칩 셋 제조사의 모뎀칩셋을 장착한 휴대폰에도 인상된 실시료를 부과할 수 있으 므로 퀄컴에게 더 이익이 되며, 퀄컴도 '휴대폰 단일 단계 라이선스' 정책을 통 하여 더 막대한 수익(humongously more lucrative)을 창출하고 있음을 인지하고 이를 실현하고 있다.438)

---

436) Qualcomm's SEP licenses for OEMs further obliged each OEM to pay Qualcomm's supracompetitive royalties on all cellphones that the OEM shipped, including those that used modem chips made rival chipmakers. That formula directly raised rival chipmakers' costs: if an OEM subject to Qualcomm's SEP license wished to purchase modem chips made by a rival, it must pay (1) the rival's prices for the modem chips; plus (2) royalties to Qualcomm for every shipped cellphone that included the rival's chips. In practice, that meant that rival chipmakers must either offer discounts equal in amount to Qualcomm's royalties or charge prices significantly higher than Qualcomm's prices for similar products that performed the same function. 퀄컴 미국 판결문 38-75, 116-125면.

437) Qualcomm thus used its SEPs to deprive rivals of the ability to sell competitive products: the rivals could not offer CDMA or LTE modem chips without infringing on Qualcomm's patents, and their sales to OEMs bound by Qualcomm's SEP license were subject to Qualcomm's "tax," so that for these sales the rivals' modems were either uncompetitively priced or sold at a loss (if the rival gave discounts to offset Qualcomm's tax). 퀄컴 미국 판결문 38-75, 116-118면.

438) Qualcomm concluded that instead licensing its SEPs to only OEMs is "humongously more lucrative." Therefore, the Court rejects as pretextual Qualcomm's justifications for refusing to license its rivals. The Court discusses these conclusions in more detail below. 퀄컴 미국 판결문 125면.

2) 경쟁자 수 감소

퀄컴이 행위 1과 행위 2가 결합된 '휴대폰 단일 단계 라이선스 정책'을 실시하는 동안 퀄컴의 경쟁 모뎀칩셋 제조사들은 미디어텍을 제외하고는 대부분 시장에서 퇴출되었다.439)

2008년 이전 퀄컴과 제약조건이 결부된 계약을 체결하였던 경쟁 모뎀칩셋 제조사는 모뎀칩셋 시장에서 퇴출되었으며, "대규모 진입비용과 영업비용이 투하된 상태에서 퀄컴의 사업모델은 경쟁사의 비용상승을 초래하여 수익달성을 어렵게 하고, 퀄컴의 경쟁사 방해 행위로 경쟁사의 고객 확보가 지연되거나 축소되어 경쟁사의 마진을 압박한다"고 진술하였다.440) 이렇게 주요 경쟁 모뎀칩셋 제조사가 시장에서 퇴출되거나 사업활동에 어려움을 겪는 동안 퀄컴의 전세계 전체 모뎀칩셋 시장 점유율은 2008년 36.8%에서 2015년 59.4%로 상승하였으며, 시장집중도를 나타내는 허핀달-허쉬만 지수(HHI 지수)는 2008년 2,224에서 2014년 4,670으로 증가하였다.441)

<hr>

439) 공정위 2015시감2118 사건 의결서 135-136면.
440) 2016. 8. 17. 공정거래위원회 전원회의 2차 심의에서 ***의 진술. 이와 관련하여 위원회 심의에 이해관계자 측 전문가로 참가한 ***(***대학교 경제학부 교수)은 "기술혁신의 속도가 매우 빠르고 신제품 출시를 위한 R&D 투자 경쟁이 치열한 모뎀칩셋 사업의 특성을 고려할 때, 퀄컴의 경쟁제한적 행위로 인해 퀄컴의 투자 수익률은 부당하게 높아지고, 경쟁 업체의 투자수익률은 부당하게 낮아지는 등 퀄컴의 경쟁제한적 표준필수특허 라이선스 비즈니스 모델과 주요 모뎀칩셋 업체들의 퇴출 간에는 인과관계가 존재한다"는 의견을 진술하였다.(2016. 8. 17. 공정거래위원회 전원회의 2차 심의)
441) 이와 관련하여 위원회 심의에 이해관계자 측 전문가로 참가한 ***(***대학교 경제학부 교수)은 피심인들의 모뎀칩셋 점유율에 대한 장기추세를 분석하였는데, 피심인들의 ① 전체 모뎀칩셋 점유율은 매년 2.6%포인트 증가하였으며, ② HHI 지수는 매년 164씩 증가하였다고 밝혔다(206. 8. 17. 공정거래위원회 전원회의 2차 심의). 한편, 「기업결합 심사기준」은 'HHI 지수가 2,500 이상이고 HHI 지수 증가분이 150 미만'에 해당하지 않는 경우 기업결합으로 인해 경쟁이 실질적으로 제한될 가능성이 있다고 규정하고 있다.

그림 3-4    **모뎀칩셋 시장 성장추세 및 주요 칩셋사의 시장퇴출 현황**[442]

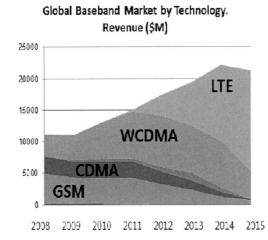

| 모뎀칩셋 사업자 | 퇴출 시점 |
|---|---|
| NXP | 2008년  8월 |
| TI | 2008년 10월 |
| 프리스케일 | 2008년 10월 |
| ST마이크로 | 2012년  2월 |
| NEC | 2014년  2월 |
| 브로드컴 | 2014년  6월 |
| 에릭슨 | 2014년  9월 |
| 엔비디아 | 2015년  5월 |
| 마벨 | 2015년  9월 |

3) 이 사건 표준필수특허 라이선스 시장에 대한 영향

퀄컴은 이 사건 표준필수특허 라이선스 시장에서 그 이동통신 표준필수특허 라이선스의 가격·수량·품질 기타의 거래조건을 결정·유지 또는 변경할 수 있는 시장지배적 사업자인 바, 이런 지위에 있는 퀄컴은 위 시장의 하류시장인 이 사건 표준별 모뎀칩셋 시장에서도 시장지배적 사업자이고, 그 지위를 이용하여 모뎀칩셋 공급 계약과 연계함으로써 휴대폰 제조사들로 하여금 특허 라이선스 계약을 체결하도록 강제함으로써 라이선스 계약의 거래조건을 퀄컴에게 더욱 유리하게 결정·유지 또는 변경할 수 있게 되었으므로, 이 사건 표준필수특허 라이선스 시장에서의 퀄컴의 시장 지배적 지위가 더욱 강화되었다.

시장지배력 전이 또는 독점력 레버리징(monopoly leveraging) 이론[443]에 의하면 지배력의 전이가 인정되기 위해서는 지배력이 전이된 시장에서 경쟁제한의 효과가 발생하여야 하는데, 퀄컴이 이 사건 표준필수특허 라이선스 시장의 유

---

442) 2019. 12. 4. 공정위 보도자료 11면에서 인용.

443) Jennifer M. Clarke—Smith, The Development of the Monopolistic Leveraging Theory and Its Appropriate Role in Antitrust Law, 52 Cath. U. L. Rev. 179 (2003). Available at: https://scholarship.law.edu/lawreview/vol52/iss1/6

일한 공급자인 이상 배제될 경쟁을 상정할 수 없다는 주장도 있을 수 있다. 시장지배력 전이 이론은 하나의 시장에서 독점력[444]을 사용하는 것이 다른 시장에서 독점적 점유율을 강화시키는 것을 말한다.[445] 이런 지배력의 전이는 회사가 하나의 시장에서의 독점력을 다른 시장에서의 판매를 늘리기 위해서 사용할 때 발생한다.[446] 그러나 단일 공급자 시장에서도 공급자가 그와 같은 지위를 남용하여 상품의 가격상승, 산출량 감소, 혁신 저해 등의 경쟁제한 효과가 생기거나 생길 우려가 있는 경우 이를 위법하다고 평가할 수 있고, 반드시 경쟁 사업자가 존재하는 시장에서 경쟁 사업자가 배제되어야만 경쟁제한의 효과가 발생하거나 발생할 우려가 있다고 볼 수 있는 것은 아니다.

　4) 표준필수특허권자의 침해금지청구 보다 더 강력한 경쟁제한적 효과

　이 행위는 종래 많이 논의되었던 침해금지청구보다 더 강력한 경쟁제한효과를 발생시킨다. 표준필수특허권자에 의한 침해금지청구는 관련 상품을 시장에서 배제할 수 있고, 그와 같은 위협 하에서 이루어지는 라이선스 협상은 협상 과정을 왜곡하여 당해 침해금지청구가 없었다면 받아들이지 않았을 비합리적 라이선스 조건의 채택을 가능하게 한다. 그런데 퀄컴의 No license, No Chip 정책은 특허 라이선스 계약의 한 당사자인 퀄컴이 일방적인 판단으로 계약의 해지에 따른 공급 중단 등으로 상대방인 휴대폰 제조사의 사업 전체에 부담을 줄 수 있으므로, 표준필수특허권자에 의한 침해금지청구보다 그 강제력이 더욱 클 수 있다.[447]

---

444) "Monopoly power" is the ability to control prices and output or to exclude competitors from the market. F.T.C. Commissioner Mary L. Azcuenaga, Remarks Before the Japanese Fair Trade Commission: Panel Discussion on Technological Innovation, International Trade and Competition Policy, (Dec. 1, 1997), 1997 WL 778602 (F.T.C.).

445) Virgin Atlantic Airways, Ltd. v. British Airways, 257 F.3d 256, 272 (2d Cir. 2001); see also United States v. Griffith, 334 U.S. 100, 107 (1948); Berkey Photo, Inc. v. Eastman Kodak Co., 603 F.2d 263, 275 (2d Cir. 1979); William F. Dolan, Developments in Private Antitrust Enforcement in 2000, 1252 PLI/CoRP 891, 978 (2001).

446) Daniel L. Rubinfeld, Antitrust Enforcement in Dynamic Network Industries, 43 ANTITRUST BULL. 859, 877 (1998). (explaining that leveraging occurs "when a firm uses its advantage from operating in one market to gain an advantage in selling into one or more other, generally related markets").

447) 비교표 [표 3-4]는 공정위 2019. 12. 4. 보도자료 13면에서 인용.

| 표 3-4 | 판매금지청구와 칩셋공급 거절·중단의 비교 | |
|---|---|---|
| 구 분 | 금지청구(Injunction) | 칩셋공급 거절·중단 |
| 판단주체 | 법원 등 중립적 기관 | 퀄컴 자신 |
| 판단 기준 | 관련 법령, 계약 조건 등 | 자의적 판단 |
| 효과 발생 시기 | 최종 판결 등 이후 | 즉시 발생 |
| 영향 범위 | 관할 지역 내 한정 | 사업 범위 전체 |

침해금지청구는 일반적으로 특허권자가 관할 법원에 소를 제기하거나 중재를 신청하는 등 중립적 제3기관의 판단을 구하는 방식으로 이루어지므로, 법원 등이 관련 법령과 양 당사자가 제출한 자료 등을 고려하여 인용여부를 결정하며 양 당사자는 그 과정에서 자신의 입장을 충분히 주장하는 기회를 가질 수 있다. 반면 행위 2는 퀄컴이 휴대폰 제조사의 특허실시계약 위반 여부를 스스로 판단하여 모뎀칩셋의 공급을 거절하거나 중단을 위협함으로써 사실상의 압력을 통한 자력구제 방식이 가능하므로, 휴대폰 제조사가 자신의 입장을 충분히 주장하거나 대등한 입장에서 공정한 협상기회를 가지기 어렵게 된다.

또한 침해금지청구는 종국적으로 인용되더라도 제소 이후 판결 시까지는 그 효과가 발생하지 아니하므로 침해금지청구 소의 제기만으로 상대방 사업자에게 미치는 효과가 크지 아니한 반면, 행위 2는 퀄컴의 판단 하에 상대방 사업자에 대한 모뎀칩셋 공급이 즉시, 전면적으로 중단될 수 있다.

그 효력이 미치는 범위에 관하여 보더라도, 법원 등에 의한 판매금지결정의 효력은 해당 국가나 법원 등의 재판관할이 미치는 범위 내로 제한된다고 보는 것이 통상적인 반면(특허의 속지주의)[448], 행위 2는 특정 국가나 지역에 한정되

---

448) 이에 대해서 특허권의 역외적용을 인정하는 미국 판례가 있지만 우리나라를 포함한 미국 이외의 국가에서는 이런 역외적용의 인정은 매우 소극적이다. 특허권의 속지주의 원칙상 물건의 발명에 관한 특허권자가 물건에 대하여 가지는 독점적인 생산·사용·양도·대여 또는 수입 등의 특허실시에 관한 권리는 특허권이 등록된 국가의 영역 내에서만 그 효력이 미치는 것이 원칙이다. 그러나 최근 대법원은 속지주의 원칙의 예외로 특허발명의 구성 부품을 생산하여 해외에서 조립한 경우, 물건의 발명에 대한 국내 특허권 침해로 인정하는 판결(대법원 2019. 10. 17. 선고 2019다222782 판결)을 선고하였다. 이

지 아니하고 해당 사업자에 대한 모든 공급을 중단할 수 있다.

휴대폰 개발은 일반적으로 구상 기획, 프로젝트 기획, 설계 검증, 제품 검증 및 양산의 5단계로 이루어진다고 볼 수 있다. 일부 휴대폰 모델에 관하여는 휴대폰 제조사들이 양산 단계에 이를 때까지 동일 모델에 복수 모뎀칩셋을 장착하여 설계하는 경우도 있지만, 휴대폰 제조사로서는 수익성 있는 적정 수량을 적기에 공급할 수 있는 능력을 모뎀칩셋 선택에 있어 중요한 고려 요소 중 하나로 판단하고 있으므로, 휴대폰 제조사가 일단 퀄컴의 모뎀칩셋을 사용하기로 결정하고 개발 또는 생산단계에 있는 상태에서 퀄컴으로부터 위와 같은 모뎀칩셋 공급 중단을 위협받는 경우 이는 해당 제품의 생산 포기나 중단으로 이어질 수 있는 사업상의 큰 위협으로 다가오게 되고, 침해금지청구보다 더욱 강력하게 특허 라이선스 계약의 체결이 강제된다고 볼 수밖에 없다.

---

판결에 의하면, 국내에서 특허발명의 실시를 위한 부품 또는 구성 전부가 생산되거나 대부분의 생산단계를 마쳐 주요 구성을 모두 갖춘 반제품이 생산되고, 이것이 하나의 주체에게 수출되어 마지막 단계의 가공 · 조립이 이루어질 것이 예정되어 있으며, 그와 같은 가공 · 조립이 극히 사소하거나 간단하여 위와 같은 부품 전체의 생산 또는 반제품의 생산만으로도 특허발명의 각 구성요소가 유기적으로 결합한 일체로서 가지는 작용효과를 구현할 수 있는 상태에 이르렀다면, 예외적으로 국내에서 특허발명의 실시 제품이 생산된 것과 같이 보는 것이 특허권의 실질적 보호에 부합한다. 원심은 그 침해를 부정하였으나, 대법원은 위와 같은 결합, 고정은 조립, 가공이 극히 사소하거나 간단하여, 위와 같은 부품 전체의 생산 또는 반제품의 생산만으로도 특허발명의 각 구성요소가 유기적으로 결합한 일체로서 가지는 작용효과를 구현할 수 있는 상태가 갖추어진 것으로 볼 수 있어 특허권의 속지주의 원칙에도 불구하고 그 침해를 인정할 수 있다고 판단하였다. 종래 노키아 판결에서 속지주의를 엄격하게 보았던 태도에서 일부 완화한 것으로 보인다("간접침해 제도는 어디까지나 특허권이 부당하게 확장되지 아니하는 범위에서 그 실효성을 확보하고자 하는 것이다. 그런데 특허권의 속지주의 원칙상 물건의 발명에 관한 특허권자가 그 물건에 대하여 가지는 독점적인 생산 · 사용 · 양도 · 대여 또는 수입 등의 특허실시에 관한 권리는 특허권이 등록된 국가의 영역 내에서만 효력이 미치는 점을 고려하면, 특허법 제127조 제1호의 '그 물건의 생산에만 사용하는 물건'에서 말하는 '생산'이란 국내에서의 생산을 의미한다고 봄이 타당하다. 따라서 이러한 생산이 국외에서 일어나는 경우에는 그 전 단계의 행위가 국내에서 이루어지더라도 간접침해가 성립할 수 없다."(대법원 2015. 7. 23. 선고 2014다42110 판결). 이 판결에 대한 평석으로 박태일, "반제품을 생산하여 수출한 행위가 특허권 간접침해행위에 해당하는지", 대법원판례해설 제106호 (2016) 505 − 534면. 최승재, "반제품 수출의 특허권 간접침해 여부", 법률신문 4395호 (2015) 11면.

# 제 4 장

## 표준필수특허와 금지청구 및 손해배상청구, 기업결합

# 제4장 표준필수특허와 금지청구 및 손해배상청구, 기업결합

## 제1절 도 입

표준필수특허권자가 금지청구를 하는 것은 FRAND 조건에 위반되는 행동이라는 것이 논의의 한 출발점이다. 반대로 다른 하나의 출발점은 특허권자는 금지청구를 하는 것이 기본적인 권리의 내용이라는 것이다.

제약산업에서 화학물질로 구성된 특허(조성물 특허)는 하나의 제품을 구성하고 그 가치는 특허가 소멸되었다고 사라지지 않는다. 이런 예로는 아스피린, 타이레놀, 이부프로펜 등 여러 가지가 있다. 반대로 정보통신분야의 경우를 보면 스마트폰을 예로 들어보면 스마트폰이라는 하나의 상품은 많은 특허들로 구성된다. 게다가 이동통신 영역의 경우에는 기기간의 상호호환성(interoperability)이 요구된다. 이런 점에서 이 분야는 표준화 작업이 이루어졌고, 그 표준화는 이런 상호호환성이라는 요구를 충족시켜서 기술혁신을 촉진하였다.[1]

그런데 금지청구는 이런 혁신성을 저해할 수 있다. 이런 문제를 해소하기 위한 것이 FRAND 확약이고, 이런 점에서 FRADN 확약은 금지청구를 제한하게 된다. 이에 대해서는 2019년 12월 미국 법무부가 표준필수특허의 경우에도 금지청구를 허용하여야 한다는 의견을 밝혔다. 그런데 법무부는 형사적으로 기

---

1) Hovenkamp, Herbert J., "Justice Department's New Position on Patents, Standard Setting, and Injunctions" (2020). Faculty Scholarship at Penn Law. 2149. p 3 https://scholarship.law.upenn.edu/faculty_scholarship/2149.

소여부를 정하는 기관이지만, 연방거래위원회와 민사소송에서의 원고들은 경쟁법을 집행하는 기능을 한다.[2] 경쟁법의 집행이라는 면에서 법무부의 이런 입장은 잘못된 것이고 FRAND 확약을 한 표준필수특허권자는 이런 금지청구를 통해서 부당한 끼워팔기, 배타조건부(구속부) 거래행위 기타 반경쟁적 행위를 하게 되면 이런 행위는 당연히 경쟁법 집행을 통해서 제어되어야 한다.[3]

아래에서는 이와 같은 표준필수특허권자의 금지청구에 대한 논의를 정리하여 보고자 한다.

---

2) 미국에서는 공정거래집단소송을 사적집행(private enforcement)라고 한다. 반면 연방거래위원회의 집행은 이에 대비하여 공적집행이라고 부른다.

3) Hovenkamp, Herbert J., (각주 1) p 6.

# 제 2 절 표준필수특허와 금지청구

## Ⅰ. 표준필수특허권자의 금지청구의 가부[4]

### 1. 금지청구의 가부

표준필수특허를 보유한 특허권자가 자신의 특허를 라이선스하지 않거나 특허 사용 금지청구를 할 수 있는가 하는 것은 FRAND 조건의 의미와 함께 중요한 쟁점이다. 일반적인 특허권자의 경우 가장 강력한 권한이며 동시에 미국 특허법이 특허권의 기본적인 권한으로 보고 있는 배타권(rigth to exclude)의 핵심이라고 할 수 있는 금지명령(injunction)에 있어서도, 미국 판례는 FRAND 확약으로 특허권자가 실시료 또는 손해배상만으로 만족한다고 선언한 것이라고 보고, 특허권자에게 회복할 수 없는 손해(irreparable injury)를 방지하기 위한 금지청구권의 행사를 허용하지 않는 경향을 보여주고 있다.[5]

미국 법원은 금지명령은 형평법상의 구제수단(equitable remedy)이기 때문에 특허권의 침해가 입증되더라도 바로 허용되는 것이 아니라고 보다가 자동적 금지명령을 허용하는 방향으로 선회하여 특허권자의 보호를 강화하였었다.[6] 이후 미국 연방대법원은 2005년 소위 이베이 판결[7] 이후 기존의 자동적으로 금지명령(automatic injunction)을 허용하는 태도를 바꾸어서 특허침해로 인해서 특허권자가 회복할 수 없는 손해를 입게 된다는 점 및 손해배상만으로 충분한 구제가 이루어질 수 없다는 점이 입증되고, 금지명령으로 피고가 받게 될 손해와 금지청구의 기각으로 원고가 받게 될 손해를 비교하고, 금지명령이 공익(public

---

4) 최승재, "표준필수특허에 기초한 금지청구원에 대한 연구", 특허법원 원내세미나 2020. 9. 15. 발표문 (미공간)을 기초로 수정·보완함

5) Realtek Semiconductor Corp. v. LSI Corp., 946 F. Supp.2d 998 (N.D. Cal. 2013); Apple Inc. v. Motorola, Inc., 757 F.3d 1286, 1331 (2014).

6) Chao, Bernard H. (2008). "After Ebay, Inc. v. MercExchange: The Changing Landscape for Patent Remedies", Minn. JL Sci. & Tech. 9 (2): 543~572. 미국법원의 태도에 대해서는 최승재·김영기·박현우, 「신미국특허법」, 법문사 (2020) 569~583면 참조.

7) eBay Inc. v. MercExchange, L.L.C., 547 U.S. 388 (2006).

interest)에 반하지 않는다고 판단된 경우에 한해서 금지명령을 허용하는 것으로 법리를 정립하였다.8) 표준필수특허 보유자의 FRAND 확약은 이러한 금지청구권행사의 4가지 요건 가운데 첫 번째 "회복할 수 없는 손해"의 입증을 거의 불가능하게 만든다. 표준필수특허를 보유한 특허권자가 가처분(Injunctive relief)이나 금지청구를 할 수 있는 것인지 여부는, 금지청구가 특허제도의 유지를 위한 본질적 수단이라는 점과 표준필수특허가 그 특성상 경쟁제한적이라는 점을 종합적으로 고려하여 판단되어야 한다. 최근 이 주제에 대한 판결이 한국의 삼성전자 대 애플 판결을 포함하여9) 앞서 언급한 미국의 Motorola 판결과 유럽의 Huawei 판결까지 세계 각국에서 선고되고 있다.

---

8) "That test requires a plaintiff to demonstrate: (1) that it has suffered an irreparable injury; (2) that remedies available at law are inadequate to compensate for that injury; (3) that considering the balance of hardships between the plaintiff and defendant, a remedy in equity is warranted; and (4) that the public interest would not be disserved by a permanent injunction. The decision to grant or deny such relief is an act of equitable discretion by the district court, reviewable on appeal for abuse of discretion. (...) Neither the District Court nor the Court of Appeals below fairly applied these principles."[eBay Inc. v. MercExchange, L.L.C., 547 U.S. 388 (2006)], 이 판결에 대해서는 다수의 평석이 있다. Helm, Jeremiah S. (2006). "Why Pharmaceutical Firms Support Patent Trolls: The Disparate Impact of eBay v. MercExchange on Innovation", Mich. Telecomm. Tech. L. Rev. 13 (1): 331-343; Jones, Miranda (2007). "Permanent Injunction, A Remedy by Any Other Name is Patently Not the Same: How eBay v. MercExchange Affects the Patent Right of Non－Practicing Entities". George Mason Law Review. 14 (4): 1035-1070; Venkatesan, Jaideep (2009). "Compulsory Licensing of Nonpracticing Patentees After eBay v. MercExchange", Virginia Journal of Law & Technology. 14 (1): 26-47; Chao, Bernard H. (2008). "After Ebay, Inc. v. MercExchange: The Changing Landscape for Patent Remedies", Minn. JL Sci. & Tech. 9 (2): 543-572.

9) 이 사건에서 서울중앙지방법원은 FRAND 조항의 의미에 대하여, "실시료 조건에 대한 합의는 다른 특별한 사정이 없는 한 라이선스 계약의 성립 요건이라고 할 것이므로 라이선스 계약에 대한 청약의 의사표시에 해당하려면 실시료 등의 구체적인 조건이 포함된 의사표시여야 하는 점, ETSI 지적재산권 정책이나 지적재산권 가이드에도 구체적인 실시료 산정 기준 등이 마련되어 있지 않고 당사자 상호 간의 협상에 의하도록 하고 있는 점, 그밖에 FRAND 선언의 문언 내용과 의미 등을 종합해보면, 실시료 조건에 관하여 구체적인 정함이 없는 특허권자의 FRAND 선언만으로 라이선스 계약에 관한 청약의 의사표시를 하였다고 볼 수 없다"고 판시하였다(서울중앙지방법원 2012. 8. 24. 선고 2011가합39552 판결).

표준필수특허권자의 경우 라이선스를 할 의무가 있기 때문에 금지청구는 할 수 없는 것이 아닌가 하는 논의가 있었지만 국제적으로 다수의 법원에서 정립한 법리는 표준필수특허권자라고 해서 반드시 금지청구를 할 수 없는 것은 아니며, 금지청구를 하려면 상대방이 선의로 협상을 하고 있는 실시를 진정으로 희망하고 있는 사업자인지 여부에 따라서 그렇지 않은 경우에는 표준필수특허권자라고 해서 FRAND 조건에 의한 라이선스 의무의 부담과 별개로 금지청구를 할 수 없는 것은 아니라고 보고 있다.

## 2. 표준특허권자의 금지판결의 집행[사례연구: 삼성전자 v. 화웨이]

국제적으로 다수의 특허침해를 원인으로 하는 금지청구가 문제가 되는 경우 어느 하나의 국가에서 금지청구가 허용되는 경우 다른 나라에서 이 판결의 집행에 대해서 표준필수특허임을 이유로 해서 금지청구에 대한 승인집행이 논란이 될 때 어떤 기준에 의하여 판단하여야 하는가가 문제가 된다.

이와 관련된 사건이 삼성전자와 화웨이 간의 소송에서 쟁점이 되었다. 2018년 4월 미국법원에서 선고된 판결로 화훼이와 삼성전자간의 표준필수특허 관련 생산 및 판매금지판결의 집행가능성이 문제된 사안이 있다.[10] 미국법원은 국제적으로 소송이 진행중인 사건[11]에서 미국에서 소송을 제기한 당사자에 대하여 미국 이외의 국가에서의 소송행위나 판결의 집행을 금지하는 판결을 때때로 선고하였다.[12] 2012년 Motorola가 독일에서 표준특허에 기하여 받은 판매금지판결의 집행을 금지한 Microsoft Corp. v. Motorola, Inc 사건[13]도 그 사

---

10) Huawei Technologies, Co., Ltd. v. Samsung Electronics Co., Ltd., (N.D. CAL, 2018. 4. 13. 2018 WL 1784065). 이 가처분판결에 대하여 화웨이가 변경 내지 수정 또는 재고신청(motion to alter or amend or, in the alternative, reconsider the April 13, 2018 order)을 하였으나 담당판사는 2018. 6. 19. 그 신청도 기각함. 이 판결에 대하여 화에이가 항소하였고 2018년 12월 연방순회항소법원(CAFC)에서 이 가처분판결에 대한 구술심리가 진행되었는데 아직 항소심 판결은 선고되지 않고 있다.

11) 삼성-애플 특허소송의 경우에는 한국, 미국, 일본, 영국, 독일, 프랑스, 네덜란드, 호주, 스페인, 이탈리아 등에서 동시에 소송이 진행되었다.

12) 한국에서는 이러한 판결을 한 사례가 없고, 한국과 외국에서 동시에 계속된 소송이 중복제소에 해당할 경우, 한국법원이 한국에서의 소송을 각하할 수 있을 뿐이다.

13) Microsoft Corp. v. Motorola, Inc. 696 F.3d 872, 881 (9th Cir. 2012).

례의 하나이다.

화웨이와 삼성전자 간의 표준필수특허와 관련된 소송에서 미국 법원이 이와 유사한 가처분판결을 선고하였는데, 이 사건은 2011년 8월 경 화웨이가 자신들이 보유한 표준필수특허 등에 관하여 삼성전자에게 상호실시계약 체결 제의를 하면서[14]시작된 양사간의 특허분쟁이다. 양사는 수년간에 걸쳐 협상을 하였지만 만족할 만한 결과를 도출하지 못하였고, 화웨이는 2016년 5월 미국과 중국에서 삼성전자를 상대로 표준필수특허와 (상용)특허침해를 이유로 하는 특허침해소송을 제기하였다.[15] 이에 대응하여 삼성전자는 화웨이에 대하여 미국과 중국에서 맞소송을 제기하여 다수의 소송이 동시에 진행 중이다. 그러던 중 중국 심천중급법원이 2018. 1. 11. 삼성전자에 대하여 화웨이의 표준필수특허 침해를 인정하고 중국 내에서 스마트폰의 생산 및 판매를 금지하는 판결을 선고하였고, 삼성전자는 미국 캘리포니아 북부연방지방법원(N.D. California)에 화웨이가 위 중국판결에 기하여 집행을 하는 것을 금지하는 가처분신청(motion for anti-suit injunction)을 하였다.

당시 삼성의 중국 내 생산시설은 삼성의 전 세계 생산시설 중 2번째로 큰 시설이고, 중국에서 생산된 제품이 미국으로 수입되었다. 2011년 화웨이와 삼성은 각자의 전 세계 특허포트폴리오에 대한 상호실시계약(cross license) 협상을 개시하였으나 별다른 진전이 없었다.

화웨이는 2016. 5. 24. 캘리포니아 법원에 삼성전자가 화웨이의 표준필수특허 11개를 침해하였다는 소송을 제기하면서, 삼성전자가 FRAND 조건으로 표준필수특허를 상호실시계약을 체결할 의무를 위반하였다고 주장하였다. 화웨이는 이와 함께 양 당사자의 3G, 4G 표준필수특허에 대하여 전 세계를 대상으

---

위 사건에서는 Motorola가 독일 소송에서 표준필수특허에 기하여 판매금지판결을 받았는데, 해당 특허는 Motorola가 Microsoft에게 협상과정에서 제시한 전 세계 특허실시계약의 제안에 포함되어 있던 H.264 표준 중 하나였다.

14) 당시 화웨이는 자신들의 3G와 4G 통신표준특허 포트폴리오의 로열티율이 매출액의 1.5%라고 주장하였다. http://www.fosspatents.com/2018/09/huawei-is-allegedly-adamant-about.html

15) 2016년 5월 화웨이는 삼성을 상대로 미국과 중국 법원에 14개 특허에 대한 특허 침해 소송을 제기하고, 두 달 뒤 광둥성 선전과 푸젠성 취안저우에서 2개 특허에 대한 추가 소송을 제기했다. http://thegear.net/15638

로 하는 FRAND 상호실시계약 조건을 정하여 줄 것을 위 법원에 요청하였다. 화웨이는 또한 삼성전자가 화훼이의 3GPP 표준필수특허에 기하여 화웨이에 대하여 전 세계 어디에서도 판매금지를 구하지 못하게 해 줄 것을 청구하였다.

삼성전자는 답변서 및 반소에서 화웨이가 삼성전자의 표준필수특허를 침해하였음을 주장하는 한편, 화웨이의 표준필수특허가 무효이고 삼성전자가 이를 침해하지 않았을 뿐만 아니라, 화웨이가 표준필수특허에 기한 소송을 제기한 것은 독점금지법 및 계약위반이라고 주장하였다.

화웨이는 캘리포니아 법원에 소송을 제기한 다음날인 2016. 5. 25. 화웨이의 본사가 있는 곳인 중국 심천의 중급법원에 삼성을 상대로 11건의 특허침해소송을 제기하였다. 이 중 8건은 캘리포니아 법원에 제소한 특허에 직접 대응되는 특허를 포함하는 표준필수특허에 기한 것이고, 11건의 소송 모두 생산, 판매금지를 청구하는 소송이다. 삼성은 이에 대응하여 중국에서 14건의 소송을 제기하였고, 이 소송도 표준필수특허를 포함한 것이고, 모든 소송에서 생산, 판매금지를 청구하였다.

화웨이가 중국에서 제소한 소송은 신속하게 진행되었는데 심천법원에서 표준필수특허 2건에 대한 변론이 먼저 진행되었고, 해당 소송에서는 표준필수특허에 대한 기술적 사항 및 FRAND 조건 준수 여부에 대한 사항이 심리되었다. 심천법원은 2018. 1. 11. 삼성이 화웨이의 중국 표준필수특허 2건을 침해하였고, 화웨이는 FRAND 확약을 준수한 반면 삼성은 FRAND 확약을 준수하지 아니하였다[16]는 이유로 삼성의 계열사가 중국에서 4G LTE 스마트폰을 생산, 판매하는 것을 금지하였다. 위 2건의 중국 표준필수특허는 캘리포니아 법원 소송에서 화웨이가 제시한 표준필수특허에 직접 대응하는 특허이다. 삼성은 2018. 1. 26. 심천법원의 판결에 대하여 항소를 제기한 후, 2018. 2. 1. 캘리포니아 법원에 화웨이가 심천법원의 판결을 집행하는 것을 금지하여 달라는 취지의 이 사건 가처분신청을 하였다.

---

16) 중국 심천법원은 화웨이가 제안한 6건의 협상안은 FRNAD 조건의 범위 내에 속하는 것인 반면, 삼성이 표준필수특허와 비표준필수특허를 함께 협상대상으로 묶은 것은 FRAND 라이선스협상 위반이고, 삼성이 6년 간의 협상기간 동안 협상을 심각하게 지연시켰다고 판단했다.

삼성전자는 이 사건 가처분신청에서, 만일 삼성의 심천법원 판결에 대한 항소가 성공적이지 못할 경우 삼성은 중국 소재 공장의 가동을 중단하여야 하고, 불리한 지위에서 강제로 협상을 해야 하거나 모든 FRAND 쟁점에 대하여 전 세계에서 화웨이와 소송을 해야 하는 부당한 결과를 가져올 것이라고 주장하였다. 이 사건은 가처분에 의하여 중국심천법원의 판결 집행을 금지시키고자 한 것이다. 캘리포니아 법원은, 이 법원이 계약위반청구에 대한 결정이 가능할 때까지 화웨이가 중국법원의 판결을 집행해서는 안된다는 가처분판결을 선고하였다.

## II. [사례연구] 삼성과 애플 사이의 특허침해소송에서의 금지청구의 허부와 경쟁법적 쟁점[17]

### 1. 사건의 쟁점

① 이 사건 특허를 침해하였는지 여부, ② 이 사건 특허의 행사에 있어서 표준특허에 기한 금지 청구가 권리남용에 해당하는지 여부, ③ 이 사건 특허권이 특허소진론에 의하여 소진된 것인지 여부, ④ 표준필수특허에 기하여 특허침해금지청구를 하는 것이 FRAND에 반하는 것으로 이런 행위가 공정거래법에 위반하는 행위에 해당하는지 여부(침해지청구 가능 여부), ⑤ 이 사건 특허를 침해하였다고 인정되는 경우 손해배상의 범위가 쟁점이 되었다.

### 2. 판결의 요약과 쟁점

#### 가. 판결 선고 요지

서울중앙지방법원는 2012. 8. 24. 삼성이 애플코리아를 상대로 제기한 특허권침해금지 등 사건에 관하여, 애플코리아가 판매하는 iPhone 3GS, iPhone

---

17) 서울중앙지방법원 2012. 8. 24. 선고 2011가합39552 판결. 이 판결은 서울고등법원에 항소되었으나 쌍방 소취하로 종료되었다.

4, iPad wifi＋3G(iPad 1과 iPad 2 포함) 제품이 삼성의 일부 특허를 침해하고 있다고
보아 삼성이 일부 청구로서 구하는 범위 내의 손해배상액인 4,000만 원의 손해
배상 및 침해금지를 명하는 판결을 선고하였다.

이 판결은, 피고 애플의 iPhone 3GS 등의 제품이 원고 삼성의 일부 표준
특허를 침해하고 있음을 이유로 금지청구 및 손해배상을 명한 사례로서, 피고
의 특허권 소진, FRAND 선언 위반, 공정거래법위반 항변을 배척하였다. 원고
가 특허침해로 인한 일부 손해액만을 청구한 사건이므로, 청구의 범위 내에서
손해액을 인정하였고, 전체 손해액에 대하여는 확정하지 아니하였다.

## 나. 판결 내용

### (1) 원고 주장

#### 1) 특허침해

피고 애플이 판매하는 iPhone 3GS 등 제품은 원고의 3GPP 통신표준과
관련된 특허(234 특허, 975특허, 144특허, 900특허)와 무선단말기의 데이터 서비스 제공
방법에 관한 특허(973 특허)를 침해한다.

#### 2) 금지청구 및 손해배상청구

피고는 원고 삼성의 특허권을 침해하는 iPhone 3GS 등의 판매 등을 중단
하고, 위 제품을 폐기하여야 하고, 원고가 입은 손해의 일부인 1억 원(각 특허권
당 2,500만 원)을 지급하여야 한다.

##### (가) 비침해

피고 제품은 이 사건 특허발명의 권리범위에 속하지 않는 방법에 의해 만
들어진 것이므로 원고의 특허권을 침해하지 않는다.

##### (나) 특허 무효

원고의 특허발명은 신규성 내지 진보성이 인정되지 않아 무효임이 명백하
므로, 이에 의한 특허권에 의하여 피고에게 침해 금지 및 손해배상 등의 권리
를 행사하는 것은 권리남용에 해당하여 허용될 수 없다.

##### (다) 특허권 소진

인텔은 원고와의 라이선스 계약에 따라 원고 주장의 표준특허에 관한 적

법한 실시권을 가지고 있는데, 애플은 이와 같은 적법한 권리자인 인텔로부터 위 표준특허가 구현된 모뎀칩을 구매하여 iPhone 3GS 등을 생산하였고, 피고가 이를 판매한 것이므로, 원고의 특허권은 소진되었다.

(라) FRAND 선언 위반

① 원고의 FRAND 선언은 철회 불가능한 라이선스 계약의 청약에 해당하고, 피고의 실시행위 또는 라이선스 승낙의 의사표시에 의해 원고와 피고 사이에 라이선스 계약이 이미 성립되었다.

② 원고의 FRAND 선언은 표준특허에 기한 금지청구권을 행사하지 않겠다는 선언인데, 이에 위반되어 제기된 원고의 금지청구는 금반언의 원칙에 반하는 것이다.

③ 원고의 FRAND 선언은, 원고가 피고와 라이선스 협상을 할 의무를 부담하는 계약적 구속력을 가지는 것인데, 원고가 위와 같은 협상의무를 준수하지 않고 피고에게 FRAND 조건에 부합하지 않는 과도한 실시료를 요구하면서 다른 한편으로 금지청구권을 행사하는 것은 권리남용에 해당한다.

(마) 독점규제 및 공정거래에 관한 법률(이하 '공정거래법'이라 한다) 위반

표준특허(234, 975, 144, 900 특허)에 기한 원고의 이 사건 금지청구는 ① 필수설비의 거래 거절행위를 구성하고, ② 거래상대방에 대한 부당한 거래조건의 요구행위에 해당할 뿐 아니라, ③ 고객 유인을 위해 위계의 방법으로 취득한 권리를 행사하는 행위로서, 공정거래법에 위반되므로 권리남용에 해당하여 허용되어서는 아니된다.

### (2) 법원의 판단

1) 특허침해 주장에 대한 판단

234, 975, 144, 900 특허(3GPP 표준특허)가 논란이 되었다. 피고가 판매하는 iPhone 3GS 등의 제품은 3GPP 표준 기술을 사용하고 있으므로 원고의 234, 975, 144, 900 특허를 침해한다. 다만, 234, 144 특허는 신규성 흠결의 무효사유가 있으므로, 234, 144 특허에 기한 원고의 권리행사는 권리남용에 해당한다. 한편 피고가 판매하는 iPhone 3GS 등의 제품에 구현된 기술이 973 특허(비표준특허)의 권리범위에 포함된다고 보기 어렵다.

2) 특허소진 항변에 대한 판단

2011. 5. 1.부터 국내로 수입, 판매되는 피고 제품에 포함된 모뎀칩은 인텔의 자회사인 IMC가 제작한 것으로 보이는데, 인텔 라이선스가 IMC에 확장되었다고 인정할 만한 증거가 없고, 인텔이 IMC로 하여금 모뎀칩을 제조하여 IA 또는 애플에게 납품하도록 한 행위는 라이선스 계약상 허용된 제조위탁 범위를 초과하는 것이므로 위 모뎀칩이 인텔 라이선스 제품에 해당한다고 보기 어렵다.

나아가 인텔 라이선스가 IA에 확장되었음을 인정할 증거가 없는 이상, IA가 위 모뎀칩을 애플에 직접적으로 판매한 행위를 적법한 권리자에 의한 판매에 해당한다고 보기도 어렵다.

따라서 피고는 인텔 라이선스 제품이 아닌 모뎀칩을 사용한 것이므로, 특허권 소진 이론이 적용될 여지가 없다.

3) FRAND 선언 관련 항변에 대한 판단

① 라이선스 계약 체결 의제 여부

FRAND 선언의 준거법은 프랑스법이라고 할 것인데, 프랑스법에 따른 라이선스 계약의 요건 및 FRAND 선언의 해석상, FRAND 선언 이후 피고 측이 이 사건 표준특허를 실시하였다는 사정만으로 라이선스 계약이 성립된 것으로 볼 수 없다.

② 금반언 원칙 위반 여부

프랑스법상 금반언 원칙이 절차적인 부분뿐만 아니라 실체적인 부분에까지 일반적으로 적용될 수 있는 것인가에 관하여는 논란이 있다. 그러나 가사, 프랑스법상 금반원 원칙이 실체적인 부분에까지 적용될 수 있다고 하더라도, FRAND 선언을 향후 표준특허침해에 관한 금지청구권을 포기한다는 의사표시라고 보기는 어려우므로, 특허침해자에 대한 금지청구가 곧바로 금반언 원칙 위반이라고 볼 수는 없다.

표준특허에 기한 금지청구권의 허부와 관련해서는 소위 자발적 실시자(willing licensee)의 문제가 있다.[18] 즉 만일 표준특허를 침해한 자가 지속적으로

---

18) 오승한, "FRAND 확약 특허권자의 자발적 실시자에 대한 금지청구권의 행사와 독점규제법 위반 책임", 경쟁법연구 29권(2014) 217−278면.

실시를 하고자 노력한 자박적 실시자라면 이런 자에 대해서 금지청구를 바로 인용하는 것은 허용되어서는 안된다고 보는 것이다.

③ 권리남용 해당 여부

이 권리남용 여부의 문제는 표준특허가 되는 과정에서 공개의무나 FRAND 확약을 하고는 일단 취득한 뒤에는 소위 특허알박기를 하여 부당한 이득을 취하거나 경쟁을 제한하는 행위가 발생한다고 인정되는 경우 소송상 인정될 것이다.[19]

법원은 상대방에 대한 특허권의 행사가 특허제도의 목적이나 기능을 일탈하여 공정한 경쟁질서와 거래 질서를 어지럽히고 수요자 또는 상대방에 대한 관계에서 신의성실의 원칙에 위배되는 등 법적으로 보호받을 만한 가치가 없다고 인정되는 경우에는, 그 특허권의 행사는 설령 권리행사의 외형을 갖추었다 하더라도 등록특허에 관한 권리를 남용하는 것으로서 허용될 수 없다는 법리를 2012년 1월 전원합의체 판결 이후 지속적으로 판시하고 있다.[20]

---

19) 특허알박기에 대해서는 설민수, "표준특허의 명암(하): 스마트폰 특허분쟁에서 특허알박기(Patent Holdup) 우려를 중심으로", 저스티스 통권 제141호(2014년4월호) 61－82면.
20) 대법원은 2012년 1월 특허가 무효라는 항변이 명백하게 인정되면 특허에 대한 침해금지 청구는 허용되지 않는다고 판결(2010다95390)했다. 대법원 전원합의체는 당시 LG전자가 "대우일렉트로닉스가 제조, 판매한 드럼세탁기가 특허발명을 침해했다"며 제기한 특허권침해금지 및 손해배상 청구소송 상고심(2010다95390)에서 원고 패소 판결을 내린 원심을 파기·환송했다. 재판부는 "진보성이 없어 보호할 가치가 없는 발명에 대해 형식적으로 특허 등록이 돼 있다고 해서 침해금지 또는 손해배상 등을 청구할 수 있도록 하는 것은 특허권자에게 부당한 이익을 주고 발명자에게는 불합리한 고통이나 손해를 줄 뿐"이라고 판시했다. 이어 "특허발명에 대한 무효 판단이 확정되기 전이라 하더라도 특허가 무효임이 명백한 경우에는 특허권에 기초한 침해금지 또는 손해배상 등의 청구는 특별한 사정이 없는 한 권리남용에 해당한다"고 설명했다. 보호 가치를 상실한 특허, 즉 특허심판원이나 법원에서 특허가 무효라는 판단이 내려질 것이 명백한 경우에는 특허권이 존재하더라도 침해금지나 손해배상 등을 청구할 수 없다는 법리를 제시하였다. 다만 재판부는 해당 사건에 대해서는 진보성이 부정돼 특허가 무효로 될 것임이 명백하다고 볼 수 없다고 판단하였다.
당시 LG전자는 2004년 드럼세탁기의 소음과 고장을 줄일 수 있는 구동부 구조에 대한 특허발명권을 등록했다. 같은 해 대우일렉트로닉스가 유사한 구조의 드럼세탁기를 출시하자 2007년 소송을 제기했다. 대우일렉트로닉스는 LG전자가 주장하는 특허권은 이미 존재하는 기술에서 쉽게 고안할 수 있는 것이므로 특허의 요건인 '진보성'이 부정된다고 주장하였고, 이에 대해서 1, 2심 재판부는 대우일렉트로닉스의 주장을 받아들였지만 대법원은 이를 파기환송하면서 진보성에 대한 판단을 권리남용항변의 일종으로 또한 특허권의 성질 및 특성상 그 특허발명에 대하여 존속기간 동안 독점적·배타적으로 실시할 수 있는 권리를 가지지만, 표준특허와 같이 특정 기술분야에서 해당 기술발명을 실시하지 않고서는 표준 기술이나 규격에 맞는 장치나 방법을 구현할 수 없게 되거나 매우 곤란하게 되거나 또는 표준화기구에서 표준으로 채택한 규격을 기술적으로 구현하는 과정에서 필수적으로 이용 또는 실시해야 하는 표준선언 특허에 대하여 FRAND 선언을 한 경우에는 그 표준특허에 대하여는 특허법의 목적과 이념 등에 비추어 특허권자의 권리를 제한할 필요성도 인정된다.

이러한 관점에서 원고의 피고에 대한 특허권의 행사가 특허제도의 목적이나 기능을 일탈하여 공정한 경쟁질서와 거래 질서를 어지럽히고 수요자 또는 상대방에 대한 관계에서 신의성실의 원칙에 위배되는 등 법적으로 보호받을 만한 가치가 없는 경우에 해당하는지 살펴보건대, 증거에 의하여 인정되는 다음과 같은 사정, 즉 ⓐ 원고가 표준선언 특허에 대하여 FRAND 선언을 한 이상 표준특허를 실시하려는 자에게 FRAND 조건에 따른 실시권을 허여하고 성실하게 협상할 의무가 있으나, 표준화기구인 ESTI는 그 표준특허에 대한 실시권 허여(라이선스) 계약의 조건은 당사자 사이의 협상을 통해 정하도록 하고 있고, 표준특허라고 하더라도 실시권에 대한 허여 요구 없이 이를 무단으로 사용하는 실시권자에게 침해금지를 구하는 것이 표준특허제도의 목적이나 기능을 일탈한 것으로는 보기 어려운 점, ⓑ 피고의 모회사인 애플은 피고 제품의 생산, 판매 등을 위해서 3GPP 표준특허에 대한 존재와 피고 제품의 생산을 위하여 원고의 표준선언 특허에 대한 실시의 불가피성, 표준선언 특허에 대한 실시권 허여 방식 등을 충분히 검토하거나 인식하고 있었을 것인데, 이 사건 표준특허에 대하여 원고에게 사전에 또는 표준특허 실시과정에서 실시권 허여를 요구하거나 표준특허의 사용에 대한 협의 없이 사용하여 온 점, ⓒ 애플은 2010. 7. 원고에 대한 디자인권 등의 침해 중지 요구 이후 원고로부터 표준특허에 대한 침해 문제를 제기 받았으나 협의가 이루어지지 않았고, 원고의 이 사건 소 제기 이후부터 원고에게 개별적인 표준특허 및 표준특허 포트폴리오

---

특허침해사건에서도 할 수 있다는 법리를 정립하였다.

전체에 대한 FRAND 조건에 따른 실시료율 등을 요청하였으나, 위와 같은 실시료율의 요청 등은 표준특허의 유효성과 특허 침해의 인정을 전제로 한 것은 아니었으며, 이 사건 변론종결시까지 이 사건 표준특허에 대하여도 같은 입장을 유지하고 있는 점, ⓓ 원고가 제안한 표준특허에 대한 실시료율은 다른 표준특허를 보유 특허권자들의 통상적인 최초 제안 실시료율과 차이는 있었으나, 애플이 제안한 최초 실시료율과도 현저한 차이가 있었고, 비밀유지약정 체결에 대한 논의 등으로 협상이 지연되기도 하였으며, 소 제기 이후 이 사건 변론종결시까지 1년 2개월 이상 협의하였으나 합의에는 이르지 못하였고, 협상 진행 경과에 비추어 보면 그 원인이 원고가 일방적으로 성실한 실시료 협상에 응하지 않은 것이라고 단정할 수는 없는 점, ⓔ 애플의 협상 태도와 진행 경과, 애플이 제시한 실시료율은 통상적인 협상과정에서 최초 제안하는 실시료율과도 상당한 차이가 있고, 그 산정근거에 비추어 보면 통신기술에 관한 표준특허의 가치를 매우 저평가한 것으로 보이는 점, 원고와 애플 사이의 거래관계 및 규모 등에 비추어 보면, 애플의 소 제기에 대한 대응 내지 방어적인 차원에서 이 사건 소를 제기한 측면은 있으나, 원고가 애플이나 피고를 관련시장에서 배제시키거나 시장진입의 제한 등으로 공정한 경쟁을 제한하거나 거래질서를 혼란시키기 위한 의도나 목적에서 이 사건 소를 제기하거나 유지한 것으로는 보기 어려운 점, ⓕ ESTI 지적재산권 가이드 4.5조에서도 표준 특허 침해 여부가 불분명한 경우에 리스크를 최소화하기 위한 금전적 대가 기탁 방안 등을 예시하고 있는데, 애플은 이 사건 변론종결시까지 이 사건 표준특허에 관하여 유효성이나 침해의 인정을 전제로 한 FRAND 조건에 따른 실시권 허여를 요구한 바도 없고, 일본, 네덜란드 등에서의 표준특허 침해에 관한 분쟁에서는 침해라고 주장하는 표준특허에 대하여 가정적으로 유효성과 침해를 인정하는 것을 전제로 자신의 기준에 의해 산정한 예상 실시료액 내지 침해로 인한 금전적인 대가를 기탁을 하거나 기탁의 의사를 밝히기도 하였지만, 국내에 등록된 이 사건 표준특허에 대하여는 쟁송과정에서 이러한 제안이나 조치를 취한 바도 없었고, 개별적인 특허에 대한 협상이 진행되었다고 볼만한 자료도 없는 점, ⓖ 일반적으로 라이선스 계약에 대한 비밀유지약정이 체결되는 경우가 많고 애플로서도 이러한 사정을 충분히 알고 있는 것으로 보이며, 이 사건 소제기 이후의 협상 과정, 애플이 제시하는 실시료율과 산정근거 등에 비추어 보면 애플에서도 이 사건 표준특허에 대한 합리적인 평가와 검증 등을 통한 실시료율의 산정 등을 위한 성실한 협상을 하기 보다는 FRAND 선언을 한 표준특허에 대한 침해금지 청구를 회피하려는 의도도 있는 것으로 보이고, 라이선스 계약의 체결을 통한 표준특허의 사용보다는 FRAND 선언을 한 표준특허에 대하여 해당 특허의 유효 및 침해를 인정하지 않은 채 소송과정을 거쳐 실시료를 지급하려는 의사도 있었던 것으로 보이는 점, ⓗ 표준화기구(ESTI)의 정책 목적, 표준화의 이념 등에 비추어 보면 특허권자는 FRAND 선언을 한 후 향후 표준특허에 대하여 실시권 허여를 요청하는 제3자에 대하여 성실하게 실시료 등을 FRAND 조건에 따라 협상할 의무가 있는 반면에, 반면에 표준특허를 실시하고자 하는 잠재적 실시권자 내지 제3자로서 필수적인 표준특허를 이용하려면 정당하게 실시권 허여를 요청하고, 특허권자와 실시료에 대한 협상을 해야 할 의무를 함께 부담한다고 할 것인데, 특허권자에게 실시권의 허여 요청 등도 없이 일방적으로 표준특허를 실시하는 경우까지 침해금지 등을 청구할 수 없도록 하는 것은 악의적인 실시권자 내지 잠재적 실시권자를 더 보호하는 결과가 되어 특허제도의 본질에도 반하는 점 등의 사정들을 종합하면, 원고가 이 사건 표준특허에 관한 FRAND 선언을 한 후 피고를 상대로 침해금지청구의 소를 제기하고 유지하는 것이 특허제도의 목적이나 기능을 일탈하여 공정한 경쟁질서와 거래 질서를 어지럽히고 상대방 등에 대한 관계에서 신의성실의 원칙에 위배된다거나 사회질서에 반하는 것이라고 단정할 수 없고, 따라서 원고가 이 사건 표준특허의 침해를 전제로 한 침해금지청구를 하는 것이 FRAND 선언에 위반하여 행위로서 권리남용에 해당한다고 할 수 없으므로, 피고의 권리남용 주장은 이유 없다.

　4) 공정거래법위반 항변에 대한 판단

　① 부당한 거래거절행위 해당 여부

　원고가 이 사건 침해금지청구로서 시장에서의 독점을 유지·강화할 의도나 목적, 즉 시장에서의 자유로운 경쟁을 제한함으로써 인위적으로 시장질서에 영향을 가하려는 의도나 목적을 가지고 있다고 단정하기 어려우므로, 원고의 행위가 공정거래법상 부당한 거래거절행위에 해당한다고 할 수 없다.

② 불공정거래행위 해당 여부

원고의 이 사건 표준특허에 기한 침해금지청구가 ⓐ 필수요소에의 접근이 사실상 또는 경제적으로 불가능할 정도의 부당한 가격이나 조건을 제시하는 행위 내지 ⓑ 기존 사용자에 비해 현저하게 차별적인 가격 등 불공정한 조건을 제시한 행위에 해당한다고 단정하기 어렵고, 달리 이를 인정할 증거가 없다.

③ 위계에 의한 고객유인행위 해당 여부

원고가 표준화 과정에서 이 사건 표준특허에 관하여 표준 제안 또는 표준으로 채택된 시기로부터 일정한 기간이 경과된 이후에 FRAND 선언을 한 사실은 인정되나, 그 과정에서 원고가 표준과 관련한 특허의 존재를 의도적으로 은폐하거나 표준 채택을 위하여 표준화기구를 의도적으로 기만하는 행위를 하였다고 인정할 증거가 없다.

5) 유럽집행위원회의 의견

삼성과 애플간 특허소송에서도, 삼성이 애플에 대해서 표준필수특허권의 침해금지를 청구하려고 하자, 유럽집행위원회가 FRAND 확약을 한 특허권자가 실시허락의 의사를 표시한 실시희망기업(willing licensee)에 대해서 금지청구의 소송을 제기하는 것은 특허권자의 시장지배적 지위의 남용에 해당될 수 있다고 하는 해석론을 제시한 바 있다. 이러한 유럽집행위원회의 해석론에 따라서, 삼성은 실시희망기업이 일정한 라이선스계획에 동의하고 실시허락의 의사표시를 한 경우에 침해금지청구를 하지 않겠다고 약속한 바 있다.[21] 표준필수특허 보유자에 의한 특허침해금지청구의 소송에서, 실시기업(implementer)은 공정거래법 위반을 항변사유로 주장하면서 침해금지청구의 기각을 주장할 수도 있다. 독일 판례에 의하면, 표준필수특허 보유자의 침해금지청구가 일정한 경우 공정거래법 위반에 해당되고, 공정거래법 위반의 효과로 특허권자에게 강제적인 실시허락의 의무가 있다고 볼 수 있는 경우에, 피고는 공정거래법 위반을 항변사유로 원고의 침해금지청구의 기각을 주장할 수 있다.[22]

---

21) European Commission, DG Competition, Commitment Decision of 29 April 2014, C(2014) 2891 final, Samsung Electronics Co., Ltd., et. al.

22) Chryssoula Pentheroudakis, Justus A. Baron, Licensing Terms of Standard Essential

유럽집행위원회(European Commission)는 삼성사건에서 FRAND 확약을 한 표준필수특허 보유자에 의한 라이선스거절이나 과다실시료부과를 통한 특허억류(hold-up)의 위험성을 지적한 바 있다.23) 반면 삼성은 실제로는 애플이 실시를 희망하지도 않으면서 표준필수특허를 실시하려고 하는 것처럼 외관을 작출하여 계속 협상을 표면적으로 진행하게 되면 이로 인해서 삼성은 금지청구도 할 수 없고 계속 애플에 끌려 다니게 되는 문제가 발생한다는 소위 특허역억류(reverse patent hold up)의 문제가 발생할 수 있다고 주장하였다.

6) 침해금지 및 손해배상의무

피고는 원고의 975 특허 및 900 특허를 침해하는 iPhone 3GS 등 제품의 판매 등을 중단하고, 위 제품을 폐기할 의무가 있고, 피고는 원고의 표준특허(975, 900)를 침해로 인하여 원고가 입은 손해의 일부인 4,000만 원을 지급하여야 한다(원고가 손해액 일부만을 청구한 사건이므로, 전체 손해액에 대하여는 확정하지 아니함).

## 3. 일본에서의 삼성과 애플간 특허소송

### 가. 동경지방법원에서의 소송과 표준필수특허권자의 금지청구

삼성과 애플간 특허소송은 일본에서도 있었다. 이 사건의 1심은 동경지방법원이 담당하였고, 그 항소심은 동경고등법원 내 지적재산전담법원인 지적재산고등재판소가 담당하였다. 일본 지적재산고등재판소는 표준필수특허 보유자24)가 FRAND 실시료 이상의 손해배상을 청구하는 것도 권리남용으로 볼 수 있다고 판시했다.25) 일본 지적재산고등재판소는 FRAND 확약은 특허법상 손해

---

Patents: A Comprehensive Analysis of Cases, JRC Science for Policy Report (2017), p.68.

23) Case AT.39939 - Samsung －－ Enforcement of UMTS Standard Essential Patents, Para.39 (2014).

24) 이 사건에서는 3세대 이동통신표준인 UMTS가 문제되었다[本件各製品は, 第３世代移動通信システムないし第３世代携帯電話システム（３Ｇ）(Third Generation) の普及促進と付随する仕様の世界標準化を目的とする民間団体である３ＧＰＰ（Third Generation Partnership Project) が策定した通信規格であるＵＭＴＳ規格（Universal Mobile Telecommunications System) に準拠した製品である](판결문 8면).

25) 2014년(平成２６年)５月１６日判決言渡 平成２５年（ネ）第１００４３号 債務不存在確認請求控訴事件（原審·東京地裁平成２３年（ワ）第３８９６９号事件).

배상액 산정 및 침해금지청구에 영향을 미치는 것으로 해석하면서 표준필수특허의 특성에 비추어 당사자간 자율적인 협상을 전제로 한 소위 상향식 접근법(bottom-up approach)이 부적합하다고 전제하고, 스마트폰 산업계의 의견을 토대로 해서 다수의 표준필수특허 보유자들이 받을 수 있는 실시료 총액을 5%미만으로 책정한 후, 그 실시료 총액 가운데 삼성이 가진 표준필수특허의 침해에 대해서 분배해야 할 실시료비율을 하향식으로 산정하는 소위 하향식 접근법(top-down approach)을 채택하였다.26)

표준화기구 중 ETSI가 문제가 된 이 사건27)에서 FRAND 확약을 한 표준필수특허 보유자가 특허침해금지청구권을 행사하는 것은 원칙적으로 일본 민법상 권리남용에 해당된다. 삼성 애플간 특허소송에서 일본 지적재산고등재판소는 피고가 FRAND 라이선스계약체결의 의사가 전혀 없는 경우가 아니라면, 원고 표준필수특허 보유자가 FRAND 확약을 했음에도 불구하고 특허침해금지를 청구함으로써 피고로 하여금 사업을 포기하거나 또는 과다한 실시료 지급을 강요하는 것은 기술표준제도의 취지에 반하고 권리남용에 해당되는 침해금지청구는 받아들일 수 없다고 판시했다.

## 나. 일본 공정거래위원회의 가이드라인 개정

일본 공정거래위원회(公正取引委員会, Japanese Fair Trade Commission)는 2009년 퀄컴의 시장지배적 지위의 남용에 대해서 공정거래법위반으로 인한 시정조치를 취한 바 있다.28) 이후 일본 공정거래위원회는 지속적으로 이 문제에 대하여 관심을 가지고 연구를 해왔다. 그 결과 2016년 1월 21일 FRAND 확약의 위반으

---

26) 平成26年5月16日判決言渡 平成25年（ネ）第10043号 債務不存在確認請求控訴事件

27) 일본 법원은 ETSI의 지적재산권 정책 6조를 라이선스의 가용성이라고 번역하고 있다(6 ライセンスの可用性 6．1 特定の規格または技術仕様に関連する必須{ＩＰＲがＥＴＳＩに知らされた場合，ＥＴＳＩの事務局長は，少くとも以下の範囲で，当該のＩＰＲにおける取消不能\なライセンスを公正，合理的かつ非差別的な条件（fair, reasonable and non-discriminatory terms and conditions）で許諾する用意があることを書面で取消不能\な形で3カ月以内に保証することを，所有者にただちに求めるものとする°)(판결문 9면).

28) 일본 공정거래위원회의 원고에 대한 2009. 9. 30.자 금지 및 정지명령.

로 인한 문제에 대응하기 위해서, 지적재산의 이용에 관한 독점금지법상의 지침(知的財産の利用に関する独占禁止法上の指針)을 개정한 바 있다.[29] 이 개정은 2015. 7. 8. 공정거래위원회의 '필수특허에 관한 문제와 관련된 조사보고서'에 기초하여 이루어진 것이다. 원안은 특허권자의 권리를 엄격하게 제안하는 것을 내용으로 하는 것이었으나 비판적으로 평가하는 의견이 적지 않았다고 한다. 이 원안에 대하여 54건의 의견이 제출되었고 제출된 54건의 의견을 참조하여 2016년 1월 21일 성안되었고 6개월의 경과로 발효되었다.[30]

개정된 지침(가이드라인)은 지적재산중 기술에 관한 것을 대상으로 하는 것으로 기술이용과 관련하여 제한행위에 대한 독점금지법의 적요에 관한 사고방식을 포괄적으로 명확하게 하는 것을 목적으로 한다고 하고 있다(가이드라인 1-2). 개정된 지침은 '기술이용에 관한 제한행위'를 ① 다른 사람에게 당해기술을 이용하지 못하도록 하는 행위, ② 다른 사람에게 당해기술을 이용하는 범위를 한정하여 허락하는 행위, ③ 다른 사람에게 당해기술의 이용을 허락하는 경우 상대방의 활동에 제한을 가하는 행위로 구별하고 이를 제3조에서 독점금지법(사적독점금지법)의 부당한 거래제한이나 불공정거래행위 관점에서 접근하고 있다.[31]

이 지침은 필수선언특허보유자에 의한 금지청구소송의 제기등의 행위에 대하여 독점금지법상의 평가를 명시하는 것에 대해서 최초로 규정하였다는 의미가 있다. 가이드라인은 규격을 정하는 공적 기관이나 사업자단체를 표준화기관이라고 하고, 표준화기관이 규격을 실시에 있어 필수적인 특허등을 '표준규격필수특허(標準規格必須特許)'라고 칭하고 있다. 이 표준규격필수특허에는 특허만이 포함되는 것으로 보지 않고 실용신안권이라거나 프로그램저작물과 같은 것이 포함되는 것으로 해석되고 있다.[32]

개정된 지침에 의하면, FRAND 조건으로 실시허락을 받고자 하는 실시희

---

29) 2016년(평성28년) 1월 21일 개정에 대한 해석 논문으로는 泉克幸, 平成28年公取委知的財産ガイドライン一部改正についての一考察, 特許研究 No. 61 2016/3 6면.
30) 위 논문, 8면.
31) 위 논문, 8면.
32) 위 논문, 9면.

망기업(willing licensee)에 대해서 실시허락을 거절하거나 특허침해금지청구를 하는 것은 일본 공정거래법의 위반에 해당될 수 있다. 표준필수특허 보유자의 이러한 행위가 관련 시장에서 실질적으로 경쟁제한을 초래하지 않고 불법적인 독점에 해당되지 않더라도 불공정거래행위에 해당될 수 여지가 있다.33) 원안에서는 IPR 정책을 규격에 규정한 기능 및 효용의 실현에 필수적인 특허등의 권리행사에 규격을 채용한 제품의 연구개발, 생산 및 판매를 방해하는 행위를 막고, 규격을 널리 보급하기 위해서 필수특허의 라이선스에 관한 취급 등을 정하는 문서라고 설명하였다.34) 여기에서 실시희망기업에 해당되는지 여부는 경쟁관계에 있는 쌍방 기업의 협상과정에서의 구체적인 행위를 종합적으로 고려해서 판단된다.35)

## Ⅲ. Huawei v. ZTE 판결36)

### 1. 사실관계

Huawei는 독일에서 모바일 폰 사업을 하고 있는 경쟁관계에 있는 중국회사들에 대해서 이들이 자신의 4세대 LTE(Long Term Evolution) 통신표준기술37)을 침해하였다는 취지의 경고장을 보냈다. 그러자 관련 당사자들은 각 실시권 협상을 시작하였다. 이들은 Huawei에게 FRAND 조건에 의한 라이선스를 요구하였으나 협상은 결렬되었다. 그러자 Huawei는 독일 뒤셀도르프 지방법원에 ZTE를 피고로 하여 특허침해에 기한 손해배상 및 생산·판매 금지를 구하는 소송을 제기하였다.

ZTE는 독일법원에 자신들은 성실하게 협상에 임하여 라이선스를 받으려

---

33) 위 논문, 10면.
34) 위 논문, 10면.
35) 위 논문, 10면.
36) Huawei Technologies Co. Ltd v ZTE Corp., ZTE Deutschland GmbH (Case C-170/13).
37) LTE의 경우에만 4,700개의 표준필수특허가 있다고 한다.

고 하였음에도 Huawei가 이 사건 금지청구를 제기한 것은 시장지배적 지위를 남용한 것으로서 유럽기능조약 제102조 위반이라고 주장하였다.[38] 그러나 독일법원은 변론기일을 정하지 않고 사건 진행을 중단시킨 뒤[39] 유럽사법재판소에 관련 쟁점에 대한 의견을 구하였다.

## 2. 유럽사법재판소의 판단

2015년 7월 16일 유럽사법재판소(ECJ)는 4세대 기술표준의 핵심 특허를 보유하고 있는 Huawei가 ZTE에게 공정한 라이선스 계약에서 협상할 합당한 기회를 주지 않은 것이 시장지배적 지위를 남용한 것이라고 판단하여 Huawei가 제기한 중국 회사인 ZTE의 독일 내 스마트폰 판매금지 가처분 신청을 기각했다. Huawei는 2011년 자신이 가진 LTE(4세대) 통신 표준특허에 대해 ZTE와 라이선스 협상을 벌였으나, Huawei가 ZTE에게 비합리적인 고액의 사용료 요구함으로써 양자간의 합의에 도달하지 못하였다는 점이 인정되었다. 유럽사법재판소는 표준특허를 가진 Huawei가 시장지배적인 지위를 남용해 FRAND 원칙을 위반한 것으로 판단했다(유럽기능조약, TFEU(he Functioning of the European Union) 제102조 위반).

이 판결을 통하여 유럽사법재판소는 FRAND 조건 위반이 유럽기능조약 제102조 위반이 될 수 있음을 보였다. 이 사건에 유럽사법재판소는 Advocate General(AG)인 Wathelet의 중도적 접근법(middle path approach)을 택하였다. Wathelet는 오렌지북 사건은 사실상 표준에 대한 사건으로 FRAND 확약을 한 표준특허보유자에 비하여 협상에서 넓은 재량을 가지는 것은 당연하므로 오렌지북 사건을 그대로 Huawei에 적용할 수 없다고 보았다. Wathelet는 특허권자

---

[38] 당시 삼성이 문제가 되고 있었기 때문에 이 사건에서도 참고가 되었다. Commission Decision AT.39939 - Samsung - Enforcement of UMTS standard essential patents.

[39] 당시 집행위원회의 입장은 특허권자가 FRAND 확약을 했고, 특허실시를 하려는 자가 의사가 있다면(willing licensee), 이 경우 특허권자가 제기하는 금지청구는 경쟁법 위반이라는 입장을 취하는 것으로 이해되었다. 따라서 이런 유럽집행위원회의 기준(A statement of objections in the EU system is a charge sheet in the form of a draft decision)이 오렌지북 기준과 부합하지 않을 수 있다는 우려가 독일법원에 있었다.

의 보호를 중시하는 독일식의 접근법과 실시를 하려는 자의 보호에 치중하는 유럽집행위원회 방식 모두가 문제가 있다고 하면서, 금지청구의 경우 그 자체로 바로 경쟁법 위반이 되는 것은 아니라고 보았다. 그러므로 금지청구가 경쟁법 위반이 되려면 상대방이 실시권을 허여 받으려는 의사가 있는 경우임에도 금지청구를 하는 경우가 경쟁법 위반이 된다고 보았다.[40) 이러한 Wathelet의 견해는 유럽사법재판소의 판결에 채택되었다.

### 3. Huawei 판결에 의한 실무

표준특허보유자는 침해자가 있을 경우 우선 서면으로 침해경고를 하고, 이 때 실시 받으려는 자는 자신이 FRAND 조건으로 실시를 받을 의사가 있음을 알려야 할 것이다. 표준특허보유자는 실시를 하려는 자에게 FRAND 조건에 따른 조건을 제시하여야 하며, 이 때 로열티도 합리적으로 계산하여 제시하여야 할 것이다. 이런 제안에 대해서 실시를 하려는 자는 성실하게 대응을 하여야 한다. 즉, 협상과정에서 최선의 협상(in good faith negotiation)을 하여야 한다. 만일 제시받은 조건이 FRAND 조건에 따른 조건이 아니라면 즉시 서면으로 이러한 사실을 특허권자에게 알려야 한다. 만일 협상이 결렬되면 당사자들은 중립적인 제3자에게 FRAND 조건에 따른 로열티를 정해줄 것을 요청하여야 한다.

### 4. 판결의 의의

유럽 사법재판소는 표준필수특허권자의 시장지배적 지위남용행위에 대해서 표준화기구의 지적재산권 정책도 여전히 유럽공동체 조약에 의한 제약이 있고 만일 FRAND 확약을 한 표준필수특허권자가 이를 위반하는 경우 그 자체가 조약 제101조 또는 제102조 위반이 될 수 있음을 판시하였다. Huawei v. ZTE 판결을 통해서 유럽 사법재판소는 특허침해사건에서 FRAND 항변의 의미에 대해서 판시하였고 이 판결을 통해서 유럽사법재판소의 FRAND 항변의 의

---

40) 특허권자의 보호에 치중하면 금지청구는 특허권의 본질적인 권리이므로 허용됨이 당연하고, 경쟁자의 보호에 치중하면 금지청구는 바로 경쟁법 위반이 된다고 볼 수 있을 것이므로 중간적인 접근을 했다고 하는 것으로 보인다.

미에 대하여 파악할 수 있다.[41)]

　이 판결은 표준필수특허권자가 금지청구를 하는 경우에 이를 허용하기 위
한 요건을 설시하였다는 점에서도 의미가 있다.[42)] FRAND확약을 한 표준필수
특허 보유자의 경우 특허침해의 금지를 청구함에 있어서도 커다란 제약이 있
다고 해석되고 있다. Huawei v. ZTE사건에서, 유럽사법재판소(European Court of
Justice) 는 표준필수특허 보유자가 FRAND 조건의 라이선스 계약의 체결을 거절
하거나 또는 FRAND 조건의 라이선스 계약의 체결을 위한 협상 등의 성실한
노력을 하지 아니한 채 특허침해금지소송을 진행하면, 원칙적으로 유럽공동체
기능조약 제102조의 시장지배적 지위 남용에 해당한다고 판시한 바 있다.[43)]
따라서, FRAND 확약을 한 표준필수특허 보유자는 그 특허권에 기한 침해금지
청구에 있어서 사전에 성실한 협상 등 일정한 절차적 의무를 부담하고, 그러한
의무를 다하지 아니한 경우 침해금지청구권의 행사는 허용되지 않는다.[44)]
유럽사법재판소의 판결은 FRAND 확약의 경쟁법적 의미를 명확히 하고 있다는
점에서 그 의미가 크다. ① 유럽사법재판소는 FRAND 확약에 의해서 경쟁사업
자들을 비롯한 실시희망기업들에게 FRAND 조건의 실시허락이 이루어질 것이
라고 하는 "정당한 기대(legitimate expectation)"가 형성되었다고 보고, 그러한 기대
에도 불구하고 표준필수특허 보유자가 FRAND 확약에 위반되는 행위를 하는

---

41) 2016. 4. 11. ‑ On July 16 2015, in Huawei v ZTE (C‑170/13). https://www.iam‑
media.com/huawei‑v‑zte‑ecj‑sets‑framework‑injunctive‑relief‑regarding‑se
ps("On July 16 2015, in Huawei v ZTE (C‑170/13), the ECJ addressed these
questions and set the framework for the admissibility of FRAND defences in SEP
infringement cases.").

42) unconditionally offered to enter into a licence agreement with the SEP holder with a
royalty offer sufficiently high that the patent holder could not reasonably refuse or at
a value to be determined by the plaintiff (subject to court review); and behaved as
if a licence had actually been taken ‑ that is, rendered an account of its acts for use
of the patent and paid respective royalties (eg, in an escrow account). Huawei v ZTE
(C‑170/13).

43) Huawei Technology Co. Ltd v ZTE Corp., ZTE Deutschland GmbH, EU Court of
Justice, Case C‑170/13 Decision of July 16, 2015.

44) European Commission, JRC science for policy report, "Licensing Terms of Standard
Essential Patents", 2017, 66, 67, 68, 123, 156면; 오성은, "표준필수특허 보유자의 금지
청구권 행사와 시장지배적 지위 남용행위에 관한 EU 사례 분석", 2018 296면 이하.

것은 원칙적으로 그 우월적 지위의 남용에 해당된다고 해석한다. ② FRAND 확약의 대상이 된 표준기술은 특허권자의 경쟁사업자들에게도 필수불가결한 기술에 해당되기 때문에, 유럽사법재판소는 그러한 기술의 사용금지를 청구하는 소송이 경쟁사업자의 제품을 시장에서 배제하거나 축출하는 의미를 갖게 된다고 본 것이다.[45] 이 사건에서 유럽사법재판소는 공정거래법이 특허권의 행사에 대해서 개입하지 않는 것을 원칙으로 하지만, 우월적 지위를 가진 특허권자 등의 행위에 대해서 예외적으로 공정거래법이 적용될 수도 있다고 전제하고, FRAND 확약을 한 표준필수특허 보유자의 행위에 대한 공정거래법 적용가능성을 확인한 바 있다. 유럽사법재판소는 FRAND 확약을 한 표준필수특허 보유자는 FRAND 조건으로 실시허락을 하기 위한 성실한 협상을 하지 아니한 채 특허침해금지청구의 소송을 제기하는 행위는 유럽경쟁법에 해당되는 유럽연합 기능조약(TFEU, Article 102 of the Treaty on the Functioning of the European Union) 제102조[46] 위반에 해당된다고 판시한 바 있다.[47] 유럽사법재판소의 이런 판시는 중요한 의미가 있다. 예를 들어 프랑스 파리에 본부를 가지고 프랑스법을 준거법으로 하는 ETSI의 경우 스스로 IPR 정책을 가지고 있고 회원사들은 이런 정책에 구속을 받게 된다. 그리고 표준필수특허를 선언한 사업자들은 자신이 행한 FRAND 확약을 준수하여야 한다. 그 해석에 있어서는 프랑스법의 적용을 받게

---

45) Ibid., paras 49−53.
46) Any abuse by one or more undertakings of a dominant position within the internal market or in a substantial part of it shall be prohibited as incompatible with the internal market in so far as it may affect trade between Member States.
   Such abuse may, in particular, consist in:
   (a) directly or indirectly imposing unfair purchase or selling prices or other unfair trading conditions;
   (b) limiting production, markets or technical development to the prejudice of consumers;
   (c) applying dissimilar conditions to equivalent transactions with other trading parties, thereby placing them at a competitive disadvantage;
   (d) making the conclusion of contracts subject to acceptance by the other parties of supplementary obligations which, by their nature or according to commercial usage, have no connection with the subject of such contracts.
47) Huawei Technology Co. Ltd v ZTE Corp., ZTE Deutschland GmbH, EU Court of Justice, Case C−170/13 Decision of July 16, 2015.

되는데, 이 경우 프랑스법에 의해서 당해 지적재산권정책이 어떻게 해석되어야 하는가 하는 문제와는 별개로 FRAND 확약을 준수하지 않은 것은 유럽연합기능조약 위반이 될 수 있다는 점이 명확하게 된 것이다. 실제로 ETSI의 지적재산권 정책에도 이런 상위법의 적용을 규정하고 있다.

유럽사법재판소는 Huawei v. ZTE사건에서 FRAND 확약의 경쟁법적 의미를 다음과 같이 설시하고 있다. ① 유럽사법재판소는 FRAND 확약에 의해서 경쟁사업자들을 비롯한 실시희망기업들에게 FRAND 조건의 실시허락이 이루어질 것이라고 하는 "정당한 기대(legitimate expectation)"가 형성되었다고 보고, 그러한 기대에도 불구하고 표준필수특허 보유자가 FRAND 확약에 위반되는 행위를 하는 것은 원칙적으로 그 우월적 지위의 남용에 해당된다. ② FRAND 확약의 대상이 된 표준기술은 특허권자의 경쟁사업자들에게도 필수불가결한 기술에 해당되기 때문에, 유럽사법재판소는 그러한 기술의 사용금지를 청구하는 소송이 경쟁사업자의 제품을 시장에서 배제하거나 축출하는 의미를 갖게 된다.[48]

---

48) Ibid., paras 49–53.

# 제 3 절 표준필수특허와 손해배상청구

## I. 개 관

### 1. 손해배상액의 산정에서의 특이성

지금부터는 표준필수특허 침해와 손해배상액의 산정문제를 볼 것이다. 일반특허침해시의 손해배상액의 산정도 어렵지만, 표준필수특허의 경우에는 FRAND의 제한이 붙어 있기 때문에 이를 반영하여 손해배상액을 산정하여야 하는 추가적인 과제가 있다. 이런 점에서 표준필수특허 침해시 손해배상액 산정은 일반특허와 구별된다.[49]

이 주제는 미국과 유럽, 특히 독일에서 많이 논의가 되고 있는 주제로서 이와 관련하여 판례상 문제가 되고 있는 로열티 스태킹과 포트폴리오 라이선스의 이슈를 살펴볼 것이다. 그러면서 실제 사례에서 판두이트(panduit) 판결과 조지아-퍼시픽 요소의 고려하는 문제를 보고, 이를 기초로 우리 특허법 제128조 하에서는 어떻게 해석을 하는 것이 옳을지, 일본 법원의 관련 이론을 같이 고려하여 제안을 하고자 한다.

미국 법원의 판결 중에서 모토롤라 판결, 디 링크 판결 등 법원의 태도에 대해서 살펴볼 것이다. 미국법원이 보여주는 로열티의 산정을 법원이 하는 것에 대해서 우리도 공정거래법이 문제가 되는 경우 적정 로열티 산정을 법원이 하는 경우가 있을 수 있을 것인데, 이에 대한 공정위의 별도의 지침을 사전에 마련할 것인지 여부, 유럽의 Motorola 판결에서 제시된 시장지배적 지위 남용 여부에 대한 기준과 미국 Motorola 판결과 Huawei 판결에서 제시된 표준특허 보유자의 금지청구의 허용여부에 대한 기준을 지재심사지침에 반영할 것인지도 향후 논의할 필요가 있다고 본다.

미국법원은 기본적으로 사적관계(privity)가 요구되지 않는 것으로 이해하기

---

49) 조영선, "특허권침해에 대한 합리적 실시료 산정방법에 관한 연구", 특허청연구용역보고서 2020, 88면.

때문에 이 경우에는 제3자를 위한 계약논의는 필요하지 않다. 이 경우 미국 법원은 통상의 합리적인 실시료보다 훨씬 낮은 수준의 소위 FRAND 실시료를 인정하고 있다.[50] 미국연방특허법 제284조(35 U.S. Code §284 - Damages)는 특허권자가 통상의 합리적인 실시료를 최소한의 손해배상액으로 청구할 수 있다고 규정하고 있다.[51] 미국 특허법에서 통상의 합리적인 실시료라고 함은 특허침해가 없었다면 원피고간에 합의했었을 실시료 즉 '가상적 협상(hypothetical negotiation)'의 결과 도출되었을 것으로 추정되는 실시료 금액이라고 해석되고 있다.[52] 이 경우 가상의 교섭을 위한 고려요소들이 소위 조지아 - 퍼시픽 요소라고 불린다.[53]

---

50) Microsoft Corp. v. Motorola, Inc., 854 F.Supp.2d 993 (W.D. Washington, 2012).

51) 미국 특허법 제284조의 법문은 다음과 같다. "Upon finding for the claimant the court shall award the claimant damages adequate to compensate for the infringement, but in no event less than a reasonable royalty for the use made of the invention by the infringer, together with interest and costs as fixed by the court. When the damages are not found by a jury, the court shall assess them. In either event the court may increase the damages up to three times the amount found or assessed. Increased damages under this paragraph shall not apply to provisional rights under section 154(d). The court may receive expert testimony as an aid to the determination of damages or of what royalty would be reasonable under the circumstances."
(July 19, 1952, ch. 950, 66 Stat. 813; Pub. L. 106-113, div. B, § 1000(a)(9) [title IV, § 4507(9)], Nov. 29, 1999, 113 Stat. 1536, 1501A-566; Pub. L. 112-29, § 20(j), Sept. 16, 2011, 125 Stat. 335.)

52) TWM Mfg. Co. v. Dura Corp., 789 F. 2d. 895, 899(Fed. Cir. 1986).

53) Georgia - Pacific Corp. v. United States Plywood Corp., 318 F. Supp. 1116, 1119 - 20 (S.D.N.Y. 1970), modified and aff'd, 446 F.2d 295 (2d Cir.); Unisplay, S.A. v. American Electronic Sign Co., Inc., 69 F.3d 512, 517 n.7 (Fed. Cir. 1995). 15개의 요소는 다음과 같다. 1. Royalties patentee receives for licensing the patent in suit,
2. Rates licensee pays for use of other comparable to the patent in suit
3. Nature and scope of license in terms of exclusivity and territory / customer restrictions
4. Licensor's established policy and marketing program to maintain patent monopoly by not licensing others to use the invention
5. Commercial relationship between licensor and licensee, such as whether they are competitors or inventor and promoter
6. effect of selling the patented specialty in promoting sales of other products of the licensee; the existing value of the invention to the licensor as a generator of sales of his non - patented items; and the extent of such derivative or convoyed sales
7. Duration of patent and term of license

이 방식에 의하면 실시료율은 침해가 처음 일어난 시점을 기준으로 특허권자인 원고와 피고가 실시료 협상을 하는 상황을 가정하고 해당 기술을 사용하는 시장상황을 고려해 결정한다. 이런 가상의 협상을 위하여 해당 특허에 이미 적용된 실시료율이 있는지, 실시권자가 유사특허에 이미 지불하는 실시료율이 있는지,54) 실시허락 조건, 시장에 대체기술이 있는지, 특허기술이 구현된 부품을 포함하는 제품과 함께 관련 제품을 함께 판매할 수 있는지 등을 고려한다.55)

이 판단기준은 표준필수특허침해시의 손해배상액의 산정시에도 적용이 배제되어야 하는 것은 아니다.56) 하지만 FRAND 확약을 한 표준필수특허의 경우에는 종전의 '가상적 협상'의 기준이 부적절한 것으로 지적되었고, 실시료누적(royalty stacking)의 폐해방지를 위해서 그보다 훨씬 더 낮은 수준의 실시료를 손해배상액으로 인정하는 경향을 보여주고 있다. 이런 점에서 보면 표준필수특허가 아닌 일반적인 특허권침해로 인한 손해배상액의 산정에 있어서는 가상협상의

---

8. Established profitability of the products made under the patent, its commercial success and its current popularity

9. Utility and advantages of patent property over old modes and devices

10. The nature of the patented invention; the character of the commercial embodiment of it as owned and produced by the licensor; and the benefit of those who have used the invention

11. The extent to which the infringer has made use of the invention and the value of such use

12. The portion of profit or selling price customarily allowed for the use of the invention

13. The portion of realizable profit attributable to the invention as distinguished from nonpatented elements, significant features / improvements added by the infringer, the manufacturing process or business risks

14. Opinion testimony of qualified experts

15. Outcome from hypothetical arm's length negotiation at the time of infringement began

54) Bo Eing, Lucent v. Gateway: Putting the "Reasonable" Back into Reasonable Royalties, 26 Berkeley Tech. L.J. 338(2011).

55) John C. Jarose & Michael J. Chapman, The Hypothetical Negotiation and Reasonable Royalty Damage: The Tail Wagging the Dog, 16 Stan. Tesh. L. Rev. 782(2013).

56) 1970년 조지아퍼시픽과 플라이우드 사건에서 열거된 15가지의 요소를 실무에서는 `조지아퍼시픽 요소`라고 한다. 이 판단기준을 표준필수특허에 적용하는 것에 대한 소개로, 이수진, "FRAND 선언한 표준특허의 권리행사에 관한 연구", 한양대학교 법학박사학위 논문 (2015).

결과를 반영함으로써 최대한 당사자들의 사적자치 내지 계약법원리를 존중하려고 하는데 반해서, FRAND 확약의 표준필수특허의 경우에는 다수의 표준기술에 의존하고 있는 관련 산업의 현황 및 상호 경쟁관계에 있는 다수 사업자들로 구성된 관련 시장의 특징을 반영해서 표준기술제도의 취지에 부합될 수 있는 적정 수준으로 손해배상액으로 하향 조정하게 된다.[57] 이러한 미국 법원의 태도는 FRAND 실시료의 산정이 강제실시허락(compulsory license)에 의한 실시료 산정에 유사하게 공공정책의 영향을 받고 있다고 보는 것으로 생각된다.[58] 실제 실무에서는 특허침해소송의 손해배상액 산정에서 손해배상전문가들이 관여하는 경우가 많으므로 이들은 합리적인 설득력을 가지는 함수를 고안하여 제시하거나 특정한 사건에 부합하는 고려요소와 정황을 고려하여 실시료율을 산정한다.[59] 이런 함수의 고안이나 실시료율의 산정에서 조지아-퍼시픽 요소는 여전히 고려되고 그것이 표준필수특허이면 그런 사정이 합리적 로열티 산정에서 고려되는 것으로 이해될 수 있다.[60]

  2017년 국제지적재산권보호협회(AIPPI) 시드니 연차총회에서도 손해배상액의 적정성을 주제로 하여 논의하면서도 표준 특허의 맥락에서 FRAND(공정하고 합리적이며 비차별적인) 조건 로열티에 관한 특수한 쟁점은, 합리적인 로열티(reasonable royalty)가 일반적인 손해의 산정과 관련이 있는 정도를 제외하고는 본 결의안에서 다루지 않기로 하였다.

---

57) Mark Lemley & Carl Shapiro, Patent Holdup and Royalty Stacking, 85 Texas L.Rev. 1991 (2007), p.1996.
58) Srividhya Ragavan, Brendan Murphy, Raj Davé, FRAND v. Compulsory Licensing: The Lesser of the Two Evils, 14 Duke L. & Tech. Rev. 83 (2015); David N. Makous and Mina I. Hamilton, Compulsory IP Licensing and Standards—Setting, Standard—Essential Patents and F/RAND, 2014 WL 1234517 (2014).
59) 예를 들어 조지아-퍼시픽 요소의 각 요소별 기여율 문제등을 표준필수특허에서 어려움을 가중시킨다. Crregong Sidak, Apportionment, FAND Royalries and Comparable License After Ericsson v. D—Link, 2016 U. Ilinois L. Rev. 1855(2016).
60) http://www.willamette.com/insights_journal/16/spring_2016_3.pdf 2면.

## 2. 특허라이선스 협상의 일반적인 모습

### 가. 표준필수특허권자 v. 일반특허권자

일반적인 특허협상의 경우 특허권자는 특허라이선스를 할 상대방을 정할 자유가 있고, 그 자유는 구체적인 내용을 정할 자유도 포함한다. 이는 사적자치의 원칙의 결론이다. 그런데 표준필수특허권자가 FRAND 확약을 하게 되면 이런 내용은 바뀐다. 우선 상대방을 정할 자유가 제한된다. 누구에게나 라이선스를 하여야 하기 때문이다. 이에 대한 예외는 라이선스를 받고자 하는 자가 라이선스를 받을 생각이 없는데 외형상으로만 라이선스를 받으려고 하는 듯한 경우를 제외하는 것이다. 이렇게 되는 것은 표준필수특허권자가 FRAND 확약을 하였다고 해서 과도한 계약상대방 결정의 자유를 제약하게 되는 것이기 때문이다.

표준필수특허권자가 FRAND 확약을 하게 되면 계약내용을 형성하는 자유도 제한된다. 왜냐하면 FRAND 확약은 라이선스 계약의 내용이 FRAND 조건에 부합하여야 할 것을 요구하는 것이기 때문이다.

표준필수특허권자가 FRAND 확약을 하게 되면 협상에 있어서도 절차적인 요건을 준수하여야 하는데, 성실한 협상을 하여야 한다는 요구이다. 표준필수특허권자도 라이선스협상을 하지 않는 것은 아니다. 그러나 FRAND 확약을 한 표준필수특허권자는 라이선스협상을 하지만 그 협상 조건은 공정하고, 합리적이며, 비차별적이어야 하며, 상대방이 라이선스를 받을 의사가 있는 자임인 이상 라이선스 협상을 성실하게 하여야 할 의무를 부담한다.

### 나. 표준필수특허권자의 휴대폰 제조사에 대한 정보제공의무

특허라이선스협상이라는 점에서 일반적인 특허협상과 마찬가지로 표준필수특허권자는 자신이 보유한 특허목록을 특허를 받으려고 하는 자에게 제공하면서, 라이선스 조건을 제시하여야 한다. 그리고 목록에는 침해여부에 대한 의견을 추가하여 라이선스를 받도록 하는 것(특허 목록, 청구항 분석자료 제공)이 일반적이다.

FRAND 확약을 한 표준필수특허권자가 그 표준필수특허에 대한 침해를 주장하면서 판매금지청구 소송을 제기하려면, 사전에 상대방에게 어떤 특허가 어떻게 침해되었는지를 알림으로써 특허침해를 경고하고 특허권자가 희망하는 실시료와 실시료가 계산되는 방식 등 구체적 라이선스 조건을 서면으로 제안하여야 할 것이다. 표준필수특허에 관한 라이선스 협상에서도 이러한 사전적 절차가 준수되어야 한다. 이런 점이 특허포트폴리오의 크기에 따라서 달라질 수도, 달라져서도 안된다.

## 다. 포괄적 라이선스

포괄적 라이선스는 일반적인 특허라이선스에서 팩키지 라이선스(package license)라고도 불리는 라이선스 방식으로 이루어진다. 실무적으로 포괄적 라이선스나 팩키지 라이선스(package license)를 요구하는 것은 경쟁법 위반으로 보일 가능성이 있다고 조심한다.[61] 이런 유의 라이선스를 상대방에게 불필요한 특허까지 라이선스를 하도록 강제하는 속성이 있기 때문에 상대방이 원하는 경우가 아니면 이런 라이선스를 하는 것은 끼워팔기와 같은 위법성을 가질 수 있기 때문이다.[62]

---

61) 팩키지 라이선스를 했다고 바로 특허권 남용(patent misuse)이 되는 것은 아니라는 판례로 U.S. Philips Corp. v. Int'l Trade Comm'n, 424 F. 3d. 1179(Fed. Cir. 2005). 이 판례에 대한 평석으로 David. W. Van Etten, Everyone in the Patent Pool: U.S. Philips Corp. v. International Trade Commission, Barkerley Tech. L. Journal, Vol. 22. No. 1, (2007) pp. 241-258.

62) Daniel E. Gaynor, Technological Tying, WORKING PAPER NO. 284 August 2006 BUREAU OF ECONOMICS FEDERAL TRADE COMMISSION WASHINGTON, DC 20580. International Salt Co. v. United States, 332 U.S. 392 (1947). Times-Picayune Publishing Co. v. United States, 345 U.S. 594 (1953). Northern Pacific Railway Co. v. United States, 356 U.S. 1 (1958). Jefferson Parish Hospital District No. 2 v. Hyde, 466 U.S. 2 (1984). Eastman Kodak Co. v. Image Technical Services, Inc., 504 U.S. 451 (1992). Telex Corp. v. IBM, 367 F. Supp. 258 (1973). Response of Carolina v. Leasco Response, 537 F.2d 1307 (5th Cir. 1976). Transamerica Computer Corp. v. IBM, 481 F. Supp. 965 (N.D. Cal. 1979). Berkey Photo Inc. v. Eastman Kodak Co., 603 F.2d 263 (2d Cir. 1979). Foremost Pro Color, Inc. v. Eastman Kodak Co., 703 F.2d 534 (9th Cir. 1983). United States v. Microsoft Corp., 147 F.3d 935 (D.C. Cir. 1998). Caldera Inc. v. Microsoft Corp., 72 F. Supp. 2d 1295 (D. Utah 1999). United States v. Microsoft Corp., 65 F. Supp. 2d 30 (D.D.C. 1999). United States v. Microsoft Corp., 253 F.3d 34 (D.C. Cir. 2001).

그런데 퀄컴의 경우는 자신이 라이선스를 하는 대상기업을 상대로 상대
기업이 가지고 있는 특허포트폴리오 전체를 강제적으로 요구하는 방식을 취했
다. 포괄적 라이선스 조건은 거래 상대방인 휴대폰 제조사에게도 이익인 경우
가 있을 수 있으므로 실시권자인 휴대폰 제조사에게 불이익하다고 일반화할
수 없다. 퀄컴의 특허 포트폴리오 전체의 라이선스를 받은 휴대폰 제조사는 퀄
컴의 광범위한 특허에 대한 침해 우려나 추가적 실시료의 지급 없이 제품을 제
조할 수 있고, 제품의 개발·생산 단계에서 제품에 실질적으로 구현되는 퀄컴
의 특허를 조사하는 비용을 회피할 수도 있다. 그러나 문제는 원칙적으로 포괄
적 라이선스가 기본협상조건이 되어서는 안된다는 것이다.[63] 기본협상조건을
포괄적 라이선스로 제안하는 것은 강제가 이루어질 수밖에 없다.

### 라. 상호실시계약

수직적인 관계의 표준필수특허권자와 실시권자들의 경우 순매출액에 따른
러닝로열티(Running Royalty)를 조건으로 하는 일방적인 특허권 계약을 전제로 하
는 경우가 많다. 한편 실시권자들은 많은 경우 표준필수특허권자이며, 이들은
상호실시계약(Cross-licensing agreements)을 체결하기도 한다.[64] 다만 퀄컴의 경우는
이런 일반적인 상호실시계약이 아니라 크로스 그랜트(cross-grant)라는 방식을 취
하였고 이런 방식을 취할 수 있었던 것은 그들이 가지고 있던 시장지배력 때문
이었다.

---

63) 마이크로소프트 끼워팔기 사건에서 끼워팔고 원하면 지울 수 있다고 마이크로소프트가
   주장을 해도 위법이라고 본 이유는 대부분의 소비자들은 일단 끼워팔고 나면 이를 지우
   고 다른 메신저나 비디오플레이어를 사용하지 않을 것이고 그 결과 경쟁사업자들은 시
   장에서 배제된다는 문제점 때문이었다. 이 문제와 다를 것이 없다.
64) Shapiro, 2001

## II. 표준필수특허침해시의 손해배상과 로열티 과적(Royalty stacking)의 문제

### 1. 의의 : 공유재의 비극과 비공유재의 비극

공유재의 비극(tragedy of commons)이란 공유의 재화의 경우에 그 어느 누구의 소유도 아니기 때문에 과다 사용되어 결국 황폐화되는 문제이다.[65] 공유지의 비극은 경제학 이론에 바탕을 두고 생물학 등 다양한 학문분야에서 사용되고 있다.[66] 이에 대하여 지식재산권 분야에서의 비공유재 문제(Anti-commons)가 있다.[67] 지식재산권 분야는 권리의 속성은 기본적으로 소유권을 부여하는 개념으로 발전되어 왔다. 우리나라의 초기 지식재산권을 공부하던 학자들이 특허권을 공업소유권이라고 명명한 것은 이런 연혁적인 의미가 있다고 생각된다. 마치 독일의 봉건시대 독일이 다수의 봉건영주들로 나뉘어져 있고 분열된 각 국가들이 많은 관세장벽을 통해서 재화와 용역의 이동을 막아서 경제발전이 이루어지지 못했던 것이 그런 예이다. 이런 문제는 그리드 락(grid lock)[68]이라고 불리기도 한다.

비공유재 문제(Anti-commons)는 특허대상 기술이 복수의 특허권자에 의해서

---

65) Tragedy of the Commons(공유지의 비극)는 주인이 따로 없는 공동 방목장에선 농부들이 경쟁적으로 더 많은 소를 끌고 나오는 것이 이득이므로 그 결과 방목장은 곧 황폐화되고 만다는 걸 경고하는 개념이다. https://terms.naver.com/entry.nhn?docId=2076894&cid=41810&categoryId=41812

66) '공유지의 비극'은 미국 생물학자이자 생태학자인 개릿 하딘(Garrett J. Hardin, 1915~2003)이 1968년 12월 13일자 『사이언스』에 발표한 논문에서 제시했다. 하딘은 일정한 마리의 소를 수용할 수 있는 규모의 목장에 더 많은 이익을 위해 한 마리의 소를 더 집어넣었을 때 목장 자체의 생태계가 파괴된다는 걸 경고하고자 했다. 하딘이 제시한 유사한 우화로 '구명선에서의 생존(Living on a Lifeboat)'이 있다. 1974년 9월 『Bio-Science』에 발표한 글이다. 10명분의 식량밖에 준비되어 있지 않은 10명이 타고 있는 구명선에 어떤 한 사람이 구원을 요청하거나 그 사람을 도와주는 것은 구명선 자체를 위협하는 무책임하고 비합리적인 행동이라는 걸 말하기 위한 우화다. https://terms.naver.com/entry.nhn?docId=2076894&cid=41810&categoryId=41812

67) 비공유재의 비극이란, 권리가 지나치게 파편화되어 혁신이나 거래가 저해되는 현상을 말한다.

68) 사전적으로 이 단어는 '자동차 교통망의 정체 또는 일정 지역 내의 모든 교차점이 막힘에 따른 교통의 정체'를 의미한다.

분열적으로 귀속됨에 따라 발생하는 거래비용이다.[69] 기술의 실현을 위한 특허권이 수직적으로 통합된 기업들에게 분산되어 있는 산업의 경우에는 이런 문제는 더욱 심각해진다. 만일 총 12개의 특허권의 특허권자가 4명인 경우 모든 특허권자가 자유롭게 이행하기 위하여 6개의 상호실시계약(cross-license agreement)이 필요하다. 반면 12명의 특허권자가 모두 분리되어 있을 경우에는 총 17개의 상호실시계약(cross-license agreement)이 필요하다. 계약을 하기 위해서는 계약을 할 상대방 특허권자를 찾고 계약을 협상하는데 소요되는 비용은 특허간의 밀집도가 높고 산업계에서 특허의 유효성 및 필수성이 분명하지 않은 경우 부득이 향후의 논란을 피하기 위하여 특허라이선스 계약을 체결하는 것이 필요할 수 있으므로 이런 경우에는 거래비용이 더욱 상승하게 될 가능성이 높다.

특허권이나 저작권이 다수의 파편화된 권리로 존재하는 경우 이런 권리들은 총합으로서 제품을 구성하게 되는데 개별적인 특허권자나 저작권자들이 자신의 권리를 주장하는 상황에서 어느 한 특허권자나 저작권자라도 동의하지 않으면 결국 제품의 생산을 막을 수 있게 되는데 이런 현상은 사회적으로 신제품의 출시를 방해하게 되기 때문에 바람직하지 않을 수 있다. 이런 문제의 극단적인 한 예가 반드시 그 기술을 사용하여야 하는 표준필수특허의 문제이다. 우회할 수 없는 특정의 특허를 가지고 전체 제품의 출시를 막는 것이 그 특허 자체의 장점 외에 표준화기구에 의해서 표준으로 선언되었기 때문에 그런 것이라면 이런 점은 마땅히 시장에의 경쟁을 저해할 수 있을 수 있기 때문에 사전적으로 FRAND 확약이 필요하고 사후적으로는 이런 확약의 집행을 포함한 공정거래법의 집행이 필요하게 된다.

---

69) Heller, M.A. and Eisenberg, R., Can Patents Deter Innovation? The Anticommons in Biomedical Research. Science 01 May 1998:Vol. 280, Issue 5364, (1998) pp. 698~701.

## 2. 실시료 누적(Royalty stacking)[70] 문제

### 가. 의 의

그런데 FRAND 확약을 하더라도 그 확약은 구체적으로 특정한 실시료율을 정해주는 것은 아니기 때문에 그 해석이 필요하다. 이 상황에서 휴대폰과 같은 이동통신기기의 경우에 다수의 특허들이 문제가 되기 때문에 비공유재의 비극과 같은 특허권으로 인한 혁신저해의 문제가 발생할 수 있다. 왜냐하면 복수의 특허권자들이 실시를 하려고 하나 문제는 각자 자신의 관점에서 실시료를 주장한 결과 그 총합이 도저히 합리적으로 수용할 수 없는 실시료율이 나올 수 있기 때문이다.

이처럼 로열티 과적의 문제는 사용하고자 하는 기술이 여러 특허권자가 보유하는 수 개의 특허기술로 구성되는 경우 문제가 된다. 특허로 등록된 표준의 경우가 그러한 전형적인 사례인데, 파편화된 특허권은 일반적으로 정보통신 분야, 그 밖에도 진단장치나 유전자조작식품(GMO)과 관련된 기술분야 등 다른 경우에서도 많이 발생한다. 최종제품이 특허 파편화에 따라 여러 가지 기술을 포함하고 있을 때 이러한 문제는 더욱 확대된다.

로열티 과적은 강학상 이중마진(Double marginalization) 또는 쿠르노 효과(Cournot effect)로 불린다. 이중마진이란 서로 다른 회사가 같은 산업에서 기업을 경영하면서 각각의 시장지배력을 이용하여 서로 다른 수직적 통합 망에서 그 하류시장이나 상류시장에서 자신의 고유한 이익률(markup)을 자신의 가격에 붙이는 현상을 말한다.[71] 요컨대 이중마진이란 시장지배력을 연속적인 공급사실의 수직적 층위에서 행사하는 것(exercise of market power at successive vertical layers in a supply chain)을 말한다. 시장지배력을 가지고 있는 회사들은 자신의 한계비용(marginal cost)에 기초하여 가격을 정하게 되는데 이러한 가격결정은 후생의 감소(welfare loss)를 유발할 수 있다. 이 문제는 시장지배력을 가지고 있는 기업의 제품을 다른 시장지배력을 가지고 있는 기업(사업자)이 매수하는 경우에 강화될 수 있다. 왜냐

---

70) ‘Royalty stacking’의 번역은 실시료 과적과 실시료 누적 두 가지가 가능할 것으로 생각한다.

71) https://www.careeranna.com/articles/double-marginalization/

하면 당해 기업이 매수하는 과정에서 이미 매도하는 기업은 시장지배력에 따른 한계비용을 고려한 가격으로 당해 구매를 하게 되고, 이 매수기업은 다시 매도하면서 역시 시장지배력에 따른 한계비용을 고려한 가격으로 매도를 하기 때문이다.[72]

파편화된 특허권은 특허 보유자로 하여금 실시권자에게 초과 로열티를 부과할 수 있게 함으로써 전체 기술 또는 표준을 실현시키기 위하여 비효율적인 로열티를 누적시키게 할 수 있다.[73] 직관적으로, 각 특허권자는 지나치게 높은 로열티는 표준에 부합하는 제품의 수요를 감소시킬 것이라는 사실을 간과한 채 가능한 높은 로열티 요율을 구할 것이라는 점을 예상할 수 있다. 이런 점에서 로열티 과적은 사용자에게 균형점을 초과한 가격을 지불할 것을 요하게 되어 시장에서의 효율을 저해할 수 있다.

### 나. 이론적 전제

실시료 과적은 이론적으로 몇 가지 전제를 필요로 한다. 첫째는 특허 보유자는 표준의 실시에 있어서 하류시장(downstream market)에서 활동하지 않는다는 것이다. 수직적으로 통합된 시장에서 특허권자는 광범위한 상호실시권계약을 체결함으로써 대응하는 실시료를 상계함으로써 양자간 발생할 수 있는 로열티 과적 문제를 해결할 수 있을 가능성이 있다.[74] 수직적으로 통합된 표준필수특허권자에게는 로열티 과적 문제는 발생하지 않지만, 다른 실시권자 및 표준필수특허권을 전혀 보유하지 않거나 적게 보유하는 경우에는 실시료 과적의 문제가 발생할 수 있다.

둘째 각 특허권자는 독점이익을 최대한으로 향유하고, 어떠한 실시료율도 자유롭게 부과할 수 있어야 실시료 과적의 문제가 발생할 수 있다. 노벨경제학을 수상한 Lerner와 Tirole은 등록권자가 초과 로열티 요율을 부과할 수 있는지 여부는 실시권자가 특허권 또는 복수의 특허권 다발을 우회할 수 있는지에 따라 결정된다고 본다.[75] 최근의 여러 연구결과는 특허권자가 실시료를 부과할

---

72) https://www.careeranna.com/articles/double-marginalization/
73) Shapiro, 2001.
74) Shapiro, 2001.

수 있는 능력은 법원에서 특허를 관철시킬 수 있는 능력에 따라 결정되고, 따라서 오직 강한 포트폴리오를 가진 특허권자만이 실시권자에 대하여 완전한 독점권을 행사할 수 있고, 규모가 작은 특허권자들은 그들의 포트폴리오가 가진 역량에 따라 좌우될 것이라고 본다.[76] 이들 연구결과의 흥미로운 점은 포트폴리오가 충분히 강력한 경우, 그 밖의 특허는 사실상 무용해진다는 점이며, 따라서 대형 포트폴리오를 보유하고 있는 특허권자들은 그들의 특허 일부를 판매함으로써 이윤을 더욱 극대화할 수 있다는 점이다. 이러한 특허 분할(divestitures) 행위는 현실적으로 흔히 일어나며, 이는 특허 사나포선(Privateering)이라고 알려져 있다. 이러한 행위는 작은 특허권자를 새로 만들거나 기존의 특허권자를 강화시키기 때문에, 사실상 실시료 과적문제를 더욱 악화시킨다. 그러나 이러한 시장지배력의 한계는 실시료 과적 문제를 제거하기 위해 충분하지 않다.

마지막으로 특허권자는 모든 실시권자에게 동일한 로열티 요율을 적용한다는 것이 실시료 과적을 위한 또 다른 전제이다. 다수의 특허권자가 고정요율 또는 이중요율을 채택하는 계약을 체결하는 사례를 제시하여 이런 전제를 비판하는 견해가 있다. 그들은 비차별적인 조건의 제약하에 두 가지 계약 모두 비효율적인 로열티 과적문제를 야기한다고 설명한다.[77]

---

75) Lerner, J., Tirole, J. (2004). Efficient Patent Pools, American Economic Review, vol. 94:3, pp. 691~711; Lerner, J. and Tirole, J. (2006). A Model of Forum Shopping, American Economic Review, Vol. 96, no. 4, pp. 1091~1113.; Lerner, J. and Tirole, J. (2014). A Better Route to Tech Standards, Science, Vol. 343, Issue 6174 pp. 972~973.; Lerner, J. and Tirole, J. (2015). Standard—Essential Patents, Journal of Political Economy, Vol. 123(3), pp. 547~586.

76) Choi, J. P. (2014), FRAND Royalties and Injunctions for Standard Essential Patents. Cesifo Working Paper No. 5012.; Choi, J. P. and Gerlach, H. (2015). Patent pools, litigation, and innovation. RAND Journal of Economics, 46:3. ; Gupta, K. and Snyder, M. (2014). Smart Phone Litigation and Standard Essential Patents. Hoover IP2 Working Paper Series No. 14006.; Gupta, K., Llobet, G. and Padilla, J. (2015). The Licensing of Complementary Innovations and the Threat of Litigation. Working paper.; Gupta, K. (2016). FRAND in India: Emerging Developments (March 01, 2016). Antitrust in Emerging and Developing Countries: Conference Papers, 2nd edition, Concurrences (forthcoming).

77) Méenièere Y. and Parlane, S. (2010). Licensing of complementary patents: comparing

## 다. 실시료 과적(Royalty stacking) 문제와 FRAND 확약

FRAND 확약은 특허권자의 사후적인 기회주의적 행동(특허억류)과 표준에 포함된 특허사양의 상호보완성이라는 과제의 위협에 집중하였다.[78]

FRAND 확약에 관한 보다 최근의 해석은 특허의 상호보완성뿐만 아니라, FRAND 확약의 중요한 기능으로서 실시료 누적의 위험성을 모두 고려하고 있다. 특히 표준 채택에 효과적인 인센티브를 제공하기 위하여, FRAND 확약은 전체 로열티 부담의 합리성뿐만 아니라, 개별 특허에 관한 개별 로열티의 합리성까지 보장하여야 한다는 것이 최근 논의동향이다.[79] 이런 점에서 FRAND 확약은 실시료 누적 문제의 해결에 있어서도 중요한 의미를 가지는 것으로 이해된다.

---

the royalty, fixed－fee and two－part tariff regimes, Information Economics and Policy, 22(2), 178－191.

78) Swanson, D. G. and Baumol, W. J. (2005). Reasonable and Nondiscriminatory (RAND) Royalties, Standards Selection, and Control of Market Power, 73 Antitrust Law Journal 1, 51－56. Layne－Farrar et al. (2007)은 Swanson－Baumol이 다수의 특허를 포함한 표준을 제안하였던 내용을 더욱 확장시켰다. 만일 각 특허가 당해 특허가 표준에 기여하는 가치에 비례하여 보상이 이루어졌다면, 표준의 총 가치는 여기에 포함된 모든 특허에 대하여 보상을 제공하는데 충분하지 못할 것이다. 그것은 각 특허가 전체 표준에 기여하는 정도는 다른 특허와의 조합에 따른 것이기 때문이다. 한 표준이 A와 B 두가지 요소로 구성되어 있다고 보겠습니다. 각 요소는 a와 b만큼의 가치를 기여하고 있고, A와 B가 창출하는 가치의 총합은 c라고 할 것이다. A가 표준에 기여하는 가치는 (A를 포함한 표준과 A를 제외시킨 표준의 가치의 차이) a＋c가 되는데, 이와 마찬가지로 B가 표준에 기여하는 가치는 b＋c가 된다. 따라서 각 개별요소가 기여하는 가치의 총합은 a＋b＋c를 초과하게 되는 것을 알 수 있다. Layne－Farrar, A., Padilla, J. and Schmalensee, R. (2007). Pricing Patents for Licensing in Standard－Setting Organizations: Making Sense of FRAND Commitments, Antitrust Law Journal, Vol. 74, No. 3 (2007), pp. 671~706.

79) Layne－Farrar, A., Padilla, J. and Schmalensee, R. (2007). Pricing Patents for Licensing in Standard－Setting Organizations: Making Sense of FRAND Commitments, Antitrust Law Journal, Vol. 74, No. 3 (2007), pp. 671~706.

## 3. 표준필수특허침해시의 손해배상액에 대한 법원의 태도

### 가. Microsoft v. Motorola 판결(미국)[80]

#### (1) 대상특허

대상특허는 Wi-Fi[81]와 H.264[82]에 대한 표준필수특허였다. 이 사건의 특허들은 2개의 표준화기구가 관여되었는데, 이는 IEEE(International Electrical Electronics Engineers)와 ITU(International Telecommunication Union)이었다. 이 특허들은 모두 특허권자인 Motorola가 표준화기구에 대해서 라이선스 조건으로 RAND 확약을 한 특허들이었다.

#### (2) 사건의 경과

2010년 10월 Microsoft는 Motorola를 상대로 연방무역위원회(ITC; International Trade Commission)와 워싱턴주 서부연방지방법원에 자신들이 보유하고 있는 스마트폰 특허를 Motorola가 침해하고 있다고 특허침해소송을 제기하였다. 이에 대해서 Motorola는 Microsoft에게 X-Box 및 Microsoft Windows 운용제체를 사용하는 Microsoft 제품에 대해서 매출액의 2.25%의 로열티를 자신들의 위 대상특허들을 사용하는 대가로 Microsoft에게 요구하였다.[83]

이에 대하여 2010년 11월 Microsoft는 Motorola를 상대로 계약위반으로 이유로 해서 소송을 제기하였다. Microsoft는 Motorola가 표준필수특허에 대해서 RAND 확약을 한 바가 있는데 Motorola가 이를 위반하여 이 확약에 대한 수익자(third party beneficiary)인 자신의 권리가 침해당했다고 주장하였다. Microsoft는 2번의 라이선스 요청(offer letter)을 하였고 자신들은 라이선스를 받을 의사를 가지고 있다고 밝혔다.[84] Microsoft는 이 판결을 통해서 법원에 RAND 로열티의 라

---

80) No. 12-35352 (9th Cir. 2012); 696 F.3d.872 (9th Cir. 2012) Microsoft v Motorola, No. 14-35393 (9th Cir. 2015)

81) 이 기술은 'IEEE'라는 표준화기구가 관장하는 기술로서, 지역적 네트워크(WLAN) 표준으로 '802.11 표준'이라고 한다.

82) H.264는 비디오 코덱에 대한 기술이다. 이 기술은 'ITU'라는 표준화기구가 관장한다.

83) Motorola가 2010년 Microsoft 엑스박스 게임기와 윈도우 제품 등에 사용된 무선 랜과 비디오 코덱 표준특허와 관련하여 제품가격의 2.25%의 로열티를 요구한 것은, 당시 Microsoft의 매출을 기준으로 환산하면 연간 40억 달러에 달하는 금액이다.

84) 이는 현재 쟁점이 되고 있는 willing licensee 쟁점이다. 표준특허를 라이선스를 받을 의사

이선스율과 RAND 로열티의 합리적인 범위를 제시하여 달라고 요청하였다.[85]

### (3) 관련사건

본건 손해배상소송이 진행 중인 가운데, Motorola는 미국 연방지방법원과 ITC, 독일법원에 Microsoft를 상대로 하여 자신들의 표준필수특허를 침해하는 것으로 보이는 대상제품의 수입 등을 하지 못하도록 금지청구를 하였다. 이중 독일법원에서의 금지청구는 Microsoft에게 매우 위협적이었다. 왜냐하면 Microsoft의 모든 유럽에서의 물류가 독일을 통해서 이루어지기 때문에 만일 독일에서 금지청구가 받아들여지게 되면 유럽 내에서의 판매에 심각한 차질이 발생할 우려가 있었기 때문이다.[86] 실제 독일 법원은 금지청구를 인용하였다.

2013년 미국 연방지방법원은 Motorola가 eBay 판결에서 제시된 4요소[87]를 증명하지 못하였다고 하여, Motorola의 금지청구를 기각하였다. 이러한 연방지방법원의 판결은 그 대상이 표준필수특허였기 때문은 아니며 2006년 이후 미국 연방대법원이 견지하고 있는 금지청구의 인용기준으로 종래에 행하던 자동적 금지청구에 대한 반성적 고찰로 금지청구의 인용을 4요소 심사에 의하여 하도록 함으로서 미국에서는 특허침해를 이유로 한 금지청구의 인용이 어려워졌다.

한편, Motorola가 제기한 연방무역위원회 사건은 2013년 1월 Motorola를 인수한 Google[88]이 연방거래위원회(Federal Trade Commission)와 H.264 특허에 대해

---

를 가지고 있는 자는 그렇지 않은 자와 구별되어야 한다는 것이 현재 주류적인 이해이다.

85) Microsoft v. Motorola, W.D.Wash. Case NO. C.10-1823JLR.

86) 실제 Microsoft는 이 사건 소가 제기되자, 독일에서의 물류 중심을 네덜란드로 변경하였다.

87) 그 4요소는 다음과 같다. (1) that it has suffered irreparable injury; (2) that remedies available at law, such as monetary damages, are inadequate to compensate for that injury; (3) that, considering the balance of hardships between the plaintiff and defendant, a remedy in equity is warranted; and (4) that the public interest would not be disserved by a permanent injunction[eBay Inc. v. MercExchange LLC, 126 S. Ct. 1837 (2006)].

88) Google은 Motorola를 2011년 8월 15일 125억 달러에 인수한다고 발표하였고, 이후 기업결합절차가 진행되었다. 이 기업인수는 Google이 특허의 통신분야 특허포트폴리오의 부족을 보완하기 위하였던 것으로 보인다. 이 건에 대한 상세는 김희은, "EU 경쟁당국의 구글과 모토롤라 모빌리티의 기업결합 심사동향", <경쟁저널> 제163호 (2012년 7월) 참조.

서 합의하게 됨에 따라서 취하되었다.[89] Google은 연방거래위원회와 표준필수특허에 대한 동의의결을 하면서 표준필수특허에 기한 가처분은 ① 라이선스를 받으려는 자가 서면으로 또는 선서증언에 의해서 자신은 FRAND 조건으로 라이선스를 받지 않겠다고 선언하거나, ② 피고가 법원의 판결이나 구속력 있는 중재판정에 의하여 정해진 로열티율을 따르지 않겠다고 선언한 경우, ③ Google이 보내는 FRAND 조건에 의한 라이선스를 하겠다는 서면통지에 대해서 자신이 보유하고 있는 다른 표준필수특허를 동일한 FRAND 조건으로 라이선스를 하겠다는 의사를 밝히지 않는 경우에 국한해서 할 수 있다고 합의하였다.[90]

### (4) 법원의 판결

1) 연방지방법원의 판결[91]

연방지방법원은 Wi-Fi 특허에 대한 합리적인 로열티 수준이 개당 3.71 센트이고, H.264에 대해서는 개당 0.555 센트였다.[92] 이렇게 계산하면, Microsoft가 Motorola에게 배상하여야 하는 금액은 통 680만 달러인데, Motorola는 이를 수용하지 않았다.

법원은 조지아-퍼시픽 판결[93]에서 제시되어 미국에서 특허침해소송에서

---

89) Google이 Microsoft를 인수하면서 양사는 모바일폰, 와이파이, 게임콘솔 엑스박스, 윈도우즈 등 다양한 특허기술과 관련하여, 현재 미국과 독일에서 다수의 특허소송을 진행하였다. 2010년 Microsoft는 Motorola가 엑스박스 시스템의 무선 특허와 비디오 특허를 무단도용하였다며 소송을 제기하였다. 이후 2015년 9월 30일 양사는 미국과 독일 등 각국에서 진행 중인 지적재산권 침해 소송 18건을 모두 취하하기로 합의하였다고 밝혔다 (http://news1.kr/articles/?2445986 2015. 12. 26. 최종 접속).

90) Press Release, Federal Trade Commission, Google Agrees to Change Its Business Practices to Resolve FTC Competition Concerns In the Markets for Devices Like Smart Phones, Games and Tablets, and in Online Search (FTC Jan. 3, 2013), available at http://www.ftc.gov/opa/2013/01/google.shtm, Statement of the Federal Trade Commission Regarding Google's Search Practices, In the Matter of Google Inc., File No. 111-0163 (FTC Jan. 3, 2013), at 1, available at http://www.ftc.gov/os/caselist/1210120/13 0103 googlemotorolastmtofcomm.pdf.

91) Microsoft v. Motorola, W.D.Wash. Case NO. C.10-1823JLR.

92) RAND royalty for Motorola's H.264 portfolio was .555 cents per end-product unit, with an upper bound of 16.389 cents per unit, and that the rate for Motorola's 802.11 portfolio was 3.71 cents per unit, with a range of .8 cents to 19.5 cents.

93) Georgia-Pacific Corp. v. United States Plywood Corp., 318 F. Supp. 1116, 1119-20 (S.D.N.Y. 1970), modified and aff'd, 446 F.2d 295 (2d Cir.); Unisplay, S.A. v.

합리적 로열티 산정의 기준으로 일반적으로 사용되고 있는 조지아-퍼시픽 15 요소[94])들을 변용하여 로열티 스태킹(royalty stacking)과 특허풀(patent pooling)을 고려하여 이와 같은 수준의 로열티를 합리적인 로열티라고 결정하였다. 워싱턴주 서부연방지방법원은 2013년 9월 FRAND 조건이 붙은 표준필수특허를 라이선스하지 않은 것에 대해서 피고에게 원고는 1,450만 달러의 배상을 하여야 한다는 배심평결을 승인하였다.

조지아-퍼시픽 15 요소는 미국 특허법 제284조에 따라서 특허침해에 대한 손해배상액을 정하기 위해서 미국 법원이 제시한 기준이었다. 결국 가장 법원의 판례법으로 많이 사용한 이 기준을 이용하여 미국 법원은 합리적 로열티 수준을 계산하려고 한 것이다. 이들 기준은 모든 기준이 한꺼번에 또는 순차적으로 적용되어야 하는 것이 아니라 어느 요소 또는 복수의 요소를 당해 사안을

---

American Electronic Sign Co., Inc., 69 F.3d 512, 517 n.7 (Fed. Cir. 1995). 이 판결과 공정거래법에서의 적용에 대해서는 최승재, "지식재산권 가치평가와 경쟁법 — 합리적인 특허가치 산정방법에 대한 시론(試論)적 고찰", 산업재산권법연구 제39호, 2012. 12, 1-46면 참조.

94) 1. Royalties patentee receives for licensing the patent in suit, 2. Rates licensee pays for use of other comparable to the patent in suit, 3. Nature and scope of license in terms of exclusivity and territory / customer restrictions, 4. Licensor's established policy and marketing program to maintain patent monopoly by not licensing others to use the invention, 5. Commercial relationship between licensor and licensee, such as whether they are competitors or inventor and promoter, 6. Effect of selling the patented specialty in promoting sales of other products of the licensee; the existing value of the invention to the licensor as a generator of sales of his non-patented items; and the extent of such derivative or convoyed sales, 7. Duration of patent and term of license, 8. Established profitability of the products made under the patent, its commercial success and its current popularity, 9. Utility and advantages of patent property over old modes and devices, 10. The nature of the patented invention; the character of the commercial embodiment of it as owned and produced by the licensor; and the benefit of those who have used the invention, 11. The extent to which the infringer has made use of the invention and the value of such use, 12. The portion of profit or selling price customarily allowed for the use of the invention, 13. The portion of realizable profit attributable to the invention as distinguished from nonpatented elements, significant features / improvements added by the infringer, the manufacturing process or business risks, 14. Opinion testimony of qualified experts, 15. Outcome from hypothetical arm's length negotiation at the time of infringement began.

고려하여 적용하여야 한다. 예를 들어 당해 특허에 대해서 소송에서 정해진 로열티가 있다면 그 손해배상액이 로열티가 될 수 있지만(1요소), 이런 판결의 결과가 없다면 2요소인 비교대상특허에 대하여 법원의 판결의 결과(2요소)를 고려하여 로열티 금액을 정하게 되는 것이다.[95]

여기서 로열티 스태킹이 문제되는 이유는 하나의 제품은 통상 복수의 특허들이 사용되기 때문에 만일 어느 하나의 제품에 대하여 총매출액이나 순매출액의 1%의 로열티만을 지급하도록 한다고 하더라도 이들 로열티가 중첩될 경우에는 쉽게 생각해도 100개의 특허만 사용되더라도 전체 상품의 총매출액이나 순매출액과 같아지므로 이런 사정을 고려하지 않으면 합리적인 로열티 수준을 계산할 수 없기 때문이다.[96]

한편, 특허풀이 문제되는 이유는 특허풀을 벤치마크로 하여 로열티를 산정하는 것은 특정한 특허의 포트폴리오를 묶어서 로열티율을 산정하는 방식이 될 것이므로 개별적인 특허에 대한 로열티를 조지아－퍼시픽 요소를 통해서 정함에 있어서 관련된 특허풀과의 대비를 통해서 조정을 할 수 있다고 보았기 때문이라고 생각된다. 다만 특허풀과의 대비를 하는 경우에는 당해 벤치마크로 쓰려고 하는 특허풀에 대한 구성 및 그 대상이 부품(部品)단(段)인지, 제품(製品)단(段)인지 등의 문제를 종합적으로 고려하여야 할 것으로 본다.

2) 연방항소법원의 판결[97]

Motorola는 법원이 RAND 로열티율을 결정하는 것에 대해서 2가지 주장을 하였다. ① 연방지방법원은 로열티율을 정할 수 있는 권한을 가지고 있지

95) 황성필, "표준특허 관련 FRAND 실시료(율) 산정방법에 관한 연구", 한국지식재산학회·충북대법학연구소 공동주최 2021년 춘계학술 세미나 자료집 53면, 이 자료집의 표 참조. 표는 Kassandra Maldonado, Breaching RAND and Reaching for Reasonable: Microsoft v. Motorola and Standard－Essential Patents litigation, 29 Berkeley Tech. L. J. 419, 444 (2014). 인용.

96) Mark A. Lemley & Carl Shapiro, Patent Holdup and Royalty Stacking, 85 Tex. L. Rev. 1991, 2010－13 (2007). 실제 IT산업의 경우에는 하나의 제품에 복수의 특허들이 사용되고, 스마트폰의 경우 특정 제품에 따라서는 사용되는 특허의 개수가 달라질 수 있겠지만, 전체적으로 25만개 이상의 특허가 실제적으로 관련되어 있다고 한다.

97) Microsoft Corp. v. Motorola, Inc., 696 F.3d 872 (9th Cir. 2012)이 첫 9항소법원 판결이고, 이 사건은 두 번째 제9항소법원의 판결이다(이 사건의 사건번호는 No. 14－35393).

않다. ② 연방지방법원은 로열티율 결정은 기존의 판례법에 위반한 법리오해가 있다.

2015년 7월 연방 제9항소법원은 연방지방법원의 판단에는 잘못이 없다고 하면서, Motorola의 항소를 기각하였다. 연방 제9항소법원은 FRAND 확약을 한 표준필수특허를 라이선스를 받고자 하는 자(willing licensee)를 상대로 해서 가처분을 구하는 경우는 위법하다고 보았다. 이 경우 가처분을 하겠다는 위협 하에서 체결된 라이선스계약은 FRAND에 따른 벤치마크에서 고려해서는 안 된다고 보았다. 이런 상황에서는 특허풀이 오히려 나은 벤치마크가 된다고 보았다.[98] 사안의 경우, Motorola의 802.11 특허 포트폴리오는 VIA 라이선싱 802.11 특허풀과 대비될 수 있고, Motorola의 H.264 특허 포트폴리오는 MPEG LA의 H.264 특허풀과 대비함으로써 RAND 로열티를 산정하는 기초로 삼을 수 있다고 보았다.

## 나. Ericsson v. D-Link 판결[99]

2010년 9월 Ericsson은 텍사스 동부지방법원(E.D.Tex)에 D-Link 등을 피고로 하여 특허침해소송을 제기하였다.[100] 배심원들은 원고(Ericsson)의 1,000만 달러 승소평결을 하였고, 2013년 8월 법원은 제품 당 0.15달러의 배상을 명하는 판결을 하였다. Ericsson은 다수의 통신표준특허를 가진 회사로 여전히 통신장비업계의 강자이다.

연방항소법원은 미국에서 손해배상액의 산정의 요소들을 제시한 조지아-퍼시픽 요소(Georgia Pacific factors)들을 FRAND 확약을 한 표준필수특허들의 경우에도 획일적으로 사용하여서는 안 된다고 하면서 연방지방법원은 배심원들에

---

98) Patent pools are collections of two or more SEP owners that package and license their SEPs collectively. Royalties are distributed amongst the contributors to the patent pool on a per-patent basis, generally by valuing each patent in the pool equally. Typically, pool members contributing their patents to the pool also become licensees of the pool's patent package.

99) Ericsson, Inc. v D-Link Sys., Inc., 773 F.3d 1201, 1209 (Fed. Cir. 2014). 이후 Ericsson 이 관여된 주요판결(Landmark decision)으로 TCL Comm. Technology Holdings LTD v Telefonaktiebolaget LM Ericsson, et al, no 8:14-Cv-341 (C.D.Cal 2014)

100) 대상이 된 특허는 Wi-Fi 기술에 대한 3개의 표준필수특허였다.

게 배심원 지시(jury instruction)를 잘못하였다고 하면서 1심 법원의 판결을 파기하였다.[101]

### 다. Unwired Planet v. Huawei 판결[102]

Unwired Planet v. Huawei사건에서, 영국 특허법원은 스마트폰 단말기 가격 가운데 4G 표준기술이 기여한 비율에 따라서 동 표준기술에 대해서 허용될 수 있는 "실시료 총액(the aggregate SEP royalty)"을 산정하고, 4G 표준기술에 대해서 다수의 특허권자가 존재하기 때문에 그러한 특정 표준기술 실시료 총액 가운데 원고가 보유한 특허권의 비율에 따라서 산정된 실시료 상당액을 손해배상액으로 최종 산정한 바 있다.[103] 이동통신분야의 경우 나의 단말기에 다수의 표준기술이 활용되고 하나의 표준기술에 대해서도 다수의 특허권자가 존재하기 때문에 실시료 누적(royalty stacking)의 위험이 상대적으로 다른 분야에 비하여 크다. 반면 이동통신분야는 서로 다른 기기 사이에 통신이 필요하기 때문에 통신을 위한 기본적인 프로토콜의 합치가 필요하고 이를 위한 표준설정이 중요하다. 그러므로 실시료 과적의 문제는 상대적으로 다른 분야에 비하여 높고 이를 방지할 필요도 높다.[104]

실시료 과적의 문제를 해결하기 위한 수단으로는 하향식 접근(top-down approach)과 상향식 접근(bottom-up approach)이 논의된다. 이동통신분야에서 단말기에 활용된 표준기술 전체의 실시료 총액 및 특정 표준기술의 기여비율로부터 시작해서 원고의 특허권이 차지하는 비율에 따라서 손해배상액을 산정하는 방식을 하향식 접근(top-down approach)이라고 한다. 반면 종전처럼 특허권자의 기존 실시허락 및 침해기업의 판매수량 등 당사자들의 구체적인 상황으로부터 출발해서 합리적인 실시료 상당액을 손해배상액을 산정하는 방식을 상향식 접

---

101) 2018년 TCL v. Ericsson 판결에서 Selna 판사는 FRAND 실시료에 대해서, TCL처럼 상대적인 저가폰의 경우도 Samsung이나 Apple 같은 premium phone 제조사에 제시된 로열티율이 유사로열티율로 참고가 될 수 있다고 보았다. 이와 관련된 평석으로 Jorge Contreras, Global Rate Setting: A solution for standard-Essential patents?, 94 Wash. L. Rer. 722(2019).

102) [2017] EWHC 711 (Pat).

103) [2017] EWHC 711 (Pat).

104) LG Düsseldorf, 19 January 2016 ― Case No. 4b O 120/14, para. VII, 6, b, dd.

근(bottom-up approach)이라고 한다. 종전의 상향식 접근에 의해서 실시료 상당액을 산출하는 경우에는, 당사자들의 개인적인 사정에 크게 좌우되기 때문에 손해배상액을 예측하기 힘들고 과다한 손해배상액이 부과될 위험성이 존재했었다.[105]

이에 반해서, 표준필수특허의 경우에는 FRAND 확약의 취지에 따라서 자율적인 실시료협상을 전제로 한 손해배상액 산정보다는 다수의 표준기술과 다수의 특허권자를 전제로 한 하향식 접근에 의해서 하향 조정된 실시료를 손해액으로 산정하는 것이 보다 합리적인 방식이라고 본 것이다. 다만, 영국 특허법원은 표준필수특허 보유자가 FRAND 실시료보다 많은 실시료를 청구했다고 하는 사실만으로 권리남용으로 볼 수는 없고, 금지청구의 위협 등 예외적인 사정 하에서만 과다 실시료 청구가 권리남용에 해당될 뿐이라고 하는 엄격한 해석론을 취하고 있다.[106]

참고로 Unwired Planet v. Huawei Technology 사건에서, 영국 특허법원이 표준필수특허 보유자가 FRAND확약에도 불구하고 비표준필수특허를 끼워넣어 포괄적으로 실시허락한 행위가 비표준필수특허 기술시장에서의 경쟁을 제한할 수 있다고 판시한 바 있다.[107]

---

105) Top down approach license approach 등의 장단점에 대해서는 Anne Layne-Farrar, Koren Wong-Ervin, Methodologies for Calculating FRAND Damages: An Economic and Comparative Analysis of the Case Law from China, the European Union, India, and the United States, Jindal Global Law School Law Review, Fall 2017. George Mason Law & Economics Research Paper No. 17-28 ; 국내문헌으로는 황성필, 앞의 논문, 52-57면에서 기초실시료율 설정에 의한 FRAND실시료 산정방법을 제시하고 있다. 구체적인 수치의 기초실시료율 도출이 필요 없는 FRAND 실시료 산정방법과 확립된 실시요율이 없는 경우 FRAND 실시료 산정방법을 제시하면서 후자의 경우에는 가장 유사한 비교대상 실시계약에서의 실시료율 유추적용방식을과 특허풀에서의 실시료율을 유추 적용하는 방식을 제안하고 있다.

106) 이 사건 판결문. paras. 153, 757.

107) [2017] EWHC 711 (Pat).

## 4. FRAND 실시료의 산정

### 가. 도 입

FRAND 확약을 한 표준필수특허권자가 실시료 산정을 FRAND 로열티로 하기 위한 산정방법의 합리성이라는 면에서도 쟁점이 있다. 이 쟁점은 표준필수특허를 침해한 경우 합리적인 로열티 수준 방식에 의한 손해배상액 산정과 동전의 양면이 되는 문제라고 할 것이다. FRAND 조건을 넘는 로열티(above FRAND)를 수취하는 행위는 FRAND 위반이 될 것이고 이러한 행위는 경쟁제한성을 가지게 될 것이고, 이 행위가 다른 한 면에서 경쟁자의 비용상승행위를 통해서 경쟁사업자를 배제하는 행위의 연결점이 될 수 있다는 점에서 검토할 필요가 있다.

### 나. 휴대폰 가격기준 실시료 조건에 대한 판단[사례연구]

#### (1) 도 입

퀄컴은 특허 라이선스 표준계약서(SULA)를 통해 휴대폰 제조사와 휴대폰 판매가격의 일정 비율로 실시료를 정하고 있다. 퀄컴은 ETSI에 등록된 표준필수특허를 기준으로 표준필수특허 비율이 CDMA, WCDMA, LTE 단계에서 지속적으로 감소하였으나 휴대폰 판매가격 기준 일정한 실시료율은 계속 유지하였다. 이런 것이 가능했던 것은 퀄컴이 휴대폰 제조사의 기술혁신을 통한 가치상승에 무임승차하여 부당하게 이익을 향유하고 있었기 때문이다.

#### (2) FRAND 실시료율과 모뎀칩 제조사에 대한 전가

1) 퀄컴이 휴대폰 판매가격 기준 실시료 조건에 따라 휴대폰 제조사로부터 과도한 실시료를 징수하면 조세귀착 이론(tax incidence theory)과 협상 이론(bargaining theory)에 따라 정당한 실시료를 초과하는 부분을 경쟁 모뎀칩셋 제조사와 휴대폰 제조사가 나누어 부담하게 되고 결국 경쟁 모뎀칩셋 제조사의 비용이 상승하는 경쟁제한의 효과가 발생한다.

2) 조세귀착 이론(tax incidence theory)

조세귀착이론이란, 재정학에서 고안된 이론으로서 조세가 부과된 경우 그 조세는 당해 조세를 부담한 자가 최종적으로 부담을 하게 되는 것이 아니라 다시 전가되어 조세효과의 정도가 결정된다는 이론이다.[108] 퀄컴 Ⅱ 사건에서도 퀄컴이 휴대폰 제조사들에게 휴대폰가격을 기준으로 로열티를 부과한 행위의 적법성 판단과 관련하여 논의되었다. 만일 퀄컴이 수취하는 실시료가 FRAND 수준을 넘어 과도한 것이라면, 조세귀착 이론에 따라 FRAND 수준을 초과하는 실시료는 휴대폰 제조사와 경쟁 모뎀칩셋 제조사가 분담하게 되고 이로 말미암아 경쟁 모뎀칩셋 제조사의 비용 상승효과와 시장 봉쇄효과가 나타날 수 있다.

만일 퀄컴의 모뎀칩셋을 구매하는 휴대폰 제조사가 퀄컴에게 지급할 실시료 수준이 과도하다면, 휴대폰 제조사는 전체 모뎀칩셋 관련 비용(= 특허 실시료 + 모뎀칩셋 구매비용)을 줄이기 위하여 다른 모뎀칩셋 제조사의 모뎀칩셋을 구매할 수도 있다. 또한, 휴대폰 생산에는 모뎀칩셋 이외에도 부품, 기기, 라이선스 등 다양한 생산요소가 투입되므로, 퀄컴이 수취한 휴대폰 판매가격 대비 과도한 것이라면, 이러한 실시료 수준이 휴대폰 제조사에 미치는 영향과 정도[109], 이로 말미암아 다른 생산요소의 공급사들에게 미치는 영향과 정도[110] 등도 함께 고려하여야 할 것이다.

이런 점을 종합하면, 퀄컴 사건의 경우 경쟁 모뎀칩 제조사의 비용상승으로 인한 배제효과로 1행위와 2행위의 반경쟁적 효과가 발생하고, 이 행위가 다시 환류하여 경쟁 모뎀칩셋 제조사의 경우에는 경쟁력을 잃게 하고, 잠재적인 신규진입을 막는다는 점에서 연쇄적으로 경쟁사들에 대한 봉쇄효과를 발생시켜 경쟁모뎀칩사를 시장에서 배제한다.

### (3) 정률 방식 자체의 합리성 v. 최소판매단위(SSPPU)이론

특허권자가 정액 방식으로 휴대폰 제조사에게 실시료를 부과하면 휴대폰

---

108) Peter M. Mieszkowski, On the Theory of Tax Incidence, Journal of Political Economy Vol. 75, No. 3 (Jun., 1967), pp. 250~262; Zodrow GR, Mieszkowski P. "The Incidence of the Property Tax. The Benefit View vs. the New View". In: Local Provision of Public Services: The Tiebout Model after Twenty–Five Years—Zodrow GR, ed. (1983) New York: Academic Press. 109-29.

109) 예를 들어, 휴대폰 제조사가 휴대폰 가격을 올릴지, 다른 비용을 줄일지 등.

110) 예를 들어, 휴대폰 제조사의 비용부담이 어떠한 분담 비율로 전가되는지, 전가된 비용증가가 해당 생산요소의 공급사들에게 미치는 효과 등.

제조사로서는 휴대폰 가격을 낮출 유인이 강하지 않다. 휴대폰 가격을 낮추어 판매량이 증가하더라도, 휴대폰 제조사는 추가적인 판매단위마다 일정하게 실시료를 지불하여야 하기 때문이다.

ETSI 내에서 일부 회원이 FRAND 실시료의 산정기초로 '최소판매가능특허단위'(The Smallest Salable Patent‒Practicing Unit, 이하 'SSPPU')[111])를 명시하는 내용의 지식재산권 정책 개정을 제안하였으나 개정되지 않았고, 합리적 요율을 결정함에 있어 고려할 요소로 SSPPU를 명시한 2015년 개정 IEEE 정책에 관하여 ETSI의 법무이사가 ETSI 총회에서 위와 같은 SSPPU 기준이 ETSI 지식재산권 정책과 일치하지 않는다는 의견을 밝히는 등 이 논의는 표준화기구 내에서 여러 번 논의가 되었다. 특허권침해로 인한 손해배상액의 산정을 위해서 SSPPU라는 방법론이 미국에서 명시적으로 언급된 것은 10년 정도이지만 이전에도 명칭이 없었다는 것이지 이런 이론은 존재하였다.[112]) 표준필수특허라고 해서 항상 SSPPU가 유일한 손해배상액의 산정방식은 아니라고 하더라도 최소판매단위로 계산하는 것이 전시장가치법(Entire market value)[113])을 사용하는 것이 타당하지 않은 사안에서 분명히 타당한 면이 있다.

111) 유럽에서의 논의는 EUROPEAN COMMISSION, COMMUNICATION FROM THE COMMISSION TO THE EUROPEAN PARLIAMENT, THE COUNCIL AND THE EUROPEAN ECONOMIC AND SOCIAL COMMITTEE, Setting out the EU approach to Standard Essential Patents, Brussels,29.11.2017. COM(2017) 712 final.
112) 이 명칭은 2009년 휴렛‒팩커드 사건에서 시작된다. 이 사건에서 원고인 코넬대학교는 피고인 휴렛‒팩커드사를 상대로 특허침해소송을 하면서 원고의 특허가 중간 부품에만 적용되는 것임에도 피고의 전체 전산시스템을 기준으로 로열티를 요구한 사안이었다. 이 사건 특허는 피고의 프로세서의 지시 재배열 버퍼 속도와 효율성을 증가시키는 것을 내용으로 하였다. 이 프로세서는 독자적으로 판매되거나 중앙처리장치(CPU, Central Processing Unit) 모듈에 설치되어 판매될 수 있었고, CPU 모듈 또한 독자적으로 판매되거나 CPU 브릭에 설치될 수 있었다. 또 CPU 브릭도 독자적으로 판매되거나 서버에 설치되어 판매될 수 있는 것이었다. 법원은 이와 같은 사정을 감안하여 이 사건 원고의 특허에 대한 특허침해로 인한 손해배상액을 산정함에 있어서 배심원들에 대해서 판단 기준을 제시하면서 최소판매단위를 기준으로 하라고 하였고 이런 법리가 이후 일반화 되었다. http://www.etnews.com/20161108000288 (2018. 11. 20. 최종접속).
113) 최승재, 미국특허법, 법문사 (2010) 376‒377면.

# 제 4 절  표준필수특허와 기업결합114)

## I. 마이크로소프트와 노키아의 기업결합[사례연구]

### 1. 서 론

2015. 8. 19. 마이크로소프트 코포레이션(이하 '마이크로소프트') 및 노키아 코포레이션(이하 '노키아')의 기업결합 제한규정 위반행위에 대한 건 관련 마이크로소프트의 동의의결에 대한 건에 공정거래위원회의 결정이 있었다. 2011년 동의의결제가 독점규제 및 공정거래에 관한 법률(이하 '공정거래법')에 도입된 이후 2014년 처음으로 네이버에 대한 동의의결결정이 이루어진 이후 다음과 SAP 3건의 동의의결이 이루어졌다.115) 본고의 대상이 된 공정거래위원회의 동의의결은 4번째이면서 첫 번째 기업결합 사건에서의 동의의결 사건이다.116)

### 2. 사안의 개요

신청인 마이크로소프트는 컴퓨터 소프트웨어와 하드웨어 기기를 고안, 개발 및 공급하고 이와 관련한 서비스를 제공하는 사업자다. 한편 노키아는 이동통신 기기를 제조·판매하는 사업자다. 마이크로소프트와 노키아는 2013. 9. 3. 양 회사의 이사회의 결정을 통해서 마이크로소프트가 노키아의 기기제조사업부문(Devices & Services business)과 노키아의 특허 등을 인수하기로 하였다. 마이크로소프트는 노키아에 기기제조사업부분 양수의 대가로 37억 9천만 달러를 지

---

114) 공정거래위원회 전원회의 의결 제2015−316호. 2015기결2010 사건.
115) 동의의결제 입법 이후의 주요 사례들에 대한 개관 및 입법적인 보완에 대한 논문으로 최승재, "동의의결 입법이후 적용사례로 본 입법상 보완필요성", 대한변호사협회 인권과 정의 447권 (2015) 6면 이하.
116) 2011년 12월 공포·시행된 개정 공정거래법은 한·미 자유무역협정(FTA, Free Trade Agreement)에서 합의된 바에 따라 공정거래위원회의 사건처리 절차를 종료하는 제도인 이른바 동의의결제를 도입하였다. 2011년 동의의결 도입 이후 실제 적용된 최초의 사례는 2014년 3월 네이버·다음에 대한 동의의결이다. 그리고 2014년 10월 SAP코리아의 이행안도 최종 결정됐다.

급하고, 특허에 대한 대가로 16억 5천만 달러를 지급하기로 했다. 대금은 모두 현금으로 지급하기로 하였다. 이 이사회의 결정은 주주총회와 각국의 행정기관의 승인을 받는 것을 조건으로 하였다. 우리나라에서의 이 사건도 양 사간의 인수결정에 따른 부속 조건의 하나인 각국의 행정기관 중의 하나인 우리 경쟁당국(공정거래위원회)의 승인에 대한 사건이다. 신청인은 2014. 4. 16. 최종 변경 계약을 통해 노키아의 38개 자회사 주식을 취득하고 노키아 본사의 이동통신 기기 및 서비스 사업 관련 자산을 양수하기로 하였다.117)

이 사건 동의의결 신청은 마이크로소프트가 2013년 9월 노키아와 사업부분인수계약을 체결하고, 2013년 11월 이를 공정거래위원회에 신고한 이후 이루어졌다. 신청인은 '마이크로소프트 코포레이션(Microsoft Corporation) 및 노키아 코포레이션(Nokia Corporation)의 기업결합 제한규정 위반행위에 대한 건'(사건번호 2014기결1474)과 관련하여 심의일 전인 2014. 8. 27. 공정거래위원회에 시정방안을 제출하면서 동의의결을 신청하였다. 공정위는 2014. 9. 16. 1차로 전원회의를 개최하여 동의의결 개시여부를 심의하였으나, 사안이 복잡하고 마이크로소프트도 자진시정방안을 수정·보완하겠다고 밝힌 점을 고려하여 심의속개하기로 결정한 바 있었다.

### 3. 공정거래위원회의 결정의 주요 사항118)

가. 스마트폰 필수특허를 많이 보유하고 있는 마이크로소프트가 본 건 기업결합으로 직접 휴대폰까지 생산하게 되면 경쟁 스마트폰 제조사를 상대로 특허료를 과도하게 올리거나 부당하게 차별할 우려가 있다는 점에 대해서(제1점)

---

117) Microsoft to acquire Nokia's devices & services business, license Nokia's patents and mapping services, September 3, 2013 By Microsoft News Center .

118) 동의의결은 주문에 "본 시정방안에서 명시적으로 달리 정하지 않는 이상, 본 시정방안의 어떠한 내용도 신청인으로 하여금 노키아 코포레이션의 단말기 및 서비스 사업 (Devices and Service Business) 인수 전부터 수행되었던 신청인의 사업활동방식과 일관되지 않는 방식으로 특허 라이선스 사업활동을 수행하도록 요구하는 것으로 해석되지 않음"을 명시하고 있다.

446 | 제4장 표준필수특허와 금지청구 및 손해배상청구, 기업결합

## (1) 표준필수특허의 경우

이 사건 동의의결에서는 표준필수특허에 대해서, 신청인의 특허(신청인의 계열회사가 보유하는 특허 포함) 중 스마트폰 및 태블릿에서 실시되는 산업표준에 필수적이고 신청인이 표준화기구(Standard Setting Organization)에 대하여 공정하고 합리적이며 비차별적인(이하 'FRAND, Fair, Reasonable And Non-Discriminatory'라 한다) 조건으로 라이선스를 제공하겠다고 약속한 특허(이하 'Standard Essential Patent'이라 한다119))와 관련하여, 신청인은 동의의결일 이후 다음과 같은 기존에 공표된 원칙을 준수하도록 하였다. 다만 아래의 표준필수특허에 대한 동의의결에 규정한 시정방안은 신청인의 제품(예컨대, 윈도우 스마트폰)과 관련하여 FRAND 조건이 적용되는 자신의 어떠한 SEP에 대해서도 위와 동일한 원칙을 준수하기로 약속한 법적 주체에 대해서만 적용된다.

① 신청인은 SEP 라이선스를 FRAND 조건으로 제공하겠다는 표준화기구에 대한 약속을 항상 준수함.

② 신청인은 대한민국에 본사를 두고 있는 스마트폰 또는 태블릿 제조사가 생산한 스마트폰 또는 태블릿에 대하여 위와 같은 SEP를 침해하였다는 이유로 판매금지명령 또는 수입금지명령을 청구하지 않음.

③ 신청인은 위와 같은 SEP 라이선스를 제공하면서 실시권자(licensee)에게, 그 실시권자의 특허가 동일한 산업표준에 필수적인 경우 외에는, 해당 실시권자의 특허에 대한 라이선스를 신청인에게도 제공하도록 요구하지 않음.

④ 신청인은 제3자에게 SEP을 양도할 경우 해당 양수인이 (i) 위와 같은 원칙을 고수하고, (ii) 해당 양수인이 취득한 SEP을 재양도할 경우 재양수인에게 위와 같은 원칙을 고수할 것을 요구하겠다고 동의하지 않는 이상 SEP을 제3자에게 양도하지 않음.

---

119) 표준필수특허를 이렇게 정의한 것이 타당한지는 의문이 있다. 표준필수특허라는 것이 반드시 표준화기구에 의한 이런 경우만 있을지의 문제가 있을 것으로 보이기 때문이다. 물론 표준화기구의 의미를 어떻게 정의할 것인지의 문제도 있다고 본다. 어느 경우이건 표준필수특허와 표준화기구를 서로 결부시키는 것은 생각할 점이 있다고 본다.

### (2) 표준필수특허가 아닌 경우

이 사건 동의의결에서는 SEP에 해당하지 않는 특허(이하 'non-SEP'[120])이라 한다)와 관련하여, 신청인은 동의의결일 이후 다음과 같은 사항을 준수하도록 하고 있다.

① 신청인은 기존의 안드로이드[121], EAS, RDP 및 exFAT 특허 라이선스 프로그램(또는 신청인이 장래에 제공할 수 있는 위 프로그램들의 모든 버전)에 따른 라이선스로서 스마트폰 및 태블릿의 대한민국 내 제조, 사용 또는 판매를 위한 non-SEP의 비독점적 라이선스(이하 '본 건 라이선스'라 한다)를 대한민국에 본사를 두고 있는 스마트폰 또는 태블릿 제조사에게 계속하여 제공함.

② 신청인은 본 건 라이선스를 (i) 본 건 기업결합일 이전의 신청인의 기준에 따른 실시료율, 또는 현재 신청인의 실시권자인 경우 해당 실시권자와의 현행 계약에서 정한 실시료율을 초과하지 않는 실시료율로, 또한 (ii) 비가격(non-pricing) 조건의 경우 본 건 기업결합일 이전 신청인의 라이선스 프로그램에 따른 일반적 조건, 또는 현재 신청인의 실시권자인 경우 해당 실시권자와 체결한 계약에 따른 조건과 실질적으로 유사한 조건으로, 계속하여 제공함. 본 항에 기재된 제한의 범위 내에서, 신청인은 신규 라이선스 또는 갱신 라이선스에 대하여 해당 실시권자의 특유한 상황 및 시장 상황에 따라 우호적인 대우를 제공하는 것을 고려할 수 있음.[122] 위 (i)에 규정된 실시료율이란 단말기 1대당

---

120) 본건 동의의결에서는 non-SEP를 신청인이 보유한 모바일 관련 특허기술 중 SEP에 해당하지 아니하는 특허로서, 신청인의 일반적인 관행에 의하여 시간의 경과에 따라 변화하는, 신청인의 안드로이드, EAS, RDP 및 exFAT 특허 라이선스 프로그램 하에서 안드로이드 운영체제(OS. Operating System)를 탑재한 단말기 생산을 위하여 실시허락되는 특허를 의미하고, 여기에는 별첨 목록 1에 기재된 특허 및 그 각각에 상응하는 대한민국의 특허가 포함되나 이에 국한되지 않는 것으로 정의하고 있다.

121) 본건 동의의결에서는 안드로이드를 본 건 기업결합일을 기준으로 안드로이드 오픈 소스 프로젝트(Android Open Source Project)를 통하여 제공되는 안드로이드 운영체제를 구성하는 소프트웨어 파일들을 의미. 별첨 목록 2는 신청인이 작성한, 본 건 기업결합일 기준으로 안드로이드에서 실시되는 신청인의 특허와 스마트폰 및 태블릿에서 일반적으로 실시되는 신청인의 SEP 및 non-SEP의 비한정적인 목록이다.

122) 특유한 상황이란 예를 들어 관련 거래에 대한 해당 당사자의 새로운 가치 기여 또는 신청인과 체결한 해당 당사자의 기존 특허교차실시허락으로서 안드로이드 스마트폰 및 태블릿에서 실시되는 특허를 일부 포함하는 경우 등이 포함될 수 있고, 다만 이에 국한

실시료를 의미함. 신청인은 신규 또는 갱신 실시권자에 대하여 본 건 라이선스 및 아래 ③에 정의된 잔존 실시허락의 계약조건으로서 단말기 1대당 실시료 방식을 선택할 수 있도록 함.

③ 대한민국에 본사를 두고 있는 스마트폰 또는 태블릿 제조사에게 신청인과의 기존 교차 실시허락으로 인하여 그 안드로이드 스마트폰 및 태블릿의 대한민국 내 제조, 사용 또는 판매를 위한 non-SEP에 대한 실시권이 부분적으로 허여된 경우, (i) 신청인은 위와 같은 non-SEP의 잔존 특허에 대한 실시허락(이하 '잔존 실시허락'이라 한다)을 해당 제조사에게 적절히 제공하고, (ii) 잔존 실시허락의 실시료율은 본 건 라이선스의 경우와 동일하게 위 ②(i)에서 규정한 상한에 따르고 해당 제조사의 기존 교차 실시허락의 가치에 따라 적절하게 감액되며, (iii) 잔존 실시허락의 비가격 조건의 경우 안드로이드 프로그램 라이선스의 조건과 실질적으로 유사한 조건이 계속하여 제공됨.

④ 신청인은 별첨 목록(생략)에 기재된 non-SEP을 동의의결일 이후 5년 동안 제3자에게 양도하지 않음. 나아가, 이러한 5년의 기간이 경과한 이후에도, 신청인은 해당 당사자가 동의의결일 이전에 신청인에 의해 이루어진 라이선스 관련 약정을 준수하고 위 non-SEP의 재양수인에게 동의의결일 이전에 신청인에 의해 이루어진 라이선스 관련 약정을 준수하도록 요구하기로 동의하지 않는 이상 위 non-SEP을 제3자에게 양도하지 않음.

⑤ 동의의결일 이후 신청인은 대한민국에 본사를 두고 있는 스마트폰 또는 태블릿 제조사가 본 건 라이선스 협상에 성실하게 임하지 않는다고 판단되는 경우에만 non-SEP을 침해하였다는 이유로 판매금지명령 또는 수입금지명령을 청구함. 다만, 동의의결일 이후에도 계속하여 신청인은 동의의결일 이전에 존재하던 신청인의 영업관행과 일관되는 방식으로 그러한 판단을 수행함.

나. 마이크로소프트가 스마트폰 제조사와 체결한 사업제휴계약의 경우에도 경쟁사간 경영상 핵심정보를 공유토록 하고 있어 시장경쟁을 제한할 우려가 있다는 점에 대해서(제2점)

---

되지 않음.

이 점(정보 공유)에 대해서 본건 동의의결은 신청인과 특정 국내 스마트폰 및 태블릿 제조사 간의 2011. 7. 1.자 사업제휴계약(Business Collaboration Agreement, 이하 'BCA'라 한다)과 관련하여, ① 신청인은 BCA를 수정하여 스마트폰 또는 태블릿 하드웨어 관련 경쟁상 민감한 영업정보의 교환에 관한 조항 및 이행의무를 삭제하고(이하 '수정 BCA'라 한다), ② 수정 BCA는 스마트폰 또는 태블릿 하드웨어 관련 경쟁상 민감한 영업정보의 교환에 관한 조항 또는 이행의무를 포함하지 않는 바, 신청인은 수정 BCA를 이행하는 과정에서 위 국내 스마트폰 및 태블릿 제조사와 스마트폰 또는 태블릿 하드웨어 관련 경쟁상 민감한 영업정보를 교환하지 않으며, ③ 혼동을 피하기 위하여, 본 시정방안의 어떠한 조항도 신청인과 위 국내 스마트폰 및 태블릿 제조사 간의 별개 계약인 2011. 7. 1.자 특허실시계약(Patent License Agreement)을 수정하도록 요구하지 않도록 하고 있다.


## II. 동의의결과 기업결합

### 1. 동의의결

동의의결제란 사업자가 스스로 원상회복, 소비자 피해구제 등 타당한 시정방안을 제안하고, 공정위가 이해관계자 등의 의견수렴을 거쳐 그 타당성을 인정하는 경우 위법 여부를 확정하지 않고 사건을 신속하게 종결하는 제도다. 동의의결제는 불공정 거래 혐의가 있는 사업자가 스스로 원상회복, 소비자 피해구제 등 시정방안을 제안해 타당성이 인정되면 위법 여부를 확정하지 않고 사건을 신속하게 종결함으로써 사업자의 입장에서도 관련되는 사건의 진행으로 인해서 발생하는 부담을 줄일 수 있고, 공정위의 입장에서도 불필요한 조사인력을 절약하여 집중적으로 필요한 곳에 사용할 수 있도록 함으로써 공정위 자원의 효율적인 운용에 기여하는 제도라고 할 수 있다.[123]

공정거래법 제51조의2 제1항은 공정거래위원회의 조사나 심의를 받고 있

---

123) 최승재, "동의의결제 입법이후 적용사례로 본 입법상 보완필요성", 대한변호사협회 인권과 정의 447권 (2015) 8-9면.

는 사업자 또는 사업자단체는 당해 조사나 심의의 대상이 되는 행위로 인한 경쟁제한상태 등의 자발적 해소, 소비자 피해구제, 거래질서의 개선 등을 위하여 제3항에 따른 동의의결을 하여 줄 것을 공정위에 신청할 수 있다고 규정하여 동의의결제의 법적 근거를 제공하고 있다. 제1항 단서는 ① 해당 행위가 제19조(부당한 공동행위의 금지) 제1항에 따른 위반행위인 경우, ② 제71조(고발) 제2항에 따른 고발요건에 해당하는 경우, ③ 동의의결이 있기 전 신청인이 신청을 취소하는 경우에는 공정거래위원회는 동의의결을 하지 아니하고 이 법에 따른 심의 절차를 진행하도록 함으로써 실제 공정거래위원회의 공정거래법 위반 관련 실무에서 가장 많은 비중을 차지하고 있는 부당한 공동행위(제19조)를 동의의결의 대상에서 제외하고 있다.

부당한 공동행위를 일률적으로 제외한 것이 타당한지는 의문이 있다. 소비자 보호 및 실효적 피해회복이라는 점에서 보면, 동의의결제는 과징금 등과 같은 행정제재를 통해서 사업자를 제재하는 것보다 소비자를 위한 합의가 제대로 이루어질 수 있다면 소비자 보호 및 실효적 피해회복에 부합하는 제도이다. 이런 제도를 일률적으로 제외하는 것은 입법론이라는 면에서 세심하게 설계하는 것이 타당하지 않다고 본다.124) 우리가 동의의결 제도 도입시 전범으로 삼은 미국에서는 부당한 공동행위(담합)도 동의의결로 해결된다.125)

## 2. 동의의결과 기업결합

미국은 물론 유럽의 경우도 2003년 동의의결(Commitment)에 대한 공동체 규정 제9조는 기업결합을 동의의결의 대상에 포함하고 있지 않지만, 합병규칙(EC Merger Regulation)은 기업결합을 동의의결 대상으로 하고 있다. 독일의 경우도 독일 경쟁제한방지법 제40조는 기업결합시의 조건부과 등에 대하여 규정함으로써 동의의결에 의한 기업결합 승인을 허용하고 있다.126) 우리나라의 경우에도

---

124) 공동행위를 동의의결제의 대상으로 포함시키는 입법안으로 최승재, "동의의결제 적용범위와 구체적 적용 방안", LEG WORKING PAPER SERIES 2012_03 123면.

125) 최승재, "공동행위와 동의명령제의 활용 : In the Matter of Sigma Corporation", 경쟁저널 통권163호 2012년 6월 48~61면.

126) 최승재, "동의의결제 적용범위와 구체적 적용 방안", LEG WORKING PAPER SERIES

이 사건에서 처음으로 동의의결을 활용하였지만 향후 복잡한 기업결합 사건을 동의의결을 통해서 처리하는 경우가 늘어날 것으로 본다. 기존에도 기업결합에 대한 공정거래위원회의 결정이 소송의 대상이 된 경우는 드물었기 때문에, 소송의 대상이 될 수 있다는 관점이 아니라 효과적인 기업결합에 대한 심사 및 통제라는 관점에서 동의의결에 의한 기업결합사건의 해결은 실익이 있다고 본다.[127]

## 3. 본건 동의의결에 대한 분석

### 가. SEP와 non-SEP의 구분 취급

SEP와 non-SEP의 구분 취급한 동의의결의 태도는 타당하다. 표준화기구에 의한 SEP의 경우에는 표준화기구에 의하여 FRAND 조건이 부기되는 경우가 많다. 그런데 FRAND 조건의 법적 의미에 대해서는 실제적으로 다툼이 있고 정립되지 않은 쟁점들이 다수 있다. 그 중의 대표적인 것이 금지청구를 할 수 있는가 하는 점이다. 동의의결에서는 신청인은 SEP 라이선스를 FRAND 조건으로 제공하겠다는 표준화기구에 대한 약속을 항상 준수하여야 한다는 조항을 두면서,[128] SEP를 보유한 특허권자도 금지청구권을 행사할 수 있는지 여부

---

2012_03 114면.

127) 우리나라는 지금까지 기업결합에 대한 법원 소송은 거의 없었다. ① 회사가 기업결합을 위하여 주식 100%를 소유한 자회사를 설립하고 소멸회사인 자회사와 존속회사인 피취득회사의 합병과정에서 존속회사가 발행한 신주를 소멸회사의 주식을 대신하여 전부 취득한 사안에서, 그 회사의 존속회사 주식 취득은 구 독점규제 및 공정거래에 관한 법률 시행령(2007. 11. 2. 대통령령 제20360호로 개정되기 전의 것) 제18조 제8항 제1호 (나)목에서 정한 기타 주식취득에 해당하여, 그 회사가 공정거래위원회에 한 기업결합 신고는 존속회사에 대한 주식취득이 이미 완료되었음을 전제로 한 사후신고에 해당하므로, 공정거래위원회의 시정조치처분은 구 독점규제 및 공정거래에 관한 법률(2007. 4. 13. 법률 제8283호로 개정되기 전의 것) 제16조 제1항 후문, 제12조 제7항의 규정에 의한 처분기간의 제한을 받지 않는다고 한 사례(대법원 2009. 9. 10. 선고 2008두9744 판결)와 ② 국내 유명한 피아노 제조회사 사이에 기업결합이 이루어진 사안에서, 그 기업결합은 관련 시장에서의 경쟁을 실질적으로 제한하는 행위로서 그 예외규정인 독점규제 및 공정거래에 관한 법률 제7조 제2항에 정한 효율성 증대를 위한 기업결합 또는 회생이 불가한 회사와의 기업결합에 해당하지는 않는다고 한 사례(대법원 2008.05.29. 선고 2006두6659 판결) 정도가 알려진 사례이다.

128) FRAND조항의 의미에 대해서 서울중앙지방법원은 "실시료 조건에 대한 합의는 다른 특

에 대한 논란을 염두에 둔 것으로 보이는 조항인 "신청인은 대한민국에 본사를 두고 있는 스마트폰 또는 태블릿 제조사가 생산한 스마트폰 또는 태블릿에 대하여 위와 같은 SEP를 침해하였다는 이유로 판매금지명령 또는 수입금지명령을 청구하지 않음"을 명시하고 있다. 이는 동의의결을 통해서 금지청구권의 허부에 대한 논란을 사전에 정리하려고 하는 것으로 보인다.

### 나. non-SEP에 대한 양도금지 조항

동의의결 주문은 신청인은 제3자에게 SEP을 양도할 경우 해당 양수인이 ① 위와 같은 원칙을 고수하고, ② 해당 양수인이 취득한 SEP을 재양도할 경우 재양수인에게 위와 같은 원칙을 고수할 것을 요구하겠다고 동의하지 않는 이상 SEP을 제3자에게 양도하지 않도록 하는 제한을 두고 있다. 이는 계약적인 연결을 통해서 SEP에 대해서 부여된 제한이 우회되지 않도록 하는 의미를 가진다.

그런데 상대적으로 표준화기구에 대해서 이미 양자간의 약정이기는 하지만 자신의 권리행사에 대한 제한을 받기로 약정한 SEP에 비하여 non-SEP에 대한 양도금지조항은 특허권자에게 양도의 자유라는 매우 중요한 권리행사를 제한하는 것이 된다. 그러나 다른 한편으로 양도금지조항이 없으면 동의의결을 우회하는 방안의 하나로 non-SEP에 해당하는 특허를 양도하는 방법으로 제3자가 특허권자가 되도록 함으로써 동의의결의 효력이 미치지 않도록 할 수 있다. 실제 이런 동의의결은 그 성격이 공법상 계약의 성격을 가지고 있다고 할 수 있지만,[129] 동의의결에서의 제시되는 신청인의 시정방안은 어디까지나 제안

---

별한 사정이 없는 한 라이선스 계약의 성립요건이라고 할 것이므로 라이선스 계약에 대한 청약의 의사표시에 해당하려면 실시료 등의 구체적인 조건이 포함된 의사표시여야 하는 점, ETSI 지적재산권 정책이나 지적재산권 가이드에도 구체적인 실시료 산정 기준 등이 마련되어 있지 않고 당사자 상호간의 협상에 의하도록 하고 있는 점, 그 밖에 FRAND 선언의 문언내용과 의미 등을 종합해 보면, 실시료 조건에 관하여 구체적인 정함이 없는 특허권자의 FRAND 선언만으로 라이선스 계약에 관한 청약의 의사표시를 하였다고 볼 수 없다."라고 본다(서울중앙지방법원 2012. 8. 24. 선고 2011가합39552 판결).
129) 동의의결의 법적성격은 공법상계약이라고 보는 견해와 처분이라고 보는 견해로 나뉠 수 있다. 신청인이 공정위에 시정방안을 포함한 (서면)제안을 하고 공정위가 이에 동의하는 경우 그 합의에 바탕으로 사건을 종결하는 것이 동의의결이므로 그 법적 성격을

에 그치는 것이므로 이에 대해서 공정위가 어떤 구속을 받는 것은 아니다. 이런 점에서 동의의결 신청행위는 상대방의 협력을 요하는 행정행위라고 봄이 상당하다. 공정위는 제안에 대해서 일방적인 판단을 하고 만일 신청인이 동의의결을 이행하지 않으면 공정위는 동의의결을 취소할 수 있고 위반에 대해서 이행강제금도 부과할 수 있다는 점 등을 종합하면 처분이라고 보는 것이 타당하다.[130) 만일 공법상 계약이라고 본다면 계약의 구속력은 별도의 계약이 없는 한 특허의 양수인에게는 미치지 않을 것이므로 이 조항이 없으면 동의의결의 효력은 회피될 수 있다. 만일 행정행위로 보더라도 그 행정행위의 수범자는 여전히 신청인이라고 할 것이지 제3자를 구속하는 제3자효가 있다고 볼 수는 없다고 본다. 그런 점에서 이 양도금지조항의 의미가 있다.

본건 동의의결에서는 신청인이 특정 특허를 양도하는 것을 금지하는 본건 동의의결에서의 시정방안은 해당 항에서 정한 기간 동안 효력이 있다고 그 효력기간을 정하고 있다. 공정거래위원회의 관점에서는 특허권자의 권리행사에 대한 중대한 제한이라는 면과 동의의결이 회피될 가능성을 조화한 적절한 절충이라고 본다.[131)

## 다. 정보교환의 제한

마이크로소프트가 스마트폰 제조사와 체결한 사업제휴계약의 경우에도 경쟁사간 경영상 핵심정보를 공유토록 하고 있어 시장경쟁을 제한할 우려는 마이크로소프트가 비록 운영체제에서 구글의 안드로이드나 애플의 운영체제에 비하여 현저하게 점유율이 낮아서 상대적으로 적다고 생각된다. 그럼에도 운영체제를 가지고 마이크로소프트가 모바일 관련 특허기술을 이미 상당 수준 보유한 상태에서 모바일 단말기를 생산하는 노키아를 인수하는 것으로서 '수직형 기업결합'에 해당하여 이건 인수를 통해서 모바일 특허/운영체제(Windows)/단말

---

일종의 공법상(행정)계약과 같이 볼 여지가 있다.(최승재, "동의의결제 입법이후 적용사례로 본 입법상 보완필요성", 대한변호사협회 인권과 정의 447권 (2015) 9면).

130) 최승재, 위의 논문, 10면.

131) 5년이라는 부관(附款)이 붙어있는 것이 다소 긴 기간이 아닌가 하는 점은 필자의 개인적인 의문이나 협의 과정에서의 결론을 내리게 된 이유 및 과정을 알 수 없으므로 이론적인 논의실익은 적어 보여 생략한다.

기를 아우르는 수직통합을 이루고 직접 스마트폰을 생산하는 업체로 변화하게 된다는 것은 동태적으로 시장에서의 경쟁제한을 할 우려를 무시할 정도는 아니라고 본다. 이런 점에서 정보교환의 제한 동의의결에서 신청인 마이크로소프트와 특정 국내 스마트폰 및 태블릿 제조사 간의 2011. 7. 1.자 BCA를 수정하여 스마트폰 또는 태블릿 하드웨어 관련 경쟁상 민감한 영업정보의 교환에 관한 조항 및 이행의무를 삭제하도록 한 것은 선제적인 시장경쟁 환경의 조성이라는 의미가 있다고 본다.

### 라. 동의의결 준수여부의 감시

동의의결 제도를 우리나라에서 정착시키는 것과 관련해서 가장 중요한 부분이 동의의결 준수여부의 감시라고 생각한다. 우리나라는 전통적으로 행정청과 민간 사업자의 합의에 의한 사건처리라는 구조에 익숙하지 않은 문화적인 전통을 가지고 있다. 이런 문화전통은 동의의결제가 지속적으로 민관유착으로 귀결되어 특혜가 될 우려를 제기할 것이다. 이런 우려는 반드시 잘못된 것으로 매도할 것은 아니고 항상 염두에 두고 경계할 점이다.

이런 점에서 보면 이 사건에서 공정거래위원회가 공정거래법에 따라 신청인이 위 시정방안을 준수하는지 여부를 감시할 권한이 있다는 점을 주문에 명시하고, 신청인은 공정거래위원회의 동의의결일 이후 매년 말일부터 45일 이내에, 공정거래위원회에게 위 시정방안의 준수와 관련한 보고서를 제출하여야 하도록 한 것은 당연하고 중요한 조항이다. 그 보고서는 ① 신청인 또는 신청인의 계열회사(신청인이 특허를 제3자에게 양도하는 경우 당해 제3자를 포함한다. 이하 동일하다)의 특허 양도와 관련한 정보 및 주요 조건, ② 신청인 또는 신청인의 계열회사가 새로 체결하거나 갱신한 라이선스 계약의 체결에 관한 정보 및 주요 조건, ③ 신청인 또는 신청인의 계열회사가 특허와 관련하여 청구하는 판매금지명령 또는 수입금지명령 관련 정보를 담도록 하고 있다.

위 보고서 포함사항들은 앞서 주문의 이행여부를 확인하기 위한 기본적인 정보들이다. 그런데 문제는 공정거래위원회가 지속적으로 7년의 기간(대상에 따라서 기간이 다소 다를 수 있지만)동안을 감독하기 위한 자원을 활용하고 실행하는 것에 있다고 본다. 물론 공정거래위원회의 감시 외에 시장에 의한 감시가 기능하여 야 할 것이지만 여전히 일차적인 책임은 공정거래위원회에 있다고 할 것이므 로 이 점에서는 장기간은 공정거래위원회의 부담이기도 하다고 본다.

### 마. 효력기간

이 사건 동의의결에서 주문에 기재된 시정방안은 동의의결일 이후 2022년 8월 24일까지 7년 동안 효력이 있도록 하고 있다. 이 기간은 급격히 변화·발 전하는 정보통신산업의 특성을 감안하면 매우 긴 기간이라고 할 수 있다. 이런 점을 감안하여 동의의결은 앞서 언급한 non-SEP에 대한 양도금지조항에 대 한 특칙 외에도 SEP 및 non-SEP에 대한 시정방안은 공정거래위원회가 이를 수정 또는 해지하기로 동의하는 시점까지 효력이 있으며, 시장 상황이나 경쟁 구도가 변경되는 경우, 신청인은 공정거래위원회에 대하여 본 시정방안의 전부 또는 일부를 수정 또는 종료할 것을 신청할 수 있도록 하고 있고, 신청인 마이 크로소프트가 노키아로부터 취득한 단말기 및 서비스 사업을 지배하지 않게 되는 경우에는 본 시정방안은 그 효력을 상실한다고 예외를 정하고 있다.

효력기간의 문제는 동의의결이 형식은 행정처분의 형식을 띄지만 그 실질 은 계약의 성격을 가지고 있으므로 향후 다른 기업결합사건에서의 합의내용에 따라서 달리 정해질 것이다. 그러나 제품 등의 수명이 짧은 스마트폰 등이 속 한 정보통신분야에서 이 정도의 장기로 기간이 정해진 것은 다른 사건에서 일 종의 벤치마크가 되지 않을까 하는 생각도 된다.

## III. 시사점

동의의결제는 기업결합사건에 있어서 전통적인 구조적 시정조치(Structural Remedies)와 행태적 시정조치(behavioral remedies)의 사용에 있어서 유연성을 담보함 과 동시에 당사자와 합의를 하는 과정에서 시장상황 등을 정확하게 파악하게 당사자의 시정조치에 대한 순응도를 높일 수 있다는 장점이 있다. 이 사건 공정위의 주문과 같이 매우 복잡한 시정조치를 부과하는 경우 자체의 복잡성은 주문을 실제 집행하는 단계에서의 곤란성을 야기할 가능성이 높다. 더구나 기업결합과 같이 단 한 번의 조치로 마무리되는 것이 아니라 상당기간의 이행여부에 대한 감독이 필요한 경우와 같이 지속적인 감독이 필요한 경우에는 전통적인 시정조치들은 어느 정도 한계를 노정할 수밖에 없다.

이런 점에서 공정위가 본건 기업결합사건을 동의의결로 마무리한 것은 적절한 결정이라고 본다. 실제 미국의 경우 동의의결이 가장 많이 활용된 사건유형이 합병심사와 같은 기업결합 사안이라고 한다. 또 이런 기업결합을 하는 기업들이 합병대상 사업분야의 자산을 제3자에게 매각한다는 조항, 약속한 자산매각을 완수하기까지 문제가 된 사업부분을 별도로 운영하겠다는 조항, 약속한 기일 내에 자산처분을 하지 못하는 경우 별도의 다른 자산도 제3자에게 양도한다는 조항 등이 포함된다고 한다.132) 대상판결에서 사용된 주문(主文)에 기재된 시정조치들은 이런 점에서 향후 기업결합 사건이 동의의결로 마무리되는 경우 참고가 될 것으로 본다.

기업결합 사례에서도 표준필수특허는 기업결합의 허부 및 시정조치(구조적 시정조치나 행태적 시정조치)의 선택에서도 의미를 가진다.

---

132) 조성국, "독점규제법 사건의 합의해결에 대한 국제동향과 시사점", 중앙법학 제8집 제2호 (2006) 371면.

# 제 5 장
## 결 론

# 제5장 결 론

　이 책은 표준필수특허에 대한 2010년 이후의 각 경쟁법과 특허법을 중심으로 한 지식재산권법상 쟁점들을 사례 중심으로 정리하였다. 이전 쟁점들의 연장선상에 있지만 새로운 쟁점도 다수 등장하고 있다. 특히 퀄컴 사건은 그 총화라고 할 수 있다.

　2차 퀄컴 사건에서 문제로 된 행위는 1차 퀄컴 사건에서 문제로 된 행위와 다르게 보이지만, 퀄컴이 보유한 이동통신 표준필수특허를 자신이 제출한 FRAND 확약을 위반하거나 이를 회피하는 방식으로 라이선스해주는 동시에, 하류시장인 휴대폰 부품 시장에서 가진 시장지배적 지위를 이용하여 당해 시장에서의 경쟁자를 배제하는 효과를 초래하였다는 점에서 공통점을 가지고 있다.

　퀄컴은 2세대 이동통신표준인 CDMA 방식에 관한 표준필수특허의 절대 다수를 보유하고 있을 뿐만 아니라 3세대 이동통신표준인 WCDMA 및 제4 세대 이동통신표준인 LTE 방식에 관한 표준필수특허 중 상당한 비율을 차지함과 동시에 각 이동통신표준 방식 휴대폰용 모뎀칩셋 시장에서 높은 시장지위를 가진 사업자로서, 경쟁 모뎀칩셋 제조사에 대해서 이동통신 표준필수특허를 라이선스해주지 않거나 제한하는 대신 휴대폰 제조사에 라이선스해주면서, 모뎀칩셋 시장에서 가진 시장지배적 지위를 이용하여 휴대폰 제조사에 불이익한 내용의 라이선스 계약을 체결하였다.

　제2차 퀄컴 사건에서 문제로 된 행위는 세 가지로 요약할 수 있다. 첫째, 2008년 이전에는 1차 사건에서와 마찬가지로 표준필수특허를 포함한 자신의 특허를 경쟁 모뎀칩셋 제조사와 휴대폰 제조사에 각각 라이선스해주면서, 전자의 경우에는 모뎀칩셋의 사용 권한을 제외하고 모뎀칩셋의 판매처를 자신과 라이선스 계약을 체결한 휴대폰 제조사로 제한하였고, 2008년 이후에는 경쟁 모뎀칩셋 제조사에 대해서는 라이선스를 해주지 않는 대신 부제소의 약정이나 보충적 권리행사의 약정, 또는 한시적 제소유보의 약정만을 체결하였다('표준필수특허 라이선스 거절·제한행위'). 이로 인하여 휴대폰 제조사의 입장에서는 퀄컴사 또는 다른 모뎀칩셋 제조사로부터 칩셋을 구입하더라도 이와는 별도로 반드시 퀄컴사와 라이선스 계약을 체결해야 하는 상황이 초래되었다.

둘째, 휴대폰 제조사에 자신의 모뎀칩셋을 공급하면서 이와는 별도로 자신이 보유한 특허에 대한 라이선스 계약의 체결을 요구하고, 이에 불응하거나 그 계약을 불이행할 경우에는 칩셋의 공급을 거절하거나 중단하였다('모뎀칩셋의 공급과 라이선스의 연계행위')

셋째, 휴대폰 제조사와 라이선스 계약을 체결하면서 특허 목록 등을 제시하지 않은 채 표준필수특허와 기타의 특허를 포함한 포괄적 라이선스 계약을 체결하면서, 일방적으로 로열티를 전체 휴대폰 가격의 일정 비율로 책정하고, 계약기간을 장기 영속적인 것으로 정하고, 무상의 크로스 그랜트를 요구하고 퀄컴사의 칩셋을 사용하는 다른 휴대폰 제조사에 대해서도 그 특허를 주장하지 못하도록(소위 '특허우산'의 구축) 하였다('불공정한 라이선스 계약 체결행위').

2014년 8월 공정위는 위 행위들이 공정거래법 위반에 해당한다는 혐의를 인지하고 조사를 개시하여, 2014년 8월 퀄컴사에 자료를 요구하고 2015년 3월 퀄컴사의 한국 내 자회사에 대한 현장조사를 실시하였다. 2015년 11월 공정위가 심사보고서를 완성하여 전원위원회에 상정하고 퀄컴사 등에 송부하였는데, 퀄컴사는 의견서 제출기한을 세 차례나 연장한 끝에 2016년 5월말 경에서야 의견서를 제출하였다. 퀄컴사는 공정위 전원위원회가 2016년 7월 이후 4회의 회의를 개최하여 심의를 진행한 후 동의의결을 신청하였는데, 전원위원회는 그 신청을 기각하고 본안 심의를 재개하여 2016년 12월 21일 이 사건 행위들이 법상 시장지배적 지위 남용행위 및 불공정거래행위에 해당한다고 결정하고, 이들 행위를 금지할 뿐만 아니라 라이선스 계약의 체결을 희망하는 모뎀칩셋 제조사 및 기 체결한 라이선스 계약의 수정을 희망하는 휴대폰 제조사와 라이선스 계약을 체결·수정하는 절차를 포함한 시정조치를 명하고 약 1조 300억 원의 과징금 부과처분을 내렸다.[1]

　서울고등법원은 이와 같은 공정거래위원회의 과징금 부과에 대해서 그 전액이 정당하다고 보았고, 이 사건은 현재 대법원에 계속 중이다. 지금 이 책에서 다룬 거의 대부분의 쟁점들이 이 사건에서 논점이 되었다. 자료의 제약상 서울고등법원 판결문 대신 보도자료 등 제한된 자료가 인용되었다. 그러나 공정위 의결서와 미국 판결문에 사실관계가 풍부히 등장하여 독자의 사건이해는 어려움이 없었을 것으로 본다. 그 사건에서 쟁점이 되지 않은 쟁점들은 퀄컴 1 사건과 삼성 v. 애플 사건의 쟁점이 되었다. 향후에도 표준화와 관련된 쟁점으로 표준필수특허의 문제는 여전히 쟁점이 될 것이다. 퀄컴 사건이 대법원 판결이 나오면 관련쟁점들에 대한 우리 대법원의 태도도 더 분명해 질 것으로 기대한다. 그리고 제약산업에서는 또 다른 특허쟁점 중 특허 제품의 구조를 가지는 특허의 경우에는 표준필수특허의 쟁점에 대한 이 책의 논의가 도움이 될 것으로 생각한다.[2] 이런 논의들의 원천이 되는 쟁점에 대한 필자의 견해와 논자들의 주장, 법원의 판결들이 이 책에 담겨 있다. 독자제현의 관련 논의지평을 확대하고 연구 및 실무에 이 책이 사용되기를 기대한다. 필자는 표준필수특허에 대한 경쟁법적 규율에 이어 생명공학특허에 대한 경쟁법적 규율에 대한 연구성과로 이 분야의 독자들을 만나려고 한다. 독자들의 지속적인 관심을 바란다.

---

1) 공정위 보도자료, "퀄컴사의 이동통신 표준필수특허 남용행위 엄중 제재"(2016. 12. 29) 및 공정위 의결 제2017-25호(2017. 1. 20). 공정위의 위 처분에 대해서 불복의 소가 제기되어 서울고법에 계속 중이다. 또한 위 과징금은 현재까지 공정위가 부과한 과징금 중 가장 큰 액수에 해당한다.
2) 정차호, 차성민, 최승재, 2009. 5. 의약품 분야 지적재산권 관련 경쟁제한행위에 대한 외국사례 분석 및 효과적인 법집행 방안 연구 공정거래위원회 보고서: 이 분야에 대해서는 필자의 다른 공정거래위원회 미공간보고서(2020년)가 있다. 향후 공간이 되면 그 보고서를 참고하기 바란다. 이 보고서에는 의약품 분야도 1특허, 1제품구조는 표준필수특허법리가 참고될 수 있음을 기술하고 있다.

# 참고문헌

## Ⅰ. 단행본

나지원, 「FRAND확약의 효력과 표준특허권 행사의 한계」, 경인문화사(2018)

신동권, 「독점규제법」, 박영사(2016)

이호영, 「독점규제법(제5판)」, 홍문사(2016)

최승재, 「특허권 남용의 경쟁법적 규율」, 세창출판사(2010)

최승재, 「미국특허법」, 법문사(2011)

최승재, 김영기, 박현우, 「신미국특허법」, 법문사 (2020)

D.G. Goyder, 「EC Competition Law」, 4th ed. Oxford Univ. Press(2003)

Janice M. Mueller, 「Patent Law」, Fifth ed Wolterskluwer(2016)

金井貴嗣, 川賓昇, 泉水文雄 編著, 「獨占禁止法」, 弘文堂(2018)

白石忠志, 「獨禁法講義(第8版)」, (2018)

## Ⅱ. 국내논문

강지원, 플랫폼 기업의 M&A 동향과 경쟁법적 쟁점: 배달의 민족과 요기요 기업결합 사건에 대한 분석을 중심으로, 기업법학회 발표문(2021. 5. 14.)

공정거래위원회 보도자료, "퀄컴사의 이동통신 표준필수특허 남용행위 엄중 제재" (2016. 12. 29)

공정거래위원회 보도자료, "공정위, 퀄컴사의 모뎀칩 시장 독점력 남용 시정조치" (2009. 7. 23)

김희은, "EU 경쟁당국의 구글과 모토롤라 모빌리티의 기업결합 심사동향", 경쟁저널 제163호 (2012년 7월)

설민수, "표준특허의 명암, (하) : 스마트폰 특허분쟁에서 특허알박기(Patent Holdup) 우려를 중심으로", 저스티스 통권 제141호(2014년 4월호)

이선희, "우리나라 경제력 집중 규제제도가 거래 플랫폼 사업자의 규제에 줄 수 있는 시사점", 한국공정거래조정원 LEG 최종발표회자료집(2020. 11. 9)

오성은, "표준필수특허 보유자의 금지청구권 행사와 시장지배적 지위 남용행위에 관한

EU 사례 분석", 2018.

오승한, "FRAND 확약 특허권자의 자발적 실시자에 대한 금지청구권의 행사와 독점규제 법 위반 책임", 경쟁법연구 29권 (2014)

이재상. "[특별기고] 바이오시밀러와 바이오의약품의 약가", 데일리팜 2018. 2. 12.

이호영, "표준필수특허 보유자의 FRAND확약 위반행위에 대한 공정거래법의 집행에 관 한 연구", 상사법연구 제31권 제4호 (2013)

정원준, 정현준, "ICT 표준경쟁 현황과 시사점 - 표준특허분쟁을 중심으로," 정보통신방 송정책, 제 26권 7호 통권 575호, 2014.

정차호·이지은, "비특허제품에 실시료를 부과하는 '전체판매 실시료'(total-sales royalty) 규정의 특허권 남용 여부-대법원 2014. 11. 14. 선고 2012다42666(본소) 및 2012다42673(반소) 판결을 중심으로-", 「인권과정의」, 대한변호사회, (2016. 9.)

조성국, "독점규제법 사건의 합의해결에 대한 국제동향과 시사점", 중앙법학 제8집 제2 호 (2006)

조영선, "특허권침해에 대한 합리적 실시료 산정방법에 관한 연구", 특허청연구용역보고 서 2020, 88면

차상육, "표준필수특허에 기초한 금지청구권 행사의 제한 가능성", 2015.

최승재, "공동행위와 동의명령제의 활용 : In the Matter of Sigma Corporation", 경쟁저널 통권163호 2012년 6월

최승재, "동의의결제 입법이후 적용사례로 본 입법상 보완필요성", 대한변호사협회 인권 과 정의 447권 (2015)

최승재, "동의의결제 적용범위와 구체적 적용 방안", LEG WORKING PAPER SERIES 2012. 3.

최승재, "마이크로소프트 유럽공동체 사건 판결에 대한 연구", 정보법학회 정보법학 제 11권 제2호 (2007년 12월)

최승재, "지식재산권 가치평가와 경쟁법 - 합리적인 특허가치 산정방법에 대한 시론(試論)적 고찰", 산업재산권법연구 제39호, 2012.

최승재, "표준필수특허에 기초한 금지청구원에 대한 연구", 특허법원 원내세미나 2020. 9. 15.

특허청, 주요국의 표준특허 정책 및 글로벌 기업의 표준특허확보전략연구, 2008. 11.

## III. 해외문헌

A. Douglas Melamed and Carl Shapiro, How Antitrust Law Can Make FRAND Commitments More Effective, Forthcoming, *Yale Law Journal (2018).*

Advocate General Jacobs in case C-7/97 Bronner v. Mediaset, [1998] ECR I-7791

Aghion, P., Dewatripont, M., Rey, P., "Renegotiation Design with Unverifiable Information", Econometrica 62, (1994)

Areeda, "Essential Facilities; an ephithet in need of limiting principles", 58 antitrust L. J. (1989)

Arrow, K. "Economic Welfare and the Allocation of Resources for Innovation", The Rate and Direction of Inventive Activity: Economic and Social Factors, ed. R. Nelson, Princeton, 609-626. (1962)

Baron, J., Pohlmann, T. and Blind, K. (2016). Essential patents and standard dynamics. Research Policy, 45(9)

Brian Scarpelli, Trends in FRAND: Recent Regulatory Developments in the Far East, March 8, 2016.

Brian T. Yeh, Availability of Injunctive Relief for Standard-Essential Patent Holders, 2012.

Brickley, J. and F. Dark "The Choice of Organizational Form: The Case of Franchising", Journal of Financial Economics 18, 401-420. (1987)

Brooks, R. G. and Geradin, D. (2010). Taking Contracts Seriously: The Meaning of the Voluntary Commitment to License Essential Patents on 'Fair and Reasonable' Terms (March 12. 2010)

Brooks, R. G. and Geradin, D. (2011). Interpreting and Enforcing the Voluntary FRAND Commitment, 9 Int'l J. IT Standards & Standardization Res. 1 (2011)

Burghartz, H., Technische Standards, Patente und Wettbewerb. Duncker & Humblot, Berlin 2011. (2011)

Cabrai, L. and M. Riordan "Incentives for Cost Reduction Under Price Cap Regulation", Journal of Regulatory Economics 1, 93-102. (1989)

Cary, Work-Dembowski & Hayes, Antitrust Implications of Abuse of Standard-setting, 15 Geo. Mason L. Rev. 1241, 1260 (2008)

Chao, Bernard H. (2008). "After Ebay, Inc. v. MercExchange: The Changing Landscape for Patent Remedies", Minn. JL Sci. & Tech. 9 (2)

Choi, J. P.  FRAND Royalties and Injunctions for Standard Essential Patents. Cesifo Working Paper No. 5012 (2014)

Choi, J. P. and Gerlach, H.  Patent pools, litigation, and innovation. RAND Journal of Economics, 46:3. (2015)

Chryssoula Pentheroudakis, Justus A. Baron, Licensing Terms of Standard Essential Patents: A Comprehensive Analysis of Cases, JRC Science for Policy Report (2017),

Chung, P.  "Incomplete Contracts, Specific Investment, and Risk Sharing", Review of Economic Studies 58 (1991)

Coates, K & J Finnegan, "EC Law of Competition" Oxford; Oxford University Press (1999)

Contreras, J. L. (2015). A Market Reliance Theory for FRAND Commitments and Other Patent Pledges (August 16, 2015), 2015 Utah Law Review 479; American University, WCL Research Paper No. 2014−26.

Crémer, J.  "Arm's Length Relationships", Discussion Paper, GREMAQ, Toulouse University, (1993)

Daniel J. Hemel, Trade and Tradeoffs: The Case of International Patent Exhaustion,  116 Colum. L. Rev. Online 17 (2016)

Daniel S. Sternberg, A Brief History of Rand, 20 B.U. J. Sci. & Tech. L. 211 (2014).

David N. Makous and Mina I. Hamilton, Compulsory IP Licensing and Standards−Setting, Standard−Essential Patents and F/RAND, 2014 WL 1234517 (2014)

Dennis W. Carlton and Allan Shampine, *An Economic Interpretation of FRAND* (April 24, 2013)

Eric Stasik, Royalty Rates and Licensing Strategies For Essential Patents on LTE Telecommunication Standards, Les Nouvelles, September (2010)

Erich M. Fabricius, 'The Death of Discount Online Retailing? Resale Price Maintenance After Leegin v. PSKS', North Carolina Journal of Law & Tech (2008.1.8)

Erik Hovenkamp, Tying, Exclusivity, and Standard−Essential Patents, 19 Colum. Sci. & Tech. L. Rev. 79 (2017)

European Commission's science and knowledge service(Joint Research Centre), "JRC Science for Policy Report: Licensing Terms of Standard Essential Patents. A Comprehensive Analysis of Case ", Chryssoula Pentheroudakis, Justus A. Baron (2017)

Farrell, Hayes, Shapiro & Sullivan, Standard Setting, Patents, and Hold—Up, 74 Antitrust L.J. 603, 637 (2007)

Farrell, Shapiro & Sullivan, "Standard—setting, Patents and Hold—up, 74 Antitrust Law Journal No.3, 2007.

Federal Trade Commission, The Evolving IP Marketplace: Aligning Patent Notices and Remedies with Competition, March 2011.

Geradin, D., Reverse Hold—ups: The (Often Ignored) Risks Faced by Innovators in Standardized Areas. Paper prepared for the Swedish Competition Authority on the Pros and Cons of Standard—Setting, Stockholm, 12 November 2010. (2010)

Gupta, K., FRAND in India: Emerging Developments (March 01, 2016). Antitrust in Emerging and Developing Countries: Conference Papers, 2nd edition, Concurrences (forthcoming) (2016)

Gupta, K. and Snyder, M., Smart Phone Litigation and Standard Essential Patents. Hoover IP2 Working Paper Series No. 14006 (2014)

Gupta, K., Llobet, G. and Padilla, J., The Licensing of Complementary Innovations and the Threat of Litigation. Working paper (2015)

Heller, M.A. and Eisenberg, R., Can Patents Deter Innovation? The Anticommons in Biomedical Research. Science 01 May 1998:Vol. 280, Issue 5364, (1998)

Helm, Jeremiah S. "Why Pharmaceutical Firms Support Patent Trolls: The Disparate Impact of eBay v. MercExchange on Innovation", Mich. Telecomm. Tech. L. Rev. 13 (1): 331-343 (2006)

Herbert Hovenkamp, Mark D. Janis & Mark A. Lamley, "Unilateral Refusal to License in the US", IP and Antitrust Principles Applied to Intellectual Property Law, Aspen Law & Business (2004)

J. Gregory Sidak, International Trade Commission Exclusion Orders for the Infringement of Standard—Essential Patents, 26 Cornell J.L. & Pub. Pol'y 125, 163 (2016)

Jacob, R., Competition Authorities Support Grasshoppers: Competition Law as a threat to Innovation, Competition Policy International, Volume 9 Number 2 Autumn 2013. (2013)

James E. Abell III, Setting the Standard: A Fraud—Based Approach to Antitrust Pleading in Standard Development Organization Cases, 75 U. Chi. L. Rev. 1601 (2008)

Jay P. Kesan and Carol M. Hayes, Patent Transfers in the Information Age: FRAND Commitments and Transparency, 2012.

John Temple Lang, "Essential Facility Doctrine; IP Rights and European Competition Law" at 'Antitrust, Patent and Copyright', Edward Elgar (2004)

Joint Policy Statement on Remedies for Standards.Essential Patents Subject to Voluntary F/RAND Commitments (2013)

Jones, Miranda, "Permanent Injunction, A Remedy by Any Other Name is Patently Not the Same: How eBay v. MercExchange Affects the Patent Right of Non−Practicing Entities". George Mason Law Review. 14 (4) (2007)

Jorge L. Contreras, A Brief History of Frand: Analyzing Current Debates in Standard Setting and Antitrust Through A Historical Lens, 80 Antitrust L.J. 39, 41 (2015)

Layne−Farrar, A., Padilla, J. and Schmalensee, R.. Pricing Patents for Licensing in Standard−Setting Organizations: Making Sense of FRAND Commitments, Antitrust Law Journal, Vol. 74, No. 3 (2007)

Léevêeque, F. and Méenièere, Y., Patent Pool Formation: Timing Matters, Information Economics and Policy, 23(3−4), (2011)

Lemley, M. A. Intellectual Property Rights and Standard−Setting Organizations, (2002) 90 California Law Review 1889.

Lemley, M., Shapiro, C., A Simple Approach to Setting Reasonable Royalties for Standard−Essential Patents. Working paper. (2013)

Lerner, J. and Tirole, J., A Model of Forum Shopping, American Economic Review, Vol. 96, no. 4, (2006)

Lerner, J., Tirole, J., Efficient Patent Pools, American Economic Review, vol. 94:3, (2004).

Lerner, J. and Tirole, J., A Better Route to Tech Standards, Science, Vol. 343, Issue 6174 (2014)

Lerner, J. and Tirole, J.,  Standard−Essential Patents, Journal of Political Economy, Vol. 123(3), (2015)

Letter from Renata B. Hesse, Acting Asst. Att'y Gen., to Michael A. Lindsay, Esq. (Feb. 12, 2015)

Marc Malooley, Patent Licenses Versus Covenants No to Sue: What Are the Consequences? (2015)

Marianela López−Galdos, Antitrust Policy Tools & IP Rights: U.S., Transatlantic & International Effects, 15 Chi.−Kent J. Intell. Prop. 441 (2016)

Mark A. Lemley, Intellectual Property Rights and Standard−Setting Organizations, 90 Calif. L. Rev. 1889 (2002)

Mark Lemley & Carl Shapiro, Patent Holdup and Royalty Stacking, 85 Texas L.Rev. 1991 (2007)

Méenièere Y. and Parlane, S. Licensing of complementary patents: comparing the royalty, fixed−fee and two−part tariff regimes, Information Economics and Policy, 22(2), (2010)

Méenièere Y., Fair, Reasonable and Non−Discriminatory (FRAND) Licensing Terms − Research Analysis of a Controversial Concept. Editor: Thumm N., European Commission, Joint Research Centre (2015)

Microsoft to acquire Nokia's devices & services business, license Nokia's patents and mapping services, September 3, 2013.

Näagele, T. and Jacobs, S. (2009). Zwangslizenzen im Patentrecht − unter besonderer Berüucksichtigung des kartellrechtlichen Zwangslizenzeinwands im Patentverletzungsprozess, WRP 2009.

Oliver Williamson, Markets and Hierarchies: Analysis and Antitrust Implications: A Study in the Economics of Internal Organization, University of Illinois at Urbana−Champaign's Academy for Entrepreneurial Leadership Historical Research Reference in Entrepreneurship, 4 Nov 2009.

Paul R. Morico, Considerations in Drafting Settlement and License Agreements−Part I, 28 No. 2 Intell. Prop. & Tech. L.J. 3 (2016)

Pohlmann, Blind & Neuhaeulsler, Standard Essential Patents to boost financial returns, R&D management (2015)

Reitzig M., Henkel J. and Heath C., On Sharks, Trolls, and Their Patent Prey−Unrealistic damage awards and firms' strategies of being infringed. Research Policy 36: (2007)

Robert D. Keeler, Why Can't We Be (f)rands?: The Effect of Reasonable and Non−Discriminatory Commitments on Standard−Essential Patent Licensing, 32 Cardozo Arts & Ent. L.J. 317 (2013)

Rysman and Simcoe, Patent and the Performance of Volu ntary Standard−Setting Organizations, management Science, 54 (11), p. 1920 (2008)

Shapiro, C., Injunctions, Hold−Up, and Patent Royalties, American Law and Economics Review 12, No. 2, (2010)

Sidak, G., The Meaning of FRAND. Part II: Injunctions. Journal of Competition Law & Economics, 11(1), (2015)

Sidak, G., FRAND in India: The Delhi High Court's Emerging Jurisprudence on Royalties for Standard—Essential Patents (2015—1)

Srividhya Ragavan, Brendan Murphy, Raj Davé, FRAND v. Compulsory Licensing: The Lesser of the Two Evils, 14 Duke L. & Tech. Rev. 83 (2015)

Stanley M. Besen, Why Royalties for Standard Essential Patents Should Not Be Set by the Courts, 15 Chi.—Kent J. Intell. Prop. 19, 20 (2015)

Swanson, D. G. and Baumol, W. J. (2005). Reasonable and Nondiscriminatory (RAND) Royalties, Standards Selection, and Control of Market Power, 73 Antitrust Law Journal 1, (2015)

Tsai, J. and Wright, J. Standard Setting, Intellectual Property Rights, and the Role of Antitrust in Regulating Incomplete Contracts (July 18, 2014), 80 (1) Antitrust Law Journal 2015 (forthcoming)

Tyler Thorp, Testing the Limits of Patent Exhaustion's 'Authorized Sale' Requirement Using Current High—Tech Licensing Practices, 50 Santa Clara L. Rev. 1017 (2010)

Ullrich, H. (2007). Patente, Wettbewerb und technische Normen: Rechts— und ordnungspolitische Fragestellung, GRUR 2007.

Venkatesan, Jaideep (2009). "Compulsory Licensing of Nonpracticing Patentees After eBay v. MercExchange", Virginia Journal of Law & Technology. 14 (1)

Yoonhee Kim, Lifting Confidentiality of Frand Royalties in Sep Arbitration, 16 Colum. Sci. & Tech. L. Rev. 1 (2014)

# 주요 참고판결

## I. 국내판결

## Ⅱ. 해외판결

## 저자 약력

최승재 교수(세종대학교 법학부)는 사법연수원 29기로 대한변협법제연구원장, 대한상사중재원 중재인, 중앙행정심판위원회 비상임위원, 한국지식재산보호원 이사, 저작권위원회 감정전문위원, 금융위원회 옴부즈만 및 자본시장조사위원회 위원, 금융감독원 분쟁조정위원회 위원, 국세청 법률고문 등의 직을 수행하고 있으며 국제적인 지적재산권 보호협회인 AIPPI의 본부(Paris) Standing Committee 위원 및 한국부회장, 한국특허법학회 이사를 맡고 있다. 경력으로 대법원 재판연구관, 김·장법률사무소 변호사, 경북대학교 법학전문대학원 교수, 한국엔터테인먼트법학회 회장, 삼성과 마이크로소프트 변호사, 국가지식재산위원회 전문위원 등을 역임하였다.

변호사(지식재산, 조세전문)·변리사·특허전문가로서 여러 건의 국내외 특허소송을 수행했다. 공정거래위원회를 대리하여 퀄컴을 상대로 한 소송에서 과징금 전부 승소를 하였고(2019), 영국에서의 제약분야 국제중재, 김장법률사무소 재직시 삼성과 애플 사이의 소송, 마이크로소프트 재직시 공정위를 상대로 한 소송 등 다수의 국내 및 국외특허소송을 포함한 기술계 사건에 관여하였다. 학력은 서울대학교에서 학사, 석사, 박사학위(IP & Antitrust)를 받았고, 미국 Columbia Law School에서 유학(LL.M.)했다. 관련분야로 금융과 회계분야를 배우기 위하여 MBA 학위와 서울시립대학교 세무전문대학원 세법박사과정수료도 수료하고 다수의 조세소송 및 심판도 대리하였다.

저서로 "특허권남용의 경쟁법적 규율(2010, 세창출판사)", "미국특허법(법문사, 2011)", "변호사와 의뢰인 사이의 비밀보호를 위한 제도연구(2013, 법률신문)", "음악저작권침해(2015)", "개인정보(2016)", "디자인 보호의 새로운 지형, 저작권과 상표권(2016, 커뮤니케이션북스)", "금융거래법(2016, PNC미디어)", "미국대법관 이야기(2012, 경북대출판부)" 등 10여권 이상의 단독저서와 "신미국특허법(법문사, 2020)", "직무발명제도해설(2015)", "영업비밀보호법"(2017), "특허판례연구"(09, 12, 17)(이상 한국특허법학회 편, 박영사), "미국특허판례연구 I, II"(2013, 2017, 대한변리사회), "상사중재법(2018, 박영사)", "부정경쟁방지법 주해"(2020, 박영사), "Intellectual Property Law in Korea(coauthor, Wolters Kluwer, 2015)" 등 10여 권 이상 공저가 있다. 주요 학술지 기고논문 100여 편을 게재하였고, 법률신문 등에 다수의 소논문을 기고한 바 있다.

표준필수특허와 법

초판발행        2021년 8월 25일

지은이          최승재
펴낸이          안종만 · 안상준

편 집           김상인
기획/마케팅      정연환
표지디자인       BEN STORY
제 작           고철민 · 조영환

펴낸곳          (주) **박영사**
               서울특별시 금천구 가산디지털2로 53, 210호(가산동, 한라시그마밸리)
               등록  1959. 3. 11. 제300-1959-1호(倫)

전 화          02)733-6771
f a x          02)736-4818
e-mail         pys@pybook.co.kr
homepage       www.pybook.co.kr
ISBN           979-11-303-3920-7   93360

정 가          30,000원